刑 事 侦 查 实 用 百 科 丛 书

XINGSHI ZHENCHA SHIYONG BAIKE CONGSHU

刑事侦查与昆虫

XINGSHI ZHENCHA YU KUNCHONG

总 主 编　杨玉章
本册主编　杨红珍

群 众 出 版 社
河南科学技术出版社

图书在版编目（CIP）数据

刑事侦查与昆虫／杨红珍主编．—郑州：河南科学技术出版社，2019.6
（刑事侦查实用百科丛书／杨玉章总主编）
ISBN 978-7-5349-8223-1

Ⅰ.①刑…　Ⅱ.①杨…　Ⅲ.①昆虫-刑事侦查-分析　Ⅳ.①D918②Q96

中国版本图书馆 CIP 数据核字（2016）第 149619 号

出版发行：群众出版社　　地址：北京市丰台区方庄芳星园三区 15 号楼
邮编：100078　　电话：（010）83903254
河南科学技术出版社　　地址：郑州市郑东新区祥盛街 27 号
邮编：450016　　电话：（0371）65737028

策划编辑：李肖胜　曲　先
责任编辑：曲　先
责任校对：朱　超
封面设计：张　伟
版式设计：栾亚平
责任印制：张艳芳
印　　刷：河南日报报业集团有限公司彩印厂
经　　销：政法系统内部发行
开　　本：889 mm×1 194 mm　1/16　　印张：22.75　　字数：700 千字
版　　次：2019 年 6 月第 1 版　　2019 年 6 月第 1 次印刷
定　　价：208.00 元

总序言

目前，全国政法系统正在深入学习贯彻习近平新时代中国特色社会主义思想，扎实推进新时代平安中国建设、法治中国建设、政法队伍建设，为决胜全面建成小康社会、夺取新时代中国特色社会主义伟大胜利创造安全稳定的社会环境、公正规范的法治环境、优质高效的服务环境。新时代需要新担当、新作为，培养一支“信念过硬、政治过硬、责任过硬、能力过硬和作风过硬”的政法队伍，造就一支“对党忠诚、服务人民、执法公正、纪律严明”的公安队伍成为当务之急。

近些年来，以审判为中心的诉讼制度改革不断深入，错案终身追究制度及与之相关的配套制度逐步确立，特别是《中华人民共和国刑事诉讼法》（2012年修正）确立的一系列诉讼原则和证据制度，进一步强化了对犯罪嫌疑人人权的保障，扩大了律师在侦查阶段的诉讼职能，规范和约束了侦查权的行使，提高了审判证明的标准，尤其是明确规定了证据确实、充分必须符合的具体条件。这一切都体现出我国法治的进步，同时也对侦查办案质量提出了新的、更高的要求，侦查过程中侦查人员必须坚持以证据为中心，全面取证，规范取证，以确实、充分和具有排他性的证据体系有效支持诉讼的顺利推进。

在实际案件侦破工作中，随着信息技术的不断发展及其在侦查工作中的全面运用，一些侦查员过分依赖视频侦查、技术侦查、网安侦查这三种新的侦查手段，此所谓新“三板斧”。这种现象导致侦查员对现场物证的全面发现提取和对犯罪行为人主观行为动机的系统分析趋于弱化，对微量物证的提取和检验的重视程度弱化，对运用多学科、多专业专门知识综合分析、研究、鉴定现场物证的意识弱化，一些行之有效的传统侦查方式方法被日益边缘化。

毋庸置疑，在信息化社会、大数据时代，信息技术日益成为侦查的主导技术，电子证据成为侦查的重要证据类型，但犯罪证据多样化的现实情况以及侦查取证需要各个门类科学技术支撑的总体状况并未发生根本性的改变。侦查取证的过程中，面对各种各样的证据，侦查员必须具备各方面的专业知识或者有查询这些知识的能力，而这些知识内容庞杂，可参考的书籍和资料也相当分散。在一些案件的侦查过程中，侦查员经常会因为对一些微量物证的利用价值分析不到位或检验鉴定不到位而丧失很多破案机会。为了有效打击犯罪、保护人民生命及财产安全，为一线刑侦人员办案提供充分的智力支持，2012年，我国知名刑侦专家、河南省公安厅副巡视员杨玉章先生发起并组织了这套“刑事侦查实用百科丛书”（以下简称“丛书”）的编撰工作。

“丛书”共26卷，首批出版的12卷基本涵盖了刑事侦查工作日常涉及的专业领域，包括《刑事侦查与行为证据》《刑事侦查与痕迹》《刑事侦查与有毒物品》《刑事侦查与植物》《刑事侦查与动物》《刑事侦查与昆虫》《刑事侦查与地理》《刑事侦查与土壤》《刑事侦查与水文》《刑事侦查与塑料制品》《刑事侦查与岩石矿物》《刑事侦查与纺织品》。为了高质量地完成该丛书的编撰工作，本书成立了编委会，杨玉章同志任丛书总主编，各卷设立了主编。自 2012 年编撰伊始至成书，编委会多次召开不同形式的论证会和研讨会，对编撰工作进行了有效的组织领导和质量审核。“丛书”在编撰过程中得到了中国科学院、北京自然博物馆、河南省公安厅、郑州市公安局、河南大学、郑州大学等 20 多家合作单位近 300 名专家和学者的鼎力支持，“丛书”是相关专业领域专家学者集体智慧的结晶，更是我国当代刑事侦查交叉学科研究水平的集中展示。

在“丛书”编撰过程中，各卷作者始终围绕三条主线进行编撰：一是注重侦查导向，即各卷所述知识始终围绕服务刑侦破案这一核心，注重对认定案件性质、划定案件范围、刻画犯罪行为人脸谱等工作提供专业知识支撑；二是注重与人关联，即各卷所写知识内容必须与人相关，经常出现、运用在五行八作、三教九流的正常人类生产活动之中；三是注重时空维度，即各卷内容注重揭示、阐明相关事实、现象与特定时间节点、空间分布（经纬度）之间本质的、必然的、普遍的、稳定的固有联系。这三条主线贯穿各卷始终。“丛书”涉及 20 余门学科，共计 600 余万字、2 000 余张图片，图文并茂，理论联系实战，是对与刑事侦查工作关联紧密的多种学科资源的系统整合，学科门类齐全，知识架构完整。“丛书”的编撰是一项具有鲜明侦查专业特色的重大跨学科工程，在一定程度上填补了国内侦查应用研究的空白，具有独特的学术价值和实用价值。“丛书”既可作为广大刑事侦查人员的业务工具书，也可作为公安院校广大师生的教学参考用书。

“丛书”在编写过程中引用了很多经典的实战案例，作为相关学科和专业知识在实战中应用的范例，力图使读者在使用该丛书时能获得鲜明、生动、直观的阅读体验。

该“丛书”内容浩繁，编写队伍庞大，因编者水平有限，其中知识、文字、图片的疏漏和不足之处在所难免，期望读者不吝指正，待再版时予以完善。

郝宏奎

2018 年 8 月

前言

昆虫是隶属于节肢动物门、昆虫纲的动物。它们虽然个体较小，但种类和数量却大得惊人，全世界已知昆虫有100多万种，占世界已知动物种类的2/3以上，是动物界中最庞大的一个类群。昆虫的分布极广，它们的足迹遍布地球的各个角落，其他任何一个类群的动物都无法与之相比。从热带到两极，从平原到高山，从地下、地面、水体到空中，到处都有昆虫的存在。昆虫在人类的科学研究、文化教育、卫生保健以及美化环境、丰富广大人民群众的文化生活等方面，也都具有极为重要的应用价值。

昆虫与人类生活有着极密切的关系，其中很多种类的昆虫长久以来给人类造成了很大的灾害，目前已知对人类健康和国民经济有直接重要影响的昆虫就超过10 000种。例如人类的主要粮食——水稻，受到60~70种昆虫为害，其中最主要的如三化螟，经常造成水稻减产百分之几；为害小麦的昆虫也很多，主要有黏虫、小麦吸浆虫等；蚜虫、黄条跳甲和菜粉蝶是主要为害蔬菜的三大昆虫；棉花红铃虫的为害则是世界性的，可使棉铃干瘪，造成棉花严重减产。尽管人们以最大的努力进行防治，全世界每年仍有20%的农产品为害虫所毁掉。此外，还有大量的林业害虫，如松毛虫、松材线虫等为害森林树木，如同绿色植物的杀手一般。

许多世界性害虫原来只分布于世界的局部地区，而人类的活动，尤其是农林产品的贸易，往往成为有害生物传播的途径。害虫可能通过这一途径，从国外传入国内，或从一地传播到另一地，如葡萄根瘤蚜、马铃薯甲虫、谷斑皮蠹、美洲斑潜蝇、松突圆蚧等。我国是农业生产大国，危险性害虫的潜在威胁是我国农林业生产面临的巨大挑战，为确保我国农、林、牧、渔业生产安全，农业部于2007年5月29日发布了第862号公告《中华人民共和国进境植物检疫性有害生物名录》，其中检疫昆虫146种。外来有害生物一旦入侵成功，在我国安家落户，要彻底扑灭极为困难，往往付出极大的代价都不能达到根除之目的。为防止国外危险性昆虫传入我国，确保我国的物种和生态多样性不受侵害，完善法规、加强防治已刻不容缓。

当然，也有很多对人类有益的昆虫，例如可用以对害虫进行生物防治或人工繁殖以清除杂草的天敌昆虫。这些天敌昆虫主要是捕食性和寄主性昆虫，还有一些种类的昆虫取食有害的植物，属于植食性昆虫。这些昆虫在自然界中大量存在，对于某些害虫的发生、成灾起着制约作用。

昆虫对于维护自然界的生态平衡起着重要的作用，许多昆虫和有花植物存在着密切的关系。植物花的色、香及味均能吸引昆虫；而昆虫则以花蜜及花粉作为营养。昆虫在吸蜜及采粉的过程中，也起到了传粉作用。如果没有昆虫的帮助，很多植物是不可能结实的。利用传粉昆虫为农作物授粉，是农业增产的一项有力措施，已日益受到重视，我国已将传粉昆虫授粉发展成为一项产业。传粉昆虫中，蜜蜂等是植物传粉繁殖的重要媒介，此外还有其他膜翅目、双翅目及鳞翅目等很多昆虫也在传粉昆虫的行列。

在土壤内生活的昆虫能促进腐殖质的形成与土壤的通气，提高土地的肥力。水栖昆虫作为淡水鱼类的食物，能增进渔业的产量。昆虫也是可再生性自然资源的重要组成部分。昆虫本身的产物，如蜂蜜、蜡和丝早已为人类所利用，至今仍有相当的经济意义，在农、林、牧、副、渔业生产中占有重要地位。

昆虫及它们的产物作为工业原料也具有广阔的应用前景，如紫胶、白蜡、五倍子、胭脂红等在军工、化工、医药、食品工业等行业具有广阔的市场。作为生物材料，昆虫更是一座巨大的几丁质资源库。昆虫身体中的主要结构组成是几丁质，这种以糖蛋白为主的物质可以作为人造皮肤等生物材料，并逐步应用于临床，在医学上有良好的应用前景。此外，昆虫体内的一些特殊性质的酶、激素、色素、蛋白质等，都可能通过生物技术得到医学或其他特殊目的的产物。

昆虫是人类从自然界获取蛋白质的途径之一，从营养角度看，昆虫含有丰富的蛋白质，干虫体蛋白质的含量高达30%~70%，含20多种氨基酸包括人体必需的各种氨基酸，此外，干虫体中还有丰富的脂肪、糖类、维生素、矿物质等。世界上约有3 000种昆虫可供食用，而我国可供食用的昆虫约有800种。在现实生活中，昆虫在食用和药用方面往往无明显界限，许多药用昆虫如龙虱、九香虫、冬虫夏草等既是可医治某些疾病的药物，也是营养丰富、味道鲜美的食品。

近年来，昆虫人工养殖也进入了一个崭新的阶段，饲养的种类不断增加。越来越多的人为了科学研究、经济利益、兴趣爱好等各种不同的目的来饲养昆虫。

昆虫在刑事侦查工作中也有十分重要的作用。早在汉代，我国古人就利用昆虫来破案，宋代著名法医学家宋慈于1247年著有法医学专著《洗冤集录》，文中多处记载了昆虫与尸体现象、体表外伤以及利用昆虫破案的案例，是国内外公认的有关法医昆虫学的最早文献记载。

事实上，昆虫学知识在刑事侦查中有许多应用价值，有时根据在犯罪现场收集到的与昆虫有关的物证，就有可能为划定犯罪嫌疑人的人员范围和区域范围提供依据。比如，从汽车的牌照、雨刷和雷达天线等部位，可以找到许多被撞死的昆虫，分析这些昆虫的种类和主要栖息地，就可以非常精确地揭示出汽车的行驶路线。再比如，某些毒品植物，如大麻叶可黏附一些虫卵，通过鉴定这些虫卵的种类和发源地，可以帮助刑侦人员判断出毒品的产地。利用昆虫学知识也可以解决一些经济方面的纠纷，比如国际贸易以海运方式运输时，由于运输时间较长，有时在收货后会发现货物有被昆虫破坏的现象，由此造成的损失应当由谁来承担，常产生纠纷。如果对这些昆虫进行种类和栖息地的鉴定，就可以确定它们是供货方发货时就带有，或是运输方在运输途中储藏存在漏洞，还是收货方收到货物后保管不善才出了问题，从而为明确各方所应承担的赔偿责任提供有力的证据。

古往今来，依据昆虫以及它们在现场留下的蛛丝马迹为线索侦破的案件数不胜数，其中有许多案情或曲折迷离，或怪诞奇异，只有那些对昆虫比较熟悉，掌握较多有关昆虫知识的人，才能顺利破案。

现代法医昆虫学的研究始于19世纪后半叶的欧洲。1855年，法国医生Bergeret首次通过昆虫生活史推断死亡时间，并将得到的结论作为证据用于实际案件，为案件侦破提供了重要线索。国内学者对法医昆虫学的系统性研究始于20世纪末。早期的研究工作主要来自于卫生害虫、储藏物害虫、林业昆虫等领域提供的关于昆虫形态分类、昆虫生活史和发育、昆虫生理学及地理学等方面的知识。我国昆虫学家在双翅目昆虫的形态、分类、区系方面的研究，为研究与尸体相关的蝇类提供了第一手资料，并开展了关于嗜尸性昆虫的系统性研究，涉及嗜尸性昆虫的分类、发育以及生态等多个方面，包括针对嗜尸性蝇类、嗜尸性昆虫群落演替、昆虫发育与死亡时间，以及昆虫学证据的利用方法等方面，都进行了广泛而深入的研究，并将研究成果运用到实际案件侦破当中。

在传统的法医学实践中引入昆虫学知识，可为法医工作者提供特殊的视角和思考方向。例如在解决死亡时间、死亡原因、死亡地点等问题上，昆虫学证据有时能为案件侦破提供新的切入点和线索。为了更好地将法医昆虫学的技术和方法付诸实践，法医工作者既需要广阔而扎实的基础医学和临床医学的理论基础、熟悉法医学工作的原则和程序，又要掌握昆虫生物学、生态学、生理学等相关知识。因此，法医工作者系统地学习和研究昆虫群落在案件现场的行为方式和影响其分布的因素，对于科学、公正、合理、有效地利用昆虫学证据和线索指导案件侦查方向和提供审判证据是十分必要的。

作为世界上进化最成功、种群最为繁盛的生物，昆虫能渗透到人类生活的每一个角落，其中部分类群具有嗜血、嗜尸、嗜骨、嗜人体分泌物等特性，强大的活动能力和适应能力使它们可以进出任何看似“封闭”的空间，发现隐藏的尸源，毫不挑剔地取食各种类型的尸体。广泛存在的昆虫为研究昆虫与尸体的关联性提供了可能，因此最可能成为案发现场的第一“证人”。刑侦人员可以通过对尸体内外或尸体附近环境中采集到的昆虫标本进行检验、鉴定、分类，明确昆虫种类和其地理分布，确定其生长发育状态，结合昆虫在尸体上的生态群落演替，推断死亡的时间。昆虫在长期的进化过程中形成了各自不同的生活习性，不同类群的昆虫在尸体上的活动方式、出现时间、持续时间、生活史周期等均存在差别，这为研究昆虫演替与推断死亡时间提供了线索。最早在腐败尸体、尸块上出现的主要是双翅目的蝇类；而鞘翅目的步甲、阎甲等捕食性昆虫主要在中、晚期腐败的尸体和尸块上出现，捕食尸体上的蝇类等昆虫；隐翅虫、露尾甲主要出现在尸体高度腐败期或干化期；而郭公虫、金龟子等腐食性甲虫则主要出现于腐烂尸体晚期或干化腐尸。不同种类的昆虫具有不同的分布区域和活动范围，而活动于尸体上的昆虫种类可能为移尸和死亡地点的推断提供科学依据。通过调查昆虫的地理分布，分析昆虫的种群遗传和分布特性，可以判断尸体是否被远距离移动过，进而推断死亡地点。

大动物给人带来的伤害让人不寒而栗，但是小昆虫对人的杀伤力也不容忽视。昆虫中不乏能攻击人和动物的有毒昆虫，它们分泌或释放毒液攻击人或动物大多是为求自保，但有时候也会危及生命。在野外，马蜂、蜜蜂蜇人致死的案件屡有发生；毒蛾、刺蛾、芫菁、隐翅虫释放的毒液也会使人产生痛痒、出现红肿，甚至重病达数月之久。桑毛虫、松毛虫的毒毛及毒液可引起皮炎、结膜炎；松毛虫还可致骨关节疼痛，严重者可致骨关节畸形、出现功能障碍等；蚊、白蛉、蠓、蚋、虻、蚤、臭虫、虱以及蜱螨类等都能叮刺吸血，给人造成骚扰，影响人们的工作和睡眠。蠓、蚋、虻等叮刺人体后可出现红肿，甚至溃烂；硬蜱叮刺后唾液可使宿主出现蜱瘫痪；毒隐翅虫的体液接触皮肤可致皮炎。

除了直接伤害，昆虫给人类带来的更大的威胁是一些携带病原体的昆虫带给人类的致命的流行性传染病，其病原体有病毒、立克次体、细菌、螺旋体、原虫、蠕虫等。这些病原体可以附在昆虫的体表、口器上或通过消化道从而散播，借机转入另一个宿主，如蝇传播痢疾、伤寒、霍乱等，由蚊子传播的人类疾病有疟疾、黄热病、登革热、基孔肯雅热、寨卡病、西尼罗河热、流行性乙型脑炎、丝虫病等等。

许多珍稀昆虫被过度捕杀，栖息地遭到人为破坏导致它们已经灭绝或者处于濒临灭绝的状态。虽然我国野生动物和自然保护工作取得了很大成绩，但是还有不法分子铤而走险，非法捕捉、倒卖、走私野生昆虫。为了遏制涉及珍稀野生动物及其产品的违法犯罪活动，拯救、保护、恢复和发展包括昆虫在内的野生动物资源，1988年《中华人民共和国野生动物保护法》颁布，并颁布《国家重点保护野生动物名录》，共有330多种陆生野生动物被列入国家Ⅰ级保护动物或国家Ⅱ级保护动物，其中有2种昆虫为Ⅰ级保护动物，Ⅱ级保护动物中有12种和1个属的昆虫。为了加强对我国国家和地方重点保护野生动物以外的陆生野生动物资源的保护和管理，2000年8月1日国家林业局发布了《国家保护的有益的或者有重要经济、科学研究价值的陆生野生动物名录》。该名录列入的陆生野生动物包括5纲46目177科1 591种，其中昆虫纲有17目72科120属110种。2017年1月1日起，重新修订的《中华人民共和国野生动物保护法》开始施行，进一步调整了立法目的，修改了很多内容，更改了一些标准，增设了一些规定，发挥了各方作用，强化了法律责任。

在昆虫中有不少种类具有极高的观赏价值，如色彩艳丽、斑纹精美的甲虫、椿象和蝶蛾类，形态奇特的竹节虫，鸣声悦耳的蝉类、螽蟖，打斗场面精彩的蟋蟀，等等。这些昆虫也都是昆虫爱好者争相收藏的对象和饲养的宠物。一些商家大量进口奇特的昆虫出售谋利。而这些外来生物在运输过程中常常没有采取专业的防护措施，到达目的地时往往已经死亡，极易滋生病菌，会对公民的生活环境、人身健康带来危害。根据《中华人民共和国动植物检疫法》等法律法规中的相关规定，对于邮递、运输动植物及其产品的，必须如实向海关申报，并提交相关进出口证明书，经海关查验才能放行。

随着刑事侦查学的不断发展，从其他自然科学学科中汲取相关的知识，为刑事侦查工作提供理论指导和技术支撑，从而进一步提高刑事侦查科学化、规范化的整体水平和案件的侦破能力，已是大势所趋。对于刑侦人员来说，了解一些昆虫分类学、昆虫形态学、昆虫生态学、昆虫毒理学等方面的科学知识，并且将这些知识有机地运用到侦查实践中，能有效地震慑犯罪分子的犯罪活动，遏制刑事案件发展的势头，为国家的稳步发展、人民生活的和谐稳定提供更为坚强有力的保障。

《刑事侦查与昆虫》就是基于上述原因而编写的。本书共收录了1 000多个昆虫条目，内容不仅包括昆虫学的一些基本概念、名词术语，而更多的是对各种昆虫物种的介绍。本书主要按照下列原则对昆虫物种进行选录：①我国保护动物中的昆虫，包括国家Ⅰ级、Ⅱ级重点保护野生动物中的昆虫种类和一部分列入《国家保护的有益的或者有重要经济、科学研究价值的陆生野生动物名录》中的昆虫种类。②我们身边的昆虫，包括生活在城市和农村的常见昆虫，农林业害虫，天敌昆虫，常见的外来入侵昆虫，传统及新兴的工业用、食用、药用、实验用昆虫和宠物昆虫，常见的观赏和饲养昆虫以及人们在其他野外地点常见的昆虫等。③能够对人造成伤害的昆虫，包括卫生害虫、有毒昆虫等。④与法医鉴定密切相关的昆虫，包括具有法医学意义的双翅目、鞘翅目、鳞翅目和膜翅目的嗜尸性昆虫等。需要指出的是，本书中的昆虫名称条目均采用对特定物种进行释义的方法进行描述，以便增强使用者对昆虫分类的基本单位——物种概念的理解，并通过对典型物种的释义来了解相关昆虫类群的特点。

在每个昆虫物种条目中，介绍的内容包括该物种的名称、分类地位、形态特征、分布范围、生活环境、存活时间、生活习性、食性、繁殖情况、生长发育情况，以及该物种的经济价值、保护级别、与人和动物及尸体所发生的联系等一些主要知识，体现了本书服务于刑事侦查实践的根本目的。本书中所选取的条目基本上包括了刑侦人员所能涉及的昆虫知识范围，为从事刑事侦查工作的人员系统学习昆虫学知识，准确地理解与掌握昆虫学的基本概念，并且在刑事侦查过程中利用昆虫学知识破解疑难案件提供了一定的侦查方向和工作思路，对刑事侦查实践也具有重要的意义。希望刑侦人员可以像查阅工具书那样，在遇到与昆虫有关的实际问题时能够随时翻阅，以便发现某些特殊的与犯罪行为人有关的物证与信息，为刑侦人员划出一个准确的侦查范围指明方向，为迅速确定并查获犯罪行为人奠定基础。

由于昆虫种类繁多，结构复杂，昆虫学知识涉及的内容十分广泛，因此书中难免有一些条目或释义中的内容超出了刑侦人员的知识范围，这一部分条目或释义的内容仅供参考，或在有必要时，查阅昆虫学的专业书籍或直接向相关专业的昆虫学专家求教。

此外，本书中还配有大量插图，以帮助使用者更好地理解关于昆虫形态方面的释义。

由于时间仓促及水平所限，本书中定有不足之处，敬请广大读者批评指正。

编者

2018 年 6 月

目　录

第一章 昆虫的基本概念

1. 孤雌生殖

孤雌生殖是指雌性个体不经雄性受精而产下的卵能发育成完整新个体的生殖方式。昆虫在自然状态下一般都采取两性生殖的方式繁殖后代，但也有一些昆虫在特殊的情况下采取孤雌生殖的方式产生后代。引起孤雌生殖的因素有可能是遗传的，也有可能是外来的，如环境的变化或者受到共生菌的感染等。孤雌生殖与农林害虫的快速传播有很大的关系，因为只要有一只雌虫传播到适合的环境中，就能独立完成繁殖并建立种群，导致这种害虫的传播和扩散变得非常难以控制和防治。

2. 昆虫的变态

昆虫的一生中经历了一系列的发育过程。由卵到成虫的发育过程也是昆虫的变态过程，昆虫的种类繁多，变态方式也不尽相同，大致分为五大类：完全变态、不完全变态、原变态、增节变态和表变态。

3. 完全变态

昆虫在整个生长发育过程中，会经过卵、幼虫、蛹和成虫 4 个阶段，这种变态方式被称为完全变态。完全变态的幼虫的形态构造和生活习性与成虫显著不同，而蛹是一个不活动时期。完全变态的昆虫有蝴蝶、飞蛾、蚊子、苍蝇、蜜蜂和甲虫等。

4. 不完全变态

昆虫的一生经过卵、幼虫、成虫 3 个阶段，不经历蛹的阶段，这类变态方式称为不完全变态。其实在不完全变态这一大类型中，又可以分为渐变态、过渐变态和半变态 3 种类型。

（1）渐变态：从外表上看，昆虫的幼虫和成虫在形态上差别不大，生活习性上基本相似，只是个体大小在逐渐变大，翅膀不断发育完全，这种变态方式称为渐变态。蝗虫、蟋蟀、螳螂、蟑螂等，它们都属于渐变态昆虫。这一类昆虫的幼虫一般被称为“若虫”。虽然外部形态没什么差别，但是在内部结构上若虫和成虫还是有区别的，那就是幼虫的性器官还没有发育成熟。

（2）过渐变态：缨翅目、同翅目中的粉虱科和雄性蚧壳虫的变态也类似于渐变态，不过它们的变态过程比渐变态稍微特殊一些，或者说更加复杂一些。当它们从末龄幼虫转变为成虫前要经历一个不吃不动的时期，类似于完全变态的蛹期，不过它不是真正的蛹，我们称它为“伪蛹”。具有伪蛹阶段的变态方式称为过渐变态。可见，过渐变态是不完全变态向完全变态演化的过渡阶段。

（3）半变态：蜻蜓的幼虫（稚虫）生活在水中，而成虫在陆地生活，稚虫期和成虫期在形态、呼吸器官、取食器官等方面的差别较大。这种变态方式称为半变态。

5. 原变态

蜉蝣目昆虫的变态方式比较特殊，一生经历卵、幼虫（稚虫）、亚成虫和成虫 4 个时期。亚成虫期是一个短暂的时期，外形与成虫相似，性已成熟，也具备飞行能力，不过还得再蜕一次皮才能成为真正的成虫。这种变态方式称为原变态，是蜉蝣目昆虫独特的变态方式。

6. 增节变态

原尾虫是最原始的昆虫，生存环境仅限于土壤中，是真正的土壤动物。原尾虫的若虫共有 5 龄，它们的若虫和成虫在外表上极为相似，只是个体大小和性器官发育程度不同而已。原尾虫发育的最大特点就是从幼虫至成虫过程中，只是腹部体节的数目在逐渐增多。初孵若虫只有 9 节，至成虫后增加到 12 节。这种变态类型称为增节变态，是一种最原始的变态类型，只有原尾目昆虫属于这一类型。

7. 表变态

以书籍为家的衣鱼，在成长的过程中，其幼虫和成虫在外表上无显著差异，腹部体节数目也相同，只是个体在不断长大、性器官逐渐成熟、触角及尾须节数不断增加，而它发育最大的特点就是到了成虫期还要继续蜕皮，这种变态方式称为表变态。弹尾目、缨尾目、双尾目昆虫属于这一类型。

8. 世代

昆虫从离开母体到发育为性成熟、能够产生后代的个体，整个历程我们叫作一个世代。不同种类的昆虫完成一个世代所需的时间不同。因而在一年内能完成的世代数也不相同。有的昆虫 1 年只发生 1 代，有的 1 年可发生多代，还有些昆虫几年才完成 1 代。有一种美洲 17 年蝉完成一个世代需历经 17 年之久。一般 1 年内能发生多代的昆虫，它们前后世代间常出现重叠的现象。有些昆虫在某一代中一部分进行越冬，另一部分则继续发育，即有所谓的局部世代现象。

9. 蜕皮和龄期

昆虫幼虫的生长有两大特点：一是食量大，具有惊人的生长速率。二是具有蜕皮现象。刚刚孵化出来的幼虫称为 1 龄幼虫，经过第一次蜕皮后的幼虫为 2 龄幼虫，依此类推，最后一龄幼虫称为老熟幼虫。昆虫各龄期的蜕皮过程都是由保幼激素和蜕皮激素共同调节的。到了最后一龄，由于某些原因，保幼激素量不足，蜕皮激素量相对增多，昆虫蜕皮后就化蛹或直接变为成虫。

10. 幼虫

幼虫一般泛指由卵孵化出来的幼体，但习惯上仅指完全变态类昆虫的幼体。由幼虫发育为成虫，需经过若干次的蜕皮和变态（经过蛹期）。幼虫的形态和习性与成虫完全不同，如蚕儿为家蚕蛾的幼虫。

11. 若虫

若虫一般是指不完全变态类（渐变态）昆虫的幼体。若虫的形态和习性与成虫相似，但体躯较小，生殖器官未发育成熟。如蝗蝻为蝗虫的若虫。

12. 稚虫

稚虫是指不完全变态类（半变态、原变态）昆虫的幼体。稚虫水栖，以鳃呼吸；成虫陆生，以气管呼吸；两者的形态和习性迥然不同。如蜻蜓目、蜉蝣目和襀翅目昆虫等的幼体。

13. 蝗蝻

蝗蝻是指蝗虫的幼虫。蝗蝻形似成虫而较小，头大，仅有翅芽。常成群吃水稻、小麦、玉米等禾本科作物。

14. 蛹

蛹是完全变态类昆虫由幼虫转变为成虫的过程中所必须经历的一个静止虫态，昆虫的蛹无需取食和活动，只是一个转化的时期，在这个阶段，外表看似平静的蛹其实体内进行着原有幼虫组织器官的破坏和新成虫组织器官形成的复杂的生理活动。根据蛹壳、附肢、翅与蛹体的接触情况，将蛹分为3类：离蛹、被蛹和围蛹。离蛹又称裸蛹，翅和附肢不贴附于蛹体上，可以活动，同时腹部节间也能扭动，脉翅目和毛翅目昆虫的蛹甚至可爬行或游泳。脉翅目、鞘翅目、毛翅目、广翅目、长翅目、膜翅目和鳞翅目小翅蛾科和毛顶蛾科的蛹属于离蛹。被蛹，翅和附肢都胶贴于蛹体上，不能活动，大多数腹节或全部腹节不能扭动。大多数鳞翅目、鞘翅目隐翅虫科和瓢虫科、双翅目直裂亚目的蛹属于被蛹，以鳞翅目的蛹最为典型。围蛹，双翅目环裂亚目幼虫将第3龄的蜕硬化为蛹壳，第4龄幼虫就在蛹壳里，成为不吃不动的前蛹，前蛹再蜕皮形成离蛹，而蜕下的皮又附加在第3龄幼虫的蜕内。由此可见，所谓围蛹，就蛹体来说是离蛹，只是蛹体被最后两龄幼虫的蜕共同构成的蛹壳包围而已。

15. 茧

茧是完全变态类昆虫蛹期的囊形保护物。通常由丝腺分泌的丝织成，如家蚕和蓖麻蚕的茧。地老虎的茧由泥土胶合而成，金龟子的茧由分泌的黏液和土组成，刺蛾的茧由分泌的钙质组成。

16. 成虫

成虫是昆虫个体发育过程中的性成熟的阶段。生殖器官发育完成，有繁殖后代的能力。除无翅亚纲昆虫外，有翅亚纲昆虫的成虫一般有翅两对。

17. 亚成虫

亚成虫是不完全变态类（原变态）昆虫发育过程中的一个特殊阶段。介于若虫（或稚虫）期和成虫期之间，形状似成虫，也有翅，经过一次蜕皮才变为成虫，如蜉蝣。

18. 羽化

羽化是昆虫由若虫或蛹，经过蜕皮，变化为成虫的过程。完全变态类昆虫，从蛹变化为成虫，身体组织经过复杂的变化，因而成虫的形态构造与蛹显著不同。

19. 化性

化性是昆虫在一年内发生代数多少的特性。在自然条件下，1年发生1代的称为一化性，发生2代的称为二化性，发生3代以上的称为多化性。

20. 滞育与休眠

滞育是指昆虫在其生活年史中生长发育或生殖暂时中止的生理现象。引起滞育的因素有光照、温度及食料等，其中以光照的作用最大，温度次之。滞育可分为专性滞育和兼性滞育。专性滞育1年只发生1代，不论外界条件如何，只要发育到滞育虫态就进入滞育状态，如大地老虎、大豆食心虫等。兼性滞育在不同地理区域的年生代数不同，但有一定的滞育虫态，如玉米螟在中国北部有1代区、2代区，直至广西南部为6~7代区，均以越冬世代的末龄幼虫滞育。兼性滞育的昆虫中，往往出现局部滞育，如年生2代的种蝇，第1、2代即可有部分蛹滞育，至第3代蛹全部滞育。

滞育与休眠不同，休眠由不利环境条件（主要是温度和湿度）引起，而可由适宜的条件来防止其发生，且可以迅速使它消除。滞育虽也由不利环境因素所引起，但一旦进入滞育后，必须经过较长的时间并要求有一定的刺激因素（主要是低温）再回到合适的条件下，才能重新继续生长发育。

21. 多型现象

多型现象是指同一种昆虫在形态构造和生活机能上表现为三种或更多种不同个体的现象。营群体生活的蜜蜂有蜂王、雄蜂和工蜂三种不同的个体；蚜虫分有翅和无翅，孤雌胎生和有性卵生等类型。

22. 季节型

季节型是指同一种昆虫在不同季节中所出现的不同形态和纹彩的个体。例如蛱蝶，春型的个体翅为红色，而秋型的个体则翅带黑色。将它的蛹放置在低温中就出现春型；放置在高温中就出现秋型；而放置在中间的各种不同温度下，则羽化为各种中间型。

23. 干母

干母是指初春由越冬卵孵出的第 1 代蚜虫。雌性，体肥大，是进行孤雌生殖的一种，无翅膀，活动能力弱，寄生在越冬寄主上。

24. 性母

性母是指产生营有性生殖个体（雌蚜和雄蚜）的 1 代蚜虫。

25. 蜜露

蜜露是蚜虫及蚧壳虫等从肛门排出的含糖的液体，用以招引蚂蚁等昆虫。一些真菌如锈菌的性孢子器和麦角菌的分生孢子时期也有蜜露，借此吸引昆虫为之传播。

26. 拟态

拟态是指某些昆虫在进化过程中形成的外表形状或色泽斑纹等与其他生物或非生物非常相似的状态，通常有隐蔽自己的作用。在昆虫中最为常见，如枯叶蝶的形状很像枯叶，尺蠖的样子像树枝，竹节虫的形状像竹节或树枝等。

27. 保护色

保护色是指昆虫身体在进化过程中形成的与环境相适应的色彩，通常有利于隐蔽自己。例如生活在青草里的蚱蜢为绿色，生活在枯草里的蚱蜢为黄褐色等。

28. 警戒色

警戒色是指某些有恶臭和毒刺的动物所具有的鲜艳色彩和斑纹，是动物在进化过程中形成的。通常会起到使敌害易于识别，避免遭到敌害攻击的作用。例如毒蛾的幼虫，大多有鲜艳的色彩和花纹，若被鸟类吞食，其毒毛会刺伤鸟的口腔黏膜，于是毒蛾幼虫的这种色彩即成为鸟的警戒色。此外，还有蜂类的黑白相杂的颜色、瓢虫的各种斑纹等，也都是警戒色。

29. 虫瘿

虫瘿是指植物组织遭受昆虫等生物取食或产卵刺激后，细胞加速分裂或异常分化而长成的一种畸形构造，呈囊状、球状或圆筒状。如蚜虫、蚧壳虫、象鼻虫、叶蜂、瘿蚊、卷叶蛾等，都可使植物产生虫瘿。我国盛产的五倍子，即由一类蚜虫（五倍子蚜）所造成。

30. 捕食

捕食是指一种生物取食另一种生物，以获得营养而维持生活的现象。前者称为捕食者，后者称为猎物。捕食者可使猎物的种群数量下降或降低其种群增长率，这是害虫生物防治的理论基础。从生物进化的观点考虑，因为较弱的和有病的猎物个体更容易被捕食，故捕食作用有利于健壮猎物种群的繁衍，这称为捕食作用对猎物的选择压效应。

31. 寄生

寄生是指一种生物生活于另一种生物的体内或体上，并摄取其体内物质以维持生存的现象。前者称为寄生物，后者称为寄主。寄生有两种情况：一种是寄生物比寄主小得多，如虱子寄生于哺乳类动物体上，且幼虫及成虫均在寄主体上取食和生活，直至完成发育而不直接引起寄主死亡，这是典型的寄生现象；另一种是寄生物的大小与寄主差不多或较小，如寄生蜂寄生于其他昆虫体内或体上，幼虫取食寄主体液或组织，并直接引起寄主死亡，成虫自由生活，也称拟寄生。

32. 食性

食性是指昆虫选择取食对象的习性。昆虫种类繁多，不同种类的昆虫食性不同。按其取食的食物的性质可分为植食性昆虫、肉食性昆虫和腐食性昆虫。植食性昆虫以植物为食，其中包括取食叶片的蝗虫等，潜于叶片上下表皮之间取食叶肉组织的潜叶蝇等，蛀入茎干内取食的螟虫、天牛等，生活于土壤中取食植物的地下部分的金龟甲幼虫等，在取食植物时使之畸形发展形成虫瘿的瘿蜂等，以吮吸口器吸食汁液的蚜虫等，取食真菌的菌丝体及孢子的食菌甲等。肉食性昆虫以动物为食，其中包括寄生于昆虫体上或体内的姬蜂等、肉食性步甲和瓢虫等。腐食性昆虫以死亡的有机物或腐烂物质为食。其中有以死亡的动物为食的皮蠹等，以动物排出的粪便为食的粪金龟等。

33. 复眼

昆虫的头部一般都有一对复眼，复眼由许多小眼组成，每只小眼都是六角形的，但这并不等于有多少只小眼就能看到多少花朵，而是每只小眼只能看见物体的一部分，整个眼睛看物体像一个拼凑物。这些小眼经过复杂的成像过程最后形成一个完整的图像，即一级成像和二级成像。一级成像每个小眼都形成一个倒立的图像，再经过二级成像，最后整个复眼形成一个完整的正立的图像。因此虽然小眼很多，但复眼看到的图像跟人看到的一致。小眼越多，复眼看到的图像越清晰，反之，看到的图像越模糊。不同昆虫，复眼的形状和大小也不同。如蜻蜓的复眼很大，天牛的复眼是肾形的，突眼蝇的复眼着生在头部两侧的柄状突起上，虽然不大，但能看清前后左右各个方向的物体。

34. 触角

触角是主要的感觉器官，具有嗅觉、触觉和听觉的功能，能够帮助昆虫寻找食物和配偶。昆虫的“鼻子”就长在触角上。触角的种类很多，是昆虫分类的依据之一。昆虫的触角的形状有多种，常见的有线状、念珠状、栉齿状、羽状、膝状、棒状、鳃状、具芒状、刚毛状。

35. 口器

口器是昆虫的取食器官。由头部的 3 对附肢特化成的上颚、下颚、下唇及上唇、舌组成。它与由咽喉或食窦组成的抽吸食物的唧筒或泵合称为摄食器。在长期进化过程中，为了适应各种不同的食物对象，昆虫的口器结构发生了各种演化。口器类型可分为五大类：咀嚼式口器、刺吸式口器、虹吸式口器、舐吸式口器、嚼吸式口器。其中咀嚼式口器是最原始的，其他类型均由咀嚼式口器演化而来。口器类型的分化扩大了食物范围，这也是昆虫数量巨大的一个原因。

36. 咀嚼式口器

咀嚼式口器是适于嚼碎并取食固体食物的一类口器，是昆虫口器最原始的类型。此种口器为无翅亚纲和有翅亚纲的襀翅目、直翅目、脉翅目、鳞翅目、鞘翅目及部分膜翅目昆虫所具有。咀嚼式口器各部变化很大，鳞翅目幼虫上颚很发达，下唇、下颚及舌愈合成一个复合体，端部形成吐丝器。脉翅目幼虫上颚多呈镰刀状，内侧具深沟，与位于内方的、外侧具沟的下颚外颚叶嵌合，形成特殊的食物道，用以吮吸其他昆虫体液。蜻蜓目幼虫的下唇前颏和后颏延长且有十分发达的肌肉，成为捕捉器官。

37. 刺吸式口器

刺吸式口器是能刺破动植物组织并从中吸取汁液的一类口器。上颚及下颚的一部分特化成细长的口针，下唇延长成喙。食窦与咀嚼式口器部位相同，只是扩大成筒状，并有强大的背扩肌，借以形成抽吸液体食物的唧筒。唾管端部形成唾唧筒，为同翅目、半翅目及一部分双翅目昆虫所特有。

38. 虹吸式口器

虹吸式口器是适于吮吸花蜜、果汁等液态食物的口器。为鳞翅目昆虫所特有。下颚的外颚叶延长，形成能卷曲并富有弹性的长喙。外颚叶的横切面呈弦月形，腔内充满血液。其中有气管、神经及沿外颚叶壁斜伸的短肌，左右两外颚叶在背腹面衔接凑合成喙，形成食物道。除了末端的孔和口腔基部的开口外，喙腔是密封的，只能纵向滑动。抽吸机构就是食窦-咽喉唧筒，口位于喙基部。平常喙蜷缩在两下唇须间，取食时，喙伸肌收缩，迫使部分血液涌入外颚叶腔，喙因而伸展，液体食物由喙的开口吸入食物道而后入口，当喙伸肌放松时，外颚叶内肌收缩，血液由外颚叶向后流，喙遂卷曲。

39. 舐吸式口器

舐吸式口器是适于舐吸液体食物的口器，为家蝇、花蝇、食蚜蝇等蝇类所特有。双翅目环裂亚目中若干蝇类无上颚、下颚（仅留有下颚须），主要为一个由下唇形成的粗短的喙，喙由基喙、中喙或吸喙组成，后者末端分成二瓣，为端喙即唇瓣。基喙是头壳的一部分，大部膜质，前壁有马蹄形的唇基及一对不分节的下颚须。下唇的前颏形成中喙，前壁凹陷成唇槽，后壁骨化为唇鞘。唇瓣由两个大椭圆形瓣组成，可做前、后活动或展开成盘，两唇瓣间的基部有一个小孔，称为前口，真正的口位于喙基部。唇瓣的腹面为膜质，上面排列有规则的环沟，又称拟气管；每个唇瓣上的环沟通到一条通向前口的纵沟或直接通至前口。环沟由无数的骨化环组成，每环两端间形成空隙。上唇为一长形骨片，内壁凹陷，基部由两根上唇内骨支接。舌呈刀片状，紧贴在上唇下，二者闭合成食物道；唾道由舌内通过。蝇类只有食窦唧筒，在唧筒的侧缘与唇基两边向内折入的唇基脊愈合，形成一个特殊的蹬器。取食时，二唇瓣展开平贴在食物上，液体和微粒食物通过骨化环的空隙进入环沟，流入前口而后进入食物道；略大的食物不经环沟，直接进入前口或以前口边缘的齿挤碎后进入前口。

40. 嚼吸式口器

嚼吸式口器是具咀嚼和吮吸食物两重功能的口器。上颚具咀嚼功能，下颚及下唇特化组成的喙具吮吸功能。这种口器为部分高等膜翅目昆虫所特有。其中上唇和上颚与咀嚼式口器的相似，发达的上颚主要用于咀嚼花粉和筑巢；下颚的外颚叶甚为发达，呈刀片状，下颚须和内颚叶较退化；下唇细长，下唇须与中唇舌延长，侧唇舌较小。

41. 足

昆虫的胸足原是适于陆生的行走器官，但在各类昆虫中，因为生活环境和生活方式的不同，足的功能有了相应的改变，使足的形状和构造发生了多样化的演变。昆虫的足大概分为以下几种：步行足、开掘足、跳跃足、捕捉足、游泳足、携粉足、攀缘足。

42. 翅

昆虫是无脊椎动物唯一有翅的一类。飞翔给昆虫在觅食、求偶、避敌和扩大分布等方面带来了很大的好处。通常昆虫的两对翅均为膜质且都用于飞翔，如果翅面上无明显的毛和鳞片，此类翅称为膜翅。如果翅边缘有长缨毛，则称为缨翅。翅面上有毛的称为毛翅。翅面布满鳞片的称为鳞翅。有些种类昆虫的前翅特化为保护器官，如大部分直翅类和同翅类昆虫的前翅加厚而成为复翅。半翅目昆虫前翅的基部不同程度革质化而称为半翅。甲虫的前翅高度角质化而称为鞘翅。在双翅目昆虫中，后翅特化为平衡棒。

43. 平衡棒

平衡棒是指蚊、蝇等双翅目昆虫，后翅退化而成的细小的棒状物。在飞行时有定位和调节平衡的作用。捻翅目昆虫雄虫的前翅退化成细小的棒状物，称作“假平衡棒”，以与双翅目昆虫的平衡棒相区别。

44. 翅脉

翅脉是指昆虫翅上纵行和横行的脉，由胚胎时气管分布到翅的内部而形成。纵脉有前缘脉、亚前缘脉、径脉、中脉、肘脉、臀脉等；横脉有肱横脉、径横脉、径总横脉、径中横脉、中横脉、中肘横脉等。翅脉有一定的形式、数目及分布等特点，称为“脉序”。

45. 脉序

脉序是指昆虫翅上纵行和横行的翅脉，有一定的形式、数目及分布等特点。脉序因昆虫的种类不同而差异颇大，为昆虫分类的重要依据之一。

46. 螫针

螫针是有些膜翅目昆虫（蜜蜂、胡蜂等）尾部有螫刺作用的一种构造。螫针由产卵器变成。连接毒腺，分泌毒液，可将毒液注入被刺动物体内。因螫针有倒生刺，不易拔出，当螫刺时，有时可致腹部内脏器官随之拔出，蜂亦死亡。

47. 二名法

二名法又称双名法，是瑞典生物学家林奈创立的。在生物学中，双名法是为生物命名的标准。每个物种的学名由两个拉丁词或拉丁化形式的词构成，即属名和种名。第一个是属名，是主格单数的名词，第一个字母大写；后一个是种名，常为形容词，须在词性上与属名相符。在书写上，生物种名通常以斜体字或下划线以示区别。在科学文献的印刷出版时，属名首字母须大写，种名则全为小写。在印刷时使用斜体，或在学名下加底线表示，手写时一般要加双下划线。双名法系统已经在动物学、植物学、细菌学等生物领域中广泛应用。

48. 物种

物种也简称为“种”，是指具有一定的形态、生理特征及一定的自然分布区的生物类群，也是生物分类的基本单位。一个物种中的个体一般不与其他物种中的个体交配，或交配后一般不能产生有生殖能力的后代。

49. 亚种

亚种是指一个物种内的个体由于在地理和生殖上出现了充分的隔离之后所形成的群体。亚种之间有各自的分布范围，在形态、生理特征等方面也有一定的差异。亚种在昆虫分类上属于物种以下的分类单位。

50.《中华人民共和国野生动物保护法》

《中华人民共和国野生动物保护法》是我国于1988年颁布的，是国家对珍贵、濒危的野生动物实行重点保护的法律。国家重点保护的野生动物分为Ⅰ级和Ⅱ级，共有400多种，一般都是数量稀少的、分布局限的、濒于灭绝的或者是我国特有的、珍贵的或几个方面兼而有之的野生动物，原则上禁止猎捕。

51.《国家保护的有益的或者有重要经济、科学研究价值的陆生野生动物名录》

2000年国家林业局发布了《国家保护的有益的或者有重要经济、科学研究价值的陆生野生动物名录》（简称“三有名录”），并自发布之日起施行。“三有名录”包括哺乳动物、鸟类、两栖动物、爬行动物和昆虫五大类，共计1 591种，其中昆虫包括17目72科120属110种，不包括《国家重点保护野生动物名录》中已确定的种类。

由于国家重点保护的野生动物只占我国野生动物资源很少的一部分。除此之外，我国还有许多野生动物在维护生态环境中具有不可替代的作用，并且同样是国民经济可持续发展的重要自然资源，或者具有较大的科研价值。“三有名录”就是为了使这部分野生动物资源得到保护而发布的。

52.《濒危野生动植物种国际贸易公约》

《濒危野生动植物种国际贸易公约》于1973年3月3日在美国首都华盛顿签署。这是一项在控制国际贸易、保护野生动植物方面具有权威、影响广泛的国际公约，其宗旨是通过许可证制度，对国际野生动植物及其产品、制成品的进出口实行全面控制和管理，以促进各国保护和合理开发野生动植物资源。

《濒危野生动植物种国际贸易公约》将其管辖的物种分为三类，分别列入三个附录中，并采取不同的管理办法。其中附录Ⅰ包括所有受到和可能受到贸易影响而有灭绝危险的物种，附录Ⅱ包括所有目前虽未濒临灭绝，但如对其贸易不严加管理，就可能变成有灭绝危险的物种；附录Ⅲ包括成员国认为属其管辖范围内，应该进行管理以防止或限制开发利用，而需要其他成员国合作控制的物种。

经国务院批准，我国于1980年12月25日加入了这个公约，并于1981年4月8日正式生效。因此，我国不仅在保护和管理该公约附录Ⅰ、附录Ⅱ中所包括的野生动植物种方面负有重要的责任，而且我国《国家重点保护野生动物名录》中所规定保护的野生动物，除了公约附录Ⅰ、附录Ⅱ中已经列入的以外，其他均隶属于附录Ⅲ。为此我国还规定，该公约附录Ⅰ、附录Ⅱ中所列的原产地在我国的物种，按《国家重点保护野生动物名录》所规定的保护级别执行，非原产于我国的，根据其在附录中隶属的情况，分别按照国家Ⅰ级或Ⅱ级重点保护野生动物进行管理。例如，黑熊在《濒危野生动植物种国际贸易公约》中被列在附录Ⅰ中，但在《国家重点保护野生动物名录》中被列为Ⅱ级重点保护野生动物，所以应按国家Ⅱ级重点保护野生动物进行管理；又如非洲鸵鸟并非原产于我国，但被列入《濒危野生动植物种国际贸易公约》附录Ⅰ中，所以应按国家Ⅰ级重点保护野生动物进行管理。

53.外来物种和外来入侵物种

外来物种是指在一定的区域内，历史上没有自然分布，而是直接或间接被人类活动所引入的物种。当外来物种在自然或半自然的生境中定居并繁衍和扩散，因而改变或威胁了本区域的生物多样性、破坏了当地环境和经济甚至危害人体健康的时候，就成了外来入侵物种。外来物种成功入侵后，会压制或排挤本地物种，形成单一优势种群，危及本地物种的生存，导致本区域生物多样性的丧失，破坏当地的环境、自然景观及生态系统，威胁农林业生产和交通业、旅游业等，危害人体健康，给人类的经济、文化、社会等方面造成严重损失。

54. 外来入侵物种的特点

外来入侵物种主要表现有“三强”：一是生态适应能力强，辐射范围广，有很强的抗逆性。有的能以某种方式渡过干旱、低温、污染等不利条件，一旦条件适合就开始大量滋生。二是繁殖能力强，能够产生大量的后代或种子，或繁殖世代较短，特别是能通过无性繁殖或孤雌生殖等方式，在不利条件下产生大量后代。三是传播能力强，有适合通过媒介传播的种子或繁殖体，能够迅速大量传播。有的植物种子非常小，可以随风和流水传播到很远的地方；有的种子可以通过鸟类等其他动物远距离传播；有的物种因外观美丽或具有经济价值，而常常被人类有意地传播；有的物种则与人类的生活关系紧密，很容易通过人类活动被无意传播。

55. 外来物种入侵的途径

外来物种入侵的途径主要有：有意识引入、无意识引入和自然入侵。有意识引入主要是出于农林牧渔生产、美化环境、生态环境改造与恢复、观赏、药用等方面的需要，但有的物种最后就可能“演变”为入侵物种。无意识引入主要是随贸易、运输、旅游、军队转移、海洋垃圾等人类活动而无意中传入新环境的。自然入侵主要是靠物种自身的扩散传播力或借助于自然力而传入新环境。

56. 外来物种入侵的防治

外来物种入侵的防治需要长期坚持“预防为主，综合防治”的方针，要科学、谨慎地对待新物种的引入，同时保护好本地生态环境，减少人为干扰。在加强检疫和疫情监测的同时，把人工防治、机械防治、农业防治（生物替代法）、化学防治、生物防治等技术措施有机结合起来，控制其扩散速度，从而把其危害控制在最低水平。

人工或机械防治是指适时采用人工或机械对外来物种进行砍除、挖除、捕捞或捕捉等。农业防治是指利用翻地等农业方法对外来物种进行防治，或利用本地物种取代外来物种。化学防治是指利用化学药剂对外来物种进行处理，如用除草剂等杀死植物外来物种。生物防治主要是通过引进病原体、昆虫天敌等来控制外来物种，因具有专一性强、持续时间长、对作物无毒副作用等优点，越来越引起人们的重视。

57. 检疫

在自然界中，动物、植物和动植物病、虫等的分布有一定的地区性，它们中的许多种类，包括动植物体上携带的危害性病、虫可以随动植物及其动植物产品的传播而蔓延。这些动植物及它们携带的病、虫害进入新地区后能生存、繁衍，甚至往往因新地区的气候环境条件更适宜而迅速蔓延，造成严重危害，给人类和自然生态环境带来巨大损害。因此出入境如果携带了动植物、动植物产品要依法向检疫机关申报，进行检疫，不合格者不得出入境。若不申报则视为违法行为，会在没收携带物的基础上处以罚款。

58. 栖息地

昆虫的栖息地是指能够维持昆虫的生存和繁衍所必需的条件的地方，如海洋、河流、森林、草原和荒漠等。每一种昆虫都在身体结构和生活方式等方面对它的栖息地具有特殊的适应性，栖息地的恶化将导致有关昆虫的分布区缩小甚至物种灭绝。因此，昆虫保护的一个重要工作就是保护昆虫的栖息地。

59. 珍稀濒危物种

珍稀濒危物种泛指珍贵、濒危或稀有的野生动植物，其中包括许多昆虫。所谓濒危物种，是指由于物种自身的原因或受到人类活动或自然灾害的影响而有灭绝危险的野生动植物。栖息地的人为破坏和过度捕杀是导致昆虫处于濒危状态的主要原因。

60. 资源昆虫

资源昆虫是指昆虫的产物（分泌物、排泄物、内含物等）或虫体本身可为人类所利用，有一定的经济或社会价值，种群数量具有资源特征的一类昆虫，其应用已涉及化工、军工、电子、服饰、食品、医药、农业、林业、环保和民族文化等多个领域。我国昆虫种类繁多，资源丰富，已知昆虫种类有 20 多万种，其中有许多种类是可以利用的可贵资源。随着科学技术的进步和人类对昆虫研究与认识的深入，众多的有益昆虫或变害为益的种类，将会成为能造福于人类的可管理的自然资源。

61. 工业原料昆虫

目前已知的可作为工业原料的昆虫有 40 余种，这些昆虫在生活中产生的分泌物、丝、蜡等物质可作为工业原料进行加工或生产，如产丝昆虫（家蚕、天蚕）、产胶产蜡昆虫（紫胶虫、白蜡虫）、产单宁及色素类昆虫（五倍子蚜、胭脂虫）等。传统产业有家蚕类绢丝昆虫产业及紫胶虫生产紫胶、白蜡虫生产虫蜡、五倍子蚜生产单宁的虫源化工产业。待开发的产业有从昆虫内提取工业用酶制剂，从萤火虫中提取荧光素酶用于检测医疗器械污染，从白蚁中提取纤维素水解酶用于轻工及食品加工等。

62. 食用昆虫

昆虫体内含有丰富的蛋白质，是重要的动物蛋白来源。人类食用昆虫的习俗可以追溯到几千年前，世界上许多国家和地区的人们都有食用昆虫的习俗，在全世界已确定出的 3 650 多种可供食用的昆虫中，我国约有 177 种，隶属 11 目 54 科 96 属。

63. 饲用昆虫

除少数有剧毒的昆虫种类外，很多昆虫都可经收集、加工后作为家禽家畜的饲料或饲料的添加物，这些昆虫称为饲用昆虫。

64. 药用昆虫

药用昆虫是指以虫体或其产物直接用于治疗疾病或保健的昆虫。昆虫药用有的是利用其体内的活性激素，或是利用其所含的氨基酸、毒素、嘌呤、生物碱、蛋白质及脂肪等。我国传统中药中使用不少昆虫作为配方直接入药，如冬虫夏草、斑蝥、芫菁、蜚蠊、地鳖虫、僵蚕、洋虫、胡蜂、蝉蜕、虻虫、螳螂、蟋蟀、蝼蛄、蚂蚁、桑螵蛸等。

65. 传粉昆虫

凡在采蜜的过程中对异花授粉的植物有传粉作用的昆虫即称为传粉昆虫。现已知的传粉昆虫有 300 余种，如蜜蜂、壁蜂、切叶蜂、熊蜂等。显花植物中有 85% 为虫媒授粉、10% 为风媒授粉、5% 为自花授粉。昆虫传粉不仅推动了被子植物的起源和发展，也对农林业生产及野生的显花植物的繁殖有重要意义。目前，我国许多地方已利用授粉昆虫来提高果树、大棚蔬菜、瓜果、大田作物的产量，改善农产品的质量，改良种子以提高其后代的活力。

66. 观赏昆虫

观赏昆虫是指能够以其虫体、工艺品美化人们生活的昆虫。我国可利用的工艺、观赏昆虫达 400 多种，常见的有蝴蝶类、鸣虫类、甲虫类等。这些昆虫是历代诗人墨客吟诗作画的题材，也可养蟋观斗、饲养蝈蝈听鸣、欣赏漂亮的蝴蝶和甲虫，以及利用它们作为装饰品等。还可以观赏昆虫为题材发展旅游业。

67. 环境监测昆虫

某些能够在监测环境质量变化过程中作为指示生物的昆虫称为环境监测昆虫，而那些能清除环境中的腐殖质、垃圾及动物尸体的腐食性及肉食性昆虫则属于生物垃圾清理昆虫。世界各国主要以昆虫作为水体环境监测的指示生物，涉及的昆虫类群包括蜉蝣目、襀翅目、蜻蜓目、毛翅目、广翅目及部分双翅目、鞘翅目、膜翅目、半翅目、鳞翅目、弹尾目、直翅目等。

生物垃圾清理昆虫则可以作为土壤环境监测的指示生物，该类昆虫有 100 余种，常见的有埋葬虫、阎甲、隐翅虫、皮蠹、蜣螂、粪金龟等。这类昆虫或以动物尸体为食，或嗜腐殖物、人畜及家禽粪便，它们可以净化环境、加速其所在生态系统的物质循环。

68. 生物材料昆虫

生物材料昆虫是指可作为生物材料或生物指示材料进行生物技术研究的昆虫，包括那些用来进行仿生、遗传研究、杀虫剂效果测定研究等，通过细胞工程或基因技术生产特种制剂，以及作为医学研究或法医鉴定等用途的昆虫。如果蝇等可用于遗传研究，黄粉虫、蚜虫、棉铃虫、黏虫等可用于测定杀虫剂的药效，某些昆虫体细胞经过培养后可作为生物反应器增殖昆虫病毒、生产生物农药，某些尸食性或腐食性昆虫可作为法医鉴定中的依据，某些昆虫干细胞可用于外源基因表达的载体而替代大肠杆菌。

69. 储粮昆虫

储粮昆虫是发生于储粮及其环境或其相关产品的场所中的一类昆虫，包括直接取食和危害储粮及其产品或间接有关的害虫及其天敌。储粮昆虫大多体小、色暗，种类多，且活动隐蔽，使其存在与活动不易被发现，因而危害比较严重。

70. 天敌昆虫

寄生或捕食其他昆虫的昆虫即天敌昆虫。它们是控制农林害虫的自然力量。害虫的天敌昆虫有 1 000余种，隶属 7 目 70 余科，常见的有瓢虫、螳螂、草蛉、赤眼蜂、茧蜂、胡蜂、寄蝇等。虽然可以用来防治害虫的天敌昆虫种类很多，但有产业开发价值的并不多，可以工厂化生产出售的约 40 种，主要是草蛉、瓢虫、食虫椿象、钝螨、姬蜂、小蜂及赤眼蜂。

71. 生物防治

生物防治是利用有益生物或其他生物来抑制或消灭有害生物的一种防治方法。它利用了生物物种间的相互关系，以一种或一类生物抑制另一种或另一类生物。它可以分为利用微生物防治、利用寄生性天敌防治和利用捕食性天敌防治三种类型。其中后两者利用天敌防治有害生物的方法，应用最为普遍。生物防治的最大优点是不污染环境，不影响人类健康，具有广阔的发展前景。

72. 法医昆虫学

法医昆虫学是一门特色鲜明的新型交叉性学科，利用昆虫学的理论和方法，研究和解决法医学实践中与昆虫相关的问题。在实践中，法医昆虫学与法医病理学、法医毒理学、昆虫生理学、昆虫分类学及昆虫生态学等分支学科有着广泛的交叉和联系。由于法医昆虫学的研究对象和目的通常与法医案件有关，用来帮助澄清案件事实真相，揭露犯罪，故也有学者称其为犯罪医学昆虫学。广义的法医昆虫学包含 3 个方面：①与建筑物害虫、居室害虫、庭院害虫有关的部分，邻里间因施用农药而引起的纠纷也包括在内；②与仓储害虫有关的部分，因商品中存在不应有的昆虫而引起的纠纷也包括在内；③与谋杀、自杀、强奸、虐待等有关的部分，即利用昆虫学知识对暴力犯罪、意外死亡等做出科学的分析判断，为侦查提供线索，为审判提供证据。

73. 法医昆虫

狭义的法医昆虫指的是与尸体有关的节肢动物门昆虫纲的动物类群，包括陆地、水体或其他环境中存在的与尸体有直接或间接关系的昆虫种类。广义的法医昆虫还包括除昆虫纲以外的其他节肢动物类群，如蛛形纲（蜘蛛类、蜱类、螨类）、重足纲（马陆）、甲壳纲（虾、蟹）等，其中螨类分布广泛，与人类生活关系密切，也是实际案件中经常涉及的类群。有些昆虫类群与尸体的关系尚不明确，会因为偶然因素出现在案件现场或尸体周围，这些种类的昆虫通常会被忽视，但更为严谨的做法应该是将这些昆虫尽可能地进行收集和整理，留待进一步研究，以免遗漏重要信息。

74. 嗜尸性昆虫

嗜尸性昆虫主要是指幼虫期以尸体为食的昆虫种类，但多数嗜尸性昆虫都是杂食性的，在有尸体的时候以尸体为食，在无尸体时则以动物粪便或其他腐败物为食。嗜尸性昆虫在尸体上的生活规律，表现为卵—幼虫—蛹—成虫的发育规律。法医昆虫学通过嗜尸性昆虫在尸体上的生活规律及其遗留在现场的相关信息推测死亡时间、死亡地点、死亡原因等内容，为侦查命案提供科学依据。

75. 卫生害虫

卫生害虫是指那些可对人类健康造成直接或间接危害、影响人们正常生活的所有节肢动物，包括昆虫纲的蚊、虻、蠓、蚋、白蛉、蝇、蟑螂、跳蚤、虱、臭虫和蛛形纲蜱螨亚纲的蜱类、革螨、恙螨、疥螨、蠕形螨、粉螨、蒲螨等。卫生害虫对人体进行的伤害分为直接危害和间接危害。直接危害包括骚扰和吸血、螫刺和毒害、使人体过敏、寄生引起疾病。间接危害是指卫生害虫携带病原体传播疾病。

76. 有毒昆虫

某些昆虫，由于其体内存在某种物质，当以一定的途径接触人体或进入人体后，因其固有化学性质所发生的作用，并累积到一定程度时，会造成人体机能减弱或受损害、器官组织出现病变，使得健康受损或死亡，这类昆虫我们就称之为有毒昆虫。昆虫分泌或释放毒液攻击人类或其他动物是保护自己的一种方式，其中较为大家所熟知的有蜂、椿象、毒蛾、芫菁、放屁虫、刺蛾、隐翅虫等。

第二章　原尾目

原尾目昆虫通称为螈或原尾虫，是一类体型微小的无翅昆虫。它们是昆虫纲中较原始的类群，起源很早，很可能与蛛形类、综合类、甲壳类等节肢动物具有共同的早期祖先。它们的成虫和若虫除大小外在外表上极为相似，但腹部体节的数目随蜕皮而逐渐增多，初孵化时只有 9 节，成虫腹部分 12 节，末节有完整的背板与腹板，近腹部后端分别有雌性或雄性外生殖器。这种变态类型称为增节变态，是一种最原始的变态类型，昆虫纲中只有原尾目属于这一类型。原尾目昆虫分布很广，一般为陆栖。成虫、若虫均行动缓慢，喜欢生活在终年潮湿阴暗而富有有机质的环境中，如土壤、泥炭、砖石下面，树皮内或林地落叶层、树根、苔藓附近以及腐殖质泥土中。以腐木、腐败有机质、菌类等为食。

中华多腺蚖

中华多腺蚖隶属于原尾目、檗蚖科。体长 1 160~1 125 μm，半透明淡黄色向腹部后端逐渐加深呈橘黄色。头卵圆形，缺触角；但具假眼 1 对；口器向头前伸出成短喙；颚腺基部三分支，在萼部的基端汇合，这是原尾虫特有的特征，本属因而得名。胸部 3 节各具胸足 1 对，前胸足跗节长大，大约为 100 μm，其背面和内、外侧面生有形状不一的感觉器，可以替代触角的功能；末端生爪和爪垫。腹部 12 节，前 3 节腹面各生腹足 1 对，第 1 对腹足 2 节，第 2、3 对腹足仅 1 节。胸、腹部毛序和第 8 腹节背板两侧的栉梳都是鉴别种类的特征。在成虫腹部近后端生有形状特殊的雌、雄外生殖器。若虫 5 龄。1 龄若虫腹部仅 9 节，口器和腹足不发达；2 龄若虫肛器和腹足发达，腹部仍为 9 节；3 龄若虫腹部 10 节，4 龄若虫腹部 12 节；5 龄为成虫前期，其后再蜕皮变为成虫。1 年可发生数代，多以成虫越冬。原尾虫为增节变态类型，共分前幼虫期（腹部 9 节）、第 Ⅰ 幼虫（腹部 9 节）、第 Ⅱ 幼虫（腹部 10 节）、童虫（腹部 12 节，但无外生殖器）和成虫等 5 个时期。

中华多腺蚖分布于浙江（杭州），为我国特有物种。严禁一切破坏栖息地的违法乱纪行为，才有可能保护这个物种。

红华蚖

红华蚖隶属于原尾目、华蚖科。全长 1 200 ~ 1 500 μm。虫体色泽鲜艳，呈褐红色。表面骨化极强，形成坚硬的外骨骼，而且在头部和各胸、腹节被有多块复瓦状的栉片，其后缘常为锯齿状，使其外观很像鞘翅目幼虫。头略呈长三角形，两侧生有 1 对宽大的、具有十数条线纹的假眼。在中胸和后胸背板两侧各有 1 对气孔。胸足 3 对，前胸足跗节上的感觉器均为较短的棒状。成虫腹部 12 节，前 3 节生腹足 3 对，第 1 对腹足 2 节，第 2、3 对腹足均为 1 节，各生 2 根刚毛。红华蚖的胸、腹部毛序及雌、雄性外生殖器均与其他各科不同。若虫 5 龄。1 龄若虫腹部仅 9 节，口器和腹足不发达；2 龄若虫肛器和腹足发达，腹部仍为 9 节；3 龄若虫腹部 10 节；4 龄若虫腹部 12 节；5 龄为成虫前期，其后再蜕皮变为成虫。1 年可发生数代，多以成虫越冬。红华蚖为我国亟待保护的珍稀物种。1965 年本种在上海佘山被发现，由于它的特征与已知原尾虫全然不同，从而建立了华蚖科，同时该科的系统分类地位就成为当时国际上有关学者讨论的热点。经过了近 20 年在比较精子学、亚显微形态学及胚后发育等方面的研究和讨论后，现已得到国际上一致首肯的结论，即华蚖不是原始的类群，而是高度特化的一个类群。但是由于上海佘山开放成旅游中心后，原来的华蚖栖息地完全被破坏。严禁一切破坏栖息地的违法乱纪行为，才有可能保护这个物种。

九毛古蚖

九毛古蚖隶属于原尾目、古蚖科。全长600~900 μm，活体呈半透明的草黄色或象牙白色，表皮骨化较弱。头呈卵圆形，缺触角，假眼较小。前胸足细长，向头前伸出；前跗节长54~58 μm，爪长约10 μm；其背面和外侧面的感觉器有鼓槌形、匙形、棍棒形等不同形状，而且长短也很悬殊。中胸和后胸背板各生气孔1对。成虫腹部12节，3对腹足均为2节，各生5根刚毛。第8腹节的腹板刚毛式为2/9，与已知200多种古蚖的刚毛式为0/7或2/7者均不同。若虫5龄。1龄若虫腹部仅9节，口器和腹足不发达；2龄若虫肛器和腹足发达，腹部仍为9节；3龄若虫腹部10节；4龄若虫腹部12节；5龄为成虫前期，其后再蜕皮变为成虫。1年可发生数代，多以成虫越冬。九毛古蚖分布于辽宁、江苏、上海、安徽、江西。自20世纪初首次发现原尾虫以来，直到20世纪80年代初，西方的学者们都认为有气管系统的古蚖是最原始的一个类群，但是我们发现古蚖的前幼虫是没有气孔和气管系统的，它的精子是缺鞭毛、少顶体的高度特化的扁盘状，是高度特化的类型。严禁一切破坏栖息地的违法乱纪行为，才有可能保护这个物种。

第三章　双尾目

双尾目昆虫通称铗尾虫、双尾虫，以腹部末端有 1 对显著的尾须或尾铗而得名。体型细长而扁平，白色或灰色，体长一般在 20 mm 以内，最大的可达 49 mm。变态类型为表变态，是比较原始的变态类型。其若虫和成虫除体躯大小和性成熟度有差异外，在外形上无显著差异，腹部体节数目也相同。可生存 2~3 年，每年蜕皮多至 20 次，一般第 8 至第 11 次蜕皮后可达到性成熟。但成虫期一般还要继续蜕皮。卵聚产，多至 40 粒，以一个共同的卵柄悬挂在土穴的上方，但有些种每粒卵都有一个柄。双尾目昆虫分布极广，多生活在砖石下、枯枝落叶下或土壤等潮湿荫蔽的环境中，极怕光，行动活泼。以活的或死的植物、腐殖质、菌类或小动物等为食。

伟铗虮

伟铗虮是一种大型昆虫，成虫长而宽厚，体长约 4. 7 mm，最宽处为 5. 57~8. 64 mm，没有翅，没有复眼和单眼。头为黄色，呈梯形，前窄后宽。身体分节，胸部和腹部 1~7 节的背面为灰色，腹面为黄色。触角较长，呈丝状，一般有 48~49 节，除基部数节有少数大毛外，多为小毛。尾长5. 2 mm，尾铗粗壮而长。腹部 11 节，第 1~7 腹节腹面各有 1 对针突；腹末有 1 对尾须或尾铗，线状分节或呈钳状，无中尾丝。伟铗虮其若虫和成虫除体躯大小和性成熟度有差异外，在外形上无显著差异，产下的卵呈卵圆形或球形。这种昆虫栖息在土壤或潮湿的石块、木段、树皮及落叶下，以腐殖质、菌类和微小动物为食。伟铗虮因在我国分布区域十分狭窄，国内仅分布于四川省乡城县，且数量稀少，被列为国家Ⅱ级保护动物，但偷采、非法买卖伟铗虮的犯罪现象时有发生。

第四章　缨尾目

缨尾目昆虫通称衣鱼、家衣鱼（以其腹部末端具有缨状尾须及中尾丝而得名）、石蛃（因该类昆虫具有原始的上颚而得名），为中、小型原始无翅的昆虫。口器为咀嚼式。变态类型为表变态，也是一类比较原始的变态类型。其幼虫和成虫除体躯大小和性成熟度有差异外，在外形上无显著差异，腹部体节数目也相同，但成虫期一般还要继续蜕皮，有的多达 19~58 次。卵单产或聚产，产在缝隙或产卵器掘出的洞中。缨尾目昆虫大多栖息在湿地、石下、树皮下、苔藓间、岩石上以及砖石下面、瓦砾堆中或土壤中，少数生活在室内，也有些种类栖息于白蚁巢中。体色与栖息环境相似，活泼、善跳，受惊后常跳跃。主要以藻类、地衣、苔藓、植物碎屑等为食。还有的生活于室内的书籍、衣物、丝绢品之间，或生活在厨房附近，夜间活动，以书籍、衣物、淀粉物质等为食，有的还传播细菌。

毛衣鱼

毛衣鱼隶属于缨尾目、衣鱼科。体长 9~13 mm，扁长圆锥形，体型狭长，背腹扁平。全体柔软，体表常被有鳞片和毛。触角长，丝状，在 30 节以上。上颚有 1~2 个关节突与头部相连。有大的复眼，有的种类两复眼在内面接触。足跗节 2~4 节，石蛃科的跗节 3 节，且中、后足基节各具 1 个针突。腹部 11 节，末端有 1 对长且多节的尾须和 1 条由第 11 节特化而成的中尾丝；腹部 2~9 节中具有刺突若干对。各节有 1~2 对突胞，针突和突胞的数目因种类而异。雌虫产卵器发达。毛衣鱼分布于中国大部分地区。为害谷物、油料、中药材、纸张、档案、布匹、丝、棉、毛、衣物等。在室内场所常见，几乎与人类生活在一起，甚至有时候会生活在人的身体上，所以，在有些犯罪现场或者人的身体上有可能出现它的踪迹，可以此作为破案的线索之一。

衣鱼

衣鱼又名白鱼、蛃鱼、壁鱼、蠹鱼。隶属于缨尾目、衣鱼科。是一种药用昆虫。体长而扁，长约 10 mm，体上披银灰色鳞片。头前下方和侧下方有密集的银白色长毛。复眼大而突出，由许多小眼聚积而成，棕黑色。单眼退化。触角细长，超过体躯之半，由 30 节以上丝状环节构成。口器外口式，适于咀嚼，下唇须 4 节。胸部是体躯最宽阔的区域，有气门 2 对，两侧有长毛，无翅。足 3 对相似，跗节 3 节，并有爪 1 对。腹部有完整的环节 10 节，后端环节较前端环节小；有气门 2 对，背板上各具 2~3 根簇生刚毛。第 11 腹节特化为中尾丝。尾须 1 对，等长。腹板上有 1 对腹刺。足基部无刺突。尾须由第 10 腹节突出，由 50 节以上的环节构成。

衣鱼习性极多变化，栖息在树叶、石块、树干、青苔下等湿润处和蚁、白蚁的巢中，以及房屋厨房及火炉周围等处。食性为杂食性，大部分为植食性，取食干燥或腐败植物、菌类、地衣、苔藓等。房屋中居住的则取食各种食物、糨糊、胶质及纸张、书籍，以及有淀粉的衣服、丝绸及人造丝等。成虫产卵于缝隙中。幼虫最初 2 龄缺鳞片，在热带地区不需 1 年而成熟为成虫，但在温带地区则需 2 或 3 年完成一世代。

衣鱼含蛋白质、肽类、氨基酸、脂类、甾类。干燥全体入药。有祛风、散结、明目、利尿的功能。

在药用昆虫生产和养殖基地，以及药用昆虫及衍生物加工厂有可能会发生因经济利益而进行的盗窃、抢劫等犯罪活动，在医院、药店、中医诊所、药材批发市场等犯罪现场也有可能出现它的踪迹。

第五章　蜉蝣目

蜉蝣目昆虫通称蜉蝣，具有古老而特殊的性状，是最原始的有翅昆虫。体型较小或中等，细长，体壁柔软。口器为咀嚼式，因成虫不取食，没有咀嚼能力，上颚退化消失，下颚也退化，常有下颚须。变态类型为原变态，一生经历卵、稚虫、亚成虫和成虫 4 个时期，是有翅亚纲中较原始的变态类型，仅见于蜉蝣目。稚虫水生，取食高等植物和藻类，少数种类捕食水生节肢动物。老熟稚虫一般浮升到水面，或爬到水边石块或植物茎上，日落后羽化成“亚成虫”，此期虫体与成虫相似，亚成虫期历时较短，一般经数分钟到一天左右即蜕皮变为成虫。蜉蝣变为成虫后还要蜕皮。成虫不取食，寿命极短，只能存活数小时，最多为 7 d，故有“朝生暮死”之说。蜉蝣目主要分布在热带至温带的广大地区。

江西等蜉

江西等蜉是蜉蝣目昆虫中体型较大的种类。隶属于蜉蝣目、等蜉科。雄虫体长 13. 0 ~ 13. 5 mm。体淡红褐色；复眼大，淡灰色，几乎占了整个头部；单眼突出，中单眼仅为侧单眼大的 1/2。胸部背板淡红褐色，前胸背板有暗淡红褐色边缘，前缘常被复眼遮住，后缘有深的凹陷。腹部背面淡红褐色，各背板后缘暗淡红色，腹面淡黄色。翅白色，翅痣区灰白色，CuA 脉区有 4 个分支和 2 个不分支的脉伸向翅缘，MA 脉在翅中央以后分叉。前足基节、转节、腿节和胫节呈淡红褐色，跗节淡黄色，第 1 跗节的末端为淡褐色，跗节比胫节稍长，跗节各节长度排列顺序为 1，2，3=4，5；中、后足淡黄色或灰白色，跗节几与胫节等长。生殖器淡褐色，尾铗 4 节，第 2 节最长，第 3 节较端节长，两个端节相加略比第 2 节短；阳茎叶分离呈片状，边缘倾斜。尾须淡黄褐色，中尾丝很短且退化，稚虫前足腿节和胫节的内缘有 2 行长的刚毛。

江西等蜉分布于江西。属于比较珍稀的物种，野外数量十分稀少，但不排除有人为了利益进行非法捕采和非法买卖。

中国四节蜉

中国四节蜉是蜉蝣目昆虫中的小型种类。隶属于蜉蝣目、四节蜉科。雄虫体长 5 mm。头部黄褐色，复眼黄褐色，呈倒圆锥形，两复眼彼此紧靠。胸部黄褐色，中胸的颜色较深。腹部第 1 节黄褐色，第 2~6 节白色透明，有深紫色斑纹，从前下侧到后上侧逐渐变宽，后端左右合并，后缘灰黑色，第 7 节的斑纹较淡，第 8 节更淡；第 1 节和第 7 ~ 9 节腹面淡黄褐色，第 2 ~ 6 节腹面白色。前翅长 4. 5 mm，无色透明，前缘区、亚前缘区特别在翅痣区呈乳白色，翅痣区有 6 ~ 7 条互不相连的横脉；后翅狭长，只有 2 条纵脉，前缘无突起。足白色，前足各关节略呈棕黑色，跗节明显短于胫节，后足腿节与胫节等长，跗节长只有胫节的 1/2。尾铗 4 节，第 1 节白色，第 2 节和第 3 节界限不清晰，第 4 节较短。尾丝白色，基部淡黄褐色。稚虫前足无长的刚毛，中尾丝短于尾须。

中国四节蜉分布于北京。常生活在急流中，游泳或攀缘在维管束植物上。属于比较珍稀的物种，野外数量十分稀少，但不排除有人为了利益进行非法捕采和非法买卖。

海南埃蜉

海南埃蜉隶属于蜉蝣目、多脉蜉科。雄虫体长 10~11 mm。头为棕褐色；复眼卵圆形，黑色，小，彼此分开，其间距大于复眼的直径；单眼的背部白色，基部黑色。前胸背板白色，略带棕色；中、后胸棕黄色。腹部各节背板褐色，后缘白色，腹板白色。前翅 C 脉、Sc 脉、R1 脉以及这些脉之间的横脉为浅紫色，但末端白色；在 CuA 脉和 CuP 脉之间有 4~6 根横脉，MA 脉分支点不与 Rs 脉第 2 次分支点位于同一条纵线上，而在 Rs 脉第 2 次分支点之后。后翅翅脉无色，前缘突十分发达，在 R1 脉和 Rs 脉之间有一长闰脉。前足基节、转节白色，基节在外缘面上有一棕色斑；腿节背面为深棕色。腹面白色，胫节浅紫色，与跗节等长；跗节白色，各节长度排列顺序为 2，3，4，5，1；爪为二分叉。中、后足纤弱，极度退化。外生殖器白色；尾铗 4 节，第 2 节最长；阳茎叶变化大。尾须白色，中尾丝退化。稚虫上颚獠牙顶端从侧面看向下弯曲，足胫节扁状，其上有突起以适于穴居。

海南埃蜉分布于海南。属于比较珍稀的物种，野外数量十分稀少，但不排除有人为了利益进行非法捕采和非法买卖。

安图小蜉

安图小蜉是蜉蝣目昆虫中体型较小的种类。隶属于蜉蝣目、小蜉科。雄成虫体长 5.5~6.5 mm。体褐色，具有黑褐色斑纹。复眼大，两眼在头部背面中央相接触。前翅长 6.0~7.1 mm，无色透明，翅痣区略暗，横脉分支呈网状。足淡黄色，前足几乎与身体等长；胫节长于跗节，腿节短于跗节；跗节 5 节，各节长度排列顺序为 2，3，4，5，1。后足较短，腿节长于胫节且长于跗节；跗节 4 节，每节长度排列顺序为 4，1，2，3；各足的爪均为一尖一钝。尾铗 3 节，基节短而宽，第 2 节最长，端节长度不到宽度的 2 倍。阳茎在顶端 1/3 处呈“V”字形分开，其余部分愈合；阳茎叶背、腹面均有针状的刺，端部侧缘略向外突起。稚虫黄褐色，上有深褐色斑纹；鳃 5 对，位于第 3~7 节背板的两侧；鳃分背、腹两片，腹片又由许多小叶组成；尾丝 3 根，几近等长。

安图小蜉分布于吉林、黑龙江。常生活在急流中，攀缘，有时也游泳。属于比较珍稀的物种，野外数量十分稀少，但不排除有人为了利益进行非法捕采和非法买卖。

第六章　蜻蜓目

蜻蜓目昆虫是一类原始有翅昆虫，通称为蜻蜓、豆娘等。多数种类体型较大或中等，也有一些体型较小。口器为咀嚼式，上颚发达，下颚末端具齿。变态类型为半变态，一生经历卵、稚虫和成虫3个时期。雄虫和雌虫常在飞行中进行交配。雌虫可产卵数百至数千粒。雌虫将卵产于水面或水生植物体内。幼虫和成虫的形态和生活习性皆不同，幼虫水生，成虫陆生，此类幼虫称“稚虫”。稚虫又称水虿。常见于溪流、湖泊、塘堰和稻田等处，栖息于砂粒间或泥水中。成虫飞行迅速敏捷，喜欢在稚虫生活的环境附近活动。它们也是肉食性昆虫，捕食蚊类、小型蛾类、叶蝉等各类昆虫，在飞行中能利用足抓捕猎物。蜻蜓目分布于世界各地，但在热带地区种类较多。

巨圆臀大蜓

巨圆臀大蜓又名大蜻蜓、黄纹巨蜻蜓、无霸勾蜓。隶属于蜻蜓目、大蜓科。是我国最大的蜻蜓，也是世界上最大的种类之一。雌虫腹长80 mm，后翅长63 mm。雄虫腹长64 mm，后翅长52 mm。下唇侧叶黄色，中叶黄褐色，端部中央凹陷。上唇黑色，前缘具褐色毛。基部具黄色横条纹，其中央被一条黑色中线分开。上颚基部外侧黄色。前唇基黑色。后唇基黄色，其前缘黑色，在中央两侧各具1个半圆形小黑斑。额黑色，在上额前缘临界线上具1个新月形的黄色斑纹。头顶和后头黑色。复眼绿碧色。前胸黑色，具黄色斑纹。合胸黑色，具黄色斑纹。合胸背前方具1对“逗点”形的黄色斑纹，上端圆形，膨大；下端尖细，斜向两侧。无肩前条纹，合胸侧面，在前后翅的下方各具1条宽而下端稍斜向前方的黄色条纹外，余均呈黑色。腹部黑色。第1腹节末端具1条黄色细环纹，基端密生褐色丛毛。第2~8腹节中部，各有1条黄色环纹环绕，其背面除第2腹节完整以外，余均被黑色中隆脊隔断。第9~10节黑色。肛附器黑色，上肛附器粗壮，末端尖细，基部腹面具1枚小尖齿，下肛附器扁阔，末端中央微凹。翅透明，翅尖稍带褐色。翅脉和翅痣均黑色，但前缘脉背面后缘具黄色细纹。上三角室及三角室均具横脉。臀三角4~6室，前翅结前横脉20条，结后横脉16条。后翅结前横脉16~17条，结后横脉17~18条。足除各足的基节外侧有黄斑外，均为黑色。雌虫尾部附属器长10 mm，黑色，硬锥状。

巨圆臀大蜓分布于我国湖南、浙江、福建、台湾、江苏、贵州、广东、江西、陕西。生活在山林深溪之间，在溪流水面附近进行领域性往返飞行。

巨圆臀大蜓不仅个体大型、姿态优美、色彩鲜艳，而且具有大大的复眼、奇特的翅痣，是收藏家及爱好者热衷捕采的种类。这也刺激了谋利者的狂捕滥采和非法买卖等犯罪活动的发生，导致这种益虫的数量锐减，害虫数量不断上升，破坏了当地的生态平衡。

黄斑宽套大蜓

黄斑宽套大蜓隶属于蜻蜓目、大蜓科。雌性腹长56 mm，后翅64 mm。面部黑色，后唇基黄色，额黑色，具黄色斑纹。前胸黑色，前缘有1条窄的黄色横纹，合胸黑色，具1对窄的平行的黄色条纹。腹部黑色。第2~6腹节端部具黄色的横环纹。第7~10节和肛附器完全黑色。翅具褐色、黄色和铜绿色斑纹。前后翅从翅基到翅结均具1个褐色纵斑，这个褐斑又从翅结向后直达翅的后缘，再向内曲折至臀角附近，包围住在臀区的铜绿色“V”字形斑纹。后翅的臀区特别宽阔，从前缘到后缘长达

32 mm。足黑色。

黄斑宽套大蜓分布于我国浙江、贵州、广东、广西、四川、云南、福建。生活在山林深溪之间，在溪流水面附近进行领域性往返飞行。

黄斑宽套大蜓不仅个体大型、身形矫健，而且具有大大的复眼、奇特的翅痣，是我国最美丽的大型蜻蜓，是我国蜻蜓目中的珍稀种类之一。是收藏家及爱好者热衷捕采的种类。这也刺激了谋利者的狂捕滥采和非法买卖等犯罪活动的发生，导致这种益虫的数量锐减，害虫数量不断上升，破坏了当地的生态平衡。

碧伟蜓

碧伟蜓又名马大头、银蜻蜓、绿胸晏蜓。隶属于蜻蜓目、蜓科。雄虫腹长50 mm，后翅长 50 mm。下唇赤黄色，具黑色前缘。前、后唇基及额黄色。前额上缘具黑色横纹。夹顶中央为 1 个突起。突起前方具黑色横纹。翅胸黄绿色，表面被黄色细毛，5 条条纹。翅透明，前缘脉黄色，翅痣黄褐色，足的基节、转节及腿节黄色或具黄斑，其余黑色。腹部第 1 节绿色；第 2 节基部绿色，后部褐色；第 2 节以下呈绿色，各节两侧具淡色纵带或斑。上肛附器褐色，基部上、下方各具 1 个黑色突起，端部外侧具 1 个尖锐的突起，下肛附器褐色，甚宽短，端部截形，上面具黑齿。雌虫体型、体色与雄虫相似，但色泽不如雄虫鲜艳，产卵器褐色。

碧伟蜓

碧伟蜓分布于我国湖南、北京、四川、浙江、江苏、江西、河北、台湾、福建、新疆、贵州、黑龙江、吉林、山东、山西、陕西。不仅个体大型、姿态优美、色彩鲜艳，而且具有大大的复眼、奇特的翅痣，是收藏家及爱好者热衷捕采的种类。这也刺激了谋利者的狂捕滥采和非法买卖等犯罪活动的发生，导致这种益虫的数量锐减，害虫数量不断上升，破坏了当地的生态平衡。

碧伟蜓还是一种营养丰富的食用昆虫，无论是街头小店还是高档餐厅都会出现它的身影，在超市、菜市场和集贸市场也会有食用昆虫出售。很多食用昆虫已经可以规模化生产。在食用昆虫的养殖基地有可能会发生因经济利益而进行的盗窃、抢劫等犯罪活动，在餐馆、超市等犯罪现场也有可能出现它的踪迹。

黑额头蜓

黑额头蜓隶属于蜻蜓目、蜓科。雄虫腹长 53 mm，后翅长 47 mm。下唇中叶黄色，侧叶褐色。上颚基、上唇褐色。前后唇基黄褐色。额尖突，前额具大型黑斑，前额两侧和后额黄色。翅胸肩条纹呈“八”字形，黄绿色；侧板黄绿色，第 2、3 褐色条纹没有完全合并，中间具黄绿色细线或斑。翅透明，翅痣覆盖 2.5 个翅室；臀三角 5~6 室；臀套 10 室；三角室，前翅 5 室，后翅 6 室；前后翅中室 5 室；肘室横脉前翅 6~8 条，后翅 5~6 条；前翅结前横脉 24~25 条。足褐色。腹部黑褐色，具黄色斑：第 2 节背中条前端三角形，耳突上部黄色，下基部褐色；第 3 节缢缩；第 3~7 节的中部和末端具黄斑。上肛附器长 4.5 mm，下肛附器长约为上肛附器的 2/5。

黑额头蜓分布于我国湖南。它不仅个体大型、姿态优美、色彩鲜艳，而且具有大大的复眼、奇特的翅痣，是收藏家及爱好者热衷捕采的种类。这也刺激了谋利者的狂捕滥采和非法买卖等犯罪活动的发生，导致这种益虫的数量锐减，害虫数量不断上升，破坏了当地的生态平衡。

日本长尾蜓

日本长尾蜓为中型种类。隶属于蜻蜓目、蜓科。雄虫腹长 50 mm，后翅长 43 mm，翅痣 3. 5 mm，肛附器长 6 mm。体褐色有绿色斑纹，上唇黄色，其前缘和后缘黑褐色，上颚外侧方黄色，前后唇基及额均呈淡褐色。上额前沿具 1 条黑褐色宽横纹，中部亦具黑褐色纵行的宽条纹，前端与横纹相连。头顶褐色，侧单眼外方具碧绿色横纹。触角黄色，后头绿黄色。合胸背前方黄绿色，无斑纹。合胸脊褐色，合胸侧面黄绿色，无斑纹，第 2、3 条缝线褐色。腹部背面黑褐色。第 1~2 节膨大呈圆球形。第 3 节基半部显著细隘。在第 2~8 节的前横隆脊后缘，各具 1 条黄绿色细横纹。第 1~2 节侧面（包含耳状突）蓝碧色，第 9 节背中线黑色，第 10 节后缘黑色。上肛附器甚长，约为第 9、10 两腹节长之和的 1. 5 倍，黑褐色，内缘密生黑色长毛。下肛附器米黄色，尖端焦黑色。翅透明，稍带烟褐色。翅痣黄褐色，下盖 5 个翅室，具支持脉。前翅结前横脉 21 条，结后横脉 15~17 条。后翅结前横脉 15~16条，结后横脉 20 条。前后翅三角室均 5 室，臀三角 3 室，足淡褐色。

日本长尾蜓分布于我国湖南、广西、浙江、辽宁、香港、台湾、陕西。它不仅个体大型、姿态优美、色彩鲜艳，而且具有大大的复眼、奇特的翅痣，是收藏家及爱好者热衷捕采的种类。这也刺激了谋利者的狂捕滥采和非法买卖等犯罪活动的发生，导致这种益虫的数量锐减，害虫数量不断上升，破坏了当地的生态平衡。

角斑黑额蜓

角斑黑额蜓隶属于蜻蜓目、蜓科。雄虫腹长 50 mm，后翅长 45 mm。下唇中叶黄色，缘线褐色；侧叶黄色，其外侧褐色。上颚基褐色。上唇黄色，具宽的黑色前缘及侧缘。前唇基褐色。后唇基黄绿色。额黄绿色，中央有 1 个大型半圆形黑斑。前胸褐色。翅胸背条绿色；侧板黄绿色，第 2、3 条纹合并，形成 1 条宽黑带。翅透明，翅痣褐色，中室完整。足黑色，前足基节淡褐色，转节及腿节基部腹面具黄斑。腹部黑色，具黄绿色斑。第 1、2、3 节腹侧斑大；第 2 节背部具 4 个三角形斑，耳突黄色；第 3 节中段缢缩；第 3~8 节中间具横斑，与腹面两侧斑相连。上肛附器长约 5 mm，下肛附器三角形。

角斑黑额蜓分布于我国湖南、北京、台湾。它不仅个体大型、姿态优美、色彩鲜艳，而且具有大大的复眼、奇特的翅痣，是收藏家及爱好者热衷捕采的种类。这也刺激了谋利者的狂捕滥采和非法买卖等犯罪活动的发生，导致这种益虫的数量锐减，害虫数量不断上升，破坏了当地的生态平衡。

深山闽春蜓

深山闽春蜓又名角点闽箭蜓、火神春蜓。隶属于蜻蜓目、春蜓科。腹长 40~43 mm，后翅长 37~39 mm，翅痣 3. 5 mm，肛附器 1. 5 mm。下唇黑色，上唇黑褐色。前后唇基及额均黑褐色，额横纹黄色，甚阔，位于前额上方和上额前方 2/3 的区域。头顶及后头黑色。两个侧单眼后方各有 1 个圆形突起，2 个突起之间有 1 条低脊相连。后头后缘密生褐色长毛。前胸黑色。前区背面前方黄色，中区背面中央具 2 个横向的小黄点，后区背面前方在 2 个黄点之后又有 1 个黄点。合胸前方黑色，具黄色的背条纹和领条纹，各不相连。合胸脊上下两端黑色，中间有约 1/4 为黄色，具肩前上点，无肩前下条纹。合胸侧面黄色，第 2 和第 3 条纹中间间断甚远。第 3 条纹有时中间也有以褐色细线相连的。气门周缘黑色。腹部黑色。第 1 节背面具 1 个甚大三角形黄斑，侧方大部分黄色；第 2 节背条纹完整，基部宽，末端窄，中间有两处细缩，形成大、中、小 3 段，侧面（包含耳状突）黄色；第 3 节背条纹甚细，伸展至该节末端，侧面仅亚基部具黄斑；第 4~8 节背条纹逐节变细变短；第 9、10 节黑色。上肛附器黄色，端部褐色，基部内外缘及内外两个齿状突起黑色。下肛附器黑色，向两侧分歧特别明显。翅透明。翅基部金黄色。翅痣黑褐色。具支持脉。臀三角 3 室。前翅结前横脉 15~17 条，结后横脉 12~14 条，后翅结前横脉 11~13 条，结后横脉 11~13 条。足黑色。腿节密生短刺，雌、雄体型色彩基本相同，但雌性头顶在侧单眼上方具一对大突起，臀三角多为 4~5 室，腹部第 9 节中间往后细缩。

深山闽春蜓分布于我国浙江、福建、台湾、广东。它不仅个体大型、姿态优美、色彩鲜艳，而且具有大大的复眼、奇特的翅痣，是收藏家及爱好者热衷捕采的种类。这也刺激了谋利者的狂捕滥采和非法买卖等犯罪活动的发生，导致这种益虫的数量锐减，害虫数量不断上升，破坏了当地的生态平衡。

联纹小叶春蜓

联纹小叶春蜓又名耸尾蜻蜓、棒腹小叶箭蜓。隶属于蜻蜓目、春蜓科。为腹部末端膨大的大型种类。雄性腹长 48~50 mm，后翅长 43~46 mm，翅痣 6 mm，肛附器 4 mm。体黑色具黄色斑纹，下唇中叶黄色，前缘黑褐色，侧叶黄色。上唇黄色，具黑色边缘。上颚外方黄色。前唇基黄色，周缘黑色，其前缘中央具 1 个横向褐色三角形小斑。后唇基黄色，其前缘中央一小段与前唇基黄斑相连接，周缘黑色。额黄色，其周缘黑色。头顶黑色。后头黄色，前胸背板黑色。合胸背面黑褐色，具黄色条纹。合胸脊黑色。领条纹完全，中间由于黑色合胸脊的插入而分开。背条纹与领条纹相连，形成倒“7”字形纹。肩前上点三角形，肩前下条纹细而短。合胸侧面黄绿色，第 2 条条纹在气门上方中断，第 3 条条纹完全。腹部黑色，具黄色斑点。第 1 节背面具一个三角形黄斑，侧面黄白色。第 2 节背面亦具 1 个三角形斑纹，侧方前半黄色，遮盖耳状突；第 3 节背面亦具 1 个三角形斑；第 4~6 节背面基方各具 1 个黄色斑；第 7 节基方 2/3 黄色；第 8 节基方黄色；第 9 节侧方具“U”字形黄纹；第 10 节大部分黄色，基部两侧黑色。肛附器黑褐色。翅透明，翅痣黑褐色，前缘脉前缘黄色。臀三角 7 室。足黑色，基节、转节和腿节的背侧黄色。雌雄体色大致相同。

联纹小叶春蜓

联纹小叶春蜓分布于我国浙江、福建、湖南、台湾、江苏、河南、河北、山西、广西、黑龙江。它不仅个体大型、姿态优美、色彩鲜艳，而且具有大大的复眼、奇特的翅痣，是收藏家及爱好者热衷捕采的种类。这也刺激了谋利者的狂捕滥采和非法买卖等犯罪活动的发生，导致这种益虫的数量锐减，害虫数量不断上升，破坏了当地的生态平衡。

并纹小叶春蜓

并纹小叶春蜓又名并纹春蜻蜓。隶属于蜻蜓目、春蜓科。腹长 57~60 mm，后翅长 46~50 mm，翅痣 6~7 mm，肛附器 4 mm。大型种类，体粗壮，黑色具黄色斑纹。飞行极速。下唇淡黄色，中叶的外缘黑褐色。上唇黑色，后方的一半黄色。前唇基绿黄色，其周缘黑褐色，上颚外方黄色，后唇基黑褐色，两侧各具 1 个绿黄色大斑纹。前额黑褐色，额横纹绿黄色，位于上额平台上，两侧延伸至前额上方，上额后缘黑色。头顶黑色，侧单眼后方具 1 对粗短突起。后头黑色。前胸背面黑色。合胸背前方黑色，具绿黄色斑纹。合胸脊黑色。领条纹中间间断。背条纹宽阔，下端和领条纹不完全相连。上方与肩前上点相连，如和领条纹一起看，很像一个“Z”字形。肩前下条纹粗短。合胸侧面绿黄色，第 2、3 条条纹完全。沿气门下缝有 1 条粗黑横纹相连。腹部黑色，具黄色斑纹。第 1 节背面黄色；第 2 节背中条纹三角形，侧面黄色；第 3~6 节背面基部各具 1 个三角形黄斑。第 7 节基部 1/3 为黄色环纹；第 8 节基部侧面具 1 条细黄纹；第 9 节全黑色；第 10 节近末端处具 1 个较宽的黄斑。肛附器黄褐色。翅透明，前缘脉外缘黄色。翅痣黑褐色。臀三角 7~8 室。前翅结前横脉 21~23 条，结后横脉 13 条。后翅结前横脉 14~16 条，结后横脉 13 条。足黑色，基节和转节的外方黄色，雌雄色彩基本相同。

并纹小叶春蜓分布于我国浙江、福建、台湾、贵州。栖息于具有小坡度、流速较慢至快速的中至大型溪流。雄虫在溪边护卫领地，栖息于岸边或溪中位置较低的枝头和吊垂的植物上。在某些溪流并纹小叶春蜓数量庞大。雌虫沿溪流慢速飞行寻找产卵地点，腹部弯曲呈弓形。

并纹小叶春蜓不仅个体大型、姿态优美、色彩鲜艳，而且具有大大的复眼、奇特的翅痣，是收藏家及爱好者热衷捕采的种类。这也刺激了谋利者的狂捕滥采和非法买卖等犯罪活动的发生，导致这种益虫的数量锐减，害虫数量不断上升，破坏了当地的生态平衡。

尖板曦箭蜓

尖板曦箭蜓又名尖板曦春蜓。隶属于蜻蜓目、箭蜓科，是一种非常珍稀的昆虫，大型种类。雌性腹长 37 mm，后翅长 34 mm；雄性腹长 37 mm，后翅长 34 mm。上唇黑色，两侧各具 1 个黄色斑点；前唇基黄褐色；后唇基黑色；头顶、后头及后头后方都为黑色；前胸主要为黑色，杂有黄斑；合胸背前方黑色，具黄色条纹，合胸侧方黄色，具黑色纹；足大多黑色；翅透明，微带褐色；腹部黑色，缀以黄色斑点。此虫为半变态，卵产在水面或水生植物上，幼虫生活在水里，捕食小水生动物；成虫在陆上善飞翔，也是肉食性的。

尖板曦箭蜓分布区狭窄，国内仅分布于福建等地，而且数量稀少，已列为国家Ⅱ级保护动物。由于其个体大型、身体细长、色彩大多艳丽，因而成为收藏家及爱好者热衷捕采的种类，这也刺激了谋利者的狂捕滥采和非法买卖犯罪活动的发生。

独角曦春蜓

独角曦春蜓又名钝板曦箭蜓。隶属于蜻蜓目、箭蜓科。腹长 44~48 mm，后翅长 40~47 mm，翅痣 4 mm，肛附器 2.5 mm。下唇褐色，上唇黑色。上颚外方黄色。前唇基黑褐色。后唇基黑色。前额黑色。额横纹宽，其背面中央呈波状突起。头顶及后头黑色。前胸背面黑色，其前叶和后叶具黄斑。合胸背前方黑色，具黄色的背条纹和领条纹，背条纹和领条纹相连，两条领条纹中间间断。合胸脊顶端具 1 个黄色小斑点。肩条纹完全。合胸侧面黄色，第 2、3 条条纹完全。腹部黑色，具黄色斑点。第 1 节背方具“工”字形斑纹，侧下方黄色；第 2 节具中条纹和腹缘条纹，侧方具 2 个大黄斑。前方的斑点遮盖整个耳状突；第 3~6 节背中条纹甚细，各节基部的侧方具 1 个三角形斑点；第 7 节基部具 1 条宽的黄横斑纹；第 8 节侧面的基部和末端各具 1 个小黄点；第 9~10 节黑色，并向两侧膨大。肛附器黑褐色，翅透明。基部稍带黄色。翅痣褐色。前翅的结前横脉 18 条，结后横脉 16 条；后翅结前横脉 12 条，结后横脉 14 条。足黑色，仅基节外方具黄色斑点。雌雄形色基本相同。

独角曦春蜓分布于我国浙江、福建、广东、广西。它们栖息于林地和灌木林内清澈而溪浅、接近水面而有阳光的石块、落叶堆和吊垂的植物上。雄虫在林荫的小溪建立领地。

独角曦春蜓不仅个体大型、姿态优美、色彩鲜艳，而且具有大大的复眼、奇特的翅痣，是收藏家及爱好者热衷捕采的种类。这也刺激了谋利者的狂捕滥采和非法买卖等犯罪活动的发生，导致这种益虫的数量锐减，害虫数量不断上升，破坏当地的生态平衡。

黄新叶箭蜓

黄新叶箭蜓隶属于蜻蜓目、箭蜓科。大型种类。雄虫腹长 52 mm，后翅长 42 mm。下唇中叶黄色，具甚细褐色边；侧叶黄色，内缘及末端黑色。上颚基方具 1 个大黄斑，上唇黄色，具甚细黑边；前、后唇基黄色。头顶黑色，具 1 对甚大突起，突起的内侧黄色，末端尖锐。后头黄色。翅胸领条纹，肩前条纹以及第 2、3 条条纹完全。翅透明。足基节、转节及腿节大部分黄色，其余为黑色。腹大部黑色，各节基部具黄斑，第 2~7 节黄斑呈三角形；第 8 节背板侧缘极度扩大呈团扇形，团扇中央黄色。肛附器黑色。下肛附器长约为上肛附器的 1/3。

黄新叶箭蜓分布于我国湖南、北京、江苏、福建、云南。它不仅个体大型、姿态优美、色彩鲜艳，而且具有大大的复眼、奇特的翅痣，是收藏家及爱好者热衷捕采的种类。这也刺激了谋利者的狂捕滥采和非法买卖等犯罪活动的发生，导致这种益虫的数量锐减，害虫数量不断上升，破坏了当地的生态平衡。

黄小叶箭蜓

黄小叶箭蜓隶属于蜻蜓目、箭蜓科。比黄新叶箭蜓略细弱。雄虫腹长 51 mm，后翅长 41 mm。下唇黄色，具甚细褐色边。上唇褐色，具 2 个大型黄斑。前唇基黄色。后唇基褐色，两侧各具 1 个大型黄斑。额黄色，横突具褐色细边。头顶黑色，具 1 对大型褐色突起物。后头黄色。翅胸褐色，条纹与黄新叶箭蜓相似。翅透明。足全体褐色。腹部黑色，各节基部具黄斑；第 1、2 腹背合成特别明显的大型三角形黄斑；第 7 节基半部黄色；第 8 节腹板扩展，褐色，不如黄新叶箭蜓显著。肛附器褐色。

黄小叶箭蜓分布于我国华中、华南。它不仅个体大型、姿态优美、色彩鲜艳，而且具有大大的复眼、奇特的翅痣，是收藏家及爱好者热衷捕采的种类。这也刺激了谋利者的狂捕滥采和非法买卖等犯罪活动的发生，导致这种益虫的数量锐减，害虫数量不断上升，破坏了当地的生态平衡。

宽纹北箭蜓

宽纹北箭蜓隶属于蜻蜓目、箭蜓科，是我国的一种珍稀昆虫，个头比尖板曦箭蜓稍大。雄性腹长 40 mm，后翅长 35 mm；雌性腹长 47 mm，后翅长 40 mm。面部和头顶黄绿色，有 1 个细的黑色带在眼和额基部之间。后头及后头后方黄色。前胸黑色，具 1 个黄色斑；翅透明，前缘黄色。足黄色，具黑色条纹。腹部红黄色，两侧各具 1 个黑色条纹。生物学特征与尖板曦箭蜓相同。稚虫生活在河流或池塘的水底，捕食各种小昆虫。成虫捕食飞的小昆虫。

宽纹北箭蜓在国内仅分布于我国北京、河北、山西、甘肃、内蒙古、新疆。数量稀少，已被列为国家Ⅱ级保护动物。由于其个体大型、身体细长、色彩大多艳丽，因而成为收藏家及爱好者热衷捕采的种类，偷采和非法买卖等犯罪活动时有发生。

黄唇棘尾春蜓

黄唇棘尾春蜓又名黄唇棘尾箭蜓。隶属于蜻蜓目、箭蜓科。腹长 30~32 mm，后翅长 24~26 mm，翅痣 5 mm，肛附器 2.5 mm。体黑色，具鲜明黄斑，是清明前后就能见到的小型种类。下唇黑褐色。上唇黄色。其前后具黑色边缘。前唇基黑褐色，后唇基两侧黄色，中央灰黄色。额黑色。额横纹黄色宽大，占前额上方的一半及上额前方的 2/3。头顶及后头黑色，后头后缘污黄色。前胸黑色，前区前半黄色，中区中央具 2 个小黄点。两侧各具 1 个大黄斑。合胸背前方黑色。背条纹甚宽。其下方与领条纹相连，近似一对倒置的“7”字形纹。位于黑色的合胸脊两侧。肩前上点细小，圆形。无肩前下条纹。合胸侧面绿黄色。第 1、3 条纹完全，但第 3 条纹仅有气门以下一小段。腹部黑色。第 1 节背面具一个三角形黄斑，侧面黄色。第 2 节背中条纹中央膨大，圆形，两侧面前后各具 2 个大黄斑，并盖住耳状突。第 3~7 节背面基方各具 1 个近似四边形的黄色斑点，后端与背中条纹相连，第 3~8 节两侧面基方各具 1 个黄色大斑纹。第 9 节侧面基方的黄斑甚小。第 10 节全黑色。上肛附器暗黄色，端部褐色，在其中部的背面外侧和腹面内侧各具 1 个齿状突起。翅透明，翅脉黑褐色，翅痣褐色，三角室无横脉。臀三角 5~6 室。前翅结前横脉 13~14 条，结后横脉 10~12 条；后翅结前横脉 9~10 条，结后横脉 9~10 条。足黑色。基节外方黄绿色。雌雄体色基本相似，唯雌性腹部黄斑更鲜明。

黄唇棘尾春蜓分布于我国浙江、福建、湖北、湖南、广西、江苏。它不仅个体大型、姿态优美、色彩鲜艳，而且具有大大的复眼、奇特的翅痣，是收藏家及爱好者热衷捕采的种类。这也刺激了谋利者的狂捕滥采和非法买卖等犯罪活动的发生，导致这种益虫的数量锐减，害虫数量不断上升，破坏了当地的生态平衡。

闪蓝丽大蜻

闪蓝丽大蜻为大型种类。隶属于蜻蜓目、大蜻科。雄虫腹长 50 mm，后翅长 45 mm，翅痣 4 mm。下唇中叶黄色，侧叶黑色，其基部具 1 个大黄斑。上唇为黑色，基部具 1 条黄色横带。前唇基褐色。后唇基黄色，额黑色，中央为 1 条纵凹陷，各具 1 个大黄斑，上部中央蓝绿色，具金属光泽。头顶褐色，为 1 对突起。复眼褐色。翅胸黑色，闪金绿色光。背条纹、领条纹黄色，翅胸侧前面、后翅之间具 1 条宽黄色带。后翅后侧片具黄斑。翅透明，略带褐色，翅痣黑色。足黑色，各节具黄斑，第 2、3、4、7 节最明显，第 2 腹节两侧具黄色桃形突起，第 7、8 节扩展。肛附器黑色，上肛附器和下肛附器几乎等长。雌虫体色与雄虫相似。

闪蓝丽大蜻分布于我国浙江、湖南、四川、广东、河北、北京、台湾、江苏、贵州、黑龙江、吉林、山东、陕西。它不仅个体大型、姿态优美、色彩鲜艳，而且具有大大的复眼、奇特的翅痣，是收藏家及爱好者热衷捕采的种类。这也刺激了谋利者的狂捕滥采和非法买卖等犯罪活动的发生，导致这种益虫的数量锐减，害虫数量不断上升，破坏了当地的生态平衡。

缘斑毛伪蜻

缘斑毛伪蜻又名虎蜻。隶属于蜻蜓目、伪蜻科。腹长 35～37 mm，后翅长 37～39 mm，翅痣 3.3 mm。体黄褐色而有黑斑。上唇黑色，前、后唇基茶褐色，但在前唇基中间有 1 条灰色横纹。额黄色，在上部具 1 条黑色方形纹。头顶中央为 1 个大突起，黑褐色，后头黑色，后缘密生灰白色细毛；前胸背面黑色，中央部分稍带黄色。合胸前面中央有黑色三角形斑纹，两侧黄色。合胸侧面黄色，有 3 条黑色条纹。腹部背面黑色，具黄色斑纹。第 1、2 腹节两侧有焦黄色小斑；第 3 腹节侧脊上下各有长形黄斑 1 个；第 4～8 腹节侧脊上下的斑纹合而为一，成鲜明的黄斑；第 9～10 腹节全部黑色。肛附器黑色。雌雄体色相同。雄体翅透明，其基部有极小的黑斑；雌体四翅的前缘从翅基至翅痣后有 1 条棕色不透明的带形纹，后翅特别明显。

缘斑毛伪蜻分布于我国浙江、北京、江苏、山东、湖南、四川。4～5 月见于平地、池沼。飞行迅速，很难捕捉。它不仅个体大型、姿态优美、色彩鲜艳，而且具有大大的复眼、奇特的翅痣，是收藏家及爱好者热衷捕采的种类。这也刺激了谋利者的狂捕滥采和非法买卖等犯罪活动的发生，导致这种益虫的数量锐减，害虫数量不断上升，破坏了当地的生态平衡。

锥腹蜻

锥腹蜻又名尖腹蜻、粗腰蜻蜓。隶属于蜻蜓目、蜻科。腹长 15～20 mm，后翅长 17～22 mm，翅痣 1.5～2.5 mm，肛附器 1.2～1.5 mm。体小型，腹部末端的 5 节缩小成锥子状。上唇黄色，上下缘褐色。前、后唇基淡蓝色。额淡蓝色，其前缘具 1 条黑色横条纹。头顶黑色，其前缘中央向额部凸出，单眼间瘤褐色。后头黑色，后缘黄色，前胸黑色，背中央具黄色横纹。合胸背前方橄榄绿色，杂以黑黄色的斑纹。合胸脊、合胸领黑色，共同形成 1 个大黑斑，在此黑斑的中间，有 1 个方形的黄斑，合胸侧面淡褐色，杂以黑褐色条纹，除 3 条缝线外，还杂有纵横向的短条纹。腹基部 5 节纺锤状，后端 5 节缩小成圆锥状，第 1～7 节蓝白色且具黑色条纹。第 1 节端部具 2 条黑横纹，第 2 节背面端部为 1 个三角形斑，第 3～7 节则成 1 条中间缩小的黑脊条纹，第 8～10 节黑色。肛附器焦黄色。翅透明，翅痣淡褐色，足黑色，腿节的内侧、胫节的外侧黄色，基节、转节焦黄色。雌雄体色基本相似，但雌性体色较淡。

锥腹蜻分布于我国浙江、江苏、福建、广西、云南、香港、台湾、贵州、山东、陕西。它不仅姿态优美、色彩鲜艳，而且具有大大的复眼、奇特的翅痣，是收藏家及爱好者热衷捕采的种类。这也刺激了谋利者的狂捕滥采和非法买卖等犯罪活动的发生，导致这种益虫的数量锐减，害虫数量不断上升，破坏了当地的生态平衡。

黄翅蜻

黄翅蜻又名姬黄蜻、褐斑蜻蜓。隶属于蜻蜓目、蜻科。腹长 18~23 mm，后翅长 20~25 mm，翅痣 3 mm，肛附器 2 mm。体中型偏小，上、下唇褐黄色，上唇后缘棕褐色。前、后唇基绿黄色。额黄褐色，密生棕色短毛；头顶褐色，与上额的交界线深褐色；后头褐色。前胸黑色，具褐色毛。合胸背前方褐色，在合胸脊的两侧各具 1 条淡褐色背条纹。合胸侧面黄褐色。第 1 条条纹上、中、下 3 小段黑色，其间有两处间断；第 2 条条纹仅下端黑色；第 3 条条纹完全，但个体变异很多。腹黄褐或红褐色，斑纹的形状和有无，常因个体的不同而有差异。上肛附器黄褐色，长约与腹部第 9、10 两节长之和相等。前后翅的基部 2/3 呈琥珀色，余透明。翅痣红色。足黄褐色，具刺。雌体的形色基本与雄体相似。唯翅色较淡，稍呈烟褐色。

黄翅蜻分布于我国浙江、江苏、湖南、福建、广东、云南、台湾、江西、陕西。栖息于池塘、湖泊、水库和大型河流环境，能忍受高污染水体。雄虫在挺水植物或岸边植物的很低处停息，或停息于地面。它们通常沿植被在水面上低飞，偶尔会到远离岸边的地区游荡。雌虫在水边或水体不远处出现，雌雄虫在白天都很活跃，但是不会远离繁殖地点。

黄翅蜻不仅姿态优美、色彩鲜艳，而且具有大大的复眼、奇特的翅痣，是收藏家及爱好者热衷捕采的种类。这也刺激了谋利者的狂捕滥采和非法买卖等犯罪活动的发生，导致这种益虫的数量锐减，害虫数量不断上升，破坏了当地的生态平衡。

红蜻

红蜻又名赤蜻蛉、猩红蜻蜓。隶属于蜻蜓目、蜻科。体长 42~48 mm。雄虫身体黄褐色，雌虫呈鲜红色。复眼极大，棕褐色，两复眼盖过头顶，两复眼彼此连接；额部向前突出，头前面棕色，并生有棕色小毛。翅透明，基部具橙黄色斑纹，翅脉橙褐色，前缘脉上有 2 排锯状小齿，亚缘脉无齿；径脉和臀脉上均有小齿。翅痣黄色，其上下翅脉加宽，黑色。翅面上由于翅脉有高有低，所以翅面成波状起伏。翅顶淡褐色，足橙色，胫节下缘两侧生有 2 行黑色巨形长刺，腿节外侧有 1 排黑色的刺，腿节基部的刺较短，越向前端，刺也越长。胸部密布淡棕色的细毛，胸背有一纵脊，其后端分叉。腹部橙色，上下扁，背面拱起，成瓦状。腹面纵脊深褐色，越向末端颜色越深，至第 8~9 节以后为黑色。纵脊上有黑色小刻点或短刺。腹背两侧缘有黑色的小齿，每个腹节背板的后缘亦有黑色小齿。腹部腹面中央有 2 行黑色小齿。

红蜻

红蜻在我国属于常见种类。栖息于池塘、湖泊、湿地和水稻田。雄虫在挺水植物或岸边植物的低处停息。雌虫和未熟雄虫在离水边更远的地方捕食。红蜻不仅个体大型、姿态优美、色彩鲜艳，而且具有大大的复眼、奇特的翅痣，是收藏家及爱好者热衷捕采的种类。这也刺激了谋利者的狂捕滥采和非法买卖等犯罪活动的发生，导致这种益虫的数量锐减，害虫数量不断上升，破坏了当地的生态平衡。

红蜻干燥全体入药。有补肾益精、解毒消肿、润肺止咳的作用。在药用昆虫的生产和养殖基地、药用昆虫及衍生物加工厂有可能会发生因经济利益而进行的盗窃、抢劫等犯罪活动，在医院、药店、中医诊所、药材批发市场等犯罪现场也有可能出现它的踪迹。

异色多纹蜻

异色多纹蜻又名多雌蜻蛉、短痣蜻蜓。隶属于蜻蜓目、蜻科。腹长 22~24 mm，后翅长 29~34 mm，翅痣 4 mm，肛附器 2 mm。体中型偏小。雌（黄褐）雄（青灰）异色。老熟时全身覆以灰白粉末，乍见很似灰蜻属的种类。上唇黑褐色，左右具 2 条黄色斑纹。前唇基灰蓝色，两侧黑色。后唇基灰蓝色，其前缘中间具黑色横纹。额亦为灰蓝色，在前额的上前方中部和上额中部具 1 个大黑斑，并有紫色闪光。头顶黑色，中间凸起。后头黑色。合胸背前方灰黑色。合胸脊漆黑色，其两侧具黄色的背条纹和肩前条纹。合胸侧面黄色，3 条黑色条纹完全。在第 2、3 条条纹的中部后方又各具 1 条短黑条纹。腹部黑色。在背中隆脊和侧隆脊两侧，第 1~7 节都有黄斑，第 8~10 节黑色。肛附器黑色。翅透明。翅痣黑褐色，翅脉黑色。足除基节、转节黄色外，余黑色。

异色多纹蜻分布于我国浙江、江苏、北京、天津、香港、台湾、黑龙江、吉林、山东、山西、陕西。它不仅姿态优美、色彩鲜艳，而且具有大大的复眼、奇特的翅痣，是收藏家及爱好者热衷捕采的种类。这也刺激了谋利者的狂捕滥采和非法买卖等犯罪活动的发生，导致这种益虫的数量锐减，害虫数量不断上升，破坏了当地的生态平衡。

臀斑楔翅蜻

臀斑楔翅蜻又名朱红靖蜻蜓。隶属于蜻蜓目、蜻科。中大型种类。腹长 32~34 mm，后翅长 45~49 mm，翅痣 5 mm，肛附器 3. 5 mm。体赤褐色，粗壮。后翅基部宽广，端部窄狭。翅黄褐色，飞行迅速。上唇黄褐色，其前缘黑色；前、后唇基及额呈淡黄褐色。额突出，中央具沟。头顶凸起，褐色，前缘黑色；后头褐色。前胸褐色，具黄色斑纹。合胸背前方黄褐色，无斑纹。合胸侧面黄绿色，亦无斑纹。腹部黄褐色，背中隆脊及侧隆脊黑褐色。自第 4 腹节的后缘起直到第 10 节，各节的前、后缘均为黑色。肛附器褐色。翅黄褐色。翅的基部、前缘和翅端色较浓，后翅的臀角区由臀角起向外到达臀套的下部为止，具 1 个浓褐色横向斑纹。足黄褐色。

臀斑楔翅蜻分布于我国浙江、福建、四川、云南、香港、台湾。栖息于池塘、湖泊和沟渠。雄虫和雌虫在距水面几米处持续地滑翔，很少见其停息。

臀斑楔翅蜻不仅个体大型、姿态优美、色彩鲜艳，而且具有大大的复眼、奇特的翅痣，是收藏家及爱好者热衷捕采的种类。这也刺激了谋利者的狂捕滥采和非法买卖等犯罪活动，导致这种益虫的数量锐减，害虫数量不断上升，破坏了当地的生态平衡。

高斑蜻

高斑蜻隶属于蜻蜓目、蜻科。腹长 26 mm，后翅长 34 mm。面部黄色，具黑色毛，下唇黑褐色；上唇黑色，基部具 1 对黄色斑；前唇基和后唇基稍带橄榄色；额橄榄色；头顶黑色，具黄色斑；后头黄褐色。前胸黑色，具黄色斑；合胸前面淡橄榄色，侧面淡橄榄褐色，有 2 个黑色斑。足黑色。翅透明，从基部到端部有一宽的前缘黄色条纹，在翅基、翅结和翅痣处具褐色斑；翅痣黑褐色。腹部第 1~4节黄褐色；第 5~8 节端部有黑色斑；第 9~10 节黑色；肛附器黑色。雌性翅的颜色稍淡。稚虫生活在水中，捕食小昆虫。成虫产卵在水中，捕食飞的小昆虫。

高斑蜻分布于西藏、新疆。为我国比较珍稀的蜻蜓种类。它不仅姿态优美、色彩鲜艳，而且具有大大的复眼、奇特的翅痣，是收藏家及爱好者热衷捕采的种类。这也刺激了谋利者的狂捕滥采和非法买卖等犯罪活动的发生，导致这种益虫的数量锐减，害虫数量不断上升，破坏了当地的生态平衡。

闪蓝宽腹蜻

闪蓝宽腹蜻隶属于蜻蜓目、蜻科。腹长 20~22 mm，后翅长 24~26 mm，翅痣 3~4 mm，肛附器 2 mm。体型粗短，腹部宽扁。上、下唇黄色，下唇中部和上唇前缘黑色。前、后唇基和前额黄色。

上额及头顶蓝色具金属闪光，后头褐色。合胸背前面和侧面黄色。成熟个体变成黑褐色。条纹细黑，第1、3条条纹完全，第2条条纹只具气门以下一小段。未成熟的雌体和雄体鲜黄色。腹背上有3条黑色纵条纹，两侧的色较浅。成熟的雄体带黑褐色。第1~6节背面覆有蓝色粉末。肛附器黑色。翅透明。翅基淡褐色，翅脉黑色。翅痣灰黑色。足的基节、转节黄色，腿节以下黑色。雌雄体色基本相似。体型上雄体的腹部前后略细，雌体则较平扁而前后等宽。

闪蓝宽腹蜻分布于我国浙江、江苏、福建、广西、四川、云南、黑龙江、山东、吉林、江西、陕西。栖息于森林中的沼泽地、水稻田和森林边缘的静水环境。雄虫停息在树林低层的树叶和树枝上。生长于杂草丛生的浅水潭。

闪蓝宽腹蜻不仅姿态优美、色彩鲜艳，而且具有大大的复眼、奇特的翅痣，是收藏家及爱好者热衷捕采的种类。这也刺激了谋利者的狂捕滥采和非法买卖等犯罪活动的发生，导致这种益虫的数量锐减，害虫数量不断上升，破坏了当地的生态平衡。

侏红小蜻

侏红小蜻又名红小蜻、小红蜻蜓。隶属于蜻蜓目、蜻科。小型种类，是蜻蜓类中最小的种类之一。头、胸红褐色，腹部红色，翅透明。翅基部金黄色，美丽可爱。上、下唇黑色。前、后唇基黄褐色。额红黄色，上额中央具1条纵沟。头顶黑色，中央呈1个黄色圆形突起。后头黄褐色。前胸黑褐色。合胸背前面黄赤色，合胸领、合胸脊和肩前条纹黑色。沿合胸脊两侧各具黑色条纹。合胸侧面黄赤色，具黑色条纹。第1条条纹中间间断，第2条条纹宽阔而完全，第3条条纹下端窄细。腹部朱红色。第1节背面黑色，第10节黑褐色。肛附器黄赤色。翅透明，翅基部金黄色（后翅的较大），翅痣黄褐色，翅脉细疏。前翅结前横脉5条，结后横脉4条；后翅结前、结后横脉均为4条。前翅三角室四边形，臀套不完全。足细长，黑色。

侏红小蜻分布于我国浙江、湖南、福建、江西、广西、香港、台湾、江苏。虽然它体型较小，但姿态优美、色彩鲜艳，而且具有大大的复眼、奇特的翅痣，是收藏家及爱好者热衷捕采的种类。这也刺激了谋利者的狂捕滥采和非法买卖等犯罪活动的发生，导致这种益虫的数量锐减，害虫数量不断上升，破坏了当地的生态平衡。

褐肩灰蜻

褐肩灰蜻隶属于蜻蜓目、蜻科。雄虫腹长30 mm，后翅长35 mm，翅痣3 mm，肛附器2 mm。体中大型，粗壮。下唇中叶黑色，侧叶黄色。上唇黑色。前、后唇基黄褐色。额暗黄色，其后缘及侧缘呈黑色。上额中央凹陷成纵沟。头顶黑色，中央为1个大突起；后头褐色。前胸黑色，背中央及后叶黄色。合胸背前方暗黄色。合胸脊黑褐色。合胸背面有两条宽大的褐色条纹。腹部褐色。背中隆脊和侧隆脊黑色。第1~8腹节在背中隆脊和侧隆脊两侧都有纵向的黄斑。第9~10腹节黑色。肛附器黑色。翅透明，翅稍带淡褐色。翅痣黄褐色。足黑褐色，具黑刺。雌雄体色基本相同。雌体腹部黄斑更鲜明，第10节背面淡褐色，第8节侧下缘突出呈片状。肛附器焦黄色，顶端黑色。

褐肩灰蜻分布于我国湖南、浙江、福建、四川、云南、台湾、西藏、北京、江苏、山西、陕西。它不仅姿态优美、色彩鲜艳，而且具有大大的复眼、奇特的翅痣，是收藏家及爱好者热衷捕采的种类。这也刺激了谋利者的狂捕滥采和非法买卖等犯罪活动的发生，导致这种益虫的数量锐减，害虫数量不断上升，破坏了当地的生态平衡。

赤褐灰蜻

赤褐灰蜻又名霜白蜻蜓。隶属于蜻蜓目、蜻科。雄虫腹长33 mm，后翅长40 mm，翅痣3 mm，肛附器2 mm。未成熟虫体黄褐色，成熟虫体紫红色，被白粉。成熟雄虫下唇黄褐色，上唇褐色。前后唇基黄褐色。额瘤顶平，紫黑色，周围黄褐色。头顶瘤顶端紫黑色。翅胸紫红色，被白粉，无条纹。

足胫节、转节、部分腿节黄褐色，其余黑褐色。翅透明，外缘密集的翅脉网呈淡褐色，小膜片灰白色；前翅基具橙黄色斑；后翅弓脉以内具橙褐色大斑。腹部红色被白粉。肛附器淡红色。雌雄体色相似。

赤褐灰蜻分布于我国浙江、湖南、台湾、福建、广东、广西、云南、四川、北京、江苏、山西、陕西。栖息于杂草丛生的池塘、湿地、沟渠、稻田和空旷田野流速缓慢的溪流。雄虫垂直栖息于枝干、藤蔓以及在水面或附近的植物上，不会远离繁殖地点。

赤褐灰蜻不仅姿态优美、色彩鲜艳，而且具有大大的复眼、奇特的翅痣，是收藏家及爱好者热衷捕采的种类。这也刺激了谋利者的狂捕滥采和非法买卖等犯罪活动的发生，导致这种益虫的数量锐减，害虫数量不断上升，破坏了当地的生态平衡。

狭腹灰蜻

狭腹灰蜻又名杜松蜻蜓。隶属于蜻蜓目、蜻科。雄虫腹长 37 mm，后翅长 35 mm，翅痣 4 mm，肛附器 2.5 mm。腹部特别圆细。体中型。面部青黄色。上唇黄色。中央具黑褐色纵条纹。前额突出，下半部黄色，上半部黑褐色，上额的中央具 1 条凹沟，呈绿黄色；头顶中央为 1 个大突起，前面黑色而后面黄色；后头黑色。前胸黑色，具黄色环纹 2 条。合胸背前方黄色，合胸脊和合胸领的边缘黑色。合胸背前方的两侧各具 1 条黄褐色纵条纹。合胸侧面有 5 条黑线，其第 2、4、5 三条线不达翅的基部。腹部第 1、2 节膨大呈球形，以后突形细小，至最后 4 节又稍稍增大。腹部底色黄绿，第 3~5 节的两侧除有 1 对黄斑外，余皆黑色；第 7~10 节全部黑色，但第 10 节背面端部具 1 个小黄斑。翅透明。翅痣黄褐色。足黑色。但基节、转节、胫节、腿节各节常具小黄斑。雄体第 2 腹节的生殖前片上具有长毛 1 簇，为该种特征。雌虫的体型和颜色与雄虫类似。

狭腹灰蜻分布于我国浙江、湖南、福建、江苏、广东、海南、云南、台湾、香港、贵州、江西、陕西。栖息于池塘、湖泊、水库、湿地、沟渠和稻田。雄虫栖息于地面或水面上的草丛中，奋力地护卫领地和对抗竞争的雄虫。它们是十分凶猛的种类，经常捕食其他同样大小的蜻蜓。

狭腹灰蜻不仅姿态优美、色彩鲜艳，而且具有大大的复眼、奇特的翅痣，是收藏家及爱好者热衷捕采的种类。这也刺激了谋利者的狂捕滥采和非法买卖等犯罪活动的发生，导致这种益虫的数量锐减，害虫数量不断上升，破坏了当地的生态平衡。

异色灰蜻

异色灰蜻又名灰黑蜻蜓。隶属于蜻蜓目、蜻科。腹长 32~35 mm，后翅长 41~45 mm，翅痣 4 mm，肛附器 2 mm。体中型，粗壮。雌雄异色。上唇黄褐色。前、后唇基黑褐色。前额黑褐色，高高地突出于脸面。上额的中央深陷成 1 条纵沟，黑褐色；头顶具 1 个黑色大突起；后头黑色。前胸黑色。合胸背前方老熟的个体全为黑褐色，被灰色粉末，外观呈青灰色。合胸侧面青灰色。在第 1 和第 3 条条纹上呈宽黑色斑纹。腹部第 1~7 节青灰色，第 8~10 节黑色。肛附器黑色。翅透明。翅痣黑色。翅基具黑褐色斑，前翅的斑很小，后翅的斑较大，略呈倒三角形。雌体上唇黑色，前后唇基及额污黄色，头顶及后头黑色，合胸背面黄褐色，合胸脊黑色。合胸背前方两侧各具 1 条黑色宽条纹，与合胸侧面第 1 条条纹合并。合胸侧面黄色，第 2~3 条条纹合并成 1 条宽的黑条纹。腹部黄色。第 1~6 节两侧具黑斑，第 7~8 节黑色，第 8 节下侧缘扩大成片状。肛附器白色。翅稍带烟色，翅基和翅端稍带褐色。足黑色。具刺。

异色灰蜻分布于我国湖南、浙江、江西、四川、福建、广东、广西、云南、北京、香港、台湾、山西、江西、陕西。栖息于森林中的水坑、渗流地和小池塘。雄虫在树林中的小水池守卫领地。几只雄虫可能在同一个水池出现，因此它们会不断地互相驱逐。雌虫出现时总被几只雄虫几乎同时拦截。

异色灰蜻不仅姿态优美、色彩鲜艳，而且具有大大的复眼、奇特的翅痣，是收藏家及爱好者热衷捕采的种类。这也刺激了谋利者的狂捕滥采和非法买卖等犯罪活动的发生，导致这种益虫的数量锐减，害虫数量不断上升，破坏了当地的生态平衡。

黄蜻

黄蜻又名海蜻蛉、薄翅蜻蜓。隶属于蜻蜓目、蜻科。体中型，赤黄色。是最普通、数量最多的种类。体细长，翅长而宽，腹长 29~35 mm，后翅长 38~41 mm。身体浅黄色，头部黄色，颜面橙色。单眼间有 1 条黑色横纹。足部的胫节及跗节黑色。翅甚宽，透明，基部浅黄色，翅脉黄褐色，缘脉黑色。翅痣黄色，痣的两端不平行，外端甚斜。胸部黄色，但第 1 条和第 3 条侧缝上端及第 2 条侧缝下端具褐色斑点。腹部黄褐色，第 3~10 节背面中央有 1 个黑斑，第 8 节和第 9 节的黑斑大型。

黄蜻是全世界分布最广泛的蜻蜓。可以在永久或暂时性的静水环境繁殖，如湖泊、池塘、水潭和雨水坑。雨季经常成百上千地集群出现，会在雨前或是雨后靠其宽阔的翅滑翔。成群的雌虫经常把碎石路面或是车顶误以为是水面，而试图将卵产于其上。稚虫可以在几周或更短时间内完成发育。黄蜻飞翔力极强，终日往返空中，极少休息。本种有迁飞习性，能远飞过海，为我国田野最普通的种类。

黄蜻干燥全体入药。我国民间常用本种治头痛。多于中午捕捉，用线穿起来，放干燥通风处。用时取 2~3 个置瓦片上焙干，温水送服。在药用昆虫的生产和养殖基地、药用昆虫及衍生物加工厂有可能会发生因经济利益而进行的盗窃、抢劫等犯罪活动，在医院、药店、中医诊所、药材批发市场等犯罪现场也有可能出现它的踪迹。

玉带蜻

玉带蜻又名带蛭、明腰蜻蛉、黄纫蜻蜓。隶属于蜻蜓目、蜻科。腹长 28~30 mm，后翅长 36~40 mm，翅痣 3.5 mm，肛附器 2~2.5 mm。成熟的雄体黑色，额的前面、上面和腹部的第 3、4 节均呈鲜黄色或白色，易与他种区别。雌体及未成熟的雄体在合胸脊与第 1 条缝线中间具 1 条不甚明显的白色纵纹，其前端与合胸领的白色纹相接。在合胸侧面靠近第 1 条缝线的中胸后侧片的前半部及后胸后侧片的后半部呈黄白色的斑纹，雌体腹部第 2 节背面中央与第 3 节的前半部黄色。翅透明，但稍带烟雾色。翅痣黑色。翅端褐色，后翅基部至三角室处有明显黑斑。足黑色，具刺。

玉带蜻分布于我国浙江、湖南、河北、北京、江苏、台湾、福建、香港、贵州、山东、江西、陕西。栖息于池塘、湿地和溪流中流速缓慢的区域，通常靠近林地。雌虫和未熟雄虫在森林和灌木丛附近捕食和休息。雄虫栖息于水边的树枝或其他悬垂植物上，它会为领地而展开激战。

玉带蜻不仅姿态优美、色彩鲜艳，而且具有大大的复眼、奇特的翅痣，是收藏家及爱好者热衷捕采的种类。这也刺激了谋利者的狂捕滥采和非法买卖等犯罪活动的发生，导致这种益虫的数量锐减，害虫数量不断上升，破坏了当地的生态平衡。

斑丽翅蜻

斑丽翅蜻又名彩裳蜻蜓。隶属于蜻蜓目、蜻科。腹长 27~29 mm，后翅长 38~40 mm，翅痣 2.5~3.5 mm，肛附器 3.5 mm。体中型。翅金黄色而有褐色斑纹，是非常美丽的种类。上唇黑色，前、后唇基黄色。前额、上额及头顶（包括头顶中央的大突起）全部蓝绿色，有金属光泽。后头黑色，合胸黑色，具金属光泽，腹部黑色，但第 2~4 节侧面具有赤褐色斑纹。肛附器黑色。翅上斑纹的形状大小多变异。前、后翅的翅尖透明无色（前翅在翅痣稍后处起，在后翅的有时只见翅尖的 1 个小点），前翅的斑纹一般在三角室，翅结（延伸至翅的后半部）及翅痣的下方各具 1 条大的斑纹。后翅的斑纹有的在翅基至翅结处具 1 个大斑。又在臀角处有 3 个并列的并连接在一起的长斑。在翅痣的下方也有 1 个大斑，形成黄黑相间的花纹，足黑色。

斑丽翅蜻分布于我国浙江、福建、湖南、广东、云南、香港、台湾、江苏、山东、江西。栖息于池塘、湖泊、水库、湿地和沟渠。在空旷的田野，雄虫以水平姿态栖息于地面或水面上 0.5~1.5 m 高的树上，翅通常呈一定角度来避免暴晒。雄虫和雌虫经常在有利于繁殖的地点大规模群聚。飞行时不断地拍动翅。

斑丽翅蜻不仅姿态优美、色彩鲜艳，而且具有大大的复眼、奇特的翅痣，是收藏家及爱好者热衷捕采的种类。这也刺激了谋利者的狂捕滥采和非法买卖等犯罪活动的发生，导致这种益虫的数量锐减，害虫数量不断上升，破坏了当地的生态平衡。

大赤蜻

大赤蜻又名赤衣蜻蜓。隶属于蜻蜓目、蜻科。腹长 31~35 mm，后翅长 38~40 mm，翅痣 4.5~5 mm，肛附器 2 mm。体中型。上唇赤黄色，前缘黑色。前、后唇基黄色带赤。额黄色，与上额交接处有 2 个黑褐色斑。头顶黑色，与额相接处具黑色条纹。后头褐色，前胸黑色。合胸背前方黄色。合胸脊前半褐色，后半黑色。两侧具黄色条纹，前宽后窄，与合胸脊形成 1 个黄色三角形斑。合胸侧面黄色，具 3 条黑色条纹，但第 2 条条纹上端中断并分叉。腹赤褐色。中隆脊和侧隆脊黑色。肛附器黄色。翅透明。翅基及翅的末端具褐色小斑纹。足黑褐色，具刺。雌雄体色相似，但雌体腹部的斑纹更明显。

大赤蜻分布于我国浙江、福建、四川、台湾、贵州、吉林。它不仅姿态优美、色彩鲜艳，而且具有大大的复眼、奇特的翅痣，是收藏家及爱好者热衷捕采的种类。这也刺激了谋利者的狂捕滥采和非法买卖等犯罪活动的发生，导致这种益虫的数量锐减，害虫数量不断上升，破坏了当地的生态平衡。

夏赤蜻

夏赤蜻又名夏茜、赤衣使者、仲夏蜻蜓。隶属于蜻蜓目、蜻科。体色：雄虫红色，雌虫黄色。中等大小，体长 35~40 mm，后翅长 28~31 mm，腹长 22~25 mm。复眼褐色，极大，颜面黄色，并有 2 个黑斑，颜面上密生棕色毛；头顶黑褐色。前足基节黄色，腿节下缘黄色，上缘黑色，胫节及跗节黑色，中足及后足基节黄色，其余为黑色。腿节外缘有 1 列黑色的刺，基部的刺短小，越向末端刺也越长，胫节两侧有黑色的长刺。胸背面有 1 条显著突起的黑色纵脊，在后端呈叉状分成两支。胸部黄色，在背面及两侧有几条黑褐色斑纹。翅透明，翅脉黑色，前缘脉有 2 列锯状黑色小齿，沿翅缘周围也有黑色锯状小齿或刻点，翅痣长方形，褐色。翅顶透明，无褐色斑，翅基部淡黄，腹部侧扁，黄褐色，各节有黑褐色斑，腹背中央有 1 条黑褐色纵脊，纵脊上有小齿或刻点。

夏赤蜻分布于我国浙江、福建、广西、四川、台湾、贵州、广东、吉林、山东、陕西。它不仅姿态优美、色彩鲜艳，而且具有大大的复眼、奇特的翅痣，是收藏家及爱好者热衷捕采的种类。这也刺激了谋利者的狂捕滥采和非法买卖等犯罪活动的发生，导致这种益虫的数量锐减，害虫数量不断上升，破坏了当地的生态平衡。

夏赤蜻富含蛋白质、肽类、氨基酸、甾类、脂类。干燥全体入药。有补肾益精、解毒消肿、润肺止咳的作用。在药用昆虫的生产和养殖基地、药用昆虫及衍生物加工厂有可能会发生因经济利益而进行的盗窃、抢劫等犯罪活动，在医院、药店、中医诊所、药材批发市场等犯罪现场也有可能出现它的踪迹。

竖眉赤蜻

竖眉赤蜻又名焰红蜻蜓。隶属于蜻蜓目、蜻科。腹长 21~29 mm，后翅长 25~31 mm，翅痣 3 mm，肛附器 2 mm。体黄赤色，体中小型，上唇黄褐色，前、后唇基黄色。额黄色，前额上方具 2 个明显的黑褐色圆形眉斑（有时连成 1 个横斑）。头顶褐色，中央具 1 个大突起。后头褐色。前胸褐色，具黄色横纹。合胸背黄褐或赤褐色，合胸领与合胸脊两侧黑色，形成 1 个明显的三角形斑。合胸侧面黄色。第 1 条条纹黑色，完全；第 2 条条纹不全，过气孔后即中断。第 2 条条纹两端较粗，中间较细，几乎中断。腹部黄褐色，老熟个体成红色。第 1~2 节背面有黑色环纹，第 4~8 节末端下侧缘具黑斑，第 9~10 节褐色。肛附器赤黄色。翅透明。翅痣褐色。足除基节、转节和前足腿节下侧黄色外，余全为黑色。

竖眉赤蜻分布于我国湖南、北京、浙江、四川、云南、台湾。它不仅姿态优美、色彩鲜艳，而且具有大大的复眼、奇特的翅痣，是收藏家及爱好者热衷捕采的种类。这也刺激了谋利者的狂捕滥采和非法买卖等犯罪活动的发生，导致这种益虫的数量锐减，害虫数量不断上升，破坏了当地的生态平衡。

褐顶赤蜻

褐顶赤蜻隶属于蜻蜓目、蜻科。中等大小，体长 37 ~ 40 mm，后翅长 29 ~ 32 mm，腹长 24 ~ 26 mm。面部黄色，颜面上有 2 个黑斑，头顶黑色，在复眼前后各有 1 个黄斑。复眼褐色，巨大。后头有许多白色须毛，颜面上有许多黑褐色毛。胸部黄褐色，背板有 1 条黑色脊，其后有分叉的沟，沟两侧有 2 片叶片状物，其周围有黑色小齿。胸部两侧及背板纵脊两侧有黑色斑，胸部背区上有许多黄色长毛。前足胫节和跗节黑色，腿节背面黑色，腹面黄色；中足、后足的基节和腿节基部黄色，其余均为黑色；翅膜质透明，翅面无色，翅端部为褐色，翅脉黑褐色。静止时四翅平伸。翅前缘黑褐色，有锯状小齿，翅痣长方形，深褐色。腹部侧扁，腹背中央有黑色纵脊，纵脊两侧有短刺。腹部腹面黑色，两侧及背面棕褐色，自第 5 腹节起，侧面后部黑色；第 10 腹节黑色，但两侧有 1 个圆形黄斑。

褐顶赤蜻在我国分布广泛，分布于黑龙江、吉林、北京、陕西、河南、福建、江西、浙江、广西、广东等地。褐顶赤蜻干燥全体入药。有补肾益精、解毒消肿、润肺止咳的作用。在药用昆虫的生产和养殖基地、药用昆虫及衍生物加工厂有可能会发生因经济利益而进行的盗窃、抢劫等犯罪活动，在医院、药店、中医诊所、药材批发市场等犯罪现场也有可能出现它的踪迹。

云斑圆蜻

云斑圆蜻隶属于蜻蜓目、蜻科。雄虫腹长 29 mm，后翅长 36 mm。上、下唇基及前、后唇基淡黄色；下唇侧叶中央部分顶端和上唇前端中央黄褐色。额和头顶黄褐色。翅胸淡黄色，翅无条纹。翅透明；翅痣黄褐色，翅脉黑褐色；前翅基 3~4 个亚前缘室和肘室以及弓分脉间 3~4 个小室橙黄色。足黄褐色。腹部黄褐色；第 2、3、4 节基半端具横脊。肛附器黄色，其长度相当于 9、10 两节长之和。

云斑圆蜻分布于我国湖南。栖息于空旷田野的池塘、水坑和沟渠。雄虫主要在黄昏时活动，在水面来回迅速飞行捕食和寻找雌虫。翅上的白色斑点十分明显，使其在黄昏后时容易辨认。

云斑圆蜻不仅姿态优美、色彩鲜艳，而且具有大大的复眼、奇特的翅痣，是收藏家及爱好者热衷捕采的种类。这也刺激了谋利者的狂捕滥采和非法买卖等犯罪活动的发生，导致这种益虫的数量锐减，害虫数量不断上升，破坏了当地的生态平衡。

晓褐蜻

晓褐蜻又名赤衣、紫红蜻蜓。隶属于蜻蜓目、蜻科。腹长 25 ~ 27 mm，后翅长 30 ~ 32 mm，翅痣 3 mm，肛附器 2 mm。体小型，是雄红雌黄的美丽蜻蜓。上唇红褐色，前缘黑褐色。前、后唇基及前额黄褐色，上额紫铜色。头顶黑褐色，有金属光泽；后头褐色。前胸黑褐色。合胸背前方紫红色，合胸脊有黑色边缘，合胸侧面红褐色。第 1 条条纹仅两端留有 1 个黑点；第 2 条条纹下半色浓黑，上半色较淡，并与第 3 条条纹相连接；在第 1、2 条条纹下半中间具有 1 条短而宽的条纹，第 3 条条纹完全。腹红褐色，第 1 ~ 2 节的前缘及侧面、第 9 节的侧面和第 10 节的前缘均具黑色斑。肛附器基部红色，端部黑褐色。翅透明，翅脉朱红色，翅痣褐黑色，翅基具黄褐色斑，前翅的斑小，后翅的斑大。足的基节、转节和前足腿节下面黄色，余全黑色。

晓褐蜻分布于我国浙江、湖南、广西、广东、海南、云南、香港、台湾、贵州、陕西。栖息于开阔田野的池塘、湖泊、水库、沟渠以及流速缓慢的小溪和河流。雄虫以水平姿势或者将腹部翘起停息在水边的挺水植物上。它们在一天最热的时刻采取如尖塔的姿势，将腹部翘起至合适位置，尽量减少身体暴露在直射阳光下的面积。

晓褐蜻不仅姿态优美、色彩鲜艳，而且具有大大的复眼、奇特的翅痣，是收藏家及爱好者热衷捕采的种类。这也刺激了谋利者的狂捕滥采和非法买卖等犯罪活动的发生，导致这种益虫的数量锐减，害虫数量不断上升，破坏了当地的生态平衡。

金绿色蟌

金绿色蟌隶属于蜻蜓目、色蟌科。腹长 48 ~ 50 mm，后翅长 40 ~ 42 mm，雄性无翅痣，肛附器 2 mm。翅体黑色，有绿色金属光泽。上唇及前唇基黑色，后唇基及额部金绿色。后头黑绿色。触角基部外侧方有 1 个白色小斑点。前胸黑绿色，合胸背前方和侧方均呈金属绿黑色。腹部背面呈蓝绿色，有金属光泽。第 10 节背面中央有 1 个显著突起。肛附器黑色。上肛附器尖端扁阔，并向内弯曲。下肛附器基部粗大，末端稍向上弯曲。翅半透明，散生较浓的黑色小点。无翅痣。基室无横脉。胫基室开放。足黑色纤细，具长刺。雌雄形色基本相同。仅腹部呈黑褐色。背中央有 1 条淡黄色纵线纹。第 10 节背面末端中央有 1 个向后突出的角状物。一般具白色伪翅痣，偶有无伪翅痣的。

金绿色蟌分布于我国浙江、四川、山东。由于它体型娇小、身体柔弱、体态优美、翅色多变，并具有金属闪光，故深受国内外爱好者的喜爱和收藏。因此，不排除有人为了经济利益而进行狂捕滥采和非法买卖等犯罪活动。这必然会导致该类群数量不断减少以至于走向濒危。

透顶单脉色蟌

透顶单脉色蟌隶属于蜻蜓目、色蟌科。中等大小。雄虫腹长 57 mm，后翅长 40 mm。未成熟的雄虫翅、足、腹褐色；成熟时，下唇中叶褐色，侧叶黄褐色。上唇和下唇基褐色。上唇基、额、头顶、前胸、翅胸和腹绿色，具强烈的金属光泽。翅胸腹面黄白色，翅黑褐色，无翅痣，前翅尖较透明，前翅基（约为翅长的 2/5）、后翅基（约为翅长的 3/4）的横脉灰绿色，其全横脉褐色。中室较盘室短，具 2 行横脉。足长，黑褐色。腹部细长，圆筒形。上肛附器基部较细，端部较粗，外侧具刺，弯成环形。雌虫翅、足、腹褐色，腹部较短，约 51 mm。前后翅具白色翅痣，并被横脉分隔，前后翅臀区较透明。

透顶单脉色蟌分布于我国北京、浙江、湖南、福建、广西、江西、河北、江苏、山西、陕西、四川、云南、西藏。雄虫在溪边建立领地，栖息在石块或低处的植物上，身体微微前倾，偶尔缓慢展翅以展示蓝黑色的翅，驱逐对手或靠近雌虫时会在水面振翅低飞。雌虫也在此地产卵繁殖，但也常飞入山坡和丛林。

由于透顶单脉色蟌体型娇小、身体柔弱、体态优美、翅色多变，并具有金属闪光，故深受国内外爱好者的喜爱和收藏。因此，不排除有人为了经济利益而进行狂捕滥采和非法买卖等犯罪活动。这必然会导致该类群数量不断减少以至于走向濒危。

巨齿尾溪蟌

巨齿尾溪蟌隶属于蜻蜓目、溪蟌科。腹长 34 mm，后翅长 29 mm，翅痣 5 mm，肛附器 2 mm。下唇黑色。上唇暗绿色，光亮，周缘黑色，密生棕色细毛。前唇基均呈光亮的褐色，额和头顶黑色。两个单眼褐色，光亮。后头黑色，密生褐色细毛。合胸背面黑色，具黄色条纹。背条纹完整。肩前条纹细而短，只存于下半部。侧面黄色，第 1 和第 2 条条纹粗而黑，第 3 条条纹只有下方一小段。老熟的个体则全呈黑色，看不到黄斑痕迹。腹部黑色，仅第 1 节两侧具黄斑，第 2 节两侧具黄色细条纹。老熟个体则不现黄斑。肛附器黑色。上肛附器端部向内向下弯曲，在亚基部内缘具 1 个粗壮齿状突起。下肛附器细长，末端向上。翅基半部透明，端半部褐色。翅痣褐色，下盖 9 ~ 10 个翅室。前翅结前横脉 16 ~ 18 条，结后横脉 16 ~ 18 条；后翅结前横脉 14 ~ 17 条，结后横脉 19 ~ 20 条。足黑色。基节、转节和胸部腹面被白色粉末。雌雄形色基本相同，但雌性的腹部较粗、较短，胸、腹部的黄斑较为鲜明。

巨齿尾溪蟌分布于我国浙江、贵州、山西、陕西。由于它体型娇小、身体柔弱、体态优美、翅色多变，并具有金属闪光，故深受国内外爱好者的喜爱和收藏。因此，不排除有人为了经济利益而进行狂捕滥采和非法买卖等犯罪活动。这必然会导致该类群数量不断减少以至于走向濒危。

大溪蟌

大溪蟌为大型蜻蜓。隶属于蜻蜓目、溪蟌科。雄性腹长 53 mm，后翅长 52 mm，翅痣 3 mm，肛附器 3 mm。体粗壮，黑绿色，翅细长，透明。雄虫复眼蓝色，口器黄蓝色，胸部黑色，侧面具有宽阔的黄色或黄绿色条纹。背脊两侧各具 1 对平行窄条纹。第 2~4 腹节橙黄色，其余腹节黑色。翅长并具柄。雌虫腹部黑色，体型更加粗壮。初看大溪蟌会误认为其是春蜓，但其翅具柄而且栖息时身体垂直易与春蜓区别。

大溪蟌分布于我国海南、广东、香港、浙江、福建、贵州。雄虫和雌虫休息时身体垂直，吊挂于细树枝上，翅展开。雄虫占据着流速较快的溪流旁的林地，会在树木繁密的溪流上方短暂巡逻飞行；雌虫通常在距溪流数百米的地方活动。

大溪蟌体型大型、体态优美、翅色多变，并具有金属闪光，故深受国内外爱好者的喜爱和收藏。因此，不排除有人为了经济利益而进行狂捕滥采和非法买卖等犯罪活动。这必然会导致该类群数量不断减少以至于走向濒危。

黄纹长腹蟌

黄纹长腹蟌隶属于蜻蜓目、扇蟌科。腹长 33~37 mm，后翅长 24~26 mm。下唇淡黄色，上唇黄色。前唇基淡黄绿色，具黑色前缘；后唇基呈光亮的黑色。上颚基部和颊均呈淡黄绿色。额黑色，前缘淡黄绿色与颊相连。头顶黑色。在中单眼与侧单眼之间具 1 条淡黄绿色的横带纹，两侧伸展到复眼内缘。后头黑色，后头缘两侧各具 1 个黄色小横斑。前胸黑色，其前叶前缘和后叶中裂片的后缘黄色。中叶背板两侧黄色。合胸背前方黑色，两侧各具黄色的肩前条纹 1 条。合胸侧面黄色，仅在前后翅基部中间到中、后足基节之间具 1 条黑色斜行斑纹。腹部第 1 节黄色，背面黑色；第 2 节背面黑褐色，侧面黄色；第 3~7 节背面黑褐色，侧面黄色；第 8、9 节基部黑色，端部黄色；第 10 节完全黑色。各节的基部具黄色的线状环纹，各节的后亚端部各具 1 个背面较细、侧面向后扩大的黄色环状斑纹。肛附器黑色。翅透明。翅痣褐色。前翅结后横脉 15~19 条，后翅结后横脉 15~17 条。足黄色。腿节背面黑色，跗节黑褐色。

黄纹长腹蟌分布于我国浙江、福建、四川、香港、台湾、贵州、广东。常栖息于高山森林的小溪和渗流地。雄虫和雌虫栖息时身体呈一定角度，通常栖息在树林低层植物的树叶上。

黄纹长腹蟌体型娇小，身体柔弱，体态优美、翅色多变，并具有金属闪光，故深受国内外爱好者的喜爱和收藏。因此，不排除有人为了经济利益而进行狂捕滥采和非法买卖等犯罪活动。这必然会导致该类群数量不断减少以至于走向濒危。

黄狭扇蟌

黄狭扇蟌又名胫蹼琵蟌。隶属于蜻蜓目、扇蟌科。腹长 40 mm，后翅长 25 mm。下唇淡黄色；上唇黄色，下缘黑褐色。前唇基黄色；后唇基黄色，两侧各具 1 个褐色小斑点。颊黄色。额黑色，两侧缘黄色。头顶及后头黑色，在两个侧单眼的外侧和后头背面两侧各具黄斑 1 个。在复眼内侧和头顶的界线上具 1 个黄色横斑。前胸黑色，具黄色斑纹 2 条。合胸背前方黑色，具 2 条黄色肩前条纹，与前胸的黄条纹相连。合胸侧面黄色，无明显斑纹。腹部第 1~2 节黄色，背面黑色；第 3~6 节背面黑色；第 9~10 节黄色，但第 9 节的基半节黑色。肛附器黄色。上肛附器甚短，只有下肛附器长的 1/4。下肛附器端部外侧黑色。翅透明。翅痣淡褐色，下盖一个翅室。前翅结后横脉 16 条，后翅结后横脉

13~14条。足赤黄色，中、后足胫节稍有扩大。雌雄形色基本相似。

黄狭扇蟌分布于我国浙江、云南、香港、台湾、贵州、福建、陕西。雄虫和雌虫栖息于池塘、湖泊和流速缓慢的河流。通常以水平姿势栖息在树林低层植物的树叶上。

黄狭扇蟌体型娇小、身体柔弱、体态优美、翅色多变，并具有金属闪光，故深受国内外爱好者的喜爱和收藏。因此，不排除有人为了经济利益而进行狂捕滥采和非法买卖等犯罪活动。这必然会导致该类群数量不断减少以至于走向濒危。

白腹小蟌

白腹小蟌又名乳白小豆娘。隶属于蜻蜓目、蟌科。腹长 15~18 mm，后翅长 8~10 mm。胸部黑色，腹部为白色，是我国也是世界上最小的蜻蜓目昆虫。下唇淡黄色，上唇、前唇基、后唇基及颊均为淡蓝色，额、头顶及后头黑色。上额前缘具 1 条淡蓝色细横纹。3 个单眼褐色。单眼后色斑蓝色。后头后缘具 1 条淡黄色的横条纹，与两侧的眼后斑相连接。前胸黑色，其前、后缘及两侧白色。合胸背前方黑色，具 2 条淡黄色条纹。合胸侧面蓝白色。腹部第 1~4 节白色，自第 5 节向后渐呈淡褐色，到第 8~10 节褐色更浓。第 1 节背面中央具 1 个黑斑，第 2 节背面具 1 条基部与端部膨大的黑斑纹。肛附器黄色。翅透明。翅痣淡黄色。前翅结后横脉 5~6 条，后翅结后横脉 4~5 条。足白色，具褐色短刺。

白腹小蟌分布于我国浙江、云南、香港、江苏、贵州、江西、海南。栖息于野外空旷处流速较慢的溪流旁的湿地以及湿地旁周边草丛中。雄虫和雌虫以水平姿势栖息于草丛和低处的其他植物上。没有领地行为。

白腹小蟌体型娇小、身体柔弱、体态优美、翅色多变，并具有金属闪光，故深受国内外爱好者的喜爱和收藏。因此，不排除有人为了经济利益而进行狂捕滥采和非法买卖等犯罪活动。这必然会导致该类群数量不断减少以至于走向濒危。

黄尾小蟌

黄尾小蟌又名橙尾细蟌。隶属于蜻蜓目、蟌科。腹长 16~19 mm，后翅长 11 mm。小型种类。上唇黑色，有光泽。头部黑色，单眼后色斑很小，圆形，淡蓝色。复眼上面黑色，下面淡绿色。前胸背面黑色，侧面灰蓝色。合胸背面黑色，两侧各具 1 条细长蓝色肩前条纹。侧面淡蓝色。腹部第 1~7 节背面黑色，侧面第 1~2 节蓝色，向后渐呈淡黄色；第 8 节背面基端黑色，后半节背面和侧面均为橙黄色；第 9~10 节全为橙黄色。肛附器橙黄色。上肛附器长于下肛附器，从背面看近似三角形，侧面看似梯形，其后缘中部向内凹陷，上下形成两个尖角；下肛附器很小。翅透明，前后翅的翅痣色彩不同，前翅的淡褐色，后翅的黑褐色。前翅结后横脉 6 条，后翅结后横脉 5 条。足肉白色。腿节外侧黑色，胫节内侧基部具黑色短条纹。成熟的雌虫色彩和雄虫基本相同，但腹部 8~10 节背面黑色，侧面淡橙色。未成熟的个体上唇、前唇基、后唇基、头顶后半部及后头橙红色，额及头顶前半部黑色。胸部除合胸背前方中央有 1 条黑色条纹外均呈橙红色。翅痣淡褐色，前后翅同色。前翅结后横脉 7~9 条，后翅结后横脉 6 条。腹部也较长，足淡红色。

黄尾小蟌分布于我国浙江、福建、台湾、陕西。雄虫和雌虫以水平姿势栖息于池塘、沟渠、湿地的草丛和低处的其他植物上。没有领地行为。

黄尾小蟌体型娇小、身体柔弱、体态优美、翅色多变，并具有金属闪光，故深受国内外爱好者的喜爱和收藏。因此，不排除有人为了经济利益而进行狂捕滥采和非法买卖等犯罪活动。这必然会导致该类群数量不断减少以至于走向濒危。

长尾黄蟌

长尾黄蟌又名昧影细蟌。隶属于蜻蜓目、蟌科。雄虫腹长 35 mm，后翅长 24 mm。头胸部橄榄色，腹部前面6节柠檬黄色，后面4节黑色。上唇黄色，前唇基、后唇基及额黄褐色。头顶暗橄榄色，后头黄褐色。前胸暗黄色，其前叶和中叶的前缘及后叶的后缘具黑褐色横纹，与前胸背中央的黑褐色纵纹形成1个“王”字形斑纹。合胸背面橄榄绿色，侧面黄色，无斑纹。腹部第1~6节柠檬黄色；第7~10节背面黑色，腹面黄色；从第7节末端开始，背部的黑斑向两侧延展，第9节达到腹侧面的下缘；第10节侧面下半部黄色。上肛附器黑色，下肛附器基部黄色，尖端黑色。翅透明，翅痣褐色。前翅结后横脉14~15条，后翅结后横脉11~12条。足黄色，具黑色短刺。

长尾黄蟌分布于我国浙江、湖南、云南、台湾、贵州、福建、陕西。栖息于池塘、沟渠和湿地，还会在低地森林中的水潭和流速较慢的小溪出现。雄虫和雌虫以水平姿势栖息于灌木和较高的草丛上。和其他许多蟌科种类一样，当雌虫产卵在沉水植物上时（全身或半身潜水），雄虫会与雌虫保持串联状态，这种状态被称作雄虫的接触护卫。

长尾黄蟌体型娇小、身体柔弱、体态优美、翅色多变，并具有金属闪光，故深受国内外爱好者的喜爱和收藏。因此，不排除有人为了经济利益而进行狂捕滥采和非法买卖等犯罪活动。这必然会导致该类群数量不断减少以至于走向濒危。

黑尾小蟌

黑尾小蟌隶属于蜻蜓目、蟌科。雄虫腹长23 mm，后翅长14 mm。下唇黄白色。上唇和前、后唇基黄褐色或黄绿色。额黄色。头顶黑色，单眼黄褐色或橘红色，复眼墨绿色。前胸背板黑色，翅胸背黑色，两侧具黄绿色条纹，翅胸侧板黄绿色。翅透明，前翅翅痣红褐色。后翅翅痣褐色。足黄白色，腿节外侧黑色。腹部第1、2节背部具黑点，第2~6节橘红色，第7~10节黑色，第10节背部具2齿。上肛附器短，先端有垂直向下弯曲的齿，内肛附器长约为第10节的一半，先端黑色。雌虫体型与雄虫相似。翅胸背缝具黑色宽带，其余黄褐色，前足腿节黑色，胫节外侧黑色，中后足黄色，腿节外侧的黑条不明显。腹背黑色。腹面黄白色。

黑尾小蟌分布于我国湖南。由于它体型娇小、身体柔弱、体态优美、翅色多变，并具有金属闪光，故深受国内外爱好者的喜爱和收藏。因此，不排除有人为了经济利益而进行狂捕滥采和非法买卖等犯罪活动。这必然会导致该类群数量不断减少以至于走向濒危。

褐斑异痣蟌

褐斑异痣蟌又名青纹细蟌。隶属于蜻蜓目、蟌科。腹长21~23 mm，后翅长13~15 mm。为体型较小而健壮的豆娘。下唇淡黄色。整个脸面除上唇基部具1条细小的黑色横纹和后唇基为蓝黑色外，包括上唇、前唇基、颊和额部一律为淡蓝色。头顶和后头黑色，两个单眼后色斑蓝色。复眼上方黑色，下半部淡绿色。前胸黑色，前叶具蓝色细横纹，后叶后缘具2个圆形突起。合胸背前方黑色，具2条蓝色肩前条纹。合胸侧面除肩缝线呈黑色条纹外，余全呈淡蓝色。无明显斑纹。腹部第1~7节背面黑色，第2节的较宽，第7节的黑纹扩大至腹侧下缘。侧面第1、2节蓝色，第3~7节淡黄色，第8节全呈蓝色，第9节背面黑色而侧面蓝色，第10节大部分黑色，仅侧面的下方稍呈蓝色。背面末端中央具1对小突起。肛附器褐色，下肛附器长于上肛附器，基部较粗，端部尖锐，稍向内弯曲，中部具向内钩曲的齿状物。翅透明。前翅的翅痣大于后翅的翅痣，前翅的褐色，后翅的黄色，前翅结后横脉8条，后翅结后横脉6~7条。足浅褐色，腿节外侧黑色，胫节内侧具细黑纹。

褐斑异痣蟌分布于我国浙江、云南、台湾、香港、江苏、湖南、福建、陕西。栖息于池塘、湿地和流速缓慢河流的边缘。雄虫和雌虫以水平姿势栖息于水面附近和低处的草丛、植物上，没有领地行为。

褐斑异痣蟌体型娇小、身体柔弱、体态优美、翅色多变，并具有金属闪光，故深受国内外爱好者的喜爱和收藏。因此，不排除有人为了经济利益而进行狂捕滥采和非法买卖等犯罪活动。这必然会导致该类群数量不断减少以至于走向濒危。

第七章　蜚蠊目

蜚蠊目昆虫通称为蜚蠊（俗称“蟑螂”）、地鳖（俗称“土鳖”）。体型较大或中等，体阔而扁平。口器为咀嚼式。蜚蠊目昆虫中有不少种类呈现雌雄异形现象，雄虫有翅，雌虫无翅或短翅。变态类型为渐变态，一生经过卵、若虫、成虫 3 个阶段，幼期形态和生活习性与成虫相似。蜚蠊目昆虫广布于全世界，适应性强，活动范围广泛，在有水和食物的地方都能生存。多数种类性喜黑暗，为夜行性昆虫。杂食性，取食多种动植物性食料。栖息于室内的种类，色泽较暗，不善飞行，多栖息于厨房、食堂、仓库等阴暗处，夜间取食，白天隐匿在缝隙或阴暗处，食性杂，尤偏好糖和淀粉物质；野生种类多在砖石、枯枝落叶及树皮下或树洞里，有的钻在土中，也有的生活于蚁巢或蜂巢中，取食死植物、咬树皮或木材，有的还会为害农作物。有些生活在室内的种类，在取食及其活动中会污染食物、衣物和生活用具，传播病菌和寄生虫，是重要的卫生害虫，同时还会咬坏大量商品及其包装，造成重大经济损失。

中华真地鳖

中华真地鳖又名中华地鳖、地鳖、土虫、土元、地鳖虫、地乌龟、接骨虫、簸箕虫等。体扁卵圆形，雄虫体长 28 mm，前翅长 26 mm，总长 30 mm；雌虫体长 29 mm。雌雄异形。雄虫有翅，体面被微毛，单眼间距是复眼间距的 2 倍，较触角窝间距稍窄。前胸背板横椭圆形，深黑褐色，表面密被微毛，前缘域呈明显黄带。前翅淡黄色，膜质，半透明，长度超过腹端 11 mm 以上，脉纹清晰，表面具网状褐色斑纹；后翅宽大，膜质，透明，仅前缘稍加厚，脉纹淡褐色。足细长，唯前足胫节特短，具 8 根端刺，1 根中刺，腿节端部下方有 1 根刺。肛上板横阔，后缘弧形，中央具 1 个小缺刻，两后侧角隆起，其上各有 1 束毛丛；左阳茎叶红褐色，较长，腹面观可见大部分。后缘稍凹陷，密生红褐色绒毛。腹刺褐色，甚短，略呈锥状。雌虫无翅，体椭圆形，背隆起，全体黑褐色。前胸背板前、后缘具黄色带，背面密布小颗粒及赤褐色短毛。肛上板横阔，后缘中央具小切口。卵鞘棕褐色，肾形或豆荚形，一侧有锯齿 11 个（气孔），每个卵鞘内双行排列卵 2~30 粒。初孵及初蜕皮若虫白而呈米黄色，后渐变深褐色，体型似雌成虫。雄若虫中胸、后胸背板后缘深凹，其背侧有翅芽。

中华真地鳖

中华真地鳖在江苏、浙江 1.5~2 年完成 1 代，北方 3 年完成 1 代，以卵、若虫、雌成虫在土下越冬；4 月中下旬气温上升到 9~12 ℃时越冬的成虫、若虫始出土觅食，至 11 月中旬气温降至 10 ℃时又潜入土中越冬。全年活动期约 7 个月。4 月下旬至 11 月上旬为产卵期，6~9 月为觅食、活动盛期，7~8 月成虫羽化。在黄河流域以北 5~6 月开始活动，7~8 月为活动盛期，9 月下旬陆续开始越冬，雄成虫于冬前即死亡。雄成虫夜间成群飞舞、寻找雌虫，雌成虫羽化 3 d 后开始交配，1 头雄虫可与 6~7 头雌虫交配；雌虫一生只交配 1 次，交配后约 7 d 产卵，寿命 26~30 个月。雌虫所产卵块排出后包裹分泌物成为卵鞘，卵鞘黏附于雌体尾端数日，未经交配的雌虫所产卵不能孵化。雄若虫 8~10 龄，雌若虫 10~12 龄。

中华真地鳖分布于我国辽宁、内蒙古、宁夏、甘肃、山西、河北、山东、江苏、浙江、四川、贵州等地，该虫有喜温、喜湿、畏光、昼伏夜出和假死等习性，生活于阴暗、潮湿、腐殖质丰富、稍偏碱性的疏松土壤中，或栖息于住宅、灶脚、柴草堆、禽畜舍、粮仓等处。

在中华真地鳖的养殖基地、药用昆虫及衍生物加工厂有可能会发生因经济利益而进行的盗窃、抢劫等犯罪活动，在医院、药店、中医诊所、药材批发市场等犯罪现场也有可能出现它的踪迹。

美洲大蠊

美洲大蠊又名蟑螂、船蠊、红蠊、茶婆虫。隶属于蜚蠊目、蜚蠊科。成虫体长 25~45 mm，体型大，椭圆形，背腹扁，体呈黄褐色、红棕色或深褐色，体表具光泽。前胸背板有 1 个大的黑褐色蝶状斑，斑的中线前方有 1 个“T”形黄色条纹，向后延伸至“小尾”，斑的周围呈灰黄色，后缘色斑较宽。

美洲大蠊 2.5 年完成 1 代。成虫初产卵鞘白色渐变褐色至黑色，每个卵鞘内有卵 14~16 粒，雌虫可分泌液体将卵鞘黏附于附近的木质或硬纸等物体上，并以碎屑掩盖。卵期 45~90 d，在高温热天 20~30 d 也可孵化为若虫，若虫经 10 次蜕皮羽化为成虫。成虫一生可产 30~60 个卵鞘，最多至 90 个卵鞘，平均约产卵 675 粒。高温时可行孤雌生殖。此虫善疾走，适当高温时，也能飞行较远，但一般只是近距离飞行。在热带地区它们有捕食其他小虫习性，当食物缺乏时，甚至自相残杀，吃掉自己类群的卵鞘。

美洲大蠊

美洲大蠊繁殖力强、适应性强，食性复杂，难以根除。它们咬损许多工厂、车间及商店里的成品、中成品及原料，造成商品质量降低；在各种场所污染食物，传播病菌和寄生虫，其体内还含有可引起人产生过敏反应的过敏原，对人类健康和环境造成严重影响；也有的在温室中为害各种栽培植物的幼苗及香菇等。

美洲大蠊在全国各地均有分布，尤以南方地区更为常见。生活在厨房、餐厅、潮湿的地窖或墙角的缝隙里。可能随物品的携带、运输而广为扩散。防治上，可切断人为携带传播的途径；经常保持室内隐蔽场所的清洁卫生，妥善保藏食品，及时清除垃圾是防治美洲大蠊的根本措施。同时根据其季节活动规律，集中力量，反复突击。具体办法有人工捕杀、诱杀、烫杀、堵塞缝隙等。目前，也可以利用蜚蠊卵啮小蜂寄生于美洲大蠊卵鞘内的卵的方法进行生物防治。

美洲大蠊几乎与人类生活在一起，甚至生活在人的身体上，所以，在美洲大蠊分布地区的犯罪现场或者人的身体上有可能出现它的痕迹。

澳洲大蠊

澳洲大蠊又名红蜚蠊、蟑螂、负盘、蜚盘虫、香娘子、石姜、滑虫。隶属于蜚蠊目、蜚蠊科。体长 30~35 mm，全体棕黑色，有光泽，足部色较浅，深棕色，体型长椭圆形而扁；头小，隐藏于胸部之下。触角线状，深棕色，由许多短小的环节组成，细长，但不超过前翅的末端。前胸背板略圆，黑褐色，环绕前胸背板的边缘有 1 条深黄色环状带。复眼黑色，肾状，位于头之两侧。口器咀嚼式。前翅较大，革质，叶状，有赤褐色翅脉，前翅基部外侧边缘有明显的黄色宽纹；后翅较小，扇状，一般摺叠起来，亦为叶状，透明膜质，赤褐色。足部侧扁而细长。前足腿节下有两排刺，内缘有 13 个较小的刺，外缘有 4 个较大的刺。各足的胫节都具许多强大的刺，跗节 5 节，第 1 节甚长，为其他 4 个跗节之和。前足和中足的跗节棕褐色。胸部腹板淡黄色。腹部腹板棕褐色，腹部背板与腹板交接处成波纹状黑色边缘。尾须锥状，末端尖削。

成虫能生活 6 个月到 1 年多。雌虫在产卵前，先排泄一种物质形成坚硬的暗褐色的卵鞘，然后才开始由左侧卵巢或右侧卵巢分成两行将卵产入卵鞘，直到卵鞘充满为止。每个卵鞘有卵 16 粒，每头雌虫一生能产 3~4 个卵鞘，经 1~2 个月孵化。卵鞘黏着于器物、墙缝、书籍等上面。幼虫很像成虫，但无翅，渐进变态，蜕皮 5~7 次。

澳洲大蠊分布于热带和亚热带地区。干燥或新鲜全体入药。有活血散瘀、解毒消疳、利水消肿等功能。民间常用本种治跌打损伤。在澳洲大蠊生产和养殖基地有可能会发生因经济利益而进行的盗窃、抢劫等犯罪活动，在医院、药店、中医诊所、药材批发市场等犯罪现场也有可能出现它的踪迹。

澳洲大蠊

澳洲大蠊也是一种卫生害虫。喜居在家室内，特别是温暖有食物的地方，如厨房、饭馆、储藏室、旅馆、轮船上、澡堂、仓库等处。白昼匿居在阴暗隐蔽的地方，晚间四处活动，疾走迅速，很少飞翔。性贪食，不择品类，为杂食性，取食种类包括各种食物、粪便、痰等。能分泌一种特有臭味的油状液质，因此它寄居的地方和吃过的食物上都有一股蟑螂臭。澳洲大蠊在其分布地区的室内场所常见，几乎与人类生活在一起，甚至生活在人的身体上，所以，在这些地区的犯罪现场或者人的身体上有可能出现它的踪迹，可以此作为破案的线索之一。

黑胸大蠊

黑胸大蠊隶属于蜚蠊目、蜚蠊科。雄虫体长 23~28 mm，前翅长 23~28 mm，总长 34 mm。雌虫体长 24~30 mm，前翅长 24 mm，总长 31~33 mm。大型种类，黑褐色，有较强光泽。前胸背板略为梯形，前缘平直，后缘略向后凸出呈缓弧形，表面光滑平整。翅长，远超腹部末端，后翅膜质半透明。雄虫腹部背板第 1 节前缘有 1 簇淡褐色长圆形毛茸。肛上板基部宽，端部稍窄，长方形，全板似矮碗状，后缘平直或略凹陷，中央具 1 个小切口，或稍隆起呈短脊状，此处反面有 1 对圆形小突起，表面着生小刺；下生殖板宽短，后缘中部略凹入呈缓弧形，有的中央有 1 个小切口，腹刺均称，中部弯曲。雌虫肛上板前宽后窄，略呈三角形，中线隆起呈脊状，两侧倾斜，后缘呈三角形切口，形成左右两个叶片，各片后端钝圆，切口顶端尖锐；下生殖板前宽后窄，略呈三角形，中线隆起如船底。

黑胸大蠊分布于我国北京、辽宁、上海、江苏、安徽、湖南、四川、福建、广东、广西、贵州、云南等地。它在以上这些地区的室内场所常见，几乎与人类生活在一起，甚至生活在人的身体上，所以，在这些地区的犯罪现场或者人的身体上有可能出现它的踪迹，可以此作为破案的线索之一。

德国小蠊

德国小蠊

德国小蠊又名油婆子。隶属于蜚蠊目、姬蠊科。成虫体长 10~13 mm，淡赤褐色，头较大，前方稍露出于前胸背板前缘。前胸背板宽大于长，侧缘半透明，上有 2 条纵向平行的黑色带纹；前翅狭长，达腹端，质稍厚实，后翅无色透明。雄虫腹部狭长，第 7 节背板特化；雌虫腹部较宽短，基部宽，赤褐色，卵包在卵鞘内，卵鞘小而扁簿，初产呈白色，渐变淡褐色以至栗壳色，卵成对排成数列储藏于卵鞘中。卵鞘产出后常挂在雌虫尾端，直至孵化。若虫共 5~7 龄，低龄若虫深褐色，背板纵纹从低龄到高龄逐渐显现。

德国小蠊 1 年可繁殖 5~6 代，德国小蠊成虫羽化后的第 7~10 d 交配，雄虫一生可多次交配，雌虫只交配 1 次，交配后 2~3 d 开始产卵，卵由母虫携带在卵鞘内，卵鞘黏在雌虫腹部末端不脱离。卵在其中发育约 30 d 后，卵鞘与雌虫脱离。卵鞘离开雌虫后 1 d 卵即可孵化出若虫。雌虫一生可产 4~8 个卵鞘，每个卵鞘包含 30~48 粒卵。德国小蠊从卵发育到成虫 1 个世代需 2~5 个月，若虫经 5~7 次蜕皮后成为成虫，若虫期为 30~56 d。

德国小蠊体型较小，可躲藏在狭窄的缝隙处，为全世界最普遍、最猖獗、最难治理的家庭卫生害虫。可排泄分泌物使食物变味、变质；咬食和破坏食品、纤维织品、纸张、文物、藏品及破坏计算机等精密仪器，造成较大的经济损失；还能携带传播细菌性痢疾、伤寒、肝炎等 30 多种使人致病的病菌，其排泄物和蜕还是人类皮疹、哮喘和打喷嚏等的过敏原，在春夏季节，德国小蠊爬过的食品，还可能引发细菌性食物中毒，对人类的生命健康造成危害。

德国小蠊在我国各地均有分布。生活在酒店、宾馆、饭店、食品加工厂、飞机、船舶、火车及居民住宅区的厨房和浴室等处。随成品、半成品、原料及包装等物品的携带和运输而远距离传播。

德国小蠊在其分布地区的室内场所常见，几乎与人类生活在一起，甚至生活在人的身体上，所以，在这些地区的犯罪现场或者人的身体上有可能出现它的踪迹。

东方后片蠊

东方后片蠊又名金边土鳖、地鳖、土鳖虫、地乌龟、簸箕虫、土鳖。隶属于蜚蠊目、姬蠊科。虫体大型，长卵形而扁，漆黑色而有光泽。雌虫体长 35~45 mm，雄虫体长 25~35 mm。头部棕褐色，有稀疏的银白色的短毛。头部完全隐藏于前胸背板之下，细小，头宽仅及前胸背板宽的 1/4。口器咀嚼式，大颚甚发达，棕黄色，大颚齿黑色，左大颚有 4 枚强大而尖的齿，右大颚有 3 枚钝而强壮的齿。上唇长盖过大额，棕黄色。眼不发达，两眼距离宽；触角细小，线状。前胸背板甚发达，完全盖过头部，其前缘及侧缘有黄色镶边，中胸背板长度仅及前胸背板的一半。胸部背板有密致的小刻点。雌虫的翅退化，仅在中后胸留下三角形的翅鳞。足棕褐色，跗节 5 节，第 1~4 跗节的腹面上各有 1 个淡黄色的垫。胫节的背面和腹面都有 2 列强大的刺。腿节腹面也有 2 列稀疏的刺，而背面只有 1 列短小白色的毛。雌虫腹部 7 节，最末腹节呈半月形而向后缘内陷。尾须粗短，有 11 节。雄虫腹部 8 节，有翅。

东方后片蠊喜温怕冷又怕炎热，畏光。喜潮湿，在寒冷冬季很少出来活动，常栖缩在墙缝及石头缝内和杂物底下，以避寒冷。在炎热季节，常躲在凉爽荫蔽处。夜晚出来活动，到处爬行觅食。活动面较广，行动迅速。从若虫到成虫，要经 5~6 次蜕皮。每蜕一次皮身体便长大一些。雄虫交配后 7 d 左右便死亡。如气温适宜，雌虫一年可产卵 2~3 次，成虫于 6~9 月交配，其卵在卵鞘内，卵鞘呈豆荚形，长 5~6 mm。刚孵化的若虫灰白色，以后经过蜕皮，身体变黑。6 个月左右在其前胸背板出现白色镶边，以后变黄色镶边。故名为金边土鳖。

东方后片蠊分布于我国福建、广东、海南、广西、台湾等地。东方后片蠊为杂食性，喜生于有机质丰富、阴暗潮湿场所，室内多栖于厨房、仓底、酱坊、油坊、缸底、桶底和各种糠堆、麸饼底下及墙脚边等处，室外多栖于含枯枝落叶的阴暗松土中、各种草堆底下、腐烂杂树枝底下、山坑石头下、石头缝隙等处。干燥雌虫全体入药，有活血祛瘀、消肿止痛、通经下乳等功能。

在药用昆虫的生产和养殖基地、药用昆虫及衍生物加工厂有可能会发生因经济利益而进行的盗窃、抢劫等犯罪活动，在医院、药店、中医诊所、药材批发市场等犯罪现场也有可能出现它的踪迹。

第八章　螳螂目

螳螂目昆虫通称为螳螂，体型较大或中等。体长形，多为绿色，亦有褐色或具花斑者。口器为咀嚼式。变态类型为渐变态，一生经过卵、若虫、成虫3个阶段，幼期形态和生活习性与成虫相似。卵产于卵鞘内，每个卵鞘有卵20~40粒，排成2~4列。每个雌虫可产4~5个卵鞘，卵鞘由泡沫状的分泌物硬化而成，多黏附于树枝、树皮、墙壁等物体上。不同种类的螳螂，卵鞘的形状、大小、结构也有所不同。初孵的若虫为“预若虫”，蜕皮3~12次始变成虫。一般1年完成1代，以卵在卵鞘中越冬。有些种类能行孤雌生殖。螳螂目昆虫为肉食性，成虫、若虫均为捕食性，用前足捕捉其他昆虫及小动物，是重要的天敌昆虫，在田间和林区可以消灭不少害虫。在缺食时，有雌虫残食雄虫的现象。螳螂有保护色，有的还有拟态现象，与其所处环境相似，借以捕食多种害虫。

广腹螳螂

广腹螳螂又名拒斧、天马。是农林业重要的捕食性天敌昆虫。隶属于螳螂目、螳科。雌虫体长57~63 mm，雄虫体长51~56 mm，前胸背板粗短，几乎与前足基节等长。体型中等，全体绿色或紫褐色。胸部和腹部均较广阔，头部三角形，复眼卵形，大而突出，颜色比头部略浓褐，单眼3个，排列呈三角形。触角线状，柄节最粗，梗节次之，鞭节细长，与前胸背板略等长。前胸背板长菱形，其侧缘具细钝齿，前端1/3部分的中央有凹槽，后端2/3部分的中央具细小的纵隆线，雄虫的纵隆线不明显。前胸背板基部具2条褐条横带；中、后胸背板略等长，其中央部分也各具纵隆线，后胸纵隆线比中胸的稍宽广。前足腿节粗，略短于前胸背板，内缘具甚长的小刺，刺的颜色多数为黑褐色；中、后腿节均各具端刺。前翅淡绿或淡褐色，各有1白点，前缘区宽大，颜色深绿；后翅与前翅等长，翅端绿色。腹部粗大。雄虫第9腹板两侧及尾端具黑色细小短齿，同时着生尖短腹刺1对。卵鞘长圆形，深棕色。孵化区浅棕色，稍突出。卵鞘结构紧密坚硬，有卵室8~19层，每层有卵8~9粒，排列成长圆形。若虫与成虫相似，无翅，5~6龄开始显现翅芽。

广腹螳螂在北京地区1年发生1代，以卵鞘越冬。翌年6月下旬若虫孵化，孵化期5 d左右。若虫为7~8龄。1~2龄若虫行动敏捷，老龄若虫行动迟缓。成虫于8月上旬开始出现，8月中下旬为羽化盛期，9月上旬全部羽化为成虫。8月中旬成虫开始交尾，9月上中旬雌虫开始产卵。9月下旬成虫开始死亡，到11月上旬，在野外还可见到活动迟缓的成虫。成虫羽化以早晨和上午为多。羽化10 d以后开始交尾，雌虫和雄虫一生可交尾多次，交尾历时3~4 h。交尾后9~25 d开始产卵，卵鞘产于乔木和灌木的枝条上，在槐树、榆树、柳树、枣树上产卵较多。产卵时先分泌一层乳白色的黏着物，在黏着物上产一层卵，然后再分泌一层黏着物，再产一层卵，并借助于尾须连续不停地来回探索，测量所产卵鞘的大小，一直到把卵产完为止。

广腹螳螂分布于我国吉林、北京、天津、河北、山东、上海、江苏、安徽、浙江、江西、福建、台湾、广东、广西、湖南、湖北、河南、贵州。若虫与成虫均为捕食性，可以捕食鳞翅目、直翅目、半翅目、鞘翅目、双翅目等许多昆虫。是重要的天敌昆虫，在天敌昆虫人工饲养基地等处，可能会出现为了获取经济利益而进行的盗窃、抢劫等犯罪活动，也有些犯罪分子可能为了经济利益向农户出售假冒天敌昆虫或者非活性天敌。

广腹螳螂干燥卵鞘入药，名桑螵蛸，卵鞘于秋至翌年春采收，采后去杂质，蒸30~40 min（目的是杀死其中的卵，防止幼虫孵化)，晒干或烘干。有补肾壮阳、固精缩尿等功能。螳螂也可入药，秋季捕捉，处死，晒干或烘干备用。有滋补强壮、补肾益精、定惊止搐等功能。

在药用昆虫的生产和养殖基地、药用昆虫及衍生物加工厂有可能会发生因经济利益而进行的盗窃、抢劫等犯罪活动，在医院、药店、中医诊所、药材批发市场等犯罪现场也有可能出现它的踪迹。

薄翅螳螂

薄翅螳螂隶属于螳螂目、螳科。雌虫体长 57~60 mm，雄虫体长 47~56 mm。雌虫前胸背板长 15.7~17.1 mm，侧角宽 4.4~5 mm，长宽比 3.5∶1；雄虫前胸背板长 12.4~15.5 mm，侧角宽 2.2~3.1 mm，长宽比 5.3∶1。体型中等。体淡绿或淡褐色。头部三角形。单眼 3 个，排列略呈三角形；复眼卵圆形而突出，比头部的颜色稍深褐。触角线状，雄虫的粗长而雌虫的细短。雄虫前胸背板长为宽的 3 倍以上，前部侧缘齿例不明显。前腿中刺 4 根，后腿缺端刺。前刺浅褐色，前缘区浅绿色，后翅扇状。雌虫前翅较厚，雄虫的薄而透明，前缘室有细而不明显的分支脉。后翅在腹末超过前翅。腹部细长，雄性亚生殖板宽度大于长度。卵鞘柔软、扁圆形，沙土色，前端大，末端窄小，卵鞘外层厚，多空室。1 年 1 代，以卵块越冬，5 月下旬孵化若虫，8 月上旬出现成虫。9 月中旬产卵，10 月上旬死亡。若虫和成虫捕食鳞翅目、膜翅目等幼龄幼虫。

薄翅螳螂分布于我国黑龙江、辽宁、北京、河北、山东、陕西、湖南、安徽、广东、云南、台湾。

药物防治势必会影响天敌的生存。为了减少环境污染，保护有益天敌，给人类一个良好的生活环境，尽量避免药物防治。

中华大刀螂

中华大刀螂隶属于螳螂目、螳科。成虫体型较大，暗褐色或绿色。雌虫体长 74~90 mm，雄虫体长 68~77 mm。头三角形，复眼大而突出，触角细长多节。前胸背板前端略宽于后端，前端两侧具有明显的齿列，后端齿列不明显；前半部中纵沟两侧排列有许多小颗粒，后半部中隆起线两侧的小颗粒不明显。雌虫腹部较宽。前翅前缘区较宽，草绿色，革质。后翅略超过前翅的末端，黑褐色，前缘区为紫红色，全翅布有透明斑纹。足细长，前足为捕捉足。前足基节长度超过前胸背板后半部的2/3，基节下部外缘有 16 根以上的短齿列，前足腿节下部外缘有刺 4 根，等长；卵鞘楔形，沙土色到暗沙土色，由许多卵室组成。卵粒金黄色，长椭圆形，一端稍宽。若虫与成虫相似，无翅，5~6 龄开始长出翅芽。

中华大刀螂

中华大刀螂 1 年发生 1 代，以卵鞘在树枝上、灌木枝条上、篱笆上和墙壁等处越冬。在北京地区于第 2 年 5 月下旬到 6 月下旬孵化，孵化盛期在 6 月上旬。雄虫一般为 7 龄，雌虫为 8 龄。各龄历期很不一致，同龄若虫发育天数也有明显差异。8 月上中旬开始出现成虫，8 月中下旬为成虫羽化盛期，9 月上旬为羽化末期。成虫于 9 月上旬开始产卵，9 月中旬为产卵盛期，9 月下旬成虫开始死亡。到 11 月初在野外还可见到少量成虫。成虫羽化后，约经半个月开始交尾。雌虫和雄虫一生可交尾多次，交尾时间长达 3~4 h。产卵时雌虫先用尾须来回探索，寻找合适的场所。产卵时四肢紧紧抓住附着物，先分泌一层黏胶，然后产一层卵，直至产完最后一粒卵为止。5 龄前的若虫活动比较敏捷，喜欢栖息在杂草或灌木上，也有栖息在树上的。随着龄期的增长，或地上杂草甚少时，则大量转移到树上。中华大刀螂一般在早晚活动取食，喜阴怕热，在炎热的夏天，中午常栖息在树冠阴凉处或杂草丛中。秋季气温降低时，早晚多栖息在向阳的树叶上。

中华大刀螂分布于我国广东、台湾、福建、江苏、浙江、湖南、四川、安徽、山东、陕西、河北、辽宁、北京，是重要的捕食性昆虫。它食虫范围广，食量大，繁殖力强。在北京地区，中华大刀螂捕食期长达4~5个月，可捕食各种农林、果树害虫。

中华大刀螂是重要的天敌昆虫，在天敌昆虫人工饲养基地等处，可能会出现为了获取经济利益而进行的盗窃、抢劫等犯罪活动，也有些犯罪分子可能为了经济利益向农户出售假冒天敌昆虫或者非活性天敌。

华北螳螂

华北螳螂为我国的普通种类，隶属于螳螂目、螳科。黄褐色或绿色。体长68~95 mm。头部三角形。颜面较阔，头顶黄色，颜面褐色，其上有2条黑色带。后头黑褐色，其上有1个黄色斑点。触角丝状，两触角之间的上方有3个棕黑色单眼。复眼大，椭圆形突起，黑褐色。前胸长于前足胫节，有瘤状颗粒突起。前胸侧板向两侧延伸加宽，边缘有锯状钝齿。前胸前部中央有1条纵沟，纵沟两侧有许多瘤状颗粒，前后部中央有1条纵脊，纵脊前段黑色，后段黄色。后胸有白色或黄色水疱状颗粒，其上有白色短小的微毛。前翅革质，褐色，外缘部绿色，静止时右翅覆于左翅。后翅膜质，较薄，前后翅几乎等长。

华北螳螂大多数栖息在树上，肉食性，且以活的小动物为食，大多以蝇类、叶蝉、蚱蜢、青虫等为食，其他如小型蛙类及蜥蜴等动物，也为其捕食对象。步行缓慢，但捕获动物时以前足举起，动作极迅速。螳螂好斗，雌虫有捕食雄虫的现象。在自然界中捕食农林作物上的害虫。卵产在卵鞘内，排成2列或2列以上。每个卵鞘内产卵20~40粒，每只雌虫产卵鞘4~5个。卵鞘一般附着在树枝上、树皮上、岩石上及其他适宜处所。在寒冷地区，以卵鞘越冬。幼虫孵化后，即自卵鞘外出，分散。幼虫也为捕食性，其3~4龄若虫1 d可捕食油松毛虫1龄幼虫8~9条，1龄杨天社蛾幼虫7~10条；4~7龄若虫1 d可捕食国槐天社蛾2~5龄幼虫3~5条，槐尺蠖幼虫2~5条，甚至还可捕食天牛、金龟子等甲虫。幼虫蜕皮3~12次后变为成虫，每世代约需1年或1年以上。

华北螳螂分布于我国华北及东北地区。干燥卵鞘入药，名桑螵蛸。卵鞘于秋至翌春采收，采后去杂质，蒸30~40 min（目的是杀死其中的卵，防止幼虫孵化），晒干或烘干。有补肾壮阳、固精缩尿等功能。华北螳螂也可入药。秋季捕捉，处死，晒干或烘干备用。有滋补强壮、补肾益精、定惊止搐等功能。主治体虚无力、阳痿遗精、小儿惊风抽搐、遗尿、痔疮及神经衰弱等症。

在药用昆虫的生产和养殖基地、药用昆虫及衍生物加工厂有可能会发生因经济利益而进行的盗窃、抢劫等犯罪活动，在医院、药店、中医诊所、药材批发市场等犯罪现场也有可能出现它的踪迹。

二点螳螂

二点螳螂隶属于螳螂目、螳科。体型中等，细长，体长60~70 mm，体褐色。头棕褐色，三角形。复眼大，卵形，两触角间稍上方有3个红棕色单眼。触角丝状，细长。前胸长，其后部约为其前部的3倍，中间有1条浅的纵沟，纵沟两侧有瘤状颗粒。前胸长于前胫节。前腿节三角形，下缘有2行刺，下外缘有4根刺，下内缘有15根刺。腿节前端无刺，胫节前端有1根粗壮的大刺，中足和后足细长，褐色，腿节末端无侧刺，胫节末端有一侧刺。翅淡绿色，透明，盖过腹部末端，静止时左翅覆于右翅之上。

二点螳螂分布于我国华南地区。干燥卵鞘入药，名桑螵蛸。桑螵蛸含蛋白质、脂肪、铁、钙、胡萝卜素样色素。卵鞘于秋至翌春采收，采后去杂质，蒸30~40 min（目的是杀死其中的卵，防止幼虫孵化），晒干或烘干。有补肾壮阳、固精缩尿等功能。二点螳螂也可入药。秋季捕捉，处死，晒干或烘干备用。有滋补强壮、补肾益精、定惊止搐等功能。主治体虚无力、阳痿遗精、小儿惊风抽搐、遗尿、痔疮及神经衰弱等症。

在药用昆虫的生产和养殖基地、药用昆虫及衍生物加工厂有可能会发生因经济利益而进行的盗窃、抢劫等犯罪活动，在医院、药店、中医诊所、药材批发市场等犯罪现场也有可能出现它的踪迹。

繁星怪螳

繁星怪螳隶属于螳螂目、怪螳科。雄体长 21 mm，达翅端 23 mm，前胸背长 2 mm，前翅长 17 mm，触角长 20 mm。体黄褐色，多小黑点。头部短阔而扁；复眼肾形，圆凸于头侧，为体最宽处；单眼大而高突；触角线状，与体长约等，黄色具黑环；额盾片垂直，宽 4 倍于高，上缘弓弯；头顶在复眼内侧向后扩展成锥状突，夹在前胸背的前侧角处。前胸极短小，背板具成对的瘤突。前足短粗，腿节腹面仅具一尖而弯的中刺，胫节极短小，只有端爪，跗节则长于腿节，基跗节长于余 4 节长之和。前翅狭长，透明，前缘污黄多小褐斑，纵脉上有断续的小褐点及短褐纹，翅基和近中部具明显的褐斑；后翅宽大，透明，纵脉淡褐，散有褐纹。腹部暗褐，背板色淡且薄弱。腹端突伸 1 对褐色的尾须，11 节，末节极粗大，呈棒状。雌体长 26 mm，前翅长 19 mm，腹部稍伸过翅端，尾须的末节呈卵圆形。怪螳科罕见，形状特异。此种为中国特有珍稀种。分布于我国福建。

繁星怪螳是国家林业局令第 7 号《国家保护的有益的或者有重要经济、科学研究价值的陆生野生动物名录》中列入的昆虫种类。野外数量十分稀少，但也有非法捕采和非法买卖的现象发生。

第九章　等翅目

等翅目昆虫通称为白蚁，体型较小或中等。体软，通常长而扁，白色或淡黄色及赤褐色直至黑色。头前口式或下口式，能自由活动。口器为典型的咀嚼式，与直翅目相似，亚颏与外咽片愈合形成咽颏。等翅目昆虫营群体生活，是多型性的社会性昆虫。在同一群体内，个体在形态与机能上分为许多不同的类型。变态类型为渐变态，由卵孵化后，幼虫与成虫的形态和生活习性都差不多，只是幼虫的翅发育不完全。等翅目昆虫大多分布于热带、亚热带，少数种类分布于温带。它们的营养物质主要来源于植物，食性很广，主要包括：①生活的植物体，许多土栖性白蚁和土木两栖性白蚁均能取食植物的根、茎。②干枯的植物与木材，木栖性白蚁取食于木材，以木材中的纤维素为主要食料；土木两栖性白蚁取食干枯植物与木材。③有许多种类能取食含纤维的加工产品，如纸张、布匹、塑料等。还有些种类能培养菌圃，繁殖真菌，以菌丝为食料供蚁后和若蚁食用。许多等翅目昆虫取食木材或其他植物质，会造成巨大危害，如家白蚁、散白蚁等种类会为害房室建筑等。

麻头堆砂白蚁

麻头堆砂白蚁隶属于等翅目、木白蚁科。成虫体长连翅 11.5 mm，无翅 7.1 mm。兵蚁体长 4.6~7.8 mm。头壳后部黄色至黑褐色，前部色更深；头顶和额稍呈黑色；触角、上唇、身体、足乳白色至淡褐色；前胸背板前缘较黑，复眼淡于周围区。上颚淡黑色，体毛稀疏。麻头堆砂白蚁成虫在夜间出飞，趋光。在夏威夷，巢中全年都有成虫，出飞时一般少于 100 头。成虫随机配对，其翅较窄，发蓝光。室温 27.5 ℃下，卵在 56 d 后孵化，蚁后头三个月产 4~6 粒卵，以后数量减少。第 1 年仅产 10 粒，无兵蚁或成虫。原始繁殖蚁可与补充型繁殖蚁配对建群。

麻头堆砂白蚁分布于澳大利亚、斐济、美国、玻利维亚、巴西、智利、萨尔瓦多、委内瑞拉、印度、马来西亚、西班牙及非洲部分国家和地区等。寄主有干燥的木结构或木家具制品。木材种类有槭属，墨西哥香樟，欧洲山毛榉，黑胡桃，胶皮糖香树，美国鹅掌楸，南方假山毛榉，多花紫树，西印度轻木，美国梧桐，欧洲甜樱桃，白栎，桃花心木，柚木，大侧柏，榆属等。麻头堆砂白蚁在新热带区为害尤其严重，分布于新热带区的所有国家。在巴西，常发现于木结构或木家具中，有时为害木衣架、木画框等几乎所有人工的木制品。1884 年前就定居于夏威夷，在室内为害干木材、家具及其他木制品，在室外无法生存。巢群较小，不超过 300 头。但是严重时，一个房梁或家具中可能存在几个巢，因此数量可达上千头。不同巢的坑道相接，内部蛀空，只剩外壳。木砂粒堆积于坑中，不时被推出坑外，小洞随即被不透明黏液封上。这些木砂粒是典型的为害状，其颜色根据木材不同而从淡灰色至红褐色不等。

外来物种一旦进入我国境内，将会对我国的生态系统及生物多样性造成不可估量的破坏。目前这个物种还没有入侵到我国境内，因此，海关要严防死守、严格检疫，谨防它传入中国。

铲头堆砂白蚁

铲头堆砂白蚁隶属于等翅目、木白蚁科，是木栖性害虫。兵蚁上颚及头前部黑色。头后部暗赤色。触角、触须、胸、腹皆淡黄色。头形短而厚，由背面看近于方形。位于头前端的额部不呈垂直的截断面，而呈斜坡面，坡面与上颚所形成的交角明显大于 90°，坡面凸凹不平，坡面两侧及上方有隆起颇高的边缘。此边缘在坡面上方中央凹下，因此形成左右两个部分。头的其余部分光滑，无明显皱纹，仅在头顶中部有一大型浅坑。上唇后部为横方形，前部侧缘合拢成三角形。触角 11~15 节。眼在触角窝后方头的侧壁上。左上颚中段有两枚较大的齿，第 1 齿略微斜前，第 2 齿朝向内。右上颚也有 2 枚朝向前的齿，其部位比左颚的两齿略靠后。前胸背板宽度与头宽大约相等，腹部长，足极短。有翅成虫头赤褐色，触角、下颚须、上唇褐黄色，胸、腹及腿节黑褐色，胫节、跗节淡黄色。翅黄褐色。头近长方形，两侧平行，后缘弧形，复眼小，介于圆形与三角形之间；单眼长圆形，位于复眼上方，靠近复眼但并未接触。后唇基为短横条，嵌于头壳，与额部的界限不明，不隆起，其前缘直。前唇基梯形。前后翅鳞大小不等。前翅鳞覆盖后翅鳞。翅面布满刻点。

铲头堆砂白蚁幼虫

铲头堆砂白蚁分布于我国广东、广西、福建、海南。除为害木构件外还为害荔枝、榕树、椰子、黄槿、无患子、枫杨等活树。铲头堆砂白蚁为纯粹木栖性白蚁。从分群后的 1 对脱翅成虫钻入木质部分创建群体开始，白蚁的取食、活动基本局限于木材内部，与土壤没有联系，不需要从外部获得水源，不筑外露蚁路，过着隐蔽的蛀蚀生活。除蛀蚀室内木构件外，常在野外的林木和果树上建立群体。若蚁与群体隔离后，经 7 d 左右能形成补充型繁殖蚁。初期补充型繁殖蚁可能很多，但最终只剩 1 对被保留，其余因互相残杀而死亡。具有原始繁殖蚁的群体不产生补充型繁殖蚁。补充型繁殖蚁同样能产卵、孵化，是建立新群体的另一条重要途径。有翅成虫在一年中各个月均可出现，但分群在我国以 4~6 月居多。在不利的环境条件下或群体衰老时，有产生较多有翅成虫的趋向。

铲头堆砂白蚁成虫

由于铲头堆砂白蚁在其分布地区的植物上常见，所以，在这些地区的犯罪现场有可能出现它的踪迹，或者可以利用它的存在来反推犯罪第一现场。在室内、木材加工厂等地的犯罪现场有可能出现它的踪迹。

截头堆砂白蚁

截头堆砂白蚁粪粒

截头堆砂白蚁又名大黑白蚁，原产于澳大利亚及南太平洋地区，属木栖型害虫。隶属于等翅目、木白蚁科。兵蚁头前部黑色，后部赤褐色。上颚黑色。触角第 1、2 节棕色，其余浅黄色。胸及腹部淡黄色。前胸背板前部棕黄色。头部厚，由背面观类似方形，两侧平行，后端圆。头前端呈垂直的截断面，并具有凸凹不平的结构；截面的边缘厚而略隆起并在顶部中央有一个凹向后方的缺刻。从侧面看，截面与上颚形成小于 90° 的交角。头顶后部向腹方呈球面形弯下，达于头腹面后部边缘。头顶和头侧上方皆凸凹不平，只有靠近头后端及侧下方的部分较光滑。触角 12~14 节，念珠状，末节尖端弯细。前胸背板后缘圆形；前缘中央有楔形大缺刻，因此在前缘的左右半形成两个三角形的伸出部分，并向前上方翘起，覆盖于头后端。在前胸背板前缘缺刻之后有一横沟。足短小，不超过腹末端。腹部长。有翅成虫头暗黄色。胸、腹、足、触角淡黄色。翅鳞和翅脉暗黄色。翅膜透明无色。头长方形。复眼小，单眼位于复眼的上方，紧邻复眼，与复眼几乎接触。后唇基为很短的横条状，不隆起，与额的分界不明显。前唇基的长度约相当于后唇基长度的两倍。触角 16 节，在每侧触角窝的背方有 1 个淡色的斑点，呈不完整的圆形，大于单眼。前胸背板与头等宽或略宽于头，前、后缘中央皆内凹，侧缘与后缘的连接处呈圆弧形，前侧角秃钝。前翅鳞显著大于后翅鳞，并覆盖后者一部分。翅面呈颗粒状。

截头堆砂白蚁幼虫

截头堆砂白蚁分布于我国台湾、广东、海南、广西和云南。主要为害房屋及木构件，还为害榕树、荔枝、椰子、枫杨、苦槠、紫薇等活树。截头堆砂白蚁不筑固定形状的蚁巢，其在建筑木材或活树中蛀成不规则的隧道，蛀食之处就是巢居所在。能蛀蚀各种干燥、坚硬的木材，我国南方群众称它为干木白蚁或干虫。

作为为害严重的外来入侵物种，它可以随寄主植物的调运进行远距离的传播。对来自感染区的木材及木制品需要进行严格的检疫，发现蚁源必须灭治，以免扩散蔓延。

小楹白蚁

小楹白蚁又名干木白蚁。隶属于等翅目、木白蚁科。原产于美国加利福尼亚州南部西海岸。兵蚁的头背面长方形，两侧平行，额部向前倾斜。触角 10～14 节。第 3 节长，棒状。上唇近矩形，前缘中部微突，有数枚长毛。前胸背板宽大，前缘深凹入，后缘稍平。

小楹白蚁一般生活于热带、亚热带温暖潮湿的地方，主要筑巢于干燥的木材中，为害家具及房屋的木构件。工蚁和伪工蚁离群后可转变为补充生殖型而继续滋生繁殖，反而更具危险性。小楹白蚁耐干，群体较小，蚁巢结构简单。成虫飞行速度不快，人手工捕捉很容易，飞行能力也不强，一般飞行 25～30 m，最远也只能飞行 60～70 m。

小楹白蚁分布于我国浙江、上海、江苏等地。小楹白蚁为木栖性白蚁，主要为害胡桃木、柑橘、蔷薇、桉树等多种林木和建筑物的木结构，由树木的裂缝、接头等处直接进入木材为害，造成木材局部严重受害。被害的木材常被蛀食一空，只剩下外表一层很薄的皮壳，里面则充满了粉末及排泄物。此外，小楹白蚁对房屋建筑、树木、江河堤防及水库堤坝、铁道枕木、公路桥梁、电杆电缆、古代文物、图书资料、账册收据、棉麻制品、储藏粮物及农林作物等都构成威胁。

作为为害严重的外来入侵物种，小楹白蚁很容易人为传播，可随货物、纸张、木材等传播，由木材，如木箱、地板、门窗及家具等携带很容易传播，如果不加以管制，甚至可以扩散到全国大部分地区。因此我们在对园林植物苗木、植株及其他材料进行引种调运的过程中，一定要严格进行检疫，严禁危险性害虫的传入或传出，对已传入的要及时封锁，就地消灭。海关要严格检疫，防止带有这些害虫的苗木、植株及其他材料携带外来物种入侵我国。

曲颚乳白蚁

曲颚乳白蚁又名大家白蚁。隶属于等翅目、鼻白蚁科。兵蚁体型较大。头壳较宽大，卵形至椭圆形，最宽在最后端 1/3 处，乳孔椭圆形，宽大于长。前胸背板中区具短刚毛 20 余根，上颚紫褐色，颚端强烈弯曲，左上颚基部内侧具 1 枚大齿和 3 枚小齿，右上颚基部内侧具 1 枚小突齿。上唇端部半透明。触角 15～16 节，第 2 节稍长于第 3 节或近相等。

曲颚乳白蚁是我国重要的检疫性害虫。2007 年中华人民共和国农业部和国家质量监督检验检疫总局共同制定了《中华人民共和国进境植物检疫性有害生物名录》。乳白蚁（非中国种）收录其中。寄主有黄豆树、南洋杉、木棉、吉贝、椰子、咖啡、黄檀、薄壳油棕、三叶橡胶、李叶豆、野桐、杧果、木蝴蝶、加勒比松、岛松、苏门答腊松、红柳、桃花心木、柚木等。

曲颚乳白蚁分布于新加坡、马来西亚、泰国、缅甸、越南、印度尼西亚、柬埔寨、文莱、印度。曲颚乳白蚁能对多种经济林木造成严重危害，能为害活树，蛀蚀健康橡胶树，新种的芽接树和实生树在3~4周内可被其蛀断，大树受蛀后，常被大风折断。还可蛀蚀埋地电缆、森林中的仪器装置，入屋为害各类木包装物。常随原木、锯材和木包装传播。

外来物种一旦进入我国境内，将会对我国的生态系统及生物多样性造成不可估量的破坏。目前这个物种还没有入侵到我国境内，因此，海关要严防死守、严格检疫，谨防它传入中国。

台湾乳白蚁

台湾乳白蚁又名家白蚁、螱，是一种为害严重的土木两栖性白蚁。隶属于等翅目、鼻白蚁科。兵蚁体长5.34~5.86 mm。头及触角浅黄色，腹部乳白色。头部椭圆形，最宽处在头的中段。囟近于圆形，大而显著。上颚镰刀形，前部弯向中线。左上颚基部有一深凹刻，其前方另有4个小突起，愈向前愈小，最前的小突起位于上颚中点之后。颚面其他部分光滑无齿。上唇近于舌形，伸达闭拢的上颚长度的一半。触角14~16节。有翅成虫体长7.8~8 mm，翅长11.0~12 mm。头背面深黄色。胸腹部背面黄褐色。腹部腹面黄色。翅为淡黄色。复眼近于圆形，单眼椭圆形，其与复眼的间距小于单眼本身的宽度。后唇基极短，如一横条隆起，触角20节。前翅鳞大于后翅鳞，翅面密布细小短毛。卵乳白色，椭圆形。工蚁体长5~5.4 mm。头淡黄色，胸腹部乳白色或白色。头后部呈圆形，而前部呈方形，最宽处在触角窝部位。后唇基很短。长度相当于宽的1/4，微隆起。触角15节。前胸背板前缘略翘起。腹部长，略宽于头，被疏毛。

兵蚁

台湾乳白蚁是一个庞大的巢群，白蚁个体数量可达几十万头。初建群体发展非常缓慢，从分飞到当年年底，群体平均只有40头白蚁，其中兵蚁约占15%。第2年发展到50多头；第3年发展到1 250多头；到第8年可发展到80 000多头。巢内产生有翅繁殖蚁，开始分飞。这时蚁后腹部明显膨胀，产卵量急剧增加，群体发展迅速。成龄巢的主巢直径可达1 m多深，有几十万头，甚至上百万头白蚁，并有许多副巢。

工蚁、兵蚁

台湾乳白蚁分布于我国安徽、江苏、浙江、福建、台湾、广东、海南、广西、湖南、湖北、四川、云南。对房屋建筑、桥梁和四旁绿化林木的为害最为严重。由于台湾乳白蚁在其分布地区有房屋建筑、桥梁和四旁绿化林木等的地方常见，所以，在这些犯罪现场有可能出现它的踪迹，或者可以利用它的存在来反推犯罪第一现场。

有翅蚁

台湾乳白蚁全虫含蛋白质、肽类、氨基酸、脂类、脱氧核糖核酸、鸟嘌呤、胞嘧啶、尿酸及纤维素酶等多种酶类。在民间主要作为食用昆虫和饲料昆虫来利用。它也是一种药用昆虫，干燥全体入药。有滋补强壮的功能。主治老年体衰、久病气血虚弱等。在药用昆虫的生产和养殖基地、药用昆虫及衍生物加工厂有可能会发生因经济利益而进行的盗窃、抢劫等犯罪活动，在医院、药店、中医诊所、药材批发市场等犯罪现场也有可能出现它的踪迹。

肖若散白蚁

肖若散白蚁隶属于等翅目、鼻白蚁科。兵蚁头长 3. 07~3. 4 mm，头宽 1. 15~1. 3 mm。体型较大，头暗褐黄色；其他部分为乳黄白色。头长约为体长的一半；前缘不狭缩，两侧平行，后缘中部平直，后角圆。额峰隆起甚显著，两峰间无凹沟，但略为隆起，囟小点状，微凹入，上唇枪矛状，长大于宽甚多，前部瘦窄，透明端部较钝，唇基为梯形。上颚较粗大，长略短或相等于头宽，端部略内弯；右上颚弯端略较长。后颏极长，前部较宽大，后部长而细狭。两侧近似于平行。触角 16~17 节，前胸背板前缘颇宽于后缘，两侧缘近直线而急向后弯，四角狭圆，前后缘近平直，中央均具凹刻，前缘凹刻较深，两侧微向下俯垂。有翅成虫头长 1. 32~1. 5 mm；头宽 1. 06~1. 18 mm。头部棕褐色，被较多的黄色毛；前胸背板与后颏均为黄色，中、后胸背板，股节与腹部同为暗褐色；翅灰褐色。头圆形。上唇近圆形，中部鼓起，前唇基较宽于后唇基。头顶中央具有稍凸起的小囟。触角 17 节。翅宽而长，翅尖宽圆。后足胫节较长。

肖若散白蚁分布于我国浙江、江苏、安徽、湖南、湖北、江西、四川、贵州、云南、广东、广西、福建。可为害伐桩、桥梁、电杆、茯苓等。

由于肖若散白蚁在其分布地区有伐桩、桥梁、电杆、茯苓等的地方常见，所以，在这些犯罪现场有可能出现它的踪迹，或者可以利用它的存在来反推犯罪第一现场。

黄肢散白蚁

黄肢散白蚁为土木两栖性白蚁，不为害活树。隶属于等翅目、鼻白蚁科。兵蚁头长连上颚 2. 31~2. 99 mm，头宽 0. 89~1. 14 mm；前胸背板长 0. 49~0. 59 mm，前胸背板宽 0. 71~0. 86 mm。头色通常略浅淡，淡黄褐色，体小。头两侧缘几乎平行，前端微窄，后端较宽，后角略圆。额峰显著隆起，侧视额峰明显高出于头顶。上唇矛状，透明区端部钝圆，仅有两个端毛，极大多数个体的侧端毛及其他毛均缺或极不发达；上颚较细狭，端部尖细。后颏后部宽。触角 15~17 节，一般 16 节。前胸背板前缘明显宽于后缘，前缘中央具深凹口，后缘凹刻弱。有翅成虫头长 1. 20~1. 36 mm，头宽连眼 0. 99~1. 07 mm；前胸背板淡黄色。翅浅灰褐色。体型中等。头近圆形。复眼卵圆形，略小，其直径约等于复眼至头部下缘的距离；背面视之，微突出于头侧缘。单眼小，其直径约等于单眼与复眼的间距。囟如小点状，略微凸起。触角 16~17 节。前胸背板略平坦，前角稍下垂，前、后缘均较平直，中央均具凹刻，后缘凹刻甚浅小。翅较宽长，超过腹端甚多，约相当于翅长的 1/2。

黄肢散白蚁常在每年 10 月羽化。翌年 2~4 月分飞。脱翅成虫配对后，常在第 15 d 产卵。第一阶段产卵 20 粒左右，然后停止产卵，2 个月后进入第二产卵阶段。卵经 27~38 d 孵化出幼蚁；幼蚁经 12~16 d 后进行第一次蜕皮，成为 2 龄幼蚁，又经 12~16 d 再蜕一次皮，即开始分化为 3 龄若蚁或工蚁。

黄肢散白蚁分布于我国安徽、江苏、浙江、福建、江西、湖南、湖北、四川、云南、贵州、广西、广东、海南。主要为害房屋及木构件、电杆、桥梁、衰老木、枯立木、树桩等。

由于外来动植物入侵，将破坏当地的生态系统平衡及生物多样性，对社会、经济、环境及人类的健康造成巨大的影响，严重影响到人类的生活。因此，不排除有人为了利益调运带有黄肢散白蚁的木构件，同时，海关对进口木构件应严格检疫。

欧洲散白蚁

欧洲散白蚁又名暗黑散白蚁。隶属于等翅目、鼻白蚁科。有翅成虫体长 4. 76~5. 25 mm，体长连翅 10~10. 82 mm，头壳近圆形。头壳酱褐色，后颏酱褐色，上唇基、后唇基和触角稍淡，复眼、前胸背板黑褐色，翅灰褐色，足腿节深褐色，胫节、跗节淡褐色。Y 缝不可见，囟点状。侧观，头顶较平，后唇基明显隆起，高出头顶之上。复眼稍似三角形，单眼近圆形。额区低凹，触角斑模糊，稍拱起，后唇基宽约 0.5 mm，长约为宽的 1/3。触角 17 节。前胸背板前后缘中央凹入明显，两侧宽圆，缓向后狭，中缘稍凹入，T 纹模糊。兵蚁体型中小。头壳黄褐色，上颚紫褐色，上唇黄褐色，触角为较浅的黄褐色，前胸背板及足黄褐色。头壳被毛稀疏，上唇具端毛、亚端毛各 1 对，唇背具几根长毛及短毛，前胸背板中区具毛近 20 根。头壳长方形，长 1.62 mm，宽 1.1 mm，头型较短，两侧平行，头后缘宽圆，侧面观，额脊隆起，脊顶缓平，背面观呈双脊型。上唇矛状，长约为宽的 1.23 倍，最宽处位于后段 1/3 处，唇端狭尖，上颚端较弯。触角 15~16 节，后颏宽区位于前段 1/4 处。

欧洲散白蚁原产于地中海沿岸，现已扩散至黑海沿岸，分布于欧洲、亚洲、非洲三大洲交界处的各国。寄主有多种农林作物，如云杉、榕树、桉树、可可、葡萄等，有时也为害粮食、蔬菜、坚果类。也可在室内为害木建筑。随货物、运输工具等传播，特别是可以随着被为害的原木、木托盘、纸箱等远距离传播。

外来物种一旦进入我国境内，将会对我国的生态系统及生物多样性造成不可估量的破坏。目前这个物种还没有入侵到我国境内，因此，海关要严防死守、严格检疫，谨防它传入中国。在检疫来自欧洲的集装箱运输的货物，特别是木包装时，若发现蚁路、煤污等为害状，应严格检查。

短盖木鼻白蚁

短盖木鼻白蚁是为害活树的木栖性白蚁。隶属于等翅目、鼻白蚁科。兵蚁体型中等。头部褐黄色；上颚前端黑褐色；上唇黄色；前唇基白色；触角窝盖片及触角第 1~3 节褐色，向端部渐次变淡。前胸背板前缘褐色，体躯及其他部分为淡黄色。头部长方形，既宽又厚，两侧平行，后侧角宽圆，后缘平直。囟白黄色，圆点状，明显。触角 12~14 节，第 3 节较长，倒圆锥形；触角窝盖片较短，未盖及头两侧缘。复眼退化，在触角窝后隐约可见。上唇半圆形，宽大于长，唇缘半透明，上唇有 10 根以上长刚毛。前唇基膜厚。上颚军刀状，较粗大，颚端微弯；左上颚内缘中下方有 1 枚三角形小齿，右上颚对应点略近基部亦有 1 枚小齿粒；左上颚基呈四边形突起，前凹刻角度近似直角；右上颚基呈一圆形突起。后额棍棒状，前宽后狭，前缘微凸起；侧视后颏中段隐于弓出之头下缘内。前胸背板近似肾形，前缘稍翘起，中凹入凹角约 150°，后缘凹入较浅，两侧缘向后强度收缩。腿节粗壮膨起，胫长而细。

短盖木鼻白蚁分布于我国广西、湖南。主要为害枫香、福建柏、女贞、木莲等活树。多分布于高山的原始林或天然次生林区，在海拔 500 m 以上的河谷、道旁、林缘等地较常见。不筑大巢，也没有特殊的王室。营巢于树干内，有些巢完全不接近地面。在树的主干中蛀食成不规则的孔道，无外露蚁道。蚁王与蚁后居树干中部空腔中。短盖木鼻白蚁均以坚硬的活树为食，均从伤口、树洞、枯桩部侵入，群体较小，受惊逃遁迅速，蚁道小，较难捕捉。兵蚁数较少，无护巢现象，有时接近王室也难找到兵蚁。

由于短盖木鼻白蚁只在广西、湖南两地的其为害的活树上出现，所以，在这些地区的犯罪现场有可能出现它的踪迹，或者可以利用它的存在来反推犯罪第一现场。

黄翅大白蚁

黄翅大白蚁为土栖性白蚁，在土中筑巢，整个生活都离不开土壤。隶属于等翅目、白蚁科。大兵蚁体长 10.5~11 mm。头深黄色，上颚黑色。头及胸背板上有少数直立的毛。腹部背面毛少，腹面毛较多。头大，背面观似长方形，略短于体长的 1/2。囟很小，位于中点之前。上颚粗壮，镰刀形。触角 17 节。前胸背板略狭于头，呈倒梯形，中后胸背板呈梯形，中胸背板后侧角呈明显的锐角。腹末毛较密。小兵蚁体长 6.8~7 mm，体色较淡。头卵形，侧缘较大兵蚁更弯曲，后侧角圆。触角 17 节。有翅成虫体长 14~16 mm，翅长 24~26 mm。体背面栗褐色，足棕黄色，翅黄色。头宽卵形。复眼及单眼椭圆形，复眼黑褐色，单眼棕黄色。触角 19 节。前胸背板前宽后窄，前后缘中央内凹，背板中央有一淡色的“十”字形纹，其两侧前方有 1 个圆形淡色斑，后方中央也有 1 个圆形淡色斑。大工蚁体长 6.0~6.5 mm。头棕黄色，胸腹部浅棕黄色。头圆形，颜面与体纵轴近似垂直。触角 17 节。前胸背板前缘翘起，中胸背板较前胸背板略小。腹部膨大如橄榄形。

黄翅大白蚁营群体生活，整个群体数量较大，其数量大小随巢龄的大小不同而不同，据记载，一个群体一般有 20 万~40 万头白蚁。白蚁群体可划分为生殖型和非生殖型两大类，每个类型之下又可分为若干个品级。在江西、湖南黄翅大白蚁在 5 月中旬至 6 月中旬分飞；在广州地区，3 月初蚁巢内出现有翅繁殖蚁，分飞多在 4~5 月。分飞前由工蚁在主巢附近的地面筑成分飞孔。分飞孔在地面较明显，呈肾形凹入地面。有翅成虫分飞后，雌雄脱翅配对，然后寻找适宜的地方入土营巢。营巢后约 6 d 开始产卵，第一批卵 30~40 粒，以后每天产 4~6 粒。卵期约 40 d。由幼蚁发育成工蚁需要 3 个虫龄，历期达 4 个多月；发育为兵蚁要经过 5 个虫龄；发育为有翅成虫要经过 7 个虫龄，历时达 7~8 个月。

黄翅大白蚁分布于我国江苏、浙江、江西、福建、台湾、广东、广西、云南、四川、贵州、湖南、湖北、安徽。为害活树及伐蔸、伐根、朽木、农作物等。

通过营养成分分析发现，黄翅大白蚁虫体中含有 17 种氨基酸，其中包括了人体所必需的 8 种氨基酸。兵蚁匀浆液无毒性，具有较好的抗疲劳、延缓衰老、降低血清胆固醇和调节免疫的功能。中国古代就有食用白蚁的习俗。迄今我国云南、贵州、四川、广东、广西、福建等南方大部分地区仍有食用白蚁的习俗。在餐馆、超市、菜市场和集贸市场有可能会发生因经济利益而进行的盗窃、抢劫等犯罪活动，在某些犯罪现场也有可能出现它的踪迹。

海南土白蚁

海南土白蚁隶属于等翅目、白蚁科。兵蚁头长 1.80~2.07 mm，头宽 0.95~1.17 mm。体型小于黑翅土白蚁。头深黄色。腹部淡黄或灰白而微具红色。头部毛稀疏。腹部毛较密。头部背面观似椭圆形，侧缘弯曲度颇均匀。头的最宽处常在头的中部，咽颏显著地突向腹面，表面弯曲，由侧面看形状短而厚。上颚较细，曲度不大，仅前端弯向中线。在左上颚内面前部 1/3 处有 1 枚尖锐的齿，齿尖斜向前。右上颚中点之前有 1 枚很小而不显著的颗粒状齿。上唇侧缘弯曲有长毛，尖端狭窄。当上颚并拢时，颚齿露于上唇之前，触角 15~16 节。前胸背板前缘及后缘的中央有凹刻。有翅成虫的单眼远离复眼，与复眼的距离显著大于单眼本身的长度。翅较短。

海南土白蚁分布于我国湖南、广东、海南、福建、广西、云南。寄主有杉树、樟树、檫树、杨树、柳树、喜树等。有翅成虫于 3 月出现于巢内。5~6 月分群。

中国古代就有食用白蚁的习俗。迄今我国云南、贵州、四川、广东、广西、福建等南方大部分地区仍有食用白蚁的习俗。白蚁有滋补强壮、补肾益精血等药用功效，所以白蚁和蚁后也常用来泡酒饮用。在餐馆、超市、菜市场和集贸市场有可能会发生因经济利益而进行的盗窃、抢劫等犯罪活动，在某些犯罪现场也有可能出现它的踪迹。

第十章　直翅目

直翅目昆虫因前、后翅的纵脉直而得名，包括蝗虫、蚱蜢、螽斯、蟋蟀、蝼蛄、蚤蝼等。体型较大或中等。口器为典型的咀嚼式。直翅目昆虫许多种类能发声，其发声机制均为摩擦发声，即身体的一个部分与另一部分摩擦而发声。虽然少数种类的雌虫也能发声，但发声的主要是雄虫。鸣声的主要功能是吸引异性个体、完成交配和生殖。变态类型为渐变态，一生经过卵、若虫、成虫 3 个阶段，幼期形态和生活习性与成虫相似。直翅目昆虫为典型的陆生种类。大多数蝗虫生活在地面，螽斯生活在植物上，蝼蛄生活在土壤中。绝大多数种类为植食性并为典型的多食性，取食植物叶片等部分。螽斯科有部分种类为肉食性或杂食性，取食其他昆虫和小动物。直翅目昆虫中有许多种类是农业、林业、园艺等的重要害虫。有些蝗虫能够成群迁飞，加大了为害的严重性。

优雅蝈螽

优雅蝈螽又名蝈蝈、叫哥哥，是集食用与玩赏、听音于一体的昆虫；隶属于直翅目、螽斯科。我国的品种包括北京铁皮蝈蝈、天津绿蝈蝈和三青蝈蝈、草白蝈蝈等。雄虫体长 35~38 mm，雌虫体长 35~52 mm，体翠绿，少数淡褐色。丝状触角褐色，长于虫体，约 60 mm。前胸背板盾状，宽大发达，盖及中后胸，其下缘黄色。胸部腹板各具 1 对锥状刺，后胸的最大。雄虫前翅仅达腹部 1/2 或 2/3 处，发音器发达；雌虫前翅仅能覆盖 1/2 腹节，无发音器。前足胫节基部具听器，后足胫节端距 6 个，其中背面 2 个，腹面 4 个但中间 2 个小。产卵管军刀状，褐色，卵壳坚硬。

优雅蝈螽 1 年发生 1 代，以卵在表土层越冬。翌年 4 月卵迅速膨大后不久即孵化。在河北昌黎若虫初见于 4 月下旬，终见于 8 月上旬，成虫初见于 6 月下旬，终见于 10 月上旬。但如遇天气干旱，卵期可延长至 600 余天，至第 3 年才孵化。成虫多在上午羽化，经 7~13 d 后交配，可交配多次；7 月上旬开始产卵于土内，高峰在 8 月，9 月末结束，卵散产。9 月下旬死亡；若虫 5 龄，自孵化至开始鸣叫约 50 d。成虫杂食性。

优雅蝈螽

优雅蝈螽主要分布于我国山东、河北、河南、山西、陕西、东北、江苏等地。优雅蝈螽在我国作为一种欣赏娱乐昆虫历史悠久，城乡各地作为夏季笼养宠物喂养已十分普遍，现已作为商品运销各地，饲养锐声鸣螽的笼子也已向美丽的工艺品发展。雄虫两翅斜竖摩擦发音，以白天早晚鸣叫为主，天气越炎热鸣叫越频繁，随温度的变化鸣声在节奏和音调上也有变化，鸣声清脆、淳美响亮、节奏较快，以招引异性，声如“极——极，极——极，极——极……”。该虫除作为一种欣赏昆虫外，也是害虫的天敌；另外虫体所含营养成分丰富，尤其是孕卵雌虫更是美味佳肴。在家庭、寓所等某些室内犯罪现场可能出现它的痕迹；在鸣虫养殖基地、鸣虫批发市场有可能会发生因经济利益而进行的盗窃、抢劫等犯罪活动。

暗褐蝈螽

暗褐蝈螽俗称吱拉子、夏叫和夏蝈。隶属于直翅目、螽斯科。它与优雅蝈螽在体型、体色及大小方面很相似，只是翅膀比优雅蝈螽长很多，基本盖住了整个身体。体长 35~40 mm，体型粗壮，中等偏大。体色通常为草绿色或褐绿色。头大，前胸背板宽大，似马鞍形，前胸背板侧板下缘和后缘无白色镶边。前翅较长，超过腹端，翅端狭圆，翅面具草绿色条纹并布满褐色斑点，呈花翅状，故也称"花叫"。鸣声常以"吱拉，吱拉"一、二声起音后，便是连续的"吱拉……"声。暗褐蝈螽成虫出现时间比优雅蝈螽早，6 月初就可在上海市场见到成虫，因此亦称它为"夏叫"。

暗褐蝈螽

暗褐蝈螽个体大型，长相优雅，叫声优美，自古以来受到很多鸣虫爱好者的青睐，喜欢将它养在家里静静地听它的叫声，同时欣赏它优雅的姿态。在家庭、寓所等某些室内犯罪现场可能出现它的踪迹；在鸣虫养殖基地、鸣虫批发市场有可能会发生因经济利益而进行的盗窃、抢劫等犯罪活动。

我国部分地区有食用暗褐蝈螽的习惯。一般采集其若虫和成虫，去翅后油炸了吃。无论是街头小店还是高档餐厅都会出现它的身影，在超市、菜市场和集贸市场也会有食用昆虫出售。在这些地方发生的案件有可能会有它的踪迹。

鼓翅鸣螽

鼓翅鸣螽俗称蛆儿、叫蛆蛆（南方）、扎儿（北方）和扎嘴。隶属于直翅目、螽斯科。体型与优雅蝈螽和暗褐蝈螽接近，但明显偏小且娟秀。体长 20~30 mm，触角长 40~45 mm，体绿色。前翅发达，较短，由基部向翅端明显加宽，且向外膨胀，前翅薄，半透明，翅脉清晰可见，覆盖整个腹部。后翅退化，不能飞翔。足粗壮，善跳跃。雌虫尾部有产卵管，体型比雄虫略肥大。栖息于草丛和植物的枝叶间，日夜都善鸣叫，气温高鸣叫更欢。鸣声调高音响，节奏短促，声如"甲，甲，甲，甲……"，声与声之间有明显停顿。其鸣叫的调门很有特色。鸣叫开始时较缓慢，以后突然有几声加快，此后又转慢，慢中有快，富有旋律变化和明显的节奏感，韵味十足，有很高的赏玩价值。

鼓翅鸣螽个体大型，长相优雅，叫声优美，自古以来受到很多鸣虫爱好者的青睐，喜欢将它养在家里静静地听它的叫声，同时欣赏它优雅的姿态。在家庭、寓所等某些室内犯罪现场可能出现它的踪迹；在鸣虫养殖基地、鸣虫批发市场有可能会发生因经济利益而进行的盗窃、抢劫等犯罪活动。

纺织娘

纺织娘又名络纬、络纱娘。隶属于直翅目、纺织娘科。成虫体长 28~40 mm，从头到翅端可达 50~70 mm，体褐色或绿色。头顶、前胸背板两侧及前翅的折叠处为黄褐色。头短而圆阔，复眼卵形，褐色，位于触角两侧。触角线状细长，褐色，有些环节有棕黑色斑点，由很多环节组成，超出翅之末端。触角窝前有 1 条弧状隆脊，前胸背板褐色，具粗的凹刻和白色小毛，前胸背板前缘直，后缘成弧状，有 2 条浅横沟把前胸背板分成 3 个部分，中部有 1 个三角形凹陷，前胸背板侧片基部黑褐色，向下颜色渐淡；有 2 个浅黄色长棘状突起。后足发达，比前足和中足长，腿节呈锤状；并有粗的凹的缺刻，下缘有一排刺，其末端两侧各有 1 根刺。胫节细长，横断面呈三角形，在其棱上都有 1 列刺，胫节末端有数个强大的刺；跗节 4 节，后足跗节下有 1 个棕黑色的垫，第 1 跗节、第 2 跗节两侧各有 1 条纵沟。前足胫节靠基部有 1 个长卵形窝状的听器。翅发达，前翅约为其体长 2 倍以上，前翅略短于后翅，前翅前缘往往有纵列的黑褐色的斑纹。

纺织娘1年发生1代，以卵在桑树、桃树、柑橘等寄主植物的枝内越冬，喜食南瓜、丝瓜的花。成虫、若虫白天常静伏在瓜藤枝叶或草丛中，黄昏和夜间外出活动。纺织娘分布于江苏、浙江、山东、陕西、福建、广东及广西等地。在华东一带，8~9月间可听到虫鸣，其鸣声很有特色。每次开叫时，先有短促的可达20~25声的前奏曲，声如“轧织，轧织，轧织……”，犹如织女在试纺车；其后才是连续的音高韵长、时轻时重、犹如纺车转动的“织，织，织……”的主旋律；如遇雌虫在附近，雄虫一面鸣叫，一面转动身子，以吸引雌虫的注意。

纺织娘个体大型，长相优雅，叫声优美，自古以来以受到很多鸣虫爱好者的青睐，喜欢将它养在家里静静地听它的叫声，同时欣赏它优雅的姿态。在家庭、寓所等某些室内犯罪现场可能出现它的踪迹；在鸣虫养殖基地、鸣虫批发市场有可能会发生因经济利益而进行的盗窃、抢劫等犯罪活动。

纺织娘也是一种药用昆虫，干燥或新鲜全体均可入药。夏、秋季捕捉，用酒醉死，晒干或烘干。也可鲜用。有息风镇惊的功能。在药用昆虫的生产和养殖基地、药用昆虫及衍生物加工厂有可能会发生因经济利益而进行的盗窃、抢劫等犯罪活动，在医院、药店、中医诊所、药材批发市场等犯罪现场也有可能出现它的踪迹。

花生大蟋

花生大蟋又名台湾大蟋蟀、大土狗、大头狗、大头蟋蟀、大臂狗、大肉竹蟋。隶属于直翅目、蟋蟀科。是我国的大型蟋蟀，体长38~44 mm，宽11~14 mm。体黄褐色或黑褐色，头部铁锈色。复眼卵形，黑色，单眼2个，位于触角基部，淡黄色，透明。触角丝状，由许多环节组成，比躯体稍长。前胸背板极发达，表面粗糙，有花纹状的皱刻。其前缘宽于后缘，后缘角圆形，中央有1条浅的纵沟，两侧各有1个光滑的叶状斑块。前胸背板的前缘和后缘呈黑色的脊。前翅革质，黑褐色，有光泽；后翅发达，尖端纵摺，露出腹端，形如尾须。雌虫与雄虫的前翅不同，雌虫前翅翅脉多纵行，虽有网状交叉，但无横脉，不能发音；雄虫前翅肘脉，形成粗糙的锉脉，振动时与相对翅片上的刮片相摩擦而发音。足淡黄褐色，跗节3节，前足和中足的腿节、胫节和跗节均生棕色毛，前足胫节上方有1个听盘；后足甚发达，腿节粗大，且较胫节长，适于跳跃，无毛，而有淡黄色和棕褐色相间的斑条，胫节背面有褐色毛，有2列粗大的棕色刺，胫节末端有4根粗大的刺。卵肾状，两端钝圆，中部微弯。初孵化时的若虫呈白色，1 d后，头及前胸变黄褐色，触角及中、后胸和足为淡黄色。末龄若虫体色多为黑褐色，腹面蜡黄色，触角与体等长，与成虫极类似，唯色淡褐，翅发育尚不完全。

花生大蟋1年发生1代，以3~5龄若虫越冬。翌年2~3月恢复活动，5~7月羽化，6月间成虫盛发，7~8月为交尾盛期，7~10月产卵，8~10月孵化。若虫期7~9个月，共7龄。花生大蟋为穴居昆虫，昼伏夜出，性凶猛，能互相残杀。除初孵若虫外，成虫、若虫均各自挖掘洞穴，一虫一洞独居，只在交尾时期才见雌雄同居一穴。卵产于雌虫居住的洞穴底部，20~50粒一堆。初孵若虫暂时群居于母穴中，取食母虫储备的碎叶等食物，稍长大，即分散自行觅食，并潜居于土块下、隙缝中，随后即各自挖掘新穴独居。

花生大蟋分布于我国广东、广西、江西、福建、台湾、云南等地。干燥全体入药。夏、秋季于田间杂草堆下捕捉，捉后用沸水烫死，晒干或烘干备用。有利水消肿、清热解毒的功能。在药用昆虫的生产和养殖基地、药用昆虫及衍生物加工厂有可能会发生因经济利益而进行的盗窃、抢劫等犯罪活动，在医院、药店、中医诊所、药材批发市场等犯罪现场也有可能出现它的踪迹。

梨片蟋

梨片蟋又名金钟、天蛉、绿蛣蛉、银琵琶，隶属于直翅目、蟋蟀科。体呈梭形，长18~20 mm，草绿色；头较小，略宽于前胸背板前缘，触角黄绿色；前胸背板横宽，前狭后宽，近似扇形；雄虫后翅长于前翅，前翅宽大，近端部趋狭，两侧纵脉粗壮，中央翅脉棕褐色，长度远超过后足腿节端部，镜膜区宽大，半透明，连同头部和前胸背板的侧缘一起形成明显的草绿色侧缘。

梨片蟋在我国南方地区分布广泛。喜白天鸣叫，鸣声四声一组，第 1 声较长，后 3 声短促，婉转动听，可无停顿地连续鸣叫，声如“句——句句句，句——句句句……”。

由于梨片蟋个体娇小，叫声优美，超过身体的长长的触角令人百看不厌。自古以来受到很多鸣虫爱好者的青睐，喜欢将它养在家里静静地听它的叫声，同时欣赏它优雅的姿态。在家庭、寓所等某些室内犯罪现场可能出现它的踪迹；在鸣虫分布地、养殖基地和花鸟虫鱼市场、鸣虫批发市场有可能会发生因经济利益而进行的盗窃、抢劫等犯罪活动。

双斑蟋蟀

双斑蟋蟀又名双斑大蟋、乌龙仔、赤龙仔、画镜、花镜、黄头颈。隶属于直翅目、蟋蟀科。体粗壮，光滑，有光泽，长 23~27 mm。头部球形，前胸背板略呈鼓状凸起，两者均为亮黑色。前翅黑色或略带赤褐色，宽大，超出腹端，雄虫前翅基部具 1 个圆形黄斑；后翅端部折叠时呈须状，超出前翅和尾须，足均黑色。在人工繁育的群体中，部分个体前翅和足均为土黄色，翅基黄斑不明显。

双斑蟋蟀分布于我国广东、广西、云南、海南、台湾、四川、湖北。野生双斑蟋蟀雄虫善鸣好斗，经常出现在“格斗擂台”上参赛；其鸣声清脆响亮，强劲有力，节奏匀速，连续无间断，声如“渠，渠，渠，渠……”。

双斑蟋蟀

由于双斑蟋蟀个体娇小，叫声优美，超过身体的长长的触角令人百看不厌。自古以来受到很多鸣虫爱好者的青睐，喜欢将它养在家里静静地听它的叫声，同时欣赏它优雅的姿态。在家庭、寓所等某些室内犯罪现场可能出现它的踪迹；雄虫善斗，是“斗蟋和鸣虫文化”的主流昆虫。

在鸣虫的分布地、养殖基地和花鸟虫鱼市场、鸣虫批发市场有可能会发生因经济利益而进行的盗窃、抢劫等犯罪活动。

双斑蟋蟀是一种营养丰富的食用昆虫。我国民间常用蟋蟀成虫配以酱油、糖等调料制成佳肴。在超市、餐馆、菜市场和集贸市场也会有食用昆虫出售。很多食用昆虫已经可以规模化生产。在食用昆虫的养殖基地有可能会发生因经济利益而进行的盗窃、抢劫等犯罪活动，在餐馆、超市等犯罪现场也有可能出现它的踪迹。

大扁头蟋

大扁头蟋

大扁头蟋雄虫又名棺材头，雌虫又名猴头。隶属于直翅目、蟋蟀科。雄虫体长 15 ~ 20 mm，雌虫 16 ~ 20 mm，体中型，黑褐色。雄虫头部深栗壳色至黑色，单眼 3 个，头顶显著向前弧形突出，边缘黑色，边缘后有 1 条橙黄色或赤褐色横带；颜面扁平倾斜，其两侧向外突出。前胸背板宽大于长，侧板前缘长，后缘短，向下缘倾斜，下缘前端有 1 个黄斑。前翅长达腹端，其侧区黑褐色，前下角及下缘淡黄色，发音镜四方形，内无横脉，斜脉 2 条或 3 条；后翅细长伸出腹端如尾，但常脱落仅留痕迹。足淡黄褐色，散布黑褐色斑点。雌虫头部仅稍向前突出，面部倾斜；前翅不达腹端，其侧区亚前缘脉 2 个分支，纵脉 6 条，产卵管短于后足腿节。

大扁头蟋1年发生1代，以卵在土内越冬。北京地区8月成虫出现，9月盛行，直至10月常听到其鸣声。主要栖息于砖石、垃圾堆下及菜园、苗圃、旱田或草丛中，可为害各种作物如甘薯等。具微弱趋光性，常在灯下地面见到。

大扁头蟋分布于北京、河北、河南、陕西、安徽、江苏、上海、广西、四川等地。喜夜间鸣叫，鸣声清澈响亮，声如“嘶嘶嘶，嘶嘶嘶……”，此虫鸣声高尖，音调短急匀称，一般以6~9音节为一音组，而以7音节为中心，故又名七音蟋。

由于大扁头蟋个体娇小，叫声优美，超过身体的长长的触角令人百看不厌。自古以来受到很多鸣虫爱好者的青睐，喜欢将它养在家里静静地听它的叫声，同时欣赏它优雅的姿态。在家庭、寓所等某些室内犯罪现场可能出现它的踪迹；在鸣虫的分布地、养殖基地和花鸟虫鱼市场、鸣虫批发市场有可能会发生因经济利益而进行的盗窃、抢劫等犯罪活动。

油葫芦

油葫芦

油葫芦又名结缕黄、油壶鲁。隶属于直翅目、蟋蟀科。雄虫体长26~27 mm，雌虫体长27~28 mm，黄褐色。头部两复眼内上方具黄色短条纹，前胸背板具2条月牙形纹，中胸背板后缘中央凹陷如三角形；后翅发达，伸出在腹端以外；雄虫发音镜大，略呈圆形，其前框大弧形。

油葫芦1年发生1代，以卵在土中越冬。北京地区8月成虫出现，9月盛行，直至10月常听到其鸣声。主要栖息于砖石、垃圾堆下及菜园、苗圃、旱田或草丛中，可为害各种作物如甘薯等。具微弱趋光性，常在灯下地面见到。

油葫芦分布于我国华北、华东地区和湖南、广东、广西、台湾等地。油葫芦鸣声颤抖，委婉动听，可连续鸣叫，夜间和清晨鸣叫更欢，声如“唧吕吕吕，唧吕吕吕……”，很可能因其鸣声像油倾入葫芦内所发的声音，故得油葫芦这一诨号。

由于油葫芦个体娇小，叫声优美，超过身体的长长的触角令人百看不厌。自古以来受到很多鸣虫爱好者的青睐，喜欢将它养在家里静静地听它的叫声，同时欣赏它优雅的姿态。在家庭、寓所等某些室内犯罪现场可能出现它的踪迹；在鸣虫的分布地、养殖基地和花鸟虫鱼市场、鸣虫批发市场有可能会发生因经济利益而进行的盗窃、抢劫等犯罪活动。

我国民间常用蟋蟀成虫配以酱油、糖等调料制成佳肴。在餐馆、超市、菜市场和集贸市场有可能会发生因经济利益而进行的盗窃、抢劫等犯罪活动，在某些犯罪现场也有可能出现它的踪迹。

小黄蛉

小黄蛉又名苏州黄蛉、麦秆黄蛉。隶属于直翅目、蟋蟀科。躯体娇小玲珑，形同瓜子，细而狭，长5~6 mm，金黄色或麦秆色，有光泽，成龄体色渐暗；头部近圆形，前胸背板近方形，密被细毛；前翅半透明，几乎到达腹部末端，具不规则的棕色斑点，尾须细而长。

小黄蛉主要分布于江苏、浙江地区。善昼夜鸣叫，鸣声轻悠柔和，连续无间断，节奏较缓慢，声如“齐，齐，齐，齐……”。

由于小黄蛉个体娇小，叫声优美，超过身体的长长的触角令人百看不厌。自古以来受到很多鸣虫爱好者的青睐，喜欢将它养在家里静静地听它的叫声，同时欣赏它优雅的姿态。在家庭、寓所等某些室内犯罪现场可能出现它的踪迹；在鸣虫的分布地、养殖基地和花鸟虫鱼市场、鸣虫批发市场有可能会发生因经济利益而进行的盗窃、抢劫等犯罪活动。

大黄蛉

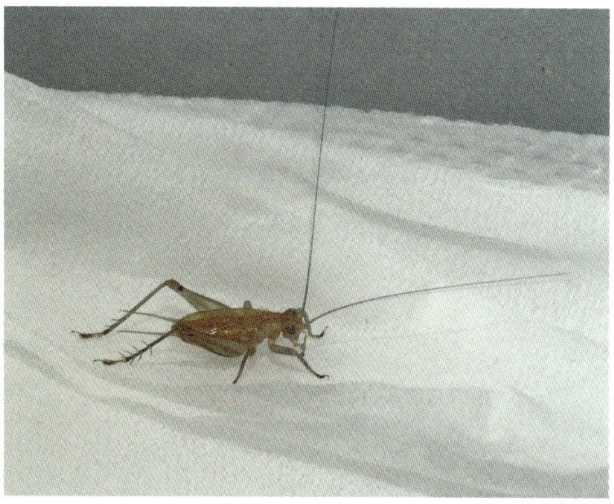

大黄蛉

大黄蛉也叫安徽黄蛉，隶属于直翅目、蟋蟀科。是我国的特有种，仅分布在安徽屯溪。大黄蛉与小黄蛉在外观和体型上很相似，但其体型较大于小黄蛉，体长6~7 mm。头部及前胸背板各具2条深色宽带，后足腿节外侧亦各具2条深色条纹，内侧近端部各具1个暗色圆斑。大黄蛉白天黑夜均鸣叫，傍晚和清晨鸣叫更欢。鸣声清澈响亮，节奏较小黄蛉急而快，声如“唧，唧，唧，唧……”，连续发音无间断。

由于大黄蛉个体娇小，叫声优美，超过身体的长长的触角令人百看不厌。自古以来受到很多鸣虫爱好者的青睐，喜欢将它养在家里静静地听它的叫声，同时欣赏它优雅的姿态。在家庭、寓所等某些室内犯罪现场可能出现它的踪迹；在鸣虫的分布地、养殖基地和花鸟虫鱼市场、鸣虫批发市场有可能会发生因经济利益而进行的盗窃、抢劫等犯罪活动。

赤胸墨蛉

赤胸墨蛉

赤胸墨蛉又名乌蛉、墨蛉、蚁蛉、黑牡丹、热带蚤。隶属于直翅目、蟋蟀科。体墨黑发亮，娇小苗条，形如黑蚂蚁，体长约5 mm；头小，前胸背板前狭后宽，与头部之间形成明显的“颈部”；前翅狭长，半透明，略超过腹部末端，翅面具4块深色斑纹；后足腿节外侧常具1条深褐色条纹，足色淡；尾须细长，色较体淡。

赤胸墨蛉分布于我国江苏、浙江、安徽、台湾、海南等地。喜在温和的夜间及多云的白天鸣叫，声调抑扬变化，每开叫一次可延续60 min之久，声如“滴，滴，滴，滴……”。

由于赤胸墨蛉个体娇小，叫声优美，超过身体的长长的触角令人百看不厌。自古以来受到很多鸣虫爱好者的青睐，喜欢将它养在家里静静地听它的叫声，同时欣赏它优雅的姿态。在家庭、寓所等某些室内犯罪现场可能出现它的踪迹；在鸣虫的分布地、养殖基地和花鸟虫鱼市场、鸣虫批发市场有可能会发生因经济利益而进行的盗窃、抢劫等犯罪活动。

双带拟蛉蟋

双带拟蛉蟋

双带拟蛉蟋又名唧蛉子、金蛉子、金蛉、蛣蛉。隶属于直翅目、蟋蟀科。体型与大黄蛉相近，但明显较阔，体长6~8 mm，黄褐色；头部在两复眼之间具褐色横条纹，近方形的前胸背板前缘黑色，余散布深色斑点，每斑点生硬毛1根；前翅较宽，到达腹端，半透明，四周具深褐色条纹；前、后足腿节近端部各具1条暗色环纹，后足腿节外侧具宽窄不一的深褐色纵纹2条，尾须细长。

双带拟蛉蟋分布于我国江苏、浙江、安徽、湖南、上海等地。喜白天鸣叫，节奏短促，常鸣叫6 s，稍息2 s，声如“铃，铃，铃，铃……”。

由于双带拟蛉蟋个体娇小，叫声优美，超过身体的长长的触角令人百看不厌。自古以来受到很多鸣虫爱好者的青睐，喜欢将它养在家里静静地听它的叫声，同时欣赏它优雅的姿态。在家庭、寓所等某些室内犯罪现场可能出现它的踪迹；在鸣虫的分布地、养殖基地和花鸟虫鱼市场、鸣虫批发市场有可能会发生因经济利益而进行的盗窃、抢劫等犯罪活动。

斑腿针蟋

斑腿针蟋又名斑蛉、小针蟋、花蛉。隶属于直翅目、蟋蟀科。体型与双带拟蛉蟋相近，体长4~6 mm，并密被细毛；头部和前胸背板背面灰黄褐色，两侧深褐色，前翅背面茶色，两侧深褐色，翅不达腹端；足的腿节和胫节及较短的尾须均具黑白相间的斑纹。

除西北地区外，斑腿针蟋在我国东北、华北、华南各地均有分布。栖息于田野的矮草丛中及石块瓦砾下，极善跳跃，7~8 月可见成虫；喜白天鸣叫，鸣声纤细，每鸣 5~6 s 后有小息，每一声收尾时带升调，声如“吱一，吱一，吱一，吱一……”。

由于斑腿针蟋个体娇小，叫声优美，超过身体的长长的触角令人百看不厌。自古以来受到很多鸣虫爱好者的青睐，喜欢将它养在家里静静地听它的叫声，同时欣赏它优雅的姿态。在家庭、寓所等某些室内犯罪现场可能出现它的踪迹；在鸣虫的分布地、养殖基地和花鸟虫鱼市场、鸣虫批发市场有可能会发生因经济利益而进行的盗窃、抢劫等犯罪活动。

刻点铁蟋

刻点铁蟋俗称磬蛉、松蛉、铁弹子。隶属于直翅目、蟋蟀科。体如坚硬的小甲虫，黑色有光泽，体长 9~11 mm；头部短圆，略小于前胸背板前缘之宽，头背及前胸背板布满细刻点；触角黑色，中部数节白色；前翅薄且宽，褐色半透明，到达腹端。

刻点铁蟋分布于我国江苏、浙江、安徽和台湾。喜阴暗潮湿的环境，栖息于墙根、草垛和木材堆下，昼伏夜出，夜间爬至显眼处鸣叫。其鸣声优美，回音极佳，犹空谷传音，声如“嘹，嘹，嘹，嘹……”，叫声非常嘹亮。每至夏夜，当斗蟋蟀还没有开始鸣叫的时候，刻点铁蟋已经先声夺人，草茎里响起它那明亮高昂的叫声。因其鸣声超群，与马蛉被人并称为鸣虫两绝。

由于刻点铁蟋个体娇小，叫声优美，超过身体的长长的触角令人百看不厌。自古以来受到很多鸣虫爱好者的青睐，喜欢将它养在家里静静地听它的叫声，同时欣赏它优雅的姿态。在家庭、寓所等某些室内犯罪现场可能出现它的踪迹；在鸣虫的分布地、养殖基地和花鸟虫鱼市场、鸣虫批发市场有可能会发生因经济利益而进行的盗窃、抢劫等犯罪活动。

长瓣树蟋

长瓣树蟋俗称竹蛉。隶属于直翅目、蟋蟀科。体纤细而长，头小，翅宽，形似琵琶，体长 12~15 mm；嫩绿色或黄绿色，成龄渐黄色。后头具红褐色细纹；口器前伸，前胸背板狭长，前窄后宽；前翅扁，薄如轻纱，透明，翅端宽圆，略近腹端，后翅超出前翅，足细长。

长瓣树蟋分布于我国东北、华北、华东及华南各地。栖息于瓜豆等棚架作物及果树、草丛中，喜夜间鸣叫，鸣声强劲有力、清脆响亮、很似蟋蟀，但节奏较慢，且不来自地面，声如“句，句，句，句……”。

由于长瓣树蟋个体娇小，叫声优美，超过身体的长长的触角令人百看不厌。自古以来受到很多鸣虫爱好者的青睐，喜欢将它养在家里静静地听它的叫声，同时欣赏它优雅的姿态。在家庭、寓所等某些室内犯罪现场可能出现它的踪迹；在鸣虫的分布地、养殖基地和花鸟虫鱼市场、鸣虫批发市场有可能会发生因经济利益而进行的盗窃、抢劫等犯罪活动。

斗蟋

斗蟋隶属于直翅目、蟋蟀科。体型中等，雄虫体长 13~16 mm，雌虫体长 14~19 mm，褐色至黑褐色。头顶漆黑有反光，后头具 3 对橙黄色纵纹，其两端粗而中央缢缩呈大括弧形，单眼三角形排列，中单眼位于额脊，前胸背板横形，黑褐色。雄虫前翅伸达腹部末端，雌虫则仅略超过腹部中央或接近腹端，后翅均不发达；雄虫发音镜略长方形，具斜脉 2 条，其中有 1 条横脉曲成直角，将发音镜分为 2 室；翅端网区与发育镜等长，后端圆。产卵器长于后足腿节。卵长圆形，两端圆，表面光滑。

斗蟋在北京、南京等地 1 年发生 1 代，以卵越冬。8 月初见若虫，8 月下旬见成虫，9 月间盛行，9 月下旬至 10 月中旬产卵。每头雌虫产卵 150~200 粒，散产于土内。此虫穴居，昼伏夜出，雄虫洞穴常相对固定而雌虫无固定洞穴，雄虫善鸣以招引雌虫前来交配；其鸣声还有占据领地、警告其他雄虫不得入侵及在两雄虫相斗时起壮威等作用。两雄虫相遇时进行殊死搏斗的目的在于争夺配偶。该虫一般生活于土壤稍潮湿的旱作田及砖石下或草丛间。

斗蟋

斗蟋分布于我国辽宁、北京、天津、河北、山东、安徽、江苏、上海、四川、陕西、浙江、福建、广东、台湾、贵州、云南。该虫习性好斗、鸣声宽宏，音节匀称、略有苍声，可连续长鸣不已，既是一种玩赏价值很高的昆虫，也是一种杂食性为害豆类、薯类、花生、玉米、高粱、甘蔗、果树苗木等的害虫。

由于斗蟋个体娇小，叫声优美，超过身体的长长的触角令人百看不厌。至少从宋代开始，斗蟋蟀已是相当普遍的娱乐活动，现已成了中国昆虫文化的一个象征。现今，我国不少斗蟋主产地的大中城市都有相当规模的蟋蟀市场，人们在从野外捕捉或市场选购、家中喂养到聆听鸣声、观赏两雄相斗等的一系列活动中，可享受到无穷的乐趣，还可从种类繁多、融合各种传统工艺而精工巧制的许多虫具笼器中获得艺术享受，怡情养性。在家庭、寓所等某些室内犯罪现场可能出现它的踪迹；在鸣虫的分布地、养殖基地和花鸟虫鱼市场、鸣虫批发市场有可能会发生因经济利益而进行的盗窃、抢劫等犯罪活动。

日本金蟋

日本金蟋俗称马蛉（南方）、金钟（北方）。隶属于直翅目、蟋蟀科。体似一粒饱满的西瓜籽，扁平，长 15~18 mm，黑色；头部及前胸背板小，触角基部两节黑色，其余白色，近端部黑色；前翅宽大，质薄透明，脉清晰，翅端圆，其长超出腹端；足长，尾须细而几乎与后足腿节等长，浅色或白色。

日本金蟋分布于我国华东、华北、华中及华南地区。稍受惊动即在覆盖物下捷足转移，不易捕捉；日落开始鸣叫，但以夜间鸣叫为欢，鸣声四或五声为一组，起始音长，以后每一声起音重，收音时向上滑，犹如风吹银铃，回音绕梁，优美和谐，委婉动听，声如“音一，音一，音一……”。

由于日本金蟋个体娇小，叫声优美，超过身体的长长的触角令人百看不厌。自古以来受到很多鸣虫爱好者的青睐，喜欢将它养在家里静静地听它的叫声，同时欣赏它优雅的姿态。在家庭、寓所等某些室内犯罪现场可能出现它的踪迹；在鸣虫的分布地、养殖基地和花鸟虫鱼市场、鸣虫批发市场有可能会发生因经济利益而进行的盗窃、抢劫等犯罪活动。

东方蝼蛄

东方蝼蛄别名拉拉蛄、土狗子、地狗子，是农林业苗期的主要地下害虫。隶属于直翅目、蝼蛄科。成虫体长 30~35 mm。体浅茶褐色，密生细毛。前胸背板卵圆形，中央有 1 个凹陷明显的暗红色长心脏形斑，长 4~5 mm。前翅超过腹部末端。后足胫节背面内侧有能动的棘 3~4 个。卵椭圆形，初产时灰白色，有光泽，后渐变为灰黄褐色，孵化前呈暗褐色或暗紫色。初孵若虫乳白色，复眼淡红色。其后，头、胸部及足渐变为暗褐色，腹部呈淡黄色。2~3 龄以后，体色和成虫近似。

东方蝼蛄在华北以南地区 1 年发生 1 代，在东北则需 2 年完成 1 代。在北京地区，以成虫及有翅芽若虫越冬。越冬成虫、若虫于翌年 4 月上旬开始活动。5 月是为害盛期。5 月中下旬在土中产卵。一头雌虫可产卵60~80 粒。5 月下旬到 7 月上旬是若虫孵化期，6 月中旬孵化最盛。孵化 3 d 后若虫能跳动，并逐渐分散。昼伏夜出，若虫共 6 龄。有较强的趋光性。嗜食有香味、甜味的腐烂有机质，喜马粪及湿润土壤，故有“蝼蛄跑湿不跑干”之说。土壤质地与虫口密度也有一定关系。在盐碱地虫口密度最大，壤土地次之，黏土地最少。

东方蝼蛄

东方蝼蛄分布遍及全国，以江苏、浙江、福建、台湾、广东、广西、四川、辽宁发生较严重；朝鲜、日本、菲律宾、马来西亚，印度尼西亚、新西兰、澳大利亚和非洲亦有分布。蝼蛄在一年中的活动情况和土壤温度有密切关系。食性杂，对落叶松，松、杉播种苗为害较大，也是多种农作物、烟草、蔬菜苗期的主要地下害虫。给人类生活、生态环境和国民经济带来严重影响。为了减少环境污染、保护生态环境、避免农药富集，尽量采用农业措施、灯光诱集、生物防治等方法对东方蝼蛄进行防治，为害严重难以控制时可采用化学农药防治。

东方蝼蛄是一种营养丰富的食用昆虫。近年来，食用昆虫越来越受到人们的追捧，在餐馆、超市、菜市场和集贸市场有可能会发生因经济利益而进行的盗窃、抢劫等犯罪活动，在某些犯罪现场也有可能出现它的踪迹。

华北蝼蛄

华北蝼蛄又名土狗、蝼蝈。隶属于直翅目、蝼蛄科。是常见于我国北方地区的杂食性害虫。成虫体长 36~55 mm，体色比东方蝼蛄浅，呈黄褐色。前翅覆盖腹部不到 1/3，后足胫节背面内侧有棘 1 个或无棘。卵椭圆形，初产时乳白色，有光泽，后变黄褐色。初孵若虫乳白色，蜕皮一次以后变为浅黄褐色，5~6 龄后与成虫体色相似。

华北蝼蛄约 3 年发生 1 代。以成虫和 8 龄以上的各龄若虫在土中越冬，有时深入土中达 150 cm。翌年3~4月开始上升为害。越冬成虫于6~7月交配。成虫对产卵地点的选择比较严格。初孵若虫最初较集中，以后分散活动，至秋季达 8~9 龄时即入土越冬，翌年春季，越冬若虫上升为害，到秋季达 12~13 龄时，又入土越冬，第 3 年春再上升为害，到 8 月上中旬才开始羽化为成虫，入秋，即以成虫越冬。

华北蝼蛄主要分布于我国江苏、河南、河北、山东、山西、陕西、内蒙古、辽宁、吉林。一年中的活动规律和东方蝼蛄相似，对植物的为害与东方蝼蛄相同。成虫虽有趋光性，但由于体型大、飞翔力差，因此，在灯下的诱杀率不如东方蝼蛄高。红脚隼、戴胜、喜鹊、黑枕黄鹂和红尾伯劳等食虫鸟类是蝼蛄的天敌。可在苗圃周围栽植杨树、刺槐等防风林，招引益鸟栖息繁殖，以利于消灭害虫。

华北蝼蛄是一种营养丰富的食用昆虫。近年来，食用昆虫越来越受到人们的追捧，在餐馆、超市、菜市场和集贸市场有可能会发生因经济利益而进行的盗窃、抢劫等犯罪活动，在某些犯罪现场也有可能出现它的踪迹。

黄星蝗

黄星蝗是大型农林业害虫。隶属于直翅目、蝗科。雌虫体长 49~63 mm，雄虫体长 37~57 mm。

体型较粗大，黑色或黑褐色。触角黑色。头部背面黑褐色，复眼棕红色，在复眼之下具较宽的黄色斑。前胸背板的背面棕黑色，前缘的瘤状隆起橘红色，前后缘黄色。侧片的下端具一条宽3~5 mm的橙黄色纵条纹，与复眼下方的黄色斑相连。前翅黄褐色，散布有许多近似圆形的橙黄色斑，一般有70~82个。后翅黑褐色。腹部黑色，各腹节的后缘橘红色。雄性尾须、下生殖板和雌性尾须、产卵瓣黄色。头大而短。前、后翅发达，超过后足胫节的中部。后足腿节匀称，胫节具内、外端刺。卵刚产下时橘黄色，卵块圆筒形，卵粒在卵块中呈斜状排列，每个卵块有卵40~60粒，卵块由海绵状胶质物包裹。若虫头部黑色，颜面带有橘黄色斑，各龄若虫颜色略有变化，随着龄期的增大，颜面和躯体的黄色斑逐渐明显。

黄星蝗在海南地区1年发生1代，以卵在沙土中越冬。10月下旬到翌年4月下旬为卵期，4月中旬开始孵化，5月上旬为孵化盛期，5月底为孵化末期。4~7月为若虫发生期，若虫共6龄。若虫出土后经13~14 d开始蜕皮，以后每一龄期需14 d左右。7月下旬至11月下旬为成虫发生期，10月开始产卵，10月下旬成虫开始死亡。

黄星蝗分布于我国广东、广西、云南、贵州、海南等地。为害木麻黄、柚木、甘蔗、椰子、槟榔、杧果等多种农林作物。给人类生活、生态环境和国民经济带来严重影响。

由于黄星蝗在其分布地区常见，所以，在这些地区的犯罪现场有可能出现它的踪迹，或者可以利用它的存在来反推犯罪第一现场。

黄脊竹蝗

黄脊竹蝗又名竹蝗、蚌标、跑枯子。隶属于直翅目、蝗科。雌虫体长31~40 mm，雄虫体长29~35 mm。躯体主要为绿色，翅长超过腹部。额顶突出如三角形。由额顶至前胸背板中央有1条显著的黄色纵纹，愈向后愈大。触角末端淡黄色。前翅前缘及中域暗褐色，臀域绿色。后足腿节黄色，间有黑色斑点，两侧有“人”字形沟纹，排列很整齐；胫节瘦小，表面黑绿色，有棘两排，外排14个，内排15个，腹部11节，背面紫黑色，中央脊起部分颜色淡黄，腹面黄色。卵长椭圆形，稍弯曲，一端稍尖，赭黄色，有蜂巢状网纹。1龄蛹初孵化时为浅黄色，约经4 h后即变为黄、绿、黑、褐相间的杂色。2龄蛹体色较1龄为黄，尤以胸部背板及腹部背板中线色最黄。3龄蛹体色大部分黑黄，头、胸、腹背面中央黄色线更为鲜艳，沿此线两侧各有1条黑色纵纹，此纹下面又为黄色。4龄蛹体色与3龄蛹相同，前胸背板后缘显著地向后延伸，将后胸一部分盖住。5龄蛹体色与4龄蛹相同，翅芽较4龄时更大，已伸至腹部第3节末端而将听器盖住。将羽化时，身体变为翠绿色。

黄脊竹蝗1年发生1代，以卵于土中越冬。在湖南地区越冬卵于次年5月初开始孵化，5月中旬至6月初为孵化盛期，6月下旬为孵化末期，有时在7月初尚可看到个别卵块孵化。1龄跳蛹盛见于5月中旬，2龄见于5月下旬，3龄见于6月上旬，4龄见于6月中旬，5龄见于6月下旬。成虫于7月初开始羽化，7月下旬为羽化盛期，7月中旬开始交尾，7月底8月初为交尾盛期。8月中旬为产卵盛期。在湖南耒阳地区产卵期一直拖延至10月底11月初。跳蛹和成虫有嗜好咸味和人尿的习性。

黄脊竹蝗分布于我国湖南、四川、江西、福建、广西、广东、湖北、江苏、浙江、安徽、云南。已知其寄主植物有25种，隶属于5科，而以毛竹（又称南竹）最为其所喜食。

黄脊竹蝗干燥或新鲜全体均可入药。夏、秋季捕捉，用沸水烫死，晒干或烘干，也可鲜用。有止咳平喘、镇惊止抽、解毒透疹、消肿止痛等功效。在药用昆虫的生产和养殖基地、药用昆虫及衍生物加工厂有可能会发生因经济利益而进行的盗窃、抢劫等犯罪活动，在医院、药店、中医诊所、药材批发市场等犯罪现场也有可能出现它的踪迹。

棉蝗

棉蝗又名大青蝗，为大型农林业害虫。隶属于直翅目、蝗科。雌虫体长56~81 mm，雄虫体长48~56 mm；雌虫前翅长50~62 mm，雄虫前翅长43~46 mm。体色鲜绿带黄。后翅基部玫瑰色，顶端本色。头顶中部、前胸背板沿中隆线及前翅臀脉域具黄色纵条纹。头大，短于前胸背板长。头顶宽短，顶端钝圆。触角丝状，细长，通常 28 节，常超过前胸背板的后缘。前、中足基节和腿节绿色，胫节和跗节则为淡紫红色；后足腿节匀称，青绿色，胫节细长，淡紫红色，其外侧具刺 2 列。卵长椭圆形，中间稍弯曲。初产时黄色，数日后变为褐色。卵块长圆柱状，外面黏有一层薄纱。跳蝻 6 龄，极少数雌性 7 龄。各龄在体色上无明显变化。

棉蝗在广东湛江地区 1 年发生 1 代，以卵在土中越冬。翌年 4 月中下旬孵化为跳蝻，6 月中旬至 7 月下旬陆续羽化为成虫，成虫取食 10 多天后，于 7 月至 10 月中旬开始交尾产卵，然后相继死亡。成虫交尾高峰在 7 月中下旬至 8 月。交尾多在 8~17 时进行，有多次交尾的习性。产卵高峰在 7 月下旬至 8 月中旬，通常选择在沙质较硬实的幼龄林地和萌芽条较多、阳光充足的疏林地或与林中空地交接的林缘产卵。每年除 5 月中下旬至 6 月底无卵外，其余各月均可找到卵块。2 龄前跳蝻食量小，只取食小枝的表皮，3 龄后食量逐渐增大，以 5 龄后期至成虫未交尾产卵前食量最大，大发生时常将整片林木的小枝食光，酿成大灾。2 龄前跳蝻群聚性最强，往往几百头乃至成千头聚集在一株萌条上取食。3 龄后逐渐开始上树为害，群聚性减弱。5~6 龄后则开始大量分散取食。成虫期扩散更广。没有成群迁移为害的现象。

棉蝗分布于我国内蒙古、河北、山东、陕西、江苏、浙江、湖北、湖南、江西、福建、台湾、广东、海南、广西、云南。食性较杂，寄主植物有木麻黄、团花、榄仁树、刺槐、柚木、南岭黄檀、相思树、竹类、棉花、甘蔗、水稻、柑橘、棕榈、可可、花生、美人蕉、杂草等。给人类生活、生态环境和国民经济带来严重影响。

棉蝗是一种营养丰富的食用昆虫。近年来，食用昆虫越来越受到人们的追捧，在餐馆、超市、菜市场和集贸市场有可能会发生因经济利益而进行的盗窃、抢劫等犯罪活动，在某些犯罪现场也有可能出现它的踪迹。

日本黄脊蝗

日本黄脊蝗又名黄脊蝗、日本条蝗。隶属于直翅目、蝗科。雄虫体长 36.8~38.4 mm，雌虫体长 44~55.7 mm，雄虫前翅长 32~41 mm，雌虫前翅长 40~53.2 mm。体型较粗大，刻点粗而较密，躯体的腹面和腿节下的绒毛甚多。通常黄褐色或暗褐色，背面常有明显的黄色条纹，黄脊蝗之名由此而来。头大而短，头顶宽短，顶端较宽，向前倾斜，颜面略向后倾斜，刻点粗大；颜面隆起的侧线几乎平行，下端具纵沟。触角细长，一般 25~28 节，到达或略超过前胸背板的后缘。复眼长卵形，棕褐色，最大直径的长度约等于水平直径的 1.7~2 倍。前胸背板具粗密的大刻点和稀疏而分散的短绒毛，中隆线较低，无侧隆线；3 条横沟均明显，并都割断中隆线，后横沟位于前胸背面的中部，前胸背板后缘弧形。前胸腹板突略向后倾斜，顶端圆形。中胸腹板具粗大的刻点；腹板侧叶间的中隔长方形，中隔的长度约等于其最宽处的 1.5 倍。前翅较长，通常到达后足胫节的中部。后翅略短于前翅。后足股节匀称。后足胫节的顶端无外刺，外缘具刺 8~9 根，内缘具刺 10~11 根，刺黄褐色，端部黑色，内缘刺比外缘刺稍大。胫节端部有 4 根端刺。跗节爪间的中垫甚长而大，近乎长方形，通常超过爪的顶端。雄性尾须较长，到达肛上板的顶端。雄性下生殖板长圆锥形，顶端尖锐。雌性下生殖板的后缘中央具有三角形突出。雌虫产卵瓣粗短，上产卵瓣的上外缘无细齿。

日本黄脊蝗分布于我国山东、江苏、浙江、安徽、江西、湖南、福建、广东、广西、台湾、四川、云南、甘肃等地。为江南地区常见种类，发现于稻田、蔗田及草地、山坡草地。取食水稻、甘蔗及其他禾本科作物。干燥或新鲜全体入药。同小稻蝗。

在药用昆虫的生产和养殖基地、药用昆虫及衍生物加工厂有可能会发生因经济利益而进行的盗窃、抢劫等犯罪活动，在医院、药店、中医诊所、药材批发市场等犯罪现场也有可能出现它的踪迹。

中华稻蝗

中华稻蝗隶属于直翅目、蝗科。雄虫体长 15~33 mm，雌虫体长 10~40 mm，黄绿色或黄褐色，有光泽。位于头顶两侧及复眼后方的1条黑褐色纵带经前胸背板两侧直达前翅基部。前胸腹板有1个锥形瘤状突起。前翅长度超过后足腿节末端。若虫也称蝗蝻，一般6龄。1龄若虫体长约7 mm，绿色有光泽，头大。2龄时前胸背板中央渐向后突出，绿色至黄褐色，头、胸两侧黑色纵纹明显。3龄时翅芽出现，至5龄时向背面翻折，6龄时可伸达第3腹节，并掩盖腹部听器的大部分。

中华稻蝗在长江流域及北方地区1年发生1代。在广东地区1年发生2代。第1代成虫出现于6月上旬，第2代成虫出现于9月上中旬。以卵在稻田田埂及其附近荒草地的土中越冬。越冬卵于翌年3月下旬至清明前孵化，1~2龄若虫多集中在田埂或路边杂草上取食；3龄开始趋向稻田，取食稻叶；4龄起食量大增，成虫食量最大，能咬茎和谷粒。6月出现的第1代成虫，在稻田取食的多产卵于稻叶上，常把两片或数片叶胶黏在一起，产卵于叶苞内的黄褐色卵囊中；若产卵于土中，常选择低湿、有草丛、向阳、土质较松的田间草地或田埂等处造囊产卵，卵囊入土深度为2~3 cm。9月中旬为第2代成虫羽化盛期，10月中旬产卵越冬。

中华稻蝗

中华稻蝗在国外主要分布于东南亚各地。国内各产稻区几乎均有分布，以长江流域和黄淮流域稻区发生较重。除为害水稻以外，还为害玉米、高粱、棉花、豆类及芦苇等禾本科和莎草科的多种植物。

我国有十分悠久的食用蝗虫的历史，迄今为止，在中国民间，蝗虫仍是人们喜爱的食品。中华稻蝗体内所含蛋白质几乎高于各类昆虫，因而具有相当大的开发价值和应用前景。近年来，食用昆虫越来越受到人们的追捧，在餐馆、超市、菜市场和集贸市场有可能会发生因经济利益而进行的盗窃、抢劫等犯罪活动，在某些犯罪现场也有可能出现它的踪迹。

小稻蝗

小稻蝗隶属于直翅目、蝗科。体型较小。雄虫体长17.5~20 mm，雌虫体长23.5~29 mm；雄虫前翅长13~17.5 mm，雌虫前翅长18.5~27.5 mm。背面褐色，两侧黄绿色，足部腿节、胫节绿色。复眼褐色。头浑圆。触角细长，21节，黄褐色，中段一节的长度为其宽度的2~2.5倍。复眼大，卵形凸起。前胸背板前缘略呈弧形，后缘较窄，中隆线明显，前胸背板中部有4条横沟，割断中隆线。前后翅几乎等长，仅伸达后足腿节端部。后足腿节较粗短，背缘中脊明显，侧面有规则排列的花纹，上隆线的端部有一端齿，上膝侧片无齿，下膝侧片的顶端具1根短的锐刺；胫节外缘有9枚齿，内缘有10枚齿；胫节末端有4枚大齿。爪间垫宽大。雄性生殖板的顶端部分延长，且明显地超过宽。雌雄两性尾须圆形，顶端尖锐。雌性产卵瓣狭长，其下产卵瓣的下外缘具有发育不均的齿，在顶端之半，长齿之间有1枚小齿或无齿。

小稻蝗在我国南方地区是较普通的种类，常群集于稻田，为害稻作物和其他作物。1年发生1代，卵在5月孵化，至7月上旬出现成虫。

小稻蝗分布于我国海南、台湾、广东、广西、福建、江西、湖南、湖北、江苏、浙江等地。小稻蝗含蛋白质、肽类、氨基酸、脂类、糖类。灰分中含二氧化硅、三氧化二铝、三氧化二铁、氧化钙、氧化镁、氧化钾、氧化钠、五氧化二磷、三氧化硫、氧化锰、二氧化钛、氧化铜等。干燥或新鲜全体入药。夏、秋季捕捉，用沸水烫死，晒干或烘干，也可鲜用。具有止咳平喘、镇惊止抽、解毒透疹、消肿止痛等功效。

在药用昆虫的生产和养殖基地、药用昆虫及衍生物加工厂有可能会发生因经济利益而进行的盗窃、抢劫等犯罪活动，在医院、药店、中医诊所、药材批发市场等犯罪现场也有可能出现它的踪迹。

东亚飞蝗

东亚飞蝗隶属于直翅目、蝗科。雄成虫中大型，体长 32.4~48.1 mm。散居型绿色，群居型黄褐色或暗褐色，前胸背板中隆线两侧具丝绒状黑色纵条纹。头大、短于前胸背板，颜面隆起宽平，无头侧窝，触角刚超过前胸背板后缘，复眼长卵形；散居型前胸背板中隆线侧观呈弧形，后缘直角形或锐角形，群居型中隆线侧观平直或中部略凹，后缘钝角形；后横沟切断中隆线，沟前区略短于沟后区。前胸腹板平坦，中胸腹板中隔长略大于宽。前翅褐色，具暗色斑点，后翅基部略具淡黄色。后足股节上侧具 2 个暗色横斑或不明显，内侧基半部黑色，内侧上隆线与下隆线间在其全长近 1/2 处非皆黑色；后足胫节橘红色，内侧具刺 11~12 根，外侧 11 根，缺外端刺。鼓膜片覆盖鼓膜孔的 1/2 以上。下生殖板短锥形，顶端略细。雌成虫体长 38.6~52.8 mm，产卵瓣粗短，顶端略呈钩状，边缘光滑无细齿，其余特征似雄性。

东亚飞蝗

东亚飞蝗在我国的发生世代数因地域不同而不同，1 年可发生 2~4 代。我国历史上形成的历次蝗害，多数为飞蝗，特别是东亚飞蝗，该虫主要发生在我国黄、淮、海河平原地带。从历史记载的水灾、旱灾、蝗灾的发生情况分析，蝗灾与水灾、旱灾常此起彼伏，交替发生。

蝗虫是直翅目蝗科的一大类昆虫，是为害农林作物的一类重要害虫，不过其虫体内蛋白质的含量几乎高于各类昆虫，因而具有相当大的开发价值和应用前景。近年来，食用昆虫越来越受到人们的追捧，在餐馆、超市、菜市场和集贸市场有可能会发生因经济利益而进行的盗窃、抢劫等犯罪活动，在某些犯罪现场也有可能出现它的踪迹。

中华蚱蜢

中华蚱蜢又名尖头蚱蜢。隶属于直翅目、蝗科。雄虫体长 36~47 mm，雌虫体长 58~81 mm；雄虫前翅长 30.5~36.5 mm，雌虫前翅长 47~65 mm。体型细长，雄性较小，雌性甚大。体色一般青绿色或枯草色，背面有淡红色纵线条，有时为单纯的绿色，无其他杂色条纹。头圆锥形，较长，顶端尖，长度大于前胸背板。颜面向后倾斜，颜面脊明显，两脊间的纵沟明显。触角剑形，褐色，较短，基部数节较宽。复眼棕褐色，长卵形。前胸背板较宽平，颗粒细小；中隆脊和侧隆脊均较明显地隆起，几乎互相平行，前缘弧形，后缘锐角形，顶端尖锐，侧片板平坦。中胸腹板侧叶间的中隔较狭，中隔的长度等于其最大宽度的 2~2.5 倍，后胸腹板侧叶分开较宽。前翅长，超过后足腿节的顶端，中脉或中润脉明显。前翅略长于后翅。后足腿节细长、均匀，背面脊线无齿，上膝侧片和下膝侧片顶端具有锐刺。后足胫节顶端无外端刺，沿外缘具刺 25~35 根。雄性下生殖片的后缘中央呈圆形突出，其长几乎与其两侧的突出相等。雌性产卵瓣粗短，上产卵瓣的上外缘无细齿。

中华蚱蜢分布于我国河北、山东、江苏、安徽、浙江、江西、四川、广东等地。它是一种营养丰富的食用昆虫。在餐馆、超市、菜市场和集贸市场有可能会发生因经济利益而进行的盗窃、抢劫等犯罪活动，在某些犯罪现场也有可能出现它的踪迹。干燥全体入药。夏、秋季捕捉，鲜用或沸水烫死，晒干或烘干。有止咳平喘、定惊息风、清热解毒的功效。在药用昆虫的生产和养殖基地、药用昆虫及衍生物加工厂有可能会发生因经济利益而进行的盗窃、抢劫等犯罪活动，在医院、药店、中医诊所、药材批发市场等犯罪现场也有可能出现它的踪迹。

第十一章　䗛目

䗛目昆虫通称为竹节虫，体型较大或中等，一般体长 3~30 cm，最大可达 51 cm，为现生昆虫中体长最大的种类。身体延长呈棒状，看上去很像竹节（如竹节虫），有的看上去像树叶（如叶䗛）。变态类型为渐变态，由卵孵化后，幼虫与成虫的形态和生活习性都差不多，只是幼虫的翅发育不完全，生殖器官尚未成熟，每经蜕皮后其翅和生殖器官逐渐发育生长，此类幼虫称若虫。竹节虫多分布于热带、亚热带地区。栖息于高山、密林和生境复杂的环境中，有典型的拟态和保护色，与其栖息环境相似，不易被敌害发现。其中竹节虫极似树木的细枝，而叶螨极似树木的叶片。平时生活于草丛或林木上，以叶为食。成虫也能越冬，多不能或不善飞翔。

独龙叶䗛

独龙叶䗛隶属于䗛目、叶䗛科。雌虫体长约 75 mm，扁宽似叶，绿色。腹部第 8 腹板有白环。头卵圆，端部较窄；复眼小，圆凸，缺单眼；触角短粗，共 9 节，柄节宽大，第 3 节长，内侧突出成角，前胸背板倒梯形，中域具“十”字形沟纹；中胸宽大，多横皱与瘤突，侧缘具刺状脊；中胸侧板呈三角形，密布刺突。腹部扁宽，以第 4 节中部最宽，第 7 腹节后侧角圆突，第 8~10 节形成三角形；腹瓣几伸达第 10 腹板中部；产卵瓣外露；尾须长于产卵瓣。前翅发达，伸达第 7 腹节后半部；后翅透明，伸达第 6 腹节前半部。前足股节外叶宽于内叶，边缘具小刺齿，内叶前缘有 6 枚齿，胫节内叶三角形，外叶近端部突出；中足股节内叶宽于外叶，端背有 7 枚齿；后足股节内叶宽于外叶，端半有 6 枚齿；中、后足胫节端部形成小叶突。叶䗛属自 1754 年林奈描记印度 1 种以来，全世界迄今仅知 20 余种，主要生活于亚洲的热带湿润地区，中国已发现有 10 种，云南已采到 3 种，该种仅采到 1 头雌虫，有关其生活史与习性均不了解。分布于我国云南。

独龙叶䗛是国家林业局令第 7 号《国家保护的有益的或者有重要经济、科学研究价值的陆生野生动物名录》中列入的昆虫种类，野外数量十分稀少，但也可能有非法捕采和非法买卖的现象发生。

同叶䗛

同叶䗛隶属于䗛目、叶䗛科。雄虫体长近 62 mm，扁宽叶状，黄褐色。头亚卵形，后端稍膨大，头顶略扁平，几光滑，眼半球状，外突；单眼 3 个，位于复眼间稍后方；触角 26 节，被细毛，超过第 5 腹节中央，第 1 节粗宽，第 2 节柱形，端节钝锥形。前胸背板舌状，中央具“十”字形沟纹；中胸背板窄长，侧缘具宽脊，中域具粗钝瘤突和横皱，侧板边缘具钝刺突。腹部宽椭圆形，基部至第 4 腹节中央逐渐加宽，第 5 腹节后端最宽，第 8 腹节明显变窄，与第 9、10 腹节构成三角形。下生殖板亚三角形，约伸达臀节中央；尾须叶状，超过腹端。前翅革质，仅后部半透明，伸达第 3 腹节中部；后翅发达，臀域大，伸达腹端。前股节外叶宽于内叶，亚三角形，端缘有 3~4 枚小齿，内叶前缘有 5 个粗大齿突，前胫节内叶扩展呈亚三角形；中股节外缘 1 枚齿，内叶有 6~7 枚刺齿；中、后胫节稍内弯；后股节内叶宽弧形，端缘有 8~9 枚齿突。叶䗛形态奇特，因具十分巧妙的叶形拟态与保护色而闻名，个体也十分稀少。本种仅采到几头雄虫，本种的生活史鲜为人知。分布于我国海南、广西。

同叶䗛是国家林业局令第 7 号《国家保护的有益的或者有重要经济、科学研究价值的陆生野生动物名录》中列入的昆虫种类，野外数量十分稀少，但也可能有非法捕采和非法买卖的现象发生。

中华丽叶䗛

中华丽叶䗛隶属于䗛目、叶䗛科。体长 78 mm，体宽 39 mm。体型宽扁，呈叶片状。头扁圆，触角 9 节。前胸背板长宽相等；中胸背板具 1 条明显的中纵脊。前翅大，革质，阔叶形，伸达第 7 腹节中部；后翅退化。3 对足较短。其腿节和胫节的内、外侧较扩大。腹部极扁宽，似叶状，近长方形，第 8 腹节后角强烈后伸，其末端宽圆，明显超过腹部末端；第 9 腹节侧缘横直；第 10 腹节为亚三角形，顶端钝圆。尾须扁匙状。腹瓣较短，产卵瓣较窄，伸达第 10 腹节中央。是一种拟态和保护色均十分巧妙的珍稀昆虫。分布于我国海南。

中华丽叶䗛是国家林业局令第 7 号《国家保护的有益的或者有重要经济、科学研究价值的陆生野生动物名录》中列入的昆虫种类。野外数量十分稀少，但也可能有非法捕采和非法买卖的现象发生。

滇叶䗛

滇叶䗛隶属于䗛目、叶䗛科。雄虫体长近 70 mm，扁宽似叶状，浅绿色。头近似球形，背面稍平坦，光滑。眼半球形，单眼三角形排列。触角 28 节。前胸背板舌状，中胸背板侧缘具齿突，前方具横皱和瘤突。腹部披针形，第 4 腹节前方角状，向后各节渐窄；第 7～10 腹节形成三角形。下生殖板较宽，后缘几平截，约伸达臀节基部。尾须叶状，超过腹端。前翅革质，近后缘半透明，超过第 3 腹节中央；后翅发达，透明，伸达第 9 腹节。3 对足股节较扩展，前股节外叶明显窄于内叶，边缘有 6～7枚小齿，内叶前缘有 5 枚齿突，前胫节内叶亚三角形；中股节外叶有 2～3 枚小齿，内叶有 6～7 枚小齿；后股节内叶有 5～6 枚刺齿。本种个体很少，仅采得 2 头雄虫，本种的生活史与习性不详。分布于我国云南。

滇叶䗛是国家林业局令第 7 号《国家保护的有益的或者有重要经济、科学研究价值的陆生野生动物名录》中列入的昆虫种类。野外数量十分稀少，但也可能有非法捕采和非法买卖的现象发生。

珍叶䗛

珍叶䗛隶属于䗛目、叶䗛科。雌虫体长 88.1 mm，体扁宽酷似树叶，黄绿色。头近于卵形，后缘中央有 1 个小瘤突；眼半球形；触角短。前胸背板近于三角形，中域具“十”字形沟纹；中胸背板长方形，侧缘基部有明显瘤突，前半部有钝刺突，腹板基部有大小不等的瘤突。腹部宽披针形，由基部至第 4 腹节不断加宽，第 7～10 节形成三角形腹端；腹瓣约伸达臀节中央。尾须刀状。前翅宽大，革质，约伸达第 7 腹节中央，中脉与肘脉接近；后翅膜质，透明，稍超过第 6 腹节中央。前股节强烈扩展，外叶宽三角形，明显宽于内叶；端缘有 4～5 枚刺齿，内叶较狭长；前缘有 5 个明显齿突，前胫节内叶钝三角形；后股节外叶不显著，内叶端半部明显扩展，边缘锯齿状。本种为拟态极佳的珍稀种。分布于我国广西。

珍叶䗛是国家林业局令第 7 号《国家保护的有益的或者有重要经济、科学研究价值的陆生野生动物名录》中列入的昆虫种类。野外数量十分稀少，但也可能有非法捕采和非法买卖的现象发生。

广西瘤䗛

广西瘤䗛隶属于䗛目、杆䗛科。体长 46 mm。体纺锤形，完全无翅，黑褐色。全身具瘤状颗粒，无刺。后头呈圆锥形突起，顶端圆弧形；颜面向后倾斜，具隆起和突起。复眼小，半球形。触角丝状，略与前足等长。前胸背板短，侧隆线呈颗粒状，近前缘中央具 2 个双突起；中胸背板长，约为前胸背板长的 2.4 倍；侧隆线由颗粒连成，其前缘具 2 个颗粒状突起；后胸背板短于中胸背板，约为中节长的 2.5 倍，多颗粒，隆线不明显。前胸腹板位于前足基节之间，具 2 个粗糙的圆瘤。前足股节基部内侧弯曲；中足、后足股节顶端无刺，腹面具浅凹窝。跗节 5 节，爪简单。腹部各节背板中央具

“×”形隆起，第 4~5 节背板后缘中央具双突，第 9 腹节背板向上呈角状翘起，肛节四角形；第 3~5 节侧板具明显的斜形突起。腹瓣兜形，略超过肛节端部。分布于我国广西。

广西瘤蛸是国家林业局令第 7 号《国家保护的有益的或者有重要经济、科学研究价值的陆生野生动物名录》中列入的昆虫种类。野外数量十分稀少，但也可能有非法捕采和非法买卖的现象发生。

褐脊瘤胸蛸

褐脊瘤胸蛸隶属于蛸目、杆蛸科。雌虫体长 68 mm。体粗壮，褐色。触角基部至端部背面深褐色。前胸背板有 5 个不规则的黑斑；中胸背板有 6 个黑斑，中域有 4 个，后缘有 2 个；3 对足股、胫节纵脊深褐色；第 6~7 腹节背面有 7 条褐色纵纹。头宽圆，后头不明显隆起；触角线形，不达腹端；复眼半球形。前胸背板前缘凹入；中胸背板具细纵脊，除前方较平坦，其余部分较隆起，近中部有瘤突，背面具细脊。腹部较粗，至腹端 3 节渐窄；第 7 腹节腹板后缘中央呈“U”形凹入，两侧隆起；臀节背板后缘角形凹入；腹瓣较扁平，有侧脊，端缘浅弧形凹入；尾须圆柱形，端部钝，稍超过腹端。复翅宽卵形，外侧稍隆起，纵脉粗，深色；后翅长，略超过腹端。3 对足中等长，前股节基部弯曲，各足股节无齿叶。杆蛸属全球共 10 种，为东洋区种类，我国已知 4 种。本种数量稀少。分布于我国海南。

褐脊瘤胸蛸是国家林业局令第 7 号《国家保护的有益的或者有重要经济、科学研究价值的陆生野生动物名录》中列入的昆虫种类。野外数量十分稀少，但也可能有非法捕采和非法买卖的现象发生。

中华仿圆筒蛸

中华仿圆筒蛸隶属于蛸目、杆蛸科。雌虫体长 45 mm。躯体中型，圆筒状，缺翅，体褐色。体背腹面具不规则低钝瘤突。头略延伸，后头具不规则瘤突。复眼圆形，外突，眼间具 7 对前倾的锥突；触角远短于前股节，共 3 节。前胸背板亚梯形，约与头部等长，表面粗糙；中胸约和后胸与中节之和等长，中节横形。腹部第 5 节背板后缘的瘤突明显大于其余各节，第 6~9 节背板纵脊与侧脊端部各具 1 个明显的瘤突，第 7 节腹板后缘凹入，第 8、9 节屋脊状，臀节宽瓦状；腹瓣较扁平，后缘几成截形；尾须稍扁宽。3 对足股、胫节具钝齿突，前股节基部略内弯，背面内外脊各具 6 枚以上钝齿；中足、后足股节背面内外脊平钝，具 3 对钝齿，腹脊具少量钝齿。

中华仿圆筒蛸是国家林业局令第 7 号《国家保护的有益的或者有重要经济、科学研究价值的陆生野生动物名录》中列入的昆虫种类。野外数量十分稀少，但也可能有非法捕采和非法买卖的现象发生。

白带短肛棒蛸

白带短肛棒蛸是一种严重为害柏木的大型害虫。隶属于蛸目、蛸科。雌虫体长 155~187 mm，深褐色，光滑。头长椭圆形，后部窄缩，头侧缘具灰白色宽带。眼半球状，眼间有一对向外侧斜伸的短刺突。触角丝状，超过前足腿节中央。前胸背板亚长方形，侧缘具隆脊，中域具 1 条“十”字形沟痕。中、后胸圆筒形，光滑，前端较窄缩，后端稍膨大。前足腿节具明显纵隆脊，背面和腹面外侧脊为粗锯齿状；胫节无刺齿。中足和后足腿节腹面内、外及中央脊均具齿，近端部各有一枚强刺；胫节腹面内、外侧及中央脊具刺齿。腹部圆筒形，第 2~5 节较粗，第 5 节以后渐窄缩，臀节后缘中央呈宽弧形凹入。雄虫体长 128~164 mm，竹杆状，褐黄色发亮。头顶中央具一“V”字形沟痕；头背中央有一乳白色三角形斑纹，侧缘具灰白色宽带。眼间具一对短刺。触角丝状，超过前腿中央。中足和后足腿节、胫节下沿内、中、外脊线上各有 1 列细齿；中足和后足腿节脊线端各有 1 枚弯形大齿。腹部圆筒形，第 8 腹节后端稍加粗，第 8、9 腹节背板侧缘基部各有 1 个明显白斑 。卵亚椭圆形，灰色。具不规则黑色斑痕。卵盖扁平，中央具短柱状头端。初孵若虫浅绿色，体细瘦，足纤长，体长 15~

20 mm。胸部与腹部的长度几乎相等。2~5 龄若虫绿色、褐色或深褐色；6 龄若虫绿褐色。

白带短肛棒䗛在四川东部 2 年发生 1 代，以卵和 2 龄若虫越冬。若虫在越冬期体色加深，在树的枝叶丛中静伏不动。当气温上升到 9 ℃以上时，仍可取食为害。1 龄若虫于 9 月上旬出现，历期35 d；2 龄若虫 10 月上旬出现，并于 11 月中旬进入越冬直至翌年 3 月上旬，历期 155 d；3 龄若虫于 3 月下旬出现，历期 28 d；4 龄若虫于 4 月中旬出现，历期 17 d；5 龄若虫于 5 月上旬出现，历期 17 d；6 龄若虫 5 月下旬出现，历期 22 d；成虫于 6 月中下旬出现，7 月上旬开始产卵，寿命 50~75 d。当年 8 月下旬以后产卵，于翌年 8 月下旬孵化，卵期长达 315~371 d。

白带短肛棒䗛分布于我国四川东部和湖北西部。主要为害柏木，也为害麻柳、化香、乌柏、油桐、玉米等。

竹节虫算得上是著名的伪装大师，当它栖息在树枝或竹枝时，活像一支枯枝或枯竹，很难分辨。竹节虫这种以假乱真的本领，受到了很多昆虫爱好者的青睐，也是很多昆虫爱好者争相收藏的对象，这也会刺激不法分子狂捕滥采。

污色无翅刺䗛

污色无翅刺䗛隶属于䗛目、䗛科。雌虫体长 28.4 mm。体短，杆状，无翅。头、胸和腹大部分被许多大小不等的刺突、瘤突和皱脊，体腹面多具瘤突与皱脊；体污黄色。头至后胸背中央具淡色纵线，体与足有分散不规则褐纹，头顶具褐色“八”字纹。头宽卵形，头后较隆起，头背有 10 枚刺。触角短，远短于前股节，分节明显，共 13 节。前胸背板近似梯形，近后缘中央有 1 对褐刺；中胸背板中央隆起，侧面具 2 对刺。中域有 8 对刺，后缘有 1 对褐刺；后胸背板中域有 3 对粗刺，后缘有 1 对短刺；中节有 1 对小刺。腹部略窄于胸部，第 2~7 腹节后角尖叶形。第 2~5 背板中央各有 4 对刺突，第 6~7 节刺突弱小，第 8~9 节后面中脊处具成对片状突起；臀节中脊呈片状突起，后缘中央几平截。腹瓣端部略尖，稍超过臀节基部；尾须扁宽，略超过腹端。3 对足中等长，股节、胫节略弯曲，前足股节基部直，各足股节隆脊粗齿形，胫节具不规则齿突。本种稀少，分布于我国云南。

污色无翅刺䗛是国家林业局令第 7 号《国家保护的有益的或者有重要经济、科学研究价值的陆生野生动物名录》中列入的昆虫种类。野外数量十分稀少，但也可能有非法捕采和非法买卖的现象发生。

四川无肛䗛

四川无肛䗛隶属于䗛目、䗛科。雌虫体长 118 mm。长杆状，无翅，体深褐色。体被不规则颗粒与短毛。头椭圆形，后部较窄，后头具 3 条短纵沟；眼间具 1 对扁形锥突；触角分节明显，24 节，短于前足股节之半。前胸背板中央具“十”字形沟纹；中节横形。腹部圆筒形，端部 3 节收缩，第 9 节约为第 8 节之半，臀节略向后延伸，长于第 9 节，端缘略内凹，无肛上板。腹瓣舟形，端尖，稍超过腹端；尾须短，稍外露。前足股节基部向内弯，背内脊与腹外脊具齿；胫节背腹面近基部具明显叶突，胫节具小刺；后足除胫节基部无明显叶突外，其余与中足相仿，中足、后足股节腹中脊端部具数枚小齿。本属为中国特有属，罕见。分布于我国四川。

四川无肛䗛是国家林业局令第 7 号《国家保护的有益的或者有重要经济、科学研究价值的陆生野生动物名录》中列入的昆虫种类。野外数量十分稀少，但也可能有非法捕采和非法买卖的现象发生。

尖峰岭彪䗛

尖峰岭彪䗛隶属于䗛目、䗛科。体长 243 mm。棍棒状，体深褐色或褐色。为䗛目昆虫中较大的一种。头、胸和腹部较平滑，头背面后部明显突起。复眼半球状，缺单眼。触角丝状，略长于前足股节。前胸背板短，中胸背板长，约为前胸背板长的 6 倍，中节略短于后胸背板。完全无翅。前足股节外侧，中足和后足股节内、外侧的膝片均呈锐刺状。各足股节、胫节背面和腹面的内、外缘均具 1 列细齿（除前足股节腹面内缘缺齿），各胫节腹面和外侧中部具数个锐齿或大齿。跗节 5 节，前足跗节缺齿，中足和后足基跗节隆线具细齿。腹部粗壮，肛节短，与第 9 节合并之长约等长于第 8 节之长，其后缘具宽大的凹口；第 7 腹板后缘平截。腹瓣舟形，略超过肛节端部。尾须圆锥形。尖峰岭彪蟾生活于黄梁木和橄榄树上，以其叶为食，常栖息在树枝上，酷似一根枯枝。这种以假乱真的本领，受到了很多昆虫爱好者的青睐，也是很多昆虫爱好者争相收藏的对象，这也会刺激不法分子狂捕滥采。分布于我国海南。

尖峰岭彪蟾是国家林业局令第 7 号《国家保护的有益的或者有重要经济、科学研究价值的陆生野生动物名录》中列入的昆虫种类。野外数量十分稀少，但也可能有非法捕采和非法买卖的现象发生。

第十二章 蛩蠊目

蛩蠊目昆虫通称蛩蠊，以其既像蟋蟀（蛩）又似蜚蠊而得名。身体为扁长形，体长 13~30 mm。体色为暗灰色，无翅。口器为咀嚼式。变态类型为渐变态。一生经过卵、若虫、成虫 3 个阶段，幼期形态和生活习性与成虫相似。由于成虫无翅，变态显得不明显。雌虫产单枚卵于土壤中、石块下或苔藓中，卵黑色。卵期 1 年，若虫 8 个龄期，约经历 5 年。蛩蠊目昆虫仅产于寒冷地区，见于北美洲西岸、日本和我国长白山地区海拔 1 200 m 以上的高山上，尤其在近湖沼、融雪或水流湿处常见。夜出活动，以植物及小动物的尸体等为食，白天隐藏于石下、朽木下、苔藓上、枯枝落叶中或泥土中。一些种类生活在洞穴中。个体稀少，极为罕见。蛩蠊目已知只有 1 科、4 种，我国已知仅有 1 种。

中华蛩蠊

中华蛩蠊的外貌很像双尾虫，身体细长，没有翅膀。体长约 10 mm，头宽 3 mm。背面和头部棕黄色，较暗；腹面、足和触角琥珀色，较淡。体表被细毛，腹部两侧和足着生稀疏深棕色刺状毛。它的头宽大，中央有 1 个模糊的黑斑。复眼黑色，较小；触角丝状，有 34 节。尾须很长。中华蛩蠊栖息在高山和高原及近湖沼、融雪或水流湿处，白天隐匿于石头下、朽木下、苔藓上或洞穴中，多在夜间活动，以植物和小虫为食。国内仅分布于吉林长白山的海拔 2 000 m 处。由于中华蛩蠊分布区十分狭窄，数量又很稀少，所以属于极为珍贵的昆虫。

蛩蠊目是昆虫纲中的一个小目，据 1983 年 6 月出版的《简明生物学词典》记载：此目“种类极少，约有 4 种。我国尚未发现”。可见，中华蛩蠊是在此词典出版后才发现的，我国已将它列为一级保护动物。但偷采、非法买卖的犯罪现象也时有发生。

第十三章　襀翅目

襀翅目昆虫通称石蝇，是一类较古老的原始昆虫。体型较大或中等。口器为咀嚼式，躯体较软，上颚正常或呈痕迹状。变态类型为半变态，幼虫和成虫的形态和生活习性皆不同，幼虫水生，称“稚虫”。喜欢栖息于有明显水流、氧气充足的山区溪流中的石下沙粒与水草中，寒冷的湖泊和水塘也是北方和高海拔地区种类适宜的生境。以体壁及腹部成束的气管鳃呼吸。捕食蜉蝣稚虫及双翅目如摇蚊和蚋的幼虫或其他水生小动物等，或取食水中的植物碎屑、腐败有机物、藻类和苔藓等。成虫一般栖息于溪流、湖畔等附近的树干上、岩石上或堤坡缝隙间，部分植食性，取食植物嫩芽，食量不多，有些种类则不取食。由于它们对水体污染非常敏感，因此可以作为小溪和河流水质的指示昆虫。

江西叉突襀

江西叉突襀隶属于襀翅目、襀科。体长 16~19 mm，前翅长 19~23 mm，后翅长 16~20 mm。头部黄色，单眼区有 1 个大的黑色斑且与额唇基区的黑斑相连，有 3 个单眼。触角黑色，长丝状。口器黑色。胸部褐色；前胸背板黑色，前缘黄色。翅浅褐色，前缘域黄色。足黑色，基节和转节黄色。腹部黄色，背面黄褐色。雄虫腹端第 9 背板中域有小刺突，第 10 背板左右半背片端缘分叉。叉突襀属的种类很独特，已知仅有 2 种，均分布于我国。

江西叉突襀分布于我国江西。是国家林业局令第 7 号《国家保护的有益的或者有重要经济、科学研究价值的陆生野生动物名录》中列入的昆虫种类。野外数量十分稀少，但也可能有非法捕采和非法买卖的现象发生。

海南华钮襀

海南华钮襀隶属于襀翅目、襀科。体长 20~25 mm，前翅长 23~32 mm，后翅长 20~29 mm。头部黄色至黄褐色。单眼区有一大黑斑，有时无斑，有 3 个单眼。触角黑色且柄节黄色，长丝状。口器黄褐色，胸部黄色；前胸背板黄褐色，中后胸背板浅褐色。翅明显带有黄色；脉黄色。足黄色，腿节末端黑色，胫节和跗节浅褐色至黑色。腹部黄色，雄虫腹端第 9 背板无特化区，第 10 背板不分开且有 2 枚小刺的特化区；肛下叶较小且末端尖，自第 10 背板后缘伸出；第 9 腹板扩大且向后延伸，其后缘有一扣形突出。

海南华钮襀分布于我国海南。体翅均黄色，很特殊，为我国的特有种。是国家林业局令第 7 号《国家保护的有益的或者有重要经济、科学研究价值的陆生野生动物名录》中列入的昆虫种类。野外数量十分稀少，但也可能有非法捕采和非法买卖的现象发生。

第十四章　缺翅目

缺翅目昆虫通称为缺翅虫，因为最早发现的种类都是无翅型，故命名为缺翅目，后来才发现了该目昆虫的有翅类型。口器为咀嚼式。变态类型为渐变态，一生经过卵、若虫、成虫 3 个阶段，幼期形态和生活习性与成虫相似。卵椭圆形。若虫似成虫，色较浅，乳白色。有翅型若虫触角 8 节，后增到 9 节，端部数节为念珠状。有多型现象，有些个体有翅和复眼，其他个体无翅、无复眼。有翅个体成熟后翅即脱落。缺翅目昆虫主要分布于南美洲、中美洲、非洲、亚洲南部及夏威夷等热带、亚热带地区，每种分布区十分狭窄，尚未发现广布种。陆生，主要分布在热带雨林和季雨林中。脱翅后的成虫有群居习性，多成群生活于树皮下、腐木下、土壤中，也有的生活于蚁巢中。取食真菌孢子和小的节肢动物。缺翅目已知有 1 科、20 余种，我国已知有 2 种。

中华缺翅虫

中华缺翅虫，个头很小，缺翅型雄成虫体长只有 3~4 mm，深褐色。从正面看，头部近似三角形，额面稀布刚毛；触角呈念珠状，共有 9 节，每节都生刚毛；口器为咀嚼式，上颚短，有 3~4 枚尖齿，下颚呈鸟嘴状；胸部发达；3 对足都被毛，后足较粗壮；腹部末端两侧有 1 对乳头状尾须，不分节，有稀疏刚毛，此虫没有翅，变态类型为渐变态。栖息于枝叶茂盛、阴暗潮湿的原始常绿阔叶林内的风折木、死树等的树皮下，单个或群集生活。我国于 1973 年在西藏初次发现了中华缺翅虫。国内仅分布于我国西藏察隅。因分布区狭窄，且数量稀少，中华缺翅虫被列为国家Ⅱ级保护动物。它在我国野外数量十分稀少，但也会有偷猎犯罪的现象发生。

墨脱缺翅虫

墨脱缺翅虫的缺翅型与中华缺翅虫十分相像，但前者雄虫第 8 腹节腹板后部中央 4 根毛的排列为梯形，阳茎（雄虫的交配器官）先端延长，并逐渐尖锐，而后者第 8 腹节腹板后部中央 4 根毛的排列呈弧形，阳茎先端不延长，并突然收缩成针状。有翅型成虫体长 2. 5~3 mm，为暗黑色。两对翅膀窄长，密布短绒毛，前翅稍长于后翅，几乎等于体长的 1. 5 倍。头部近三角形，复眼近圆形，深黑色，稍突出，额面有 3 个单眼。本种的生物学特征与中华缺翅虫相同。本种生活于亚热带常绿阔叶林内。国内仅分布于西藏东南部的墨脱汉密地区。因分布区狭窄，且数量稀少，墨脱缺翅虫被列为国家Ⅱ级保护动物。它在我国野外数量十分稀少，但也可能有偷猎犯罪的现象发生。

第十五章　啮虫目

啮虫目昆虫以某些种类能把粮食蛀蚀成粉而得名，通称为啮虫或书虱等。身体微小而脆弱。口器为咀嚼式。变态类型为渐变态，一生经过卵、若虫、成虫3个阶段，幼期形态和生活习性与成虫相似。啮虫目昆虫分布于全球，以热带、亚热带最多。陆栖。多数生活于树皮、树干、篱笆、石块、植物叶片或果实上，以及鸟巢、仓库等处，在树皮、篱笆、枯叶与石头下等潮湿阴暗处或苔藓、地衣丛生的地方也常见，有群居习性。爬行活泼，不甚飞翔。无翅种类多生活于室内和仓库的面粉、谷物、纸张、动物标本、毛皮的碎屑中，一些种类生活在草堆、茅屋、蒿秆上或菌体中。个别种类是羊绦虫的中间宿主。

书虱

书虱隶属于啮虫目、书啮科。身体微小而脆弱。成虫体长1 mm。头大，转动灵活自如，下口式，头盖缝显著。触角长丝状，19节。口器为咀嚼式，后唇基特别发达，呈球状突出，下颚须4节，下颚内颚叶呈分针状，末端分叉，藏于外叶中，活动时伸出，有捣碎食物之用。复眼大而突出，左右远离。无翅，前胸大于中胸，中胸常与后胸愈合。足细长，适于疾走，跗节2~3节。腹部10节，第1节退化，不易见，无尾须。雌雄外生殖器小而不显著。若虫初乳白色，以后逐渐变为灰白色或草黄色，略有光泽。无翅。腹部肥大多节。后足腿节扁平膨大，胫节有2枚外端刺，跗节3节。常居于土块下或树皮下，有的也居于粮堆内靠墙处，为害书籍和储藏食物。每年发生3~4代，以成虫、卵越冬。成虫和若虫均行动迅速，喜高温。

书虱常为害粮食、粉类、书籍、衣服、纸张、茶叶、生药材、碎屑等。在室内场所常见，几乎与人类生活在一起，甚至有时候会在人的身体上，所以，在某些犯罪现场或者人的身体上有可能出现它的踪迹，可以此作为破案的线索之一。

第十六章　虱目

虱目昆虫包括体虱、头虱、阴虱、兽虱等，通称虱子。体小而扁平，无翅。体表无毛，一般白色或灰白色，骨化部分为黄色或褐色。口器为刺吸式。变态类型为渐变态，一生经过卵、若虫、成虫 3 个阶段，幼期形态和生活习性与成虫相似。生活史完全在寄主体上完成，具有高度的寄主专化性。有些种类还生活在寄主特定的部位。如人头虱只寄生在人的头部、颈部，人的体虱只寄生在人的体躯上和衣服及被褥的褶缝中，而阴虱则只寄生在人的阴部和腋下。虱目昆虫终生外寄生于陆生哺乳动物及人体上，少数寄生于海栖哺乳动物身上。吸食寄主的血液，虱类都有其一定的寄主特异性，每种虱子大多寄生于一种寄主或血缘很近的几种寄主。由于它们在吸食寄主血液时可使寄主发生皮炎，还能传播人与动物的多种疾病，因此属于一类卫生害虫。

人虱

人虱灰白色，体狭长，雌虫可达 4. 4 mm，雄虫稍小。头部略呈菱形，触角约与头等长，分 5 节，向头两侧伸出。口器为刺吸式，除短小带齿的吸喙凸于头端外，口器主要部分缩在头内，由 3 根口针组成，平时储在咽部近腹面的口针囊内。吸血时以吸喙固着皮肤，口针刺入，靠咽和食窦泵的收缩将血吸入消化道。胸部 3 节融合，有 1 对胸气门，位于中胸侧面，无翅及翅痕，3 对足均粗壮，长度大致相等。各足胫节远端内侧具指状胫突，跗节仅 1 节，其末端有 1 个弯曲的爪，爪与胫突配合形成强有力的攫握器，因而虱能紧握寄主的毛发或内衣的纤维不致脱落。腹部分节明显，外观可见 8 节。第 3~8 节两侧有骨化的侧背片，每片上均有气门，共 6 对。雌虱腹部末端呈“W”形，第 8 节腹面有一生殖腹片和 1 对生殖肢。雄虱腹部末端呈“V”形，3~8 节背面各有 2 片小背板，靠后 3 个腹节内可见缩于体内的大的外生殖器。人头虱和人体虱形态区别甚微。仅在于人头虱体略小、体色稍深、触角较粗短。头虱寄生在人头上长有头发的部分，产卵于发根，以耳后较多。人体虱主要生活在贴身衣裤上，以衣缝、皱褶、衣领和裤腰等处较多，产卵于衣裤的织物纤上。

虱对温度很敏感，当尸体冷却时，虱也就离开了。虱基本上可在尸体上存活 3~6 d，假使所有虱子均死亡，那么该尸体至少已存在 6 d 了。虱通常淹水后 12 h 左右死亡，在溺水死亡不久的尸体上若找到虱子的话，可用来推测死亡时间。

人虱寄生于人的身体上，几乎与人类生活在一起，给人的身体健康带来很严重的影响，甚至会威胁到人的生命。如果在尸体上和尸体附近发现了它的踪迹，这可能会成为破案的线索之一。

耻阴虱

耻阴虱灰白色，体型宽短似蟹。雌虱体长为 1. 5~2 mm，雄性稍小。胸部甚宽，故左右足的基节相距较远。前足及爪均较细小，中足、后足的胫节和爪明显粗大，腹部宽短，由于前 4 节融合，前 3 对气门排成斜列。第 5~8 节侧缘各具锥形突起，上有刚毛。

人耻阴虱寄生在体毛较粗、较稀之处，主要在阴部及肛门周围的毛上，其他部位以睫毛较多见，产卵于毛的基部。虱为渐变态，生活史中有卵、若虫和成虫 3 个阶段。人虱产卵量可达 300 粒，耻阴虱约为 30 粒。若虫和雌雄成虫都嗜吸人血。它是鸟类和哺乳动物的体外永久性寄生昆虫。它的发育各期都不离开寄主。

耻阴虱寄生于人的身体上，几乎与人类生活在一起，给人的身体健康带来很严重的影响，甚至会威胁到人的生命。如果在尸体上和尸体附近发现了它的踪迹，这可能会成为破案的线索之一。

第十七章　缨翅目

缨翅目昆虫因前翅为缨翅而得名，通称为蓟马。身体为小型到微小型，细长。变态类型为过渐变态，若虫与成虫相似，有外生翅芽的前蛹期，具备渐变态的特征；但若虫期翅芽不外露，又有一个静止的蛹期，兼具全变态的特点，是介于渐变态与全变态的中间类型。缨翅目昆虫常见于花上，绝大多数为植食性，取食花粉粒和发育中的果实，在大蓟、小蓟等菊科植物花上特别多，故名蓟马。但许多种类仅生活于叶片上，致使发育中的叶片扭曲变形，形成虫瘿。如烟蓟马为害葱、棉、烟草，使叶片成银灰色斑点。约有一半的种类取食真菌，主要取食菌丝。少数种类为捕食性，捕食蚜虫、螨、幼小蚧壳虫、别种蓟马或其他昆虫的幼虫和卵及一些小型节肢动物。缨翅目昆虫不仅通过直接取食为害植物，也能传播病毒。但它们也是重要的传粉昆虫，而且在生物防治方面，可引入新区控制杂草。

茶黄蓟马

茶黄蓟马是农业林的主要害虫之一。隶属于缨翅目、蓟马科。雌虫体长约 0.9 mm，体橙黄色。触角 8 节，暗黄色。复眼暗红色。前翅橙黄色，近基部有 1 个小淡黄色区；前翅窄，腹部背片第 2~8 节有暗前脊，但第 3~7 节仅两侧存在，前中部约 1/3 暗褐色。腹片第 4~7 节前缘有深色横线。头宽约为长的 2 倍，短于前胸；前缘两触角间延伸，后大半部有细横纹；两颊在复眼后略收缩；下颚须 3 节。前胸宽大于长，背片布满细密的横纹，后缘有鬃 4 对，自内第 2 对鬃最长；接近前缘有鬃 1 对，前中部有鬃 1 对。腹部第 2~8 节背片两侧 1/3 有密排微毛。腹片亦有微毛占据该节全部宽度。卵呈肾形，淡黄色。初孵若虫乳白色，2 龄若虫淡黄色，形状与成虫相似，缺翅。蛹（4 龄若虫）出现单眼，触角分节不清楚，伸向头背面，翅芽明显。

茶黄蓟马在海南全年发生，世代重叠，完成 1 个世代仅需 10 d 以上。可行有性生殖和孤雌生殖。雌虫羽化后 2~3 d 在叶背叶脉处或叶肉中产卵，每头雌虫产卵少则几十粒，多则 100 多粒。孵化后的若虫在嫩芽上或嫩叶上吸取汁液。初龄若虫、2 龄若虫和成虫对苗木造成危害。3 龄若虫行动缓慢，不再取食为害，下到地面准备化蛹，所以 3 龄若虫又叫前蛹。4 龄若虫又称蛹，在地表苔藓、地衣及较潮湿的枯枝落叶层中化蛹。成虫有趋向嫩叶取食和产卵的习性。

茶黄蓟马分布于我国海南、广东、广西、云南、浙江、福建、台湾。为害茶叶、花生、葡萄、草莓、柑橘、双翼豆、大叶相思、台湾相思、阿拉伯金合欢、辣木、守宫木、牧豆树等。

由于茶黄蓟马在其分布地区的这些植物上常见，所以，在这些地区的犯罪现场有可能出现它的踪迹，或者可以利用它的存在来反推犯罪第一现场。

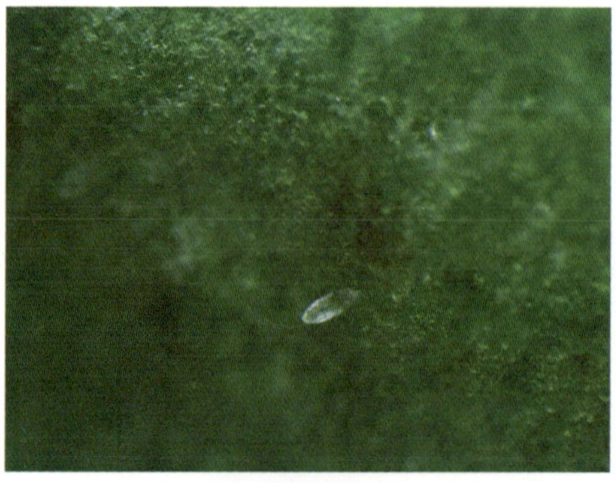

西花蓟马卵

西花蓟马

西花蓟马又名西方花蓟马、苜蓿蓟马。隶属于缨翅目、蓟马科。原产于北美洲，最早主要分布在美国西部落基山脉。成虫体狭小，雄成虫体长 0.9~1.1 mm，雌成虫略大，体长 1.3~1.4 mm，体色从淡黄白色到棕褐色，腹节黄色，通常有灰色边缘。头、胸两侧常有灰斑。头部触角8节，第1节淡色，其余为褐色；具3单眼，单眼三角区内1对刚毛与复眼后方1对刚毛等长。翅上有2列刚毛。腹部各节背板中央有“T”形褐色条斑，第8节背板两侧的气孔外方具2弯状微毛梳，后缘具稀疏但完整的梳状毛。冬春和湿润季节体色以深色为主，其他季节以浅色为主。卵白色，不透明，肾形，表面光滑柔软。幼虫快孵化时颜色变暗，体积增大到原来的1.5倍。若虫共4龄。

西花蓟马幼虫

西花蓟马在温室内可终年繁殖，每年可发生12~17代。在15~35 ℃均能发育。该虫将卵产于叶、花和果实的薄壁组织中，有时也将卵产于花芽中。若虫4龄，前2龄是活动取食期，后2龄不取食，属于前拟蛹和拟蛹期。新羽化雌虫在前24 h内不活动，但成熟时变得极端的活跃，在室内条件下雌虫存活约40 d，有时长达90 d，雄虫寿命约为雌虫的一半。产卵前期时间长短随温度不同而变化，但几乎终生均可产卵。雌虫营两性生殖或孤雌生殖，未受精卵发育成雄虫。

西花蓟马分布于我国北京、河北、浙江、云南、广东、福建等地。西花蓟马的为害对象主要是蔬菜、烟草、花卉和果树等重要经济作物，几乎所有观赏类花卉均有夹带西花蓟马的可能，由于其生存能力极强，经过辗转运销到外埠后仍能存活。另外，该害虫也很容易随风飘散，易随衣服、运输工具等带入温室，在温室内造成严重为害。

西花蓟马成虫

作为为害严重的外来入侵物种，它可以随寄主植物活体的调运远距离传播。如果不加以管制，甚至可以扩散到全国大部分地区。因此我们在对园林植物苗木、植株及其他材料进行引种调运的过程中，一定要将其与农林害虫一样对待，严格进行检疫，严禁危险性害虫的传入或传出，对已传入的要及时封锁，就地消灭。海关要严格检疫，防止带有这些害虫的苗木、植株及其他材料再次携带外来物种入侵我国。

黄脊扁角纹蓟马

黄脊扁角纹蓟马隶属于缨翅目、纹蓟马科。雌虫体长约2.1 mm。体黑褐色；中、后胸黄褐色，但头顶至腹部第1节背面中央有1条纵贯的黄脊。前翅褐色，近翅端具无色宽横带区。头长宽相等。触角9节，第3~7节每节端部具环带状的感觉器。下颚须8~9节。前翅基部狭窄，渐向翅端部扩宽，翅尖钝圆，缘缨短而直；上脉鬃18~23根，下脉鬃14~15根。腹部基部略收窄，第2~7节背板具鬃3对，第2~7腹节腹板后缘具鬃4对，着生于后缘前方；各节腹板无副鬃，第8腹节背板无栉毛列。黄脊扁角纹蓟马生活于热带亚热带阔叶林中，是蓟马的稀有种类，全世界已记述有4种。我国仅发现记述1种。分布于我国福建、广东、云南。

黄脊扁角纹蓟马是国家林业局令第7号《国家保护的有益的或者有重要经济、科学研究价值的陆生野生动物名录》中列入的昆虫种类。野外数量十分稀少，但也可能有非法捕采和非法买卖的现象发生。

第十八章　半翅目

半翅目昆虫因前翅为半翅而得名，通称椿象，俗称臭屁虫。体型较小至较大均有。口器为刺吸式，自头的前端伸出。变态类型为渐变态，一生经过卵、若虫、成虫3个阶段，幼期形态和生活习性与成虫相似。半翅目昆虫的栖息地复杂，大多数为陆生，有些种类水生，还有的外寄生于鸟类、哺乳类及人体。成虫和若虫的栖境、食性等方面很相似。多数为植食性。许多水生种类是捕食性的，除捕食其他昆虫、蝌蚪外，还捕食鱼卵及鱼苗。一些种类取食植物，是农林害虫；有些种类捕食其他昆虫，为益虫；少数种类吸食血液传播疾病，是卫生害虫。陆生蝽类大多生活在植物叶片上，可吸食农作物、蔬菜、果树、林木的幼枝、嫩叶汁液，传播植物病害，如缘蝽、网蝽、盲蝽、长蝽等。一部分生活在土壤或植物根部，如土蝽。捕食性种类如猎蝽、姬蝽、花蝽和部分盲蝽，捕食各种害虫。水生蝽类生活在水塘、稻田、溪流或海水中。多为捕食性，捕食小动物、孑孓和水生蝇蛆、鱼苗和鱼卵等。

悬铃木方翅网蝽

悬铃木方翅网蝽成虫

悬铃木方翅网蝽又名悬铃木网蝽。原产于北美洲，体连翅长约4 mm，宽约2.2 mm。隶属于半翅目、网蝽科。成虫体扁平，体黑色，但头兜、侧背板及半鞘翅呈乳白色至灰白色，因而其整体外观为乳白色至灰白色。触角4节，第4节端半部纺锤形膨大。头兜盔状，较中纵脊稍高；头兜、侧背板、中纵脊和前翅表面的网肋上密生小刺，侧背板和前翅前缘的刺列明显。前翅显著超过腹部末端，前缘基部强烈上卷并突然外突，使得前翅近长方形。前翅的“X”形斑由前缘域前后2个黑色斑、中域端部的1个黑斑及膜域中央的纵黑斑组成。腹部宽短，后部强烈收缢。卵长椭圆形，细小，黑色，纺锤形，顶部有椭圆形褐色卵盖。若虫共5龄，体扁，梭形，无翅，老龄若虫翅芽基部及腹部暗黑色。

悬铃木方翅网蝽交尾

悬铃木方翅网蝽在武汉地区1年可发生5代，第1代历期近70 d。第2代后开始出现世代重叠。平均每头雌虫产卵量约300粒。雌虫产卵时先用口针刺吸叶背主脉或侧脉，然后调转身体，伸出产卵器插入刺吸点产卵，产完卵后腹末分泌褐色黏液覆在卵盖上，卵粒埋于叶片组织中，卵盖外露。1~3龄时活动缓慢，聚集成群，至第4龄后分散迁移到新叶上刺吸植物汁液。以成虫越冬，11月中下旬为该虫的越冬高峰期，主要越冬场所为悬龄木主干或主枝的驳皮和缝隙中及地面枯枝落叶和树冠下的绿篱中。

2006年首次在湖北武汉发现悬铃木方翅网蝽。目前在北京、上海、武汉、南京、杭州、重庆、贵阳等地均有发现。悬铃木方翅网蝽主要为害悬铃木属植物。悬铃木方翅网蝽的成虫借助风力及成虫的飞翔造成近距离传播，人为调运带虫的苗木或带皮原木是其远距离传播的主要方式，也是该虫传入中国的主要方式。另外，过路的卡车、巴士等刮擦虫树后可将成虫、若虫携至其他树木，也可造成该虫的扩散。

作为为害严重的外来入侵物种，必须被严格检疫，限制从悬铃木方翅网蝽的疫区引种调入移植悬铃木属植物，发现来自疫区的悬铃木属植物及运载工具要采取销毁或熏蒸处理等措施，同时做好对疫区相邻地区的虫情监测与防治工作，对来自非疫区的悬铃木属的苗木、大树等也要进行检查，一旦发现疫情，立即做销毁处理。

茶脊冠网蝽

茶脊冠网蝽是西南茶区的重要害虫。隶属于半翅目、网蝽科。成虫体长约 30 mm。褐色至黑褐色。头小，淡褐色，盖于前胸下。前胸宽阔透明并有网状花纹，中部脊状突起。前翅膜质透明，约为体长的 1 倍，有褐色网状纹，中间有 2 条暗褐色斜纹。雌成虫腹部黑褐色。雄成虫腹部褐色，窄长。卵乳白色，长茄形，有瓜子形卵盖，稍弯曲。末龄若虫为淡褐色至黑褐色，腹部边缘灰色，复眼红色。触角 3 节，第 3 节最长。

茶脊冠网蝽在低山茶园 1 年发生 3 代，高山茶园 1 年发生 2 代，以卵在茶丛中、下部秋梢成叶背中脉及两侧组织内越冬，低山茶园偶有成虫越冬。海拔 1 000~1 100 m 的茶园，年均温 14 ℃左右，越冬代若虫于 4 月上旬开始孵化，4 月下旬至 5 月上旬为孵化盛期。成虫 5 月上旬出现，6 月中旬为盛期并产卵。第 1 代若虫 6 月下旬开始孵化，7 月中旬为孵化盛期；成虫 7 月下旬出现，8 月上旬为盛期，成虫寿命 18~38 d。第 2 代若虫 8 月中下旬开始孵化，9 月上中旬为盛期；成虫 9 月上旬出现，9 月下旬为盛期。成虫不善飞翔，多栖息于叶背面为害。可多次交尾产卵。卵散产于中、下部当季叶背面中脉及侧脉附近组织内。表面可见瓜子形卵盖。在叶背可见到成虫分泌的黑色胶质物。初孵若虫群集性强，数十头群集叶背为害。随虫龄增长，群集性减弱，渐向茶丛中、上部叶背面转移为害。

茶脊冠网蝽分布于我国四川、云南、贵州。为害茶树。茶树受害后，生长不良，芽叶萌发迟缓，细小，引起茶树异常落叶，造成树势衰败，影响茶叶的产量和质量。

由于茶脊冠网蝽在其分布地区的茶树上常见，所以，在这些地区的犯罪现场有可能出现它的踪迹，或者可以利用它的存在来反推犯罪第一现场。

海南杆蝽猎蝽

海南杆蝽猎蝽体长 29~33 mm。隶属于半翅目、猎蝽科。体极细长，细杆状。无翅，触角及足均极细长，前足虽细弱，但其外形相似于螳螂的前足。体暗褐色，表面平滑而光亮，被有稀疏、极短的刚毛，刚毛的基部通常位于 1 个小瘤突上。头相对甚小，似长纺锤状，较光亮，眼前部分与眼后部分几等长，眼后域侧边略波曲；眼很小，呈红色；触角着生于近头的前端。胸部细而极度延长，前胸背板呈圆柱状。体为暗棕色，前胸背板的前域着淡红色泽；头淡黄色，侧面及背面均具褐色斑；前足褐色，具淡黄色环斑；中足及后足黑褐色，胸部为棕褐色，其余各节为栗色，各足腿节的端部色深为黑褐色，并具 3~4 个稀疏、狭窄的环斑；各足胫节具 3~4 个相似的环斑，2 个在基部，较靠近，这些环斑均为淡黄色。腹部甚细长，第 9 节的背板具稀疏横皱纹。海南杆蝽猎蝽分布于海南。

海南杆蝽猎蝽是国家林业局令第 7 号《国家保护的有益的或者有重要经济、科学研究价值的陆生野生动物名录》中列入的昆虫种类。野外数量十分稀少，但也可能有非法捕采和非法买卖的现象发生。

齿缘刺猎蝽

齿缘刺猎蝽隶属于半翅目、猎蝽科。成虫体长 14~15 mm，宽 2.5~2.7 mm。体黄色至黄褐色。头前叶两侧的纵纹、头后叶两侧斜伸的纵纹、胸部侧板上的斑、小盾片中部革片中部、腹部腹面亚侧部的斑黑褐色至黑色；触角第 1 节两端及中部、第 2 节端部、第 3 节两端、各足股节上纵纹、胫节基部的斜纹、跗节、侧接缘各节中部、爪片端半部及前翅其余膜质部分褐色至黑褐色，复眼灰黄色至黑褐色。各足股端部乳白色至黄白色，前翅膜区具金属闪光，腹部腹面中部黄白色至灰黄色。体表大部密被黄白色平伏短毛，触角第 1 节稀布较长的刚毛，背侧方各具 1 个小突起，突起之上具刚毛，触角第 2 节基半部具 3 个小突起，突起之上具长毛，触角第 2 节端半部、第 3~4 节密生黄褐色斜短毛，各足具黄褐色长短不一的刚毛。头部背面、前胸背板、各足股节具长刺突，以前胸背板中部的 1 对最大。前胸背板前叶具印纹，中央深纵凹，前胸背板后叶中央纵凹浅，后角圆钝，后缘略凸，小盾片具“Y”形脊，端部微下弯。前足股节较发达。前翅略超过腹部末端。腹部第 2~3 节腹板及第 4 腹板基半部中央纵隆，第 4~6 腹板侧面各有 1 对半球形突起，气门着生处突起，第 3~7 腹节侧接缘后角锯齿状向外突出。

齿缘刺猎蝽分布于我国浙江、安徽、江西、湖南、四川、福建、广东 海南、广西、贵州、云南。1 年发生 1 代，以成虫在灌木、杂草丛中越冬。翌年 4 月中下旬出来活动。卵呈块状产于植物叶背，稀疏成点线状排列，每块有卵 8~10 粒，成虫和若虫均栖居于枝叶间，在林区种群量较大。低龄若虫取食蚜虫等小型昆虫，高龄若虫与成虫能捕食多种蝗虫、叶甲、鳞翅目幼虫等害虫。也见其捕食蜘蛛和食蚜蝇。

齿缘刺猎蝽

药物防治势必会影响天敌的生存。为了减少环境污染，保护有益天敌，给人类一个良好的生活环境，应尽量避免药物防治。

中黄猎蝽

中黄猎蝽又名黄带犀猎蝽。隶属于半翅目、猎蝽科。它是农林害虫的重要捕食性天敌。雌虫体长 23~26 mm，雄虫体长 19~21 mm。体黑色，前翅革片端半部金黄色或淡草黄色。头细长，长约为前胸背板与小盾片之长的和。眼后区长于眼前区。触角细长，纯黑，4 节。小盾片刺较长，端部二岔状，半竖立。前胸背板后叶长于前叶，小侧角有小突起，前叶基狭于后叶，后叶有橘皮状皱纹。腹下气孔淡褐黄色，内侧有 1 块白色圆绒毛块。足多细毛。卵长圆筒形，褐色，初产时淡红色，孵化前红褐色。若虫初孵时淡橘红色，渐变为粉红色，最后红褐色。腹部背面有 3 个黑色瘤状突起。足灰黑色。腹部各节两侧及中央有黑斑。

中黄猎蝽在广西 1 年发生 2 代，以 3~4 龄若虫在向阳干燥的地被物及枯枝落叶层中、树皮下及杂草丛中潜伏越冬，翌年 3 月中下旬开始活动。4~6 月为越冬代成虫期，8~9 月为第 1 代成虫期，10 月以后若虫越冬。若虫喜在杂灌木或乔木枝干上爬动，寻找猎物。成虫或多次交尾分批产卵，或一次交尾多次产卵。每头雌虫产卵量平均为 200 粒左右。成虫稍有趋光性。晴天遇惊时起飞，阴天则常落地隐藏。卵呈块状，外附有蜂窝状胶状物。若虫一生蜕皮 5 次，第 5 次蜕皮后即为成虫。初孵化若虫常聚集在卵壳附近，约 24 h 后分散活动取食。

中黄猎蝽分布于我国湖南、福建、广东、海南、广西、贵州、云南、香港。若虫和成虫捕食多种鳞翅目、膜翅目等害虫，是林间松毛虫、叶蜂的重要天敌。

中黄猎蝽适应性较强，捕食期长，能以多种林木害虫为食，适于人工饲养。它是重要的天敌昆虫，目前该昆虫已经人工饲养或者规模化生产。在天敌昆虫人工饲养基地等处，可能会出现为了获取经济利益而进行的盗窃、抢劫等犯罪活动，也有些犯罪分子可能为了经济利益向农户出售假冒天敌昆虫或者非活性天敌。

负子蝽

负子蝽又名田鳖，隶属于半翅目、负子蝽科。负子蝽的口器与蝉相似，为针状的刺吸式口器。我国北方1年发生2代，云南墨江等热带地区1年可能发生2~3代。负子蝽喜欢栖息在河流、池沼、湖泊、稻田、鱼塘等水域中，有较明显的趋光性，傍晚时会向明亮处靠近，翅膀较强硬，在夜间可出水飞翔。负子蝽为捕食性昆虫，主要捕食水生昆虫、蚊虫幼虫、虾、蝌蚪、小鱼苗等，捕捉猎物后，只吸其体液，一般不吃猎物的肉。负子蝽一生大都生活在水中，有时也会到陆地上过冬，常藏身在水边的草丛之中。

负子蝽

在云南绿春县等少数民族地区有食用负子蝽的习俗，一般是将负子蝽与蜻蜓幼虫一起用开水浸泡后，与鸡蛋炒食或与酸菜一起煮汤食用，或去翅后，炒炸佐酒食用。通常在11~12月，当地少数民族将负子蝽同蜻蜓幼虫一起用水养在盆中到市场出售。

负子蝽是一种营养丰富的食用昆虫。在餐馆、超市、菜市场和集贸市场有可能会发生因经济利益而进行的盗窃、抢劫等犯罪活动，在某些犯罪现场也有可能出现它的踪迹。

微小花蝽

微小花蝽隶属于半翅目、花蝽科。体淡褐色至黑褐色。成虫体长1.9~2.3 mm。头深褐色，雄虫触角第1、2节黄色，第3、4节褐色，雌虫触角第2节，有时第3节基部大半黄色，前胸背板深褐色，前翅爪片和革片淡色。楔片大部赤褐色或仅末端色深，足淡黄色或股节深色，后足胫节有时黑褐色，头顶中部有纵列毛，呈“Y”字形，两单眼间有一横列毛，触角第3、4节毛长者达于或稍超过该节直径。前胸背板四角无直立长毛，侧缘微凹，前半呈薄边状，胝区较隆出。中部有纵列刻点毛，其后缘下陷明显，胝区之前及前胸后叶刻点较深，横皱状。后足胫节毛长不超过该节直径。雄虫阳基侧突叶部的基部和中部极宽，端部迅速变细，接近鞭部着生有1枚大齿，贴近叶部的前缘，鞭部细长略弯，约1/4伸过叶端。雌虫交配管细长，基段长为端段长的1.5~2.0倍，基段直径为长的1/5。

微小花蝽分布于我国辽宁、内蒙古、北京、天津、河北、山东、河南、新疆、浙江、湖南、四川。它是我国长江以北地区最常见的花蝽之一，多见于玉米、高粱、苜蓿、豆类等作物及果树等林木上。能捕食多种蚜虫、蓟马等小型昆虫和螨类。

药物防治势必会影响天敌的生存。为了减少环境污染，保护有益天敌，给人类一个良好的生活环境，尽量避免药物防治。

锤胁跷蝽

锤胁跷蝽是为害泡桐的重要害虫之一，但也可捕食某些害虫。隶属于半翅目、跷蝽科。成虫体长6.5~7.5 mm，体狭长，淡黄褐色。小盾片特化为弯曲的直立长刺。前翅纵窄，不超过腹末。其他形态特征与娇驼跷蝽相似。卵长椭圆形，卵壳表面的纵行刻纹较稀疏，不很明显。卵顶端有3个褐色突起，呈鼎足状。5龄若虫体长6 mm，淡黄绿色，前胸背板两侧有明显的黑色纵纹。

锤胁跷蝽在河南1年发生2代，以成虫于地被枯枝落叶中、杂草丛中、作物田里越冬。翌年6月出蛰。第1代若虫盛发于7月中旬，第2代盛发于8月中旬。成虫性较活泼，经常活动于叶的背面或表面，吸食落在叶上的其他小虫。吸剩的皮壳留在叶面或嫩枝上，经久不掉。雌雄交尾频繁，不论白天或夜晚均可交尾。交尾时，雌虫拖着雄虫到处爬行，受惊则拖着雄虫起飞逃脱。雄虫较活泼，遇惊扰即起飞转移。成虫喜高温，早春由于气温低，成虫最先栖集于温室内或停栖在温室的塑料薄膜上取暖。秋末天气较凉，成虫早晚多栖息在阳光照射到的叶背面取暖。雌虫产卵于叶背面的腺毛丛中，少数产在叶表面，卵多斜卧。卵单粒散产。初龄若虫群集嫩头、幼叶，吸食汁液。老龄若虫性较活泼，经常爬行于叶面或嫩梢上，寻找黏附在枝叶上的其他小虫吸食。

锤胁跷蝽分布于我国河南、北京、陕西、湖北、江西、浙江、广东、广西、云南、四川、西藏。为害泡桐，常与娇驼跷蝽混生。

由于锤胁跷蝽在其分布地区的泡桐树上常见，所以，在这些地区的犯罪现场有可能出现它的踪迹，或者可以利用它的存在来反推犯罪第一现场。

蠋蝽

蠋蝽又名蠋敌、茶色广喙蝽。隶属于半翅目、蝽科。它是农林业重要的天敌昆虫。成虫体长 9.8~14.5 mm。体黄褐色至黑褐色，腹面淡黄褐色，密布深色细刻点。触角红褐色略带黄色，第 3、4 节黑色或部分黑色，侧接缘淡黄白色，节缝处黑色，各节前后端常各具 1 个小黑斑。足淡褐色，胫节、跗节略带浅红色，股节具细小黑点。体长卵圆形。触角 5 节，头侧叶与中叶等长或稍长于中叶，侧叶顶端钝圆，侧缘凹，靠眼上方略外突，中叶后端稍鼓具隐约可见的横皱纹。喙伸达后足基节处。前胸背板前侧缘常具很窄的白边，侧角钝圆，上翘，暗色。后缘直，后角尖，达爪片外缘。臭腺孔明显，臭腺沟长，顶端上翘，中、后胸腹板中央具低纵脊。抱器短粗。

蠋蝽

蠋蝽分布于我国黑龙江、吉林、辽宁、内蒙古、北京、河北、山东、山西、河南、陕西、宁夏、甘肃、新疆、江苏、浙江、安徽、江西、湖北、湖南、四川、重庆、福建、贵州、云南。在华北地区 1 年发生 1 代，以成虫在杂草根部和石块、土缝下及向阳面的树皮裂缝内过冬。翌年 5 月上中旬开始活动，在小麦、春玉米等作物上觅食，7 月下旬大多转移到棉花、大豆等作物上，并交配、产卵，8 月初是产卵的高峰季节，8 月下旬孵化，10 月中旬成虫开始向冬麦田、杂草等处转移越冬。成虫羽化后，一般 4~5 d 就可交尾，再经 3~4 d 开始产卵，卵一般产于叶片正面，常十几粒排列在一起。初孵若虫先在卵壳附近叶面上静伏不动，第 2 d 才开始四处爬行，觅食活动。蠋蝽幼龄若虫主要捕食蚜虫，3 龄后则主要捕食鳞翅目幼虫如棉铃虫、大豆造桥虫、刺蛾幼虫等，常将口器刺入幼虫体内，吸尽其体液，使寄主只剩一个空壳，老龄若虫尤喜捕食刺蛾幼虫。

蠋蝽是重要的天敌昆虫，目前该昆虫已经可以进行人工生产。在天敌昆虫人工饲养基地等处，可能会出现为了获取经济利益而进行的盗窃、抢劫等犯罪活动，也有些犯罪分子可能为了经济利益向农户出售假冒天敌昆虫或者非活性天敌。

九香虫

九香虫

九香虫又名黑兜虫、屁巴虫、瓜黑蝽、打屁虫等。隶属于半翅目、蝽科。成虫长卵圆形，体长 16~19 mm，宽 9~11 mm，躯体密布细刻点，紫黑色或黑褐色，有铜色光泽。触角黑褐色，5 节，第 5 节黄红色。前胸背板及小盾片具横皱，前胸背板前缘有 1 个色泽较暗的眉形区。腹部腹面中区常为深红色，每节气孔下具 1 条浅沟；各节侧缘黄黑相间，黄色部常狭于黑色部。足紫黑色或黑褐色。

九香虫在长江以南地区 1 年发生 1 代。以成虫在土块下、石块下、石缝中、瓜棚的竹筒内及墙壁裂隙间越冬。在江西，5 月上中旬当气温达 25 ℃时越冬成虫开始起飞，5 月中下旬气温达 25 ℃以上时迁移到寄主植物上取食，6 月中旬至 8 月上旬产卵，7 月中旬至 8 月中旬陆续死亡。成虫产卵于瓜叶背面或近土表的瓜蔓基部下方，每头雌虫可产卵 102～476 粒；卵粒单行排列，成虫密度高时卵粒重叠聚集。卵于 6 月底至 8 月中旬孵化，初孵若虫喜在叶背的叶脉、瓜蔓裂痕处和腋芽上取食，较大若虫常以数头至十余头群集于瓜蔓及叶柄上取食。若虫爬行迅速，1～2 龄时易被暴风吹落，死亡率较高。成虫于 8 月中旬至 10 月上旬羽化，10 月中下旬陆续进入越冬。成虫寿命约 11 个月。成虫对强光有负趋性，喜在半明半暗的弱光环境中生活，昼伏夜出，白天隐藏在枯叶和新鲜枝叶的缝隙中。成虫和若虫都有群集习性，在气温较高时遇惊动多展翅飞翔，气温较低时则假死坠落。

九香虫分布区北起江苏、河北，南迄广东、广西，东达浙江、福建、台湾，西至四川。以瓜类植物藤蔓的汁液为食，是我国民间常见的食药兼用昆虫。它是一种营养丰富的食用昆虫。在餐馆、超市、菜市场和集贸市场有可能会发生因经济利益而进行的盗窃、抢劫等犯罪活动，在某些犯罪现场也有可能出现它的踪迹。

九香虫含有蛋白质、油酸、棕榈酸、硬脂酸、甲壳质等成分，铁、锌含量高，对金黄色葡萄球菌、伤寒杆菌、甲型副伤寒杆菌、福氏痢疾杆菌有较强的抗菌作用。九香虫味咸、性温，入肝、脾、胃、肾经，有温中壮阳、疏肝止痛等功效。在九香虫的生产和养殖基地、药用昆虫及衍生物加工厂有可能会发生因经济利益而进行的盗窃、抢劫等犯罪活动，在医院、药店、中医诊所、药材批发市场等犯罪现场也有可能出现它的踪迹。

小皱蝽

小皱蝽隶属于半翅目、蝽科。成虫体黑褐色，无光泽。体长 12～15 mm，宽 6～10 mm。触角黑色，共 4 节，第 2 节最长。前胸背板后半部及小盾片上有许多横向细皱纹，故称小皱蝽。小盾片三角形，盖至腹部第 4 节，其基缘中央常有黄褐色或红褐色小斑。腹部背面为红褐色，两侧缘各节中央有红褐色横斑；腹面为红褐色。腿节末端内侧有刺；跗节色淡，微黄。卵桶形，两端稍倾斜，上面有卵盖。初产时米黄色，近孵化时为粉红色或黑褐色。老熟若虫前胸背板、小盾片及翅芽发达。前胸背板有 2 个褐色、半圆形、对称的花纹。

小皱蝽在山东 1 年发生 1 代，以成虫在杂草里及石块下越冬。翌年 3 月中旬开始活动。随着天气变暖，越冬成虫不再回到石块下，多集中在萌芽较早的杂草上及刺槐根际处，待刺槐开花时（4 月下旬），逐渐上树为害。成虫多群集于 1～3 年生萌芽条上、幼树基部和枝丫处的幼嫩部位为害。6 月上旬开始交尾、产卵。一生可交尾多次。雌虫交尾后第 2 d 即可产卵。一生产卵多次，卵块在枝条上纵向排列成行绕枝半圈或一周。产卵盛期为 6 月下旬至 7 月上旬。卵经 2～3 周孵化为若虫。孵化时若虫将卵盖顶开，从卵内钻出。初孵若虫少数为黑褐色，多数为淡红色。其取食习性同成虫。若虫蜕皮 5 次，历期 55 d。成虫自 9 月下旬开始下树越冬，至 11 月上旬全部越冬。

小皱蝽分布于我国内蒙古、辽宁、山东、江苏、江西、福建、广东、广西、湖北、湖南、四川、云南和缅甸、不丹。主要为害刺槐，其次为害紫穗槐、胡枝子、葛条、芸豆、豆角、扁豆。

小皱蝽也是云南墨江哈尼族自治县等少数民族地区常见和喜食的种类，在市场上有出售，通常采用热水浸泡后炒炸的方式食用。它是一种营养丰富的食用昆虫。在餐馆、超市、菜市场和集贸市场有可能会发生因经济利益而进行的盗窃、抢劫等犯罪活动，在某些犯罪现场也有可能出现它的踪迹。

卵圆蝽

卵圆蝽是为害竹类的重要害虫之一。成虫体长 13.5～15.5 mm，宽 7.5～8 mm。隶属于半翅目、蝽科。初羽化成虫乳黄色，后变为灰黄色、灰褐色，密布黑色刻点，具白粉。头钝三角形，前端缺口状，中叶短于侧叶。前胸背板前侧缘黑色，胝黄色，刻点少。小盾片末端有黄白色月牙形斑，无刻点。卵桶形，淡黄色。卵近孵化前，在卵盖一侧出现三角形黑线，中间被 1 条黑线垂直一分为二，两底角下方各有 1 个椭圆形红点。老熟若虫棕黄色，有黑色刻点。头前端缺口状。复眼暗红色。触角 4 节，灰黑色。从胝前到前胸、中胸侧缘黑色，翅芽黑色；从翅芽沿腹背形成“V”形黑斑。

卵圆蝽在浙江 1 年发生 1 代，以 2~4 龄若虫越冬，4 龄若虫占 95%以上。翌年 4 月上中旬活动取食；5 月底、6 月上旬成虫羽化；6 月下旬开始产卵，7 月中旬为产卵盛期，8 月中下旬卵终见；7 月上旬出现若虫，10 月底、11 月上旬越冬。老熟若虫群聚竹节上取食。羽化前 2~5 d 停止取食，爬到竹竿下部枝上停息，6 足抱竹固定。成虫经 15~35 d 补充营养后开始交尾。雌、雄成虫均可多次交尾，最多交尾 5 次。成虫经多次交尾后开始产卵。每头雌虫产卵 3~5 次，每次产卵相隔 6 d，长者相隔 10 d。卵经 4~7 d 孵化。全天均可孵化。初孵若虫在卵块壳的四周静伏，体色由浅加深，体长逐渐增加，经 3~6 d 蜕皮。蜕皮后即可爬行，比较活跃，多爬至竹的小枝节上或枝杈交界处取食，很少活动。受惊后可排出少量臭液。若虫排出的臭液，触及时可使人的皮肤发黄、起疱，严重者可致溃疡。4 龄若虫再取食 35~50 d 后停食，排除臭液，坠地爬入枯枝落叶下越冬。

卵圆蝽分布于我国浙江、福建、江西。为害毛竹、红壳竹、黄枯竹、淡竹、刚竹及路边小杂竹。

卵圆蝽可以随寄主植物活体的调运远距离传播。如果不加以管制，甚至可以扩散到全国大部分地区。因此，我们在对园林植物苗木、植株及其他材料进行引种调运的过程中，一定要将它与农林害虫一样对待，严格进行检疫，确定植物检疫的对象，划定疫区和保护区，严禁危险性害虫的传入或传出，对已传入的要及时封锁，就地消灭。

稻绿蝽

稻绿蝽又名青鱼龟虫、绿蝽。隶属于半翅目、蝽科。成虫体长 12~16 mm，宽 6.5~8.5 mm。全体鲜绿色，密布浅刻点。触角 5 节；前胸背板中部向下呈 45°的倾斜角。小盾板三角形，前缘有 3 个浅黄色斑点。小盾板向后延伸至腹背板中部。前翅鲜绿色，后翅无色，透明。足鲜绿色，跗节淡黄色；爪棕色，末端黑色。卵壶状，土黄色，卵顶周缘有白色小齿一环。上部中旬稍凹陷，中心隆起。若虫色多变异，初孵化时黄赤色，2~3 龄时黑色杂有白斑，或头胸黑色，腹部绿色。末龄若虫变为绿色，触角先端黑色，前胸与翅芽外缘橙红色。腹部边缘具半圆形斑，臭腺孔部分色彩复杂，前胸与翅芽有黑色斑点散布。足红褐色，跗节黑色。

稻绿蝽在华南地区 1 年至少发生 2 代，在浙江 1 年发生 1 代，以成虫越冬。翌年 4~5 月间出现，6 月上中旬早稻抽穗，即飞入稻田为害，吸食稻穗汁液，使之成秕粒。卵产在稻叶上，四五十粒至百余粒成块，排成 2~6 行。若虫亦吸食稻穗汁液。9 月间大量集于芝麻地，为害芝麻花、果及嫩芽，形成大害，并产卵繁殖第 2 代。卵期 5~6 d，若虫有 5 龄，若虫经 30 d 以上羽化为成虫。10 月下旬，成虫又迁入晚稻田为害，随后即在附近杂草丛或林木茂密处越冬。

稻绿蝽分布于我国广东、广西、浙江、江苏、福建、江西、云南、四川、河北、山西、台湾等地区。为害稻、粟、麦、高粱、玉米、棉花、芝麻、甘蔗、苎麻、大豆、绿豆、蚕豆、花生、烟草、桃、柑橘、橙及多种禾本科植物。

稻绿蝽也是一种中药，其干燥全体入药。春至秋均可捕捉，鲜用或晒干。有活血散瘀、消肿止痛的功效。

在稻绿蝽的生产和养殖基地、药用昆虫及衍生物加工厂有可能会发生因经济利益而进行的盗窃、抢劫等犯罪活动，在医院、药店、中医诊所、药材批发市场等犯罪现场也有可能出现它的踪迹。

荔枝椿象

荔枝椿象又名荔枝蝽、荔蝽、甘佩、金背、石柜、臭屁虫、臭屁蛋、狗屁虫、臭便桶、臭屁甲、臭乌龟。隶属于半翅目、蝽科。成虫全体黄褐色，似盾形，雌虫体长 24~27 mm，雄虫 22.5~24.5 mm。头小，复眼、单眼各 1 对，复眼红褐色，肾脏形。单眼鲜红色，位于复眼之间。触角丝状，4 节，口器为刺吸式，喙坚，4节。翅2对，前翅膜质部全紫红色而有光泽。前胸背板及小盾片具光泽，具有细密的同色刻点，有时有浅皱。位于胸部中后胸腹面之间有臭腺孔1对，射出臭液量多，射程较若虫为远。卵椭圆形，绿色或黄色，孵化前变红，近中央处围绕1条白纹。14粒卵排成一卵块。若虫共5龄。1龄若虫椭圆形，体色由鲜红变为深蓝，除触角及足之末端外，其余之体表皆被白粉，腹部背面第4、5节及第5、6节之间，各有臭腺孔1对，但不能分泌臭液。2龄若虫体长方形，红褐色，腹部边缘暗蓝色，3龄后随着龄期增大，体色变淡，腹部背面的白斑斜纹和翅芽则逐渐增大显露。

在广东地区，荔枝椿象1年发生1代。以成虫越冬，过冬的场所以荔枝树、龙眼树为主，喜欢群集躲藏于浓绿稠密、避风向阳之处。至翌年3月，气温渐高，又开始活动。这时越冬成虫多飞集花多或嫩梢多的荔枝树上取食，性器官逐渐成熟进行交尾、产卵。成虫交尾次数多而且时间长，交尾时还能进行取食。一般在3月中旬开始产卵，3月下旬为产卵盛期，产卵自每年3月中旬持续至9月中旬。卵通常产在叶底，也可产在小枝条、叶面及花穗等处。产卵成块，每块约14粒。初孵若虫有群集性，数小时后才爬行分散。

荔枝椿象分布于我国广东、广西、福建、台湾、江西、贵州、云南。通常在冬季低温的早晨进行人工捕捉，振动树枝或手持长竹轻打细枝，使成虫坠地捕之。在荔枝开花期，则应用捕虫网兜捕捉。干燥全体入药。春至秋均可捕捉，鲜用或晒干。有活血散瘀、消肿止痛的功效。

在荔枝椿象的生产和养殖基地、药用昆虫及衍生物加工厂有可能会发生因经济利益而进行的盗窃、抢劫等犯罪活动，在医院、药店、中医诊所、药材批发市场等犯罪现场也有可能出现它的踪迹。而且它还是一种营养丰富的食用昆虫。广东、云南等地有食用荔枝椿象的习惯，通常将荔枝椿象捕获后，用温水或热水烫泡，去异味后，油炒或炸后食用。在餐馆、超市、菜市场和集贸市场有可能会发生因经济利益而进行的盗窃、抢劫等犯罪活动，在某些犯罪现场也有可能出现它的踪迹。

油茶宽盾蝽

油茶宽盾蝽又名油茶蝽。隶属于半翅目、盾蝽科。成虫体宽椭圆形，雌虫体长18~22 mm，宽11~14 mm；雄虫体长17~19 mm，宽10~12 mm。身体为茶色、橙黄色或黄褐色，具金属光泽。头蓝黑色。复眼椭圆形，蓝黑色。单眼黑色，位于头后两侧。触角蓝黑色，梗节铜绿色。口器蓝黑色，长达腹部中央。前胸背板有4个黑斑，后方1对较大。小盾片具7~8个黑斑，基部中央或为1个大型横斑，或分为2个，这些黑斑的边缘常围以橙红色边。足铜绿色，腿节基部多为黄色，胫节外侧有沟。卵近圆形，黄绿色。卵粒紧密排列成块。末龄若虫体红色或红黄色。头部和胸部背板铜绿色。腹背有1条“二”字形黑纹。翅芽明显突出。

油茶宽盾蝽在广东、广西地区1年发生1代，以5龄若虫越冬。多在生长浓密的油茶叶背或林下杂草中越冬，单独或几个蛰伏一起。越冬若虫在翌年4月上旬开始活动。成虫在6月上旬开始出现，6月中旬到7月初为羽化盛期。6月下旬开始交尾，7月中旬至8月上旬为交尾盛期。成虫在白天温度为24~32 ℃、相对湿度为70%~98%的情况下均可羽化。成虫不群集，喜于白天单独活动；略有假死性；不活动时栖息于叶背。不固定取食，在一个果实上取食一次后，迁至另一果实上取食。其转移取食可传播果实的侵染性病害。成虫自羽化至交尾历期12~42 d，交尾后至产卵需经16~30 d。产卵时，成虫在叶背分泌黏液，使卵粒均匀排列成块黏附于叶背。若虫有群集性。1~3龄若虫没有假死性，4~5龄若虫略有假死性。

油茶宽盾蝽

油茶宽盾蝽分布于我国广东、广西、云南、贵州、江西、浙江、福建等地，越南、印度、印度尼西亚、缅甸、孟加拉等国也有分部。为害油茶、茶树，主要为害油茶果实，引起落果同时降低籽粒的含油量。

虽然油茶宽盾蝽是一种农业害虫，但它也是一种营养丰富的食用昆虫。在餐馆、超市、菜市场和集贸市场有可能会发生因经济利益而进行的盗窃、抢劫等犯罪活动，在某些犯罪现场也有可能出现它的踪迹。

山字宽盾蝽

山字宽盾蝽隶属于半翅目、盾蝽科。体长 12.5~18 mm，宽 8.5~10.5 mm。体背为无闪光的暗蓝绒色，或稍有反光的蓝绿色。头部侧叶金绿色，头前端圆形，中叶与侧叶等长；触角 5 节，黑色，第 2 节最短。前胸背板前角和侧角钝圆，盘域有 1 条明显的红色或红黄色“山”字形斑纹。小盾片极大，遮盖整个腹部，中部有 1 条不规则的红色或红黄色横带纹，达于侧缘，此横带有时在中央断开；近末端处有 1 条红色或红黄色纵线，纵线前端扩大。小盾片除基缘外，其余各边缘均为红色或红黄色。体腹面蓝绿色或金绿色，有光泽。足全部为蓝黑色，胫节外侧有浅沟。山字宽盾蝽分布于我国四川、贵州、云南等地。

山字宽盾蝽是国家林业局令第 7 号《国家保护的有益的或者有重要经济、科学研究价值的陆生野生动物名录》中列入的昆虫种类。野外数量十分稀少，但也可能有非法捕采和非法买卖的现象发生。

淡娇异蝽

淡娇异蝽是为害板栗的重要害虫之一。隶属于半翅目、异蝽科。成虫体较扁平。体色随季节不同而变化；6~9 月，呈草绿色；10 月以后，由草绿色、黄绿色发展到栗黄色，最后呈赭色并略带草绿色金属光泽。雌虫长椭圆形，体长 10.5~12.3 mm，宽 4.2~5 mm；雄虫宽棱形，体长 9~9.5 mm，宽 3.5~4.5 mm。头小，中叶略长于侧叶，单眼淡褐色，复眼黑色突出。触角 5 节，喙 4 节，伸过前足基部。前胸背板前缘、侧缘稍向上卷；两侧角附近各有 1 个较明显的黑点；小盾片呈倒等腰三角形，被两爪片包围；前胸背板、小盾片及革片内域刻点无色，革片外域刻点黑色而深，革片与膜片相接处有一条斜形宽黑带。足浅赭色，腿节、胫节上有稀疏短毛，跗节 3 节，第 2 节较小。雌虫前翅与腹末等长，生殖节凹陷；雄虫前翅明显长于腹末，生殖节凸出。卵淡绿色或玉绿色。瓜子形，卵按“人”字形排成双行单层卵块，卵块上有一层厚约 1 mm 的灰白色（后期变成红棕色）蜡状覆盖物。每一卵块有卵 14~36 粒。若虫 5 龄。末龄若虫体草绿色，体背有明显的翅芽。触角草绿色，端节端部黑色。

淡娇异蝽在浙江、河南地区 1 年发生 1 代，以卵越冬。在浙江，越冬卵一般在 2 月下旬至 3 月上旬孵化；4 月上中旬，若虫开始为害板栗幼芽和嫩梢；5 月中旬至 6 月上旬羽化为成虫；10 月底或 11 月初，成虫开始交尾产卵。产卵后陆续死亡。该虫在浙江发现只为害板栗，在河南发现其还可为害茅栗。淡娇异蝽若虫从 3 龄开始能放出臭气。成虫活泼善爬行，受惊后能作短距离飞翔。其体色随季节不同而变化。

淡娇异蝽分布于我国福建、江西、安徽、浙江、河南、云南、四川。曾经在板栗产区发生或暴发成灾，严重影响板栗的产量。

由于淡娇异蝽在其分布地区的板栗产区常见，所以，在这些地区的犯罪现场有可能出现它的踪迹，或者可以利用它的存在来反推犯罪第一现场。

水黾

水黾隶属于半翅目、黾蝽科。成虫体长 3~4 mm。背部黑褐色带有蓝白色斑纹，复眼大而突出；触角丝状，胸部宽大；翅膜超过腹部末端，前足短；中足特别长，为体长的 2 倍多。腹部 9 节，腹部基部最宽，向末端变尖，呈圆锥状。若虫灰白色，在头部、胸部和腹部上有褐色斑块。至第 4 龄和第 5 龄的若虫的中区灰白色至淡黄色，褐色区渐变成黑褐色。卵似豆形，末端尖，淡肉色而有光泽。

水黾生活于鱼塘、沼泽和较平静的河流中。当鱼塘的食料丰富时，数量很多。在水面上疾走快捷，极为活泼，当受惊扰时，它能连续远跃，所以很难捕捉。它的有趣的习性是常常用它的前足推一小块浮在水面上的小枝条或其他浮起物，用中足和后足游泳。在广州地区，以成虫越冬，若虫总是随成虫一起出现于春季至秋季。成虫交配一般在午后进行。若虫共有 5 龄，在水面上蜕皮。1 年发生 5 ~6 代。以各种昆虫为食，如一些水面上的虫子及跌落到水面上的蝇类、稻飞虱等昆虫。

水黾分布于我国广东、海南、广西、台湾等地。台湾地区的人们将它用作解热剂，并用于治疗疟疾等。干燥全体入药。夏季雨后于积水处、水池处用网捕捉，捕后置沸水中烫死，晒干。有解毒、退热、抗疟、疗痔等功效。

在药用昆虫的生产和养殖基地、药用昆虫及衍生物加工厂有可能会发生因经济利益而进行的盗窃、抢劫等犯罪活动，在医院、药店、中医诊所、药材批发市场等犯罪现场也有可能出现它的踪迹。

温带臭虫

温带臭虫隶属于半翅目、臭虫科。成虫体长 4 ~ 6 mm，宽 2. 5 ~ 3 mm。倒卵形，扁平，厚仅 0. 5 mm 左右，红褐色。体表被毛，其着生处呈杯形凹陷。头宽短；复眼突出，无单眼；触角位于眼的前方，4 节，末节较细，第 2 节比第 3 节稍短；喙 3 节，上唇呈扁平三角形。前胸背板前缘凹入较深，后缘平直，侧缘密生刚毛，且向后方倾斜。中胸小，三角形；后胸稍大，但大部分被翅基（前翅退化后的痕迹）所遮盖，无后翅。前后胸腹板上靠近后足基节处有 1 对臭腺孔。跗节 3 节，末端有爪 1 对。腹部宽阔，可见 8 节，以第 3 节最宽。雌虫腹部末端平圆，有生殖孔，第 4 节后缘右面有 1 个三角形凹陷，为交配器官；雄虫腹部末端较尖锐，具抱器。温带臭虫为世界广布种，国内北起黑龙江的北安，南至云南的蒙自均有发生，以北纬 30° ~ 40°间最普遍。

臭虫主要吸食人和动物的血液，给人的身体健康带来很严重的影响，在尸体上或尸体附近采得臭虫，可根据其所吸食血液的消化程度来推测死后间隔的时间。

热带臭虫

热带臭虫隶属于半翅目、臭虫科。成虫体长 5 ~ 6 mm，宽约 3 mm。体椭圆形，扁平，深褐色。近似温带臭虫，唯头较短小，不宽阔，复眼较小；前胸背板前缘凹陷较浅，后缘圆形，背面自中央至两侧均匀圆突，向两侧展开不多，且不反转折回；前胸背板侧缘向前伸展不多，离复眼较远，周缘刺状刚毛稀疏，向外垂直伸出；翅基端部边缘显著圆形而非近于平直；腹部色暗，较长，体毛稍长。热带臭虫在全世界的热带地区都有发生，在我国的分布北限为四川成都，在台湾、广东、广西等地分布普遍。

臭虫主要吸食人和动物的血液，给人的身体健康带来很严重的影响，在尸体上或尸体附近采得臭虫，可根据其所吸食血液的消化程度来推测死后间隔的时间。

第十九章　同翅目

同翅目昆虫包括蝉、叶蝉、角蝉、沫蝉、蜡蝉、蚜虫、粉虱、木虱、蚧壳虫等，以前翅质地较一致而得名。变态类型多数为渐变态，一生经过卵、若虫、成虫3个阶段，幼期形态和生活习性与成虫相似。但粉虱和蚧壳虫的雄虫近似全变态，若虫与成虫相似，但中间有个外生翅芽的前蛹期和一个静止的蛹期，末龄若虫不食不动，极似全变态的蛹，称为过渐变态，是介于渐变态和全变态的中间类型。繁殖方式极为多样，有性生殖、孤雌生殖及有性生殖与孤雌生殖交替进行。有卵生，也有卵胎生。多数为两性卵生，但蚜虫、蚧壳虫可行孤雌胎生或孤雌卵生，一些蚧壳虫经常进行孤雌生殖，多数蚜虫进行周期性孤雌生殖。同翅目昆虫均为植食性，以刺吸式口器吸食植物汁液。许多种类是经济植物的重要害虫。它们不仅直接吸食植物汁液，造成植物萎蔫、枯死，影响植物生长，而且许多种类还能传播植物病毒病。同翅目昆虫中的紫胶虫、白蜡虫等是重要的药用昆虫和经济昆虫。

红翅梵蜡蝉

红翅梵蜡蝉隶属于同翅目、蜡蝉科。体长24.7 mm，翅展76 mm。头绿色，顶梯形，端部有1个很粗的向后弯曲的突起，末端尖，伸达前胸近基部；触角粗，橘黄色。前胸背板较长，黄绿色，伸达两复眼近中部，中域有1个“人”字形的大凹斑；中胸背板黄褐色，上有大理石状的花纹。前翅长，血红色，被有白色蜡粉，前后缘平行，绿色，端缘圆，前缘具9~10个白斑和8~9个褐色斑，翅面在基部、中部及中部外方有3个不规则形的暗红色大斑，爪缝处分别有多个较小褐色斑，爪片长，伸达翅中部外方，两爪脉在爪片近端部会合，爪区内散布许多黑红色不规则形状的斑点，其中靠近爪缝中段的2个斑最大，内缘有5~7个褐色小斑；后翅基半部2/3血红色，端部橘黄色，内缘及外缘后半部白色，覆有较厚的白色蜡粉，翅面在中部至端部散布20多个白色大斑，翅脉与翅同色。腹部背面黑褐色，覆有较厚成絮状的白色蜡粉，各节端缘有污黄色的窄横带，腹面污黄褐色。3对足的腿节绿黄褐色，胫节绿色。跗节黑褐色，后足胫节外侧有4枚大刺。分布于我国云南。

红翅梵蜡蝉是国家林业局令第7号《国家保护的有益的或者有重要经济、科学研究价值的陆生野生动物名录》中列入的昆虫种类。野外数量十分稀少，但也可能有非法捕采和非法买卖的现象发生。

斑衣蜡蝉

斑衣蜡蝉又叫樗鸡、灰蝉、灰花蛾、红娘子等。隶属于同翅目、蜡蝉科。体型中等，雌成虫体长18~22 mm，翅展50~52 mm；雄成虫体长14~17 mm，翅展40~45 mm。体色大多较为艳丽。头部偏小，额部延长如象鼻，触角着生在一对大大的复眼下方。前翅基半部淡褐色而稍带绿色，有黑斑20余个，翅端半部黑色，脉纹白色，角质，翅脉分枝呈网状。后翅基部鲜红色，且常有黄色相间，具有7~8个黑斑，翅端黑色，红色与黑色交界处有白带。躯体及翅上常有粉状白蜡。卵粒长圆形，前面平截或微凹，后面钝圆形，腹面平坦。1龄若虫体

斑衣蜡蝉低龄幼虫

背有白色蜡粉所成的斑点。头顶有脊起3条，中间的1条较浅。触角黑色，具长形的冠毛，冠毛的长为全触角的3倍。足黑色，前足腿节端部有3个白点，中足及后足仅1个白点，胫节的背缘各有白点3个。2龄若虫触角鞭节细小，冠毛短，略较触角的长度为长。体型似1龄若虫。3龄若虫体型似2龄若虫，白色斑点显著。头部较2龄若虫延长。触角鞭节细小，冠毛的长度与触角3节的长度之和相等。4龄若虫体背淡红色，头部最前的尖角、两侧及复眼基部黑色。体足基色黑，布有白色斑点。头部较以前各龄若虫延伸。翅芽明显，由中胸和后胸的两侧向后延伸。

斑衣蜡蝉高龄若虫

斑衣蜡蝉成虫

斑衣蜡蝉在陕西关中地区1年发生1代，以卵越冬。于4月中旬后陆续孵出若虫，并开始为害，蜕皮4次，6月中旬变为成虫，至8月中旬开始交尾产卵，直至10月下旬。成虫的寿命长达4个月，对林木为害时间共6个月之久。卵产于树皮向阳面。成虫、若虫均有群集性，常数十乃至数百头栖息于树干或枝叶上，以叶柄基部为多。

斑衣蜡蝉分布于我国陕西、四川、浙江、江苏、河南、北京、河北、山东、广东、台湾。为害臭椿、香椿、刺槐、苦楝、楸树、榆树、青桐、白桐、悬铃木、三角枫、五角枫、女贞、合欢、化香、珍珠梅、杏树、李树、桃树、海棠、葡萄、黄杨等。

虽然斑衣蜡蝉的为害不仅影响到城市园林的建设，还会造成极大的经济损失，但它也是一种可被人类利用的药用昆虫，其味苦、性平，有散瘀解毒的功效，以干燥成虫入药。在药用昆虫的生产和养殖基地、药用昆虫及衍生物加工厂有可能会发生因经济利益而进行的盗窃、抢劫等犯罪活动，在医院、药店、中医诊所、药材批发市场等犯罪现场也有可能出现它的踪迹。

墨脱埃蛾蜡蝉

墨脱埃蛾蜡蝉隶属于同翅目、蛾蜡蝉科。体长约10 mm，翅展约33 mm。头比前胸背板狭，只有后者宽度的1/2，侧缘脊起，并有明显的亚侧脊线及中脊线，前者前端愈合；额方形，长宽略等，扁平，前后端一样宽，侧缘微微弯曲，中脊线只存在于前面一半。前胸背板宽，中部隆起，前面圆形突出；中胸背板有明显的侧脊线，中区微微凹陷。头、前胸和中胸背板污黄色，头及前胸具有不规则的暗褐色斑纹；前胸背板肩角有2个黑点，中胸背板前缘有2个黑点，侧脊外侧有中断的宽阔暗褐色条斑；额、唇基淡黄色。腹部黄褐色，近后缘绿色，腹面灰绿色，覆白色蜡质。前翅污黄色，脉纹隆起，前缘稍呈波形，前缘膜比前缘室宽得多，有简单的横脉，爪区开放，基部隆起，两爪脉在翅长度一半以外相愈合；后缘及膜区基部下方的脉纹加厚，色泽亦加深，翅面散布多个圆形褐色斑点；翅的反面附有白色蜡粉。后翅灰白色，脉纹深褐色。足淡黄色，后足胫节有2枚侧刺。分布于我国西藏（墨脱）。

墨脱埃蛾蜡蝉是国家林业局令第7号《国家保护的有益的或者有重要经济、科学研究价值的陆生野生动物名录》中列入的昆虫种类。野外数量十分稀少，但也可能有非法捕采和非法买卖的现象发生。

白蛾蜡蝉

白蛾蜡蝉又名白翅蜡蝉、紫络蛾蜡蝉。隶属于同翅目、蛾蜡蝉科。成虫体长从头部到翅端19~25 mm，白色或淡绿色，体被白色蜡粉。头顶呈锥形突出。颊区具脊。复眼褐色。触角着生于复眼下方。前胸向头部呈弧形凸出，中胸背板发达，背面有3条细的脊状隆起。前翅近三角形，顶角近直角，臀角向后呈锐角，外缘平直，后缘近基部略弯曲。径脉和臀脉中段黄色，臀脉基部蜡粉比较多，集中成小白点。后翅白色或淡绿色，半透明。卵长椭圆形，淡黄白色。表面有细网纹。若虫体长7~8 mm。稍扁平，胸部宽大，翅芽发达，翅芽端部平截。体白色，布满棉絮状的蜡状物。

白蛾蜡蝉在广西南部1年发生2代，以成虫在寄主枝叶茂密处越冬。第1代卵盛期为3月下旬至4月上旬，4~5月为若虫盛发期，6月上中旬成虫大量出现；7月上旬至9月为第2代卵期，第2代若虫8月上旬始发，盛发期为8月下旬，9月上旬成虫始发，10月成虫大量出现。随着气温的下降，成虫陆续转移到枝叶间越冬，翌年春暖花开时，继续取食发育，然后交尾产卵繁殖。成虫和若虫都吸食寄主枝叶液汁，尤其是嫩枝、嫩叶的液汁，使嫩梢生长不良，叶片萎缩弯扭。幼果期被害则造成落果。若虫活泼善跳，取食时多静伏于新梢、嫩枝上，在每次蜕皮前移至叶背，蜕皮后返回嫩枝上取食。若虫体上蜡丝束可伸张，有时犹如孔雀开屏。成虫栖息时，在树枝上往往排列成整齐的“一”字形。夏秋两季阴雨天多，降雨量较大时，害虫发生较严重。

白蛾蜡蝉分布于我国福建、广东、广西、海南、云南。它是一种营养丰富的食用昆虫。云南南部的彝族、哈尼族等少数民族喜食白蛾蜡蝉若虫。在餐馆、超市、菜市场和集贸市场有可能会发生因经济利益而进行的盗窃、抢劫等犯罪活动，在某些犯罪现场也有可能出现它的踪迹。

漆点旌翅颜蜡蝉

漆点旌翅颜蜡蝉体长11 mm左右。翅展34~36 mm。隶属于同翅目、颜蜡蝉科。头胸部除后胸背板红色外，其余青灰色或黄褐色，上面还分布有深褐色絮状纹，脊与隆线均为褐色。顶宽短，前缘隆线明显，后缘脊状；颜面宽，两侧角明显向外突出，近顶部有1条弧形长隆线。此外还有4条横行直的隆线，唇基两侧有密集的斜平行隆线；喙粗短，约伸到后足基节基部。复眼暗褐色。圆形，下方有1个小而尖的下角突；触角黑色，末端褐色。中胸背板短宽，有3条短的纵脊。腹部背面暗红色，腹面褐色。前翅质地较厚，长卵形，略呈瓢状隆起；前缘区有10多个特别明显的白色小斑点，端半部有3个“品”字形排列的黑色大斑点；末端近黑斑处向前外方伸出1根细长扁平丝带状的端器，黑色且有毛，其长约为前翅长的1/2略多。后翅烟黑色，略呈瓢状隆起，前缘近顶角处有很深的缺刻，使顶角形成钩状，缺刻后方有白色蜡粉。足黄褐色，散布有黑色不规则絮状斑；前足腿节扁宽，胫节扁平并向外扩张呈半卵圆形；中足略扁；后足细长。

漆点旌翅颜蜡蝉分布于我国广东。生活在厚皮树上。

漆点旌翅颜蜡蝉是国家林业局令第7号《国家保护的有益的或者有重要经济、科学研究价值的陆生野生动物名录》中列入的昆虫种类。野外数量十分稀少，但也可能有非法捕采和非法买卖的现象发生。

蚱蝉的壳

蚱蝉

蚱蝉又名黑蚱蝉、知了。隶属于同翅目、蝉科。成虫体长40~44 mm，翅展122~125 mm。体大型，黑色，有光泽，局部密生金色细毛。头比中胸背板基部稍宽，头的前缘及额顶各有黄色褐斑1个。复眼灰褐色；单眼琥珀色。前胸背板比中胸背板短，侧缘倾斜，稍突出。外片上有皱纹，两侧有黄褐色斑。腹部各节侧缘黄褐色。背瓣完全盖住发音器，酱褐色。腹瓣大，舌状，末端圆，边缘红褐色。前、后翅透明，基部有一段为烟褐色；脉纹黄褐色。前足基节隆线及腿节背面红褐色，腿节上的刺锐利，中、后足腿节背面及胫节红褐色。产卵器黄褐色。

蚱蝉在陕西5年发生1代，以卵和若虫分别在被害枝的木质部和土壤中越冬，若虫4龄，老熟若虫6月底、7月初出土羽化，7~8月成虫数量最多，成虫7月中旬开始产卵，9月产卵结束，每头雌虫产卵500~800粒。越冬卵6~7月初孵化后即钻入土中在植物根系上吸食为生，若虫在土中生活4年，每年6~9月蜕皮1次。成虫具群居性和群迁性，雄成虫善鸣。

蝉蜕

蚱蝉分布于我国内蒙古、北京、河北、河南、山东、山西、陕西、甘肃、江苏、浙江、安徽、上海、湖北、湖南、江西、四川、福建、广东、广西。为害寄主十分广泛，据调查有144种，隶属于41科、77属。其中受害较严重的有杨树、柳树、榆树、悬铃木、红椿、苹果、白蜡、桑树、苦楝等。

蚱蝉食品

蚱蝉的为害给人类生活、生态环境和国民经济带来严重影响。但是它的营养价值很高，蚱蝉含蛋白质约72%，蛋白质中必需氨基酸组分齐全。我国许多地区如云南、广东、福建、陕西、湖南等地，民间多有食蝉的习惯。无论是街头小店还是高档餐厅都会出现它的身影。在超市、菜市场和集贸市场也会有食用昆虫出售。很多食用昆虫已经可以规模化生产。在这些地方有可能会发生因经济利益而进行的盗窃、抢劫等犯罪活动，在餐馆、超市等犯罪现场也有可能出现它的踪迹。

蚱蝉饲料

蚱蝉羽化后的蜕壳，称为蝉蜕。蝉蜕可入药，于6~7月从树干上采集，洗净、晒干，用木箱或竹篓装好放在干燥处。味甘、咸，性微寒，入肝、肾、肺三经。具有辛凉解表、疏风清热、透疹止痒、退翳明目、祛风解痉、镇惊解痉、利咽消肿、抗癌、镇痛、抗惊厥、抗过敏等功效。在蝉蜕存放地有可能会发生因经济利益而进行的盗窃、抢劫等犯罪活动，在医院、药店、中医诊所、药材批发市场等犯罪现场也有可能出现它的踪迹。

黑翅红娘子

黑翅红娘子又名红娘子、红蝉。隶属于同翅目、蝉科。体长19~23 mm（至翅端26~32 mm），体黑色及朱红色，有光泽。头黑色，复眼褐色，凸起，呈半球状，基部有许多长短不等的黑毛。单眼3个，淡红色，中单眼颜色较淡。额部突然向下垂直，与颜面向前伸出成一直角。颜面隆起，朱红色，中央有1条纵沟，两侧有脊状隆起。触角短小，柄节黑色，其余褐色。头部全披黑色长毛。胸部黑色，中胸背两侧有1个大的朱红色斑块。足全为黑色，并披黑毛。前足腿节较中、后足腿节发达，其外侧缘有3枚刺，内侧缘无刺。跗节5节，末端有2爪，爪简单，无爪间垫。前翅黑色，基部颜色最深，翅面上有阶梯形的褶皱，特别是基半部更为明显。后翅淡褐色，透明，翅脉黑褐色。腹部全为朱红色，披褐色毛，雌虫的产卵管为深褐色；腹部基部宽，向末端渐变窄，呈塔状。

黑翅红娘子运动迟缓，清晨栖于草间，容易捕获，昼鸣。在广东、广西、四川峨眉山及成都平原，成虫最早出现于 4 月；在福建、浙江、江苏，最早出现于 5 月。在浙江、江苏最迟至 8 月上旬死亡绝迹。黑翅红娘子含斑蝥素、蜡、脂肪油及红、黑两种色素。干燥全体入药。夏季早晨露水未干时捕捉，捕时宜戴手套及口罩（因此虫毒性极大，以免其分泌的毒液刺入皮肤而引起发疱），捕后放纱笼内蒸死，晒干。干燥药材呈长圆形。用时须炮制，即除去头、足、翅，用米同炒到老黄色，筛去米，取出备用。有破血、攻毒、消积、通瘀的功效。

在药用昆虫的生产和养殖基地、药用昆虫及衍生物加工厂有可能会发生因经济利益而进行的盗窃、抢劫等犯罪活动，在医院、药店、中医诊所、药材批发市场等犯罪现场也有可能出现它的踪迹。

鸣鸣蝉

鸣鸣蝉体长 31~36 mm；翅展 105~116 mm。隶属于同翅目、蝉科。头冠及前胸背板绿色（有的干标本变为褐赭色）；后唇基基部、复眼内区及单眼区黑色。前胸背板边缘、斜沟、中部两纵带、两内区斑纹均为黑色。中胸背板黑色，中部有 3 对绿色或褐赭色斑纹，有时可能这些斑纹变得很小或全部黑化；“X”形隆起中央黑色，两侧及前区栗色，两前臂上的斑点为黑色；腹部黑色，第 2 腹节背板后缘靠近背瓣内侧有 2 个斑点、第 3 腹节背板两侧后缘与腹板及第 7 腹板均为栗色；背瓣大两侧鼓起，全部盖住鼓膜，腹瓣横形，左右重叠，黑色或栗色；头、胸部腹面及足的基节、转节、腿节、胫节的基半部除其棱或边缘为黑色外均为浅绿色，喙管超过后足基节，末端黑色。前、后翅透明，翅脉深褐色，第 2、3、5、7 端室横脉及纵脉顶端处各有 1 个烟褐色斑点。

鸣鸣蝉

鸣鸣蝉分布于全国大部分地区。寄主有柳树、泡桐、核桃树等。蝉蜕含有甲壳质、蝶啶类色素、蛋白质、氨基酸、有机酸、酚类及多种微量元素等。蝉蜕可入药，于 6~7 月从树干上采集，洗净、晒干，用木箱或竹篓装好放在干燥处。味甘、咸，性微寒，入肝、肾、肺三经。具有辛凉解表、疏风清热、透疹止痒、退翳明目、祛风解痉、镇惊解痉、利咽消肿、抗癌、镇痛、抗惊厥、抗过敏等功效。

在蝉蜕存放地及加工厂有可能会发生因经济利益而进行的盗窃、抢劫等犯罪活动，在医院、药店、中医诊所、药材批发市场等犯罪现场也有可能出现它的踪迹。

褐翅拟红眼蝉

褐翅拟红眼蝉隶属于同翅目、蝉科。体长约 37.1 mm，纤细、黑色，头冠与中胸背板基部等宽，长约与复眼间距相等。单眼浅红色；复眼褐色，后缘橙红色。喙管达后足基节前缘，黑色。前胸背板黑色，中央有 2 对橘红色斑点，侧缘很窄，后缘两侧角扩张呈叶状，红色；前胸背板约与中胸背板等长（除“X”形隆起外），中胸背板中央有 1 对红色斑点。前翅不透明，结线明显，基半部深褐色，端半部褐色，基室黑色，翅脉橙黄色，但端部褐色；前缘中央斑点、基膜及臀脉 1A 的两侧乳白色；后翅不透明，褐色，前缘近中部有一绿白色大斑，Cu2、1A、3A 脉的内侧翅膜绿白色，端室 6 个，每端室近端部有 1 个灰白色半透明斑点。腹部圆筒形，黑色，长于头胸部之和；背瓣小，鼓膜大部分外露；腹瓣小，不达第 2 腹节后缘。本种的主要特征是雄性外生殖器明显不对称。此特征在蝉科较罕见。分布于云南。

褐翅拟红眼蝉是国家林业局令第 7 号《国家保护的有益的或者有重要经济、科学研究价值的陆生野生动物名录》中列入的昆虫种类。野外数量十分稀少，但也可能有非法捕采和非法买卖的现象发生。

蟪蛄

蟪蛄隶属于同翅目、蝉科。体长约 21 mm，翅展 67 mm 左右；体淡黄绿色。头冠中域具黑色横带纹，此带以单眼区为最宽；单眼红褐色；复眼灰褐色具黑斑；颜面黄绿色，额区两侧横刻纹和中央纵凹黑色。喙长，常伸至腹部基域；触角黑褐色，前胸背板反折上翘，前缘中央的纵斑、基域中央菱形纹及两侧凹陷处的斑点全为黑色；小盾片基部具 4 个黑色纵斑，其外侧 2 个最长，叉状突起前的“小”字形斑及侧域凹陷为黑色；前翅黄绿色具透明白斑和黑褐色斑，翅脉黄绿色；后翅黑褐色，具白色透明边缘，翅脉黄色；胸部腹板和足暗褐色，前足腿节具黄白色斑；腹部背、腹面黑色，各节后缘黄绿色；背瓣灰褐色具暗褐色斑；腹瓣黑褐色，具灰褐色边。成虫 5~6 月间出现，全天发出鸣声。

蟪蛄

蟪蛄分布于我国湖南、河北、陕西、山东、河南、江苏、安徽、浙江、江西、福建、广东。寄主植物有苹果树、梨树、桃树、柑橘树、核桃树、柿树。

由于蟪蛄在其分布地区的这些植物上常见，所以，在这些地区的犯罪现场有可能出现它的踪迹，或者可以利用它的存在来反推犯罪第一现场。

周氏角蝉

周氏角蝉体长约 9 mm。肩角间宽约 3. 2 mm，上肩角间宽约 6. 3 mm。隶属于同翅目、角蝉科。头部宽大于高。复眼卵圆形，黄色发亮；单眼淡黄色，位于复眼中央水平连线稍上方，彼此间距离稍大于距复眼的距离。前胸背板赤褐色，密被金黄色短毛，有细刻点。肩角三角形突出，顶端伸出复眼之外；上肩角发达，长约为其基部间宽的 2. 5 倍，端部 1/3 逐渐向后弯曲，顶端尖锐。从前背板中后部生出短而直立的中背突。中背突顶端向后伸出后枝，后枝从侧面观呈波状，基部远离小盾片，中部下凹，下方有 1 个纵长的下瓣，嵌在小盾片顶端的缺切内，后端 1/3 与前翅后缘相接触，并沿前翅外缘向下弯曲，顶端尖锐，伸达前翅第 3 端室顶端；中背突向前上方伸出一侧扁而微向后弯的长三角形锥突。小盾片完全露出。前翅狭长，顶端钝圆，端膜宽，黄褐色，5 个端室、1 个盘室；后翅白色透明，有 4 个端室。胸部暗黑色，3 对足赤褐色，腹部赤褐色。最大特征是前胸背板的奇特结构和前翅 1 个盘室，在研究角蝉前胸背板结构演化中有重要意义。1985 年在我国被发现和命名，并据此为模式种，建立周氏角蝉属以该属为模式，1987 年建立周氏角蝉族。国内仅保存 3 头雌性标本。分布于我国云南、西藏。

周氏角蝉为昆虫中形态奇异的珍稀种。是国家林业局令第 7 号《国家保护的有益的或者有重要经济、科学研究价值的陆生野生动物名录》中列入的昆虫种类。野外数量十分稀少，但也可能有非法捕采和非法买卖的现象发生。

云管尾角蝉

云管尾角蝉隶属于同翅目、角蝉科。体长 17~18 mm，肩角宽 5~5. 5 mm，体背面红褐色，头隐藏于前胸背板前下缘，前胸背板半球形，中脊突起，呈圆弧状隆起，其典型特征为腹部末端有 1 个细长管，管上有黄褐色长毛。主要寄主有曼青冈、云南柳、云贵鹅耳枥、尼泊尔桤木、皱皮木瓜、米团花等，云南景东地区每年 3~5 月采集云管尾角蝉老熟若虫和成虫，虫体有特殊气味，经温水浸泡后，用油炒后食用。

云南德宏、普洱等地的少数民族称云管尾角蝉为“木得勒”，其成虫和若虫均可食。云管尾角蝉含有丰富的蛋白质，蛋白质含量 57.14%，粗脂肪含量 30.60%；体内含有 18 种氨基酸，总量为 53.19%。其中 8 种为人体必需的氨基酸，其含量为 21.92%，占氨基酸总量的 41.21%，体内还含有多种矿物元素。

我国食蝉古来有之，迄今为止，一些地方仍将蝉作为珍品食用。浙江、山东、云南等地食用蝉若虫非常普遍。在云南少数民族地区，主要是将蝉油炒或煎炸后食用，也常用火烧后食用。在餐馆、超市、菜市场和集贸市场有可能会发生因经济利益而进行的盗窃、抢劫等犯罪活动，在某些犯罪现场也有可能出现它的踪迹。

新象棘蝉

新象棘蝉体长约 11 mm，前翅长约 8 mm。隶属于同翅目、棘蝉科。头部黑色，复眼紫褐色。头部从侧面观，向前上方呈锥状突出，呈象牙状向上弯抽，侧扁，具有 4 条脊线，前面的 1 条较长，两侧和背面的较短。前胸背板褐色，密被黑色刻点，宽为长的 1.7 倍，侧角尖锐。小盾角侧面观大致呈三角形，后上方伸出长的突起，弯曲，顶端到达前翅末端。小盾片和突起大部分红褐色，突起顶端黄白色，侧面有黄白色条纹。前翅狭长，长为宽的 3 倍；盘室狭长，超过前翅的宽度；M 与 Cu 脉有一段合并。足暗褐色，后足色较深，胫节中部有 1 枚侧刺。腹部黑色。1982 年在我国发现记述为新种，并作为模式种，建立新象棘蝉属。新象棘蝉分布于云南。

新象棘蝉为形态奇异的珍稀种。是国家林业局令第 7 号《国家保护的有益的或者有重要经济、科学研究价值的陆生野生动物名录》中列入的昆虫种类。野外数量十分稀少，但也可能有非法捕采和非法买卖的现象发生。

桑木虱

桑木虱幼虫

桑木虱成虫

桑木虱是为害桑树和柏树的重要害虫之一。隶属于同翅目、木虱科。成虫体长 3.5 mm。初羽化时水绿色，后渐变为铜褐色。触角 10 节。中胸前盾片有赭黄色纹 1 对，盾片上有 2 对。前翅半透明，有咖啡色斑纹；越冬成虫整个翅面散有暗褐色点纹。腹部各节背板上有黑斑；在产卵时期，雌成虫腹面呈深黄色；雌成虫尾端尖，雄成虫尾端张开。卵近椭圆形，谷粒状，一端稍尖，有 1 个卵角；一端圆，具卵柄，乳白色，后变麦秆黄色。孵化前 3 d 出现红色眼点。1 龄若虫头、胸部及足灰白色；触角 3 节，末端黄褐色；腹部淡黄色，末端有白毛 3 根。3 龄若虫浅橄榄绿色，腹基黄色；触角 3 节，末端黑色；翅芽已出现；尾端有白毛 4 束。5 龄若虫触角 8～10 节，末 2 节黑色；翅芽肥大，基部有 2 条黑纹；尾端具 4 束白色的蜡质长毛，可超过体长 10 倍。

桑木虱 1 年发生 1 代，以成虫越冬。翌年 3 月上中旬桑芽萌发时，越冬成虫交尾产卵；3 月下旬开始孵化，4 月中旬最盛；4 月下旬开始羽化，5 月上中旬最盛。成虫终年可见，有迁移与密集的特性。初羽化成虫先停伏叶背，吸食汁液，2～3 d 后向新梢及嫩叶移动。至 5 月底、6 月初，桑树夏伐后，因无叶可食，即迁向柏树，群集为害。7 月上旬至 8 月下旬，桑树夏叶再发后，又自柏树飞回附近的桑树。9 月至 10 月下旬，桑树秋叶被摘去饲蚕后，桑木虱又向柏树迁移。10 月下旬桑树秋叶再发，桑木虱复飞回桑树上，这时飞散区域较大，密度较小，桑树与柏树上都有。从 11 月上旬至 12 月下旬桑树上较多，虫口密集区都在柏树稠密的山坡及其附近的桑园。

桑木虱分布于我国江苏、浙江、台湾、湖北、四川、贵州、陕西。成虫、若虫均吸食桑芽和桑叶的汁液，以若虫为害严重。除为害桑树外，也能取食柏树枝汁液。

桑木虱可以随寄主植物活体的调运远距离传播。如果不加以管制，甚至可以扩散到全国大部分地区。因此我们在对园林植物苗木、植株及种子等材料进行引种调运的过程中，一定要将它与农林害虫一样对待，严格进行检疫，确定植物检疫的对象，划定疫区和保护区，严禁危险性害虫的传入或传出，对已传入的要及时封锁，就地消灭。

螺旋粉虱

螺旋粉虱隶属于同翅目、粉虱科。原产于中美洲和加勒比海地区。雌虫体长 1.74 mm，雄虫体长 2.28 mm。初羽化时翅透明，几小时后翅面被蜡质物覆盖而成白色，前翅有时长有暗斑或黑斑；复眼深红棕色。雄虫腹部具多数圆形气孔，末端有铗状抱握器。卵长椭圆形，表面光滑，黄色至棕褐色。若虫有 3 龄和拟蛹，各龄初蜕皮时均透明无色、扁平状，但随着发育逐渐变为半透明且背面隆起，各龄体型相似，但随发育程度由细长转为椭圆形。成虫产卵时把蜡粉布置成螺旋状；蛹体上有白色的蜡丝，形态多样，四周蜡丝呈絮状，近两侧有 5 对细长的蜡丝，晶莹透亮，长达 7~8 mm，甚至更长，体上还常常有粗大扭曲的蜡条，为不同的蜡腺分泌所致。

螺旋粉虱成虫

螺旋粉虱若虫

螺旋粉虱伪蛹

螺旋粉虱 1 年发生多代。在 20~39 ℃条件下，卵的发育历期为 9~11 d，1 龄若虫 6~7 d，2 龄若虫 4~5 d，3 龄若虫 5~7 d，蛹 10~11 d，成虫最长可存活 39 d。雄虫较雌虫早羽化，羽化盛期在早上 6~8 时，迁飞盛期于清晨 5~7 时，但气温低或阴天其活动时刻延后。一般雄虫迁飞力较雌虫弱，多停留在原寄主植物叶上。交尾则发生于下午。雌虫在羽化的当天便可产卵，并且可以一直产卵到死。雌虫产卵于叶背，卵粒散列呈特殊螺旋状，且覆有白色蜡粉。卵有 1 个小柄，直立插入叶片的气孔内。未经配对的雌虫只能产雄性后代，经配对的雌虫可产雌性或雄性后代。1 头雌虫一生可产卵 400 粒。

螺旋粉虱分布于我国台湾、海南。螺旋粉虱主要随寄主植物活体的调运而远距离传播，成虫也可近距离飞翔迁移，亦可借风或气流漂浮而迁移。对蔬菜、果树、观赏植物、庭院行道树及森林等造成严重危害。

作为为害严重的外来入侵物种，螺旋粉虱可以随寄主植物活体的调运远距离传播。如果不加以管制，甚至可以扩散到全国大部分地区。因此我们在对园林植物苗木、植株及其他材料进行引种调运的过程中，一定要将它与农林害虫一样对待，严格进行检疫，严禁危险性害虫的传入或传出，对已传入的要及时封锁，就地消灭。海关要严格检疫，防止带有这些害虫的苗木、植株及其他材料再次携带外来物种入侵我国。

温室白粉虱

温室白粉虱又名温室粉虱、小白蛾子。隶属于同翅目、粉虱科，是一种世界性的温室害虫。成虫体小，全身及翅覆有白色蜡粉。雌虫体长约 1.1 mm，雄虫体长约 1 mm，两翅合拢时，平覆在腹部上，通常腹部被遮盖。喜聚集于叶背，兼营两性生殖和孤雌生殖，孤雌生殖后代均是雄虫。卵多散产，长椭圆形，顶部尖，端部卵柄插入叶片中，以获得水分避免干死。初产卵白色到浅黄绿色，孵化前渐成深褐色，卵上覆盖成虫产的蜡粉较明显。

成虫是唯一活泼虫态，温室白粉虱的扩散及在植株上的垂直分布均取定于成虫的活动情况。成虫羽化后 1~3 d 即可产卵。常选嫩叶背面产卵，随植株生长，产卵位置也随之升高，因此形成了特殊的垂直分布型。若虫共 3 龄，1 龄若虫浅黄绿色，胸足和触角发达，能爬行，尾部 1 对毛明显。孵出后常围绕卵壳活动 2~3 d，当它们成功地在植物韧皮部组织上插入口针后，就不再移动，经 2 龄、3 龄、4 龄和拟蛹（4 龄后期）直至成虫羽化。若虫体缘有腊丝。2 龄、3 龄若虫足和触角萎缩，营固着生活。拟蛹期虫体渐伸长并加厚，外观为立体（边缘垂直）椭圆形，似蛋糕状，颜色为白色至淡绿色，半透明，拟蛹边缘有腊丝，背上通常有发达直立长刺毛 5~8 对，是由原乳突内蜡腺分泌的，光滑的叶片上也有不具长刺毛的拟蛹。拟蛹晚期为椭圆形。此虫在温室内一般 1 个月发生 1 代。温室白粉虱无滞育和休眠现象，在温室只要条件适宜，温室白粉虱可终年繁殖，不断地生长。温室白粉虱在中国的东北、华北、华东和西北地区普遍发生。是一种多食性昆虫，寄主范围十分广泛，为害 47 科 900 余种植物，包括多种蔬菜、花草、特用作物、牧草、木本植物等。温室白粉虱主要随蔬菜及苗木等的运输而远距离传播。

作为为害严重的外来入侵物种，温室白粉虱可以随寄主植物活体的调运远距离传播。如果不加以管制，甚至可以扩散到全国大部分地区。因此我们在对园林植物苗木、植株及其他材料进行引种调运的过程中，一定要将它与农林害虫一样对待，严格进行检疫，严禁危险性害虫的传入或传出，对已传入的要及时封锁，就地消灭。海关要严格检疫，防止带有这些害虫的苗木、植株及其他材料再次携带外来物种入侵我国。

枣铁倍蚜

枣铁倍蚜隶属于同翅目、蚜科。有翅孤雌成蚜（夏迁蚜）体暗绿色，长椭圆形，体长 1.5~1.64 mm，头部有 4 个发达的蜡腺板。触角 6 节，细长，等于头胸长之和。前翅长 2~2.5 mm，翅痣纺锤状或楔形。缺腹管。有翅性母成蚜（春迁蚜）体暗绿色，长椭圆形，触角 6 节，前翅长 2.07 mm，后翅长 1.34 mm，翅脉与有翅孤雌成蚜相同。无腹管。无翅孤雌蚜体卵圆形，淡黄褐色，长 1.3 mm。触角 5 节。性蚜无翅，触角 5 节，喙不发达。雌蚜体卵圆形，淡褐色；雄蚜体暗绿色，较狭长。干母无翅，体黑色，长椭圆形，触角 5 节。喙和足长而发达。无翅孤雌侨蚜体淡黄褐色，卵圆形，触角 5 节。1 龄淡黄色，后期体被疏短白色蜡丝，2~4 龄体被白色长蜡丝，卷裹成蜡球，体橙黄色。虫瘿（倍子）着生于倍树复叶之小叶背面侧脉上。顶端渐尖或突尖，中部和基部膨大，呈长枣形、长椭圆形或桃形。成熟时表面青绿色至淡黄绿色，密生短绒毛，有时受光面缀泛红色。

枣铁倍蚜的发生与致瘿跟倍树的生长关系密切。春迁蚜迁飞期为倍树芽萌动—松散期；干母致瘿为倍树新梢抽发嫩叶—展叶期；雏倍出现为倍树开花期；倍子成熟爆裂期为倍树种实生长期。此蚜的第 2 寄主为藓类植物，包括 4 科 5 属的多种藓类，自然分布生态环境差异较大。其中美灰藓广泛分布区为此种五倍子的主要基地生产区。地形起伏大的山坡中、下部背风湿润环境是发展此种五倍子的有利环境。

枣铁倍蚜分布于我国四川、贵州、陕西、湖北、湖南、云南。该蚜在第 1 寄主植物红麸杨、青麸杨复叶的小叶侧脉上寄生，并于叶背面致瘿成长枣形或桃形虫瘿，称枣铁倍。枣铁倍含可溶性单宁

65%~70%，其加工提炼物是重要的工业原料，枣铁倍是中国五倍子中分布广泛、产量高、质量好的优良倍种之一。在五倍子产区，可能会出现为了获取经济利益而进行的盗窃、抢劫等犯罪活动，在医院、药店、中医诊所、药材批发市场等犯罪现场也有可能出现它的踪迹。

角倍蚜

角倍蚜隶属于同翅目、蚜科。有翅孤雌成蚜（秋迁蚜）体灰黑色，体长椭圆形。体长1.93~2.1 mm，胸黑褐色，腹部淡色。中胸盾片上有1个蜡片，腹背面有明显蜡片，各由15~22个小圆蜡孔组成。触角5节，全长0.62 mm，短于头胸长之和；第5节顶端基部有1小圆形原生感觉圈；第3~5节表面有宽带状或开环状不规则的次生感觉圈。喙短，不达中足基部。前翅长2.6 mm，有斜脉4条，中脉不分叉。翅痣大，呈镰刀形，伸达翅顶。后翅有斜脉2条。缺腹管。尾板半圆形，有毛18~23根，后足胫节长0.52 mm。有翅性母成蚜（春迁蚜）的体型、翅脉与有翅孤雌成蚜相似，但体型较小，体长1.4 mm，触角5节，总长0.48 mm，第3~5节上的次生感觉圈为卵圆形或偏菱形，较规则，尾板毛短少。性蚜无翅，触角4节，喙不发达。雌蚜体卵圆形至长卵形，淡褐色，体长0.54 mm，触角总长0.11 mm。雄蚜体窄长，墨绿色，体长0.48 mm；触角总长0.13 mm；交尾器发达，暗褐色，位于腹末端的腹面。干母无翅，体长椭圆形，黑色具光泽，长0.37 mm，触角4节，总长0.11 mm，第3节上端和第4节先端有原生感觉圈。喙长达中足基节窝。干雌无翅，体卵圆形，肥大，蜡黄色，长0.91 mm，触角5节，第4、5节先端各有1个圆形原生感觉圈，喙发达。虫瘿（角倍）一般着生在倍树复叶总轴翅叶背面，椭圆形、卵形、爪状分叉等。倍表均有若干尖角状突起。最大倍达117 mm×65 mm，每500 g成熟鲜倍平均45~50个、商品干倍80~100个。

角倍蚜分布于我国山东、江苏、浙江、台湾、福建、江西、广东、广西、湖南、湖北、四川、贵州、云南、安徽、陕西、甘肃。该蚜寄生在第1寄主植物盐肤木、滨盐肤木的复叶中轴两侧的翅叶上，于叶背面形成角倍。角倍含可溶性单宁60%~65%，其加工提炼物是重要的工业原料，角倍为中国五倍子中分布广泛、产量高、质量好的倍种之一。角倍蚜的第2寄主植物为提灯藓科、匍灯藓属植物。

枣铁倍和角倍等五倍子中提炼出的单宁酸及再加工产品倍酸、焦倍酸等是重要的工业原料。在传统医药上用作收敛剂，治疗肿毒、烫伤、疥癣、痔疮及老人慢性支气管炎。现代医药用于制造抗生素增效剂、复方新诺明等。轻化工业用作纺织印染的媒染剂、染料及固色剂，还可用于高级皮革鞣制、染色和蓝黑墨水、照相显影药品、化学试剂等的制造。冶金工业用作提炼锗、铀、钚、钛等稀贵金属的沉淀剂和分析剂。电子工业用于彩电显像管和半导体的制造。石油工业用作超深井石油钻探用的泥浆稀释剂，还可用于石油脱硫。国防工业以其与铝盐配制火箭和飞机燃料的热量稳定剂和稳爆剂。船舶工业用作防腐蚀油漆的涂料。

在五倍子产区，可能会出现为了获取经济利益而进行的盗窃、抢劫等犯罪活动，也有些犯罪分子可能为了经济利益出售假冒药用昆虫及其产物。目前，五倍子已经工业化生产，在五倍子的生产基地有可能会发生因经济利益而进行的盗窃、抢劫等犯罪活动，在医院、药店、中医诊所、药材批发市场等犯罪现场也有可能出现它的踪迹。

梨瘤蚜

梨瘤蚜又名梨根瘤蚜、梨矮蚜、梨黄粉蚜。隶属于同翅目、根瘤蚜科，原产于欧洲，体小，无翅孤雌胎生雌蚜体长0.8~1 mm；体为黄色，梨形，前部比较宽阔。触角3节。卵椭圆形，黄绿色。

梨瘤蚜1年发生多代，低海拔地区可以成虫、若虫、卵等各种虫期越冬，而高海拔地区因气温较低，主要以卵越冬。目前在台湾仅发现梨瘤蚜为孤雌生殖，属不完全周期型。梨瘤蚜喜栖息于阴暗凹陷处、树皮下及套袋内的果穗上。成虫喜产卵于凹隙裂缝处，每头雌虫可产卵46~80粒，产卵成堆，卵期5 d，孵化率甚高，几乎均能孵化。若虫有3龄，果实采收后多数梨瘤蚜隐藏于树皮裂缝中、新梢腋芽凹陷处与接穗部位的空隙处，部分则潜伏于花苞、芽鳞内，并在此越冬，翌年春季3~4月幼果期开始向上移动至接穗、果柄、果实等处继续繁殖为害。梨瘤蚜分布于台湾。可通过苗木运输而进行远距离传播；也可借装运或耕作工具、风力或若虫的爬行而扩散，在山区和灌溉区可通过水进行扩散传播。梨瘤蚜以成蚜和若蚜为害梨树的新穗果实。在台湾主要为害梨果，可引起果皮粗糙、被害处呈锈斑褐变、裂果、甚至腐烂，而以套袋梨果受害更重，严重影响梨果的产量及品质。

作为为害严重的外来入侵物种，梨瘤蚜可以随寄主植物活体的调运远距离传播。如果不加以管制，甚至可以扩散到全国大部分地区。因此我们在对园林植物苗木、植株及其他材料进行引种调运的过程中，一定要将它与农林害虫一样对待，严格进行检疫，严禁危险性害虫的传入或传出，对已传入的要及时封锁，就地消灭。海关要严格检疫，防止带有这些害虫的苗木、植株及其他材料再次携带外来物种入侵我国。

苹果绵蚜

苹果绵蚜又名赤蚜、血色蚜虫、白毛虫。隶属于同翅目、瘿绵蚜科。是一种多型性昆虫。其形态因类型和地区不同差异很大。在我国，只寄生于苹果，只有无翅胎生和有翅胎生2个型。该蚜的主要鉴别特征是：身体红褐色，体被蜡质分泌物；有翅胎生蚜的触角第6节有感觉圈2~3个；腹管孔小(无翅蚜直径为0.06~0.07 mm，有翅蚜直径为0.05 mm)；为害树皮和根部，在根上产生根瘤，在树皮上产生肿瘤。

苹果绵蚜分布于我国天津、河北、辽宁、江苏、山东、云南、西藏、河南、山西、陕西、新疆。为害苹果属的根、茎、枝、叶、果各个部位。主要以成虫、若虫吸取寄主汁液进行为害，造成果实的产量和品质下降。

苹果绵蚜在我国的年生活史为不完全型，一般1年发生8~9代，在青岛每年发生17~18代，在大连每年发生13代以上，以1~2龄若虫在树干和枝条的伤疤处、粗皮裂缝、剪锯口、土表下根颈部与根蘖、根瘤皱褶及不定芽中越冬。少数以其他龄期若虫和成蚜越冬。翌年4月初当气温回升至8℃左右时，越冬若虫开始活动，5月上旬气温在11℃左右时，迁移到背光枝干的剪锯口、愈合伤口、嫩梢、嫩芽、果梗、果萼及地下根部或露出地表的根际等处吸取汁液为害。以孤雌繁殖方式产生无翅胎生雌蚜。5月至7月上旬为全年繁殖盛期，发生严重时，可布满全树，见白色棉絮状、丝状蜡质物将虫体覆盖，剥开露出龄期混杂的红褐色虫体。到7月下旬，由于温度和天敌的抑制，其数量一度减少。到9月初，由于温度适宜，天敌减少，其数量再度上升。至10月达全年第2次高峰，11月中旬以若虫进入越冬状态。该蚜每年除以无翅雌虫进行孤雌繁殖以外，还在发生季节内出现2次有翅胎生蚜；第1次出现在5月下旬至6月下旬，为数不多，仅在棉蚜群落比较稠密处才发生，第2次出现在8月底至10月下旬，其数量较大，最高密度可达40%。

作为为害严重的外来入侵物种，苹果绵蚜可以随寄主植物活体的调运远距离传播。如果不加以管制，甚至可以扩散到全国大部分地区。因此我们在对园林植物苗木、植株及其他材料进行引种调运的过程中，一定要将它与农林害虫一样对待，严格进行检疫，严禁危险性害虫的传入或传出，对已传入的要及时封锁，就地消灭。海关要严格检疫，防止带有这些害虫的苗木、植株及其他材料再次携带外来物种入侵我国。

野核桃声毛管蚜

野核桃声毛管蚜隶属于同翅目、毛管蚜科。无翅孤雌蚜体长2.15 mm，宽0.76 mm。体长卵形。体腹面具小刺突颗粒，腹部节内背片有稀疏小刺突瓦纹。体背多毛，粗长，尖锐。中额微隆；触角6节，细长，为体长的0.66倍；节Ⅵ鞭部为基部的1.35倍。原生感觉圈圆形，有短睫。喙端达后足基节至第Ⅱ腹节，节Ⅳ、节Ⅴ尖楔形，为基宽的4.85倍，为后跗节Ⅱ的2.05倍，节Ⅳ有次生毛5~6对；节Ⅳ、节Ⅴ分节明显，节Ⅳ为节Ⅴ的4.93倍。中胸腹岔两臂相连。腹管长管状，细长，有小刺突瓦纹，为体长的0.30倍；被多毛，共204~226根。尾片、尾板末端圆，有小刺突瓦纹，尾片有毛8根，尾板有毛12~14根。足细长，均匀，后足胫节有细瓦纹状发音锉，后足胫节向外弯曲。后跗节Ⅱ横瓦纹状。跗节Ⅰ毛序：7、7、7。

有翅孤雌蚜体长1.93 mm，宽0.63 mm。体长卵形。腹部背片有斑纹；身体腹面有小刺突颗粒。触角为体长的0.89倍；次生感觉圈椭圆形，13或14个，分布在节Ⅲ。喙端达中足基节。前翅为体长的7.42倍，翅脉清晰，中脉基部不显，二次分岔为3支。其他同无翅孤雌蚜。本种以腹管细长、后足胫节发音锉与腹部小刺突颗粒相互摩擦发音而表现特殊。

野核桃声毛管蚜是中国的特有种，分布于我国西藏。生活在野核桃树上，在叶子背面吸食汁液。

野核桃声毛管蚜是国家林业局令第7号《国家保护的有益的或者有重要经济、科学研究价值的陆生野生动物名录》中列入的昆虫种类。野外数量十分稀少，但也可能有非法捕采和非法买卖的现象发生。

柳粉虱蚜

柳粉虱蚜隶属于同翅目、扁蚜科。无翅孤雌蚜体长1.4 mm，宽0.7 mm。体椭圆形，头与前胸背片愈合，中胸独立。后胸与腹部节Ⅰ~Ⅶ愈合，节Ⅷ独立。头胸部长为腹部的1.3倍。体表及体缘粗糙，体背有整齐排列的圆形颗粒构造，体缘有馒头状突起的蜡孔围绕身体一周。体背毛短小，头顶4根；前胸中毛和缘毛各2对。腹部背片Ⅰ~Ⅷ中毛各1对，缘毛每侧1根。头顶呈弧形。触角短粗，5节，有小刺突构成横瓦纹，为体长的0.20倍；触角毛少而短小。喙尖长，有时达后足基节；节Ⅳ、节Ⅴ细长，光滑呈尖圆锥状，为基宽的4.6倍，为后跗节Ⅱ的2.8倍。腹管环状，端径为尾片的1/3。尾片瘤状，基部收缩，有长短毛4~7对。尾板分两片，每片有长毛5或6根，毛基瘤隆起。足粗短。光滑少毛；后胫节长为体长的0.17倍。跗节Ⅰ毛序：3、3、3。中间1根感觉毛较短，另2根毛甚长；跗节Ⅱ长为宽的2.9倍。爪间长毛1对，尖顶；背端长毛及中端长毛各1对，顶扇状。

柳粉虱蚜分布于我国四川（灌县）。生活在柳树枝条的叶子背面吸食汁液。

柳粉虱蚜形态结构奇特，分布区狭窄，为中国的特有种。是国家林业局令第7号《国家保护的有益的或者有重要经济、科学研究价值的陆生野生动物名录》中列入的昆虫种类。野外数量十分稀少，但也可能有非法捕采和非法买卖的现象发生。

甘草胭珠蚧

甘草胭珠蚧隶属于同翅目、珠蚧科。雌成虫体长6 mm，卵圆形或梨形，胭脂红色，背面突起，体壁柔软，密生淡色细毛和蜡腺孔，触角8节，足3对，前足粗壮，开掘式。雄成虫体长2.5 mm，暗紫红色，触角8~14节，复眼大，无喙，腹部细，末端拖一簇直而长的蜡丝。卵狭长圆形，红色。1龄若虫体长0.7 mm，紫红色，触角6节；雄蛹紫红色，体长2.5 mm。珠体皮质或硬化，球形或近球形，成熟时近紫红色。

甘草胭珠蚧1年发生1代，一生居于土中，以1龄若虫在土中的卵囊中越冬，翌年春天活动吸食。雌虫发育经过卵、若虫（1龄）、珠体（多龄）和雌成虫；雄虫经过卵、若虫（1龄）、珠体（2、3龄）、预蛹（4龄）、蛹（5龄）和成虫。5月到7月上旬为珠体期，7月20日左右雄虫羽化、雌虫出壳，出壳的雌虫爬到地面接受雄虫交配。雌虫交配后入土，分泌棉团状卵囊，8月底9月初若虫孵出并藏于卵囊中越冬。

甘草胭珠蚧的寄主花棒、甘草、小叶锦鸡儿在我国内蒙古及西北地区广泛分布，因此可在饲养技术、利用效益研究的基础上，因地制宜，通过人工播种栽植其寄主植物，建立养殖基地进行接种、开发和利用。

在甘草胭珠蚧产区，可能会出现为了获取经济利益而进行的盗窃、抢劫或者破坏等犯罪活动。

日本松干蚧

日本松干蚧又名松干蚧、松干蚧壳虫。隶属于同翅目、珠蚧科，是中国松林的危险性害虫之一，外来入侵物种。雌成虫体长 2.5～3.3 mm，卵圆形，橙褐色。体壁柔韧。体节不明显。头端较窄，后部肥大。触角 9 节，基部 2 节粗大，其余各节为念珠状，其上生有鳞纹。口器退化。单眼 1 对，黑色。体背腹两面都有双孔管腺分布。生殖孔在腹部末端的凹陷内。雄成虫体长 1.3～1.5 mm，头、胸部黑褐色，腹部淡褐色。触角丝状，10 节，基部 2 节粗短，其余各节细长，生有许多刚毛。复眼大而突出，紫褐色。口器退化。胸部膨大。足细长。前翅发达，膜质半透明；翅面有明显的羽状纹。后翅退化为平衡棍，端部有丝状钩刺 3～7 根。腹部 9 节，在第 7 节背面有 1 个马蹄形的硬片，其上生有柱状管腺 10～18 根，分泌白色长蜡丝。腹部末端有 1 个钩状交尾器，向腹面弯曲。卵椭圆形。初产时黄色，后变为暗黄色。孵化前在卵的一端可透见 2 个黑色眼点。卵包被于卵囊中。卵囊白色，椭圆形。

日本松干蚧分泌的蜡丝

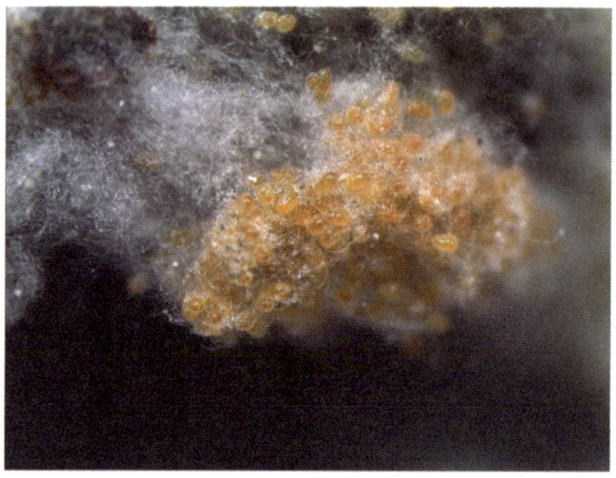
日本松干蚧卵

日本松干蚧 1 年发生 2 代，以 1 龄寄生若虫越冬或越夏。各代的发生时期因气候不同而有差异。南方早春气温回升早，越冬代 1 龄寄生若虫长成 2 龄无肢若虫的时期早，成虫期比北方早 1 个多月（越冬代成虫期，浙江为 3 月下旬至 5 月下旬；山东为 5 月上旬至 6 月中旬）。而南方的夏季比较长，第 1 代 1 龄寄生若虫越夏时间也比较长，第 1 代成虫期比北方晚 1 个多月（山东为 7 月下旬至 10 月中旬，浙江为 9 月下旬至 11 月上旬）。北方秋季气温下降得早，第 2 代 1 龄寄生若虫进入越冬期比南方亦早。日本松干蚧雌雄异型。雄若虫老熟蜕皮后须经蛹期才变为雄成虫；雌若虫老熟蜕皮后即为雌成虫。成虫一般在晴朗和气温高的天气羽化的数量较多，在阴雨或湿度很高的天气则羽化的数量显著减少。雄成虫羽化后，多沿树干爬行或做短距离飞行，寻觅雌成虫交尾。交尾后的雌成虫一般从第 2 d 开始产卵。产卵过程中，继续分泌蜡丝，扩大卵囊。每个雌成虫最多产卵 499～621 粒，平均产卵 223～268 粒。未交尾的雌成虫只能分泌少量蜡丝，不能产卵即死亡。

日本松干蚧

日本松干蚧分布于我国山东、辽宁、江苏、浙江、安徽、上海。主要为害赤松、油松和马尾松，其次为害黑松。其卵囊和初孵若虫可借助风（气流）、雨水、昆虫和鸟等外力自然扩散；各虫态随苗木、接穗、幼树、带皮原木、薪炭材、球果等的人为调运做远距离传播。

松干蚧

海关要严格检疫，防止带有这些害虫的苗木、植株及其他材料再次携带外来物种入侵我国。国内各省区之间的调运要严格履行检疫。凡在疫区内伐下的油松、赤松、马尾松等原木、苗木及枝柴要严禁出境。在疫区内调剂原木和苗木时，必须进行产地检疫，木材也必须经过剥皮、水浸、火燎等方法处理，苗木须经熏蒸处理，在确保无活日本松干蚧的情况下方能调运。

紫胶虫

紫胶虫隶属于同翅目、胶蚧科。雌虫为渐变态，雄虫为过渐变态。雌虫无翅，体呈球形、纺锤形、长囊形等，头很小，触角短，2节；胸部占虫体绝大部分，其后侧的1对管状突间有1根角质化背刺（雌虫的主要鉴别特征），无足；腹部短管状，第6~8节演化成肛锥，肛环刺10根，肛环上有许多蜡腺，其分泌的蜡丝称肛板蜡丝。无翅型雄虫略小于有翅型，两型均为紫红色，触角线状，9~10节，单眼4个，腹末端具1个角质化的阳茎鞘和1对细长蜡丝。卵圆形，紫红色，卵壳薄而透明。雌若虫3龄，雄若虫2龄。初孵若虫紫红色，头、胸、腹分段明显，触角6节，足发达。2龄若虫体分段不甚明显，触角和足已退化；雌虫体较粗短，腹部第3节有背突1个；雄虫体长筒形，无背突。雌虫3龄期更肥大。雄虫属过渐变态，其第2龄若虫和拟蛹期分别被称为“前蛹”和“蛹”。前蛹口器退化，触角和足又出现，腹末有1个阳茎鞘突，有翅型的中胸具1对透明翅芽。蛹的触角和足显著较前蛹为长，分节明显，阳茎鞘突淡褐色，有翅型翅芽伸及腹部。

紫胶虫

紫胶虫1年发生2代。在云南，第1代在4月下旬至5月上旬放养，9月下旬至10月上旬收胶，称为夏代；第2代在9月下旬至10月上旬放养，翌年4月下旬至5月上旬收胶，称为冬代。在福建，夏代在6月上中旬放养，11月上中旬收胶，冬代在11月上中旬放养，翌年6月上中旬收胶。雄虫交配后不久即死亡，寿命仅12~30 h。雌虫交配后继续取食，受精卵在母体内发育成熟，卵自母体产出后仅10~30 min即孵化。若虫孵化后爬出母体胶壳四处扩散觅食的现象称为涌散。从第1头若虫爬出胶壳到最后一头若虫离开胶壳所经历的时间称为涌散期。涌散期是紫胶虫的迁移扩散期，也是人工繁殖的放养期。涌散后的若虫选择适宜的枝条，插入口针，定居取食，不再移动称为固定。夏代多在固定后7 d、冬代在固定后14 d即由胶腺泌胶。随雌虫的长大，泌胶量不断增多，直到覆盖虫体型成胶室。许多胶室相连成为保护虫体的胶被。雌成虫期是主要泌胶期。虫体上蜡腺分泌的蜡质呈丝状、粉状、片状，起疏水作用，可防止虫体的呼吸和排泄孔口被胶所堵塞，蜡丝常是紫胶虫生长良好的重要标志。

紫胶虫分布于我国的西南部。其分泌物紫胶又名火漆，是一种重要的工业原料，广泛地应用于化工、军工、食品、医药、机电、轻工等行业。

在紫胶虫的人工饲养基地和紫胶产区等处，可能会出现为了获取经济利益而进行的盗窃、抢劫或者破坏等犯罪活动，也有些犯罪分子可能为了经济利益出售假冒资源昆虫及其产物。在紫胶售卖商场、集市附近的犯罪现场有可能出现它的踪迹。

云南紫胶虫

云南紫胶虫是我国重要的资源昆虫。隶属于同翅目、胶蚧科。雌成虫体近球形或圆锥形，体色紫红，无金黄色或橙黄色类型。体长3.4~6 mm。口器微小，位于虫体端部。触角不分节，位于口器两侧后方，常具刚毛5~6根。腹管腺群分布于触角后方，由许多细小的单管腺组成不定形群。周缘管腺群由6个群组成，每群有管状腺40~50个，单行排列成弯曲的腺体带。后气门小，位于口器下方两侧的硬化片上，其周围有一群密集的多孔腺，数目为75~85个。前气门位于腭器基部的硬化片上，面积小于腭板，内缘分布有多孔腺80~110个。前气门的端部有1个气门柄，短而钝尖。背刺高度角质化，其基部的内质刺基有一串葡萄状腺体通入。肛突粗而长，分为两节，基节膜质，端节角质，由筒状的肛上板所组成，肛上板宽明显大于长，近端部有刺突和刺毛。肛环位于肛突端部，有10根肛环刚毛分成6组着生在肛环板上。肛饰位于肛环四周，由许多针叶和齿叶相间组成。围阴腺群分成两列分布于肛突基部两侧，每列各有12~15群，每群大小不等，由多孔腺6~50个聚集成为圆形。

云南紫胶虫在我国主产区1年发生2代。在紫胶生产上，习惯上以若虫涌散到下一代若虫涌散作为一代，因而每年可以放养2次。一般每年第1代于4~5月放养，9~10月采收，历时5个月左右，称为夏代；9~10月放养，翌年4~5月收胶的一代，历时7个月左右，称为冬代。云南紫胶虫雌成虫的发育经过卵、若虫和成虫3个主要阶段。若虫蜕皮3次而变为成虫，雄成虫的发育经过卵、幼虫、预蛹、蛹和成虫5个阶段。幼虫经过两次蜕皮变为预蛹，预蛹蜕皮变成蛹，蛹再蜕皮便变为成虫。本种胶虫有性生殖。每头雌成虫产卵量一般为200~500粒，最多1 000粒以上。在云南主产区卵的孵化率可达90%以上。但也因气候或营养条件不同而有差异。

云南紫胶虫大量分布于我国云南。通过引种繁殖，台湾、福建、广东、广西、贵州、四川也已成为云南紫胶虫的新分布区，是我国主要的工业用虫胶昆虫。

在云南紫胶虫的人工饲养基地和紫胶产区等处，可能会出现为了获取经济利益而进行的盗窃、抢劫或者破坏等犯罪活动，也有些犯罪分子可能为了经济利益出售假冒资源昆虫及其产物。在紫胶售卖商场、集市附近的犯罪现场有可能出现它的踪迹。

柯秀粉蚧

柯秀粉蚧又名栎蕈粉蚧。隶属于同翅目、粉蚧科。是为害林木的主要害虫之一。雌成虫椭圆形，红褐色，长约2 mm，宽1.1 mm左右，腹末有白色茸毛覆盖其卵堆。雄成虫灰白色，长约1.0 mm，宽约0.2 mm，前翅膜质，透明，腹末具2根白色长蜡丝。卵红褐色，长椭圆形。初龄若虫红褐色，椭圆形。2龄期出现性分化，2龄雄成虫化蛹前先分泌白色蜡丝覆盖于体背上，再蜕皮化蛹。蛹浅褐色，椭圆形，有翅芽。

柯秀粉蚧在海南1年发生8~9代，无越冬现象。1~2月发育较慢，经50~55 d完成第1代。第2代（3~4月）需经40~50 d，第3代以后各代一般经30 d左右完成1代。初孵若虫较活跃，先沿嫩梢或幼叶爬行1~2 d，后固定于叶背面主、侧脉旁或嫩梢处吸取汁液。生活一段时间后，雄若虫随虫体发育，分泌白色蜡丝覆盖虫体，后结成长椭圆形丝茧，在茧内蜕皮化蛹，羽化为有翅成虫。另一部分若虫发育为雌蚧，与雄成虫交尾后孕卵，产卵前其腹末分泌白色蜡丝，产卵于其中。海南每年11月至翌年4月为旱季，气温较低，此期间柚木叶大部分脱落，仅有少量新叶，故虫口很少。5~10月随雨季到来，柚木萌发大量嫩叶，温度、湿度也适宜，虫口从5月开始上升，7~8月雌蚧产卵多，虫口骤增，为害也严重。

柯秀粉蚧分布于我国云南、海南、广东。寄主有柚木、柯树等。

国内各省区之间的苗木、植株及其他材料调运要严格履行检疫。在疫区内调剂原木和苗木时，必须进行产地检疫，木材也必须经过剥皮、水浸、火燎等方法处理，苗木须经熏蒸处理，在确保无活虫的情况下方能调运。

菠萝粉蚧

菠萝粉蚧又名凤梨粉蚧、菠萝短尾粉蚧、菠萝根粉蚧、菠萝洁粉蚧。隶属于同翅目、粉蚧科。原产于中美洲和加勒比海地区。雌成虫体长2~3 mm，扁卵圆形，被白色蜡粉，外观呈粉白色，边缘有蜡粉质刺状突出。触角7~8节，褐色。后足胫节较跗节约长2倍。腹部腹面末端生殖孔明显，体缘有17对分泌有蜡丝的刺毛，臀板具2根中等大的圆锥状刺。雌虫体桃色或灰色，性成熟时腹末端附有白色蜡质棉絮状卵囊。雄成虫体微小，呈黄褐色，具1对透明的前翅，平置于体背上，腹端有1对细长的蜡质尾毛。卵椭圆形，初为黄色，后渐变为黄褐色，1~12粒卵相聚成块，其上混杂以白色絮状蜡质物，附于寄主植物上。若虫共3龄，形似雌成虫，且体较小，有触角和足。雌性若虫经3次蜕皮变为成虫；雄性若虫经2次蜕皮化为伪蛹。伪蛹位于丝状蜡质物所形成的茧囊中，茧形不规则，多为长形，附于植物上。

菠萝粉蚧分布于我国广东、台湾、广西、海南、福建、云南、贵州等地。菠萝粉蚧的寄主有菠萝、可可、油棕、香蕉、花生、杧果、甘蔗等。可随果实、苗木携带虫源远距离传播。

菠萝粉蚧在南宁1年发生4代，在台湾北部1年发生6~7代，在海南1年发生7~8代，田间世代重叠。在华南地区一年四季都有发生，若虫和雌成虫常群集在叶的基部、叶与茎之间、果实上、小果之间等间隙和凹下处为害，以5~9月为主要发生为害期，夏季1代历期约40 d。夏季高温多湿时以孤雌卵胎生为主要生殖方式。卵胎生若虫有群集在母体下的习性，待找到适宜部位后开始吸食为害，也有部分在母体附近静止不动或在母体上反复爬行，在原处发育成熟乃至生殖后代。雌若虫期在夏季一般为30 d，雄若虫期约14 d，伪蛹期一般12~15 d。菠萝粉蚧主要在植株的根及地下茎部位群集。地下茎及中老叶腋内多为成蚧，地上叶腋内以若蚧为主。

作为为害严重的外来入侵物种，菠萝粉蚧可以随寄主植物活体的调运远距离传播。如果不加以管制，甚至可以扩散到全国大部分地区。因此我们在对园林植物苗木、植株及其他材料进行引种调运的过程中，一定要将它与农林害虫一样对待，严格进行检疫，严禁危险性害虫的传入或传出，对已传入的要及时封锁，就地消灭。海关要严格检疫，防止带有这些害虫的苗木、植株及其他材料再次携带外来物种入侵我国。

胭脂虫

胭脂虫隶属于同翅目、胭蚧科。雌成虫体长4~6 mm，球形或椭圆形，暗紫红色，体背有白色絮状蜡丝，腹末较圆，触角7节。雄成虫体长约3 mm，红色，腹末有长蜡丝，无口器，足细长发达，具翅。卵红色，椭圆形。若虫深红色，卵圆形，体背有白色蜡丝。雄蛹红色，体节明显。

胭脂虫在原产地1年发生2~4代，卵胎生，全年均可见到各龄虫体，世代重叠明显。雌虫喜群居，雄成虫飞行能力弱。初产1龄若虫于20~30 min后即开始爬行。当1龄若虫寻到合适位置后2~3 d即固定并分泌蜡丝，约15 d即蜕皮进入2龄。90%以上的2龄若虫固定后即不再移动，其中约98%发育为雌成虫。雄成虫少见，寿命3~4 d。25 ℃以上时1龄若虫开始涌散，涌散高峰多出现在10时，30 ℃以上时涌散的1龄若虫在寄主上从下往上爬行活跃。适当高温可缩短胭脂虫的发育周期，低温可使成虫、若虫特别是1龄若虫大量死亡，当气温高于38 ℃时1龄若虫不停爬动、难以固定，死亡率高达95%以上。

天然胭脂红现已广泛地应用于食品、化妆品、药品等多种行业，但其产量仍较小，不能满足国际市场的需求。目前我国还没有进行胭脂虫的规模化养殖和胭脂红的生产，胭脂红一直依赖进口；而我国的亚热带半干旱地区虽不适合发展农业，但却能种植仙人掌饲养胭脂虫，具有发展胭脂虫产业的基础和条件。

在胭脂虫的人工饲养基地和胭脂红产区等处，可能会出现为了获取经济利益而进行的盗窃、抢劫或者破坏等犯罪活动。

紫薇绒蚧

紫薇绒蚧又名石榴绒蚧。隶属于同翅目、绒蚧科，是为害城市园林观赏树木的主要害虫之一。成虫卵圆形，体长约3 mm，最宽处约2 mm，末端比头端稍尖。体紫红色，遍生微细短刚毛，被有白色蜡粉，外观略呈灰色，体背有少量白蜡丝。近产卵时，分泌蜡质，形成白色毡绒状蜡囊，虫体与卵包在其中。触角7节，以第3节最长，第4节略短于第3节。雄成虫体长约1.2 mm，紫色或褐色。前翅半透明，后翅呈小的棍棒状。触角10节，色稍淡，头部背、腹各有黑色单眼1对，腹末有1对白色长毛。卵椭圆形，长0.3 mm左右，淡紫红色。初孵若虫椭圆形，淡黄色，后变成淡紫色。过冬若虫紫红色，足黄色，体背有少量白蜡丝。预蛹长椭圆形，长1.1 mm，紫红色，触角、翅、足雏形。第2龄蛹体长1.2 mm，紫红色，触角、足分节明显，体末性刺突呈叉状。蛹包于白色毡绒状茧中，茧长椭圆形，较扁，末端较平，后缘有横裂缝长约 1.4 mm。

紫薇绒蚧在北京地区 1 年发生 2 代，以 2 龄若虫在枝条皮缝翘皮下或空蜡囊中越冬。翌年 3 月下旬越冬若虫开始取食发育，4 月中下旬雌雄明显分化，雄性分泌白茧化蛹；雌性则至性成熟期才分泌白色蜡囊，体末常附 1 滴透明胶质露珠，标志性已成熟。4 月底 5 月上旬雄成虫羽化，交尾后死去。5 月下旬雌成虫开始产卵，6 月上旬为产卵盛期，每头雌成虫产卵 37～124 粒，卵期 6～8 d。6 月中旬为孵化盛期。此代较整齐。7 月上中旬出现第 1 代雌雄成虫。8 月中旬至 9 月底第 2 代若虫孵化并为害，此代不甚整齐。至 10 月下旬平均温度 16 ℃左右时，发育到 2 龄的若虫先后进入越冬状态。该蚧能进行孤雌生殖。交尾前与雄成虫隔离的雌成虫正常产卵孵化发育至成虫，它们又能繁殖第 2 代若虫。

紫薇绒蚧分布于我国山西、山东、江苏、辽宁、贵州、安徽、北京、天津。主要为害紫薇、石榴、扁担杆子、叶底珠。

紫薇绒蚧的为害不仅影响到城市园林的建设，还会造成极大的经济损失。国内各省区之间的苗木、植株及其他材料调运要严格履行检疫。在疫区内调剂原木和苗木时，必须进行产地检疫，木材也必须经过剥皮、水浸、火燎等方法处理，苗木须经熏蒸处理，在确保无活虫的情况下方能调运。

白蜡虫

白蜡虫隶属于同翅目、蜡蚧科。雌成虫体长 1.5 mm 左右；初成熟时背部隆起，形似半边蚌壳；背面淡红褐色，上有大小不等的淡黑色斑点；腹面黄绿色；触角细小，6 节；口器针状；足极细弱；交尾后体渐膨大，最后成为球形，常因虫体相互拥挤而呈不正圆形，红褐色。雄成虫体长 2 mm。头淡褐色至褐色，眼区紫褐色；单眼 6 对；触角丝状，10 节，淡黄褐色。胸部大，宽过头部；足细长，褐色；前翅近于透明，有虹彩闪光；后翅为平衡棍，梭形，端部有钩 3 个。腹部灰褐色，8 节；性刺褐色；倒数第 2 节两侧有 2 根白色蜡丝，长达 2 mm 以上。卵长卵形，包被于母体下网状白色蜡丝和蜡粉中。雌卵在母壳口部，雄卵在壳底。1 龄雌若虫近长卵形，红褐色；单眼 1 对；触角 6 节，第 6 节生长毛 7 根；腹末有蜡丝 1 对，约等于体长。2 龄雌若虫阔卵形，淡黄褐色；腹末蜡丝白色，长等于体长；定杆后，体色变为灰黄绿色，体缘微带紫色，体缘渐生长而密的蜡毛。1 龄雄若虫卵形，与 1 龄雌若虫大体相似，但体色甚淡，易与雌成虫相区别。2 龄雄若虫卵圆形，淡黄褐色；触角 7 节。仅雄成虫具有蛹，分前蛹及真蛹。

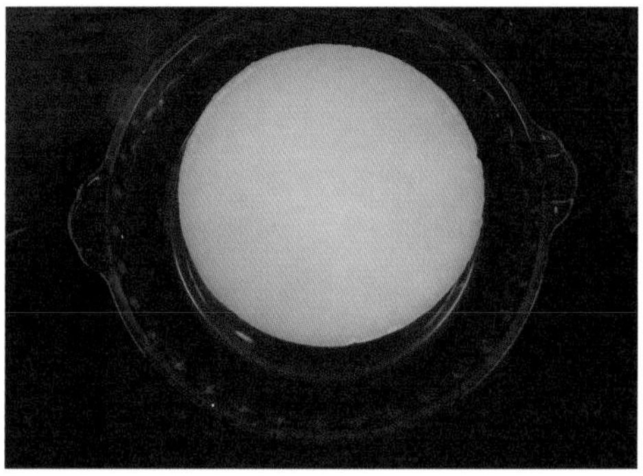

白蜡

白蜡虫广泛分布于我国四川、云南、贵州、西藏、广东、广西、湖南、湖北、陕西、江西、福建、安徽、江苏、上海、浙江、河南、河北、山东、辽宁、台湾等地。

白蜡虫 1 年发生 1 代。北纬 24 ℃以南的亚热带地区，可发生不稳定、无规律的 2 代。1 代区以受精雌成虫越冬。越冬雌成虫一般于 3 月中下旬开始产卵，最迟可延至 5 月上旬。若虫一般在 4 月上旬及 5 月上中旬孵出。初孵若虫在母壳内停留 10 d 左右才出壳，雌虫出壳期较雄虫早 2～3 d 到 7～8 d，因气温不同而有差异。雌虫离开母壳后，即在枝条上来往爬行，俗称游杆。常游到树基或地面再向上爬到叶上，这种现象俗称盘头；一部分若虫游到地面后不再爬回树上。盘头后的雌虫在叶片正面分散栖息，多数沿叶脉固定吸汁，俗称定叶。在叶上经 20 d 以上，蜕皮进入第 2 龄，离开叶面，再在枝上来往爬行，最后在 1、2 年生的幼嫩枝上、少数在 3 年生枝上头向下尾向上地固定下来，不再移动，俗称定杆。于 7 月下旬至 8 月下旬羽化为成虫。雌成虫交尾后逐渐长大，至翌年 2 月，虫体增大近于球形，直径 7～8 mm，体色淡黄褐色，并被有一层白色结晶状物，俗称盐霜。再过数日，自臀裂处排出露水状糖珠，俗称吊糖；糖珠由清淡渐转浓稠，色泽自无色渐转为淡黄色、淡褐色以至淡红色，一般2月前后为吊糖盛期。3月间虫体膨大呈球形，开始产卵。卵产于腹下，随着卵量的增多，腹壁不断内缩成1个大腔，将卵包于腔内；先产雌卵，后产雄卵，因而雌卵在壳口，雄卵在壳底。产卵完毕，虫壳逐渐干缩成薄壳，仅以壳口衔附于枝条上。至立夏（5月上旬）前后，虫壳已干，就可从树枝上摘下，包装待运。

在白蜡虫人工饲养基地和白蜡产区等处，可能会出现为了获取经济利益而进行的盗窃、抢劫或者破坏等犯罪活动，也有些犯罪分子可能为了经济利益出售假冒资源昆虫及其产物。在白蜡售卖商场、集市附近的犯罪现场有可能出现它的踪迹。

栗链蚧

栗链蚧是为害栗属植物的主要害虫之一。隶属于同翅目、链蚧科。雌成虫蜡壳圆形或因聚集拥挤呈不规则形，黄绿色或黄褐色，有3条不明显的纵脊和数条横脊，体缘有粉红色刷状蜡丝。虫体呈梨形，黄褐色。雄成虫蜡壳长椭圆形，淡黄色，有1条较明显的纵脊，体缘有粉红色刷状蜡丝。虫体淡褐色，翅白色透明，头部上、下各有黑色单眼1对；触角10节，丝状，各节簇生微细长毛；腹部末端交尾器颇长。卵椭圆形，粉红色，近孵化时暗红色。1龄若虫椭圆形，触角、足和口器均发达。腹部分节明显，末端着生细长毛1对。刚孵化的若虫呈乳白色，4 h后呈淡红色，固定后呈红褐色。雄蛹圆锥形，褐色，近羽化时单眼褐色。

栗链蚧在江西南昌1年发生2代，以受精雌成虫在枝干上越冬。翌年3月下旬至5月上中旬为产卵期，4月中下旬为产卵盛期，少数个体因发育的差异，产卵期延至6月上中旬。4月中旬至6月上旬为卵孵化期，4月下旬至5月上旬为盛孵期，少数至6月下旬才孵化。第1代雄虫5月下旬开始化蛹，6月上旬至下旬为羽化期，6月中旬为羽化盛期。雌成虫于6月下旬开始产卵，7月上中旬为产卵盛期，7月下旬至8月上旬为产卵末期。7月上旬至8月中旬为卵孵化期，7月中旬为孵化盛期，但仍有少数要延至8月下旬才孵化。第2代雄成虫于7月下旬化蛹，8月上旬开始羽化，8月中旬为雄成虫羽化盛期。

栗链蚧分布于我国江西、安徽、浙江、江苏、湖南。为害板栗和栗属树种。

由于栗链蚧在其分布地区的这些植物上常见，所以，在这些地区的犯罪现场有可能出现它的踪迹，或者可以利用它的存在来反推犯罪第一现场。

桑白蚧

桑白蚧又名桑盾蚧、桃白蚧、油桐蚧。隶属于同翅目、盾蚧科。雌成虫介壳圆形或近圆形，略隆起，直径1.8~2.5 mm，白色或灰白色，壳点橘黄色，偏心。雄成虫介壳长形，两侧平行，长约1.2 mm，白色，丝蜡质，有3条纵脊，壳点橘黄色，居端。雌成虫体长0.93~1 mm，淡黄色至橘红色，臀板红褐色；体节明显，两侧略突出。瘤状触角上具有弯毛1根。各腹节侧突腹面有很多腺刺。臀板上臀叶常见3对，第2和第3臀叶又各分2叶。背腺粗短，围阴腺5群。雄成虫体长0.65~0.7 mm，橙黄色。单眼6个，黑色。触角丝状，10节。具膜质前翅1对，后翅为平衡棒。交尾器细长。卵乳白色至黄褐色，椭圆形。初孵若虫扁平椭圆形；触角6节，可见臀叶。2龄雌若虫橙褐色；触角和足消失。2龄雄若虫淡黄色，体较窄。预蛹长卵形，具有触角、胸足、翅和交配器芽体，触角芽为体长的1/3。蛹的芽体延长，触角芽为体长的1/2。眼点呈紫黑色。

桑白蚧1年发生代数因地理位置不同而有差异，均以末代受精雌成虫在枝干上越冬。在陕西、山东、北京等地1年发生2代。第1代若虫5月上旬至6月上旬出现，第2代若虫7~8月间出现；在江浙一带1年发生3代，若虫出现期分别为4~5月、6~7月、8~9月；在广东则1年发生5代，若虫出现期分别在2月、5月、7月、8月和10月下旬。

桑白蚧分布于我国浙江、湖南、广东、广西、四川、河北、江苏、福建、山东、河南、辽宁、山西。主要为害桃、桑、油桐、樱花、茶、梧桐、丁香、枫、槭、榉、合欢、杏、梅、李、苹果等多种树木。

作为为害严重的外来入侵物种，它可以随寄主植物活体的调运远距离传播。如果不加以管制，甚至可以扩散到全国大部分地区。因此我们在对园林植物苗木、植株及其他材料进行引种调运的过程中，一定要将它与农林害虫一样对待，严格进行检疫，确定植物检疫的对象，划定疫区和保护区，严禁危险性害虫的传入或传出，对已传入的要及时封锁，就地消灭。海关要严格检疫，防止带有这些害虫的苗木、植株及其他材料再次携带外来物种入侵我国。

第二十章　广翅目

广翅目昆虫因一些种类具有较大的翅而得名，包括泥蛉、鱼蛉、齿蛉三大类群，是全变态类昆虫中最原始的类群。咀嚼式口器。变态类型为完全变态，一生经过卵、幼虫、蛹、成虫等4个虫态。幼虫水生，常在水底泥中捕食小虫。成虫栖息于水边杂草上。有的种类捕食蜻蜓、蜉蝣、石蝇等的幼虫。成虫白天多栖息在树干上，夜晚有扑灯习性。成虫为农业害虫的天敌，幼虫可作为鱼的食料，有些种类具有药用价值。

中华脉齿蛉

中华脉齿蛉隶属于广翅目、齿蛉科。体长40~42 mm，前翅长41~51 mm，后翅长38~45 mm。头部浅黄色，眼后刺短尖；头顶金黄色，后头有1对黑斑。复眼褐色，单眼黄色，具黑色的内缘，单眼间有1个黑斑。触角类似锯齿状；柄节和梗节黄色，鞭节黑褐色。胸部黄色，前胸长稍大于宽，有2对黑斑。足黄色，但胫节和跗节黑褐色；雌性胫节和第1跗节仅两端及前缘黑褐色。翅白色透明；脉黄褐色，但前翅基部和中部的横脉黑褐色，端部的横脉浅褐色。腹部黄褐色，但基半部多呈黄色。

中华脉齿蛉分布于我国广西。脉齿蛉属的种类体色鲜艳，比较珍稀；全世界仅知3种，均分布在东洋区。是国家林业局令第7号《国家保护的有益的或者有重要经济、科学研究价值的陆生野生动物名录》中列入的昆虫种类。野外数量十分稀少，但也可能有非法捕采和非法买卖的现象发生。

第二十一章 脉翅目

脉翅目昆虫通称为“蛉”，包括草蛉、粉蛉、褐蛉、蚁蛉、螳蛉等。一般体型中等或较小，也有体型较大的种类。体壁一般柔弱，有时生毛，或覆盖白蜡。蛉类的卵有丝质长柄。幼虫为衣鱼型或蠕虫型，头为前口式。咀嚼式口器。变态类型为完全变态，一生经过卵、幼虫、蛹、成虫等 4 个虫态。脉翅目昆虫大部分陆生（少数幼虫水生，如水蛉类），成虫和幼虫为捕食性，主要以蚜虫、蚧壳虫、木虱、叶蝉、鳞翅目及鞘翅目的卵和幼虫为食，是重要的天敌昆虫类群。

卫松益蛉

卫松益蛉是日本松干蚧与马尾松干蚧的重要捕食性天敌。隶属于脉翅目、褐蛉科。成虫体黑褐色。越冬代雌虫体长约 4 mm，雄虫体长约 3.2 mm。第 1 代成虫比越冬代成虫体略小，触角长约 3 mm，黄褐色，端部几节色较淡。前翅褐色，密布黑褐色斑点；后翅比前翅色浅，透明无斑。足黄褐色。卵灰黄色，长圆形。3 龄幼虫体浅暗红色，体节前缘和后缘上的横带紫褐色，节间膜近白色。茧白色，分内、外 2 层，外层松散、内层致密。蛹为离蛹，头部、触角、翅芽和足均为浅黄白色，口器浅土黄色，复眼黄褐色，各体节的颜色和斑纹与老熟幼虫相似。羽化前蛹的头部、触角和足黄褐色，复眼和翅芽黑褐色。

卫松益蛉在浙江 1 年发生 2 代，以幼虫在松树树干的翘皮下和缝隙内越冬，少数以蛹越冬。3 月中旬第 1 代成虫开始出现，4 月上旬成虫开始产卵，4 月中旬幼虫开始孵出，5 月上旬幼虫开始结茧化蛹。第 2 代成虫于 5 月下旬开始出现，此代成虫的补充营养期较长，直至 8 月下旬成虫才开始产卵，9 月上旬幼虫开始孵出，少数幼虫于 10 月下旬开始结茧。成虫羽化、取食、交尾和产卵多于夜间进行。初产卵为乳白色，逐渐变成灰黄色。近孵化时，透过卵壳可见幼虫的红色眼点和体节。幼虫孵出不久即开始爬行，爬行时头部左右摆动。它善于在树皮缝隙等处进出，搜捕猎物的能力较强。幼虫共 3 龄。幼虫老熟后，由腹部末端抽丝结茧，先结松散的外茧，后结致密的内茧，幼虫多结茧于树干的翘皮下和缝隙内。

卫松益蛉分布于我国浙江、江西。成虫和幼虫捕食日本松干蚧与马尾松干蚧的卵、若虫、茧蛹及雌成虫，也能捕食中华松梢蚧和松蚜。

卫松益蛉是重要的天敌昆虫，目前该昆虫已经人工饲养或者规模化生产。在天敌昆虫的人工饲养基地等处，可能会出现为了获取经济利益而进行的盗窃、抢劫等犯罪活动，也有些犯罪分子可能为了经济利益向农户出售假冒天敌昆虫或者非活性天敌。

中华旌蛉

中华旌蛉雄虫体长约 21 mm，前翅长约 26 mm，后翅长约 60 mm。隶属于脉翅目、旌蛉科。头黄色，头顶除复眼边缘外均呈褐色；头前端延伸呈喙状，颚唇基的端部与上唇前缘均带褐色；下颚须与下唇须暗褐色，口器黄色；触角线状，黄褐色，具微毛。胸背暗褐色，前胸宽大于长，呈鞍状，背面具梯形大斑，内有细中线，背板两侧包向胸侧则为黄色；中胸在盾片上有斜向长黑斑。足黄色，具褐斑，被短毛；前翅宽大，透明，翅基带褐色，翅痣很小，黄白色，内有 4~5 条横脉；翅脉淡褐色，部分较深。后翅极细长如带，长为前翅的 2 倍多，淡褐色，有 3 条纵脉，横脉很密，均为褐色。翅端部约占 3/8 为白、褐、白 3 段。腹部狭长，背面暗褐色，节端具黄边及暗纹。中华旌蛉分布于云南（泸水）。

中华旌蛉是国家林业局令第 7 号《国家保护的有益的或者有重要经济、科学研究价值的陆生野生动物名录》中列入的昆虫种类，形态奇特，极其罕见，野外数量十分稀少，但也可能有非法捕采和非法买卖的现象发生。

牯岭草蛉

牯岭草蛉是林业害虫的重要捕食性天敌。隶属于脉翅目、草蛉科。雌虫体长 9.9~11.3 mm，雄虫体长 9.5~10.6 mm，第 2 代成虫比第 1 代成虫略大。头部黄色，额中央有 1 个黑色“Y”形大斑，其上端由触角间伸达头顶，下端与额唇基的大黑斑连接，上唇有 2 个大黑斑相连，两颊也有黑斑相连接。触角长 11.5~16.0 mm，淡褐色，第 1 节内外两侧各有 1 条粗黑纹。胸部和腹部均为黄绿色至深绿色。前胸端部两侧有褐斑，下面有黑边。胸背中央有黄色中带。翅脉全部绿色。腹部密生黑色短毛。卵长椭圆形，卵初产出时绿色，近孵化时灰红褐色。幼虫体纺锤形，1 龄幼虫浅黄色，头部斑纹和颚黄褐色，斑纹为 1 块；3 龄幼虫头部斑纹和颚黑褐色，斑纹分成 3 个小块，其间的缝线呈“Y”形，胸部和腹部各节背面具 1 对深桃红色的大斑，腹面浅黄色或浅黄绿色，两侧各有 1 排深桃红色的宽带。茧近圆形，灰白色，表面黏附有树皮等的碎片。蛹很像成虫，只不过是身体和翅没有舒展开来。

牯岭草蛉在浙江省鄞县 1 年发生 2 代，以幼虫在松树树干翘皮下和缝隙中越冬，少数以茧蛹越冬。越冬期间气温高时，幼虫仍可活动捕食。4 月下旬第 1 代成虫开始出现，5 月下旬成虫开始产卵并孵出幼虫，6 月中旬幼虫开始结茧化蛹。7 月上旬第 2 代成虫开始出现，此代成虫补充营养期很长，9 月下旬才开始产卵，10 月上旬幼虫孵化，少数幼虫于 11 月上旬开始结茧，成虫刚羽化时体黄褐色，经过补充营养后变为绿色。交尾和产卵多于夜间进行。卵单粒散产。在松树上，成虫喜欢产卵于针叶端部。初孵幼虫在卵壳上静止一段时间，然后沿卵柄爬下寻找食物。善于在树皮缝隙内穿行，白天很少活动，常静伏在针叶基部或针叶丛中的枝条上。老熟幼虫喜欢把一些树皮碎片物等驮在背上，老熟后由腹部末端抽丝结茧。在低温季节，茧多结于松树树干上；在结茧的中后期，随着气温上升，则多结茧于针叶丛中或针叶端部。

牯岭草蛉分布于我国辽宁、河北、山东、浙江、江西、福建、广西、湖南。成虫和幼虫均能捕食马尾松干蚧、日本松干蚧、中华松梢蚧及松蚜。

目前牯岭草蛉已经人工饲养或者规模化生产。在天敌昆虫的人工饲养基地等处，可能会出现为了获取经济利益而进行的盗窃、抢劫等犯罪活动，也有些犯罪分子可能为了经济利益向农户出售假冒天敌昆虫或者非活性天敌。

大草蛉

大草蛉茧

大草蛉是农林害虫的重要捕食性天敌。隶属于脉翅目、草蛉科。成虫体长 13~16 mm，翅展 30~40 mm。体黄绿色。头部有黑斑 2~7 个，常见个体为 4 斑或 5 斑型。触角比前翅短，黄褐色，基部两节黄绿色。胸部背面中央有 1 条黄色纵带。翅前缘横脉列大多数为黑色，阶脉的中部黑色，两端绿色。足黄绿色，跗节黄褐色。腹部绿色，密生黄毛。卵椭圆形，初产出时浅绿色，近孵化时呈灰黑褐色。卵柄白色，长 8~13 mm。幼虫体纺锤形，老熟幼虫深紫褐色。头上有 3 个呈“品”字形排列的黑斑。胸部和腹部前 8 节两侧各具 1 对毛瘤，毛瘤上着生黑白相间的刚毛，第 1 腹节毛瘤着毛处的体壁为白色。腹部腹面黄绿色。茧椭圆形，白色。蛹黄绿色；翅芽短小，黑色。

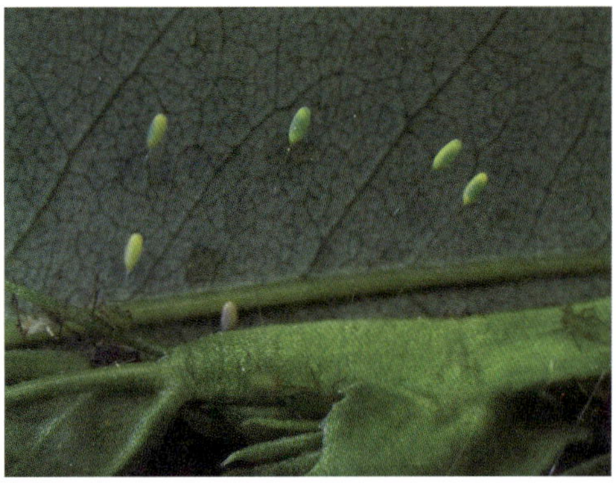

大草蛉卵

大草蛉成虫

大草蛉在浙江杭州1年发生3代，以蛹在茧内越冬。4月下旬成虫羽化，5月上旬为产卵盛期和幼虫孵化初期。6月下旬第1代成虫出现，第2代成虫于9月上中旬发生，第3代幼虫于10月上旬结茧化蛹越冬。刚羽化成虫淡黄绿色，经过补充营养后为黄绿色。有趋光性，交尾和产卵多于夜间进行。卵十余粒或数十粒集聚成片产在一起。卵期2~7 d。刚孵出幼虫，先在卵壳上静止一段时间，然后沿卵柄爬下寻找食物。爬行迅速，有自相残杀的习性。老熟幼虫多于松枝顶端针叶丛或针叶束中间以及树皮裂缝凹陷处结茧。

大草蛉预蛹

大草蛉分布于我国东北、西北、华北、华东、中南及西南地区的大部分省（区），以及日本、朝鲜、俄罗斯的西伯利亚以及欧洲。它是我国最常见的草蛉种类，成虫和幼虫能捕食棉蚜、麦蚜、柳蚜、桃蚜、松蚜、杨蚜、槐蚜、梧桐木虱、粉虱、球蚜、松干蚧、叶螨以及多种鳞翅目害虫的卵和小幼虫。

目前大草蛉已经人工饲养或者规模化生产。在天敌昆虫的人工饲养基地等处，可能会出现为了获取经济利益而进行的盗窃、抢劫等犯罪活动，也有些犯罪分子可能为了经济利益向农户出售假冒天敌昆虫或者非活性天敌。

中华东蚁蛉

中华东蚁蛉又名地牯牛、蚁狮、砂牛。隶属于脉翅目、蚁蛉科。成虫体长24~32 mm，头部黄色多黑斑，触角黑色，胸部黑褐色，前胸背板两侧及中央具黄色纵纹，后胸几乎全为黑褐色。翅透明，有许多小褐点，翅痣黄色，翅脉大部黑色间杂黄色，腹部全黑色；足基节黑色，转节黄色，腿节和胫节黄褐色具黑斑，第1节跗节黄色，余黑色。幼虫外形似蜘蛛，体长约16 mm，体多毛，具斑纹，头部与胸部较小，腹部特大，口器嚼吸式，上颚强大。

中华东蚁蛉虽全年可采，但多在夏、秋季采之。采时铲其栖息处的沙土筛取，捕捉后用文火微炒至虫体膨胀为度。中华东蚁蛉分布于我国四川、河北、山西、湖北、陕西。以干燥或新鲜幼虫入药，全虫含蛋白质、肽类、氨基酸、脂类、甾类、色素等。入药味咸、辛，性温，有小毒，入肝、肾、膀胱；有利水通淋、消肿拔毒、止疟、抗血凝、平肝息风、清热止痉、解热镇痉、祛瘀散结、通便泻下等功效。

在药用昆虫的生产和养殖基地、药用昆虫及衍生物加工厂有可能会发生因经济利益而进行的盗窃、抢劫等犯罪活动，在医院、药店、中医诊所、药材批发市场等犯罪现场也有可能出现它的踪迹。

黄足蚁蛉

黄足蚁蛉又名倒行狗子、蚁地狱。隶属于脉翅目、蚁蛉科。体长约 32 mm，翅展约 73 mm。身体瘦长，似蜻蜓，头较宽，明显宽于前胸，两复眼褐色，突起呈钢盔状，头部黑色，顶部有两块黄色斑，口器黄色；触角棒状，柄节黄色，基节和鞭节黑色，鞭节由第 1 节起，向端部逐节增大。前胸黄色，背面有两条宽的褐色纵带，前胸长有黄色长毛。中、后胸黑色，明显大于前胸。足黄色，前足腿节有棕黑色的小刺，外缘有 2 根强大的黑色长刺，胫节有数根黑色长刺，胫节末端有 2 根粗大而直的黑色长刺，中足腿节有 1 根黑色长刺，并有黄色长毛，胫节下缘及侧缘有数根黑色长刺，末端有 2 根棕色刺，后足腿节下缘有数根长刺，胫节有 10 根条黑色长刺，末端有 2 根棕色长刺。翅透明，有淡彩色的反光，翅膜质柔弱。前后翅形状大小和翅脉相似，呈撑状，翅脉黄色，翅的上下缘及外缘有黄色毛。腹部细长，黑色，有黄色毛。在广东成虫 3~4 月出现，为普通种类。幼虫有假死习性。于地面做穴，呈漏斗状，等待捕食落在洞穴内的小昆虫。

黄足蚁蛉分布于我国海南和台湾等地。干燥或新鲜幼虫入药，于春、秋季捕捉，置沸水中烫死，晒干。也可鲜用。有平肝息风、清热止痉、祛瘀散结、消肿拔毒、通便泻下、截疟杀虫等功效。

在药用昆虫的生产和养殖基地、药用昆虫及衍生物加工厂有可能会发生因经济利益而进行的盗窃、抢劫等犯罪活动，在医院、药店、中医诊所、药材批发市场等犯罪现场也有可能出现它的踪迹。

蚁狮

蚁狮又名倒退虫、缩缩、砂猴、砂王八。隶属于脉翅目、蚁蛉科。幼虫称蚁狮，其头和前胸在身体上所占的比例很小，而腹部膨大。口器特别发达，上颚长而弯，呈镰刀状，内侧有 3 枚齿，在两侧边有强大的刚毛。头扁，复眼小，黑色，位于头部前方两侧。前胸细而窄，呈颈状。体躯很粗壮，背面隆起。足细长，淡黄色，并有很多黑色长毛。身体呈灰黑色，并有淡黄色斑纹，大小随龄期而改变。每个体节的两侧都有黑色强大的毛丛，并有许多散生单条黑色短毛。腹背中央有 1 条黑色纵线，两侧有黑色斑印。一般体宽 2~3. 5 mm。

蚁狮行走时是以倒退方式向前运动的，并会做漏斗形的陷阱来捕捉昆虫。生活于没有风雨侵袭的极松的沙土中。在沙井内等待猎物，蚁狮捕捉昆虫（如蚂蚁）作为食料。它能用上颚把沙挖起，井口的直径及深度不一，一般与蚁狮的大小成正比。在自然情况下，一般深度为 8~14 mm，直径 13~23 mm。取食时，是用上颚刺入蚂蚁身体吸取其体液，吸尽后把尸体抛出。蚁狮是在土中织茧化蛹，其茧呈圆球状，是用丝及沙土胶合而成。一端较平，中央有 1 个小孔，孔口布满一层藻丝。将来羽化时，成虫即从此孔而出。成虫很像蜻蜓。白天停在树林、草丛中，夜间活动，有趋光性，捕食鳞翅目、鞘翅目等幼虫。蚁狮幼虫老熟后在土中作茧化蛹，茧圆球形，外面黏有沙土；要 2~3 年完成一代。

蚁狮分布于我国台湾、广东。全虫含蛋白质、肽类、氨基酸、脂类、甾类、色素等。干燥或新鲜幼虫入药。有平肝息风、清热止痉、祛瘀散结、消肿拔毒、通便泻下、截疟杀虫等功效。

在药用昆虫的生产和养殖基地、药用昆虫及衍生物加工厂有可能会发生因经济利益而进行的盗窃、抢劫等犯罪活动，在医院、药店、中医诊所、药材批发市场等犯罪现场也有可能出现它的踪迹。

第二十二章　鞘翅目

鞘翅目昆虫体躯坚硬，特别是前翅角质化，合拢时盖在胸部和腹部背面，称为鞘翅，状似古代武士所披的甲胄，故通称为甲虫。由于坚硬的体壁和鞘质的前翅可以保护甲虫的身体免遭侵害，所以这一类昆虫得到了极大的发展，为昆虫纲的第一大目，全世界种类超过 30 万种。鞘翅目昆虫的变态类型为完全变态，一生经过卵、幼虫、蛹、成虫等 4 个虫态。但芫菁、大花蚤等为复变态，幼虫经历蛃型、蛴螬型和拟蛹几个时期。绝大多数为两性生殖，也有孤雌生殖、幼体生殖和卵胎生等。鞘翅目昆虫食性复杂，大多数甲虫为植食性，取食植物的各种不同部位，叶甲类多数吃叶，天牛类蛀食木质部，小蠹虫类取食茎干的形成层，金龟子类的幼虫取食根，豆象类取食豆科植物的种子，皮蠹类取食各种植物的种子及其产品。许多鞘翅目昆虫是农作物、果树、森林、贮粮等的重要害虫。一部分类群为捕食性，如瓢虫类捕食蚜虫，虎甲类和步甲类捕食小型昆虫，其中有不少是害虫的重要天敌。粪金龟类为粪食性，可帮助清洁环境卫生。少数种类是寄生性的，如芫菁类的幼虫寄生于蝗虫卵或蜂巢内。芫菁类昆虫虽然有毒，但也是很好的药用昆虫。

麻步甲

麻步甲

麻步甲隶属于鞘翅目、步甲科。体长 16~26 mm，宽 10~11 mm。全体黑色，光泽弱，但复眼棕黄色。触角基部 4 节光亮无毛，第 5 节后密被棕黄色细毛。前胸背板宽大于长，后缘有 1 列较长的黄色毛，覆盖小盾片。前胸背板弧形深内凹，侧缘弧形，缘边上翻。小盾片宽三角形，表面光滑。鞘翅翅面具大小瘤突，成行排列并在鞘翅末端及侧缘逐渐消失，瘤突表面及瘤突之间密布微细刻点，后翅退化。雄虫前足跗节基部 3 节扩大，腹面黏毛棕黄色。幼虫黑色，体末端有 1 对分叉的刺突。

麻步甲分布于我国北京、吉林、辽宁、黑龙江、河北、内蒙古、河南等地。成虫和幼虫均为捕食性，捕食很多种类的小昆虫。它也会寻找动物和人的尸体，捕食尸体上的蝇蛆。是与尸体相关的第 2 个昆虫类群。可以通过它的存在来推断死亡时间。由于它的分布仅限于以上几个省区，所以在这些地区的犯罪现场有可能出现它的踪迹，或者可以利用它的存在来反推犯罪第一现场。

拉步甲

拉步甲

拉步甲隶属于鞘翅目、步甲科。体型长扁而坚实，体长 34~39 mm，体宽 11~16 mm。它体色美丽，变异较大。通常头部和前胸背板绿色，闪金黄色或金红色光泽。鞘翅绿色，侧缘及缘折金绿色，瘤突黑色，前胸背板有时全部深绿色，鞘翅有时蓝绿色或蓝紫色。它的触角细长而分节，1~4 节光洁，以后各节被毛。鞘翅呈椭圆形，背隆肩圆，后部明显收狭，末端形成尾突。足细长，雄虫前足附节基部3节膨大。腹部光洁。拉步甲常栖息于砖石、落叶下或较浅土层。成虫一般夜晚捕食，白天潜藏于枯枝落叶、松土或杂草丛中。它们最喜欢的食物，是肥嫩的蛾类、蝇类幼虫和蚯蚓、蛞蝓、蜗牛之类体表柔软的小动物。

拉步甲是我国特有物种。国内仅分布于我国浙江、福建、江西、江苏等地。由于其数量较少，分布区又较狭窄，所以被列为国家二级保护动物。它是一种观赏性极强的昆虫，奇特的外貌、闪光的金属色引起了收藏家们极大的兴趣，成为他们争相收集的目标，不惜以高昂的价格收购这些稀有的种类。这也刺激了谋利者的狂捕滥采和非法买卖等犯罪活动的发生。

硕步甲

硕步甲又叫大卫步甲，隶属于鞘翅目、步甲科。体长33~40 mm，体宽11~14 mm。头部、触角和足都为黑色；前胸背板和侧板、小盾片都为蓝紫色；鞘翅绿色闪金属光泽，后半部具红铜光泽；腹部光洁，两侧有细刻点；足细长，雄虫前附节基部斗节膨大，腹面有毛。

硕步甲常栖息于砖石、落叶下或较浅土层。昼伏夜出，多捕食鳞翅目、双翅目昆虫及蜗牛、蛞蝓等小型软体动物。是农田重要的捕食性天敌昆虫。

硕步甲分布于我国浙江、福建、江西等地。由于其数量较少，分布区又较狭窄，所以被列为国家Ⅱ级保护动物。与拉布甲一样，工艺品般的色彩和形体引起了收藏家们极大的兴趣，不惜以高昂的价格收购这些稀有的种类。偷采、非法买卖等犯罪现象也时有发生。

绿步甲

绿步甲隶属于鞘翅目、步甲科。体长29~35 mm，宽10~14 mm。色泽鲜艳，体背具金属光泽。口器、触角、小盾片及虫体腹面黑色，前胸侧板绿色，背板铜绿色，鞘翅瘤突黑色，余为绿色。触角基部4节光亮，第5~11节被绒毛。鞘翅基部宽度与前胸基缘宽度接近，渐向后膨大，中部后开始收窄，两个鞘翅末端在鞘缝处形成向上凸的刺突，每个鞘翅有6行瘤突，从鞘缝开始的第1、3、5行瘤突较小，而第2、4、6行瘤突明显大，翅缘尚有1列粗大刻点，瘤突之间尚有不规则的小颗粒。

绿步甲分布于我国北京、辽宁、河北、河南。成虫出现在5~9月，捕食鳞翅目昆虫的幼虫，如柞蚕、栎掌舟蛾、黏虫等幼虫，有时会成为柞蚕的害虫而需要防治。

绿步甲是一种观赏性极强的昆虫，奇特的外貌、闪光的金属色引起了收藏家们极大的兴趣，成为他们争相收集的目标，不惜以高昂的价格收购这些稀有的种类。狂捕滥采和非法买卖等犯罪活动时有发生。也有很多人会为了利益在未取得国家重点保护野生动物及其制品经营许可证的情况下，进行相关经营活动，这样做就触犯了刑律。

虎斑步甲

虎斑步甲隶属于鞘翅目、步甲科。体长14~22 mm，宽5~8 mm，形似斑蝥。头部黄色，向前突出。触角棕色。头部中间有1个似三角形的黑斑，复眼黑色，卵形突起，头上散生白色短毛，上唇前端有数条长的棕色毛，基部有两条长的棕色毛。头似乌龟头状，触角12节，鞭状，披满白色或棕色长短不等的毛。前胸背板棕黄色，其前缘、后缘及中央黑色，黑色部分连成“I”形，前胸背板前部宽，后部较狭。鞘翅黑色，小盾片棕黑色，两鞘翅的肩胛区各有1个黄斑，鞘翅中部也各有1个较大的黄色斑，其外侧达到翅缘，内侧接近，但不及翅缝。翅缘黄色。每个鞘翅各有7条几乎平行纵走的脊，脊间密布刻点，散生有长的棕色毛。鞘翅不盖过腹端，最末二腹节裸露。足黄色，胫节及跗节色较深，棕色。腿节上有较细的黄色毛，胫节密生棕色大毛，跗节丛生棕红色钉状粗毛。后足胫节末端有2根棕黑色的粗大的刺。前胸及后胸腹板黄色，中胸腹板黑色。腹部腹板黑色，有许多刻点，密生棕色毛，腹面可见7个腹节。幼虫细长，没有上唇，头的每侧有6个单眼，触角短，4节，上颚突出，下颚须4节，足短，6节。

虎斑步甲生活于潮湿处、田间及石块下等地。夏秋夜晚在地面疾走，遇敌时放出黄色臭气自卫。捕食能力很强，尤喜食蝼蛄及其卵。白天隐藏在石块或堆积物下面，晚间出来活动，捕食毛虫、蛆、蜗牛、蛞蝓、线虫及其他小虫。成虫行走时，一边之前后二足及他边之中足，开始移动，再由另一边之中足及他边之前后二足继续移动，这样交互的动作身体得以前进。

虎斑步甲分布于我国辽宁、吉林、山东、江苏、浙江、江西、福建、广东、四川、广西、云南。干燥全体入药。春至秋季捕捉，捕捉时最好戴手套，捉后置沸水中烫死，晒干备用。有活血化瘀、消积止痛的功效。

在药用昆虫的生产和养殖基地、药用昆虫及衍生物加工厂有可能会发生因经济利益而进行的盗窃、抢劫等犯罪活动，在医院、药店、中医诊所、药材批发市场等犯罪现场也有可能出现它的踪迹。

爪哇气步甲

爪哇气步甲隶属于鞘翅目、步甲科。体长 17~20 mm，宽 5~7 mm。与气步甲的体型及色泽相似。头部中央的黑色纵斑前端常向前呈叉状伸出，前胸背板侧缘黑色；足棕黄色，腿节末端除背面外明显黑色。头平坦，眼侧有纵皱纹，基部具粗皱纹。前胸背板略隆起，长宽约相等，近于方形，近中部最宽，略宽于头部。雄虫前足股节稍膨大。雄性外生殖器的阳具较气步甲粗壮。雌性腹部末端的针突较短。

爪哇气步甲分布于我国江苏、江西、台湾、福建、广东、广西。捕食黏虫幼虫、稻螟蛉幼虫、稻苞虫幼虫等。遇敌害时也会从腹端放出具有臭味的气体。

爪哇气步甲一旦遭到侵犯，就会猛烈地收缩肌肉，瞬间就释放出毒液，其射程高达体长的 300 倍以上，它是能对人、畜造成一定危害的有毒动物，有人会利用它进行违法犯罪活动，在某些犯罪现场也有可能出现它的踪迹。

气步甲

气步甲隶属于鞘翅目、步甲科。体长 13~20 mm，宽 5~5.5 mm。头黄褐色，中央有黑色的纵斑，黑斑的前端往往向前伸出；上唇棕色，上颚及下唇须棕红色；触角棕红色。前胸背板黑色，两侧有黄斑。小盾片黑色。鞘翅黑色，肩部及中部各有黄斑，中部的黄斑近于横形，黄斑的外缘连至鞘翅外缘，黄斑的内缘远不到达鞘缝，鞘翅的外缘亦为黄色。足棕色，腿节末端腹面有小黑斑。头略隆起，眼侧有纵皱纹，基部中央有网状皱纹。前胸背板心形，前方 1/3 处最宽，具稀疏而粗的刻点。鞘翅纵脊明显，延达鞘翅的端部，翅端平截。腹板可见 7 节（雌虫）或 8 节（雄虫）；雌性腹部末端的针突较长（1.7~2.0 mm），其外缘具疏刺。

气步甲分布于我国江西、台湾、福建、广东、广西、贵州。捕食黏虫幼虫、稻螟蛉幼虫、叶蝉等。遇见敌害时会从腹末放出具有臭味的气体，因而俗称放屁虫。

气步甲遇见敌害时尾部发出爆响，喷射出具有恶臭的高温液体“炮弹”，同时产生黄色的烟雾和毒气。它是能对人、畜造成一定危害的有毒动物，有人会利用它进行违法犯罪活动，在某些犯罪现场也有可能出现它的踪迹。

金斑虎甲

金斑虎甲隶属于鞘翅目、虎甲科。体长 15~21 mm。体色基色为深蓝绿色，具有强烈的金属光泽，头部及前胸大部、鞘缝及鞘翅基部铜红色。每个鞘翅有 3 个明显的白斑，另外在前端外侧尚有 1 个小白点，触角丝状，11 节，基部 4 节绿色，光亮，其余暗黑色，上颚强大，内侧具 3 枚大尖齿。雄虫腹部可见 7 节腹节，而雌虫为 6 节。体腹面胸部和腹部两侧密布白毛。

金斑虎甲一般 2 年发生 1 代，雌虫产卵在土穴内。幼虫期大约为 1 年，成虫期约 10 个月。越冬时，金斑虎甲打洞或进入自然土穴内。成虫出现于 4~11 月，在夏秋季的晴朗的天气，常可在郊区发现金斑虎甲在地面飞飞停停，捕食猎物。它的捕食范围比较广，如蝗虫、蚂蚱、蝼蛄、蟋蟀等。分布于我国江苏、浙江、湖北、湖南、四川、台湾、福建、广东、海南、广西、贵州、云南、西藏。

金斑虎甲

金斑虎甲是一种观赏性极强的昆虫，奇特的外貌、闪光的金属色引起了收藏家们极大的兴趣，成为他们争相收集的目标，不惜以高昂的价格收购这些稀有的种类。狂捕滥采和非法买卖等犯罪活动时有发生。也有很多人会为了利益在未取得国家重点保护野生动物及其制品经营许可证的情况下，进行相关经营活动，这样做就触犯了刑律。

云纹虎甲

云纹虎甲隶属于鞘翅目、虎甲科。体长 8~12 mm。体深绿色，具铜红色光泽。复眼大而显著。触角丝状，约为体长的 2/3，基部 4 节金属绿色，余 1 节暗黑色。前胸背板两侧、胸部侧板及腹部两侧密被白色长粗毛。小盾片三角形。鞘翅密布绿色圆刻点，刻点间距中铜红色，每个鞘翅具 3 条乳白色或淡黄色细斑纹，3 条细斑纹之间在翅的侧缘以 1 条纵纹相连接。

云纹虎甲分布于我国内蒙古、北京、河北、山东、山西、河南、甘肃、新疆、江苏、上海、安徽、浙江、江西、湖北、四川、台湾、福建、广西、广东。成虫产卵于土中，幼虫生活在土穴内捕食过往的昆虫。6 月可见到大量的成虫在水池边活动，捕食一些小昆虫。虎甲类昆虫生活史较长，一般 2~3 年完成 1 代。捕食多种小昆虫，如小地老虎、黏虫、蝗虫等。

云纹虎甲是一种观赏性极强的昆虫，奇特的外貌、闪光的金属色引起了收藏家们极大的兴趣，成为他们争相收集的目标，不惜以高昂的价格收购这些稀有的种类。狂捕滥采和非法买卖等犯罪活动时有发生。也有很多人会为了利益在未取得国家重点保护野生动物及其制品经营许可证的情况下，进行相关经营活动，这样做就触犯了刑律。

中国虎甲

中国虎甲是农林害虫的重要捕食性天敌。隶属于鞘翅目、虎甲科。成虫体长 17.5~22 mm，宽 7~9 mm。头、胸、足和腹部腹面具强烈金属光泽。头和前胸背板的前、后缘绿色，背板中部金红色或金绿色。鞘翅底色深蓝，无光泽，沿鞘翅基部、端部、侧缘和翅缝翠绿色，有时基部和翅缝具红色光泽；在距翅基约 1/4 处有 1 条横带，其外侧达侧缘，并在距侧缘约 1/3 处向上扩展，内侧达翅缝。足绿色或蓝绿色，前、中足腿节中部红色。额具纵皱纹，头顶具横皱纹。触角细长，第 1~4 节亮绿色或紫色，其余 7 节暗黑色。上唇蜡黄色，周缘黑色，中央有 1 条黑纵纹，前缘有 5 枚锯齿。雄虫上颚背面 2/3 以上蜡黄色；腹部可见 7 节；第 6 节后缘向前凹，呈三角形缺刻状；前足第 1~3 跗节具淡色毛垫。雌虫上颚背面基半部蜡黄色；腹部可见 6 节，末节后缘平切；前足跗节无毛垫。

中国虎甲成虫、幼虫都是捕食性，可捕食多种害虫。幼虫生活于土穴中，共有 3 个龄期。中国虎甲分布于我国辽宁、甘肃、河北、河南、山东、陕西、安徽、江苏、浙江、江西、福建、广东、广西、四川、贵州、云南。中国虎甲是一种观赏性极强的昆虫，奇特的外貌、闪光的金属色引起了收藏家们极大的兴趣，成为他们争相收集的目标，不惜以高昂的价格收购这些稀有的种类。狂捕滥采和非法买卖等犯罪活动时有发生。也有很多人会为了利益在未取得国家重点保护野生动物及其制品经营许可证的情况下，进行相关经营活动，这样做就触犯了刑律。

双锯球胸虎甲

双锯球胸虎甲隶属于鞘翅目、虎甲科。体长 13.5~14.5 mm。体铜蓝色，光亮。鞘翅稍具紫色光泽，腹部末 2 节深褐色。上唇和触角黑色，上唇前端中部具 1 个大黄斑，触角第 1 节背面黄色，第 2~6节的端末褐色；足部分黑色，各足基节和转节，前、中足腿节腹面和后足腿节基半部以及前、中足胫节（除末端外）均为黄色，有时各足胫节完全黑色。头大，光滑，头顶后方收狭，呈颈状，额较平，前端陡直向下延伸；上唇长大，约为头长的 2/3，前缘共有 8 枚齿。复眼大，十分突出。触角细，长达前胸后缘，末端 3 节宽而扁平，其中第 9、10 两节呈锯齿形。前胸光亮，前、后端收狭，中部膨大如球形，其横宽略小于其中部长的 2 倍。小盾片三角形，两侧边缘隆起，呈脊状。鞘翅盘区中部有 1 个乳白色、半月形蜡状斑，肩部和基部内侧各有 1 个黄斑，端部透明，淡黄色；盘区刻点小而深，端部 1/4 刻点近于消失。本种个体少，属于罕见种。分布于贵州。

双锯球胸虎甲是国家林业局令第 7 号《国家保护的有益的或者有重要经济、科学研究价值的陆生野生动物名录》中列入的昆虫种类。野外数量十分稀少。是一种观赏性极强的昆虫，奇特的外貌、闪光的金属色引起了收藏家们极大的兴趣，成为他们争相收集的目标，不惜以高昂的价格收购这些稀有的种类。狂捕滥采和非法买卖等犯罪活动时有发生。也有很多人会为了利益在未取得国家重点保护野生动物及其制品经营许可证的情况下，进行相关经营活动，这样做就触犯了刑律。

日本阎甲

日本阎甲隶属于鞘翅目、阎甲科。成虫体型大，卵形，隆凸，黑色光亮，胫节、跗节和触角暗红棕色。头部表面平坦，具稀疏的细小刻点。触角膝状，第 1 节较长，端部 3~4 节棍棒状；前胸背板两侧强烈弧弯向前收缩，前角圆。鞘翅两侧弧圆，鞘翅表面刻点不明显。鞘翅后端截断状，常露出腹末端 1~2 节；前胸腹板龙骨突狭窄，表面平坦，具稀疏细小的刻点，端部两侧密布粗大刻点；无龙骨线。第 1 腹节腹板基节间盘区遍布稀疏的细微刻点，腹侧线完整。前足胫节外缘具 3 枚齿，端部 1 枚齿具 2 根相互靠近的钝圆刺；前足腿节线近于完整，通常于基部略短缩。

日本阎甲分布于我国北京、江苏、浙江、福建、江西、广东、广西、四川、云南、甘肃等地。生活在腐败物质中，捕食蝇蛆、蛾类幼虫、木材害虫等各类昆虫，也取食动物和人的尸体及粪便。是与尸体相关的第 2 个昆虫类群。可以通过它的存在来推断死亡时间。

介真阎甲

介真阎甲隶属于鞘翅目、阎甲科。成虫体长 7~9. 5 mm。短卵圆形，背方中度隆起，黑色，有光泽。触角膝状，第 1 节较长，端部 3~4 节棍棒状；触角棒色暗。前胸背板前角之后近侧线处有宽的凹陷区，其内散布粗大刻点；侧线明显而完整。鞘翅背线深，第 1~4 背线完整，第 5 背线及傍缝线为翅长的 1/3~1/2，后 2 条线有时断裂成刻点状。鞘翅后端截断状，常露出腹末端 1~2 节；前臀板散布中等密的刻点；臀板隆起，刻点较小较密。前足胫节有齿 3~4 枚，端齿由 2 根刺组成。触角和足均可缩藏于腹面的槽内。幼虫体软细长，体壁多皱纹；无单眼和上唇；上颚与口须突出；中胸和后胸特短，尾突 2 节。

介真阎甲分布于我国辽宁、内蒙古、河北等地。生活在腐败物质中，捕食蝇蛆、蛾类幼虫、木材害虫等各类昆虫，也取食动物和人的尸体及粪便。是与尸体相关的第 2 个昆虫类群。可以通过它的存在来推断死亡时间。

黄缘龙虱

黄缘龙虱又名黄边大龙虱、日本吸盘龙虱。隶属于鞘翅目、龙虱科。成虫体长 35~40 mm，体长椭圆形，有光泽，前胸背板、鞘翅为漆黑色，腹部黄褐色；头部略扁，复眼突出，触角丝状，前足细小，后足扁平，有长毛。前胸及鞘翅两侧的黄边中有 1 条黑色条纹，雌虫鞘翅上除端部及近中缝处外布满沟状刻纹。

黄缘龙虱的成虫、幼虫均水栖，栖息于水田、池塘、水沟、小溪等淡水水域，捕食水中小动物、昆虫、小鱼、蝌蚪和其他水生小动物，追食鱼苗甚至成鱼、水中的有机物和水草。一般 1~2 年发生 1 代，幼虫老熟后即钻入水边的泥土中做土室，蜕皮变为乳白色的裸蛹，蛹期约半月；从 7 月至 8 月下旬均可见成虫，羽化之雄成虫追逐雌性，并爬至其背上用前足吸盘吸附雌虫进行交配，尔后即产卵于水草的茎杆组织中。成虫腹部背面有储气囊便于潜入水中捕食，其趋光性很强，若游至水面，见有灯光时即起飞并飞趋向光源。

黄缘龙虱

黄缘龙虱分布于我国黑龙江、吉林、辽宁、内蒙古、山西、北京、河北、山东、河南、江苏、浙江、江西、台湾、福建等地。龙虱较易养殖，人工饲养效益甚高。我国南方各省区将龙虱作为食用种类，而它也有很好的药用价值。在龙虱养殖基地、药用昆虫及衍生物加工厂有可能会发生因经济利益而进行的盗窃、抢劫等犯罪活动，在医院、药店、中医诊所、药材批发市场等犯罪现场也有可能出现它的踪迹。

黄边龙虱

黄边龙虱又名具缘龙虱、黄肩龙虱。隶属于鞘翅目、龙虱科。成虫体长 30~36 mm。体长椭圆形，有光泽，前胸背板、鞘翅为漆黑色，腹部黄褐色；头部略扁，复眼突出，触角丝状，前足细小，后足扁平，有长毛。身体构造和生活习性似三星龙虱，但身体两侧的黄边色偏深，呈黄褐色，鞘翅肩角与胸部接触处黄边明显加宽。

黄边龙虱的成虫、幼虫均水栖，栖息于水田、池塘、水沟、小溪等淡水水域，捕食水中小动物、昆虫、小鱼、蝌蚪和其他水生小动物，追食鱼苗甚至成鱼、水中的有机物和水草。一般 1~2 年发生 1 代，幼虫老熟后即钻入水边的泥土中做土室，蜕皮变为乳白色的裸蛹，蛹期约 15 d；从 7 月至 8 月下旬均可见成虫，羽化之雄成虫追逐雌性，并爬至其背上用前足吸盘吸附雌虫进行交配，尔后即产卵于水草的茎杆组织中。成虫腹部背面有储气囊便于潜入水中捕食，其趋光性很强，若游至水面，见有灯光时即起飞并飞趋向光源。

黄边龙虱分布于我国湖北、湖南、浙江、福建、广东等地。龙虱较易养殖，人工饲养效益甚高。但龙虱成虫可捕食鱼苗、甚至追食成鱼，对池养或水田套养鱼造成危害。我国南方各省区将龙虱作为食用种类，而它也有很好的药用价值。在龙虱养殖基地、药用昆虫及衍生物加工厂有可能会发生因经济利益而进行的盗窃、抢劫等犯罪活动，在医院、药店、中医诊所、药材批发市场等犯罪现场也有可能出现它的踪迹。

黑色金龟子

黑色金龟子又名蔗龟。隶属于鞘翅目、金龟科。体长 14~16mm，全体黑褐色，有金属光泽。头部小，三角形，头顶的基半部为黑褐色，前半部为褐色，头顶有不规则的粗糙突起，中央有 2 个大的乳状突起；头顶前缘有很浓密的棕色长毛，复眼黑色，有网状的金色的斑纹。触角棕色，第 1 节呈锤状，特别大，鳃片 3 节，呈卵形，其余为念珠状。前胸背板发达，其上密布凹的小刻点，前胸背板前缘有排列整齐的金黄色毛，两侧缘向前延伸呈角状。鞘翅上有由小刻点组成的纵线 10 条。呈深棕色，前足腿节和胫节发达，胫节外侧呈 3 个大的齿状突，其后有 3 个小的齿状突起，第 2 与第 3 枚大齿间有 1 个小的齿状突起，齿状突起均为黑色。胫节内侧末端有 1 根长刺；中、后足胫节有 3 列小刺，故胫节特别侧扁，其内侧下缘有 1 条浅沟。腹部可见 6 节，末端裸露。卵乳白色而有光泽，表面有网状刻纹。幼虫体乳白色，头及足淡黄褐色。蛹为裸蛹，淡黄褐色。

黑色金龟子在广东 1 年发生 1 代。成虫在 4 月中下旬开始羽化出现。8 月下旬开始产卵，卵期约

15 d；9 月中旬开始有第 1 龄幼虫，历期约 45 d；10 月下旬有第 2 龄幼虫，历期约 45 d；11 月下旬至翌年 3 月是第 3 龄幼虫期，历期约 150 d；幼虫在蔗地越冬，3 月下旬开始化蛹，蛹期约 20 d。为害期很长，成虫自 4 月中旬至 9 月下旬达 5~6 月之久，均在田间取食甘蔗；幼虫为害期为 11 月至翌年 3 月，亦达 5 个月。而卵期及蛹期却很短，因此蔗龟能严重为害甘蔗。成虫、幼虫均在土中或幼苗基部啃食。成虫羽化盛期在 4 月下旬至 5 月间。在 5~6 月最活跃。成虫日间静伏于甘蔗植株附近的表土中，夜间出土活动，有弱趋光性。成虫的出现为害与雨量有很大的关系，一般在早春降雨后开始出现成虫，春天降雨少的年份，往往会推延成虫的出现。

黑色金龟子分布于我国广东、广西、福建等地。干燥幼虫入药，名蛴螬，于夏季捕捉，洗净，用沸水烫死，晒干或烘干备用。有安神镇静、破瘀通经、攻毒通便、解毒疗疮等功效。在药用昆虫生产和养殖基地、药用昆虫及衍生物加工厂有可能会发生因经济利益而进行的盗窃、抢劫等犯罪活动，在医院、药店、中医诊所、药材批发市场等犯罪现场也有可能出现它的踪迹。

大蜣螂

大蜣螂隶属于鞘翅目、金龟科。体长 21~36 mm，体宽阔，黑色无光泽。触角暗赤褐色，球杆部赤色，雌虫后足胫节内侧列生青色密毛，前额两复眼间有 2 个小突起，两复眼间的前额粗布黑刻点。前足胫节内侧向基部呈锯齿状，雄虫有 1 枚齿；雌虫有 2 枚齿。雄虫后足胫节内侧密有锈色毛。尾节常常散布纤细的刻点。头的前端有 5 枚齿，排成半圆形。成虫可活 633 d。

大蜣螂分布于我国北部地区。干燥成虫入药，名蜣螂。于夏季捕捉，洗净，用沸水烫死，晒干或烘干备用。有安神镇静、破瘀通经、攻毒通便、解毒疗疮等功能。

在药用昆虫生产和养殖基地、药用昆虫及衍生物加工厂有可能会发生因经济利益而进行的盗窃、抢劫等犯罪活动，在医院、药店、中医诊所、药材批发市场等犯罪现场也有可能出现它的踪迹。

紫蜣螂

紫蜣螂隶属于鞘翅目、金龟科。体长约 20 mm，全体紫色，有光泽，头略呈三角形。触角赤褐色，鳃叶状片，色较淡。前胸背穹起，中央光滑，正中线凹陷明显，两旁有刻点，并有圆窝 1 个，两侧缘膨出，四周缘边线显著。小盾片平滑，中央有纵线凹陷。鞘穹起，有明显之直沟 7 条，近前缘之数条则不甚明显。足与体下皆紫铜色，生有褐色毛。中胸腹面纵走凹陷 1 条，且有毛。

紫蜣螂常食动物的尸体及粪尿等，并能集粪为团而推滚之。在长春于 7 月下旬可发现成虫。分布于我国的东北地区。干燥成虫入药，名蜣螂。于夏季捕捉，洗净，用沸水烫死，晒干或烘干备用。有安神镇静、破瘀通经、攻毒通便、解毒疗疮等功能。

在药用昆虫生产和养殖基地、药用昆虫及衍生物加工厂有可能会发生因经济利益而进行的盗窃、抢劫等犯罪活动，在医院、药店、中医诊所、药材批发市场等犯罪现场也有可能出现它的踪迹。

粪金龟

粪金龟又名推粪虫、粪球虫、屎壳郎。隶属于鞘翅目、金龟科。成虫体长 15.5~22 mm，长椭圆形。体背黑色有紫铜色闪光，腹面具铜绿色闪光。唇基前缘弧形，上颚呈镰刀状；前胸背板宽大于长，前侧角钝，后侧角呈弧圆形，小盾片三角形；前足粗壮，胫节外缘有 7 枚齿。雄虫胫节基部有小齿 1~2 枚，雌虫胫节下方有锯齿形纵脊及毛丛。鞘翅有刻点沟 13 条。

粪金龟分布于我国河北、河南、内蒙古、辽宁、吉林、黑龙江等地。成虫在畜粪堆下垂直挖洞，运粪于洞中，幼虫以粪为食。夏秋季采集成虫后，按形态特征分种，洗净，沸水速烫至死，晒干、炭火烘干或在 40 ℃烘箱中烘干，干燥后储存于防虫、防鼠、干燥通风处。以干燥成虫入药，制作散剂或丸剂，味咸、性寒、有毒，入肝、胃、肠。有解毒消肿、通便、镇惊、破瘀通经、抗癌等功效。

在粪金龟养殖基地有可能会发生因经济利益而进行的盗窃、抢劫等犯罪活动，在医院、药店、中医诊所、药材批发市场等犯罪现场也有可能出现它的踪迹。

东北大黑鳃金龟

东北大黑鳃金龟是一种为害严重的农林业害虫。隶属于鞘翅目、鳃金龟科。成虫体长16~21 mm，宽8~11 mm。黑褐色或黑色，有光泽。触角10节，棒状部由3节组成，雄虫棒状部明显长于后6节之和。前胸背板宽度不到长度的2倍，上有许多刻点，侧缘中部向外突出。鞘翅长度约为前胸背板宽度的2倍，最宽处位于两鞘翅的中部；鞘翅各具4条明显的纵肋。前足胫节外缘齿3枚。中、后足胫节末端具端距2个。爪为双爪式，爪的中部有垂直分裂的爪齿1枚。后足胫节中段有1条完整具刺的横脊。臀板隆凸高度略超过末腹板之长，短阔，顶端横宽，端部中央为1条浅纵沟平分为2个短小圆丘；第5腹板后方中部三角形凹较宽。臀板从侧面看为1个略呈弧形的圆球面。卵乳白色，卵圆形，后期因胚胎发育近球形。幼虫乳白色，3龄老熟幼虫体长约31 mm。蛹黄色以至红褐色。

东北大黑鳃金龟分布于我国辽宁、吉林、黑龙江、内蒙古、河北、甘肃。为害桑、榆、杨、李、山楂、苹果及多种农作物。

东北大黑鳃金龟在东北及华北地区2年完成1代，以成虫及幼虫越冬，仅有少数发育晚的个体有世代重叠现象。在辽宁凤城地区，越冬成虫4月末至5月中旬开始出土。出土盛期在5月中下旬至6月初。成虫末期可延续到8月下旬。成虫出土后先觅偶交尾，然后取食。雌雄虫均可交尾2次以上。卵散产于土中，孵化盛期在7月中下旬。幼虫取食根茎地下部分及播下的种子，造成严重缺苗和死苗。幼虫共3龄，当年秋末越冬幼虫多为2~3龄。此虫以山地荒坡杂草中发生最多，其次是种植大豆、花生、玉米、高粱的地里。

金龟子幼虫称为“蛴螬”，俗称土蚕，蛴螬肥大，可食。我国食用蛴螬的历史很悠久，现在，我国有许多地区仍有食用蛴螬的习俗，通常是去头、足、内脏后油炒，加以盐和其他调料后食用，除食用蛴螬外，在云南少数民族地区还有食用金龟子成虫（俗称“油虫”）的习惯，金龟子成虫烧烤俗称“烤铁牛”。在餐馆、超市、菜市场和集贸市场有可能会发生因经济利益而进行的盗窃、抢劫等犯罪活动，在某些犯罪现场也有可能出现它的踪迹。

中华褐绒金龟子

中华褐绒金龟子又名褐绒金龟子。隶属于鞘翅目、鳃金龟科。体长19~21 mm，身体前半部棕黑色，后半部颜色渐浅为棕色。头部前缘挠起边缘呈波纹状，头后缘脊甚显著。头背面粗糙，有呈网眼状凹刻点。复眼黑色，有金黄色斑纹，具金属光泽。复眼前有数条棕黄色长毛。触角棕色，10节，第1节甚长，第2~7节念珠状，鳃节3节呈锤状。前胸背板密布白色网状凹刻点，两侧缘摺略向上挠，缘摺断续，在断续地方的缺口处生有1根棕色长毛。小盾片钝三角形。足深棕色，前足胫节三角形，外侧缘呈三角钝状大齿，内侧缘有1根大刺；跗节细长，5节，第5跗节末端有2个镰刀状的大爪，大爪的中部再生1个小爪。中足腿节细长，胫节中部有一轮规则的毛，端部有一轮短毛及1根大刺，爪与前足同。腹部可见7节，最末2节裸露。

中华褐绒金龟子分布于我国华南地区。干燥幼虫入药，名蛴螬。夏季在翻土或倒粪时捕捉，洗净，置沸水中烫死，晒干或烘干备用。有活血破瘀、消肿止痛、平喘、祛翳等功效。

在药用昆虫生产和养殖基地、药用昆虫及衍生物加工厂有可能会发生因经济利益而进行的盗窃、抢劫等犯罪活动，在医院、药店、中医诊所、药材批发市场等犯罪现场也有可能出现它的踪迹。

华南大黑鳃金龟

华南大黑鳃金龟隶属于鞘翅目、鳃金龟科。成虫体长22~24 mm，宽11~13 mm，棕褐色。触角10节，鳃叶部3节，头顶中部有1个横的浅凹陷。头部前缘有棕色长毛，头背面密布圆形的凹点。前胸背板密布凹陷的小圆点，两侧缘前部有棕色长毛。鞘翅上有刻点及4条隆起线，鞘翅短，不盖过腹部末端，腹部最末2节裸露。足棕红色，有棕黄色长毛，前足胫节有3枚齿，似掌状，跗节5节，最末跗节端部有2个分叉的爪，每个跗节端部有数条棕黄色的长毛。腹部分节明显，腹部可见8节。老熟幼虫由乳白色变为土黄色，全体遍生棕色细毛，尤以背面为多。第10腹节腹板密生钩状刚毛，中间有2行整齐刺列。蛹土黄色，背面有纵隆线1条，较体色淡，腹部末端有2个叉状突。

华南大黑鳃金龟完成一代需时2年多，先以幼虫越冬，最后1年以成虫越冬，故冬天土中同时有越冬的成虫和幼虫。越冬成虫于翌年3月出土活动，进行交尾，于4月下旬产卵。卵多产于比较松软的壤土或沙质壤土中，经2周左右孵化。当年即以幼虫越冬，翌年春暖后又上升土表为害，至6月下旬老熟，并做土室化蛹。7月羽化为成虫，并以之越冬。成虫白天潜伏土中，黄昏后出土活动，黎明前又返回土中隐匿起来，有趋光性，但不强。成虫寿命200~300 d。幼虫在土中的位置，随土壤的温湿度的改变而上下迁移，如土表太干或太湿，均不适宜其活动。若地下水位较高，则上升。入秋以后，温度降低，幼虫亦随之向下迁移。食性较杂，能为害桑、梨、苹果、杏、榆及多种农作物，有13科30余种，幼虫取食树木时将根及茎的地下部分表皮蚀去。

华南大黑鳃金龟分布于我国广东、贵州、浙江、江西、福建、台湾等地。幼虫含蛋白质、脂肪、氨基酸，还含有多种酶，如外细胞糖酶、蔗糖酶等。干燥幼虫入药，名蛴螬。夏季在翻土或倒粪时捕捉，洗净，置沸水中烫死，晒干或烘干备用。有活血破瘀、消肿止痛、平喘、去翳等功效。

在药用昆虫生产和养殖基地、药用昆虫及衍生物加工厂有可能会发生因经济利益而进行的盗窃、抢劫等犯罪活动，在医院、药店、中医诊所、药材批发市场等犯罪现场也有可能出现它的踪迹。

背黑正鳃金龟

背黑正鳃金龟隶属于鞘翅目、鳃金龟科。雄虫体长20 mm，宽8.5 mm。体长椭圆形，棕褐色。头面、鞘翅背面及腹部1~5节腹板黑褐色。头大，唇基密布深大刻点，刻点具针尖形鳞片，头面密布粗大刻点，额凹显著，眼内侧有白色鳞片组成眉形斑；上唇阔大鼓凸，下缘中段深深凹缺，下颚须末节扁大，背面有大型削痕。触角10节，鳃片部3节，长约为柄部的1.4倍。前胸背板有中纵乳白条斑达到后方3/4处，另有前侧、后侧、后缘中段共3对乳黄鳞片组成的斑；侧缘后段内弯，后侧角近直角形。小盾片短阔。鞘翅长，缝肋隆拱，每鞘翅有4条纵肋，背面2条纵肋为乳白色鳞片列一分为三。臀板三角形，侧缘直，末端尖。腹部腹面有中纵沟。足较细长，前足胫节外缘有3枚齿。其体背面条纹流畅优美，而属内其他种类则不具备，具有较高的观赏价值。本种为我国特有，迄今仅有1头标本。分布于贵州。

背黑正鳃金龟是国家林业局令第7号《国家保护的有益的或者有重要经济、科学研究价值的陆生野生动物名录》中列入的昆虫种类。野外数量十分稀少。它是一种观赏性极强的昆虫，奇特的外貌、闪光的金属色引起了收藏家们极大的兴趣，成为他们争相收集的目标，不惜以高昂的价格收购这些稀有的种类。狂捕滥采和非法买卖等犯罪活动时有发生。也有很多人会为了利益在未取得国家重点保护野生动物及其制品经营许可证的情况下，进行相关经营活动，这样做就触犯了刑律。

铜绿丽金龟

铜绿丽金龟隶属于鞘翅目、丽金龟科。成虫体长15~18 mm，体背面铜绿色，有光泽。头部较大，深铜绿色，唇基褐绿色，前缘向上卷。复眼黑色大而圆。触角9节，黄褐色。前胸背板前缘呈弧状内弯，侧缘和后缘呈弧形外弯，前角锐，后角钝，背板为闪光绿色，密布刻点，两侧有1 mm宽的黄边，前缘有膜状缘。鞘翅为黄铜绿色，有光泽，有不甚明显的隆起带，会合处隆起带较明显。胸部腹板黄褐色有细毛。腿节黄褐色；腹部米黄色，有光泽；臀板三角形，上常有1个近三角形黑斑。雌虫腹面乳白色，末节为棕黄色横带；雄虫腹面棕黄色。雄性外生殖器的基片、中片和阳基侧突三部分几乎相等，阳基侧突左右不对称。卵白色，初产时为长椭圆形，以后逐渐膨大至近球形，卵壳表面平滑。3龄幼虫头部暗黄色，近圆形，头部前顶毛两侧各为8根，排一纵列；后顶毛10~14根，额中侧毛两侧各 2~4 根。腹部末端两节自背面观，为泥褐色且带有微蓝色。蛹椭圆形，略扁，土黄色，末端圆平。腹部背面有 6 对发音器。雌蛹末节腹面平坦且有 1 条细小的飞鸟形皱纹，雄蛹末节腹面中央阳基呈乳头状突起。

铜绿丽金龟 1 年发生 1 代，以 3 龄幼虫或少数 2 龄幼虫在土中越冬。翌年 5 月开始化蛹，成虫的出现南方略早于北方，一般在 6 月上旬，6 月中下旬至 7 月上旬为高峰期，到 8 月下旬终止，9 月上旬绝迹。成虫高峰期开始见卵，幼虫于 8 月出现，11 月进入越冬期。成虫羽化出土的时间与 5~6 月降雨量有密切关系，如 5~6 月雨量充沛，则出土较早，盛发期提前。成虫白天隐伏于灌木丛、草皮或表土内，黄昏时分出土活动。成虫交尾多在寄主树上进行，每晚先交尾后取食。成虫一生交尾多次，产卵多选择在果树下 5~6 cm 深土壤中或农作物根系附近土中，卵散产。幼虫主要为害林木、果树根系和农作物的地下部分，一般清晨和黄昏在土中由深层爬到表层，咬食苗木近地面的茎部、主根和侧根。

铜绿丽金龟分布于我国黑龙江、辽宁、山西、河北、内蒙古、河南、山东、宁夏、陕西、安徽、江苏、江西、湖南、湖北、浙江、四川。为害杨、柳、榆、松、杉，栎、油桐、油茶、板栗、核桃、柏、枫杨、苹果、沙果、花红、海棠、葡萄、丁香、梨、桃、杏、樱桃等多种林木和果树。

金龟子幼虫称为“蛴螬”，俗称土蚕，蛴螬肥大，可食。我国食用蛴螬的历史很悠久，现在，我国有许多地区仍有食用蛴螬的习俗，通常是去头、足、内脏后油炒，加以盐和其他调料后食用，除食用蛴螬外，在云南少数民族地区还有食用金龟子成虫（俗称“油虫”）的习惯，金龟子成虫烧烤俗称“烤铁牛”。在餐馆、超市、菜市场和集贸市场有可能会发生因经济利益而进行的盗窃、抢劫等犯罪活动，在某些犯罪现场也有可能出现它的踪迹。

四斑幽花金龟

四斑幽花金龟隶属于鞘翅目、花金龟科。体长 37~46 mm，宽 19~23 mm。体较长，大型，后部稍狭窄，表面光亮，深铜绿色，每个鞘翅的前后各有 1 个橘红色大斑，后面的 1 个斑占翅宽的大部。唇基的前缘向上折翘，横向直，侧缘也直，背面具小刻点。前胸宽大，边缘波纹形，表面皮革状。小盾片较大，末端尖。鞘翅长大，肩部最宽，表面遍布细小刻点。臀板具很细小的皱纹。中胸腹突短，端部钝角形。后胸腹板散布皱纹和绒毛。雄虫的足延长，前足胫节外侧有 2 枚弱而钝的齿，雌虫的前足胫节外缘齿较大。本种体长而美丽，为珍稀种类，数量很少。

四斑幽花金龟分布于我国海南。它是国家林业局令第 7 号《国家保护的有益的或者有重要经济、科学研究价值的陆生野生动物名录》中列入的昆虫种类。野外数量十分稀少。它是一种观赏性极强的昆虫，奇特的外貌、闪光的金属色引起了收藏家们极大的兴趣，成为他们争相收集的目标，不惜以高昂的价格收购这些稀有的种类。狂捕滥采和非法买卖等犯罪活动时有发生。也有很多人会为了利益在未取得国家重点保护野生动物及其制品经营许可证的情况下，进行相关经营活动，这样做就触犯了刑律。

褐斑背角花金龟

褐斑背角花金龟隶属于鞘翅目、花金龟科。体长 23.5~25.5 mm，宽 11~13.5 mm。体暗褐色，表面稍具光泽；鞘翅、臀板、腿节的前部均为浅褐黄色；前胸背板有 3 条褐色纵带，前部中央有 1 个圆锥形角突。头部背面凹陷，密布粗糙刻点和稀疏黄绒毛。雄虫唇基前缘中央有 1 个叉状角突；雌虫唇基背面凹陷较深，前缘具浅中凹。前胸背板长稍大于宽，近梯形，背面具细小刻点和皱纹（雌虫的刻点较粗糙）；小盾片较宽大，末端尖。鞘翅宽大，肩后外缘强烈弯曲，表面具细密小刻点。臀板较宽，末端稍圆。中胸腹突较长，前端圆。腹部密布皱纹和浅黄色绒毛。雄虫的前足胫节比雌虫的狭长，角突很奇特，美丽，是我国特有种；分布于我国陕西、四川。

褐斑背角花金龟是国家林业局令第 7 号《国家保护的有益的或者有重要经济、科学研究价值的陆生野生动物名录》中列入的昆虫种类。野外数量十分稀少。它是一种观赏性极强的昆虫，奇特的外貌、闪光的金属色引起了收藏家们极大的兴趣，成为他们争相收集的目标，不惜以高昂的价格收购这些稀有的种类。狂捕滥采和非法买卖等犯罪活动时有发生。也有很多人会为了利益在未取得国家重点保护野生动物及其制品经营许可证的情况下，进行相关经营活动，这样做就触犯了刑律。

白星花金龟

白星花金龟隶属于鞘翅目、花金龟科。成虫体长18~24 mm，体色多为古铜色或黑紫铜色，有时为青绿色或紫色，体表散布众多不规则白绒斑。头部较窄，两侧在复眼前有明显陷入，头部中央隆起。唇基前缘向上卷，中央部分凹陷；复眼大而明显，黄铜色带有黑色斑纹。触角10节，黑棕色。前胸背板长短于宽，近似梯形，两侧弧形，后缘中部向前凹。前胸背板盘区刻点稀大，两侧刻纹多为弧形，散布众多白绒斑，白斑大小、稀密变化很大，盘区大多具2~3对小白斑，有的沿边缘具不规则白绒斑，此外往往还散布很多小斑。鞘翅散布粗大刻纹和众多白绒斑，大的白绒斑多集中在中后部为波纹状或云斑状。鞘翅侧缘前方内弯。臀板稍短宽，具白绒斑。腹部枣红色，有光泽，分节明显。雄虫腹板中央部分凹平，雌虫腹板不凹平。卵椭圆形或近椭圆形，灰白色。幼虫体长30~40 mm，短、粗、肥，稍弯曲，头小。蛹无尾角，末端齐圆，有边褶，雄蛹尾节腹面中央有1个横长方形的三叠状突，雌蛹尾节腹面中央平坦，在尾节中央前方有1条锚式细纹。

白星花金龟

白星花金龟1年发生1代，以2龄、3龄幼虫或成虫在土内或杂草中越冬。成虫5月上旬出现，幼虫5~6月化蛹，蛹期1个月，6~7月为成虫活动期，9月逐渐绝迹。7月上旬开始产卵，卵经12 d左右孵化为幼虫。幼虫期270 d。成虫白天活动，取食多种果树和林木的花，最喜取食成熟果实和玉米苞穗等，产卵场所多为谷场边、腐殖质丰富或堆肥较多的地方。成虫寿命约50 d，有假死性，对苹果、桃等的酒醋味趋性较强。幼虫体宽肥壮，以背部着地行走，足朝上。以腐殖质为食料，一般不为害活植物根系。幼虫抗不良环境能力较强，在冰冻的情况下经1个月仍能恢复活动。

白星花金龟分布于我国辽宁、吉林、黑龙江、山西、河北、北京、天津、江苏、江西、安徽、山东、河南、湖南、湖北、陕西等地，以及俄罗斯、朝鲜、日本等国。为害苹果、梨、桃、杏、李、樱桃、芙蓉、木槿、柳、榆、麻栎、楮、苦楝、柑橘、玉米等。

白星花金龟也是一种药用昆虫，在白星花金龟的产区、药用昆虫生产和养殖基地、药用昆虫及衍生物加工厂有可能会发生因经济利益而进行的盗窃、抢劫等犯罪活动，在医院、药店、中医诊所、药材批发市场等犯罪现场也有可能出现它的踪迹。

小青花金龟

小青花金龟是一种为害严重的农林业害虫。隶属于鞘翅目、花金龟科。成虫体长12~17 mm，宽7~8 mm。头部长，黑色；唇基前缘中部1/3呈三角形凹陷，左右呈角形突出，向上弯曲，两侧由前向后逐渐加宽，在复眼前明显陷入。复眼漆黑色，触角赤黑色。唇基和头部背面密布刻点，前细后粗，且疏生黄褐色毛。前胸背板前狭后宽，前角钝，后角圆弧形，中央布小刻点，两侧密布条刻，且生黄褐色毛，多数还具2个黄色小斑。小盾片长三角形，光滑无毛，仅有零星小刻点。前胸背板和鞘翅为暗绿色，或黑褐色、墨绿色、紫铜色、草青色，具微绿或微紫光泽。鞘翅上有深浅不一的半

小青花金龟

椭圆条刻，刻点中或刻点间分布少数黄毛。鞘卵初为乳白色，近椭圆形，膨大后为球形，污白色。幼虫上唇前缘三裂片状。臀节腹面布满长和短的刺状毛，刺毛列由16~24根组成，两列平行对称，前端稍接近，伸延至臀节腹面的1/2处，中段稍远，后半段近于平行，通常排列整齐，刺毛列后端还伸延至肛下叶。无钩状刚毛。蛹乳黄色，后端为橙黄色。

小青花金龟1年发生1代，以成虫或幼虫在土中越冬。4~5月成虫出土活动，苹果、梨、山楂、枫树等开花季节，正是成虫活动盛期。成虫白天活动，主要取食花蕊和花瓣，尤其在晴天无风和气温较高的10~14时，成虫取食、飞翔最烈，同时也是交尾盛期。如遇风雨天气，则栖息在花中，不大活动，日落后飞回土中潜伏，产卵。当大葱花盛开时，常见成虫聚集在葱花上取食。成虫喜欢在腐殖质多的土壤中和枯枝落叶层下产卵。6~7月始见幼虫，一般不为害活植物的地下部分，成虫8月底绝迹，寿命3个月左右。

小青花金龟分布于我国各省区，以及俄罗斯、日本、朝鲜等国。为害山楂、苹果、杏、桃、板栗、栎、枫、梨、柑橘、玫瑰、蔷薇和胡萝卜、葱。

金龟子幼虫称为“蛴螬”，俗称土蚕；蛴螬肥大，可食。我国食用蛴螬的历史很悠久，现在，我国有许多地区仍有食用蛴螬的习俗，通常是去头、足、内脏后油炒，加以盐和其他调料后食用。除食用蛴螬外，在云南少数民族地区还有食用金龟子成虫（俗称“油虫”）的习惯，金龟子成虫烧烤俗称“烤铁牛”。在餐馆、超市、菜市场和集贸市场有可能会发生因经济利益而进行的盗窃、抢劫等犯罪活动，在某些犯罪现场也有可能出现它的踪迹。它还是蛹虫草的主要寄主昆虫，蛹虫草具有很好的药用和食疗价值。在蛹虫草产区，可能会出现为了获取经济利益而进行的盗窃、抢劫等犯罪活动，也有些犯罪分子可能为了经济利益出售假冒药用昆虫及其产物；在医院、药店、中医诊所、药材批发市场等犯罪现场也有可能出现它的踪迹。

群斑带花金龟

群斑带花金龟体长22~24 mm，宽10.5~13 mm。隶属于鞘翅目、花金龟科。体黑天鹅绒色，背面和腹面具黄斑和黑斑，前胸背板有2个“V”形黄色带状斑，外侧的1条呈弧形；小盾片的基部和末端均呈黄色，鞘翅缝附近和外侧有3~4个黄斑，臀板中央有1个大圆斑，腹面两侧均有黄绒斑和绒毛。鞘翅黄色，具黑斑。唇基宽大，前缘具深中凹，表面散布刻点和黄绒毛。前胸背板近于七角形，背面密布刻点和黄绒毛。小盾片为长三角形，末端尖。鞘翅宽大，肩部最宽，后部较狭窄，外侧密布刻点和皱纹，每翅有2个斜形黑斑，臀板较宽，末端圆，密布横向皱纹和黄绒毛。中胸腹突较短，前端圆。腹部具刻点和横向黄斑。足较短，前足胫节外缘有3枚齿。本种花斑很漂亮，但因环境的破坏，数量骤减。分布于我国江西、海南。

群斑带花金龟是国家林业局令第7号《国家保护的有益的或者有重要经济、科学研究价值的陆生野生动物名录》中列入的昆虫种类。野外数量十分稀少。它是一种观赏性极强的昆虫，奇特的外貌、闪光的金属色引起了收藏家们极大的兴趣，成为他们争相收集的目标，不惜以高昂的价格收购这些稀有的种类。狂捕滥采和非法买卖等犯罪活动时有发生。也有很多人会为了利益在未取得国家重点保护野生动物及其制品经营许可证的情况下，进行相关经营活动，这样做就触犯了刑律。

格彩臂金龟

格彩臂金龟隶属于鞘翅目、臂金龟科。雄虫体长53~63 mm，宽32~35 mm。体长椭圆形，前胸背板古铜色泛绿、泛紫，鞘翅黑褐色，有许多不规则黄褐斑点，有些斑点中有黑褐小点，其余体表为金紫色。唇基深凹，前缘两侧端呈小齿突。额头顶部有矮弱中纵脊；复眼大。触角10节，鳃片部3节。前胸背板甚隆拱，有前狭后宽深的中纵沟，盘区滑亮，两侧各有1个小坑，四周密布大刻点，侧缘显著锯齿形。小盾片半椭圆形。鞘翅端缘近横直，纵沟线模糊。臀板短阔，密被灰色绒毛。体腹面密被柔长绒毛。足长大，前足十分延长，股节前缘中段角齿形扩出，由齿顶向端呈锯齿形；前胫匀称弯曲，背面中段有短壮齿突 1 个，末端内侧延长为细长指状突，外缘有小刺突 5~6 个。每足有爪 1 对。本种以其体壮伟、色彩华丽而深为收集者喜爱。生活在热带、亚热带森林中，但数量极少。我国已将其列为国家Ⅱ级保护动物。分布于我国云南。

格彩臂金龟是一种观赏性极强的昆虫，奇特的外貌、闪光的金属色引起了收藏家们极大的兴趣，成为他们争相收集的目标，不惜以高昂的价格收购这些稀有的种类。狂捕滥采和非法买卖等犯罪活动时有发生。也有很多人会为了利益在未取得国家重点保护野生动物及其制品经营许可证的情况下，进行相关经营活动，这样做就触犯了刑律。

阳彩臂金龟

阳彩臂金龟

阳彩臂金龟隶属于鞘翅目、臂金龟科。雄虫体长 46~60 mm，宽 24~32 mm。头面密布皱纹，唇基深凹。前胸背板中纵沟深显，布圆大刻点，侧缘前段近斜直，锯齿形，后段强烈内弯，有 2~3 个长锐齿突，后侧角锐而突出；前足股节前缘中段仅有 1 个小齿突。本种与格彩臂金龟十分相似，主要差别为：本种头面、前胸背板、小盾片有金绿色光亮，足、鞘翅大部黑色，有时有暗铜绿色泛光；鞘翅肩凸内侧、缘褶内侧及缝肋内侧有浅褐条斑或斑点，臀板、中胸、后胸腹面与腹部腹面及中、后足股节金绿色。本种分布略广，属个体稍多的种类。已列为国家Ⅱ级保护动物。

阳彩臂金龟分布于我国浙江、江西、湖南、广西、海南、四川等地，以及越南。

阳彩臂金龟是一种观赏性极强的昆虫，奇特的外貌、闪光的金属色引起了收藏家们极大的兴趣，成为他们争相收集的目标，不惜以高昂的价格收购这些稀有的种类。狂捕滥采和非法买卖等犯罪活动时有发生。也有很多人会为了利益在未取得国家重点保护野生动物及其制品经营许可证的情况下，进行相关经营活动，这样做就触犯了刑律。

戴褐臂金龟

戴褐臂金龟隶属于鞘翅目、臂金龟科。雄虫体长 35.5~49 mm，宽 18.3~26 mm，前足长 40~61 mm。体狭长，椭圆形。前胸腹面两侧、前足胫节下面密被淡棕色绒毛，体色浅棕；前胸背板栗褐色，各肢体两端、各骨片及鞘翅之四周色深近黑褐。头小，唇基眼脊片近梯形，额微凹，头顶有粗大刻点；眼大；触角 10 节，鳃片部 3 节。前胸背板短阔，十分隆拱，布圆大麻点，有浅显中纵沟，侧缘钝角形扩出，最阔点明显后于中点；前缘狭，基部显著狭于翅基，侧缘锯齿形，后段锯齿粗深。小盾片半圆形。鞘翅无纵肋纹，缝肋末端后延呈小齿突。臀板甚短阔。足发达，前足股节前缘中段有 1 个小齿突，胫节最长；端部上内侧有 1 个长指状刺突，外缘基部约略锯齿形，近端处有齿突 1 个，端距消失；中足、后足正常，各有端距 2 枚。本种为我国特有种，也是褐臂金龟属分布在东洋区的唯一代表。它体态优美，生息于林中，极难采获。分布于我国江西。

戴褐臂金龟是国家林业局令第 7 号《国家保护的有益的或者有重要经济、科学研究价值的陆生野生动物名录》中列入的昆虫种类。野外数量十分稀少。它是一种观赏性极强的昆虫，奇特的外貌、闪光的金属色引起了收藏家们极大的兴趣，成为他们争相收集的目标，不惜以高昂的价格收购这些稀有的种类。狂捕滥采和非法买卖等犯罪活动时有发生。也有很多人会为了利益在未取得国家重点保护野生动物及其制品经营许可证的情况下，进行相关经营活动，这样做就触犯了刑律。

戴叉犀金龟

戴叉犀金龟是一种珍稀昆虫。隶属于鞘翅目、犀金龟科。雄虫体长 34~43 mm，宽 19.5~23 mm。头部有角状突起，顶端对称地分叉，状似犀牛角，所以得名“叉犀金龟”。触角 10 节，鳃片部短壮，3 节组成。前胸背板短阔，十分隆拱，表面光洁，中央有 1 个短壮微前倾直立角突，顶端分叉。小盾片大。鞘翅光洁，纵肋不显。臀板横阔近梭形。胸下密被绒毛。足壮实，前足胫节狭长，外缘 3 枚齿，端部 2 枚齿接近。雌虫的头上没有角状突起。雌虫头、前胸简单，头上无角，前胸有似“干”形凹坑。雄虫前胸背板有角状突起，并向前弯曲，顶端扩大而分叉，甚至末端呈新月形。雌虫前胸背板的前缘呈波状隆起，其间布有小窝。雌虫背部黑色而发亮，雄虫背部深黑色，几乎无光泽。雌虫足比雄虫明显地变宽。本种是我国特有种，生息于林中，十分罕见。本种幼虫吃腐烂食物，成虫习性不详。分布于我国江西、福建。

戴叉犀金龟是一种观赏性极强的昆虫，奇特的外貌、闪光的金属色引起了收藏家们极大的兴趣，成为他们争相收集的目标，不惜以高昂的价格收购这些稀有的种类。狂捕滥采和非法买卖等犯罪活动时有发生。也有很多人会为了利益在未取得国家重点保护野生动物及其制品经营许可证的情况下，进行相关经营活动，这样做就触犯了刑律。

双叉犀金龟

双叉犀金龟

双叉犀金龟又名独角仙。隶属于鞘翅目、犀金龟科。成虫体长 35~60 mm，红棕色或黑褐色，有光泽。雄虫头顶具 1 个发达的双分叉角状突，长 17~30 mm；前胸背板中央具 1 个短壮、端部呈燕尾状分叉的角突，角突端部指向前方。雌虫头上无角突，额部横列 3 个小丘突，前胸背板无角突。

双叉犀金龟分布于我国河北、河南、山西、山东、江西、浙江、安徽、重庆、湖北、江苏、湖南、福建、台湾、广东、海南、广西、四川、贵州、云南、陕西，国外朝鲜、日本也有分布记载。成虫取食桑、榆、无花果等树木的嫩枝、瓜类的花器，趋光性强；幼虫栖于朽木、锯屑堆、肥料堆及垃圾堆中。

独角仙含 16 种氨基酸和钠及少量铜、镁、钙、硅；含 1%的能溶于水、乙醇、氯仿但不溶于乙醚的蜣螂毒素，其醇提取物对人体肝癌细胞有抑制作用，有效成分主要分布在腿部。夏秋季采集成虫后，按形态特征分种、洗净，沸水速烫至死，晒干、炭火烘干或在 40 ℃烘箱中烘干，干燥后储存于防虫、防鼠、干燥通风处。在独角仙养殖基地有可能会发生因经济利益而进行的盗窃、抢劫等犯罪活动，在医院、药店、中医诊所、药材批发市场等犯罪现场也有可能出现它的踪迹。

独角仙还是一种观赏性极强的甲虫，奇特的外貌、闪光的金属色引起了收藏家们极大的兴趣，成为他们争相收集的目标，不惜以高昂的价格收购这些稀有的种类，因此狂捕滥采和非法买卖等犯罪活动时有发生。也有很多人会为了利益在未取得国家重点保护野生动物及其制品经营许可证的情况下，进行相关经营活动，这样做就触犯了刑律。

独角仙也是一种营养丰富的食用昆虫。无论街头小店还是高档餐厅都会出现它的身影，在超市、菜市场和集贸市场也会有食用昆虫出售。有可能会发生因经济利益而进行的盗窃、抢劫等犯罪活动，在餐馆、超市等犯罪现场也有可能出现它的踪迹。

细角尤犀金龟

细角尤犀金龟隶属于鞘翅目、犀金龟科。雄虫体长 48~70 mm，宽 25~35 mm。体长卵圆形，背面十分隆拱，深棕褐色，鞘翅除四周外呈草黄色至黄褐色，十分油亮。头小，唇基前缘双齿形，头上有一近圆柱形细长后弯的角突。触角10节，鳃片部3节。前胸背板甚隆拱，前狭后阔，散布微细刻点，前侧角稍后及顶部有前指强大角突2对，四周有边框，侧缘后段近平行。小盾片大，三角形。鞘翅匀布细微刻点，4条纵肋模糊但可辨。臀板短阔，菱形。胸部各腹板前部密被短毛，后部滑亮。腹部腹板两侧各有毛1排。足长大，前足胫节外缘有3枚齿，中齿接近端齿，中、后足胫节端缘有2枚齿，后足第1跗节短于其后各节；每足有爪1对。本种体躯巨大有力，头上及前胸背板共5个强大角突是它最吸引人的特征。在我国数量很少。分布于我国云南。

细角尤犀金龟是国家林业局令第7号《国家保护的有益的或者有重要经济、科学研究价值的陆生野生动物名录》中列入的昆虫种类。野外数量十分稀少。它是一种观赏性极强的昆虫，奇特的外貌、闪光的金属色引起了收藏家们极大的兴趣，成为他们争相收集的目标，不惜以高昂的价格收购这些稀有的种类，因此狂捕滥采和非法买卖等犯罪活动时有发生。也有很多人会为了利益在未取得国家重点保护野生动物及其制品经营许可证的情况下，进行相关经营活动，这样做就触犯了刑律。

巨叉锹甲

巨叉锹甲隶属于鞘翅目、锹甲科。雄虫体长62~77 mm（包括上颚），45~55 mm（不包括上颚），宽18~20 mm；雌虫体长38~40 mm，宽15~16 mm。雄虫体型长而拱凸，暗褐色。鞘翅褐色，每部分的边缘和腿节的部分深褐色，背面和腹面覆盖灰白色绒毛。头部短而宽，背面深凹，前后角尖角形，前缘中央有1个直立式高横突；唇基突很长，前端呈强的叉状。上颚细长，内缘具众多小齿，中部2枚齿和近前端的1枚齿稍大。前胸背板短而宽，具密的细小皱纹和绒毛，前角向前延伸，前端尖，但侧角和后角钝。鞘翅较长大，具细密刻点和绒毛。前足顶端呈长叉状，外缘有4枚尖侧齿。雌虫头部具细密和粗糙皱纹，复眼前呈稍尖的角形。足长大。本种体型长大，上颚外形美丽，除少数保护区之外已不易见到。分布于我国云南。

巨叉锹甲是国家林业局令第7号《国家保护的有益的或者有重要经济、科学研究价值的陆生野生动物名录》中列入的昆虫种类。野外数量十分稀少。它是一种观赏性极强的昆虫，奇特的外貌、闪光的金属色引起了收藏家们极大的兴趣，成为他们争相收集的目标，不惜以高昂的价格收购这些稀有的种类，因此狂捕滥采和非法买卖等犯罪活动时有发生。也有很多人会为了利益在未取得国家重点保护野生动物及其制品经营许可证的情况下，进行相关经营活动，这样做就触犯了刑律。

幸运锹甲

幸运锹甲隶属于鞘翅目、锹甲科。雄虫体长40 mm左右，上颚长13 mm，前胸背板长5.5 mm；鞘翅长17 mm，宽10.5 mm。性二型。体深栗色，头与胸部色更深。头横置，近长方形，明显宽于前胸，前缘近平直，侧缘及后缘微凹。前角突出，后角很圆，表面有细微颗粒。上颚长而内弯，具2枚大齿，位于近端部及2/5处，二齿间有2~4枚小齿。触角细而长，棒节4节。前胸背板近正方形，具细微颗粒及刻点；鞘翅比胸部宽，有小刻点，缝处光亮。身体下方有小茸毛及细刻点。足细长，前足腿节后方及中、后足的腿节前方有红褐色纵纹；前足胫节外侧有4~6根刺，中、后足胫节外侧有2~3根刺。雌虫色泽与雄虫相似。头较小，横置，近方形，具刻点；上颚弯而短粗，近端部有1枚宽齿。前胸背板前、后缘近直，侧缘圆。后角微凹；足比雄虫要短粗些；余与雄虫相同。此种为我国特有种。分布很广，于广东、四川、福建、江西、浙江等地都有记录。

幸运锹甲是国家林业局令第7号《国家保护的有益的或者有重要经济、科学研究价值的陆生野生动物名录》中列入的昆虫种类。野外数量十分稀少。它是一种观赏性极强的昆虫，奇特的外貌、闪光的金属色引起了收藏家们极大的兴趣，成为他们争相收集的目标，不惜以高昂的价格收购这些稀有的种类，因此狂捕滥采和非法买卖等犯罪活动时有发生。也有很多人会为了利益在未取得国家重点保护野生动物及其制品经营许可证的情况下，进行相关经营活动，这样做就会触犯了刑律。

中华奥锹甲

中华奥锹甲又名鹿角虫。隶属于鞘翅目、锹甲科。雄虫体长 34~79 mm，雌虫体长 34~48 mm。体长变化大，性二型。雄性有大、中、小颚 3 种型。雄虫体色除鞘翅外缘红褐色外均为深黑色；上颚、头、前胸背板上有细小颗粒，头四边形，眼侧突窄，眼后有钝刺，前胸背板有 2 根尖刺，前腹突尖刺状，多变化；鞘翅光亮黑色，带美丽的红褐色边缘，此边上端窄，其宽度极少占鞘翅的一半；前足胫节外侧有 3~5 根刺。雌虫体色除鞘翅外缘红褐色外均为深黑色，头宽为长的近 2 倍，上面凸，具强刺点；眼侧突很宽；上颚短，前胸背板有 2 根侧刺，具细小刻点；鞘翅黑色光亮，具细刻点，有红褐色窄边缘；前足胫节外侧有 4~5 根刺。幼虫以朽木为食，以其美丽奇特的形态深受人们喜爱。其性二型及雄性多型现象和鲜为人知的生活习性，均为专业人员所关注。分布于我国广东、广西、云南、浙江。

中华奥锹甲是国家林业局令第 7 号《国家保护的有益的或者有重要经济、科学研究价值的陆生野生动物名录》中列入的昆虫种类。野外数量十分稀少。它是一种观赏性极强的昆虫，奇特的外貌、闪光的金属色引起了收藏家们极大的兴趣，成为他们争相收集的目标，不惜以高昂的价格收购这些稀有的种类，因此狂捕滥采和非法买卖等犯罪活动时有发生。也有很多人会为了利益在未取得国家重点保护野生动物及其制品经营许可证的情况下，进行相关经营活动，这样做就触犯了刑律。

云南脊吉丁

云南脊吉丁是一种林业害虫。隶属于鞘翅目、吉丁科。成虫体纺锤形，长 30~40 mm，全体赤铜色至金铜色，新鲜个体全面覆盖黄灰色粉状物。两复眼间明显凹陷，中央具深纵沟和不规则的纵皱。触角较短，从第 3 节起为锯齿状，基节铜色，其他各节黑色。前胸背板中央具明显铜黑色纵隆线，两后缘角有不定形凹陷。纵隆线间具粗大刻点。通常缺小盾片。鞘翅上各具 4 条很明显的铜黑色纵隆线，第 2 条有 2 处较细弱，隆线面深铜色，密布粗大刻点；鞘翅外缘后方 1/4 部分呈不规则锯齿状。雌虫腹部末端圆形，雄虫腹部末端深凹陷。老熟幼虫黄白色。前胸显然宽于第 1 腹节，前胸背板、腹板两面均骨化成盾状，并具暗色粗糙颗粒。前胸背板点状突起区具倒“Y”形纹。气门新月形。

云南脊吉丁数年发生 1 代，以不同龄期的幼虫在木质部虫道中越冬。每年春天气温转暖时，老熟幼虫在虫道中化蛹，在湖南成虫在 4 月中旬即羽化外出，5 月是成虫外出活动盛期，7 月基本结束。成虫喜在晴天中午强烈阳光下飞翔活动，啮食马尾松嫩枝皮层以补充营养。交尾后，雌虫在伐根和伐倒木上产卵，直接将卵产在木质部上，也可产在活立木伤口处的木质部上，幼虫孵出后立即开始钻蛀。幼虫在边材和心材中纵向钻蛀虫道，幼虫期很长。森林火灾和暴风后的倒木，未及时进行清除，也会引起此虫为害。

云南脊吉丁分布于我国湖南、广东、云南、河南。以幼虫蛀害马尾松伐根及伐倒木，发生很普遍，但为害不严重。

吉丁虫幼虫可食，我国云南普洱、西双版纳等地区的彝族、哈尼族、傣族等少数民族喜食吉丁虫幼虫，当地人在劈柴时捕捉到零星吉丁虫幼虫时常生食，数量较大时用油炒后，加盐、辣椒粉等调料食用。它是一种营养丰富的食用昆虫。在餐馆、超市、菜市场和集贸市场有可能会发生因经济利益而进行的盗窃、抢劫等犯罪活动，在某些犯罪现场也有可能出现它的踪迹。

红绿金吉丁

红绿金吉丁隶属于鞘翅目、吉丁科。体长 22~32 mm。全体金绿色，具美丽的金属光泽。复眼、触角（除基节外）及足的跗节均为褐色。头部两复眼间具深的凹陷。前胸前缘线较直，后缘线中间弯曲，前胸背板中央隐现中线纹，两侧具大的刻点；前胸基部具 2 个黄斑，小盾片隐蔽。鞘翅肩胛具一深色圆点；鞘翅背面具 2 条红色纵带和 6 条纵线纹；端部具齿 2 枚，1 枚为钝齿，1 枚为锐齿。本种艳丽美观，在我国仅分布于云南金平，数量十分稀少，常用作装饰品。

红绿金吉丁是国家林业局令第 7 号《国家保护的有益的或者有重要经济、科学研究价值的陆生野生动物名录》中列入的昆虫种类。野外数量十分稀少。它是一种观赏性极强的昆虫，奇特的外貌、闪光的金属色引起了收藏家们极大的兴趣，成为他们争相收集的目标，不惜以高昂的价格收购这些稀有的种类，因此狂捕滥采和非法买卖等犯罪活动时有发生。也有很多人会为了利益在未取得国家重点保护野生动物及其制品经营许可证的情况下，进行相关经营活动，这样做就触犯了刑律。

北部湾金吉丁

北部湾金吉丁隶属于鞘翅目、吉丁科。体长 52 mm，体宽 17 mm。体背面暗绿色，具金属光泽。头艳绿色，有光泽，中纵沟呈宽裂大坑，可见赤铜色彩；触角第 1 节铜绿色，余为黑色。前胸背板（前缘宽 8 mm，后缘宽 14 mm，长 8 mm）梯形，两侧缘边内具赤铜色宽纵带，中部具红紫色光泽，前、后缘边中央微凹。鞘翅前中部略显弓凸，中缝前端亦显红紫色与前胸背板中部红紫色连成一片；3/5 处具黄色横带，宽约 6 mm，前、后缘呈波状，横带前、后及翅末端有蓝紫色晕纹。体腹面呈赤铜色，具金属光泽，但 3 对足、各腹节侧缘及后缘从不同角度观察可呈铜绿色或紫蓝色，具金属光泽，非常艳丽。本种大型，十分美丽，稀有而珍奇。分布于我国海南。

北部湾金吉丁是国家林业局令第 7 号《国家保护的有益的或者有重要经济、科学研究价值的陆生野生动物名录》中列入的昆虫种类。野外数量十分稀少。它是一种观赏性极强的昆虫，奇特的外貌、闪光的金属色引起了收藏家们极大的兴趣，成为他们争相收集的目标，不惜以高昂的价格收购这些稀有的种类，因此狂捕滥采和非法买卖等犯罪活动时有发生。也有很多人会为了利益在未取得国家重点保护野生动物及其制品经营许可证的情况下，进行相关经营活动，这样做就触犯了刑律。

海南硕黄吉丁

海南硕黄吉丁隶属于鞘翅目、吉丁科。体长 62 mm，体宽 19 mm。头部蓝黑色，前额有明显的“V”形浅而细的沟，沟前的额区和眼周围金蓝色；头上粗生大小不一的刻点。触角黑色。前胸背板呈梯形，深蓝色具光泽，两侧在后角各具 1 个黄褐色大瘤突，约占侧缘的 2/3 长。背板上粗生小刻点，小盾片不露出。鞘翅狭长，呈金绿色，有铜色刀光，在侧面 3/5 处各有 1 个象牙黄色横向大斑，周围有不规则的蓝色宽边；鞘翅上密布小刻点，4 条脉脊平缓；鞘翅的端部在中缝处各具 1 枚小锐齿。足呈均匀的蓝黑色。体腹面大部分为光亮的象牙黄色，头部、前胸腹板突两侧及侧板、中胸侧板均为蓝黑色，后胸腹板中央具 3 个尖形大黑斑；末腹板近似三角形，端部钝圆，中间具 1 个极小凹缘。本种大型，十分美丽，观赏性强，数量十分稀少。分布于我国海南。

海南硕黄吉丁是国家林业局令第 7 号《国家保护的有益的或者有重要经济、科学研究价值的陆生野生动物名录》中列入的昆虫种类。野外数量十分稀少。它是一种观赏性极强的昆虫，奇特的外貌、闪光的金属色引起了收藏家们极大的兴趣，成为他们争相收集的目标，不惜以高昂的价格收购这些稀有的种类，因此狂捕滥采和非法买卖等犯罪活动时有发生。也有很多人会为了利益在未取得国家重点保护野生动物及其制品经营许可证的情况下，进行相关经营活动，这样做就触犯了刑律。

绿点椭圆吉丁

绿点椭圆吉丁隶属于鞘翅目、吉丁科。体长 36~38 mm。全体金绿色，从不同角度观察可呈现金绿、蓝绿或紫蓝光泽。头部及前胸背板低下；眼椭圆形，黄褐色。前胸背板表面具深刻点。鞘翅表面光滑，具 8 个纵行灰黄色小斑，肩胛处具 2 个黄色略呈半圆形大斑，鞘翅端部具 6 枚大齿。腹部各节两侧具黄色绒毛斑。本种为热带大型、可观赏种类，十分美丽。我国云南西双版纳为本种分布的北部边缘，并分化有不同亚种。常闲作饰物而闻名。分布于我国云南。

绿点椭圆吉丁是国家林业局令第 7 号《国家保护的有益的或者有重要经济、科学研究价值的陆生野生动物名录》中列入的昆虫种类。野外数量十分稀少。它是一种观赏性极强的昆虫，奇特的外貌、闪光的金属色引起了收藏家们极大的兴趣，成为他们争相收集的目标，不惜以高昂的价格收购这些稀有的种类，因此狂捕滥采和非法买卖等犯罪活动时有发生。也有很多人会为了利益在未取得国家重点保护野生动物及其制品经营许可证的情况下，进行相关经营活动，这样做就触犯了刑律。

大卫两栖甲

大卫两栖甲隶属于鞘翅目、两栖甲科。体长 10~11.5 mm，体背黑色或褐黑色。头部密被刻点，额唇基沟较细。触角短，第 1 节球形，最粗；第 2 节较短；第 3 节最长，为第 2 节的 2 倍，第 4、5 节及 11 节的长度与第 1 节近等；第 6、7 节较第 2 节稍长；第 8~10 节较细，与第 2 节长度近等。前胸背板中部稍隆，两侧缘稍弧拱，无边及锯齿，最宽处在基部，背中线细而明显，表面遍布刻点。鞘翅背面稍隆，沿翅缝不显平扁，宽度较同属其他种稍狭；肩部不宽，两侧在中部之后明显收狭，后外侧角稍弧拱；密被刻点，每翅可辨出 8 行刻点；行距稍隆，近于等宽，1~4 行行距在端前平坦，3、5、7 行及 9 行行距上有稀疏的大刻点列；肩后无凹洼，刻点相连成皱。具步行足，胫节沟具稀疏缨毛，爪大。成虫、幼虫均为半水生性捕食昆虫。发生数量极少。生活在山地寒冷流水搁置的落叶残渣中，成虫也栖于近水边的岩石上或岩石下。两栖甲科是个古老的科，仅两栖甲 1 个属，世界仅知 5 种，2 种分布在我国，3 种分布在北美。在我国分布于四川。

大卫两栖甲是国家林业局令第 7 号《国家保护的有益的或者有重要经济、科学研究价值的陆生野生动物名录》中列入的昆虫种类。野外数量十分稀少，但也会有狂捕滥采和非法买卖等犯罪现象发生。

中华两栖甲

中华两栖甲隶属于鞘翅目、两栖甲科。体长 11~13.5 mm。体背幽暗，黄褐色至褐黑色。头部布刻点，额唇基沟细，但明显。触角短，光洁无毛，第 1 节最粗，筒形，长度与第 4、5 节及 11 节近等，约为第 2 节的 2 倍；第 3 节较第 1 节稍长；第 6、7 两节长度近等，较第 4 节稍短，第 8~10 节较细，各节与第 2 节近等长；第 11 节末端钝圆。前胸背板较宽，稍平，中部稍隆，两侧膨出，在后角前内凹，侧缘具细边并有锯齿；背面中央纵凹，中线浅而清楚，全部被刻点。鞘翅肩部宽圆，向后渐收狭，后外角宽圆；背面沿中缝处低平，肩后微凹洼；盘区密布刻点，每翅可见 9 行刻点，肩后横皱，刻点较粗；行距稍隆，仅 1、2 行行距平坦，3、5、7、9 行行距稍宽，每行距有 1 列稀疏的大刻点。具步行足，胫节沟有 1 列稀疏缨毛，爪大。成虫、幼虫均为半水生性捕食昆虫。栖息在山区针阔混交林带寒冷的流水中，爬伏在河湾中搁置的枯枝浮木及植物残渣上，成虫亦在水边岩石上或石下生活。分布于我国吉林（长白山）。

中华两栖甲是国家林业局令第 7 号《国家保护的有益的或者有重要经济、科学研究价值的陆生野生动物名录》中列入的昆虫种类。野外数量十分稀少，但也会有狂捕滥采和非法买卖等犯罪现象发生。

细胸金针虫

细胸金针虫是一种为害严重的农林业害虫。隶属于鞘翅目、叩甲科。成虫体长 8~9 mm，宽约 2.5 mm。体型细长扁平，被黄色细卧毛。头、胸部黑褐色，鞘翅、触角和足红褐色，光亮。触角细短，向后不伸达前胸后缘，第 1 节最粗长；第 2 节稍长于第 3 节，基端略等粗；自第 4 节起略呈锯齿状，各节基细端宽，彼此约等长，末节呈圆锥形。前胸背板长稍大于宽，后角尖锐，顶端多少上翘；鞘翅狭长，末端趋尖，每翅具 9 行深的刻点沟。卵乳白色，近圆形；幼虫淡黄色，光亮。老熟幼虫体长约 32 mm，宽约 1.5 mm。头扁平，口器深褐色。第 1 胸节较第 2、3 节稍短。1~8 腹节略等长；尾节圆锥形，近基部两侧各有 1 个褐色圆斑和 4 条褐色纵纹，顶端具 1 个圆形突起。蛹体长 8~9 mm，浅黄色。

细胸金针虫在东北地区约需 3 年完成 1 代。在内蒙古河套平原 6 月可见蛹，蛹多在 7~10 cm 深的土层中。6 月中下旬羽化为成虫，成虫活动能力较强，对禾本科草类刚腐烂发酵时的气味有趋性。6 月下旬至 7 月上旬为产卵盛期，卵产于表土内。在黑龙江克山地区，卵历期为 8~21 d。幼虫要求偏高的土壤湿度，耐低温能力强。在河北地区 4 月平均气温 0 ℃时，即开始上升到表土层为害。在黑龙江地区 5 月下旬 10 cm 深土温达 7. 8~12. 9 ℃时开始为害，7 月上中旬土温升达 17 ℃时即逐渐停止为害。

细胸金针虫分布于我国黑龙江、吉林、内蒙古、河北、山西、宁夏、甘肃、陕西、河南、山东。寄主及为害同沟金针虫。细胸金针虫是一种药用昆虫，以成虫全虫入药。于春季和秋季采集，用开水烫死，晒干备用。味辛、微温、无毒，有补肝和肾、健身强骨、除疟、止痛等功效。

在药用昆虫生产和养殖基地、药用昆虫及衍生物加工厂有可能会发生因经济利益而进行的盗窃、抢劫等犯罪活动，在医院、药店、中医诊所、药材批发市场等犯罪现场也有可能出现它的踪迹。

凹头叩甲

凹头叩甲隶属于鞘翅目、叩甲科。体长 20~31 mm，一般雌性较雄性为大。体黑色；鞘翅黄色，被白色或黄色绒毛，密集处在前胸背板和鞘翅上形成不规则的毛斑。头顶中部凹，刻点粗，两侧刻点略细；上颚肘状弯曲。雌雄触角异形；雄性触角栉齿状，12 节，向后可超过体长的一半，第 1 节粗，第 2 节短，第 3~10 节外侧各生有 1 枚狭长叶片，末节叶片状。雌性触角较短，11 节，第 3~10 节锯齿状。前胸背板长宽相等，向前渐狭，前角拱出浑圆，表面不太凸，刻点细，仅两侧明显，后角钝，分叉。小盾片横形，前缘中央凹入，有不明显的小刻点。鞘翅有稀而弱的刻点线。后胸腹板中足基节间和中胸腹板愈合。后基片外方相当狭，内方扩大。跗节简单，爪强壮，镰刀状。分布于我国福建、广东、广西，在越南也有分布。

凹头叩甲是国家林业局令第 7 号《国家保护的有益的或者有重要经济、科学研究价值的陆生野生动物名录》中列入的昆虫种类。野外数量十分稀少，但也会有狂捕滥采和非法买卖等犯罪现象发生。

沟金针虫

沟金针虫隶属于鞘翅目、叩甲科。成虫栗褐色。雌虫体长 14~17 mm，宽约 5 mm；雄虫体长 14~18 mm，宽约 3. 5 mm。体扁平，全体被金灰色细毛。头部扁平，头顶呈三角形凹陷，密布刻点。雌虫触角短粗，11 节，第 3~10 节各节基细端粗，彼此约等长，约为前胸长度的 2 倍。雄虫触角较细长，12 节，长及鞘翅末端。雌虫前胸较发达，背面呈半球状隆起，后缘角突出外方；鞘翅长约为前胸长度的 4 倍，后翅退化。雄虫鞘翅长约为前胸长度的 5 倍。足浅褐色，雄虫足较细长。卵近椭圆形，乳白色。初孵幼虫乳白色，头部及尾节淡黄色；老熟幼虫体型扁平，全体金黄色，被黄色细毛。头部扁平，口部及前头部暗褐色，上唇前缘呈 3 个齿状突起。蛹长纺锤形，乳白色。雌蛹触角长及后胸后缘，雄蛹触角长达第 8 腹节。前胸背板隆起，前缘有 1 对剑状细刺，后缘角突出部之尖端各有 1 根剑状刺，其两侧有小刺列。中胸较后胸稍短，背面中央呈半球状隆起。

沟金针虫完成 1 个世代约需 3 年，以幼虫和成虫越冬。河南南部越冬成虫于 2 月下旬开始出蛰，3 月中旬至 4 月中旬为活动盛期。成虫白天多潜伏于表土内，夜间交尾产卵。雌虫无飞翔能力，每头产卵 32~166 粒。雄虫善飞，有趋光性。成虫于 4 月下旬开始死亡。卵于 5 月上旬开始孵化，卵历期 33~59 d。初孵幼虫体长约 2 mm，在食料充足的条件下，当年体长可达 15 mm 以上；到第 3 年 8 月下旬，老熟幼虫多于 16~20 cm 深的土层内做土室化蛹，蛹历期 12~20 d，平均 16 d。9 月中旬开始羽化，当年在原蛹室内越冬。

沟金针虫为亚洲特有种，主要分布于我国辽宁、河北、内蒙古、山西、河南、山东、江苏、安徽、湖北、陕西、甘肃、青海。在土壤中为害松柏类、刺槐、青桐、悬铃木、元宝枫、丁香、海棠、山荆子及许多农作物种子刚发出的芽或刚出土幼苗的根和嫩茎，造成成片的缺苗现象。沟金针虫也是一种药用昆虫，以成虫全虫入药。于春季和秋季采集，用开水烫死，晒干备用。味辛、微温、无毒，有补肝和肾、健身强骨、除疟、止痛等功效。

在药用昆虫生产和养殖基地、药用昆虫及衍生物加工厂有可能会发生因经济利益而进行的盗窃、抢劫等犯罪活动，在医院、药店、中医诊所、药材批发市场等犯罪现场也有可能出现它的踪迹。

大尖鞘叩甲

大尖鞘叩甲隶属于鞘翅目、叩甲科。体长 60~68 mm。是我国叩甲科中体型最大的 1 种。体红棕色，光亮，无毛。头小，头顶纵向深凹，触角窝上沿隆凸，形成侧垅；触角 11 节，雌雄异形，雄性触角扇状，雌性触角锯齿状；雄性触角第 1 节略弯，内侧具毛，第 2~4 节环状，极短，以后各节依次渐长，第 3~10 节外侧各生有 1 枚狭长叶片，末节叶片状；雌性自第 3 节起锯齿状，每节长约为其端宽的 1.5 倍，末节呈叶片状，宽扁。前胸背板近似梯形，长宽近等，前端显狭，侧缘具凸边，前缘凸边较细；盘区中部适当隆凸，表面刻点很细密；后角向外叉开，端尖，略向上翘。小盾片小，接近心形，表面低凹；鞘翅基部宽于前胸背板，顶端尖锐呈刺状，背面中部稍隆，表面具极细皱纹或颗粒，仅基部内侧靠近小盾片有少数刻点。后足基节片内侧显宽，外侧极狭。跗节 5 节，爪强壮，镰刀状。此种为叩甲科中原始的种类。分布于云南（西双版纳）；越南与老挝交界的长山山脉。

大尖鞘叩甲是国家林业局令第 7 号《国家保护的有益的或者有重要经济、科学研究价值的陆生野生动物名录》中列入的昆虫种类。野外数量十分稀少。它是一种观赏性极强的昆虫，奇特的外貌、闪光的金属色引起了收藏家们极大的兴趣，成为他们争相收集的目标，不惜以高昂的价格收购这些稀有的种类，因此狂捕滥采和非法买卖等犯罪活动时有发生。也有很多人会为了利益在未取得国家重点保护野生动物及其制品经营许可证的情况下，进行相关经营活动，这样做就触犯了刑律。

多毛隐翅虫

多毛隐翅虫隶属于鞘翅目、隐翅虫科。体长约 6 mm，形似蚂蚁。头部黑色有光泽，具刻点，后头棕褐色呈环状。复眼黑褐色，复眼位于头部两侧边缘，两者距离远。头部具棕色的长毛，触角长，有 11 节，呈鞭状，基部的节棕色，其余为黑棕色。上唇黑色，具金黄色毛，上颚和下颚棕黄色，末端棕黑色。前胸背面棕黄色，有光泽，无刻点，呈半筒形，散生棕色长毛。两鞘翅黑色，有粗刻点和淡棕色细毛，鞘翅短，仅盖过腹部前缘，后翅膜质，棕色，藏于前翅之下，中胸和后胸棕色，腹面为黑色有光泽。足细长，淡棕色，密生黄白色毛，腿节、胫节及跗节之末端棕黑色。腹节棕红色，可见腹节 6 节，两侧边缘翘起，最末两个腹节黑色。密披黄色毛，特别是腹部末端两节，密生棕色长毛。最末腹节有 2 个黑色的尾状突起。腹部腹板有短小的淡棕色毛。

多毛隐翅虫常见于田圃中，一般食腐败物质，如动物尸体、粪便、腐果等。栖息于田园、沙地、石下及朽木等处；枯叶、残菜、树皮下等处，亦为其潜伏场所；近水边处，时常成群而出。这类昆虫有毒，接触皮肤，会引起皮疹。

多毛隐翅虫在我国各省区均有分布。干燥或新鲜全体入药。于夏季和秋季捕捉，捉时戴手套（因此虫有毒，易刺激皮肤），捕后致死晒干或鲜用。有解毒、杀虫、止痒的功效。

在药用昆虫生产和养殖基地、药用昆虫及衍生物加工厂有可能会发生因经济利益而进行的盗窃、抢劫等犯罪活动，在医院、药店、中医诊所、药材批发市场等犯罪现场也有可能出现它的踪迹。

梳角窃蠹

梳角窃蠹是为害房木构件的一种害虫。隶属于鞘翅目、窃蠹科。成虫体小型，黑褐色，下口式甲虫，被污黄色微毛。体长 3.5~5.5 mm，雌虫体大于雄虫。下唇须、下颚须、触角红褐色。雌虫触角锯齿状；雄虫触角为发达的梳状。前胸背板圆、凸起，前部略窄缩，密布刻粒，中央有 1 条细凹线，前缘向上微举，中部具小齿列，齿列中央略为切缺。鞘翅着点刻，可见4条左右的纵行刻纹。各足胫节、跗节红褐色；前、中足胫节端部外侧各有横向齿突1枚，其上方侧缘稀着小齿列；跗节5节。卵白色，长卵形。幼虫乳白色，体长6~7 mm，无腹足。蛹乳白色，复眼黑褐色，上颚红褐色，腹背中央有锐利的隆脊。

梳角窃蠹2年发生1代，其一生除成虫有短暂外出活动外，卵、幼虫、蛹都是在蛀食木材内部度过的，而且钻蛀很深，孔道毗连交错，充塞极细的蛀粉。成虫羽化后，即凿孔或由老蛀孔中爬出，在木材表面活动，或做近距离飞翔，但易捕捉。出孔后，不久就交尾，尾部连成"一"字形。交尾后，雌成虫蛀入干材，蛀孔圆形，每头雌虫孕卵40~50粒。雌成虫产卵后就死在蛀道中。外出的成虫，日间活动。雌成虫平均寿命16~27 d，雄成虫则为7~16 d。成虫在西宁北郊，每年于5月底6月初始见；6月中旬至7月初盛发，盛发中心日为6月22~25日。经3年观察，变化很小；7月中下旬至8月初终见。

梳角窃蠹分布于我国辽宁、甘肃、青海、广西等地，为害杨、柳房木构件，在青海日月山以东、海拔1 750~2 900 m的乡镇，房木蛀损率平均达36.67%，新建房屋至蛀危的年限为11~29年。

梳角窃蠹在其分布地区的木质结构房屋内常见，几乎与人类生活在一起，所以，在这些地区的犯罪现场或者人的身体上有可能出现它的踪迹，可以此作为破案的线索之一，确定犯罪现场是否为第一犯罪现场。

烟草甲

烟草甲又名苦丁菜蛀虫、烟草窃蠹、烟草标本虫。原产于美洲温热地带。隶属于鞘翅目、窃蠹科。成虫体长2.5~3.3 mm，体呈宽椭圆形，背面显著隆起，黄褐色至赤褐色，有光泽，密生黄白色细毛。头部宽大，弯向前胸背板下方；复眼大，圆形，黑色；触角位于复眼正前方，11节，4~10节锯齿状，通常隐藏在头部腹面的圆形触角窝内。鞘翅及其侧缘散布无规则的微小刻点和细毛，鞘翅侧缘盖住腹部两侧，末端圆形，无刻点；足短小，前足胫节端部膨大。卵长椭圆形，浅黄白色，表面光滑，一端有若干微小突起。幼虫蛴螬形，头部黄褐色，胴部多皱纹，白色至浅黄白色，密生黄色细长毛。蛹椭圆形，乳白色，复眼黑色，头隐于腹面，前胸背板后缘角突向两侧，雄蛹腹末圆锥形，雌蛹腹末有1对刺突。

烟草甲1年发生3~6代，寒冷地区1年发生1~2代，温热地区1年可发生7~8代，有明显的世代重叠现象，以高龄幼虫在储烟内越冬。在温度30~35 ℃条件下，每代历期33 d，25 ℃时约50 d，20 ℃时约120 d。成虫羽化后仅饮液体，不食固体食物；有假死性；善飞；喜昏暗环境，在弱光下、阴天、黄昏、夜间或高温潮湿时则四处飞翔，活动最盛。黄昏时产卵最盛，卵散产在寄主碎屑中或寄主缝隙内、凹陷处及皱褶内。每头雌虫一生能产卵100多粒。烟草甲为害储藏的烟草，但它不能在田间生长的烟叶上产卵、为害。

除青海、宁夏地区未发现外，我国其他各地均有发生。烟草甲对仓库或露天储藏的烟叶、卷烟生产流程中加工的烟叶、成品卷烟及各种储藏物都可造成危害。烟草甲还可为害粮食、茶叶、干果、中药材、书籍、皮革等，是文物保管中最重要的害虫之一。在世界上，烟草甲被认为是一种最为重要的城市害虫，它除了直接取食外，还能分泌醌类毒素而降低食物的品质。

烟草甲给人类的生活造成很大的影响和不便，甚至会影响到人类的生存。而且由于它生活在谷物粮仓、粮食加工厂、肉食加工厂、皮革厂、书库、制药厂、药店、动植物标本库房等相对封闭的环境中，所以，在这些环境中发生的犯罪案件有可能出现它的踪迹，可以此作为破案的线索之一。

大理窃蠹

大理窃蠹又名皮箱番死虫。隶属于鞘翅目、窃蠹科。成虫体长3.5~4.0 mm，粗圆筒形，黑褐色，密布粗黄短毛，体两侧平行，头隐于前胸下。触角11节，雄虫触角梳齿状，雌虫触角锯齿状，复眼大而圆。口器咀嚼式，上唇前缘凹陷，上颚粗壮，黑褐色，有2枚齿大而钝形，下颚内叶、外叶变化很大，内叶呈喇叭状，喇叭口上有长绒毛，外叶横向，顶端和内缘生有长绒毛，下颚须4节，细长，下唇颏近似椭圆形，密生茸毛，下唇须3节，亦细长。前胸隆起，在基部正中呈圆形隆起，在此两旁各有一纵深窝，基部两侧亦有2个较大的深窝。小盾片陷入翅的基部，鞘翅基部有2条纵脊，伸入前胸背板基部的窝内。鞘翅两侧平行，每个鞘翅靠基部翅缝的两旁有1个较大的圆形隆起。肩部有1个较小的隆起。每个鞘翅表面有5个皱状纵行突起，行间密布粒状小突起，跗节5-5-5式。

大理窃蠹分布于中国大部分地区。幼虫、成虫均能为害仓库建筑物的木质部分，甚为严重，还为害药材、木薯、麻绳、布匹、木器、书籍、档案等。大理窃蠹给人类的生活造成很大的影响和不便，甚至会影响到人类的生存。而且由于它生活在谷物粮仓、粮食加工厂、肉食加工厂、皮革厂、书库、制药厂、药店、动植物标本库房等相对封闭的环境中，所以，在这些环境中发生的犯罪案件有可能出现它的踪迹，可以此作为破案的线索之一。

双钩异翅长蠹

双钩异翅长蠹又名细长蠹虫。它是一种为害严重的外来入侵物种。隶属于鞘翅目、长蠹科。成虫赤褐色，圆柱形，体长6~10 mm。头部黑色，具细粒状突起；后头具很密的纵向脊线。上唇甚短，前缘密布金黄色长毛。触角球状部3节，其长度超过触角全长的1/2。前胸背板前缘呈弧状凹入，前缘角有1个较大的齿状突起，后缘角呈直角。背面前半部密布锯齿状突起，两侧的齿较大，后半部的突起呈颗粒状。小盾片四边形，微隆起，光滑无毛。鞘翅具刻点沟，沟间部光滑无毛。后端倾斜面两侧：雄虫有2对钩状突起，上面1对较大，向上并向中线弯曲，下面1对较小；雌虫仅微隆起。卵似米粒，前方尖突，乳白色。幼虫老熟后体长10 mm左右，乳白色。

双钩异翅长蠹在海南1年发生2~3代。越冬代幼虫3月中下旬化蛹，蛹期9~12 d，3月下旬至4月下旬大量羽化。当年第1代成虫最早在6月下旬至7月上旬出现，这一代只需100 d左右。第2代成虫羽化期最早在10月上中旬，第2代最快也只需90~107 d，和第1代相似。但第2代中有部分幼虫期延长，以老熟幼虫过冬，最后一批成虫期延迟到3月中下旬，和第3代（越冬代）成虫期重叠。这样，1年只能完成2代。第3代自10月上旬开始，以幼虫越冬，至翌年3月中旬开始化蛹，3月下旬羽化，但部分幼虫延迟到4~5月化蛹，成虫期和当年第一代重叠。在海南省三亚市和尖峰岭，全年都能找到幼虫和成虫，世代界限不清，冬季也有成虫活动，无冬眠现象。

作为为害严重的外来入侵物种，双钩异翅长蠹分布于我国广东、广西、海南、台湾。在海南已知有16种木材被害，即黄桐、橡胶树、木棉、琼楠、油楠、凤凰木、黑格木、白格木、翻白叶、大沙叶、白榄、小叶胭脂、厚皮树、杧果、黄牛木和山荔枝。双钩异翅长蠹只为害边材。

对于这种外来物种，海关要严格进行检疫。对出入境的竹、木、藤材和其制品及运输工具等必须严格进行检查，发现有众多圆而垂直的蛀孔，或表面有大量蛀屑，根据蛀屑剖木检查找虫，再根据形态特征进行鉴定，一旦发现疫情，要进行退货、就地销毁或全面彻底地杀灭处理。在国内对植物苗木、植株、种子、果实及其他材料进行引种调运的过程中，也要将它与农林害虫一样对待，严格进行检疫。

谷蠹

谷蠹又名硬壳虫、谷长蠹、米长蠹。隶属于鞘翅目、长蠹科。原产于印度次大陆。成虫体长2~3 mm，体细长略呈圆筒形，暗褐色到暗赤褐色，稍带光泽。头部下弯，隐蔽在前胸下；复眼圆形，黑色；触角11节，末端3节内侧膨大，呈三角形片状，并带黄棕色。前胸背板中部隆起，上面着生许多小型瘤突，做同心圆排列；鞘翅末端向后下方斜削，每个鞘翅上着生由刻点排成的9条纵线；胸足短粗，各胫节端部着生2个距。卵椭圆形，乳白色，一端稍细而微弯，另一端稍粗。初孵幼虫乳白色，后变成浅棕色。头部很小，略呈三角形，并带黄棕色；触角短小，2节，末端着生小乳状突起及

4 根刚毛；体前、后端较粗，中部较细，呈“C”形弯曲，全体疏生淡黄色细毛。蛹头向下弯，复眼、口器、触角和翅均略带褐色，其余乳白色。前胸背板圆形；腹部末端狭小，并着生 1 对小肉刺，雌蛹的肉刺为 3 节，并伸出体外；雄蛹的肉刺 2 节，并贴附在尾节上。

谷蠹在华中地区 1 年发生 2 代，华南地区 1 年发生 4~5 代，多以成虫越冬；少数以幼虫越冬。翌年 4 月，当气温上升到 13 ℃左右，越冬成虫开始活动，交配产卵，卵单产或 2~3 粒连产在粮粒蛀孔处或粮粒缝隙内、粉屑中、包装物上，每头雌虫一生可产卵 200~500 粒。初孵幼虫活泼，先在粮粒间爬行，然后从胚部蛀入谷粮粒内食害，而对损伤粮粒主要从损伤处蛀入粮粒内，较少食害胚部，均可在粮粒内化蛹，直到羽化为成虫后，在粮粒上咬一羽化孔钻出。第 1 代成虫约于 7 月中旬出现，第 2 代成虫约于 8 月下旬到 9 月上旬发生为害，一直持续到 9 月，气温下降后，开始进入越冬处。成虫寿命可长达 1 年。成虫飞翔力强，常钻入粮堆里温度最高的地方或聚集在距粮面 67~100 cm 处为害。气温高于 37 ℃时，成虫常钻出粮堆在仓库内飞翔。

除吉林、西藏、新疆外，在全国各地广泛分布，以长江流域和华南湿热地区更适宜谷蠹发生。各虫态可随粮食等寄主食物、包装材料和运输工具做远距离传播，成虫自身的飞行也会近距离扩散传播。谷蠹是中国重要的储粮害虫。成虫和幼虫都可将粮粒蛀害成空壳，大部分被蛀后的粮食变为粉末状，降低了粮食的透气性，引起储粮发热，产生霉变、结块。谷蠹食性复杂，不仅可为害稻谷、小麦、大米、玉米、高粱、豆类、豆饼、薯干、粉类、干果类、块根和块茎类蔬菜、植物种子、中药材，而且能为害竹木材及其制品、皮革、图书等。

谷蠹给人类的生活造成很大的影响和不便，甚至会影响到人类的生存。而且由于它生活在谷物粮仓、粮食加工厂、肉食加工厂、皮革厂、书库、制药厂、药店、动植物标本库房等相对封闭的环境中，所以，在这些环境中发生的犯罪案件有可能出现它的踪迹，可以此作为破案的线索之一。

抱扁蠹

抱扁蠹又名栎粉蠹。是为害木材的危险性害虫之一。隶属于鞘翅目、粉蠹科。成虫体长 3~5.5 mm，宽 0.8~1 mm，棕褐色，体略扁平。触角 11 节，淡棕色，末端 2 节膨大。复眼黑色，较突出。前胸背板近长方形。鞘翅上有显著的金黄色微毛列各 11 行，其间有浅而大的刻点。卵长椭圆形，白色。幼虫体长 4.5 mm，乳白色，有 3 对胸足。体呈“C”字形弯曲。头部黑褐色，部分缩入前胸内。蛹长约 4.5 mm，乳白色。

抱扁蠹为害刺槐木材，不为害活立木。成虫始见于 4 月中下旬，5 月中下旬为羽化盛期，7 月底还有少数成虫出现。成虫期 14~22 d。成虫喜阴暗、温湿环境，多栖息于木材缝隙及较隐蔽的场所。成虫出羽化孔后，不久即行交尾。5 月中旬开始产卵，卵多产于木材导管口外突出部分及木材表面粗糙处。6 月上旬卵开始孵化，幼虫孵化后蛀入木材边材部分，连续为害，但不为害心材。虫道纵向，互相密接，内充满粉末状粪屑，粪屑并不断由虫孔排出。11 月下旬以幼虫在虫道内越冬，翌年 2 月中旬幼虫又继续为害。幼虫为害期长达 300 d 以上，严重被害木仅存一层薄壳。老熟幼虫在木材表层化蛹。蛹期 15~26 d。成虫羽化后咬 1 个圆形羽化孔或由旧虫孔飞出。冬、春季砍伐的刺槐木材对成虫的引诱力大，尤其是刚去皮的新鲜木材能诱集大量成虫交尾产卵。

抱扁蠹分布于我国山东、河南、安徽、江苏、浙江。在江苏北部沿海一带对刺槐木材为害较为严重。除刺槐外还为害壳斗科和杨柳科木材所制家具和器材。

由于抱扁蠹在木材仓库、加工厂、厂房和居室等相对封闭的环境中生活，所以，在这些犯罪现场或者人的身体上有可能出现它的踪迹，可以此作为破案的线索之一，确定犯罪现场是否为第一犯罪现场。

小圆皮蠹

小圆皮蠹又名姬圆皮蠹、小鲣节虫、红斑皮蠹。原产于北美洲。隶属于鞘翅目、皮蠹科。成虫体长 1.7~3.5 mm，卵圆形，背面显著隆起。表皮有光泽，深黑褐色至黑色。背面及腹面的鳞片倒卵形至亚三角形，端部截形或近截形，侧缘直或圆形，以中部或端部最宽。足基节、转节及腿节前面着生白色或黄白色鳞片，其余部分无鳞片。触角 11 节，棒头 3 节。复眼内缘圆形，不凹入。幼虫纺锤形，背面隆起，腹面平直。头部圆形，淡黑色，向前密生粗毛。背面及腹面的毛暗褐色至黑色，胸部腹面及足灰白色，腹部腹面暗褐色，且生有粗毛。蛹初为乳白色，渐变黄褐色。雄蛹生殖乳突球形，端部相互接近。雌蛹生殖乳突端部 3 节强烈突出，近乎平行。

小圆皮蠹分布于我国黑龙江、辽宁、内蒙古、河北、河南、甘肃、陕西、宁夏、青海、新疆、四川、云南、贵州、湖北、湖南、江苏、浙江、安徽、江西、山东、上海、广东、广西等地。小圆皮蠹可随寄主及包装物品的运输做远距离传播。小圆皮蠹主要以幼虫为害各种动植物标本、药材、蚕茧、烟草、纤维毛织品、皮革、谷物、箱盒衬纸、蜡盘等，其中标本室和博物馆的动物标本及蚕茧受害较重。为害严重时，标本完全失去了观赏和利用价值。

小圆皮蠹在安徽、陕西、江苏等地均为 1 年发生 1 代，有些地区偶尔有 1 年发生 2 代的，每代需时 7~14 个月，以不同龄期的幼虫在寄主体内或取食对象的附近越冬。在江苏地区，翌年 2 月幼虫开始活动取食，2 月末或 3 月初化蛹，3 月末或 5~6 月羽化，并自 4 月起开始产卵；孵化后的幼虫少数在 7~8 月化蛹并羽化成成虫，9 月产卵再孵化为幼虫。幼虫有畏光性，常隐蔽在背光的纸片下或盒缝处活动和取食，幼虫钻蛀后一般不转移，常在蛀孔附近发现许多蜕下的皮，3 龄后有假死性，11 月当温度低于 7 ℃时以幼虫越冬。翌年春季化蛹。成虫羽化后 4~10 d 交配，交配后 4~7 d 开始产卵，卵期 3~14 d，每头雌虫一次产卵 13~100 粒，平均产卵 30 粒，卵散产在幼虫食物上或食物附近。

作为为害严重的外来入侵物种，它可以随寄主植物活体的调运做远距离传播。如果不加以管制，甚至可以扩散到全国大部分地区。因此我们在对植物苗木、植株、种子、果实及其他材料进行引种调运的过程中，一定要严格进行检疫，严禁危险性害虫的传入或传出，对已传入的要及时封锁，就地消灭。海关要严格检疫，防止这些害虫再次入侵我国。

钩纹皮蠹

钩纹皮蠹隶属于鞘翅目、皮蠹科。成虫体长 9~10 mm，长椭圆形，黑褐色，体被长黄色绒毛和黑色绒毛，有光泽。头有向中央汇拢的长黄色毛，复眼黑色，光亮，大而圆突。触角 11 节，棍棒状，较松散，红褐色，末端 3 节膨大，颜色较其他各节为淡。口器咀嚼式，上颚发达，具有 2 枚齿，先端齿粗壮，下颚的外叶大，顶端有长绒毛，内叶为钩状，内缘有长绒毛，下颚须 4 节，末节长为后 2 节长之和；下唇的侧唇舌为片状，内唇舌愈合成骨片，顶端有绒毛，下唇须 3 节。前胸背板宽大于长，两侧、前缘弧形，后缘呈波纹状，后缘中央凸，两侧 1/3 处各有 1 个较大的凹陷，背板点刻较头部点刻大而稀。小盾片呈三角形，凹入而扁平，有明显的边缘线。鞘翅前端两侧近平行，末端圆，翅缝凹入，翅表面点刻没有前胸背板的点刻大。后翅膜质。各腹节腹板两侧的前侧角均有 1 个钩状的黑色毛斑，第 2~5 腹节的正中两旁有半圆形黑色毛斑，其中第 5 腹板毛斑合而为一，此类圆形黑色毛斑有时极不明显。因有钩状毛斑，故称钩纹皮蠹。雄虫第 3、4 腹节正中后缘有 1 个深窝，窝内有 1 个赤色毛刷，雌虫则无此特征。雄虫的外生殖器（抱握器）细长，中间稍宽大，在先端的 1/3 处长有绒毛，顶端的绒毛最长，阳茎长而壮，顶端有两个突起物，每个突起物上面有 3 个齿钩。幼虫体长 13~17 mm，圆筒形，黑褐色，全身被有稠密的棕黄色刚毛，头部粗大，身体后部细小，背面隆起。蛹长约 10 mm，扁纺锤形，淡黄色，体被稀小黄褐色细毛。卵长约 2 mm，长椭圆形，淡黄色有光泽。

钩纹皮蠹常生活于粮食、皮毛、药材等仓库中，每年发生 1~2 代，成虫、幼虫、蛹均能在仓库缝隙、器材中越冬。钩纹皮蠹在全世界分布广泛。为害肉类及其制品，毛、皮及其制品，蚕茧、蚕丝及丝织物，干酪、麦类、大米、豆类、油料等。

钩纹皮蠹给人类的生活造成很大的影响和不便，甚至会影响到人类的生存。而且由于它生活在谷物粮仓、粮食加工厂、肉食加工厂、皮革厂、书库、制药厂、药店、动植物标本库房等相对封闭的环境中，所以，在这些环境中发生的犯罪案件有可能出现它的踪迹，可以此作为破案的线索之一。它还取食人和动物的尸体。不但可以在尸体上生活，而且还参与了尸体的分解过程。办案人员可通过分析它的成长过程与时间的关系，为破案寻找一些线索。

火腿皮蠹

火腿皮蠹隶属于鞘翅目、皮蠹科。成虫体长 7～9.5 mm，黑色有光泽，触角及跗节暗褐色。头着生黄褐色或黑色毛，前胸背板着生黑色毛，周缘有灰黄色毛斑数个，后缘着生灰黄色毛。鞘翅端部 1/2～3/5 处着生黑色毛，基部着生灰黄色毛，在灰黄色毛带内每翅有 4 个黑色毛斑，近肩部 1 个最大，其余 3 个靠近，有时几乎相连。腹面及足着生黄褐色至黑色毛。雄虫第 3、4 腹板近中央各有圆形凹陷 1 个，由此着生黄色直立毛束。幼虫额区无瘤突。胸腹大部深黑褐色，小部淡褐色。背线暗褐色，细而不显。腹部第 3～9 背板密生大量细缘毛；第 3～8 背板后突发达，在后突列正后方着生 1 列短而直的具刺刚毛，以第 5～7 背板最显著，第 6、7 节背线两侧各有后突 7 个。臀突端部弯向下方，2 个臀突基部宽而端部小。各腹节腹面的后缘毛中有若干长刚毛，其长度等于 2 个腹节长。蛹长约 8 mm，宽约 2.5 mm，扁纺锤形，淡黄色，散生黄褐色细毛。

火腿皮蠹 1 年发生 1 代，以成虫越冬。生活力强，可在野外也可在室内繁殖。成虫寿命 1 年以上。在 17～20 ℃时卵期 7～9 d，14～28 ℃时卵期 2.5～3.5 d；幼虫期一般 35～80 d；蛹期 8～90 d。

火腿皮蠹分布于我国新疆和广西两地。主要取食丝织品、毛织品、皮衣、毛呢服装，还有动物皮张、动物性药材、干鱼、咸肉及人和动物尸体。它不但可以在尸体上生活，而且参与了尸体的分解过程。办案人员可通过分析它的成长过程与时间的关系，为破案寻找一些线索。

拟白腹皮蠹

拟白腹皮蠹隶属于鞘翅目、皮蠹科。成虫体长 7～10 mm，暗褐色至赤褐色或黑色，体长椭圆形，有光泽。头两侧着生白色毛，头中区为赤褐色，其间夹生白毛。触角 11 节，锤状，触角基部数节为赤褐色。复眼暗褐色、凸起。口器咀嚼式，上颚 2 枚齿均尖锐，下颚外叶大，顶端有绒毛，内叶为钩状，内缘有绒毛，下唇的侧唇舌愈合，中唇舌痕迹。前胸背板的前缘和侧缘着生宽阔的白色毛带，前缘的部分比侧缘的狭窄，侧缘的白色毛带在连接后缘处有 1 个卵圆形的黑色毛斑，背板两侧隆起，坡度很大，使大部分侧缘从背面看不见。小盾片三角形，密生白色毛，中部有赤黄色毛一撮。鞘翅上着生黑色毛，杂生少量白色毛，基部有白色或淡褐色的不规则毛斑。足的基节、转节着生白色或少量赤褐色毛，前足腿节靠基部 1/3 处有 1 条很窄的白色横带，中足腿节的中部有 1 条较前足的带宽的白色毛带，后足腿节有 1 个占腿节 2/3 的白色毛宽带。腿节的其余部分、胫节、跗节为褐色。腹部第 1～5 腹节腹板的两侧的前角处各有一黑色毛斑，第 5 节腹板末端有 1 个“？”字形白色毛斑。雄虫腹部第 4 腹板正中有浅圆形凹陷，其中着生褐色毛一束，雌虫则无此特征。雄虫生殖器粗壮，抱握器细长，末端有绒毛，阳茎细长，顶端尖突。幼虫体长 13～15 mm，背面隆起，腹面较平坦，呈圆筒形。头大，黑褐色。腹部的腹顶黄白色。

拟白腹皮蠹每年发生 3 代，以幼虫越冬。在陕西地区 5 月下旬或 6 月上旬出现第 1 代成虫，有假死性、群集性。幼虫有抗寒耐饥能力。

拟白腹皮蠹在我国大部分省区均有分布。为害毛皮、皮革、干鱼、干肉及鱼制品、蚕茧、虾米、动物性药材、储藏可可、禾谷类粮食及谷粉。拟白腹皮蠹给人类的生活造成很大的影响和不便，甚至会影响到人类的生存。而且由于它生活在谷物粮仓、粮食加工厂、肉食加工厂、皮革厂、书库、制药厂、药店、动植物标本库房等相对封闭的环境中，所以，在这些环境中发生的犯罪案件有可能出现它的踪迹，可以此作为破案的线索之一。

白腹皮蠹

白腹皮蠹隶属于鞘翅目、皮蠹科。成虫体长 6～9 mm，黑褐色，体呈椭圆形，有光泽。触角 11

节，锤状，前端 3 节膨大。触角基部数节为赤褐色。头两侧着生白色毛，中区为赤褐色毛，其间夹生白毛。复眼较小，暗褐色。口器咀嚼式，上颚粗壮，具 2 枚齿，1 枚齿尖锐；下颚外叶、内叶几乎等大，内叶外缘成为钩状物，钩内方向的内叶顶端有绒毛，下颚须 4 节，末节长等于基部 3 节长之和；下唇的唇舌片中间裂开，端缘有长绒毛。前胸背板的前缘和侧缘着生白毛带，前缘的毛带比后缘的毛带为狭，侧缘的毛带在连接后缘处有 1 个卵圆形黑色毛斑。小盾片三角形，密生黄褐色至赤褐色毛，其中杂生白毛，白毛稀。鞘翅上着生黑色毛，杂生少量白色毛，基部具有白色或淡褐色不规则毛斑，翅缝末端尖突。前足腿节靠基部 1/3 处有 1 条很窄的白色横带，中足腿节的中部有 1 条较前足腿节白色毛带宽的白色毛带，后足腿节中部有 1 个占腿 1/3 的白色毛带，腿节的其余部分、胫节、跗节为褐色。腹部第 1~5 节两侧前角处有 1 个黑色毛斑，第 5 腹节腹板末端有 1 对卵圆形的白毛斑。雄虫腹部第 4 腹板中央有 1 个浅凹陷，其中着生褐色至赤褐色毛 1 束。雌虫无此特征，腹板光滑。雄虫生殖器的抱握器末端尖，尖端有几根长毛，阳茎顶端平滑，尖端微向下钩。雌虫外生殖器的肛门突顶端有 1 根长毛，肛门突的基部各有 1 块颜色较深的骨片，上面各有 1 束长毛，生殖突骨片骨化。幼虫体长 10 mm，头胸较大，尾部尖小，体扁平，暗褐色，披有黄色毛，腹节分段，明显，尾末有 1 根刺，向上方弯突，腹面刚毛淡黄色，蛹黄色，头下垂，尾末有 1 个杈状物。

白腹皮蠹在全世界广泛分布。1 年发生 3~6 代，生活周期的长短常因温度、湿度和食料的不同而有差异。以老熟幼虫及蛹或成虫在食物残渣下、蛀孔内或墙缝等处越冬。初羽化成虫在原处静止一段时间后钻入干肉缝隙内取食。羽化后 3~5 d 开始交配，雌虫和雄虫均可交配多次。交配持续时间由几分钟到几十分钟不等。雌虫于交配后 5~7 d 开始产卵。卵一般散产，多分布在食物的残屑中，或在干肉上较湿润的缝隙处。幼虫栖息在粮食、豆类、油料、毛皮、水产品、肉干、鱼干和中药材等储藏物品中。幼虫贪食，常自相残杀，发育完成后即离开食物，寻找化蛹场所化蛹。成虫也能取食为害，善飞翔，一般寿命 61~90 d。

白腹皮蠹给人类的生活造成很大的影响和不便，甚至会影响到人类的生存。而且由于它生活在谷物粮仓、粮食加工厂、肉食加工厂、皮革厂、书库、制药厂、药店、动植物标本库房等相对封闭的环境中，所以，在这些环境中发生的犯罪案件有可能出现它的踪迹，可以此作为破案的线索之一。它还取食人和动物的尸体。不但可以在尸体上生活，而且还参与了尸体的分解过程。办案人员可通过分析它的成长过程与时间的关系，为破案寻找一些线索。

谷斑皮蠹

谷斑皮蠹又名卡巴甲虫、谷鲣节虫、谷鲞虫、椰子干核甲虫。隶属于鞘翅目、皮蠹科。原产于印度、缅甸、斯里兰卡、马来西亚一带。成虫体长 1.8~3 mm，宽 0.9~1.7 mm，雌虫一般大于雄虫。雄成虫体呈长椭圆形，体壁发亮，淡红褐色，有时深褐色或褐色。头及前胸背板暗褐色至黑色，鞘翅红褐色，触角及足淡褐色。前胸背板基部中间和两侧有不明显的黄色或灰白色斑。鞘翅略宽于前胸。腹面被褐色毛。触角为 11 节（极少为 9~10 节），雄虫触角棒 3~5 节，末节为长圆锥形，长略大于宽，端部钝圆。卵初期为乳白色，后期为淡黄色，长筒形，略弯曲，一端钝圆，另一端较尖。初龄幼虫除头和体毛棕色外，体为均一的黄白色。头上有 1 个短的触角，触角 3 节。随着幼虫的生长，颜色由初龄幼虫的淡黄白色渐变为金色或红棕色。4 龄幼虫体毛形成 4 条深色的横带。成熟幼虫体呈长纺锤形，背面乳白色至红褐色。体背的箭刚毛着生于背板侧面。在幼虫最后一次蜕皮时，幼虫的皮裂开，但蛹一直留在幼虫皮内。蛹为离蛹，雄蛹较雌蛹小，淡黄色，扁圆锥形，体表着生多数细毛。

谷斑皮蠹分布于我国福建、山东、广东、云南等地，危害性极大，给谷物造成的损失惨重。是粮食储藏中的危险性害虫。对毛皮也有为害。

在东南亚地区，谷斑皮蠹 1 年发生 4~5 代。以幼虫在仓库缝内越冬。成虫的寿命短，交配过的雌虫存活 4~7 d，未交配过的雌虫存活 20~30 d，雄虫可存活 7~12 d。成虫不飞行，很少取食。成虫羽化后 2~3 d 开始交尾，卵多散产，每次产卵 50~90 粒。幼虫多集中于粮堆顶部取食，近 3 龄后又钻入缝隙中群居。幼龄幼虫不能取食完整的谷物，只能取食被害的谷物及谷物产品。老龄幼虫能取食完整的谷物。食物的数量和存在的状态影响幼虫发育的速度，但在无食物的条件下，幼虫能存活很长的时间。

作为为害严重的外来入侵物种，它可以随寄主植物活体的调运做远距离传播。如果不加以管制，甚至可以扩散到全国大部分地区。因此我们在对植物苗木、植株、种子、果实及其他材料进行引种调运的过程中，一定要严格进行检疫，严禁危险性害虫的传入或传出，对已传入的要及时封锁，就地消灭。在海关要严格检疫，防止这些害虫再次入侵我国。

赤足郭公虫

赤足郭公虫又名赤足椰叶甲、椰甲、椰干虫、赤足火腿甲。隶属于鞘翅目、郭公甲科。赤足郭公虫成虫体长 3.7~5.1 mm，卵圆形，雄虫扁平，雌虫肥厚，金蓝色或金绿色，具蓝绿色光泽，背部疏生黑色毛。复眼黑色；触角 11 节，基部 3~5 节赤褐色，其余各节暗褐色至黑色，端部 3 节漏斗状。前胸背板宽大于长，以中部最宽，侧缘圆形并着生弯曲刚毛；小盾片小，半圆形；鞘翅基部比前胸背板宽，每个鞘翅有 9~10 条刻点列；雌虫鞘翅的黑毛密而有的向前，雄虫鞘翅的黑毛稀而全部向后；足赤褐色；腹部腹面蓝黑色。卵两端略尖细，中部凹入似香蕉，半透明，后变乳白色。幼虫细长纺锤形，体着生长短不一的褐色毛。头部、前胸及臀板紫棕色，胸腹近白色，有淡紫色斑点；头扁平，前口式，触角 3 节，单眼 2 对；各腹节背面有 2 个皱纹。蛹卵形，疏生淡黄色微毛。头部、翅芽及足白色，腹部紫色，背线白色，羽化前呈青黄色。

赤足郭公虫在中国华南地区 1 年发生 4~6 代，在华中地区 1 年发生 2~4 代，在华北地区 1 年不超过 2 代，以幼虫越冬。成虫和幼虫均有自相残杀习性。成虫羽化多在上午 10 时左右，3 d 后就可交配产卵。成虫具有一定的飞行能力，喜潜伏在阴暗处，白天交配，多夜间产卵，卵散产或集产在寄主、墙壁、包装物等的缝隙隐蔽处，集产成堆，每堆约 30 粒。最多可达 55 粒。成虫产卵期较长，成虫可将椰干多油部分蛀成 1 个空洞，洞壁不整齐，遗留下粉屑及粪便粒；有时也食其他仓库害虫或同类的幼虫、蛹、卵，在食物缺乏时也食同类尸体或体弱成虫；有假死性。幼虫孵化后食卵壳，随后蛀入寄主内为害；肉类、椰干被蛀成弯曲隧道，内充满虫粪，油料、谷物、椰干、动物标本等被害后，仅剩空壳。幼虫 4 龄，老熟幼虫钻出寄主，选择干燥隐蔽处如墙壁、地板缝隙中和寄主、包装物间，口吐液汁，作茧化蛹。

赤足郭公虫分布于我国台湾、新疆、甘肃、贵州、广东、广西、四川、福建、浙江、江苏、湖北、湖南、安徽、上海、山东、陕西、内蒙古、辽宁等地。可随动植物寄主及加工产品等的运输而远距离传播。赤足郭公虫为害干鱼、火腿、腌肉、生皮张、畜骨、动物性药材、干果类，捕食酪蝇的幼虫。是与尸体相关的第 2 个昆虫类群。可以通过它的存在来推断死亡时间。

赤颈郭公虫

赤颈郭公虫又名赤颈椰叶甲、赤胸干肉虫、熏肉郭公虫。原产于印度。隶属于鞘翅目、郭公甲科。成虫体长 4~6 mm。长椭圆形，扁平。头基部及腹面、前胸背板、鞘翅基部 1/4 和中、后胸腹板及足赤褐色，头部及鞘翅其余部分蓝色至蓝绿色，有金属光泽；复眼、触角及腹部腹面黑色至暗褐色。全体密生褐色微毛。触角 11 节，末 3 节形成触角棒；末节宽倒卵形，其长略等于第 9、10 节的总长。前胸背板宽大于长，中部最宽，侧缘凸弧形，侧缘及后缘有缘边。小盾片半圆形。鞘翅基部宽于前胸背板，杂生有小刻点。卵长圆形，乳白色。幼虫灰白色，扁平细长。头部有褐色突起 2 个。

赤颈郭公虫 1 年发生数代，以幼虫越冬。翌年 4~5 月化蛹，蛹期约 2 周。成虫羽化后不久即可交配，喜食霉干酪，雌虫每天在腌鱼、腊鱼等的裂缝上可产 30 粒卵，卵需 4~6 d 孵化；也食双翅目死虫。幼虫通常为腐食性，有时也捕食昆虫幼虫，幼虫期 30~140 d。老熟幼虫活动减少，寻找阴暗的场所化蛹，常在蝇类蛹壳内化蛹，也能做蛹室化蛹，蛹室内面涂有分泌物。成虫可以飞行，因此容易散布到新的食物上，幼虫和成虫都具破坏力，以幼虫的破坏力最强，幼虫可自相残杀，以自己的卵或蛹作食物。成虫寿命可长达 14 个月。

赤颈郭公虫分布于我国福建、上海、贵州、湖南、江西、浙江、广东、广西、辽宁等地。可随动植物寄主及加工产品等的调运而远距离传播。赤颈郭公虫为杂食性，寄主为干肉加工制品、生丝、火腿、干酪、皮毛、干鱼、椰子肉、蚕蛹及动物性中药材、动物标本等。成虫和幼虫均为捕食性，常蛀食仓储火腿、干酪、动物性药材及动物和人的尸体。是与尸体相关的第 2 个昆虫类群。可以通过它的存在来推断尸体的死亡时间。

扰墓覆葬甲

扰墓覆葬甲隶属于鞘翅目、埋葬甲科。成虫体长 13~22 mm。头部黑色，额区无红斑。触角端锤部分基节黑色，末端 3 节橘黄色。前胸背板几乎光裸，唯前角处具 1 根显著的黄色极短伏毛；前胸背板明显前宽后窄，显著隆起，盘区被横向与纵向的沟较明显地分割成 6 个独立的肿块。鞘翅盘区光裸，有一定光泽，鞘翅具基部和端部 2 条橘红色色带。鞘翅斑纹变异较大，或具有典型的覆葬甲属的体型和鞘翅斑纹，或鞘翅基部的斑纹较小、左右斑纹相互远离，腹部各节背板端部具 1 排显著的金黄色长毛，体腹面与后胸腹板、各足腿节均密被金黄色刚毛，后足基节、转节和胫节上也具一些金黄色刚毛。

扰墓覆葬甲 1 年发生 1 代，在热带地区 1 年可发生 2 代，以成虫越冬。发育历经卵、幼虫、蛹、成虫 4 个阶段，其中幼虫期具 3 个龄期。

扰墓覆葬甲分布于我国新疆、北京等地。常于夜间活动，聚集在动物尸体及排泄物附近，取食蛆虫或尸体组织。成虫不但以腐败尸体为食，而且还在尸体上产卵，卵孵化后仍以尸体为食。它的一生都离不开尸体。在尸体的整个腐败过程中都有它的存在。为了给自己的后代足够的食物保障，成虫尸体或者尸块埋葬。对于自然环境来说，它是大自然的清洁工，而对于凶杀案来说，它的各个虫态的存在有可能对案发时间提供一定的线索。

滩尸葬甲

滩尸葬甲隶属于鞘翅目、埋葬甲科。成虫体长 15~23 mm，体型较窄、厚，全体黑色，触角的球杆部的末端 3 节橙黄色，头部三角形，黑亮，具小而密布的刻点；前胸背板近圆形，中央盘区具小的刻点，两侧和后方刻点渐深，比起后缘到两侧中央凹下去，盾片除了后缘密布刻点和细毛；鞘翅具 3 条较深的纵沟，长几乎均至鞘翅后缘，肩向后方稍稍隆起，肩室密布刻点；雄性的翅端平，雌性渐圆，雄性的后腿节粗，有小刺群和隆起，中后胫节弯曲；腹部 5 节，一般外露 2~3 节。

滩尸葬甲 1 年发生 1 代，在热带地区可出现 2 代，以成虫越冬。发育历经卵、幼虫、蛹、成虫 4 个阶段，其中幼虫期具 3 个龄期。

滩尸葬甲分布于我国黑龙江、吉林、辽宁、河北、北京、陕西、湖北、江西、福建、甘肃、四川、云南等地。常于夜间活动，聚集在动物尸体及排泄物附近，取食蛆虫或尸体组织。成虫不但以腐败尸体为食，而且还在尸体上产卵，卵孵化后仍以尸体为食。它的一生都离不开尸体。在尸体的整个腐败过程中都有它的存在。为了给自己的后代足够的食物保障，成虫尸体或者尸块埋葬。对于自然环境来说，它是大自然的清洁工，而对于凶杀案来说，它的各个虫态的存在有可能对案发时间提供一定的线索。

曲亡葬甲

曲亡葬甲隶属于鞘翅目、埋葬甲科。成虫体长 9~13 mm。体较宽，黑色，晦暗无光泽；前胸背板斑驳状被毛；臀板和前臀板黑色；足和触角黑色至黑褐色。雄性鞘翅末端平截，略显弧圆；雌性鞘翅端缘波状明显，翅端近中缝处明显延长，亚近中缝处显著内凹。雄性前臀板背片端部中央有“U”

形凹缺，腹片端部为横宽的圆角梯形凹缺。卵近球形，卵壳光滑，乳白色，微微泛绿色。幼虫蛃型，两侧常具棘齿；头前口式并嵌入前胸内，单眼每侧6个，触角3节；胸足4节，转节小，腿节和爪大型；腹10节，第9节端部有1对分节的尾突。蛹为微弓形的离蛹，呈乳白色，随着羽化临近而逐渐变暗。

曲亡葬甲1年发生1代，在热带地区可出现2代，以成虫越冬。发育历经卵、幼虫、蛹、成虫4个阶段，其中幼虫期具3个龄期。

曲亡葬甲分布于我国北京、内蒙古、辽宁、吉林、黑龙江、湖北、四川、云南、山西、新疆、台湾。成虫和幼虫均为腐食性，常于夜间活动，聚集在动物尸体及排泄物附近，取食蛆虫或尸体组织。成虫不但以腐败尸体为食，而且还在尸体上产卵，卵孵化后仍以尸体为食。它的一生都离不开尸体。在尸体的整个腐败过程中都要有它的存在。为了给自己的后代足够的食物保障，成虫尸体或者尸块埋葬。对于自然环境来说，它是大自然的清洁工，而对于凶杀案来说，它的各个虫态的存在有可能对案发时间提供一定的线索。

皱鞘媪葬甲

皱鞘媪葬甲隶属于鞘翅目、埋葬甲科。成虫体宽扁，椭圆形。头黑色，额区和后头被明显的橙色长刚毛。前胸背板橘红色；体腹面、足和触角黑色；鞘翅深褐色至黑色，稀见浅褐色。鞘翅表面粗糙，遍布褶皱。触角位于额前缘，呈棍棒状，10节；下唇须可见，颏横长方形，前方具膜质颏下片；前足基节窝开式，基节大。卵近球形，卵壳光滑，乳白色，微微泛绿色。幼虫蛃型，两侧常具棘齿；头前口式并嵌入前胸内，单眼每侧6个，触角3节；胸足4节，转节小，腿节和爪大型；腹10节，第9节端部有1对分节的尾突。蛹为微弓形的离蛹，呈乳白色，随着羽化临近而逐渐变暗，蛹壁中等程度硬化，其中前胸背板硬化程度最强。

皱鞘媪葬甲1年发生1代，在热带地区可出现2代，以成虫越冬。发育历经卵、幼虫、蛹、成虫4个阶段，其中幼虫期具3个龄期。

皱鞘媪葬甲分布于我国北京、河北、山西、辽宁、吉林、黑龙江。成虫和幼虫均为腐食性，常于夜间活动，聚集在动物尸体及排泄物附近，取食蛆虫或尸体组织。成虫不但以腐败尸体为食，而且还在尸体上产卵，卵孵化后仍以尸体为食。它的一生都离不开尸体，在尸体的整个腐败过程中都有它的存在。为了给自己的后代足够的食物保障，成虫尸体或者尸块埋葬。对于自然环境来说，它是大自然的清洁工，而对于凶杀案来说，它的各个虫态的存在有可能对案发时间提供一定的线索。

大谷盗

大谷盗隶属于鞘翅目、谷盗科。成虫体长9 mm左右，略扁平，长椭圆形，有光泽，背面黑褐色，腹面、触角和足为赤褐色。触角11节，每节由基部向顶端逐渐放大。复眼小，不突出，位于头的中部两侧缘。头前窄后宽，密布小点刻。口器咀嚼式，上颚发达，具有4枚齿，先端的两齿大而尖锐，后下方两齿短而钝。下颚内叶在外叶之下，两者都长大于宽，其上生有刚毛，呈长毛刷状。下颚须4节，圆筒形，末节长而弯曲。下唇的颏强烈骨化，内缘凹入，两角尖锐突出，下唇须3节，圆筒形，末节弯曲，末端平截。上唇简单，片状。前胸背板前宽后窄，前角向前凸出，包围头的基部，两侧缘及后缘内有凹陷的沟，形成侧缘纵脊，前胸后缘缩窄，背板密布小点刻。鞘翅基部与前胸背板明显分开，两侧稍平行，末端圆，鞘翅上点刻行明显。雄虫生殖器：抱握器微骨化，呈片状，钳形突左右伸出握抱，阳茎长而骨化。雌虫生殖器：肛门突骨化，末端有3根较长的刚毛，前生殖突骨片骨化。交尾囊开口处骨化，交尾囊内未见骨片。老熟幼虫体长19 mm左右，宽3.5 mm，身体细长而扁圆，两侧近乎平行。身体灰白色，有光泽。头近方形，黑褐色，上颚强壮外露，胸部背面各节左右各有1个褐色斑，后胸背板上的斑有时不明显。腹末有大臀叉，黑褐色。卵长1.5~2 mm，细长，乳白色，无光泽。

大谷盗1年发生1代，以成虫或幼虫越冬，成虫常在木板、木柱缝隙内越冬，幼虫常蛀入木头内部越冬。成虫寿命1~2年。雌虫一生产卵平均300粒左右。此虫有自相残杀习性，也能捕食其他害虫、咬坏包装器材。大谷盗在我国大部分地区都有分布；为害各种原粮、大米、面粉、豆类、油料、药材及干果等。幼虫对木板仓及包装物也有一定的破坏作用。

大谷盗给人类的生活造成很大的影响和不便，甚至会影响到人类的生存。而且由于它生活在谷物粮仓、粮食加工厂、肉食加工厂、皮革厂、书库、制药厂、药店、动植物标本库房等相对封闭的环境中，所以，在这些环境中发生的犯罪案件有可能出现它的踪迹，可以此作为破案的线索之一。

米扁虫

米扁虫原产于美洲。隶属于鞘翅目、锯谷盗科。成虫体长1.5~2 mm，长卵形，背面隆起，黄褐色至褐色，密布黄褐色微毛，具光泽。头部近似三角形，前端窄，后端凸，具小刻点和淡色微毛，半缩入前胸内；复眼黑色，外突；触角11节，有细毛，末3节膨大呈锤状。前胸背板近方形，布有小刻点和微毛，微毛向背中央倒伏；小盾片色深且宽扁；鞘翅向上拱起，黄褐色，具排列成行的较大刻点行和浅色倒伏的细短毛；足赤褐色。幼虫体灰白色，细长，两侧平行，后端略宽，全体布有稀疏的毛。头部、胸部褐色，触角仅2节，前胸近方形，第1腹节较短。

米扁虫1年发生1代。成虫寿命较长，达159~208 d，甚至可达1年以上，全年在仓储环境中均可见到成虫。成虫活泼，爬行迅速，但不常飞行；卵散产，偶尔有2~3粒产在一起的；在温度为27 ℃和相对湿度75%的条件下，每头雌虫135 d内可产100~300粒卵，卵期4~5 d；幼虫期11~15 d，前蛹期1~2 d，蛹期3~5 d；成虫、幼虫喜食不新鲜食物和霉菌。

除台湾、西藏外，米扁虫在我国其余各省区均有分布，在华南地区尤为普遍。可随粮食及种子、储藏物品的调运、携带做远距离传播。米扁虫成虫和幼虫喜食不干净或开始发霉的粮食、中药材、椰子干、可可豆、红枣、花生、油料、籽饼、干果、笋干、金针菜、冬菇、辣椒、桂皮等及其他储藏品，但不霉变的储藏谷物、油料等也能受害。虫口数量大时，对粮食和食品造成污染，使储藏品的质量变劣，造成严重经济损失。

米扁虫也是一种储粮害虫，给人类的生活造成很大的影响和不便，甚至会影响到人类的生存。而且由于它生活在谷物粮仓、粮食加工厂、肉食加工厂、皮革厂、书库、制药厂、药店、动植物标本库房等相对封闭的环境中，所以，在这些环境中发生的犯罪案件有可能出现它的踪迹，可以此作为破案的线索之一。

锯谷盗

锯谷盗隶属于鞘翅目、锯谷盗科。成虫体长2.5~3 mm，细长而扁平，淡褐色至深褐色，稀披黄色绒毛，无光泽。头长于宽，复眼黑色，复眼后方呈钝形突出。触角棍棒状，11节，末端3节扩大，第9、10节较圆，第11节梨形。口器咀嚼式，上颚3枚齿均尖锐；下颚内叶、外叶长宽几乎相等，内叶略低一点，内叶、外叶顶端具有绒毛，下颚须4节，第1节和末节长几乎相等，下唇亚颏宽过于颏。亚颏正中有“Y”形骨化片，唇舌愈合成片状，其上有1列绒毛，下唇须3节，圆筒形。前胸长方形，宽略小于长，两侧各有6枚尖齿，第1、6对齿尖锐，其余各对齿较钝，背板上有粒状突起，有3条长纵脊，中脊直而细，两侧脊粗而向内弯曲，脊顶有纵生绒毛，脊间有横生绒毛。小盾片扁平呈桃形，雄虫后足腿节近胫节1/3处有1个短刺突起，雌虫腿节无此突起。鞘翅两侧平行，每个鞘翅有4条纵脊，各脊间有两条大而圆的点刻行，各脊间还有3条排成单行的绒毛行，中间的一行向后直立，两侧的两行向脊聚集。雄虫生殖器：外生殖突微骨化，其上有绒毛，末端各有6根长毛，其后有骨化杆状物，向两侧伸出8对骨片。雌虫生殖器：尾突有两节，基部的一节骨化程度较前节为高，在每节的前端都有几根短毛，生殖突骨化。幼虫体长3~4 mm，扁平细长。头部椭圆形，淡褐色。口器赤褐色，触角由3节组成，末节最长。腹部乳白色。蛹长2 mm左右，胸部和腹部两侧均有刺状物，无毛，乳白色。卵长约 0.7 mm，椭圆形，乳白色，表面光滑。

此虫在陕西 1 年发生 2~3 代，在夏天时，完成 1 代需 1 月左右。以成虫越冬，有爬出仓外的，有在仓内缝隙中的，也有在粮堆底部进行越冬的。成虫爬行较快，抗药力较强，喜欢在粮粒粉屑和破碎粮粒中生活，繁殖较快。

锯谷盗在全世界分布广泛。几乎对所有的植物性储藏品均可造成危害。除粮食外，种子、油料、干果、中药材等被害也相当严重。

锯谷盗给人类的生活造成很大的影响和不便，甚至会影响到人类的生存。而且由于它生活在谷物粮仓、粮食加工厂、肉食加工厂、皮革厂、书库、制药厂、药店、动植物标本库房等相对封闭的环境中，所以，在这些环境中发生的犯罪案件有可能出现它的踪迹，可以此作为破案的线索之一。

扁薪甲

扁薪甲隶属于鞘翅目、扁薪甲科。成虫体长 1.5 mm 以内，黄褐色，有光泽。头近似三角形。复眼黑色，圆形。触角 9 节，第 5 节最长（雌雄触角有差异）。口器咀嚼式，上唇呈简单的片状，前缘及前缘角共有长毛 11 根，上颚粗短，背面有 2 枚大齿，内缘有 2 枚钝齿，上颚内缘有 1 列长毛；下颚的内叶、外叶均发达，顶端均有长毛，下颚须 4 节，末节长大，顶端有短的感觉刺 1 列；下唇顶缘正中微凸，内唇舌正中前缘有短毛 4 根，下唇须 3 节，先端 2 节膨大。前胸背板前缘角略包围头部后缘，背板基部有 2 个浅色的椭圆形斑横列，2 个斑点彼此分开，后侧角处无深窝，比较平坦，附近有 1 条细纵脊。鞘翅长约为前胸背板长的 3 倍，近基部 1/3 处最宽。

扁薪甲在全世界分布广泛。生活于腐木中、树皮下、粮仓和面粉厂下脚料中，中药材、土特产品中也有发生。

扁薪甲给人类的生活造成很大的影响和不便，甚至会影响到人类的生存，而且由于它生活在谷物粮仓、粮食加工厂、肉食加工厂、皮革厂、书库、制药厂、药店、动植物标本库房等相对封闭的环境中，所以，在这些环境中发生的犯罪案件有可能出现它的踪迹，可以此作为破案的线索之一。

黄胸客甲

黄胸客甲隶属于鞘翅目、黄胸客甲科。成虫体长 2~2.2 mm，黄褐色至红褐色，有光泽，体呈椭圆形，背面隆起。触角锤状，末 3 节膨大呈锤头状。头扁平，嵌在前胸下，复眼缺，口器咀嚼式，上颚具 2 枚齿，锐而短，下颚内叶、外叶宽度几乎相等，形状相似，顶端有长绒毛，下颚须 4 节；下唇片状，前缘微凹，并生有短毛，颏有中脊，下唇须 3 节，圆筒形，末节顶端着生绒毛。前胸背板半球形，隆起，全体密布小点刻；鞘翅微凸，基部平截，前基角突出，鞘翅上有均匀点刻。各足胫节末端宽，着生短而细的毛，尤以前足胫节末端宽大，使胫节成为三角形，跗节 5 节。此虫为害储粮。国外有的学者将此种列入皮蠹科。

黄胸客甲给人类的生活造成很大的影响和不便，甚至会影响到人类的生存。而且由于它生活在谷物粮仓、粮食加工厂、肉食加工厂、皮革厂、书库、制药厂、药店、动植物标本库房等相对封闭的环境中，所以，在这些环境中发生的犯罪案件有可能出现它的踪迹，可以此作为破案的线索之一。

毛蕈甲

毛蕈甲隶属于鞘翅目、小蕈甲科。成虫体长 2.5~3 mm，长卵圆形，淡黄色或褐色，密布黄色细毛，其中夹杂有少量的白色细毛。复眼黑色，卵形而突出，触角 11 节，先端数节稍膨大。口器咀嚼式，上颚的 3 枚齿均向上，侧内缘的 1 枚齿短钝，其余 2 枚齿向上尖锐，下颚的内叶、外叶发达，内叶低于外叶，顶端均有长毛，下颚须 4 节，末节长略短于基部 3 节长之和；下唇的颏发达，长大于宽，下唇须 3 节，末节顶端有缩小的部分，似乎另成一节，颜色较深。前胸背板的前端两侧呈强烈弓形弯曲，宽明显大于长。鞘翅的长度为前胸背板长的 3 倍，上下宽度近似相等。

毛蕈甲在全世界分布广泛。在粮库、加工厂的地角粮中常有发现，1 年发生 2 代。为害小麦、面粉、大米，喜食霉变粮粒和成品粮等含水量高的谷物、干果及豆类。

毛蕈甲给人类的生活造成很大的影响和不便，甚至会影响到人类的生存，而且由于它生活在谷物粮仓、粮食加工厂、肉食加工厂、皮革厂、书库、制药厂、药店、动植物标本库房等相对封闭的环境中，所以，在这些环境中发生的犯罪案件有可能出现它的踪迹，可以此作为破案的线索之一。

脊胸露尾甲

脊胸露尾甲隶属于鞘翅目、露尾甲科。成虫体长 2~3 mm，赤褐色，扁平。头向下，复眼黑色，突而圆。口器咀嚼式，上唇片状，前缘凹隐，凹隐的边缘在上唇的前缘突出，似两个山峰夹一个深谷，上唇前缘均有毛；上颚强壮，有 3 枚齿，先端齿突出呈片状卷曲，另 2 枚齿小而钝，三角形，上颚内缘有长毛 1 列，下颚的外叶发达，顶缘生有长毛；下唇正中有中脊隆起，内唇舌顶端各有长刺 6 根，外唇舌片状，前缘生有绒毛，下唇须 3 节，末节大，顶端有许多短毛。前胸背板宽大于长，鞘翅长方形，2 个鞘翅宽度之和大于长度，从鞘翅肩部至翅的端部有 1 条褐色斜带，腹末外露 2 节；足 3 对，中足胫节外缘有齿 9 枚。雄虫生殖器：阳茎侧片背面较直，近基部向内缩，腹面弯曲。近基部骨化较深，呈钩状突起，侧片顶端腹面毛多而背面毛较少。第 8 腹片的左右片状物指向上方。

脊胸露尾甲在全世界分布广泛。在田间取食腐烂的果实、植物以及植物受损伤后渗出的汁液，在仓库内取食干果和谷物。初孵幼虫先取食谷粒外表，稍长大后即蛀入粮粒内部为害。

脊胸露尾甲给人类的生活造成很大的影响和不便，甚至会影响到人类的生存。而且由于它生活在谷物粮仓、粮食加工厂、肉食加工厂、皮革厂、书库、制药厂、药店、动植物标本库房等相对封闭的环境中，所以，在这些环境中发生的犯罪案件有可能出现它的踪迹，可以此作为破案的线索之一。

短角露尾甲

短角露尾甲隶属于鞘翅目、露尾甲科。成虫体长 2~3.5 mm，雄雌同形，短椭圆形，淡至暗赤褐色，背面密生绒毛。触角 11 节，锤状。前胸背板宽大，横长方形，前缘狭于后缘，两侧缘略呈弧形，背部近后缘中部有两个宽而颇浅的窝。鞘翅长，末端宽圆形，常掩盖部分臀板。鞘翅基部有若干淡色斑，端部 1/3 处有 1 个大型黄色斑，黄色斑以内还有一些小型暗色斑。前足第 1~3 跗节膨大，其腹面密生绒毛，中、后足第 1~3 跗节不及前足同节跗节大。幼虫体长 6 mm，两侧平行，黄褐色。头部、尾突及同气门片暗色。头部两侧各有相接的大单眼 2 个。触角 3 节。胸、腹部背面有少量不显著的刚毛，前胸盾有刚毛 1 列 8 根，第 9 腹节背板中部有 1 对大瘤状突。末端有尾突 1 对，其长为第 9 跗节长的 1/2，仅端部明显上弯。

短角露尾甲分布于我国黑龙江、吉林、内蒙古、河北、山西、陕西、甘肃、青海以及四川的高原地区。喜食腐败的动植物以及禾谷类粮食。大多取食植物汁液、腐烂的果实，有些在尸体上捕食昆虫，是与尸体相关的第 2 个昆虫类群。可以通过它的存在来推断死亡时间。在其分布地区的犯罪现场有可能出现它的踪迹，或者可以利用它的存在来反推犯罪第一现场。

红点唇瓢虫

红点唇瓢虫是农林害虫的重要捕食性天敌。隶属于鞘翅目、瓢虫科。成虫体长 3.5~4.5 mm。虫体周缘近圆形，背面黑色有光泽，呈半球形拱起。每个鞘翅中央各有 1 个褐色近圆形斑。胸部腹面黑色，腹部腹面暗红褐色。足黑色，跗节褐色。头部刻点深粗而密；前胸背板刻点最浅；鞘翅刻点细小，但边缘处刻点粗深。前胸两侧突出部分有白色细毛，中央下凹的两侧平直，后缘在复眼间轻微凸出。鞘翅外缘有细窄隆线，肩胛明显。雌虫第 5 腹板长超过第 4 腹板长的 2 倍，后缘圆弧形凸出；雄虫第 5 腹板长不及第 4 腹板长的 2 倍，后缘齐平。卵长椭圆形，初产时淡黄色，后渐变为橙红色，孵化前为暗褐色。初孵幼虫全体橙红色，体背有 6 列黑色刺毛。老熟幼虫头部及足褐色，胸腹部灰褐色，刺毛上生有黑色小枝刺。蛹橙红色到褐色，有黄色淡纹。

红点唇瓢虫1年发生2代，以成虫越冬。翌年4月上旬开始活动取食。第1代卵期为4月下旬至5月上旬，幼虫期为5月上旬至6月上旬，蛹期为5月中旬至6月中旬，成虫期为5月下旬至6月下旬。第2代卵期为7月中旬至7月下旬，幼虫期为7月下旬至8月下旬，蛹期为8月上旬至9月上旬，成虫期为8月中旬至10月上旬。成虫羽化后，经1 d左右即开始取食，2~3 d交尾，经补充营养后开始产卵。卵散产，一般1~3粒在一起，多产于树皮缝隙及蚧空壳下。卵期10~12 d。幼虫粗壮，活动迟缓，有互相残杀的习性，在杨树上多以捕食梨齿盾蚧或杨圆蚧为主。幼虫4龄。幼虫老熟后，由臀部黏结树干或枝条上化蛹，蛹常群集在一起。蛹期9~10 d。成虫于树干裂缝、石缝、枯枝落叶下等处越冬。

红点唇瓢虫分布于我国黑龙江、吉林、辽宁、北京、山东、河南、江苏、江西、四川、云南。成虫和幼虫均可捕食梨齿盾蚧、杨圆蚧、桑白蚧、牡蛎蚧、桃球蚧和松干蚧，尤以对杨树上的梨齿盾蚧的捕食作用最为明显，是控制该虫大发生的主要天敌之一。

红点唇瓢虫是重要的天敌昆虫，目前该昆虫已经人工饲养或者规模化生产。在天敌昆虫人工饲养基地等处，可能会出现为了获取经济利益而进行的盗窃、抢劫等犯罪活动，也有些犯罪分子可能为了经济利益向农户出售假冒天敌昆虫或者非活性天敌。

孟氏隐唇瓢虫

孟氏隐唇瓢虫隶属于鞘翅目、瓢虫科。体长3.8~4.5 mm，体宽2.7~3.4 mm。体卵形，密布黄白色细毛；头及前胸红黄色；鞘翅黑色，末端红黄色，每个鞘翅上的浅色区前缘弧形突出；雌雄虫在足的颜色上有区别，雄虫第1对胸足呈橘黄色，而雌虫的第1对胸足为黑色。

孟氏隐唇瓢虫

孟氏隐唇瓢虫分布于我国台湾、广东、香港。在广东，1年发生6代，最短的世代历期为26.5 d，最长为100 d。它嗜食粉蚧卵，一头4龄幼虫一昼夜可食4 000~7 000粒粉蚧卵。捕食多种粉蚧，包括菠萝灰粉蚧、湿地松粉蚧、可可粉蚧、甘蔗粉蚧、长尾粉蚧等。它作为粉蚧的重要天敌引入到很多地区，在温暖的地区均很成功。台湾于1909年引入该虫，对于柑橘、凤梨及甘蔗上粉蚧的防治亦有成效，1919年以木瓜型南瓜繁殖橘粉蚧壳虫，借以大量繁殖该种瓢虫，有稳定的产量。在广东，已有该虫在林间捕食从美国传入的湿地松粉蚧。

孟氏隐唇瓢虫是重要的天敌昆虫，目前该昆虫已经人工饲养或者规模化生产。在天敌昆虫人工饲养基地等处，可能会出现为了获取经济利益而进行的盗窃、抢劫等犯罪活动，也有些犯罪分子可能为了经济利益向农户出售假冒天敌昆虫或者非活性天敌。

七星瓢虫

七星瓢虫卵

七星瓢虫隶属于鞘翅目、瓢虫科。体长5.2~7 mm，体宽4.0~5.7 mm，体短卵形，背面强度拱起，无毛，头黑色，复眼内侧各具1对黄白色斑点。前胸背板黑色，两侧前半部具近方形的黄色斑纹。鞘翅鲜红色，具7个黑斑，小盾斑前侧各具1个灰白色三角形斑，鞘翅上7个斑点可变大甚至相连，或鞘翅全黑，变化达20余种。4龄幼虫腹背1、4节各有4个明显的黄肉瘤。

七星瓢虫在我国除海南、香港外，其他各地均有分布。可捕食60多种农林蚜虫，包括松蚜、苹果黄蚜、梨二叉蚜、乌桕蚜等。在河南等地 1 年可发生 4~6 代，以成虫在油菜、冬小麦等越冬作物田的土缝、根际处越冬。黄河流域新一代成虫多出现在 5 月中旬。随着油菜和小麦的成熟和收割，七星瓢虫陆续向棉田、果园转移，因此有时果园里出现大量的黄蚜可不用防治，等待迁飞瓢虫的到来。七星瓢虫可进行长距离、大规模的迁飞，从中原地区飞向北方，有时在北戴河的海边可见大量的七星瓢虫聚集。七星瓢虫是目前已知产卵量最多的瓢虫，室内产卵量最高纪录是 4 125 粒。产卵期长达 90 d。

七星瓢虫幼虫

七星瓢虫成虫

七星瓢虫是重要的天敌昆虫，目前该昆虫已经人工饲养或者规模化生产。在天敌昆虫人工饲养基地等处，可能会出现为了获取经济利益而进行的盗窃、抢劫等犯罪活动，也有些犯罪分子可能为了经济利益向农户出售假冒天敌昆虫或者非活性天敌。

异色瓢虫

异色瓢虫隶属于鞘翅目、瓢虫科。体长 5.4~8 mm，体宽 3.8~5.2 mm。体背的斑纹变化多端，有多种色斑型。根据鞘翅基色的不同，通常可分为三大类：一是鞘翅基色为浅色（如淡黄色、棕色或红色，但不为黑色），鞘翅上无斑，或有 2、4、6、8、10、12、14、16、18、19 个黑色斑点；二是鞘翅黑色，其上有 2、4、8、12 个浅色斑点；三是上述两大类的中间型，或浅色鞘翅上的黑色斑纹相连，或黑色鞘翅上的浅色斑纹扩大，甚至仅翅缘为黑色。在中国，异色瓢虫的鞘翅后端有 1 条脊。

异色瓢虫卵

异色瓢虫蛹

异色瓢虫在中国广泛分布（除香港）。它能捕食多种昆虫，如松大蚜、柏大蚜、杨蚜、桃蚜、落叶松球蚜、铁杉球蚜、日本松干蚧、木虱、粉蚧、粉虱、叶甲幼虫及鳞翅目幼虫等，确实是一种超级杀手。异色瓢虫在我国不同地区 1 年发生的代数不同，1~5 代都有。以成虫群集于山上向阳背风的石洞和大石缝隙中越冬，平原地区常见在屋檐和窗檐下集体越冬。适宜越冬的场所每年都有大量成虫迁去越冬，集群的大小与纬度有一定关系，纬度较高的地区，集群大些。

异色瓢虫幼虫

异色瓢虫成虫

异色瓢虫是重要的天敌昆虫，目前该昆虫已经人工饲养或者规模化生产。在天敌昆虫人工饲养基地等处，可能会出现为了获取经济利益而进行的盗窃、抢劫等犯罪活动，也有些犯罪分子可能为了经济利益向农户出售假冒天敌昆虫或者非活性天敌。

多异瓢虫

多异瓢虫是农林害虫的重要捕食性天敌。隶属于鞘翅目、瓢虫科。成虫体长 4~4.7 mm，体宽 2.5~3.0 mm。虫体长卵形，圆弧形拱起，背面无毛。头前部黄白色，后部黑色，或颜面具 2~4 个黑斑，黑斑或连合，或与后部黑色部分连接。复眼黑色，触角、口器黄褐色。前胸背板黄白色，基部有黑色横带，常向前分出 4 个分叉，有时分叉分别在前部愈合，构成 2 个“口”字形斑。小盾片黑色。鞘翅黄褐色或红褐色，共有 13 个黑斑，除小盾片下有 1 个黑斑外，每个鞘翅上各有黑斑 6 个；黑斑变异很大，向黑色型变异则黑斑相互连接或部分相互连接，向浅色型变异则部分黑斑消失。腹面黑色，仅胸部侧片黄白色。足基部黑色。端部褐色。卵初产时淡黄色，渐变为灰白色，近孵化时深褐色。幼虫共 4 龄，一般暗灰色，胸部背面各节有 2 对黑色刺瘤相连，腹背及两侧各节均有 3 对黑色刺瘤。蛹深灰色。

多异瓢虫在甘肃 1 年发生 3 代。第 1 代从 4 月下旬至 8 月上旬，第 2 代从 6 月下旬至翌年 6 月中旬，第 3 代从 7 月中旬至翌年 7 月下旬，世代重叠。以成虫分散或 3~5 头群集于地埂草根和芨芨草根下 10~15 cm 的深土中越冬，尤以在玉米、蔬菜地埂上密度较大。翌年 4 月上中旬平均温度达到 10~11.9 ℃时出蛰，在接近地表草根处活动，直到 5 月上旬温度上升到 13.5 ℃时，才陆续爬到杂草和毗邻地埂的麦苗上捕食螨类，部分成虫开始在杂草干叶处产卵。5 月中下旬为越冬代成虫活动盛期，5 月上旬末卵开始孵化为第 1 代幼虫，5 月下旬化蛹，6 月上旬始见成虫。成虫羽化 4~7 d 交尾，交尾持续 30 min，甚至 1 d 以上，交尾后 2~4 d 产卵。有多次交尾和昼夜交尾的习性。

多异瓢虫分布于我国吉林、辽宁、北京、河北、山东、河南、福建、四川、云南、西藏、山西、内蒙古、宁夏、甘肃、新疆。主要捕食槐蚜、桃蚜、杏蚜等各种果树、花卉及农作物上的蚜虫，其次还捕食螨类。

多异瓢虫是重要的天敌昆虫，目前该昆虫已经人工饲养或者规模化生产。在天敌昆虫人工饲养基地等处，可能会出现为了获取经济利益而进行的盗窃、抢劫等犯罪活动，也有些犯罪分子可能为了经济利益向农户出售假冒天敌昆虫或者非活性天敌。

龟纹瓢虫

龟纹瓢虫隶属于鞘翅目、瓢虫科。体长 3.8~4.7 mm。虫体周缘近于卵圆形，拱起，鞘翅周缘不向外平展。触角锤节不紧密，末前一节长过于宽，触角端节前缘弧形。基色为黄色而带有龟纹状的黑色斑纹。头部：雄虫前额黄色而基部在前胸背板之下黑色，雌虫前额有 1 个三角形的黑斑，有时扩大至全头黑色。复眼黑色，口器、触角黄褐色。前胸背板中央有 1 个大型黑斑，其基部与后缘相连，有时几乎扩展至全部前胸背板而仅留黄色的前缘及后缘。小盾片黑色。鞘缝黑色，鞘翅的肩胛上有1个斜置的长斑，中部还有1个斜置的方斑与鞘缝的2/3处伸出的黑色部分相连接。鞘翅上的黑斑常有变异，或黑斑扩大相连以至虫体背面大部分黑色，或黑斑缩小，部分黑斑消失，仅留肩胛上的黑斑，甚至仅留黑色的鞘缝。腹面胸部，雌虫全为黑色，而雄虫的前、中胸黄褐色，中、后胸侧片白色，腹部中部黑色，边缘黄褐色。足黄褐色。

龟纹瓢虫分布于我国北京、黑龙江、吉林、辽宁、内蒙古、河北、山东、河南、陕西、甘肃、江苏、浙江、江西、湖北、湖南、四川、台湾、福建、广东、广西、云南。主要捕食棉蚜、麦长管蚜、玉米蚜、高粱蚜等蚜虫，在稻田内亦常有发现。

龟纹瓢虫可捕食多种蚜虫，包括杨蚜、紫薇长斑蚜、桃蚜、苹果黄蚜、日本松干蚧、松毛虫小幼虫、柑橘木虱等。7~9月也是果园内害虫的重要天敌，在苹果园取食蚜虫、叶蝉、飞虱等小昆虫。

龟纹瓢虫是重要的天敌昆虫，目前该昆虫已经人工饲养或者规模化生产。在天敌昆虫人工饲养基地等处，可能会出现为了获取经济利益而进行的盗窃、抢劫等犯罪活动，也有些犯罪分子可能为了经济利益向农户出售假冒天敌昆虫或者非活性天敌。

深点食螨瓢虫

深点食螨瓢虫隶属于鞘翅目、瓢虫科。体长1.3~1.4 mm，体宽1~1.1 mm。体卵形，中部最宽。体背面具细刻点，密布黄白色细毛。体黑色，但口器、触角、腿节末端及胫节、跗节黄褐色。我国已知26种食螨瓢虫，种类的区分常常需要检查雄性外生殖器的形态才能确定。

深点食螨瓢虫在河南、山东1年发生4~5代，以成虫在土缝、落叶下或树皮缝内越冬。每头成虫每天可捕食叶螨35头，成虫期可捕食叶螨1 000多头，多时可达近2 500头，当叶螨数量不足时可取食植物的花粉。对于棉花、葡萄及多种果树、林木上的红蜘蛛有很强的控制作用。

深点食螨瓢虫分布于我国黑龙江、辽宁、北京、河北、河南、山东、陕西、新疆、浙江、四川、福建、广西。以多种叶螨为食，如山楂叶螨、二斑叶螨、国槐截形叶螨、苹全爪螨、柑橘红蜘蛛及多种农作物、果树、林木上的红蜘蛛。

深点食螨瓢虫是重要的天敌昆虫，目前该昆虫已经人工饲养或者规模化生产。在天敌昆虫人工饲养基地等处，可能会出现为了获取经济利益而进行的盗窃、抢劫等犯罪活动，也有些犯罪分子可能为了经济利益向农户出售假冒天敌昆虫或者非活性天敌。

花绒坚甲

花绒坚甲是农林害虫的重要捕食性天敌。隶属于鞘翅目、坚甲科。成虫体长5.2~10 mm，体宽2.1~3.8 mm，体鞘坚硬，深褐色。头凹入胸内，复眼黑色，卵圆形。触角短小，11节，端部膨大呈扁球形，基节膨大。头和前胸密布小刻点。腹板7节，基部2节愈合。鞘翅上有1个椭圆形深褐色斑纹，尾部沿中缝有1个粗“十”字形斑，每翅表面有纵沟4条，沟脊由粗刺组成。足跗节4节，有爪1对。卵乳白色，近孵化时黄褐色，中央稍弯曲。初孵幼虫头、胸、腹明显，胸足3对，腹节10节，每节两侧都生有1根长毛，尾节的2根最长。老熟幼虫胸足退化，腹部变得特别肥大，头、胸部很小，呈蛆形。茧长卵形，深褐色或灰白色，丝质。裸蛹，蛹体黄白色，足、翅折于胸部腹面。

花绒坚甲卵

花绒坚甲在北京地区1年发生1~2代，以成虫越冬，翌年4月越冬成虫开始取食，并交尾产卵。5月上旬第1代幼虫开始寄生，6月中旬为寄生高峰期。7月中下旬为第2代寄生高峰期。幼虫孵化后，依靠发达的胸足迅速爬行寻找寄主，当找到幼虫、蛹或刚羽化的成虫后，便立即在这些寄主的体节间或翅下开始咬食，这时寄主显得焦躁不安，来回翻动，直至死亡，如果寄主是老蛹或刚羽化的成虫外皮坚硬，或是寄主个体大而在其上寄生的花绒坚甲幼虫个数少时，则幼虫也会钻入寄主体壳内取食，残留下外表皮，并在其内结茧化蛹，一般情况下都在寄主体外取食，直至完成各阶段的发育。

花绒坚甲幼虫

花绒坚甲分布于我国辽宁、内蒙古、北京、河北、山东、山西、河南、陕西、宁夏、甘肃、江苏、上海、安徽、湖北、广东、香港。寄生已知有2目3科12种，包括光肩星天牛、星天牛、黄斑星天牛、刺角天牛、云斑天牛、桑天牛、松褐天牛、合欢双条天牛、锈色粒肩天牛、六星吉丁虫、十斑吉丁虫和黄胸木蜂。

花绒坚甲是重要的天敌昆虫，目前该昆虫已经人工饲养或者规模化生产。在天敌昆虫人工饲养基地等处，可能会出现为了获取经济利益而进行的盗窃、抢劫等犯罪活动，也有些犯罪分子可能为了经济利益向农户出售假冒天敌昆虫或者非活性天敌。

花绒坚甲茧

花绒坚甲成虫

毛角豆芫菁

毛角豆芫菁又名豆叶芫菁。隶属于鞘翅目、芫菁科。体长11.5~21.5 mm，体宽3.6~6 mm。身体和足完全黑色，头红色，鞘翅乌暗无光；腿节和胫节上面具有灰白色卧毛，鞘翅外缘和端缘有时也镶有很窄的灰白毛。头略呈方形，后角圆，在复眼内侧触角的基部每边也有1个红色、稍凸起、光滑的“瘤”。触角11节，丝状。前胸短，长稍大于宽，两侧平行，在背板基部的中间有1个三角形凹洼。鞘翅基部窄，端部较宽。雌雄两性区别较明显；雄虫触角除末端1、2节外，每节的外侧都具有黑色长毛；前足胫节外侧有很密的黑色长毛；腹末节腹板后缘向前凹，呈弧圆形。雌虫触角较短小，侧缘无长毛；前足胫节没有浓密的黑长毛，腹末节腹板后缘平直。

毛角豆芫菁分布于我国台湾、福建、广东、广西、云南。一般1年发生1代。成虫取食大豆、茄子、黄麻、田菁等作物的叶子，有时成虫可成为农作物的害虫，在山区，多取食蕨类等植物，幼虫为捕食性，捕食多种蝗虫的卵，因此在防治芫菁类成虫时，特别要注意对下一代捕食性幼虫数量的影响。

毛角豆芫菁全虫斑蝥素含量较高。干燥全体入药。有破血逐瘀、消症散结、攻毒蚀疮的功效。在药用昆虫生产和养殖基地、药用昆虫及衍生物加工厂有可能会发生因经济利益而进行的盗窃、抢劫等犯罪活动，在医院、药店、中医诊所、药材批发市场等犯罪现场也有可能出现它的踪迹。

毛角豆芫菁成虫受惊时足的基部会分泌黄色液体，此液体沾到人体皮肤上能引起皮肤红肿、起疱。它是对人畜能造成一定危害的有毒动物，有人会利用它进行违法犯罪活动，在某些犯罪现场也有可能出现它的踪迹。

长毛芫菁

长毛芫菁隶属于鞘翅目、芫菁科。体长15~23 mm，宽5~6.5 mm。体黑色，具很短的、紧密的暗灰色或黑色毛。鞘翅外缘及末端被有灰褐色毛。除腹末节外，腹节背板后缘及体腹面皆被有密的浅灰色短毛。头红色，有光泽；有时有暗斑，唇基红色，颜色常较头部为淡，上唇深红色；上颚暗色或黑褐色。下颚须暗红色，各节内侧及末端黑色。触角黑色，基部2节部分红色。后足跗节第1节基部红色。头略呈方形，刻点稀疏、清晰，刻点间光滑，具1条凹下的中央纵纹，额中央有凹陷，在复眼内侧触角的基部有1对光滑、凸出的“瘤”。雄虫的“瘤”较雌虫者大而且明显，额、唇基缝稍向后弯，呈拱形，唇基刻点大而深，前缘光滑。上颚强大，不具齿。雌、雄触角相似，无长毛，但雄虫触角较长，向后延伸，末端达鞘翅的一半。前胸宽小于头宽；其长度大于其宽度，中央沟明显，后缘前面中央有1个深的凹陷，刻点较头部刻点粗而且密。鞘翅基端宽于头，肩发达，末端宽于基端。雌虫前足胫节末端具2枚相等的端刺，雄虫前足胫节末端仅具1枚细而尖的外端刺。雄虫前足跗节第1节较其余各节粗大。后足胫节：雌雄皆具有2枚较宽而扁的端刺，内侧者较长于外侧者。长毛芫菁鞘翅末端的淡色毛边特别宽，呈半月形，使其与其他种类极易区别。

长毛芫菁分布于我国四川。全虫含斑蝥素。干燥全体入药。有破血逐瘀、消症散结、攻毒蚀疮的功效。在药用昆虫生产和养殖基地、药用昆虫及衍生物加工厂有可能会发生因经济利益而进行的盗窃、抢劫等犯罪活动，在医院、药店、中医诊所、药材批发市场等犯罪现场也有可能出现它的踪迹。

长毛芫菁成虫受惊时足的基部会分泌黄色液体，此液体沾到人体皮肤上能引起皮肤红肿、起疱。它是对人畜能造成一定危害的有毒动物，有人会利用它进行违法犯罪活动，在某些犯罪现场也有可能出现它的踪迹。

陷胸芫菁

陷胸芫菁隶属于鞘翅目、芫菁科。体长11~17 mm。头部除额中央2个复眼之间有1个长形红色斑纹和后方两侧为红色外，其余部分黑色。触角11节，细而短。前足胫节内端刺细而长，内端刺常相等，不呈指状。雄虫后胸腹面中央有1个椭圆形凹陷，上面着生黑色短毛。后胸两侧被有白色长毛。鞘翅黑色，但外缘及末端黄褐色。沿鞘翅内外缘及末端有灰白色毛。外缘的黄边宽于内缘。鞘翅中央的1条纵纹亦由灰白色毛组成。有时鞘翅中央纵纹退化。雄虫除后胸腹面中央的椭圆形凹陷外，各腹节中央亦稍凹，常具有很短的暗色毛，腹面两侧被有白色毛。

陷胸芫菁分布于我国山西、河北、江苏，四川等地。全虫含斑蝥素。干燥全体入药。有破血逐瘀、消症散结、攻毒蚀疮的功效。在药用昆虫生产和养殖基地、药用昆虫及衍生物加工厂有可能会发生因经济利益而进行的盗窃、抢劫等犯罪活动，在医院、药店、中医诊所、药材批发市场等犯罪现场也有可能出现它的踪迹。

陷胸芫菁成虫受惊时足的基部会分泌黄色液体，此液体沾到人体皮肤上能引起皮肤红肿、起疱。它是对人畜能造成一定危害的有毒动物，有人会利用它进行违法犯罪活动，在某些犯罪现场也有可能出现它的踪迹。

胫毛豆芫菁

胫毛豆芫菁隶属于鞘翅目、芫菁科。体长13~16 mm，头棕黄色，体躯、足和触角褐色。头中部有1条红色纵纹伸至头后缘。复眼黑色，长肾形。触角基部、复眼的前方每边有1个与头部颜色相同的光滑的大“瘤”。头略呈三角形，向下与身体垂直，有凹的刻点，头后有细颈。触角丝状，11节，第1节粗大，杯状；触角1~3节的内侧有长毛，其余均为短小毛。前胸背板长大于宽，向前、后变窄，最大宽度在前胸的中部；前胸后端隆起，渐向前倾斜，具粗的凹刻点，前胸背板中央有 1 条深色的纵线，不伸至前缘和后缘。鞘翅具粗刻点，密布棕色短毛，鞘翅后缘有灰色短毛。足细长，前足胫节具 1 枚细而尖的端刺，腿节下缘、胫节外则及第 1 跗节外侧有非常浓密的黑色长毛；腿节内侧及胫节下缘有灰色毛；其余部位及跗节密生棕色毛，中、后足具有短小的棕毛。胸部腹面棕黑色，后胸腹板有黑色长毛。腹部两侧有灰色毛，腹部腹板黑色，具黑色短毛。

胫毛豆芫菁分布于我国广东、广西、福建、台湾。全虫含斑蝥素。干燥全体入药。有破血逐瘀、消症散结、攻毒蚀疮的功效。在药用昆虫生产和养殖基地、药用昆虫及衍生物加工厂有可能会发生因经济利益而进行的盗窃、抢劫等犯罪活动，在医院、药店、中医诊所、药材批发市场等犯罪现场也有可能出现它的踪迹。

胫毛豆芫菁成虫受惊时足的基部会分泌黄色液体，此液体沾到人体皮肤上能引皮肤红肿、起疱。它是对人畜能造成一定危害的有毒动物，有人会利用它进行违法犯罪活动，在某些犯罪现场也有可能出现它的踪迹。

长地胆

长地胆隶属于鞘翅目、芫菁科。体长 18~30 mm，体黑蓝色，有光泽。头部短而广，比前胸宽，有粗糙的刻点。触角黑色，细长，有 11 节，第 2 节最小，各节生有许多粗短的毛。复眼黑褐色，位于头后缘两侧。前胸略呈长圆形，但在前方收缩，黑色，有许多圆形的凹刻点，并有许多黄白色小毛。鞘翅极短，呈叶片状，盖过腹部第 1~2 节，黑色，具有不规则的皱纹。足全部为黑色，密生黑色小毛。前足胫节前端下缘有 1 枚大刺和 1 枚小刺，跗节 5 节，各节大小相等。中足胫节前端下缘有 2 枚长刺，跗节 5 节，第 1 跗节略长。后足胫节前端下缘也有 2 枚长刺，仅有 4 个跗节，但第 1 跗节甚细长。腹部大半露出，有紫黑色光泽。幼虫常寄生于蜂体及蜂巢中。

长地胆主要分布于我国东北地区。全虫含斑蝥素。干燥全体入药，名地胆，于夏季捕捉，用沸水烫死，晒干或烘干备用。有破血逐瘀的功效。主治症瘕，外用治疥癣恶疮、神经性皮炎等。在药用昆虫生产和养殖基地、药用昆虫及衍生物加工厂有可能会发生因经济利益而进行的盗窃、抢劫等犯罪活动，在医院、药店、中医诊所、药材批发市场等犯罪现场也有可能出现它的踪迹。

长地胆成虫受惊时足的基部会分泌黄色液体，此液体沾到人体皮肤上能引起皮肤红肿、起疱。它是对人畜能造成一定危害的有毒动物，有人会利用它进行违法犯罪活动，在某些犯罪现场也有可能出现它的踪迹。

眼斑芫菁

眼斑芫菁

眼斑芫菁又名斑蝥。隶属于鞘翅目、芫菁科。成虫被黑毛，头、胸、体腹面和足黑色，体长 11~19 mm。鞘翅黑黄两色相间，翅基有圆形黄斑，肩胛外侧有 1 个小黄斑，每个翅的中部前后各具 1 条横贯全翅的黄色宽带，黑色处被黑短毛、黄色处被黄短毛。触角短，棒状，11 节，末节基部与第 10 节端部约等宽。

眼斑芫菁 1 年发生 1 代，以卵在土中越冬，翌年春孵化为幼虫，捕食蝗虫卵，如多头眼斑芫菁群集取食同一卵块则相互残杀；成虫喜食大豆、番茄、花生、棉花、苹果等的叶片、芽和花。受惊时迅速扩散或坠地并从足节处分泌含有斑蝥素的黄色液体。豆科植物多处斑蝥也多，蝗虫密度和斑蝥的分布有关，如有蝗虫 3~6 头/m^2 则必然有斑蝥分布，蝗虫低于 0.8 头/m^2 时分布则少；蝗虫卵若低于 0.5 块/m^2 时斑蝥少，蝗虫卵数量达 1.5~3 块/m^2 时则斑蝥相当多。

眼斑芫菁分布于我国河北、安徽、江苏、浙江、湖北、福建、台湾、广东、广西。成虫取食瓜类、豆类、花生等的叶片及各种植物的花，幼虫寄生于蝗虫卵中。

眼斑芫菁成虫受惊时足的基部会分泌黄色液体，此液体沾到人体皮肤上能引起皮肤红肿、起疱。它是对人畜能造成一定危害的有毒动物，有人会利用它进行违法犯罪活动。

眼斑芫菁是一种重要的药用昆虫，体内含有斑蝥素，有破血逐瘀、消症散结、攻毒蚀疮的功效。在它的生产和养殖基地、药用昆虫及衍生物加工厂有可能会发生因经济利益而进行的盗窃、抢劫等犯罪活动，在医院、药店、中医诊所、药材批发市场等犯罪现场也有可能出现它的踪迹。

大斑芫菁

大斑芫菁隶属于鞘翅目、芫菁科。成虫的体色、斑与眼斑芫菁相似，体长 21~31 mm，与眼斑芫菁的区别在于其体较长，触角末节基部狭于第 10 节端部，鞘翅黑色和黄色部均被黑毛，翅基具 1 对较大、形状不规则的黄斑。

大斑芫菁 1 年发生 1 代，以幼虫在土中越冬，翌年 7~8 月成虫羽化，多群集取食豆科植物，羽化 3~10 d 后交尾，可多次交尾，而后约 7 d 多在湿润的微酸性土中挖穴产卵，每头雌虫产卵 40~240 粒，卵期 21~28 d，8 月下旬至 9 月卵孵化，孵化率低，仅 12%~34%的幼虫能发育为成虫。幼虫 5 龄，食蝗虫卵，1 头可食蝗虫卵 480~1 360 粒（为 11~34 个卵块）。

大斑芫菁分布于我国浙江、湖北、台湾、广东、广西、云南。成虫取食瓜类、豆类、花生等的叶片及各种植物的花，幼虫寄生于蝗虫卵中。其生活过程与眼斑芫菁相似。

大斑芫菁成虫受惊时足的基部会分泌黄色液体，此液体沾到人体皮肤上能引起皮肤红肿、起疱。它是对人畜能造成一定危害的有毒动物，有人会利用它进行违法犯罪活动。

大斑芫菁是一种重要的药用昆虫，体内含有斑蝥素，有破血逐瘀、消症散结、攻毒蚀疮的功效。在它的生产和养殖基地、药用昆虫及衍生物加工厂有可能会发生因经济利益而进行的盗窃、抢劫等犯罪活动。在医院、药店、中医诊所、药材批发市场等犯罪现场也有可能出现它的踪迹。

李氏长足甲

李氏长足甲隶属于鞘翅目、拟步甲科。体长 11.5~13 mm，体宽 6.5~8 mm。体扁卵形，漆黑色，光亮。头梯形，背面宽平，前缘浅凹，侧缘斜直，眼亚肾形。触角第 3 节长约为第 4、5 节长之和的 1.5 倍，第 4、5 节圆杯状，6~10 节扁，呈锯齿形，末节扁球形，顶端中央深凹并有毛撮。前胸背板横阔，宽为长的 2.4 倍，中间最宽；前缘双曲状，边宽；侧缘拱圆，边细；基部中间突出并具细边，两侧弧弯并具浅沟；前角尖伸，后角钝圆；背面拱顶，盘区布稀疏浅刻点，中线细，两侧刻点较深。鞘翅中间横向拱起，有 2 条不明显弧形纵脊；中脊显拱但两端中断，脊顶具弱齿并与边脊平行；边脊齿状和完整；外缘内侧还有 1 条不完整齿脊，在中脊与边脊之间有 1 条宽扁纵脊；翅面有大扁突，扁突之间凹并有小颗粒，但在翅的两端较平坦；翅长是宽的 1.4 倍。腿节棍棒状，后足跗节第 1 节长是它后面 2 节之和的 1.3 倍。腹部光滑，有稀疏刻点，末节半圆形，基部光滑，余粗糙无光。体驼背状，翅面具齿脊和块突是本种的独特之处。本种数量稀少，有很高的观赏价值。分布于我国西藏。

李氏长足甲是国家林业局令第 7 号《国家保护的有益的或者有重要经济、科学研究价值的陆生野生动物名录》中列入的昆虫种类。野外数量十分稀少。但也会有狂捕滥采和非法买卖的犯罪现象发生。

二带黑菌甲

二带黑菌甲隶属于鞘翅目、拟步甲科。成虫体长 2.2~3 mm，体长卵形，全身披粉色细短毛，体锈赤色，头顶黑色。雄虫的唇基膨大呈倒“八”字形突起，额稍凹陷，正中有 2 条平行的突起；雌虫无此特征。触角念珠状，第 2 节特别短。口器咀嚼式，上颚有 1 枚齿，下颚内、外叶大小相似，顶端生有绒毛，下颚须 4 节，末节膨大；下唇的颏发达，唇舌部外缘有 1 列绒毛，唇舌顶端正中凹陷，两侧各有几根较粗的毛。前胸背板宽大于长，密布小点刻，后缘宽于前缘，侧缘弧形。鞘翅色深，被2条黄褐色横带分隔，故名二带黑菌甲。幼虫体长5 mm，扁圆筒形；背面隆起，腹面平坦，有光泽。头部黑褐色。触角3节，第2节最长而末节最短，腹末圆锤形。

二带黑菌甲分布于我国大部分地区。常在粮仓地板底下、潮湿阴暗处或腐败的储藏物中生活，为害霉粮。

二带黑菌甲给人类的生活造成很大的影响和不便，甚至会影响到人类的生存。而且由于它生活在谷物粮仓、粮食加工厂、肉食加工厂、皮革厂、书库、制药厂、药店、动植物标本库房等相对封闭的环境中，所以，在这些环境中发生的犯罪案件有可能出现它的踪迹，可以此作为破案的线索之一。

小菌虫

小菌虫隶属于鞘翅目、拟步甲科。成虫体长6~7 mm，体黑褐色，有脂肪光泽，光滑而少毛。头的前缘无凹陷，触角11节，棍棒状，褐色至深褐色。眼黑色，眼被头侧向后的侧脊所分开，侧脊的宽度是小粉甲的侧脊宽的2倍，使复眼最窄的部分等于1个小眼面的宽度。口器咀嚼式，上颚上部1/3细小，有2齿，下部粗壮，下颚内叶细小，先端呈弯齿状，内缘有1枚弯曲短齿和1列绒毛，外叶顶部有绒毛，下颚须4节，颜色较深；下唇的侧唇舌和中唇舌在顶端可以看出，侧唇舌有一丛长绒毛。前胸很扁，后缘基部中央向后呈圆形突出。鞘翅可见7条纵沟，末端呈圆形。足褐色。幼虫长10 mm左右，呈扁圆筒形，背面隆起，腹面平坦，前部粗大，后部细长，背面有稀散的刚毛。蛹卵形，乳白色，腹末有双尾突外露，长6~8 mm。

小菌虫在世界各地广泛分布。常在粮食仓库和加工厂阴暗潮湿的粮食、积粉处生活，在旧器材库靠墙基处亦常发现成虫和幼虫。在陕西1年可发生1~2代，以成虫或幼虫越冬。该虫为害不大，种群却很昌盛。

小菌虫给人类的生活造成很大的影响和不便，甚至会影响到人类的生存。而且由于它生活在谷物粮仓、粮食加工厂、肉食加工厂、皮革厂、书库、制药厂、药店、动植物标本库房等相对封闭的环境中，所以，在这些环境中发生的犯罪案件有可能出现它的踪迹，可以此作为破案的线索之一。

洋虫

洋虫

洋虫又名九龙虫。隶属于鞘翅目、拟步甲科。体长4~6 mm，宽1.5~1.9 mm，体长椭圆形。头部和前胸背板黑色，鞘翅黑棕色。上唇、触角棕褐色。胸部腹面、足及腹部腹面深棕褐色。头顶密布小刻点，着生白色短小的毛，复眼甚大，像杯状，从头顶绕过头部腹面的下方，由许多圆珠状凸起的小眼组成。头部小，其最大宽度在中部，前缘和后缘渐收缩。头的前端像元宝状伸出，其侧有一角状突起伸至复眼的中间。触角着生于额之下，复眼的前方，触角11节，基部1~4节较小，呈念珠状，5~10节较大，呈扁珠状，宽过于长。末节略狭窄，较长，几乎呈圆形。触角上着生许多白色短毛。前胸背板呈矩形，密布小凹刻点和白色短毛。小盾片三角形，红棕色。两鞘翅外缘下垂内褶，后缘向下弯，内褶处有许多小刻点。每个鞘翅有8条由刻点组成的纵线，由翅基部延伸至后端，各条线几乎平行，线与线之间有许多小刻点。足部侧扁，腿节腹面有1条纵的深沟。腿节腹面基部有一小撮绒毛，胫节基部小，渐向末端扩大，其上着生黄色小毛。跗节5节，腹面着生黄色毛，末端有2个棕色小爪。胸部发达，略长于腹部，腹部腹面可见腹节5节，胸腹板和腹腹板具小刻点和白色短毛。

洋虫成虫约在羽化后10 d开始产卵。卵经4~5 d孵化。幼虫8龄，43~47 d发育完成。蛹期6~11 d。成虫寿命约3个月。成虫、幼虫喜在温暖及弱光、黑暗环境中生长。种群较密集时生长和繁殖均较旺盛，反之则活力差。适宜生长的温度为25~35 ℃，10 ℃以下则几乎不活动和取食，成虫和高龄幼虫有食卵及小幼虫的习性，且食量较大。成虫可多次交尾，善产卵于皱褶处或缝隙中，卵多聚产，一个卵块有卵十几粒至几十粒不等。

洋虫分布于我国江苏、浙江、福建、广东、海南等地。生活于粮仓内或人工饲养。干燥全体入药。有温中散寒、行气止痛、活血散瘀、消肿止痛的功效。在我国有些地区有人认为它有滋补价值，常常活吞它。

在药用昆虫生产和养殖基地、药用昆虫及衍生物加工厂有可能会发生因经济利益而进行的盗窃、抢劫等犯罪活动，在医院、药店、中医诊所、药材批发市场等犯罪现场也有可能出现它的踪迹。

姬粉盗

姬粉盗隶属于鞘翅目、拟步甲科。成虫体长2~3 mm，体长椭圆形，赤褐色或红褐色，有光泽。触角11节，棍棒状。头部扁而宽。复眼圆而小，黑色。口器咀嚼式。上唇片状，前缘平展，稍后呈齿状横列，中间凹入较深，其前有1列长毛；上颚有3枚齿，先端2枚齿较尖，内缘1枚齿钝凸，下颚的内叶和外叶明显，前缘各有1列长毛，外叶的前端节近基部有几根粗壮的毛，下颚须4节。下唇片状，前缘有1列短毛，下唇须3节，末节较长大。前胸背板宽大于长，前缘中央略突出，密布点刻，每个鞘翅上各有8条点刻线，点刻圆形。幼虫体长4.5~5.0 mm，细长，圆筒形，口器黄褐色，头深黄色，其余各节为乳白色，腹末3节细尖，头和末节均有稀散的刚毛。

姬粉盗1年发生2~3代，以成虫越冬，在关中地区4月底可见成虫出来活动，是面粉厂的主要害虫之一，为害面粉。在面粉厂的多年积粉的死角处可以找到它们，有群居习性。

姬粉盗分布于我国大部分地区。取食储藏的谷物、小麦粉、玉米粉和腐败的粉类等。

姬粉盗给人类的生活造成很大的影响和不便，甚至会影响到人类的生存。而且由于它生活在谷物粮仓、粮食加工厂、肉食加工厂、皮革厂、书库、制药厂、药店、动植物标本库房等相对封闭的环境中，所以，在这些环境中发生的犯罪案件有可能出现它的踪迹，可以此作为破案的线索之一。

赤拟谷盗

赤拟谷盗隶属于鞘翅目、拟步甲科。成虫体长约4.5 mm，体扁平，长椭圆形，红褐色至黑褐色，有光泽。复眼黑色，眼内缘没有突出的脊，头的侧脊深入复眼浅，在腹面，两眼间的距离等于或稍大于眼腹面的宽度。触角11节，末端3节突然膨大，呈锤状。口器咀嚼式，上颚顶端有2枚尖齿；下颚外叶发达，顶端有1列长绒毛，内叶退化，细小，内侧有几根绒毛，下颚须4节，末节长略等于前3节长之和；下唇扁平，前缘呈波纹状，有1列短绒毛；其下有1条横脊，上生有极短的绒毛；下唇须3节，末节长。前胸宽大于长，布小点刻。雄虫前足腹面靠基部1/3处有1个眼形窝，窝缘生有金黄色绒毛。雌虫无此特征。每个鞘翅上各有10条较浅的纵线，线间纵列小点刻，腹部腹面可见5节。雄虫的阳茎在抱握器的鞘内。幼虫体长5 mm左右，圆筒形，淡黄色。头褐色，头部密集黄色刚毛。

赤拟谷盗常生活于面粉加工厂的粉道、绞笼、磨辊箱内，是粮食加工厂的主要害虫。在陕西省1年发生2~3代，以成虫越冬，成虫能分泌臭液。

赤拟谷盗在世界各地广泛分布。为害谷物、油料、动物性产品及加工品、中药材等。食性杂，以面粉被害最重，有严重的污染作用，可使被害物结块、变色变臭。

赤拟谷盗给人类的生活造成很大的影响和不便，甚至会影响到人类的生存。而且由于它生活在谷物粮仓、粮食加工厂、肉食加工厂、皮革厂、书库、制药厂、药店、动植物标本库房等相对封闭的环境中，所以，在这些环境中发生的犯罪案件有可能出现它的踪迹，可以此作为破案的线索之一。

杂拟谷盗

杂拟谷盗又名杂拟谷甲、广颊谷蛀。隶属于鞘翅目、拟步甲科。原产于埃塞俄比亚。成虫体长

2.6~4.4 mm，体扁平，长椭圆形，褐色至赤褐色，具光泽。头部扁阔，前侧缘在复眼上方呈明显隆脊状；复眼被头部侧缘分割成宽度小于1个小眼面的狭窄部分；触角11节，向顶端逐步膨大，膨大触角棒5节，呈棍棒状。雄虫鞘翅上的刻点列在近端部均消失；卵长椭圆形，乳白色，表面粗糙无光泽。幼虫细长，圆筒形，略扁平；额后部两侧呈凸弧形，后端呈宽圆形或近截形；臀突通常基半部粗，端半部较尖。蛹淡黄白色，复眼呈狭条状，小眼面如明显则侧缘有4~5列；颊显著隆起，颊上部在复眼附近近于直角。

杂拟谷盗分布于我国内蒙古、黑龙江、新疆、辽宁、宁夏、河南、河北、山西、山东、江苏、安徽、上海、湖南、湖北、江西、四川、广西、贵州、云南等地。可随粮食及加工品、肉类、油料等贮藏物品和包装物的调运做远距离传播。成虫和幼虫爬行可做近距离扩散。杂拟谷盗为害粮食、油料、肉类及其加工产品、毛皮、皮革、动植物性药材、昆虫标本等储藏物，以谷类、谷粉、油料受害最多，其中以面粉受害最重。成虫身体上有臭腺可分泌臭液，使被害物发出腥霉臭气，面粉被害后则结成块，色污、味臭，不能食用。

杂拟谷盗在东北地区1年发生1~2代，在江苏南京和江西南昌1年发生4~5代。1~4代成虫盛发期分别为5月中下旬、7月上旬、8月上旬、10月上旬。多以成虫群集在包装物品、仓储用具、夹杂物或仓内各种缝隙中越冬，幼虫和蛹越冬的很少。越冬世代平均历期为193 d；在温度为19.5~30 ℃和相对湿度为56%~65.5%时，每代平均历期为42~70 d。成虫羽化1~3 d后开始交配，交配后6~9 d开始产卵。成虫寿命较长，产卵期可达200 d或以上，卵散产在粮食表面或裂缝内及碎屑下，卵外有黏液，可黏附碎屑，通常不易发现。成虫喜黑暗环境，常聚集在粮堆下层或碎屑中，不善飞行，有群集性及假死性。

作为为害严重的外来入侵物种，它可以随寄主的调运做远距离传播。如果不加以管制，甚至可以扩散到全国大部分地区。因此我们在对粮食、油料、肉类及其加工产品、毛皮、皮革、动植物性药材、昆虫标本及其他材料进行调运的过程中，一定要严格进行检疫，严禁危险性害虫的传入或传出，对已传入的要及时封锁，就地消灭。海关要严格检疫，防止这些害虫再次入侵我国。

黄粉虫

黄粉虫

黄粉虫又名黄粉甲、面包虫。隶属于鞘翅目、拟步甲科。成虫体长约18 mm，体扁平，长椭圆形，深褐色，有光泽。触角近念珠状，11节，第3节长短于第1、2节长之和，最末节长宽相等且长于前一节。前胸宽略大于长，前胸背板呈弧形，前缘凹入，前角钝，后角尖锐，表面密布刻点；鞘翅上刻点密，末端圆滑。卵椭圆形，乳白色，有光泽。初孵幼虫白色，后为黄褐色，各节背面前、后缘淡褐色，节间及腹面淡黄白色。内唇前缘两侧各有6根刚毛；触角第2节长为宽的3倍，与第1节近等长。足转节腹面近端部各有2根粗刺。第9腹节宽大于长，背端臀突的纵轴与体背面呈直角。蛹淡黄褐色，各节后缘黄褐色，无毛或仅有少量微毛，有光泽。

自然条件下，黄粉虫在北方1年发生1代，很少发生2代，主要以幼虫越冬（越冬幼虫冬季仍缓慢生长发育），翌年4月上旬越冬幼虫开始活动，5月中下旬开始化蛹，蛹期7 d。在南方1年可发生2~3代，无明显的越冬现象，冬季仍能正常生长发育。幼虫13~16龄，个体发育不整齐，成虫寿命较长，世代重叠。成虫全天均可羽化，善爬行，不能飞翔，畏光，喜群栖，夜间十分活跃，白天常数十头聚集于阴暗、湿润的孔隙或食料中。羽化2 d后即可交配，但交配多在3~4 d后进行，昼夜均可交配，雌、雄虫均可多次交配，未经交配的雌虫虽有成熟卵生成但不能产出。卵多产于容器的底部，少数产于饲料中，产卵历时38 d。卵表面有黏液，常十余粒卵黏结成卵块，表面粘有食料碎屑或其他杂物。幼虫喜群聚于潮湿、阴暗处，群聚生存者较散居者生长状况好，但空气湿度和饲料含水量较低时会出现互相残杀的现象。老熟后停食 4~5 d，然后将头部倒立于饲料中，左右转动摩擦进行化蛹，蛹多集中于饲料表层。黄粉虫是多食性昆虫，成虫和幼虫食性一致，喜食麦麸、黄豆粉、菜叶、瓜皮、果皮等，也取食豆渣、木薯渣、酒糟等。

黄粉虫本是分布于世界各地的一种仓库害虫，由于其营养价值很高，饲料来源广泛，容易进行大规模饲养，现已普遍用作食品添加成分及甲鱼、蝎、观赏鸟类和鱼类等特种经济动物的活体饵料。

在黄粉虫生产和养殖基地、饲料加工厂有可能会发生因经济利益而进行的盗窃、抢劫等犯罪活动，在某些犯罪现场也有可能出现它的踪迹。

墨西哥拟叩甲

墨西哥拟叩甲又名谷拟叩甲。原产于美洲。隶属于鞘翅目、拟叩甲科。表皮暗褐色至黑色发红，具光泽，背面疏被细短倒伏状毛。头部布圆形或卵圆形刻点，唇基前缘具宽浅的弧形缺切，触角末 3 节构成松散的触角棒；前胸背板宽大于长，近基部每侧有 1 个宽凹陷，每个凹陷内有 1 条极窄的纵脊。后胸腹板的中陷线几乎伸展到前 1/4 处；雄虫腹部第 5 腹板端缘中央有 1 枚短齿，雌虫无此结构。卵多为长椭圆形，但形状有时多变，乳白色。幼虫亚圆筒形，体长约为宽的 6 倍。表皮灰白色，每节背板中部较暗，在暗色区两侧有发达的毛环瘤。虫体末端有臀突 2 个，每个臀突前方还有 1 个小的前臀突。蛹近白色。

墨西哥拟叩甲在我国主要分布于云南、海南。它可以随粮食、种子等被害物和包装物、保管器材、交通工具等做远距离传播。墨西哥拟叩甲会对储藏的玉米、小麦、高粱、豆类、面粉、食用块茎及中药库内的各种药材等造成严重危害，造成物品的损失及品质的变劣。

墨西哥拟叩甲 1 年可繁殖多代，完成 1 个生活周期需 32~135 d。卵产于食物表面，幼虫受惊动后蜷缩呈球状，老熟幼虫做蛹室化蛹于其中。蛹期 5~10 d 或更长，蛹期随温度、湿度条件不同而有差异。

作为为害严重的外来入侵物种，它可以随寄主的调运做远距离传播。如果不加以管制，甚至可以扩散到全国大部分地区。因此我们在对玉米、小麦、豆类、高粱、面粉、食用块茎及其他材料进行调运的过程中，一定要严格进行检疫，严禁危险性害虫的传入或传出，对已传入的要及时封锁，就地消灭。海关要严格检疫，防止这些害虫再次入侵我国。

光肩星天牛

光肩星天牛隶属于鞘翅目、天牛科。成虫体黑色，有光泽，雌虫体长 22~35 mm，宽 8~12 mm；雄虫体长 20~29 mm，宽 7~10 mm。头部比前胸略小，自后头经头顶至唇基有 1 条纵沟，以头顶部分最为明显。触角鞭状，第 1 节端部膨大，第 2 节最小，第 3 节最长，以后各节逐渐短小。自第 3 节开始各节基部呈灰蓝色。雌虫触角约为体长的 1.3 倍，最后一节末端为灰白色。雄虫触角约为体长的 2.5 倍，最后一节末端为黑色。前胸两侧各有 1 个刺状突起，鞘翅上各有大小不等的由白色绒毛组成的斑纹 20 个左右。鞘翅基部光滑无小突起。身体腹面密布蓝灰色绒毛。腿节、胫节中部及跗节背面有蓝灰色绒毛。

光肩星天牛 1 年发生 1 代或 2 年发生 1 代。卵、卵壳内发育完全的幼虫、幼虫、蛹均能越冬。成虫羽化后在蛹室内停留 7 d 左右，然后在侵入孔上方咬一羽化孔飞出。成虫由 5 月开始出现，7 月上旬为羽化盛期，至 10 月上旬仍有个别成虫活动。成虫飞出后，白天活动，补充营养后 2~3 d 交尾，成虫一生进行多次交尾和多次产卵。产卵前，成虫先用上颚咬 1 个椭圆形刻槽，然后把产卵管插入韧皮部与木质部之间产卵，每个刻槽内产卵 1 粒，产卵后分泌胶黏物封塞产卵孔。9~10 月产的卵一直到翌年才能孵化。有的幼虫孵化后在卵壳内越冬。幼虫孵出后，开始取食腐坏的韧皮部，排出褐色粪便。

光肩星天牛分布于我国辽宁、河北、北京、天津、内蒙古、宁夏、陕西、甘肃、河南、山西、山东、江苏、安徽、江西、湖北、湖南、四川、上海、浙江、福建、广东、广西、云南、贵州。为害杨、柳、元宝枫、榆、糖槭等。

虽然它是一种农业害虫，但它所产虫粪为虫茶，是我国传统出口商品之一。虫茶是热带、亚热带地区高温作业人员及华侨的重要饮料，虫茶有清凉、去暑清热、解毒、健脾胃、助消化、顺气、解表等功效。虫茶含有较多的单宁和维生素等，在医药上亦用作收敛剂，对腹泻、鼻出血、牙龈出血及痔出血等都有良好的医疗作用。在光肩星天牛的产区、药用昆虫生产和养殖基地、药用昆虫及衍生物加工厂有可能会发生因经济利益而进行的盗窃、抢劫等犯罪活动，在药店、中医诊所、药材批发市场等犯罪现场也有可能出现它的踪迹。

桑天牛

桑天牛又名褐天牛、粒肩天牛。隶属于鞘翅目、天牛科。成虫体长 34~46 mm。体和鞘翅黑色，被黄褐色短毛，头顶隆起，中央有 1 条纵沟。上颚黑褐色，强大锐利。触角比体稍长，各节顺次细小，柄节和梗节黑色，以后各节前半黑褐色，后半灰白色。前胸近方形，背面有横的皱纹，两侧中间各具 1 个刺状突起。鞘翅基部密生颗粒状小黑点。足黑色，密生灰白色短毛。雌虫腹末 2 节下弯。幼虫圆筒形，乳白色。头小，隐入前胸内，上下唇淡黄色，上颚黑褐色。前胸特大，前胸背板后半部密生赤褐色颗粒状小点，向前伸展成 3 对尖叶状纹。蛹纺锤形，黄白色。触角后披，末端卷曲。翅达第 3 腹节。腹部第 1~6 节背面两侧各有 1 对刚毛区，尾端较尖削，轮生刚毛。

桑天牛在广东、台湾、海南 1 年发生 1 代，在江西、浙江、江苏、湖南、湖北、河南、陕西 2 年发生 1 代，在辽宁、河北 2~3 年发生 1 代。以南昌为例，幼虫经过 2 个冬天后，在第 3 年 4 月底 5 月初开始化蛹，5 月中旬化蛹最盛，6 月底结束。成虫出现期始于 6 月初，6 月中下旬至 7 月中旬大量发生，8 月初锐减，个别可以活到 8 月下旬。成虫产卵期在 6 月中旬至 8 月上旬。卵孵化期在 6 月下旬至 8 月中旬。卵期为 8~15 d。幼虫历期 22~23 个月，为害期达 16~17 个月。蛹期 26~29 d。成虫羽化后，啃食嫩梢树皮，10~15 d 后，交尾产卵。产卵前先用上颚咬破皮层和木质部，形成“U”形刻槽，卵即产于刻槽中，每个刻槽内产卵 1 粒。产后用黏液封闭槽口，以护卵粒。成虫产卵多在夜间进行。初孵幼虫先向上蛀食 10 mm 左右，即调回头沿枝干木质部的一边往下蛀食，逐渐深入心材，如植株较矮小，下蛀可达根际。

桑天牛在我国除黑龙江、内蒙古、宁夏、青海、新疆外，其余各省区均有发生。对桑、无花果、山核桃、毛白杨等为害最烈，其次为柳、刺槐、榆、朴、枫杨、苹果、海棠、沙果、梨、枇杷、樱桃、柑橘。

桑天牛虽然是多种林木、果树的重要害虫，但它也是一种中药材，干燥全体入药。于夏、秋季捕捉，用沸水烫死，晒干备用。有息风镇静、活血祛瘀的功效。

在药用昆虫生产和养殖基地、药用昆虫及衍生物加工厂有可能会发生因经济利益而进行的盗窃、抢劫等犯罪活动，在医院、药店、中医诊所、药材批发市场等犯罪现场也有可能出现它的踪迹。

麻点豹天牛

麻点豹天牛隶属于鞘翅目、天牛科。成虫体长 13~28.5 mm，体宽 4~8 mm。体黑色，长圆柱形，背面稍扁平，全身密被棕黄色或褐色或红褐色的绒毛，无绒毛部位有黑色小斑点。鞘翅上的黑斑由许多相当深的小窝组成，与全身棕黄色的绒毛相间，其状如豹皮。小盾片两侧被毛，中央留出 1 条无毛纵线。复眼黑色，复眼下叶短于颊。头部有粗大和细密的 2 种刻点。触角之间额深凹。雄虫触角远超过体长，其上被有淡灰色短绒毛；雌虫触角稍长于身体，体腹面及足的黑斑较小，除被有褐色或红棕色绒毛外，还有淡黄色半卧长毛。前胸背板宽大于长，侧刺突细长，表面密布中等刻点。鞘翅较长，两侧平行，端缘圆形。卵长圆形，乳白色，微有光泽。老熟幼虫呈圆柱状，稍扁。蛹灰褐色，翅芽从体侧弯于腹面，紧压第 3 对足。

麻点豹天牛在四川 2 年发生 1 代，以幼虫越冬。老熟幼虫于 7 月下旬开始化蛹，8 月为化蛹盛期，9 月为末期，蛹期长 21~28 d。8 月中下旬可见少数成虫，9 月为成虫取食、交尾、产卵盛期。刚羽化出孔的成虫，先在枝干上爬行，同时啃食寄主的嫩树皮和叶片补充营养，以后在林间做短距离飞行，成虫交尾后在 1~5 年生的主干或枝条上产卵。卵期 15~20 d。初孵幼虫先取食卵壳，然后取食外面的嫩树皮，再蛀食木质部，稍大后就钻入木质部为害。木质部内的蛀道弯曲，随虫体的增大而加粗。虫粪和木丝不直接全部推出枝干外，枝干蛀洞口会流出黄色或黄红色的树液，有的在蛀洞口也会留下虫粪和木丝。幼虫一般 5 龄，经两次越冬和越夏后才化蛹。麻点豹天牛分布于我国陕西、云南、四川、江苏。为害杨、柳、桤木、龙爪槐。

虽然麻点豹天牛是为害森林植物的蛀干害虫，但它也是具有很高营养价值的食用昆虫。我国云南等少数民族地区，迄今仍保留食用天牛幼虫的习俗。一般是将天牛幼虫用油炸后食用，或用火烤后食用，生食天牛幼虫的现象也很普遍。在超市、菜市场和集贸市场有可能会发生因经济利益而进行的盗窃、抢劫等犯罪活动，在餐馆、超市等犯罪现场也有可能出现它的踪迹。

细点音天牛

细点音天牛隶属于鞘翅目、天牛科。体长 19~21.5 mm，体细长。头、前胸背板和中胸小盾片黑色，鞘翅、腹面、足、触角及口器黄褐色。密被灰白色长绒毛，鞘翅上的绒毛较稀短。头下口式；上颚粗长，大部分红褐色，尖端和内缘黑色；下颚须及下唇须端节末端凹陷，上唇半圆形；额区具细刻点，窄于复眼横径，具 1 条从唇基至头顶的中纵沟，颊短；触角略短于身体，基瘤甚发达，柄节甚膨大，稍弯，第 3 节仅为柄节的 2 倍长，第 3~10 节约等长，端节约为柄节的 2 倍长。前胸背板密布细刻点，两侧具大小不等的数个小瘤突，后缘前方具较明显的横沟；具发音器，但中央无纵线。小盾片短舌形，中央纵向凹陷。鞘翅肩后明显变窄，中后方两侧略平行，较扁平，稍柔软；密布较细的刻点，每个鞘翅上具 3 条纵脊，但外方 1 条短而不明显。前足基节间腹板突高于前足基节；腿节宽扁，前、中足胫节外侧具数个小齿。幼虫生活于地下，成虫白天在羽化的孔道内可见，具趋光性，在天牛总科的演化进程中具重大意义。分布于我国西藏。

细点音天牛是国家林业局令第 7 号《国家保护的有益的或者有重要经济、科学研究价值的陆生野生动物名录》中列入的昆虫种类。野外数量十分稀少。但也会有狂捕滥采和非法买卖的犯罪现象发生。

薄翅锯天牛

薄翅锯天牛是为害林木和果树的害虫之一。隶属于鞘翅目、天牛科。成虫体长 30~52 mm，棕褐色，密布刻点。头、胸部背面黑色，上生黄色绒毛。触角较短。前胸前窄后宽，呈梯形。鞘翅黄褐色，上生黄色细毛；每个鞘翅上有 2 条纵隆线。足较扁，后胸及腹部腹面密被黄色绒毛。卵长椭圆形，乳白色。老熟幼虫圆柱形，口器黄褐色，上颚褐色。前胸背板淡黄色，前宽后窄，前缘后有黄褐色横斑。有背中线。初化蛹时乳白色，后转黄褐色。后胸腹面有 1 个疣状突起。

薄翅锯天牛在长江以南地区 2~3 年发生 1 代。成虫于 6~8 月飞出，产卵于其他天牛的老蛀道中，为典型的次期性害虫。每头雌虫可产卵 200 多粒，幼虫孵化后蛀食木质部，蛀道长可达 40 cm，坑道内充满虫粪和木屑。老熟幼虫在近树皮处做蛹室化蛹。成虫咬圆形羽化孔飞出。由于此虫为害，可加速油桐的死亡。

薄翅锯天牛分布于我国黑龙江、吉林、辽宁、河北、山西、河南、山东、江苏、江西、湖北、湖南、广西、福建、台湾、四川、贵州、云南。为害油桐、橡胶、杨、柳、白蜡、桑、榆、栎、苹果、枣、云杉、冷杉和松类。

薄翅锯天牛是一种观赏性极强的昆虫，奇特的外貌、闪光的金属色引起了收藏家们极大的兴趣，成为他们争相收集的目标，不惜以高昂的价格收购这些稀有的种类，因此狂捕滥采和非法买卖等犯罪活动时有发生。也有很多人会为了利益在未取得国家重点保护野生动物及其制品经营许可证的情况下，进行相关经营活动，这样做就触犯了刑律。

畸腿半鞘天牛

畸腿半鞘天牛隶属于鞘翅目、天牛科。体较小，体长 10~14 mm，体宽 2.5~3 mm。雄性和雌性色泽略有不同，雄虫身体大部黑色，仅鞘翅背面赤黑色；足腿节的细柄、胫节、跗节及腹部深黄褐色。雌虫身体大部赤褐色，仅头部、触角第 5~11 节、鞘翅末端、后翅、前足腿节膨大部的末端、中后足腿节的膨大部和后足胫节基部黑褐色至黑色。头部狭小，密布粗皱刻点，后头中央光滑；雄虫触角较长，远超过鞘翅末端，雌虫触角达鞘翅端部；柄节略弯，第 3 节略短于柄节，与第 4 节约等长，第 5~10 节扁宽，外端角突出，第 2~6 节内侧有黑褐色粗短毛。前胸背板宽略胜于长，中区具 3 个光滑突起，两侧各有 1 个小突起，突起之间的凹陷部有明显刻点。鞘翅短，仅达腹部第 1 节基部，中部之后突然分开，逐渐狭窄，末端钝圆；背面中部凹陷，具刻点 4 行，外侧隆起，具刻点 2 行。腹部几光滑，刻点极微小；雄虫腹部第 1、2 节的长度等于其余各节长之和，末节后缘深凹；雌虫第 1 腹节最长，等于其余各节长之和，第 2 节中部后方有新月形凹陷，其上密生金黄色细毛。足腿节端半部膨大，后足腿节最膨大，近球形，密生粗黑毛；基半部呈细柄状；胫节内、外侧具金黄色浓密粗毛。本种外形似蜂类，极为珍稀。分布于我国浙江、广西。

畸腿半鞘天牛是国家林业局令第 7 号《国家保护的有益的或者有重要经济、科学研究价值的陆生野生动物名录》中列入的昆虫种类。野外数量十分稀少。但也会有狂捕滥采和非法买卖的犯罪现象发生。

红腹膜花天牛

红腹膜花天牛隶属于鞘翅目、天牛科。雄虫体长 34.5 mm，宽 4.25 mm。体较大，狭长。头与复眼黑色；触角基部褐色，向端部呈黄色；前胸和小盾片黑色；鞘翅除外侧缘基部 1/4 至端部暗褐色外，其余部分与腹部呈红褐色。3 对足除后足跗节黄色外，余为红褐色。头宽短，额方形，具细密刻点，中央有 1 条深的中缝，两触角基瘤之间低凹，头顶疏生细长毛。复眼小，其下叶远长于颊；触角约伸达第 1 腹节端部，第 5~10 节的端部稍向外扩展，第 1 节稍长于第 4 节。前胸背板有光泽，长宽约等，前后均有 1 条横沟，后横沟向前呈角形突出。小盾片凹陷，有粗刻点，端部生有金黄色长毛。鞘翅短缩，不达后胸端部，鞘翅基部隆起，端部渐窄，内侧略凹入，端部 1/6 处隆起，缝区疏生直立黄色长毛；膜翅不折叠，外露于鞘翅之后。腹部狭长，筒状，具光泽，第 1 节最长，第 5 节次之，第 2~4 节约等长。足细长，后足胫节多少弯曲，基跗节与腿节端部约等粗，长于第 2、3 节长之和的 2 倍。在我国本属种类主要分布南方地区，已知有 10 余种，有些种类的体型与飞翔姿态很似姬蜂。生活于枯树的心材中。分布于我国湖北。

红腹膜花天牛是国家林业局令第 7 号《国家保护的有益的或者有重要经济、科学研究价值的陆生野生动物名录》中列入的昆虫种类。野外数量十分稀少。它是一种观赏性极强的昆虫，奇特的外貌、闪光的金属色引起了收藏家们极大的兴趣，成为他们争相收集的目标，不惜以高昂的价格收购这些稀有的种类，因此狂捕滥采和非法买卖等犯罪活动时有发生。也有很多人会为了利益在未取得国家重点保护野生动物及其制品经营许可证的情况下，进行相关经营活动，这样做就触犯了刑律。

银合欢豆象

银合欢豆象原产于美国。隶属于鞘翅目、豆象科。成虫体长 2.3~3.6 mm，体宽 1.6~2.2 mm。躯体和触角均为红褐色，偶见躯体为黑褐色的，但触角仍为红褐色。头宽短。头部额中纵脊隆起，由额唇基缝延伸至头顶，末端呈膨大隆起状。雄成虫的额区极狭窄，雌成虫的额区较宽。触角锯齿状，各节长宽近等；雄虫触角由第 4~10 节向一侧显著突出，雌虫触角突出较弱。前胸背板密布黄色毛，并散布不明显的淡褐色毛斑。鞘翅密被黄色毛，行间散布白色毛和淡褐色毛。后足腿节近端有 3 枚齿，1 枚大齿后跟 2 枚小齿；臀板被黄白色毛。雄虫臀板上的暗色斑不明显，雌虫臀板中纵线两侧各有 1 个褐色大毛斑。卵乳白色，棒状。蛹为裸蛹，乳黄色。

银合欢豆象分布于我国海南、广东、广西、云南、贵州、四川、福建等地的银合欢种植区。可随种子和苗木做远距离传播，而林间自然扩散靠成虫的飞翔活动。银合欢豆象仅为害银合欢属植物的种子。在田间和仓库内均可为害。以幼虫钻蛀银合欢豆荚和种子，使种子丧失萌芽力。在仓库内，雌成虫产卵于裸露种子表面；在田间，则将卵产于未成熟或成熟的豆荚上。卵孵化后，幼虫直接从卵底钻入豆荚和种子内部为害。种子成熟收获后还可继续循环为害。

银合欢豆象

在中国南方地区，该虫 1 年发生 3~4 代。在温度为 26 ℃、相对湿度为 75%的条件下，完成 1 个世代需 44~48 d。该虫成虫活动能力较强，具有假死性。成虫羽化后不需补充营养即可交配产卵。雌虫产卵量为 14~25 粒，产卵期为 2~3 d。在室内，雌成虫一般将卵散产于裸露的银合欢种子上，每粒种子表面有卵 3~8 粒。卵经过 7~8 d 开始孵化，孵化出的幼虫直接钻入豆荚及种子内部为害。在常温条件下，幼虫经过 25~35 d 即可化蛹，蛹期经 6.5~8 d 便羽化为成虫。成虫寿命 17~31 d。

作为为害严重的外来入侵物种，它可以随寄主植物活体的调运做远距离传播。如果不加以管制，甚至可以扩散到全国大部分地区。因此我们在对植物苗木、植株、种子、果实及其他材料进行引种调运的过程中，一定要严格进行检疫，严禁危险性害虫的传入或传出，对已传入的要及时封锁，就地消灭。海关要严格检疫，防止这些害虫再次入侵我国。

豌豆象

豌豆象隶属于鞘翅目、豆象科。成虫椭圆形，体长 4~5.5 mm，体宽 2.6~2.8 mm，黑色。复眼马蹄形，凹陷窄而深。触角锯齿状，11 节。上唇、触角基部 1~4 节赤褐色，其余为黑色。除前足胫节及跗节全部、中足跗节全部赤褐色至黄褐色外，其余各足全部黑色。头密布小刻点，被淡褐色毛，额下部毛较长。前胸背板宽，密布刻点；后缘中央有三角形灰白色毛斑，近圆形；侧缘中间的前方各有 1 枚向后的尖齿，后侧角尖，齿突尖端向后，齿突后方向内凹入不显著。小盾片近方形，后缘中间凹，被灰白色毛。鞘翅布刻点，成 10 行纵纹；鞘翅近末端 1/3 处的白毛斑宽阔，斜列近直线形，左右 2 个鞘翅的白斑组成“八”字形斑纹。腹部末节露出部分（臀板）被深褐色毛，近端部左右侧各有 1 个明显的褐色和黑色卵形斑，常被鞘翅覆盖。后足腿节腹面外缘近端部有 1 枚明显的长尖齿。雌虫中足胫节末端有 1 枚小尖刺，雄虫则无。卵椭圆形，半透明，淡橙黄色，一端稍尖。在稍尖的一端附有 2 条长约 0.5 mm 的丝状物，用以黏附在豆荚上。老熟幼虫体长 5.5~6.0 mm，乳白色，体肥胖，呈菜豆形向腹方弯曲，胸足退化，呈肉突状。蛹长 5.5~6.0 mm，椭圆形，淡黄色。前胸背板及鞘翅光滑无皱纹，前胸背板侧缘的齿突极明显。

豌豆象 1 年发生 1 代，各地发生期由北向南逐步提前。越冬成虫一般在清明节前后豌豆开花时飞到豌豆田间活动，取食花粉、花汁，并交配产卵。产卵盛期约在 5 月中旬，卵散产于嫩豆荚上，每荚上平均产 3~5 粒，往往 2 粒重叠。每头雌虫能产卵 130~200 粒，初孵幼虫自卵壳下蛀入豆荚为害，每豆可有数头幼虫侵入，但一般仅有 1 头能存活。幼虫在豆粒内蛀食，生长发育经 4 龄化蛹。当豌豆收获时，幼虫随被害豆粒进入仓库，并继续为害，最后发育为成虫，咬 1 个圆孔而外出，即进入越夏、越冬阶段。

豌豆象在我国除西藏、黑龙江外，其他各地均有分布，且在田间豌豆结荚期或仓库贮藏期，均较常见。豌豆象可通过被害种子的调运进行远距离传播。寄主植物包括豌豆、菜豆、野豌豆、金雀儿、山黧豆属等植物。

豌豆象主要以成虫在豆粒内、仓库、壁缝、包装物及野外屋檐、木柱、篱笆、树皮下等处越冬，但大部分在豆粒内越冬，也发现少数个体以幼虫或蛹越冬。其给人类的生活造成很大的影响和不便，甚至会影响到人类的生存。而且由于它生活在谷物粮仓、粮食加工厂、肉食加工厂、皮革厂、书库、制药厂、药店、动植物标本库房等相对封闭的环境中，所以，在这些环境中发生的犯罪案件有可能出现它的踪迹，可以此作为破案的线索之一。

巴西豆象

巴西豆象又名墨西哥豆象。隶属于鞘翅目、豆象科。原产于中美洲和南美洲。成虫体长2~3.6 mm，体呈宽卵圆形。表皮黑色，有光泽，仅触角基部2节、口器、前足、中足胫节端距及后足胫节端距为红褐色。触角节细长。前胸背板宽约为长的1.5倍。小盾片三角形。鞘翅稍呈方型，翅的端部圆。卵扁圆形。老熟幼虫呈菜豆形，乳白色。

巴西豆象分布于我国重庆和云南南部，尤其是中缅边境地区。以卵、幼虫、蛹和成虫随寄主豆类的调运进行远距离传播。以幼虫蛀食豆类种子，对储藏的菜豆和豌豆为害尤其严重。主要在豆类仓库内繁殖为害，为害菜豆、豇豆、红豆、豌豆、扁豆等。

巴西豆象1年可发生6~8代。幼虫经4龄后化蛹。成虫羽化后即达性成熟，但多在豆粒内停留2~3 d才顶开羽化盖爬出活动。雌虫直接将卵产于豆粒表面，卵牢固地黏附在种皮上。产卵量一般为20~50粒，幼虫期和蛹期全部在被害豆粒内生活。

预防、控制和管理措施：严格从疫区进口豆类，需要进口时必须严格检疫，杜绝其侵入新的区域。发现虫害要及时彻底清除，可采取溴甲烷熏蒸，用辛硫酸、虫螨磷拌种及高温处理等措施加以控制。

作为为害严重的外来入侵物种，它可以随寄主植物活体和豆类种子的调运做远距离传播。如果不加以管制，甚至可以扩散到全国大部分地区。因此我们在对菜豆、豇豆、红豆、豌豆、扁豆及其他材料进行调运的过程中，一定要严格进行检疫，严禁危险性害虫的传入或传出，对已传入的要及时封锁，就地消灭。海关要严格检疫，防止这些害虫再次入侵我国。

咖啡豆象

咖啡豆象隶属于鞘翅目、长角象科。原产于印度。成虫体长2.5~4.5 mm，长椭圆形，暗褐色，密生黄褐色细毛。头顶宽扁，触角末端3节扁平膨大。喙粗短。前胸背板、鞘翅表面有黄褐色细毛密生，常杂生褐色或黄白色有规则的圆形花斑。小盾片很小，圆形，密生细毛。卵圆形，顶宽而圆，底略尖，表面光滑，白色具光泽。幼虫乳白色，近弯弓状，有皱褶，生有白色短细毛，无足。蛹浅黄白色，体表密生灰白色细毛，触角细长向背后弯曲。

咖啡豆象在中国北方地区1年发生3~4代，在四川1年发生4~5代。在上海该虫1年发生3代，越冬代成虫主要发生在5月下旬到6月下旬，第1代成虫发生在7月中旬到8月中旬，第2代成虫发生在9月中旬到10月中旬；第2代成虫产卵孵化后的大部分幼虫，即进入滞育状态越冬，亦有小部分孵化早的幼虫能发育成为第3代成虫。咖啡豆象每年有1代可在大蒜上为害，幼虫4龄，初孵幼虫在寄主组织内边咬食边钻蛀，并排出粪粒，老熟后在寄主组织内筑蛹室化蛹。在咖啡中繁殖的咖啡豆象，当温度为28 ℃、相对湿度为80%时，卵期为5~7 d，幼虫期为46~66 d，前蛹期为1~1.5 d，蛹期为5~8 d。

咖啡豆象分布于我国福建、广东、广西、海南、云南、江苏、上海、安徽、湖北、江西、湖南、四川、贵州、山东、河南、甘肃、青海、西藏等地。咖啡豆象主要为害贮藏期中的玉米、甘薯、大蒜、药材等，在野外和仓库内都能为害。该虫成虫、幼虫均能取食为害，而且食量较大，是蒜头挂藏期的重要害虫，严重影响中国一些地区大蒜的出口创汇。在咖啡产区若咖啡豆储藏保管不妥，6 个月后咖啡豆象造成的重量损失可达 30%。中国有近 50 种中药材受到咖啡豆象的为害，其中以麦冬、党参、防风、山药等受害较重，有些甚至把中药材蛀蚀一空，使其丧失药用价值。

咖啡豆象给人类的生活造成很大的影响和不便，甚至会影响到人类的生存。而且由于它生活在谷物粮仓、粮食加工厂、肉食加工厂、书库、制药厂、药店、动植物标本库房等相对封闭的环境中，所以，在这些环境中发生的犯罪案件有可能出现它的踪迹，可以此作为破案的线索之一。

超高萤叶甲

超高萤叶甲隶属于鞘翅目、叶甲科。体长 7.5 mm，体宽 3.8 mm。头部、触角、腹面及足黑色。前胸背板前、后缘黄色，余为黑色。小盾片黑褐色。鞘翅黄褐色，具黑色纵脊。头顶具明显的中纵沟及刻点。触角长达鞘翅肩部，除第 1 节外，各节皆短粗。前胸背板宽为长的 2.5 倍，盘区中部较隆，两侧具纵凹，刻点在凹内及周围较密，余皆稀疏。小盾片半圆形，具零星刻点。鞘翅在肩角后不远具 1 道横凹。每个鞘翅第 1、2、4 条脊发达，第 3 条脊退化，在端部不远间断出现，第 1、4 条脊在端部相连。翅面刻点粗密，后翅很发达。足腿节、胫节均发达，且具明显刻点。腹面布满刻点及毛，雌虫腹端完整，雄虫未知。本种采自于西藏日土，海拔 5 300 m，是叶甲科迄今为止所见分布海拔最高的种类。分布于我国西藏。

超高萤叶甲是国家林业局令第 7 号《国家保护的有益的或者有重要经济、科学研究价值的陆生野生动物名录》中列入的昆虫种类。野外数量十分稀少。但也会有狂捕滥采和非法买卖的犯罪现象发生。

马铃薯甲虫

马铃薯甲虫又名马铃薯叶甲、科罗拉多马铃薯甲虫、蔬菜花斑虫。隶属于鞘翅目、叶甲科。成虫体长 9~12 mm，体宽 6~7 mm，躯体呈椭圆形。雌虫背面隆起，雄虫小于雌虫，背面稍平。每个鞘翅上各有 5 条黑色条纹，左右翅结合处构成 1 条黑色斑纹。卵为椭圆形，顶部钝尖，产于叶片背面，卵呈块状。幼虫共蜕皮 3 次有 4 个龄期，1 龄、2 龄幼虫暗褐色，3 龄以后逐渐变为鲜黄色、粉色或橙黄色，3 龄、4 龄幼虫腹背部膨胀隆起呈驼背状。老熟幼虫入土做蛹室化蛹。一般入土幼虫 5 d 后开始化蛹，具有明显的预蛹期。蛹为离蛹，黄色，椭圆形，尾部略尖，橘黄色或淡红色。在 20~27 ℃条件下，各虫态的发育历期有所不同。从卵至成虫羽化出土平均历期为 33.5 d。

马铃薯甲虫

马铃薯甲虫 1 年可发生 1~3 代，以第 2 代为主。一般越冬代成虫于 5 月上中旬出土，随后转移至野生寄主植物上取食和为害早播马铃薯，由于越冬成虫越冬入土前进行了交尾，因此，越冬后雌成虫不论是否交尾，取食马铃薯叶片后均可产卵。马铃薯甲虫成虫在土壤下 7.6~12.7 cm 处越冬，成虫喜欢湿润的土壤。在马铃薯生长期可以在田间见到各个虫态的马铃薯甲虫。成虫的寿命平均为 12~14 个月，在有水、无食物条件下，可耐饥 11 个月。春天成虫爬行或飞行找到寄主，取食叶片。5~10 d 后，成虫开始产卵，卵量最多达 4 000 余粒。新孵化的幼虫马上取食叶片，需发育 10~20 d，经 4 龄后老熟。老熟幼虫停止进食，落入土中做穴化蛹，进入前蛹期。10 d 后，成虫从土壤中羽化，爬向最近的寄主并开始取食。成虫补充营养后，或交配产生下一代，或迁飞，或进入滞育期。

马铃薯甲虫目前仅分布于新疆。成虫可借气流或水流传播，还可随马铃薯等农产品及交通运输工具做远距离传播。是马铃薯的毁灭性害虫，成虫和幼虫都为害马铃薯的叶片和顶尖，可使马铃薯地上部分全被吃光，造成马铃薯严重减产。

作为为害严重的外来入侵物种，它可以随寄主植物活体的调运做远距离传播。如果不加以管制，甚至可以扩散到全国大部分地区。因此我们在对植株、果实及其他材料进行调运的过程中，一定要严格进行检疫，严禁危险性害虫的传入或传出，对已传入的要及时封锁，就地消灭。海关要严格检疫，防止这些害虫再次入侵我国。

椰心叶甲

椰心叶甲又名椰棕扁叶甲、椰长叶甲、红胸叶甲。隶属于鞘翅目、铁甲科。原产于印度尼西亚和巴布亚新几内亚，分布于太平洋岛区。成虫体扁平狭长，体长 7~10 mm，雄虫比雌虫略小。触角粗线状，11 节，棕褐色，顶端 4 节颜色较深，有绒毛，柄节长度是宽度的 2 倍。头部红黑色，头顶背面平伸出近方形板块，两侧略平行。前胸背板红黄色，具有粗而不规则的刻点，刻点 100 个以上，排列不规则。鞘翅有时全为红黄色，有时后面部分甚至整个全为蓝黑色。足红黄色，粗短，跗节的第 4、5 节完全愈合。卵椭圆形，褐色，上表面有蜂窝状扁平凸起，下表面无此结构。幼虫共 5 龄，体扁平，侧缘近于平行，白色至乳白色。蛹与幼虫相似，个体稍粗，出现翅芽和足，腹末有 1 对卡钳状尾突。

椰心叶甲成虫

椰心叶甲分布于我国台湾、香港、海南、广东、广西、福建、云南等地。各虫态可随种苗或其他载体进行远距离传播，成虫也可飞行逐渐扩散。寄主植物有椰子、西谷椰子、大王椰子、华盛顿椰子、亚历山大椰子、槟榔、棕榈、鱼尾葵、山葵、刺葵、蒲葵、散尾葵、省藤等棕榈科植物。

椰心叶甲世代重叠，在不同地区 1 年内发生的代数和发育历期有所差异。在珠江三角洲地区 1 年可发生 4 代，在福建福州以南地区 1 年可发生 3~4 代，在海南 1 年可发生 4~5 代。一般卵期为 4~6 d，幼虫期为 30~40 d，幼虫 5 龄，预蛹期 3 d，蛹期 6 d，成虫期可达 220 d。雌成虫产卵前期 1~2 个月，每头雌虫可产卵 100 粒，一般将卵产在心叶的虫道内，3~5 粒为纵列黏附于叶面，周围有取食的残渣和排泄物。成虫惧光，具有一定的飞翔能力，可近距离扩散，可在早晚飞行，白天多缓慢爬行，由于成虫期较长，故成虫的为害远超过幼虫。

作为为害严重的外来入侵物种，它可以随寄主植物活体的调运做远距离传播。如果不加以管制，甚至可以扩散到全国大部分地区。因此我们在对植物苗木、植株、种子、果实及其他材料进行引种调运的过程中，一定要严格进行检疫，严禁危险性害虫的传入或传出，对已传入的要及时封锁，就地消灭。海关要严格检疫，防止这些害虫再次入侵我国。

稻水象甲

稻水象甲又名稻水象、稻根象。隶属于鞘翅目、象甲科。原产于美国密西西比河流域，成虫体长 2.6~3.8 mm，身材小巧，但并不美丽，外表密被着灰色的、排列整齐的圆形鳞片，而且时间长了这些鳞片很容易脱落。成虫前胸背板自端部到基部的鳞片呈黑色，形成 1 个明显的“广口瓶状”的黑色大斑，这个黑色大斑便成为识别稻水象甲的重要特征。它的鞘翅上没有毛，而在中足胫节的两侧各有 1 列白色长毛，称为游泳毛，在游泳时起到桨的作用。此外，在后足胫节有前锐突和 1 个不分叉的钩状突起，这也是鉴别它的主要特征之一。稻水象甲有两性生殖型和孤雌生殖型，发生在中国的均属孤雌生殖型。卵圆柱形，两端圆，略弯，珍珠白色。老熟幼虫体长约 10 mm，白色，无足，头部褐色。体呈新月形。腹部 2~7 节背面有成对向前伸的钩状气门。蛹白色，大小、形态性状近似成虫，在似绿豆形的土茧内。

稻水象甲 1 年发生 1~2 代，以成虫越冬。繁殖能力强。可营孤雌生殖，如有 1 头雌虫传入，遇适宜环境条件，便可定居繁殖。该虫主要为害水稻，成虫食害稻叶，而以幼虫为害稻根最为严重。成虫多在稻田的林带、沟渠、荒地等处越冬。近年的研究表明，稻水象甲在中国北方稻区的发生规律与日本种群相似，而南方双季稻区的稻水象甲却因不同的稻作制和栖息环境而表现出与之相适应的行为特征和发展动态，其每年春、夏、秋 3 次稻田与越夏、越冬场所之间的迁飞活动和成虫的夏季滞育构成了双季稻区稻水象甲种群消长的关键因子。

稻水象甲

稻水象甲分布于我国河北、天津、山东、辽宁、吉林、浙江、福建、台湾等地。可随稻草、稻谷、水稻秧苗、牧草、草坪植物、腐殖土、包装材料和填充物，以及运输车、船等做远距离传播，成虫飞翔或借助风力、水流等途径也能进行近距离传播。

作为为害严重的外来入侵物种，它可以随寄主植物活体的调运做远距离传播。如果不加以管制，甚至可以扩散到全国大部分地区。因此我们在对植物苗木、植株、种子、果实及其他材料进行引种调运的过程中，一定要严格进行检疫，严禁危险性害虫的传入或传出，对已传入的要及时封锁，就地消灭。海关要严格检疫，防止这些害虫再次入侵我国。

玉米象

玉米象隶属于鞘翅目、象甲科。成虫体长 3~4 mm，体圆筒形，红褐色至黑褐色，无光泽。头小，近似三角形。口吻前伸，呈象鼻状，其上有椭圆形点刻，口吻基部有 2 条明显的脊，从此 2 条脊的正中有 1 条隆起的脊直达口吻先端。复眼在此 2 条脊的后面，触角在此 2 条脊下面的触角窝内，触角 9 节，柄节长，梗节极小，鼓形，隐藏于柄节先端的窝内。口器咀嚼式。前胸背板黑褐色，前缘小，后缘大，前缘呈“领”状，前胸背板正中有 1 条纵脊，脊之两旁各有近似圆形点刻 22~24 个，前胸腹板的前缘亦为“领”状，“领”上有 1 列圈状的、规则的点刻，整个前胸腹板布满圆形点刻，在点刻内有淡黄色的叶片状毛 1 根。鞘翅上有纵走圆形点刻 13 条，点刻内有的有叶片状黄色短毛 1 根，2 个圆形点刻间有纵脊隆起，每个鞘翅的基部和端部有斜的黄褐色斑纹 1 个。后翅膜质。腹部可见腹板 5 节，上面有圆点刻，每个点刻内有叶状黄毛 1 根。臀板背面有短而宽的黄色鳞片。卵长椭圆形，上端细，下端大，上端有胶状物黏结，这是在粮粒上的卵孔封闭物。幼虫乳白色，肥胖多皱纹，口器褐色，体呈弓形。蛹淡黄色，扁平。

玉米象种群繁盛，大都以成虫越冬，10 月底至 11 月初，在陕西关中地区成虫爬向仓外寻找越冬场所，在碎砖、瓦砾、垃圾下越冬。也有一部分以幼虫形态在粮粒内越冬，当粮堆发热时，越冬的幼虫停止越冬继续进行发育，变为成虫，交配、产卵、繁殖，所以，冬季可以在发热的粮堆中见到大量的玉米象。越冬的成虫于翌年 4 月飞向仓内繁殖，以幼虫越冬的在 5 月底或 6 月初出现成虫。成虫羽化后交配产卵，一生能产卵百余粒。成虫寿命为 3~4 个月，每完成一代的时间：在 4~5 月为 50 d 左右，在 6~8 月为 20~30 d，在 9~10 月为 40 d 左右。成虫的食物种类极为繁杂，吃食近百种植物的种子和果实。幼虫吃食 11 个科 30 种植物的种子和果实。

玉米象几乎分布于世界各地。为储粮的头号大害虫，对多种谷物及加工制品、豆类、油料、干果及药材均造成严重危害。玉米象给人类的生活造成很大的影响和不便，甚至会影响到人类的生存。而且由于它生活在谷物粮仓、粮食加工厂、肉食加工厂、制药厂、药店、动植物标本库房等相对封闭的环境中，所以，在这些环境中发生的犯罪案件有可能出现它的踪迹，可以此作为破案的线索之一。

椰花四星象甲

椰花四星象甲又名椰花二点象。隶属于鞘翅目、象甲科。原产于东南亚。成虫体小，体长 5~6 mm，黑褐色，具光泽。前胸背面有 4 个红色大斑点，排成前后 2 排。翅鞘较腹部短，腹部末端外露。雄虫身体略小于雌虫，雄虫喙短而粗且略弯曲，雌虫喙长而细且较直。卵乳白色，长椭圆形，表面光滑。幼虫初孵时为乳白色，后变为黄白色，体型呈纺锤形，前端微向腹面弯曲，腹末端扁平，胸足退化。蛹初期乳白色，后期呈褐色，喙长达前足胫节，触角及复眼显著突出。

椰花四星象甲在海南 1 年发生 3~4 代，世代重叠。成虫在海南有 2 个明显的活动高峰期，即 3~4 月和 9~10 月。雌成虫交尾后 1~4 d 即在椰子的伤口、裂缝中或茎秆、叶柄、花苞、果蒂等基部产卵，卵散产，卵期为 4~9 d。幼虫孵出后在叶鞘内柔软多汁部位潜行取食。幼虫期 56~70 d。老熟幼虫潜行至叶鞘周边干燥部位，藏身于纤维碎屑中，在为害的坑道里化蛹，蛹期 10~12 d。羽化后性成熟的成虫以口器钻开叶鞘内面表皮，穿孔而出。成虫的平均寿命为 15~20 d。该虫的生活周期为 70~90 d，整个生活史可在同一叶鞘内完成。

椰花四星象甲分布于我国台湾、海南。可随被害苗木的运输进行远距离传播。椰花四星象甲的寄主有可可椰子、非洲油棕和加拿利海枣等棕榈科植物，在海南对杂交种椰树和矮种椰树为害较重，而对高种椰树的为害率较低。成虫一般不直接为害椰树，主要以幼虫钻蛀为害成年结果椰树的茎秆、叶柄、花柄、花序、果蒂、果实等部位的基部。

作为为害严重的外来入侵物种，它可以随寄主植物活体的调运做远距离传播。如果不加以管制，甚至可以扩散到全国大部分地区。因此我们在对植物苗木、植株、种子、果实及其他材料进行引种调运的过程中，一定要严格进行检疫，严禁危险性害虫的传入或传出，对已传入的要及时封锁，就地消灭。海关要严格检疫，防止这些害虫再次入侵我国。

长足大竹象

长足大竹象又名竹横锥大象、竹笋长足象、横锥、横嘴、流尿虫、夜锥虫，是为害竹类的重要害虫之一。隶属于鞘翅目、象甲科。雌虫体长 26~38 mm，雄虫体长 25~39 mm。体橙黄色或黑褐色。头半球形，黑色，喙自头部前方伸出，长 10~12 mm，光滑。雄成虫喙略短，背面有 1 个凹槽，凹槽两边有齿状突起，每排有齿 7~8 枚。触角膝状，着生于喙后方两侧的月形槽内。前胸背板呈圆形隆起，前缘有约 1 mm 宽黑色边，后缘中央有 1 个箭头状黑斑。鞘翅黄色或黑褐色，外缘圆，臀角处具 1 根尖刺，两翅合并时，尖刺相靠成 90°角外突，鞘翅上有 9 条纵沟。前足胫节内侧密生 1 列棕色毛。卵长椭圆形，初产时乳白色，有光泽，渐变为乳黄色，表面光滑，无斑纹。初孵幼虫全体乳白色，取食后体变为乳黄色。老熟幼虫头黄褐色，大颚黑色，体淡黄色。前胸背板较骨化，背板上有 1 个黄色斑，斑上具“八”字形黑褐斑。蛹初为橙黄色，渐变为土黄色。茧上附有竹叶碎片、杂草和泥土。

长足大竹象

长足大竹象在广东 1 年发生 1 代，以成虫于土中蛹室内越冬。翌年 6 月中旬成虫出土，成虫初出土时行动迟缓，雨后天晴活动最盛。成虫飞翔力强。成虫有假死性。成虫出土后 1~2 d，即上笋啄食笋肉以补充营养，经 2 d 取食后即行交尾。交尾时雌成虫仍在取食。雌、雄成虫均可以多次交尾。交尾后随即在笋上产卵。8 月中下旬为出土盛期。卵经 3~4 d 孵化。初孵幼虫出壳后即向上蛀食，1~3 d 后从产卵孔中流出青色液体，3~4 d 流出黑色液体，这是幼虫在笋中正常发育的标志。幼虫为斜行向上取食，再横行取食，随之再斜行向上，蛀食路线呈“Z”形，直到笋尖，再向下取食，将竹笋上半段笋肉吃光。幼虫为害期为6月中下旬至10月中旬；幼虫5龄，在笋中取食11~16 d老熟。老熟幼虫从笋上滚落，在地面爬行寻找适宜地点入土，7月中旬开始化蛹，蛹经11~15 d羽化为成虫。7月底8月初至11月上旬为成虫越冬期。

长足大竹象分布于我国广东、广西、贵州、四川、重庆等地。为害粉箪竹、大尖竹、青皮竹等较粗的丛生竹竹笋。成虫在笋外啄食进行营养补充，被害笋长成畸形竹或断头折梢。幼虫在笋中取食，被害笋多不能成竹。

竹象幼虫和成虫均可食用，在我国广东、广西和四川等地食用竹象的现象较为普遍。食用成虫时，将成虫的头、足及内脏去除，加调料浸渍后烧烤食用；食用幼虫时，将幼虫加调料用油炒或炸后食用。它是一种营养丰富的食用昆虫。无论是街头小店还是高档餐厅都会出现它的身影，在超市、菜市场和集贸市场也会有食用昆虫出售。在这些地方有可能会发生因经济利益而进行的盗窃、抢劫等犯罪活动，在餐馆、超市等犯罪现场也有可能出现它的踪迹。

大竹象

大竹象又名直锥象、直锥大竹象、竹笋大象虫、竹象甲、笋蛆（幼虫）。隶属于鞘翅目、象甲科。雌成虫体长20~32 mm，雄成虫体长22~34 mm。体色初羽化时为鲜黄色，出土后为橙黄色、黄褐色或黑褐色。前胸背板后缘中央有1个黑色斑，多为不规则圆形。鞘翅外缘不圆，成截状，鞘翅臀角钝圆，无尖刺，两翅合并时，中间凹陷。前足腿节、胫节与中、后足腿节、胫节等长，前足胫节内侧的棕色毛短而稀。其他特征与长足大竹象相同。卵长椭圆形，初产时乳白色，后变为乳黄色，有光泽；孵化前黄褐色。初孵幼虫全体乳白色，取食后体变为乳黄色，头壳淡黄褐色，体节不明显。老熟幼虫淡黄色，头黄褐色，口器黑色，前胸背板有一定程度骨化，背板上有1个黄色大斑，斑上无黑褐色“八”字纹。蛹初乳白色，后渐变土黄色，喙、触角折藏于前胸下方，色稍深暗。茧上附有竹笋纤维和泥土，长椭圆形。

大竹象1年发生1代，以成虫在土下蛹室中越冬。在浙江，6月中下旬成虫出土，7月下旬至8月上旬出土最盛，9月下旬结束，成虫活动始于早上露水干后，中午、夜晚及雨天多停息于竹叶背面或地面隐蔽处。6月下旬至9月下旬产卵，成虫进行营养补充2 d后，即可交尾，雌、雄成虫均可多次交尾。雌成虫交尾后，即飞行寻找未产过卵的竹笋，在其上产卵。6月下旬至10月上旬幼虫取食，初孵幼虫，起初向上取食，直到笋梢，再向下取食，可取食产卵孔以下25~35 cm长笋肉。蛀道中充满虫粪，笋梢发黄干枯，被蛀食部位变软。幼虫5龄，老熟幼虫多于后半夜在蛀道中上行，爬至距竹笋顶梢13~20 cm处，咬断笋梢，连同断笋一起落地，7月中旬到11月上旬化蛹，7月下旬到11月中下旬羽化成虫越冬。大竹象为害粗1~2 cm粗的竹笋，出笋早的竹种多被大竹象为害。

大竹象分布于我国浙江、福建、台湾、江西、湖南、广东、广西，四川、贵州。为害青皮竹、粉箪竹，撑篙竹、水竹、绿竹、崖州竹、山竹等丛生竹竹笋。

竹象幼虫和成虫均可食用，在我国广东、广西和四川等地食用竹象的现象较为普遍。食用成虫时，将成虫的头、足及内脏去除，加调料浸渍后烧烤食用；食用幼虫时，将幼虫加调料用油炒或炸后食用。它是一种营养丰富的食用昆虫。在餐馆、超市、菜市场和集贸市场有可能会发生因经济利益而进行的盗窃、抢劫等犯罪活动，在某些犯罪现场也有可能出现它的踪迹。大竹象也是一种药用昆虫，在药用昆虫生产和养殖基地、药用昆虫及衍生物加工厂有可能会发生因经济利益而进行的盗窃、抢劫等犯罪活动，在医院、药店、中医诊所、药材批发市场等犯罪现场也有可能出现它的踪迹。

红棕象甲

红棕象甲又名锈色棕榈象、棕榈象甲、椰子隐喙象。隶属于鞘翅目、象甲科。成虫体长30~35 mm，体红棕色。触角膝状，柄节黑褐色，端部膨大，呈红褐色。额部向前延伸成喙，雄虫喙背缘有1纵毛，雌虫喙较细长且弯曲，喙和头部的长度为体长的1/3。前胸前缘小，向后缘逐渐宽大，略呈椭圆形，前胸背板有6个黑斑排成前后2排，前3个较小，后3个较大。鞘翅短，腹部末端外露，边缘和接缝黑色，鞘翅多呈红褐色，少呈暗黑褐色，每个鞘翅上具6条纵沟；小盾片呈狭长倒三角形。卵乳白色，微黄，椭圆形，表面光滑。低龄幼虫乳白色，大龄幼虫乳黄色，无足，体纺锤形，微向腹面弯曲，老熟幼虫头部黄褐色，腹部末端扁平，周缘具刚毛。蛹为离蛹，椭圆形，初为乳白色，后呈褐色。中胸最宽，向前和向后逐渐变细，化蛹于由纤维、蜕等组成的薄茧内。

红棕象甲在上海、南宁1年发生1代，多以老熟幼虫越冬。在海南1年发生2~3代，世代重叠。成虫白天不活跃，通常隐藏在叶腋下，只有取食和交配时才飞出。一般羽化后即可交尾，可多次交尾，雌虫通常在幼树上产卵，有时也将卵产于叶柄的裂缝、组织暴露部位，也可产于损伤的部位。卵单产，产卵后分泌蜡质物将产卵穴盖住。每头雌虫平均产卵245粒；幼虫共9龄，幼虫期为30~90 d，老熟幼虫利用木质纤维结成椭圆形茧，预蛹期3~7 d，蛹期8~20 d；成虫羽化后在茧内停留4~17 d，至性成熟才破茧钻出树干寻偶交配。

红棕象甲分布于我国海南、广东、广西、台湾、云南、福建、上海、香港和西藏的部分地区。主要随寄主苗木和包装填充材料做远距离传播。成虫易随椰子园附近的垃圾或椰子壳转运而进行传播，成虫飞行可进行近距离自然传播。

作为为害严重的外来入侵物种，它可以随寄主植物活体的调运做远距离传播。如果不加以管制，甚至可以扩散到全国大部分地区。因此我们在对植物苗木、植株、种子、果实及其他材料进行引种调运的过程中，一定要严格进行检疫，严禁危险性害虫的传入或传出，对已传入的要及时封锁，就地消灭。海关要严格检疫，防止这些害虫再次入侵我国。

杧果果实象

杧果果实象又名云南果核杧果象。隶属于鞘翅目、象甲科。成虫体长7~7.3 mm，体黑褐色，被有锈赤色、黑褐色和白色鳞片。头部额中间有窝；喙粗短，略弯曲，通常藏于腹面。前胸背板中隆线明显隆起呈脊状。小盾片圆形，黄白色。鞘翅行纹呈棘状突起，第3、5、7行更为明显，奇数行间宽且隆，各具明显且多的鳞片瘤。鞘翅前端有1条黄褐色斜带，斜带较宽，后端有1条较明显的直带。第2~4节腹板各有2排刻点。卵长椭圆，珍珠状，乳白色，具光泽，渐变乳黄色，一端稍尖微向内弯。幼虫共5龄。初孵幼虫白色，具光泽，后变为乳黄色，头部黑褐色，体表具光泽。蛹棕黄色。

杧果果实象分布于我国云南、四川、广西。可随果实和种子的调运、人为携带而做远距离传播；成虫具一定的飞行扩散能力。成虫产卵于幼果内，幼虫孵化后开始食害果肉，在果实发育中期侵入果核，蛀食子叶，使种子失去萌发力，果核、果肉都失去应用价值。在云南景谷县虫害严重的年份，杧果果核的受害率为30%~50%，不抗虫品种受害率可高达80%。

杧果果实象1年发生1代，当年羽化的成虫在果树枝条断裂的干腐组织、果园围墙裂口、工房板墙和住宅墙壁的裂缝、有覆盖物的枝杈等场所或果核内越冬。在广西，翌年2~3月杧果开花期，飞上枝头活动。3月中下旬开始交尾产卵，交尾多在傍晚后至次日10时前进行，白天多静伏在枝叶背面，成虫有假死性。雌、雄成虫一生可交尾数次，交尾后7~10 d开始在中、小幼果上产卵，产卵时可将产卵器垂直插入果皮内散产，有黑褐色的凝结物覆盖在果面，每头雌虫一生产卵60~70粒。4月中下旬至5月上旬为新孵化的幼虫蛀入果核为害子叶的盛期。幼虫孵化后，蛀入果肉，并做隧道进入果核，在子叶内取食。随虫龄增大，隧道加宽。落果内的幼虫将子叶食完后，继续取食果肉。5月下旬老熟幼虫开始化蛹，5月下旬至6月中旬为化蛹盛期，6月上中旬以后，仍能化蛹。7月上旬除少量的个体仍处在老龄幼虫虫期和蛹期外，绝大部分均羽化为成虫。

作为为害严重的外来入侵物种，它可以随寄主植物活体的调运做远距离传播。如果不加以管制，甚至可以扩散到全国大部分地区。因此我们在对植物苗木、植株、种子、果实及其他材料进行引种调运的过程中，一定要严格进行检疫，严禁危险性害虫的传入或传出，对已传入的要及时封锁，就地消灭。海关要严格检疫，防止这些害虫再次入侵我国。

大宽喙象

大宽喙象隶属于鞘翅目、锥象科。体长 24.2～30.7 mm，体宽 4.5～6.1 mm。体大型，头喙、前胸棕红色，鞘翅棕黑色。雄虫上颚粗壮，内缘具粗齿；喙长为额宽的 2.9 倍，喙的两侧端角圆，前部深凹形；触角着生于喙的中部，触角窝处略缩窄，端部略放宽；前喙略有中隆线，后喙有中沟；喙在触角窝上方向两侧扩展，扩展部分后缘最宽；触角粗壮，长达前胸后缘；头梯形，后缘三角状凹陷。前胸光滑，长大于宽，中部之后最宽。鞘翅行纹刻点大，圆形；端侧角突出为宽锐突，并在以下部位具橘红色斑点。腿节具齿；前胫节直，无齿。分布于我国云南。

大宽喙象是国家林业局令第 7 号《国家保护的有益的或者有重要经济、科学研究价值的陆生野生动物名录》中列入的昆虫种类。野外数量十分稀少。它是一种观赏性极强的昆虫，奇特的外貌、闪光的金属色引起了收藏家们极大的兴趣，成为他们争相收集的目标，不惜以高昂的价格收购这些稀有的种类，因此狂捕滥采和非法买卖等犯罪活动时有发生。也有很多人会为了利益在未取得国家重点保护野生动物及其制品经营许可证的情况下，进行相关经营活动，这样做就触犯了刑律。

红脂大小蠹

红脂大小蠹又名强大小蠹。隶属于鞘翅目、小蠹科。原产于北美洲。雄虫体长 5.9～8.1 mm，初羽化时呈棕黄色，老熟成虫呈红褐色，少数为黑褐色。额部有不规则隆起，其中有 3 个高瘤突呈“品”字形排列。触角柄节长，鞭节 5 节，锤状部 3 节，扁平近圆形。前胸侧区（前胸前侧片）弱弓形，刻点细小而不规则，但明显下陷，背板后部刻点少，毛被稀少。基缘弓形，生有 1 列约 12 枚中等大小隆起的重叠齿和几个更小的亚缘齿；鞘翅刻点细小深陷，鞘翅被绒毛。雌虫体长 7.5～9.6 mm，与雄虫基本相似，但额中部在复眼上缘处有 1 个明显的圆形凸起。卵圆形至长椭圆形，有光泽。幼虫“C”字形，无足，体白色。腹部末端有胴痣，上下各具有 1 列棕褐色的刺钩，每列有刺钩 3 个，上列刺钩大于下列刺钩，幼虫借此爬行。蛹初为乳白色，后渐变为浅黄色，头胸黄白相间，翅污白色直至红褐色、暗红色，平均体长 7.82 mm。

红脂大小蠹在山西榆次和太岳山林区 1 年发生 1 代，主要以老熟幼虫、成虫和 3 龄幼虫在树干基部或根部的皮层内越冬，有极少数以 2 龄幼虫或蛹越冬。越冬成虫于翌年 4 月下旬开始出孔，5 月下旬为出孔盛期，6 月中下旬出孔结束。成虫产卵始期在 5 月中旬，6 月上旬为产卵盛期，每头雌虫产卵量达 100 余粒。初孵幼虫始见于 5 月下旬，6 月上中旬为孵化盛期，7 月下旬为化蛹始期，8 月中旬为化蛹盛期，8 月上旬成虫开始羽化，8 月下旬为始盛期，9 月上旬为盛期，成虫在韧皮部与本质部之间进行营养补充后，进入越冬阶段。

红脂大小蠹

红脂大小蠹分布于我国北京、山西、陕西、河北、河南等地。可通过人为调运带皮松材进行远距离传播，成虫自身有极强的飞翔扩散能力。红脂大小蠹不仅对山西、河南、河北三省的松林资源构成严重危害，造成巨大的经济损失，并对中国华北、西北的油松乃至全国大部地区的松林和森林生态环境及天然林保护工程具有较大的潜在威胁。

作为为害严重的外来入侵物种，它可以随寄主植物活体的调运做远距离传播。如果不加以管制，甚至可以扩散到全国大部分地区。因此我们在对植物苗木、植株、种子、果实及其他材料进行引种调运的过程中，一定要严格进行检疫，严禁危险性害虫的传入或传出，对已传入的要及时封锁，就地消灭。海关要严格检疫，防止这些害虫再次入侵我国。

六齿小蠹

六齿小蠹是为害林木的钻蛀性害虫之一。隶属于鞘翅目、小蠹科。成虫体长 3.8~4.1 mm。体圆柱形，赤褐色至黑褐色，有光泽。额中部稍隆起。鞘翅刻点沟中刻点显著。翅盘开始于鞘翅 2/3 处，两侧各有 3 齿，由小渐大；雄虫第 3 齿扁桩状，末端分叉；雌虫 3 枚齿均尖锐，第 2、3 枚齿有隆起的基部。卵椭圆形，乳白色，一端略透明。幼虫乳白色，头部黄褐色，胸腹部圆筒形，常向腹面弯曲呈马蹄状。蛹体长 3.9 mm，椭圆形，前端钝圆，向后方渐尖削，尾端有 2 个突起，化蛹初期乳白色，羽化前变为黄褐色。

六齿小蠹在内蒙古呼伦贝尔的樟子松林带 1 年发生 1 代，以成虫越冬。越冬成虫扬飞期及产卵期甚长，从 5 月至 7 月均能发现，因此生活史参差不齐，通常在 6 月下旬至 8 月下旬可以看到各个虫期。成虫侵入寄主有 2 次高峰，第 1 次在 6 月上旬，第 2 次则在 7 月中旬。成虫产卵期 6~19 d，卵期 5~12 d，幼虫期 20~28 d，蛹期 6~12 d。新成虫最早羽化期为 7 月上旬，最晚为 9 月上旬。新成虫自 9 月中旬进入越冬状态。六齿小蠹寄生于枝干的薄树皮部分，以在 2~8 mm 厚树皮下密度最大。因此，对于低龄级林木其可以遍布整个树干，自根茎直达树冠；但对于高龄级林木，其最大虫口密度集中于树干上部和树冠。

六齿小蠹分布于我国黑龙江、吉林、辽宁、内蒙古、河北、湖南、四川、云南、陕西、新疆。寄主树种有 5 属 21 种，限于樟子松、落叶松、云杉等针叶树种。

六齿小蠹幼虫可食用，是云南地区少数民族喜食的昆虫之一。通常是在劈柴时，收集小蠹虫幼虫，用油炸后食用。它是一种营养丰富的食用昆虫。在餐馆、超市、菜市场和集贸市场有可能会发生因经济利益而进行的盗窃、抢劫等犯罪活动，在某些犯罪现场也有可能出现它的踪迹。

落叶松八齿小蠹

落叶松八齿小蠹是为害林木的蛀干性害虫。隶属于鞘翅目、小蠹科。成虫体长 4.4~6 mm。鞘翅长为前胸背板长的 1.5 倍，为两翅合宽的 1.6 倍。本种与同属其他近缘种的区别是：翅盘两侧各有 4 枚独立齿；翅盘表面与鞘翅其余部分同样光亮；额下部中央无瘤。卵椭圆形，乳白色，微透明，有光泽。幼虫体弯曲，多皱褶，被有刚毛，乳白色。蛹乳白色，足和翅折叠在腹面，第 9 腹节末端有 2 个刺状突起。

落叶松八齿小蠹在黑龙江省佳木斯地区 1 年发生 2 代，在第 1、第 2 代之间存在明显的姊妹世代。5 月上旬越冬成虫开始出蛰扬飞，筑交配室及坑道进行交尾、产卵，5 月下旬幼虫孵化，6 月下旬开始化蛹，6 月中旬可见到第 1 代新成虫。姊妹世代发生于越冬雌虫的部分个体在 6 月下旬产卵过程中从原坑道内飞出，在取得恢复营养的同时重新选择新寄主筑坑道产卵，7 月上旬幼虫孵化，7 月下旬开始化蛹，8 月上旬可见到姊妹世代的新成虫。第 1 代及姊妹世代的新成虫在原寄主上以不规则延伸坑道方式取得补充营养后，8 月中下旬再次扬飞扩散，并筑交配室及坑道进行交尾、产卵；8 月上旬幼虫孵出，8 下旬化蛹，9 月上旬出现第 2 代新成虫。主要以成虫在枯枝落叶层、伐根及楞场原木皮下越冬。少数个体以幼虫、蛹在寄主树皮下越冬。

落叶松八齿小蠹分布于我国黑龙江、吉林、辽宁、内蒙古、山西、云南。主要为害落叶松，在红松和云杉上也有发现。近年来，落叶松八齿小蠹作为北方落叶松人工用材林蛀干害虫的先锋种，经常猖獗成灾，侵害健康或半健康活立木，已对当前落叶松人工林经营构成巨大威胁。

落叶松八齿小蠹幼虫可食用，是云南地区少数民族喜食的昆虫之一。通常是在劈柴时，收集小蠹虫幼虫，用油炸后食用。它是一种营养丰富的食用昆虫。在餐馆、超市、菜市场和集贸市场有可能会发生因经济利益而进行的盗窃、抢劫等犯罪活动，在某些犯罪现场也有可能出现它的踪迹。

横坑切梢小蠹

横坑切梢小蠹是一种为害林木的钻蛀性害虫。隶属于鞘翅目、小蠹科。成虫体长 3.4~4.7 mm。

鞘翅基缘升起且有缺刻，近小盾片处缺刻中断，与纵坑切梢小蠹极其相似，其主要区别是横坑切梢小蠹的鞘翅斜面第 2 列间部与其他列间部一样不凹陷，上面的颗瘤和竖毛与其他沟间部相同。

横坑切梢小蠹常与纵坑切梢小蠹伴随发生。1 年发生 1 代，以成虫在松树嫩梢或土内越冬。此虫主要侵害衰弱木和濒死木，亦可侵害健康木，多在树干中部的树皮内蛀筑虫道，常使树木迅速枯死。夏季，新成虫蛀入健康木当年生枝梢，进行营养补充，被害枝梢易被风吹折断。老成虫在恢复营养期内也为害嫩梢，严重时被“剪切”的枝梢竟达树冠枝梢的 70% 以上。母坑道为复横坑，由交配室分出左右两条横坑，稍呈弧形；在立木上弧形的两端皆朝向下方，在倒木上则方向不一。子坑道短而稀，一般长 2~3 cm，自母坑道上、下方分出。蛹室在边材上或树皮内。在边材上的坑道痕迹清晰。

横坑切梢小蠹分布于我国江西、河南、陕西、四川、云南。为害马尾松、黑松、油松、红松、云南松、糖松等。

横坑切梢小蠹幼虫可食用，是云南地区少数民族喜食的昆虫之一。通常是在劈柴时，收集小蠹虫幼虫，用油炸后食用。它是一种营养丰富的食用昆虫。在餐馆、超市、菜市场和集贸市场有可能会发生因经济利益而进行的盗窃、抢劫等犯罪活动，在某些犯罪现场也有可能出现它的踪迹。

第二十三章　长翅目

长翅目昆虫因翅多狭长而得名，通称蝎蛉。身体细长，体型较小至中等，口器咀嚼式。蝎蛉类第9节常膨大呈铗状，腹末数节向背方举起，状似蝎尾，所以称蝎蛉，或称举尾虫。变态类型为完全变态，一生经过卵、幼虫、蛹、成虫等4个虫态。长翅目昆虫大多发生在潮湿的森林、峡谷或植被茂密的地区，在森林植被遭到破坏的地区数量少而不常见，是一类重要的生态指示昆虫。成虫杂食性，蝎蛉类的主要食物为死亡的软体昆虫；蚊蝎蛉类捕食各种节肢动物，主要是昆虫，它们可以从植物上或飞行中捕获猎物。此外，也有的取食植物花蜜、花粉、花瓣、果实和苔藓等作为补充食物。

周氏新蝎蛉

周氏新蝎蛉隶属于长翅目、蝎蛉科。体淡褐色，胸部背板中区深褐色，喙黄褐色。雄性腹部第3节背板有1个长的中突起，盖住腹部大部分，腹面生有很多短的小齿与细毛；第4节背板长，遮住以后几节。前翅烟色，透明，斑纹色淡，不明显；痣带不完整；基带只有后缘呈2个小点；端带阔；痣褐色，明显；后翅似前翅，但痣带与基带完全没有。

周氏新蝎蛉分布于我国四川灌县。所有长翅目的种类都是珍奇的昆虫，而周氏新蝎蛉形态尤为奇特，甚为罕见。周氏新蝎蛉是国家林业局令第7号《国家保护的有益的或者有重要经济、科学研究价值的陆生野生动物名录》中列入的昆虫种类。野外数量十分稀少，但非法捕采和非法买卖的现象时有发生。

第二十四章　双翅目

双翅目昆虫因成虫只有 1 对发达的膜质前翅，后翅特化为棒翅（即平衡棒）而得名，通称为蚊、蝇、虻等，体型较小或中等。口器为刺吸式、刮吸式和舐吸式。变态类型为完全变态，一生经过卵、幼虫、蛹、成虫等 4 个虫态。双翅目昆虫的适应性很强，个体和种类的数量多，许多成虫取食植物汁液、花蜜等作为补充营养，有些种类则是农林业的重要害虫，如蚊科、蠓科、毛蠓科、虻科及蝇科（部分）等；吸食人畜血液，对人和动物造成伤害；许多吸血种类和腐食性种类是重要的传病介体。另外，许多腐食性种类在降解有机质中起着重要作用；有些种类作为捕食者或寄生者，在控制害虫种群中作用明显。

黑森瘿蚊

黑森瘿蚊又名黑森麦秆蝇、小麦瘿蚊、黑森蝇。隶属于双翅目、瘿蚊科。成虫体长 3~4 mm，头、眼、胸均为黑色，头部前端扁，后端大部分被眼所占据。触角黄褐色，有直立短毛，15~18 节，长度超过体长的 1/3，每两节之间被透明的柄分开。下颚须 4 节，黄色。胸部黑色，背面有 2 条明显的纵纹。平衡棒长，暗灰色。足极细长且脆弱，跗节第 1 节很短，第 2 节等于末 3 节长之和。翅脉简单，翅基粉红色。雌虫腹部肥大，橘红色或红褐色，雄虫腹部纤细，几乎为黑色，末端略带淡红色。雄虫外生殖器上生殖板很短，深深地凹入，有很少刻点。尾铗的端节长近于宽的 4 倍。卵长圆柱形，初产时透明，有红色斑点，后变为红褐色。幼虫初孵时红褐色，蜕变后变为乳白色或半透明，纺锤形，背中央有 1 条半透明的绿色条纹，3 龄幼生前胸腹面后缘有 1 个胸叉。蛹为围蛹，栗色，形似亚麻籽。常隐藏在散落自生麦苗或早播麦苗基部茎秆与叶鞘间。

黑森瘿蚊分布于我国新疆北部。寄主有小麦（对冬小麦和春小麦都能造成严重危害）、大麦、黑麦、梯牧草、匍匐龙牙草，以及冰草属、野麦属和山羊草属等植物。主要以围蛹随寄主植物茎秆（麦秆、垫草等）的运输而进行远距离传播，其次是随混有围蛹的种子进行传播。

黑森瘿蚊在不同地区每年可发生 1~5 代，以末龄幼虫在围蛹内越冬。翌年春，小麦生长时，幼虫在围蛹内变为蛹，经 1~2 周羽化为成虫，不取食，天暖时在田间飞翔，进行交配、产卵，雌虫可产卵 250~300 粒，成虫寿命不超过 4 d。卵期 3~12 d，幼虫孵出后即沿叶脉沟爬行到叶鞘基部为害，不再爬动，直至小麦抽穗前形成围蛹。幼虫在围蛹内越夏，随后化蛹，7 月中旬羽化出成虫，在散落自生麦苗上完成夏季代。

作为为害严重的外来入侵物种，它可以随寄主植物活体的调运做远距离传播。如果不加以管制，甚至可以扩散到全国大部分地区。因此我们在对小麦、大麦、黑麦等的种子和牧草及其他材料进行调运的过程中，一定要将它与农林害虫一样对待，严格进行检疫，严禁危险性害虫的传入或传出，对已传入的要及时封锁，就地消灭。

中华按蚊

中华按蚊隶属于双翅目、蚊科。成虫灰褐色，触须具 4 个白环，顶端 2 个宽，另外 2 个窄。翅前缘具 2 个白斑，尖端白斑大。腹侧膜上有“T”形暗斑。后足 1~4 跗节具窄端白环。卵的船面宽，约占卵宽（包括浮器）的 1/3 以上。中华按蚊分布于全国各地（青海、西藏除外），是我国最常见的按蚊。幼虫滋生于阳光充足、水温较暖、面积较大的静水中，如稻田、荷塘、灌溉沟等处。成蚊偏嗜畜血，兼吸人血，多栖息于牛房。

中华按蚊是我国大部分平原地区特别是水稻种植区疟疾和马来丝虫病的主要传播媒介，也是班氏丝虫病的次要传播媒介。中华按蚊寄生于人的身体上，几乎与人类生活在一起，给人的身体健康带来很严重的影响，甚至会威胁到人的生命。如果在尸体上或尸体附近发现了它的踪迹，这可能会成为破案的线索之一。

嗜人按蚊

嗜人按蚊隶属于双翅目、蚊科。成蚊与中华按蚊相似，但触须较细，第 4 个白环很窄或缺失。翅前缘基部一致暗色，尖端白斑小。腹侧膜上无“T”形暗斑。后足同中华按蚊；卵的船面窄，约占卵宽的 1/10。

嗜人按蚊在国内分布于北纬 34°以南、东经 100°以东的山区和丘陵地带。幼虫滋生于多草、有遮阴、水质清凉、面积较大的积水中，如有高棵稻遮阴的稻田、溪沟、渗出水等处。嗜吸人血，多栖息于人的住房。它是我国北纬 34°以南最重要的疟疾传播媒介，也是马来丝虫病的主要传播媒介。

嗜人按蚊寄生于人的身体上，几乎与人类生活在一起，给人的身体健康带来很严重的影响，甚至会威胁到人的生命。如果在尸体上或尸体附近发现了它的踪迹，这可能会成为破案的线索之一。

微小按蚊

微小按蚊隶属于双翅目、蚊科。棕褐色小型蚊种。雌蚊触须有 3 个白环，末端两个白环等长并夹 1 个约等长的黑环；另外 1 个白环较窄，位于触须后半部；上述的黑、白环也可有变化。喙暗棕色或在前段下面有 1 个淡黄色小斑，翅前缘具 4 个白斑；除第 6 条纵脉外，各纵脉末端部都有白斑。各足跗节一致暗色。

微小按蚊在国内分布于北纬 33°以南的山地和丘陵地带。滋生在清洁的缓流中，如山溪、灌溉沟、梯田等处。栖性与嗜血性可因地区的不同而有差异：海南的微小按蚊嗜吸人血，多栖息在人的住房；纬度越高，吸人血的越少，吸牛血的越多。长江流域的微小按蚊偏嗜牛血，多栖息于牛房。是我国南方山区、丘陵地区疟疾的主要传播媒介。

微小按蚊寄生于人的身体上，几乎与人类生活在一起，给人的身体健康带来很严重的影响，甚至会威胁到人的生命。如果在尸体上或尸体附近发现了它的踪迹，这可能会成为破案的线索之一。

大劣按蚊

大劣按蚊隶属于双翅目、蚊科。中等大蚊种，体灰褐色。雌蚊触须有 4 个白环，顶端白环最宽。翅前缘脉有 6 个白斑，第 6 条纵脉有 6 个黑斑。各足股节和胫节上都有白斑，后足胫节和第 1 跗节关节处有 1 个明显的宽白环。大劣按蚊是热带丛林型按蚊，主要孳生于丛林边缘荫蔽的溪床积水、浅潭、小池等处。大劣按蚊为我国海南山林和山麓地区疟疾的重要传播媒介。

大劣按蚊寄生于人的身体上，几乎与人类生活在一起，给人的身体健康带来很严重的影响，甚至会威胁到人的生命。如果在尸体上或尸体附近发现了它的踪迹，这可能会成为破案的线索之一。

淡色库蚊

淡色库蚊隶属于双翅目、蚊科。喙上无白环；各足跗节无淡色环；腹部背面有基白带，但淡色库蚊基白带的下缘平整，而致倦库蚊基白带的下缘呈弧状（半圆形）。在我国，淡色库蚊最南的分布是北纬 33°，致倦库蚊最北的分布是北纬 33°（秦岭以东）。孳生于污染不很严重的水中，如污水坑、污水沟、清水粪坑、洼地积水等处，是我国班氏丝虫病的主要传播媒介。

淡色库蚊寄生于人的身体上，几乎与人类生活在一起，给人的身体健康带来很严重的影响，甚至会威胁到人的生命。如果在尸体上或尸体附近发现了它的踪迹，这可能会成为破案的线索之一。

三带喙库蚊

三带喙库蚊隶属于双翅目、蚊科。棕褐色小型蚊种。喙中段有1个宽阔白环，触须尖端为白色；各足跗节基部有1个细窄的白环；腹节背面基部均有中间稍向下突出的淡黄色的狭带。主要滋生于稻田、荷塘、沼泽等处。三带喙库蚊在我国，除新疆、西藏未发现外，遍布全国各地。是流行性乙型脑炎的重要传播媒介。

三带喙库蚊寄生于人的身体上，几乎与人类生活在一起，给人的身体健康带来很严重的影响，甚至会威胁到人的生命。如果在尸体上或尸体附近发现了它的踪迹，这可能会成为破案的线索之一。

白纹伊蚊

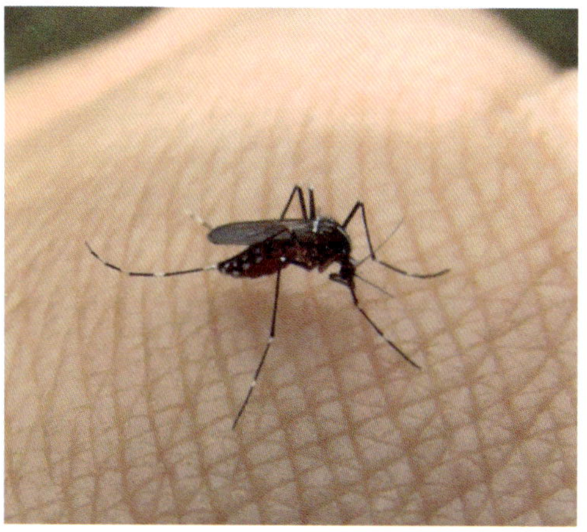
白纹伊蚊

白纹伊蚊隶属于双翅目、蚊科。黑色中小型蚊种，有银白色斑纹。在中胸盾片上有1条白色纵纹，自盾片前缘向后达盾片的2/3处。后跗节的1~4节有基白环，末节全白。腹部背面2~6节有基白带。幼虫滋生于树洞、竹筒、石窝、旧轮胎及住宅附近积有雨水的缸、钵及假山盆景中。在我国，白纹伊蚊分布广泛的北限是辽宁省。白纹伊蚊是我国登革热的重要传播媒介，还能传播乙型脑炎。

白纹伊蚊寄生于人的身体上，几乎与人类生活在一起，给人的身体健康带来很严重的影响，甚至会威胁到人的生命。如果在尸体上或尸体附近发现了它的踪迹，这可能会成为破案的线索之一。

中华白蛉指名亚种

中华白蛉指名亚种隶属于双翅目、白蛉科。成虫体长3~3.5 mm，体淡黄色，竖立毛类。口甲不发达，无色板。咽甲的前、中部有众多尖齿，基部有若干横脊。受精囊纺锤状，分节，但不完全；受精囊管长度是囊体长度的2.5倍。雄蛉上抱器第2节有长毫5根，2根位于顶端，3根位于近中部，生殖丝长度约为注精器的5倍。中华白蛉指名亚种在我国分布广泛于北纬18°~42°、东经102°~124°的地区，是黑热病的重要传播媒介。

中华白蛉指名亚种寄生于人的身体上，几乎与人类生活在一起，给人的身体健康带来很严重的影响，甚至会威胁到人的生命。如果在尸体上或尸体附近发现了它的踪迹，这可能会成为破案的线索之一。

中华白蛉长管亚种

中华白蛉长管亚种隶属于双翅目、白蛉科。形似中华白蛉指名亚种，两者的主要区别在于该亚种的受精囊管长度是囊体长度的5.8倍；生殖丝长度约为注精器的10.6倍。

中华白蛉长管亚种的分布仅限于新疆。白蛉除了叮人吸血外，还能传播多种疾病。在我国仅传播黑热病。黑热病又称内脏利什曼病，病原是杜氏利什曼原虫，该病分布广泛。在我国，黑热病广大流行区的主要传播媒介为中华白蛉指名亚种，仅新疆地区的传播媒介为中华白蛉长管亚种、硕大白蛉吴氏亚种和亚历山大白蛉。内蒙古和甘肃部分地区的传播媒介为硕大白蛉吴氏亚种。近年来发现，在我国川北和陇南山区存在以中华白蛉为主要媒介的黑热病自然疫源地。

中华白蛉长管亚种寄生于人的身体上，几乎与人类生活在一起，给人的身体健康带来很严重的影响，甚至会威胁到人的生命。如果在尸体上或尸体附近发现了它的踪迹，这可能会成为破案的线索之一。

复带虻

复带虻隶属于双翅目、虻科。雌虻体长 13~17 mm，黄绿色，复眼大型，无细毛，中部有 1 条黑色细横带。额黄色或略带浅灰色。触角黄色，第 3 节肥大。唇基和颊黄灰色。下颚须第 2 节黄色。中胸背板、侧板、腹板灰黄色；平衡棒黄色，中、后足股节基部 1/3 处灰色，前足跗节、前足胫节端部黑色，中、后足跗节的端部黑褐色，腹部暗黄灰色，第 1~3 或第 1~4 腹节背板两侧具黄色大斑点，斑中具暗黄色纵带；腹面灰色，第 1~2 或第 1~3 腹板两侧黄色。头顶及体被短毛。额高度约为基部宽的 4.5 倍，两侧缘略平行，翅无斑透明。雄虻体长 11~12.5 mm，复眼被灰色短细毛，上部 2/3 的小眼面较大。

复带虻 1 年约发生 1 代，以幼虫越冬。成虫在 6~8 月的白日活动，阴雨天及夜晚不活动，喜强烈日光；雄虻常居于草丛及树林中，只吸食植物汁液，雌虻吸食牛、马、驴等家畜血液（也叮人吸血）；雌虻交配、吸血后产卵于稻叶或窄长杂草叶上，每一卵块有卵 300~500 粒。幼虫生活在水中或湿泥里，以昆虫幼虫、小甲壳动物或软体动物为食；长大后爬至岸堤，在岸堤的土下过冬。过冬幼虫翌年 2~3 月开始活动，5 月化蛹，6 月羽化为成虫。

复带虻分布于我国黑龙江、河北、江苏、浙江、陕西等地。虫体含蛋白质、氨基酸、胆固醇及钙、镁、磷、铁、铜等 24 种元素。复带虻性味苦、微寒，有毒。有破瘀血、消症结、通经、堕胎等功效。

在药用昆虫生产和养殖基地、药用昆虫及衍生物加工厂有可能会发生因经济利益而进行的盗窃、抢劫等犯罪活动，在医院、药店、中医诊所、药材批发市场等犯罪现场也有可能出现它的踪迹。

姚虻

姚虻隶属于双翅目、虻科。在虻类中是比较大型的种类，体长 20~23 mm。头部黑色，胸灰褐色，腹部灰棕色。触角基部 2 节黑色，第 3 节棕红色，末节黑色。两复眼黑色，两眼间有 1 条灰黄色带，基部愈合，至中部分成叉状，其中有 1 个棕黑色块状物。脸面灰黄色，复眼有呈弧状的黄白色长毛。胸部背板灰褐色，从前缘起有 3 条灰色的纵纹伸延至背板中部。小盾片与胸部颜色相同，小盾片狭长，两侧变尖。肩胛黑褐色，密生有黑色长毛。胸侧片与胸部颜色相同，但有黑色和淡黄色长毛。翅透明，翅脉褐色。平行棍耳状，透明。胸部腹面淡灰黑色，足褐色。后足腿节上有白色细毛。胫节上有黑色细毛。腹部扁形。背部灰褐色，每腹节背板后缘黄色，并有黄色细毛，其余为黑色细毛。腹部腹面橙灰色，每节后缘黄色，并有黄色细毛，最末腹节密生长毛。

姚虻的发育过程属于完全变态，1 年约发生 1 代，卵块有数层，每一层卵块的表面上均有分泌的胶质以保护之，卵期约 1 周。幼虫期的长短随地区的不同而有差异，成长时为长圆筒状，中部较大，两端尖细。幼虫成长时爬到干燥地方化蛹，蛹期 2~3 周。成虫飞翔能力甚强，飞行距离可达数千米，性喜阳光，当阴雨时则停止活动，避于隐蔽处。

姚虻分布于我国河南。虫体含蛋白质、肽类、氨基酸、脂类、甾类、色素等。干燥雌虫入药，名虻虫。于夏季捕捉，用沸水烫死，晒干备用。有破血通经、消症软坚的功效。

在药用昆虫生产和养殖基地、药用昆虫及衍生物加工厂有可能会发生因经济利益而进行的盗窃、抢劫等犯罪活动，在医院、药店、中医诊所、药材批发市场等犯罪现场也有可能出现它的踪迹。

峨嵋山虻

峨嵋山虻隶属于双翅目、虻科。雌虻体长 20~26 mm。眼上无毛，黑色无带。额黄色，着生黑毛，夹杂一些黄毛，高为基宽的 9~10 倍，顶宽略大于基宽。额瘤亮黑色，长椭圆形，接触亚额，中瘤为额瘤的延线状，略超过额高的一半，亚额黄色。颜和颊黄色，覆盖黑毛，口毛黑色，触角第 1、2 节黑棕色，着生黑毛，第 3 节基环节棕色至黑棕色，端环节棕黑色至黑色，下颚须黑棕色，覆盖黑毛。喙黑色着生黑毛。胸部灰黑色。盾片具 5 条灰黄色纵条，中间条很窄，黑色部分主要着生黑毛，灰黄部分主要着生黄毛，翅后胛具一丛浅黄长毛，小盾片灰黑色，覆盖黑毛，两侧与后方有一些黄毛，侧板灰黑色，覆盖黑毛，平衡棒棕黑色，腋瓣黑色，着生一撮淡黄色毛，翅略着棕色，足黑色，覆盖黑毛，胫节略浅，黑棕色。腹部棕黑色；背板越往尾端越黑。本种以口毛黑色为其突出特点。

峨眉山虻是我国四川西南部山区的常见种。干燥雌虫入药，名虻虫。于夏季捕捉，用沸水烫死，晒干备用。有破血通经、消症软坚的功效。

在药用昆虫生产和养殖基地、药用昆虫及衍生物加工厂有可能会发生因经济利益而进行的盗窃、抢劫等犯罪活动，在医院、药店、中医诊所、药材批发市场等犯罪现场也有可能出现它的踪迹。

鳌虻

鳌虻隶属于双翅目、虻科。雌虻体长 19~21 mm。复眼黑色，眼上无毛，在眼的周围有浓密的银白色长毛。额黑色，着生黑毛，前端有浓密短小的淡黄色绒毛，高为宽的 7~8 倍，顶宽大于基宽，额瘤黑色，长头状而有光泽。亚额淡黄色，颜和颊灰白色，覆盖银白色而柔软的长毛，口毛银白色。触角第 1 节淡黄色；第 2 节淡棕色；着生黑毛，第 3 节棕黑色，第 3 节基环节黑棕色，背突明显，端环节黑色。喙灰白色，着生短的黑毛。胸部灰黄色，盾片具 5 条灰黑色纵条，其上着生黑毛。翅后胛有一丛灰白色毛。小盾片灰黄色，其上有黑短毛，两侧及后缘有较长的白色毛，侧板灰黄色，覆盖淡黄色绒毛。平衡棒黑色，翅透明略带淡黄色。足的腿节黑色，着生白毛，胫节基半部灰白色，密生银白色毛，胫节的端半部和跗节黑色，着生黑毛。腹部黑色；每节背板的后缘淡黄色；第 2~6 节背板灰白色，具灰黄色后缘。

鳌虻在我国各地均有分布。干燥雌虫入药，名虻虫。于夏季捕捉，用沸水烫死，晒干备用。有破血通经、消症软坚的功效。

在药用昆虫生产和养殖基地、药用昆虫及衍生物加工厂有可能会发生因经济利益而进行的盗窃、抢劫等犯罪活动，在医院、药店、中医诊所、药材批发市场等犯罪现场也有可能出现它的踪迹。

古田钉突食虫虻

古田钉突食虫虻隶属于双翅目、食虫虻科。体长 20 mm，翅长 12 mm。头部黑色，口鬃淡黄色，1 行 4 根，下颚须 1 节，褐色。触角黄色，第 2 节略长于第 1 节，触角芒长为触角第 3 节长的 1/2。胸部背面黄色，具 3 条黑纵纹，背中央裸，两侧和后缘覆浓密金黄色绒毛。前胸背板黄褐色，背面中央具两列向上方伸展的突起，位于中胸背板前缘两个向前突起之间。小盾片黑褐色，后缘无缘鬃。足细长，黄色，前足爪间突缺如，后足腿节延长，端部 1/2 加粗，近端部具宽阔黑环，后足胫节端半部黑色，基半部黄色，腹面具黑纵条。翅狭长，透明，缘室、5 个后室和臀室均开放，无翅瓣；平衡棒黄色。腹部细长，棒状，末端 3 节加宽，黑色，被淡黄毛，第 3~5 节背板基部具窄黄色带，第 1 节背板后缘具 1 行淡黄色鬃。成虫捕食草本和灌木叶上的蚜虫和蚧壳虫。分布于我国浙江。

古田钉突食虫虻是国家林业局令第 7 号《国家保护的有益的或者有重要经济、科学研究价值的陆生野生动物名录》中列入的昆虫种类。野外数量十分稀少，是属于受国家保护的、禁止非法捕采和非法买卖的昆虫。

斑蹠黑蝇

斑蹠黑蝇隶属于双翅目、蝇科。成虫体长 5~6.5 mm，新月片具银白色粉被，前中鬃 2~3 对，下腋瓣黄白色或黄色。体表几乎无粉被，呈亮黑青色或亮铜黑色。体型小，眼通常裸，雄蝇眼相接或相互远离。雌蝇眼相互远离，侧额较狭，侧面观眼后缘直或凸出，雌蝇额三角狭长，侧缘直；前足各跗节端部有黄白色部分。3 龄幼虫体细长，体表具网状雕刻；肛板前缘呈弧形，后缘有凹陷，第 5 腹节腹面后缘有微棘形成的列，只具少数小棘；第 8 腹节略短于第 7 腹节；前气门孔突 4 个，后气门环内侧透明，后气门明显高出于第 8 腹节后表面。蛹各节光滑，呼吸角弯曲较大，端部尖，肉眼可见；肛板小，疣不明显；前气门指状突 4 个；后气门圆形；口钩细长，咽骨背角和咽骨腹角等长。

斑蹠黑蝇分布于我国黑龙江、吉林、辽宁、河北、北京、山西、宁夏、山东、河南、安徽、江苏、上海、浙江、福建、台湾、江西、湖北、湖南、广东、广西、海南、四川、重庆、贵州、云南。幼虫滋生于腐败动物质及人、畜粪便中。雌蝇易被鱼、肉饵所诱获。

在出现凶杀案的时候，蝇类通常是最先到达尸体的昆虫，它通常会在腐败尸体上产下大量的卵，进而发育为幼虫、蛹、成虫。并且参与了尸体的分解过程。案件侦办人员可以根据当地的天气情况及蝇类的生活状态和幼虫的龄期来推算死亡时间。由于蝇类成虫具有嗜血的特性，案件侦办人员也可以根据蝇类的趋性来判断杀人凶器。

银眉黑蝇

银眉黑蝇隶属于双翅目、蝇科。成虫体长 5~7 mm；蓝黑色，具光泽，新月片具银白色粉被。侧面观眼后缘不凹入，雌蝇额三角亮黑而短，侧缘直；后足胫节强烈弯曲，腹面基部 3/4 有长毛，前背面无 1 行明显的鬃状毛；前足各跗节末端无黄白色部分；中胸背板被毛较密，前中鬃 1 对，腋瓣棕色。卵微弯，在腹面有 1 对纵脊，整个卵壳布满六角形刻纹。3 龄幼虫体长 12.5 mm，宽 2 mm，白色，皮肤厚而硬。前气门孔突 4 个，后气门钮不向体中轴突出。肛板前后缘都有凹陷；第 5 腹节腹面后缘主要为不成行的小棘，只有少数微棘形成的列；第 8 腹节与第 7 腹节等长。蛹有明显的呼吸角。

银眉黑蝇幼虫广泛滋生在腐败动物质、垃圾和人、畜粪便中。2~3 龄后成为捕食性，常攻击生活在同一基质中的其他幼虫，包括家蝇和其他蝇科幼虫。本种系山林内的优势种，成蝇出现于 5~10 月，8 月下旬为最高峰。

银眉黑蝇分布于我国辽宁、吉林、黑龙江、内蒙古、新疆、河北、山西、河南、山东、陕西、甘肃、四川、江苏、安徽、浙江、江西、福建、云南。

在出现凶杀案的时候，蝇类通常是最先到达尸体的昆虫，它通常会在腐败尸体上产下大量的卵，进而发育为幼虫、蛹、成虫。并且参与了尸体的分解过程。案件侦办人员可以根据当地的天气情况及蝇类的生活状态和幼虫的龄期来推算死亡时间。由于蝇类成虫具有嗜血的特性，案件侦办人员也可以根据蝇类的趋性来判断杀人凶器。

厚环黑蝇

厚环黑蝇隶属于双翅目、蝇科。雄蝇后足股节近基部腹面有 1~2 根短的钝头状鬃，后胫前腹面和后腹面有少数毛，无长毛列；侧面观眼后缘明显凹入，额宽狭于触角第 3 节的宽度，侧额亮黑色，无粉被；前中鬃不发达，后背中鬃仅后方的 1~2 根较发达；体长 5~6 mm。雌蝇额三角宽阔，侧缘凸；跗节全黑色。3 龄幼虫前气门孔突为 6~7 个；后气门骨化强，特别明显地高出于后表面；后气门钮向体中轴突出；第 7 腹节明显长于第 8 腹节。蛹中型，深褐色，尾端略细，各节光滑（节间棘刺例外），呼吸角位于第 1、2 腹节缩窄部背方两侧；肛区有 3 对疣，排成直线，肛板前缘与节缘平行；前气门指状突 7 个，后气门略高于表面，外侧略高；咽骨背角长于咽骨腹角。

厚环黑蝇分布于我国辽宁、吉林、黑龙江、北京、河北、河南、陕西、甘肃、山东、江苏、浙江、湖北、四川、重庆、贵州、云南、广东、广西、湖南、台湾。厚环黑蝇幼虫滋生于动植物腐败质中，兽骨堆及牲畜屠宰抛弃的内脏也可吸引成蝇取食和产卵。

在出现凶杀案的时候，蝇类通常是最先到达尸体的昆虫，它通常会在腐败尸体上产下大量的卵，进而发育为幼虫、蛹、成虫。并且参与了尸体的分解过程。案件侦办人员可以根据当地的天气情况及蝇类的生活状态和幼虫的龄期来推算死亡时间。由于蝇类成虫具有嗜血的特性，案件侦办人员也可以根据蝇类的趋性来判断杀人凶器。

开普黑蝇

开普黑蝇隶属于双翅目、蝇科。成虫体长约 5 mm，体几乎无粉被，呈亮黑色、亮黑青色或亮铜黑色等。体躯略小。雄蝇眼相接；雌蝇眼远离，额三角发达，相当长，具交叉的间额鬃 1 对。颊极狭。触角一般短，触角芒裸或具毳毛。雌雄蝇的侧额、侧颜上部和雌蝇的额三角无粉被，呈亮黑色，新月片具银白色粉被。侧面观眼后缘稍凹入。下腋瓣白色。胸部小毛密而短；中鬃纤毛状；雄蝇后胫前、后腹面都有长毛列。

开普黑蝇分布于我国辽宁、山东、陕西、新疆。成蝇常在人死后 4~8 个月氨发酵阶段出现。在骨制品工厂附近大量群集，曾在室内保存了若干个月、丽蝇无法接近的人尸上出现过。

案件侦办人员可以根据当地的天气情况及蝇类的生活状态和幼虫的龄期来推算死亡时间。由于蝇类成虫具有嗜血的特性，案件侦办人员也可以根据蝇类的趋性来判断杀人凶器。

古铜黑蝇

古铜黑蝇隶属于双翅目、蝇科。成虫前中鬃列与前背中鬃列间有 1 条缺底毛的裸纵条，雄蝇中股基半部有 2~4 根、后股近基部有 1~2 根钝头立鬃，腋瓣淡黄色。触角第 1、2 节及第 3 节基部棕黄色，下颚须黄棕色，后足转节腹面有特征性黑毛簇。雌蝇额三角亮黑略呈舌形，两侧缘稍膨出，前端圆钝几达新月片。

古铜黑蝇分布于我国北京、上海、湖南、贵州。古铜黑蝇幼虫具有嗜尸性，滋生在人、畜粪便和腐败的动植物质中。幼虫可在带鱼尸体上滋生并发育羽化出成虫。

在出现凶杀案的时候，蝇类通常是最先到达尸体的昆虫，它通常会在腐败尸体上产下大量的卵，进而发育为幼虫、蛹、成虫。并且参与了尸体的分解过程。案件侦办人员可以根据当地的天气情况及蝇类的生活状态和幼虫的龄期来推算死亡时间。由于蝇类成虫具有嗜血的特性，案件侦办人员也可以根据蝇类的趋性来判断杀人凶器。

厩螫蝇

厩螫蝇隶属于双翅目、蝇科。体长 5~8 mm，暗灰色，形似舍蝇，刺吸式口器，胸部背面有不清晰的 4 条黑色纵纹，第 4 纵脉末端呈弧形弯曲。幼虫主要滋生在禽、畜粪便或腐败的植物质中，成虫在室外活动，刺吸人畜血液。

厩螫蝇寄生在人的身体上，几乎与人类生活在一起，给人的身体健康带来很严重的影响，甚至会威胁到人的生命。如果在尸体上或尸体附近发现了它的踪迹，这可能会成为破案的线索之一。

常齿股蝇

常齿股蝇隶属于双翅目、蝇科。雄蝇体长 7~8 mm，额宽等于或略大于两后单眼外缘间距，额鬃达单眼三角附近；前股端腹面有齿，中股基部腹面有密长毛，中股后腹面基半部无强鬃列，后股近基部腹面无强大的刺，后胫前腹有鬃 3~4 根。雌蝇下侧片无毛；翅前鬃发达；各足股节无长毛，中股有 1 根强大的前背鬃，后胫有 2~3 根前腹鬃。幼虫第 8 腹节后表面有若干密集的同心圆式小沟纹状雕刻；后气门大，其间距约等于 1 个后气门的横径；除后肛疣有小棘外，亚肛疣、副肛疣、外肛疣均光滑；前气门孔突 67 个。蛹第 8 腹节背面有皱缩条纹，呈放射状，后突起短小，肛板较小；前气门指状突 8 个；后气门外缘略高，气门裂走行较直；咽骨背角和咽骨腹角略等长，背堤发达，背角略狭。当温度在 16~28 ℃时，发育周期为 23~25 d。

常齿股蝇分布于我国辽宁、吉林、黑龙江、北京、上海、四川、云南、内蒙古、甘肃、新疆、青海、宁夏、陕西、山西、河北、山东、江苏、西藏、贵州。常齿股蝇幼虫喜滋生于堆积、渐干的人畜粪便中，也见于腐败的植物和动物尸体上。成蝇喜食人、畜创伤流出的脓血和眼、鼻、皮肤的分泌物。常停在人、畜粪便上，起传播疾病的作用，并骚扰人、畜，使其不得安宁。

在出现凶杀案的时候，蝇类通常是最先到达尸体的昆虫，它通常会在腐败尸体上产下大量的卵，进而发育为幼虫、蛹、成虫。并且参与了尸体的分解过程。案件侦办人员可以根据当地的天气情况及蝇类的生活状态和幼虫的龄期来推算死亡时间。由于蝇类成虫具有嗜血的特性，案件侦办人员也可以根据蝇类的趋性来判断杀人凶器。

拟常齿股蝇

拟常齿股蝇隶属于双翅目、蝇科。成虫体长 8~8.5 mm。前股端腹面的齿与常齿股蝇相同。中足第 1 跗节单纯，无小缨毛簇。胸、腹略具粉被。额略狭于 2 个后单眼外缘的间距，侧额在额中部相接。前股基部 1/3 处有几个后腹鬃，前胫有 1 前背鬃；中股腹面无密长毛簇，基半部有 1 列强鬃，鬃向端部去渐变短，中胫具 3 根后鬃；后股端半部有 1 列稀疏的前腹鬃，后胫前腹鬃 5~8 根，后背鬃 1 根，前背鬃 1~2 根。

拟常齿股蝇分布于我国吉林、辽宁、新疆、甘肃、陕西、河南、贵州。拟常齿股蝇成蝇喜食人、畜创伤流出的脓血和眼、鼻、皮肤的分泌物，常停在人、畜粪便上，起传播疾病的作用，并骚扰人、畜，使其不得安宁。幼虫常滋生在人、畜粪便及腐败动物质中，如犬、猫、鼠及人的尸体上。

在出现凶杀案的时候，蝇类通常是最先到达尸体的昆虫，它通常会在腐败尸体上产下大量的卵，进而发育为幼虫、蛹、成虫。并且参与了尸体的分解过程。案件侦办人员可以根据当地的天气情况及蝇类的生活状态和幼虫的龄期来推算死亡时间。由于蝇类成虫具有嗜血的特性，案件侦办人员也可以根据蝇类的趋性来判断杀人凶器。

隐齿股蝇

隐齿股蝇隶属于双翅目、蝇科。雄蝇体长 4.5~6 mm，体躯略瘦小，亮黑色、灰黑色或棕黑色。雄蝇眼一般相接近，雌蝇眼离生。新月片银白色或银灰色。眼明显具毛，翅无前缘刺。平衡棒棕黑色或黄色；下腋瓣略长于上腋瓣。腹常具灰色粉被，略具斑纹，前股端部腹面的前、后腹齿之间有 1 枚丘状的腹齿。后股腹面的钩刺与股基间距略等于刺长，后胫在端部 1/3 处腹面有 1 簇毛。

隐齿股蝇分布于我国辽宁、河北、北京、山西、河南、陕西、青海、新疆及台湾。幼虫滋生于人、畜粪便和腐败动植物质及垃圾中，也发生于兽巢和鸟巢中。成蝇喜食人、畜创伤流出的脓血和眼、鼻、皮肤的分泌物，常停在人、畜粪便上，起传播疾病的作用，并骚扰人、畜，使其不得安宁。

在出现凶杀案的时候，蝇类通常是最先到达尸体的昆虫，它通常会在腐败尸体上产下大量的卵，进而发育为幼虫、蛹、成虫。并且参与了尸体的分解过程。案件侦办人员可以根据当地的天气情况及蝇类的生活状态和幼虫的龄期来推算死亡时间。由于蝇类成虫具有嗜血的特性，案件侦办人员也可以根据蝇类的趋性来判断杀人凶器。

家蝇

家蝇隶属于双翅目、蝇科。成虫体长 5~8 mm，深灰色，腹部有污黄色区域，中胸盾板有 4 条黑色纵条纹，前胸侧板中央凹陷具毛，下侧片在后气门前下方具毛，第 1 腹板具毛，而腋瓣上肋前、后刚毛簇缺如。侧尾叶末端呈略方的钝圆形。卵乳白色，香蕉形，2 条孵出线明显。1~3 龄幼虫逐渐由透明、乳白色变为乳黄色。3 龄幼虫圆柱状。前气门孔突 6~7 个，后气门周围无小型锥突；第 8 腹节无小棘和纤毛。肛孔后方有小棘群；肛板很狭小，呈凸形；肛疣明显大于亚肛疣，亚肛疣乳头状。口钩下方无附口骨，咽骨腹角短于咽骨背角，腹角上缘呈角形突起。蛹的呼吸角短小，略高于表皮，锥形；肛区突出不明显，肛板短宽；前气门指状突 6 个；后气门肾形。

家蝇是一种世界性卫生害虫，是典型的住区蝇种，常出现在食品上和居室内。年发生世代数明显因地区和气温的不同而有差异。一般地区 1 年发生 7~8 代，南方地区 1 年可发生 10 多代，甚至达 20

代。通常在滋生场所以蛹越冬。家蝇种群数量随季节变化而变化。在我国广大温带地区，家蝇冬季停止繁殖，死亡率增加，种群密度很低。春季随气温上升，家蝇开始繁殖，种群密度增加。夏初逐渐形成第 1 个高峰。盛夏高温时，种群密度下降。秋初繁殖力猛增，达到年最高峰。而随着冬季降临，种群密度又逐渐下降，进入最低谷。

在出现凶杀案的时候，蝇类通常是最先到达尸体的昆虫，它通常会在腐败尸体上产下大量的卵，进而发育为幼虫、蛹、成虫。并且参与了尸体的分解过程。案件侦办人员可以根据当地的天气情况及蝇类的生活状态和幼虫的龄期来推算死亡时间。由于蝇类成虫具有嗜血的特性，案件侦办人员也可以根据蝇类的趋性来判断杀人凶器。

家蝇虽然是卫生害虫，但蝇蛆和蝇蛹都含丰富的蛋白质、抗菌物质和其他营养物质，家蝇繁殖快、易饲养，是一种生产成本低廉的优质饲料蛋白来源。

近年来，食用昆虫越来越受到人们的追捧，无论是街头小店还是高档餐厅都会出现它的身影，在超市、菜市场和集贸市场也会有食用昆虫出售。很多食用昆虫已经可以规模化生产。在食用昆虫养殖基地有可能会发生因经济利益而进行的盗窃、抢劫等犯罪活动，在餐馆、超市等犯罪现场也有可能出现它的踪迹。

舍蝇

舍蝇隶属于双翅目、蝇科。体长 5~8 mm，灰褐色。胸部背面有 4 条黑色纵纹。第 4 条纵脉末端向上急弯成折角；腹部橙黄色，在基部两侧尤明显，并具黑色纵条。幼虫主要滋生于畜粪和垃圾中，成虫常出入住室，舍蝇传播疾病的范围很广，可引起消化道、呼吸道、神经系统和眼部疾病，对人体健康和环境危害很大。

舍蝇寄生于人的身体上，几乎与人类生活在一起，给人的身体健康带来很严重的影响，甚至会威胁到人的生命。如果在尸体上或尸体附近发现了它的踪迹，这可能会成为破案的线索之一。

亚洲家蝇

亚洲家蝇隶属于双翅目、蝇科。成虫体长 5~7 mm，中型蝇类，较少是小型的。眼裸，具纤毛或微毛，触角芒长羽状。胸背具淡色粉被夹着 4 条黑色纵条。腹部第 1、2 合背板全部黑色，下腋瓣淡褐色。雄蝇第 3 背板黄色，具 1 条黑色正中纵条，其中段宽大于该节外观长的 1/2，两侧边缘有狭的暗色后缘，斑小，但一直延伸到背板腹缘的中段；第 4 背板黄色，除正中黑色纵条外，两侧有暗色的侧后缘斑，同样延伸到背板腹缘的中段，后缘斑的宽度为该节长的 1/2；第 5 背板与第 4 背板相同，只是底色稍暗，暗色后缘斑较小；各腹板暗色。

亚洲家蝇分布于我国海南。成蝇易被死鱼和肉所吸引，仅在森林深处和红树沼泽地见到。

在出现凶杀案的时候，蝇类通常是最先到达尸体的昆虫，它通常会在腐败尸体上产下大量的卵，进而发育为幼虫、蛹、成虫。并且参与了尸体的分解过程。案件侦办人员可以根据当地的天气情况及蝇类的生活状态和幼虫的龄期来推算死亡时间。由于蝇类成虫具有嗜血的特性，案件侦办人员也可以根据蝇类的趋性来判断杀人凶器。

鱼尸家蝇

鱼尸家蝇隶属于双翅目、蝇科。成虫体长 5.5~8 mm。腹部第 1、2 合背板绝大部分黄色，无正中暗纵条，仅在后缘正中有 1 个暗色小点，下腋瓣黄白色。雄蝇第 3 背板黄色，具 1 条黑色正中纵条，其中段的宽度约为该节外观长的 1/2，此外，该节上再无其他暗色斑或侧粉被斑；第 4 背板除了有暗色正中纵条和狭的近中粉被纵斑之外，还有棕色（以至黑色）的亚侧条及稍宽的粉被侧斑；第 5 背板的斑纹似第 4 背板而较深，正中暗色纵条缺如或仅在近前缘有 1 段，向后渐狭，终至消失；各腹板大多呈黄色。雌蝇腹部底色为黄棕色；粉被亦比雄性浓些，斑纹相似，但自第 3 背板背面观时呈不很宽的半圆形的侧斑，第 5 背板狭的暗色正中条纹纵贯全长。

鱼尸家蝇分布于我国广东、广西、海南、四川、云南。幼虫滋生于动物内脏、腐鱼等腐败动植物质中，卵亦产在畜粪上，成蝇为极重要的集市蝇类，偶尔进入居室。

在出现凶杀案的时候，蝇类通常是最先到达尸体的昆虫，它通常会在腐败尸体上产下大量的卵，进而发育为幼虫、蛹、成虫。并且参与了尸体的分解过程。案件侦办人员可以根据当地的天气情况及蝇类的生活状态和幼虫的龄期来推算死亡时间。由于蝇类成虫具有嗜血的特性，案件侦办人员也可以根据蝇类的趋性来判断杀人凶器。

黄腹家蝇

黄腹家蝇隶属于双翅目、蝇科。成虫体长 4~7 mm，中型蝇类，较少是小型的。眼裸，具纤毛或微毛，触角芒长羽状。胸背具淡色粉被夹着 4 条黑色纵条。前气门黄白色，前足胫节无后背鬃，腹部几乎全部橙黄色，有时第 4、5 背板较暗，无明显的正中暗色纵条。腹部常带黄、橙等色，尤其在基部两侧，并具黑色或棕黑的条或带和或深或浅的粉被斑，雌蝇通常有较多的粉被，并常偏于灰色。

黄腹家蝇分布于我国北京、天津、河北、山西、河南、陕西、宁夏、山东、江苏、上海、浙江、福建、台湾、江西、湖北、湖南、广东、广西、海南、四川、贵州、云南。成蝇易被臭鱼、腐肉及哺乳动物的排泄物所诱致，亦可被哺乳动物的创伤所吸引。

在出现凶杀案的时候，蝇类通常是最先到达尸体的昆虫，它通常会在腐败尸体上产下大量的卵，进而发育为幼虫、蛹、成虫。并且参与了尸体的分解过程。案件侦办人员可以根据当地的天气情况及蝇类的生活状态和幼虫的龄期来推算死亡时间。由于蝇类成虫具有嗜血的特性，案件侦办人员也可以根据蝇类的趋性来判断杀人凶器。

秋家蝇

秋家蝇隶属于双翅目、蝇科。成虫体长 4.5~7.5 mm。雄蝇侧颜在触角第 2 节水平上的宽度小于触角第 3 节的宽度。第 5 背板有明显的暗色、可变色的粉被形成的纵条。颊前方着生短毛的上界呈半圆形，并明显超过眼下缘的水平。雌蝇额鬃不列为 1 排，在中后部或仅在后部每侧有 2 排（较少是 3 排）不整齐的列，其中外侧的 1 列不完全。卵有柄。腹部常带黄、橙等色，尤其在基部两侧，并具黑色或棕黑的条或带和或深或浅的粉被斑，雌蝇通常有较多的粉被，并常偏于灰色。

秋家蝇分布于我国河北、山西、宁夏、甘肃、青海、新疆。以成虫越冬，成虫大量取食家畜分泌物，围绕着家畜的眼、口、鼻不停地刺激、干扰，秋家蝇为血食性。晚秋时节密度高。幼虫生活于家畜粪便中，在尸体上发现甚少。当发生于尸体上时，通常是尸体处于新鲜阶段。

在出现凶杀案的时候，蝇类通常是最先到达尸体的昆虫，它通常会在腐败尸体上产下大量的卵，进而发育为幼虫、蛹、成虫。并且参与了尸体的分解过程。案件侦办人员可以根据当地的天气情况及蝇类的生活状态和幼虫的龄期来推算死亡时间。由于蝇类成虫具有嗜血的特性，案件侦办人员也可以根据蝇类的趋性来判断杀人凶器。

中亚家蝇

中亚家蝇隶属于双翅目、蝇科。成虫体长 3~5 mm。中型蝇类，较少是小型的。眼裸，具纤毛或微毛，触角芒长羽状。胸背具淡色粉被夹着 4 条黑色纵条。眼具淡色毛，腹部有明显的正中暗色纵条。雄蝇两眼密接，间额如线，中胸背板亮黑色，无纵条；第 1、2 合背板两侧呈透明的黄色，腹部背面末端有淡青色的粉被，第 1~5 腹板黄色。雌蝇胸背有 4 条暗色纵条，但常不达小盾沟，有时合并成 2 条，腹基部铜黑色，端部有淡青色粉被；第 5 背板特别长，几为第 4 背板长的 2 倍。

中亚家蝇分布于我国山西、宁夏、甘肃、新疆。幼虫滋生于牛粪、猪粪、骡粪等之中，以蛹越冬。成蝇出现于 5~9 月。在新疆，成蝇生活在半荒漠草地、动物尸体和家畜身上及树林、灌木丛、垃圾、厕所、菜地和室内等处。

在出现凶杀案的时候，蝇类通常是最先到达尸体的昆虫，它通常会在腐败尸体上产下大量的卵，进而发育为幼虫、蛹、成虫。并且参与了尸体的分解过程。案件侦办人员可以根据当地的天气情况及蝇类的生活状态和幼虫的龄期来推算死亡时间。由于蝇类成虫具有嗜血的特性，案件侦办人员也可以根据蝇类的趋性来判断杀人凶器。

市蝇

市蝇隶属于双翅目、蝇科。成虫体长 4~7 mm。成蝇中胸盾片沟后部 4 纵条合并为 2 条宽的黑色纵条，并达小盾沟；前足股节后腹鬃列疏，总共约有 12 根。雄蝇额大于或略小于触角第 3 节的宽度，即便很狭，两侧额亦不相接着；腹部第 1、2 合背板黑色（有少数个体呈棕色或近中两侧有黄色斑）；第 3 背板具黑色正中纵条，其中段宽约为这一节长的 1/2，其旁为近中淡黄色粉被斑，斑外侧隔着狭的可变的黄色亚侧纵条，有淡黄色的背面观略带三角形的侧粉被斑；第 4 背板除正中黑色条较狭、后缘常有暗色缘带外，余均极似第 3 背板；第 5 背板中央有宽的黄灰色的粉被斑（正中暗色纵斑不明显），其外缘以狭的可变色的暗色亚侧纵条与背面观呈三角形的粉被侧斑相隔。雌蝇腹部一般为棕黑色，具泛黄灰色粉被，第 1、2 合背板全黑。幼虫后气门周围有 8 个小型锥突；第 8 腹节短于第 7 腹节，并具有极细纤毛和小棘；肛板狭，长约为宽的 1/10；前气门孔突 6~7 个。蛹小、中型，棕褐色，第 8 腹节后表面有小型锥突，肛板细长；前气门指状突 7 个；后气门大，间距为 1 个气门直径的 1/3；咽骨背角和腹角宽、短，背角略长于腹角。

市蝇分布于我国辽宁、内蒙古、甘肃、新疆、河北、山西、陕西、山东、河南、江苏、安徽、浙江、湖北、湖南、福建、台湾、广东、广西、海南、四川、云南。市蝇幼虫常滋生在地表的人和动物粪块及垃圾中，也滋生在动物皮毛及尸体上。

在出现凶杀案的时候，蝇类通常是最先到达尸体的昆虫，它通常会在腐败尸体上产下大量的卵，进而发育为幼虫、蛹、成虫。并且参与了尸体的分解过程。案件侦办人员可以根据当地的天气情况及蝇类的生活状态和幼虫的龄期来推算死亡时间。由于蝇类成虫具有嗜血的特性，案件侦办人员也可以根据蝇类的趋性来判断杀人凶器。

肖腐蝇

肖腐蝇隶属于双翅目、蝇科。成虫体长 5~8 mm，复眼裸。雄蝇两眼相近。雌蝇额约为 1 个眼宽，除间额两侧的毛之外，尚具 1 对间额鬃。触角长，触角芒长羽状。颊不很狭，雌蝇颊宽约为侧颜宽的 2 倍。胸黑色，具或浓或淡的灰色粉被，盾片上呈现略明显的 2 对黑色纵条，在小盾片的末端略带棕色。中鬃发达，为明显的 2 行。下颚须、股节及胫节均黑色，下腋瓣不具小叶。雄蝇间额约等于或略宽于 1 侧额的宽度。腹与胸同色，稍扁平，具粉被斑。

肖腐蝇分布于我国黑龙江、吉林、辽宁、内蒙古、河北、北京、山西、新疆。早春时节，常见成蝇在树干或空地上晒太阳。其习性和幼虫生境与厩腐蝇等相似。但成蝇很少进入屋内。常在尸体上发现。1 龄与 2 龄时纯粹是腐食性，3 龄时成了兼性肉食者，将攻击和吞食尸体上聚集的其他幼虫。成蝇很快到达尸体，有时雌蝇只产几粒卵，但有些时候则可产卵 60~150 粒。卵期 36~38 h，长的可达 66 h。幼虫孵化后 7 d 形成围蛹，围蛹形成至成蝇羽化约需 3 周。

在出现凶杀案的时候，蝇类通常是最先到达尸体的昆虫，它通常会在腐败尸体上产下大量的卵，进而发育为幼虫、蛹、成虫。并且参与了尸体的分解过程。案件侦办人员可以根据当地的天气情况及蝇类的生活状态和幼虫的龄期来推算死亡时间。由于蝇类成虫具有嗜血的特性，案件侦办人员也可以根据蝇类的趋性来判断杀人凶器。

狭额腐蝇

狭额腐蝇隶属于双翅目、蝇科。成虫体长 5~8. 5 mm。复眼裸；雌蝇具 1 对间额交叉鬃；触角芒长羽状。翅肩鳞和前缘脉基鳞黑色，或者至少基部黑色；股节黑色；各跗节部分黄棕色；下颚须棕色或暗棕色。雄蝇额狭，明显小于触角第3节宽，间额如线。幼虫肛板大，末端向两侧呈疣状突起；肛疣大于亚肛疣；后肛疣较大；前气门孔突为4~5个。蛹中型，前气门指状突5个，后气门呈肾形，黑色，气门裂短直，间距为1气门直径的1.5倍；呼吸角黑色，短粗，肛板宽大，疣突光滑；口钩细长，咽骨呈倒“V”形，背角、腹角等长。

狭额腐蝇分布于我国辽宁、吉林、黑龙江、山西、河北、山东、陕西、甘肃、新疆、河南、安徽、四川、江西、广西。幼虫滋生于腐败动物质中。在辽宁，5月、6月和9月末大量出现。3龄幼虫有捕食性。

在出现凶杀案的时候，蝇类通常是最先到达尸体的昆虫，它通常会在腐败尸体上产下大量的卵，进而发育为幼虫、蛹、成虫。并且参与了尸体的分解过程。案件侦办人员可以根据当地的天气情况及蝇类的生活状态和幼虫的龄期来推算死亡时间。由于蝇类成虫具有嗜血的特性，案件侦办人员也可以根据蝇类的趋性来判断杀人凶器。

厩腐蝇

厩腐蝇隶属于双翅目、蝇科。成虫体长6~9 mm。暗灰色；复眼裸；雌蝇具1对间额交叉鬃；触角芒长羽状。雄蝇额较宽，约等于触角第3节宽的2倍；间额约为侧额宽的2倍。胸部背面有2对黑色纵条，中央的1对较明显，两侧的2条不甚明显；小盾片末端红棕色。翅肩鳞和前缘基鳞黄色；股节至少端部1/4~1/3呈黄棕色；下颚须橙色；胫节黄色或黄棕色；下腋瓣不具小叶。卵白色，体表具较多纵向褶皱。卵孔很小，近乎香蕉形，白色，被花瓣状突起包围。幼虫体较粗短；第8腹节后端向后气门周围不收小，体呈长圆锥形；腹垫正中有纵沟；后气门环内侧暗黑；后气门裂呈扭叉状排列；肛板小，末端稍有隆起，但不突出于表面；肛疣小，不高于亚肛疣，后肛疣也小，肛疣群后方有小棘列；前气门孔突为5~7个。蛹中型，暗褐色。呼吸角短粗；后突起短小，肛区疣突明显，肛板狭长；前气门指状突7个，后气门黑色，间距等于1个气门横径，咽骨背角、腹角等长，腹角背方有1角状突起。

厩腐蝇分布于我国辽宁、吉林、黑龙江、北京、天津、内蒙古、河北、河南、山东、山西、陕西、甘肃、宁夏、新疆、青海、四川、重庆、湖北、江苏、安徽、上海、浙江、广东、福建、云南、贵州、西藏。厩腐蝇是我国北方城镇的优势种。成蝇常见于农村居宅附近，特别是在马厩、养禽场的空地上、厕所外墙或有腐败有机物质的地方，也常进入室内。幼虫在腐烂真菌、腐果、破蛋、排泄物和尸体等各种基质中滋生，1龄时为腐食性，后来成为捕食性。

在出现凶杀案的时候，蝇类通常是最先到达尸体的昆虫，它通常会在腐败尸体上产下大量的卵，进而发育为幼虫、蛹、成虫。并且参与了尸体的分解过程。案件侦办人员可以根据当地的天气情况及蝇类的生活状态和幼虫的龄期来推算死亡时间。由于蝇类成虫具有嗜血的特性，案件侦办人员也可以根据蝇类的趋性来判断杀人凶器。

裸芒综蝇

裸芒综蝇隶属于双翅目、蝇科。成虫无间额交叉鬃，雌蝇间额上半部具短毛，有2根后倾上眶鬃；复眼裸；触角芒几乎裸。中胸盾片有4条黑色纵条。足全黑色；前胫无中位后鬃。腹部第5背板端缘红棕色。雄蝇额宽约为头宽的1/5，雌蝇额宽约为头宽的1/3；触角和下颚须橙红色。足黑色；胫节稍带棕色；后股基半部具细长的后腹鬃，后胫前腹鬃2根，前背鬃2根，后背鬃1根，短小。

裸芒综蝇分布于我国辽宁、上海、广东、重庆、海南、湖南、台湾。裸芒综蝇成虫栖息在半住区和真住区林叶上，幼虫滋生于腐败动物质中。

在出现凶杀案的时候，蝇类通常是最先到达尸体的昆虫，它通常会在腐败尸体上产下大量的卵，进而发育为幼虫、蛹、成虫。并且参与了尸体的分解过程。案件侦办人员可以根据当地的天气情况及蝇类的生活状态和幼虫的龄期来推算死亡时间。由于蝇类成虫具有嗜血的特性，案件侦办人员也可以根据蝇类的趋性来判断杀人凶器。

红尾粪麻蝇

红尾粪麻蝇隶属于双翅目、麻蝇科。触角中等长，触角芒长羽状；前胸侧板中央凹陷；雄蝇间额和侧颜都约为一侧额的 2 倍宽；颊后方毛淡色，颊高约为眼高的 1/2。第 7、8 合腹节缘鬃发达，第 9 背板亮红，背面正中有 1 个微凹入。基阳体极短，而侧阳体基部长度超过前者数倍；阳茎膜状突成对，狭长而骨化，指向前方；侧阳体端部短小，着生在侧阳体基部末端的前方。雌蝇中股器直达节基部，腹末端红色；第 6 背板背面观呈分离的 2 个对角，第 8 背板为 1 对远离的近似圆形的棕色骨片。1 龄幼虫棘刺较其他麻蝇细长，第 6 腹节以前各节前缘棘带均完整，第 7 腹节前缘棘带自背部中断，第 8 腹节仅腹面有前缘棘带；口咽骨较小，口钩腹基角为钝角。2 龄幼虫棘刺较其他麻蝇细长，第 1 胸节背部无小棘，第 2 胸节前 3/4 布满小棘，第 3 胸节至第 8 腹节均密布小棘；口咽骨大型，色素深，腹角为背角的 1/2，末端稍向后下方延伸。3 龄幼虫第 2 胸节布满棘刺，肛板仅达亚肛疣基部，体表其余同 2 龄幼虫，口咽骨中等，色素深，口钩钩部细长，基部宽，侧口骨粗。蛹大型，体满布刺；咽骨背角略长于腹角。

红尾粪麻蝇分布于我国黑龙江、内蒙古、河北、北京、山西、河南、山东、陕西、甘肃、宁夏、新疆、青海、湖南、四川、云南。红尾粪麻蝇为住区性蝇类，可扩散到半住区。幼虫为嗜尸性及杂食性，滋生于人及动物粪便中。在 26~34℃下的兔肉上的发育历期为：1 龄、2 龄幼虫各 1 d，3 龄幼虫 2~3 d，前蛹期 2 d，蛹期 7~10 d。

在出现凶杀案的时候，蝇类通常是最先到达尸体的昆虫，它通常会在腐败尸体上产下大量的卵，进而发育为幼虫、蛹、成虫。并且参与了尸体的分解过程。案件侦办人员可以根据当地的天气情况及蝇类的生活状态和幼虫的龄期来推算死亡时间。由于蝇类成虫具有嗜血的特性，案件侦办人员也可以根据蝇类的趋性来判断杀人凶器。

台湾别麻蝇

台湾别麻蝇隶属于双翅目、麻蝇科。成虫口前缘突出；触角芒为细长纤毛。侧尾叶呈钝圆三角形；侧阳体基部腹突通常呈弯叶状，末端有 2 个尖端，侧阳体端部侧突细枝状或叶状，膜状突 1 对，有许多小棘；第 5 腹板有发达的刺；第 9 背板黑褐色以至红黄色。雄蝇颊部全是黑毛，或紧靠颊后头沟处有几根白毛，后股腹面无缨毛，前后阳基侧突几乎等长。前阳基侧突在近端部前缘波曲，膜状突无棘，部分明显前突，侧阳体端部大于侧阳体基部腹突，侧阳体端部侧突前缘形成 2 个尖端。雌蝇第 6 背板为分离型。

台湾别麻蝇分布于我国辽宁、四川、贵州、台湾。台湾别麻蝇幼虫滋生于腐败动物质中，包括动物和人的尸体。

在出现凶杀案的时候，蝇类通常是最先到达尸体的昆虫，它通常会在腐败尸体上产下大量的卵，进而发育为幼虫、蛹、成虫。并且参与了尸体的分解过程。案件侦办人员可以根据当地的天气情况及蝇类的生活状态和幼虫的龄期来推算死亡时间。由于蝇类成虫具有嗜血的特性，案件侦办人员也可以根据蝇类的趋性来判断杀人凶器。

棕尾别麻蝇

棕尾别麻蝇隶属于双翅目、麻蝇科。成虫为中大型种，体长 6~9 mm。雄蝇颊部后方 1/3~1/2 具白毛；后股腹面具末端蜷曲的缨毛，毛长略超过节宽的 1/2；前阳基侧突明显长于后阳基侧突；肛尾叶端部外侧具不很密的刺状短鬃，末端爪短小；前阳基侧突瘦长，末端扁薄；膜状突前缘圆弧形，侧阳体基部腹突略呈半月形，末端有2个尖端指向上前方；侧阳体端部侧突叶状，末端有1个缺刻。雌蝇中股器在该节中段，长约为该节的1/4；第6背板完整，正中缺缘鬃，第7背板为一前缘略卷边的铲形骨片，第7腹板后缘呈“V”字形凹入。1龄幼虫各节棘刺明显，第6腹节以前各节前缘棘带完整，第7腹节前缘棘带则于背部中断，第8腹节前缘棘带限于腹面，口咽骨较小，口钩腹基角纯。2龄幼虫各节棘刺明显，第1~7腹节每节有24个小疣，第8腹节背面无小疣，但不光滑，侧面有稀疏小棘，口咽骨大型，色素深，口钩细长。3龄幼虫后突起群中的下侧突明显小于上侧突，背突明显小于上侧突，口咽骨大型，色素深，腹角长大于背角长的1/2。

棕尾别麻蝇分布于我国黑龙江、吉林、辽宁、内蒙古、河北、山西、河南、陕西、宁夏、甘肃、山东、安徽、江苏、上海、浙江、福建、台湾、江西、湖北、湖南、广东、广西、海南、四川、贵州、云南及西藏。棕尾别麻蝇幼虫滋生习性广泛，人粪缸和厕所是其主要滋生场所，在人尸上也有发现。繁殖期为4~10月，蛹在10月下旬开始越冬，至翌年4月中旬羽化出成虫。刚羽化的成虫呈浅灰色，额囊未收缩，翅未伸展，体柔软，腹部较小，0.5~2 h后体色加深，开始取食，1~2 d后，性成熟，开始交配。成蝇易被暴露在阳光下的尸体所吸引。

在出现凶杀案的时候，蝇类通常是最先到达尸体的昆虫，它通常会在腐败尸体上产下大量的卵，进而发育为幼虫、蛹、成虫。并且参与了尸体的分解过程。案件侦办人员可以根据当地的天气情况及蝇类的生活状态和幼虫的龄期来推算死亡时间。由于蝇类成虫具有嗜血的特性，案件侦办人员也可以根据蝇类的趋性来判断杀人凶器。

黄须亚麻蝇

黄须亚麻蝇隶属于双翅目、麻蝇科。成虫体长8.5~13 mm。下颚须大部黄色，或端部呈很明显的黄色。雄蝇后足胫节仅在后腹面有长缨毛，雌蝇第2腹板通常有2对强大的缘鬃，第6背板为中断型。

黄须亚麻蝇分布于我国吉林、辽宁、河北、河南、陕西、甘肃、山东、江苏、安徽、浙江、福建、台湾、江西、湖北、广东、广西、四川、云南。幼虫滋生于人粪块和垃圾中，也食腐肉，并可引起蝇蛆症。

在出现凶杀案的时候，蝇类通常是最先到达尸体的昆虫，它通常会在腐败尸体上产下大量的卵，进而发育为幼虫、蛹、成虫。并且参与了尸体的分解过程。案件侦办人员可以根据当地的天气情况及蝇类的生活状态和幼虫的龄期来推算死亡时间。由于蝇类成虫具有嗜血的特性，案件侦办人员也可以根据蝇类的趋性来判断杀人凶器。

本州沼野蝇

本州沼野蝇隶属于双翅目、麻蝇科。雄蝇触角细长，侧面观基部着生点明显高于眼中央一线；触角第3节长为第2节长的2.5~3倍，触角芒几乎裸，第2小节长；侧额前部无短毛。雄蝇额近于头宽的0.3倍，雌蝇额近于头宽的0.4倍；髭极长大，颊狭，约与侧颜等宽；中喙细长，下颚须长，须暗棕色。小盾片仅有2对鬃；翅狭长，前缘刺很发达；足长，大部黑色，各胫节棕黄色。腹部第3、5节各背板有大型的中缘鬃。

本州沼野蝇分布于我国上海、台湾。成蝇常见于河口、湖边、沼泽地及海岸等处。幼虫滋生于鱼、蛙、蟹、鸟等的尸体上或飘来的垃圾中。由于蝇类成虫具有嗜血的特性，案件侦办人员也可以根据蝇类的趋性来判断杀人凶器。

黑尾黑麻蝇

黑尾黑麻蝇隶属于双翅目、麻蝇科。成蝇眼内缘很明显地向两侧方背离；雄蝇侧颜宽约为眼长的1/3。第7、8合腹节具缘鬃；第5腹板侧叶基部内缘腹面上的刺斑较大，近似椭圆形；前阳基侧突瘦长，略较后阳基侧突为短；膜状突前缘波曲很甚，末端形成 1 小爪尖。雄蝇肛尾叶边缘总是平的，直而均匀地延长并向末端变尖。其端部不很向两侧方背离。雌蝇第 6 背板两侧骨片的上半缘鬃疏，缘鬃长度较第 5 背板的正中缘鬃为短。腹部黑色，覆有典型的棋盘状斑。1 龄幼虫前后缘棘带、棘刺稍短。2 龄幼虫第 2 胸节布满小棘；上侧突大于背突、亚腹突；下侧突锥状，小于上侧突；口咽骨大型，色素深，腹角长为背角的 1/2，不向后延伸。3 龄幼虫第 1 胸节背部有少数棘刺；肛板两端达亚肛疣基部，体表其余特征同 2 龄幼虫；口咽骨大型，色素深，腹角长为背角的 1/2，末端不向后延伸，背角窗为背角长的 4/5。

黑尾黑麻蝇分布于我国辽宁、吉林、黑龙江、北京、河北、天津、内蒙古、山西、山东、河南、陕西、宁夏、甘肃、青海、新疆、安徽、江苏、上海、浙江、江西、湖北、湖南、四川、贵州、福建、台湾、广东、海南、广西、云南、西藏。黑尾黑麻蝇幼虫生活在腐败动物质中，滋生于人和动物的尸体及粪便上，以幼虫及蛹越冬。黑尾黑麻蝇在 26~34 ℃下的兔肉上的发育历期为：1 龄、2 龄幼虫各 1 d，3 龄幼虫 2 d，前蛹期 2 d，蛹期 7 d。

在出现凶杀案的时候，蝇类通常是最先到达尸体的昆虫，它通常会在腐败尸体上产下大量的卵，进而发育为幼虫、蛹、成虫。并且参与了尸体的分解过程。案件侦办人员可以根据当地的天气情况及蝇类的生活状态和幼虫的龄期来推算死亡时间。由于蝇类成虫具有嗜血的特性，案件侦办人员也可以根据蝇类的趋性来判断杀人凶器。

舞毒蛾克麻蝇

舞毒蛾克麻蝇隶属于双翅目、麻蝇科。成蝇额狭，宽为眼宽的 1/2，侧颜宽，大于眼长的 2/5，具 2~3 行毛，最长的侧颜毛等于侧颜宽。前胸侧板中央凹陷，被有黑色的纤毛。股节具栉。雄蝇第 7、8 腹节后缘无鬃；肛尾叶短而宽；侧阳体短，侧突缺如；膜状突短而复杂，被有小棘。雌蝇中股器存在于该节中段，第 6 背板完整。

舞毒蛾克麻蝇分布于我国辽宁、吉林、黑龙江、内蒙古、北京、山西、河南、甘肃、陕西。舞毒蛾克麻蝇幼虫为尸食性或肉食性，滋生在动物和人的尸体及腐肉上。

在出现凶杀案的时候，蝇类通常是最先到达尸体的昆虫，它通常会在腐败尸体上产下大量的卵，进而发育为幼虫、蛹、成虫。并且参与了尸体的分解过程。案件侦办人员可以根据当地的天气情况及蝇类的生活状态和幼虫的龄期来推算死亡时间。由于蝇类成虫具有嗜血的特性，案件侦办人员也可以根据蝇类的趋性来判断杀人凶器。

灰斑白麻蝇

灰斑白麻蝇隶属于双翅目、麻蝇科。成蝇体表斑纹不太明显；雄蝇额宽为眼宽的 1.3 倍，下眶鬃 6~7 对，最下方 1 个弯向外侧；侧颜宽约为眼长的 1/2；触角芒具毳。触角第 2 节橙色，第 3 节灰色。下颚须红色，前颏长为高的 2 倍；颊高约为眼高的 3/5，眼后鬃 1 行，颊及后头密生白毛。前胸侧板中央凹陷裸；前气门灰棕色，前盾有不显的暗灰色纵条 3 条，后盾仅有 1 正中条。第 3、4 背板有“八”字形灰色侧斑及正中条。腋瓣白色。雄蝇第 5 腹板两侧叶在基部远离，侧叶很长，至少为基部长的 2 倍；基阳体与侧阳体等长，后者基部与端部愈合，其基部短而横宽；腹突强大而不对称，分叉或不分叉，侧阳体端部较长；膜状突单一，侧插器很长，呈丝状。

灰斑白麻蝇分布于我国辽宁、河北、海南、浙江。灰斑白麻蝇成虫生活于海边。滋生于海洋动物的尸体及腐肉上。

在出现凶杀案的时候，蝇类通常是最先到达尸体的昆虫，它通常会在腐败尸体上产下大量的卵，进而发育为幼虫、蛹、成虫。并且参与了尸体的分解过程。案件侦办人员可以根据当地的天气情况及蝇类的生活状态和幼虫的龄期来推算死亡时间。由于蝇类成虫具有嗜血的特性，案件侦办人员也可以根据蝇类的趋性来判断杀人凶器。

盘突缅麻蝇

盘突缅麻蝇隶属于双翅目、麻蝇科。成虫体长 13 mm。眼后鬃 3 行，颊毛部分为白色。前胸侧板中央凹陷，具纤毛。颊后方 3/4 具白毛，前方 1/4 具黑毛。雄蝇前阳基侧突外侧面有小突起，侧阳体基部腹突骨化强，侧阳体端部侧突片状，不长，中央部大，表面被有细毛，并具 1 对叶状的侧枝。阳茎膜状突巨大、盘状，不成对，具骨化强的多尖突；内侧插器端部多毛，以至将外侧插器末端包围，外侧插器腹面无逆刺，在中部有 1 个向前的短刺突。

盘突缅麻蝇分布于我国河南、湖北、台湾、四川、云南。盘突缅麻蝇幼虫滋生于动物腐肉中。

在出现凶杀案的时候，蝇类通常是最先到达尸体的昆虫，它通常会在腐败尸体上产下大量的卵，进而发育为幼虫、蛹、成虫。并且参与了尸体的分解过程。案件侦办人员可以根据当地的天气情况及蝇类的生活状态和幼虫的龄期来推算死亡时间。由于蝇类成虫具有嗜血的特性，案件侦办人员也可以根据蝇类的趋性来判断杀人凶器。

白头亚麻蝇

白头亚麻蝇隶属于双翅目、麻蝇科。体长 7～16 mm。雄蝇肛尾叶后缘侧面观呈钝角形，端部呈斜截状，前阳基侧突长而末端圆钝；花朵状的阳茎膜状突大型，上下支都很发达；侧阳体端部分支长，向前超过了侧阳体基部腹突。雌蝇第 2 腹板有 2 对鬃，第 6 背板骨化部中断。1 龄幼虫头端尖锐，体后端凹陷稍明显，具有 6 对后突起，其中亚背突及腹突很小，只有痕迹。2 龄幼虫头端尖锐，尾端粗钝，后突起群中上侧突与下侧突较发达，亚腹突也较明显。前气门指状突约 28 个，排列不规则，疣状突多呈花朵状，棘刺短粗，分布均匀。

白头亚麻蝇分布于我国辽宁、吉林、黑龙江、北京、新疆、青海、西藏、甘肃、内蒙古、宁夏、山西、陕西、河南、安徽、河北、山东、江苏、浙江、江西、湖北、重庆、四川、福建、云南、贵州、广西、广东、海南、台湾。白头亚麻蝇幼虫为嗜尸性，滋生在动物尸体上及人粪上，蛹在 9 月下旬开始越冬，翌年 5 月初羽化出成虫。

在出现凶杀案的时候，蝇类通常是最先到达尸体的昆虫，它通常会在腐败尸体上产下大量的卵，进而发育为幼虫、蛹、成虫。并且参与了尸体的分解过程。案件侦办人员可以根据当地的天气情况及蝇类的生活状态和幼虫的龄期来推算死亡时间。由于蝇类成虫具有嗜血的特性，案件侦办人员也可以根据蝇类的趋性来判断杀人凶器。

肥须亚麻蝇

肥须亚麻蝇隶属于双翅目、麻蝇科。体长 10～17 mm。雄蝇肛尾叶宽，后缘端部呈斜截状，末端尖爪略向前曲。雌雄两性颊部除接近眼下缘处有少数黑毛外，其他部分几乎全是白毛，第 7、8 合腹节有发达的缘鬃列，第 7、8 合腹节和第 9 背板红色。雌蝇中股器长达股节基部和端部，尾器红色，第 6 背板完整，但在背面正中有 1 个褶痕。雌雄两性的下颚须黑色或灰黑色，在雌性中下颚顺特别粗壮，末端肥大如短棒状。1 龄幼虫各节棘刺明显，第 7 腹节以前各节前缘棘带均完整，第 8 腹节前缘棘带限于腹面和侧面。口咽骨较小，口钩腹基角钝。2 龄幼虫各节棘刺明显，第 2 胸节背面平滑，第 3 胸节至第 7 腹节每节上有 24 个小疣，即背面、腹面、两侧各 6 个。3 龄幼虫第 2 胸节背面无小棘，第 3 胸节背面后 3/4 布满小棘，第 1~8 腹节密布小棘。口咽骨大型，色素深，口钩基部宽短，下口骨粗大，腹角长为背角的 1/2，腹角窗和后上方的突起明显，背角窗狭长。蛹大型，黑色，体满被刺，后突起均不发达。

肥须亚麻蝇分布于我国黑龙江、吉林、辽宁、内蒙古、河北、山东、河南、北京、天津、陕西、甘肃、宁夏、新疆、青海、湖北、江苏、安徽、四川、重庆、西藏、贵州。肥须亚麻蝇幼虫滋生于腐败动物质和粪便中。幼虫 7～10 月滋生在动物尸体上，蛹在 10 月下旬开始越冬，翌年 4 月中旬羽化出成虫。新羽化个体无色，经 7~10 h 后体色才开始加深。羽化多在上午进行。雌雄成蝇在晴天有光线处，温度高于 14 ℃时开始交配。雌雄成蝇均可交配多次。卵一般散产于腐肉表面或缝隙内，初孵幼虫在腐肉缝隙、自然孔口等处取食。2 龄、3 龄幼虫钻入腐肉内部取食。成熟幼虫爬离腐肉，钻到土中 3~5 cm 深处静止 1~3 d 后开始化蛹。化蛹时间较一致。

在出现凶杀案的时候，蝇类通常是最先到达尸体的昆虫，它通常会在腐败尸体上产下大量的卵，进而发育为幼虫、蛹、成虫。并且参与了尸体的分解过程。案件侦办人员可以根据当地的天气情况及蝇类的生活状态和幼虫的龄期来推算死亡时间。由于蝇类成虫具有嗜血的特性，案件侦办人员也可以根据蝇类的趋性来判断杀人凶器。

酱亚麻蝇

酱亚麻蝇隶属于双翅目、麻蝇科。成虫体长 7~14 mm。触角第 3 节长为第 2 节长的 2 倍或不到 2 倍。下颚须黑色。雄蝇中足胫节无长毛；第 9 背板黑色或棕色，少数为红色；第 7、8 合腹节无缘鬃。雌蝇第 6 背板中断，第 8 背板存在；第 7 腹板后缘凹入，两后角具小毛群。

酱亚麻蝇分布于我国黑龙江、吉林、辽宁、内蒙古、北京、河北、河南、宁夏、甘肃、山东、安徽、江苏、浙江、福建、台湾、湖北、广东、广西、海南、四川、云南。幼虫主要滋生于酱缸和腌菜缸中，在马粪和鱼油渣中也曾发现。

在出现凶杀案的时候，蝇类通常是最先到达尸体的昆虫，它通常会在腐败尸体上产下大量的卵，进而发育为幼虫、蛹、成虫。并且参与了尸体的分解过程。案件侦办人员可以根据当地的天气情况及蝇类的生活状态和幼虫的龄期来推算死亡时间。由于蝇类成虫具有嗜血的特性，案件侦办人员也可以根据蝇类的趋性来判断杀人凶器。

急钩亚麻蝇

急钩亚麻蝇隶属于双翅目、麻蝇科。前阳基侧突中段反屈，末端很强地急剧钩屈。雄蝇阳茎膜状突上方的膜片宽而不很长，前缘有细突，但常向侧方平展，因而很不明显；下方骨化部狭长而末端尖；侧阳体端部侧突呈很轻微的“S”形弯曲，下方小分支长约为上方小分支的 1/3；中央突很短，不及侧突长的 1/3；基部腹突长，显然超过端部侧突的长度。雌蝇第 6 背板中断，左右两骨片间仅隔 1 条窄缝。1 龄幼虫各节棘刺较其他麻蝇粗大，端部尖，色素深，基部膨大，呈穹隆形；第 6 腹节以前各节前缘棘带完整，第 7、8 腹节前缘棘带仅限于腹面；口咽骨大型，口钩较酱亚麻蝇宽大，腹基角为直角。2 龄幼虫乳白色，表皮极柔软；各节棘带同 1 龄幼虫；第 2、3 胸节及第 1~7 腹节光滑无疣，第 8 腹节背、侧面光滑无棘；口咽骨大型，色素深，腹角长度为背角的 2/3，背角上的窗长而宽。3 龄幼虫乳白色或黄白色，第 3 胸节至第 7 腹节每节上有 24 个小疣，疣的排列似肥须亚麻绳，侧面下方的 2 个小疣几乎相连，除疣外各节均裸；口咽骨大型，色素深；腹角长度为背角的 2/3，背角窗长。

急钩亚麻蝇分布于我国黑龙江、吉林、辽宁、内蒙古、北京、河北、山西、山东、河南、江苏、宁夏、甘肃、新疆、青海、四川、西藏。急钩亚麻蝇幼虫滋生在动物和人的尸体上，以幼虫及蛹越冬。急钩亚麻蝇在 25~34 ℃下的兔肉上的发育历期为：1 龄、2 龄幼虫各 1 d，3 龄幼虫 2~3 d，前蛹期 2~3 d，蛹期 9~10 d。

在出现凶杀案的时候，蝇类通常是最先到达尸体的昆虫，它通常会在腐败尸体上产下大量的卵，进而发育为幼虫、蛹、成虫。并且参与了尸体的分解过程。案件侦办人员可以根据当地的天气情况及蝇类的生活状态和幼虫的龄期来推算死亡时间。由于蝇类成虫具有嗜血的特性，案件侦办人员也可以根据蝇类的趋性来判断杀人凶器。

绯角亚麻蝇

绯角亚麻蝇隶属于双翅目、麻蝇科。成虫体长 10~14 mm；触角橙红色，下颚须棕黄色，颊毛全白；第 7、8 合腹节背板和第 9 腹节背板红色。雌蝇第 5 腹板黑色；第 6 腹板红橙色，后缘内凹，有 4 根缘鬃；第 7 腹板红橙色，后缘波状；第 8 腹板膜质。

绯角亚麻蝇分布于我国台湾、广东、海南。滋生于厕所、垃圾中及动物尸体上，成蝇常见于海滨。

在出现凶杀案的时候，蝇类通常是最先到达尸体的昆虫，它通常会在腐败尸体上产下大量的卵，进而发育为幼虫、蛹、成虫。并且参与了尸体的分解过程。案件侦办人员可以根据当地的天气情况及蝇类的生活状态和幼虫的龄期来推算死亡时间。由于蝇类成虫具有嗜血的特性，案件侦办人员也可以根据蝇类的趋性来判断杀人凶器。

上海细麻蝇

上海细麻蝇隶属于双翅目、麻蝇科。雄蝇外顶鬃发达，后胫无缨毛。肛尾叶后缘略呈阶状波曲，末端具爪；后阳基侧突略直而末端具小爪，膜状突长度不超过侧阳体基部腹突的长度，末端尖，侧面观边缘平滑；侧阳体基部腹突骨化强，侧阳体端部横阔，不很骨化，中央突短小。雌雄成蝇腹部第 3、4 背板正中的黑色纵斑常呈前方较狭的梯形。

上海细麻蝇分布于我国辽宁、吉林、黑龙江、河北、山东、河南、江苏、上海、湖北。上海细麻蝇成蝇在室外生活，多在灌木、草、蔬菜等作物上及粪便或动物尸体上被发现。幼虫为粪食性、尸食性，滋生在人和动物的粪便中。

在出现凶杀案的时候，蝇类通常是最先到达尸体的昆虫，它通常会在腐败尸体上产下大量的卵，进而发育为幼虫、蛹、成虫。并且参与了尸体的分解过程。案件侦办人员可以根据当地的天气情况及蝇类的生活状态和幼虫的龄期来推算死亡时间。由于蝇类成虫具有嗜血的特性，案件侦办人员也可以根据蝇类的趋性来判断杀人凶器。

红尾拉麻蝇

红尾拉麻蝇隶属于双翅目、麻蝇科。成蝇中足胫节无腹鬃。雄蝇肛尾叶直，向末端去渐尖，前阳基侧突缓缓地弯曲，后阳基侧突略直而末端具急弯曲的钩，前缘近端部略呈锯齿状；阳体粗壮，基阳体长，后上端突出，侧阳体基部腹突尖细，翕突 1 对，骨化而大型，侧面观呈三角形，具短柄；侧阳体端部与基部无明确界限。雌蝇尾器：第 6 背板完整，缘鬃列疏而强大；第 7 背板略骨化，第 8 背板发达，为 1 对大叶片状亮红骨片；第 9 背板有 2 对内倾的鬃。幼虫前气门小室端部横向延伸，孔突 12~14 个；后突起群中的上侧突与下侧突略等大，都发达；后气门小，后气门环细，但骨化强，内缘呈弧形，末端渐尖；后气门间距等于或略大于 1 个气门宽，第 8 腹节后表面椭圆形凹窝较麻蝇亚科的其他种略浅。

红尾拉麻蝇分布于我国黑龙江、吉林、辽宁、内蒙古、河北、北京、天津、山西、河南、山东、陕西、宁夏、甘肃、新疆、青海、江苏、湖北、湖南、四川、贵州、云南、西藏。红尾拉麻蝇幼虫滋生在人和动物的尸体及组织上。

在出现凶杀案的时候，蝇类通常是最先到达尸体的昆虫，它通常会在腐败尸体上产下大量的卵，进而发育为幼虫、蛹、成虫。并且参与了尸体的分解过程。案件侦办人员可以根据当地的天气情况及蝇类的生活状态和幼虫的龄期来推算死亡时间。由于蝇类成虫具有嗜血的特性，案件侦办人员也可以根据蝇类的趋性来判断杀人凶器。

常麻蝇

常麻蝇隶属于双翅目、麻蝇科。成蝇体长 14. 5 mm。侧颜为侧额宽的 3~4 倍；颊高约为眼高的 3/5；口前缘突出；触角芒具长纤毛。前胸侧板中央凹陷裸，侧面观肛尾叶平直，端部逐渐变狭而向前弯曲，末端为 1 个尖长爪；阳体膜状突大都骨化，稍狭长，其宽不超过侧阳体基部的下段宽，侧插器指向前方，其长度显然超过侧阳体基部的长度。雄蝇尾节呈黑色。雌蝇第 6 背板很深地裂开，带有红色。

常麻蝇分布于我国黑龙江、内蒙古、新疆。常麻蝇幼虫为肉食性兼杂食性，滋生在腐肉上。

在出现凶杀案的时候，蝇类通常是最先到达尸体的昆虫，它通常会在腐败尸体上产下大量的卵，进而发育为幼虫、蛹、成虫。并且参与了尸体的分解过程。案件侦办人员可以根据当地的天气情况及蝇类的生活状态和幼虫的龄期来推算死亡时间。由于蝇类成虫具有嗜血的特性，案件侦办人员也可以根据蝇类的趋性来判断杀人凶器。

拉氏麻野蝇

拉氏麻野蝇隶属于双翅目、麻蝇科。成蝇为小型或中等大小蝇类，体长 4.5~8 mm，翅前缘刺发达。雌、雄蝇额均宽，常大于 1 个眼宽，雄蝇有 2 对前倾上眶鬃，侧颜鬃弱小如毛状；触角第 3 节长为第 2 节长的 1.5~2.5 倍；下颚须黑色；前中鬃存在，前胸侧板中央凹陷裸；腹部各背板有暗色点斑。

拉氏麻野蝇分布于我国黑龙江、内蒙古、北京、新疆、青海。拉氏麻野蝇为典型的野生种类，在住区很少发现。成蝇喜食腐败的动植物蛋白、动物（包括昆虫）的尸体及植物（特别是伞形花科）的花蜜。在室外，特别是远离住所的地方，可用动物的尸体诱到雌雄成蝇，有时数量甚多，但它更嗜好昆虫尸体。

在出现凶杀案的时候，蝇类通常是最先到达尸体的昆虫，它通常会在腐败尸体上产下大量的卵，进而发育为幼虫、蛹、成虫。并且参与了尸体的分解过程。案件侦办人员可以根据当地的天气情况及蝇类的生活状态和幼虫的龄期来推算死亡时间。由于蝇类成虫具有嗜血的特性，案件侦办人员也可以根据蝇类的趋性来判断杀人凶器。

拟东方辛麻蝇

拟东方辛麻蝇隶属于双翅目、麻蝇科。成蝇口前缘呈角形突出；触角芒基半段上具长纤毛。雄蝇侧阳体基部腹突为宽大轮廓不对称的瓣片，在基方有 1 个钩状突，内壁有 1 个细长的须状突；侧阳体端部肥大，主体为 1 个柔软的囊状体，其上多皱襞，其侧突发达，具不规则的鹿角状的多分叉。雌蝇第 6 背板完整，缘鬃列完整；中股器占端部的 2/3 长。

拟东方辛麻蝇分布于我国山东、河南、陕西、江苏、上海、浙江、湖北、四川、福建、台湾、广东、海南、云南。拟东方辛麻蝇滋生在鳞翅目幼虫、蝗虫、天蛾科幼虫尸体及软体动物的尸体上。

在出现凶杀案的时候，蝇类通常是最先到达尸体的昆虫，它通常会在腐败尸体上产下大量的卵，进而发育为幼虫、蛹、成虫。并且参与了尸体的分解过程。案件侦办人员可以根据当地的天气情况及蝇类的生活状态和幼虫的龄期来推算死亡时间。由于蝇类成虫具有嗜血的特性，案件侦办人员也可以根据蝇类的趋性来判断杀人凶器。

趋稻头蝇

趋稻头蝇别名黑尾叶蝉头蝇。隶属于双翅目、麻蝇科。成蝇体长约 3 mm，翅展约 7 mm。体黑色；头部几乎呈球形；复眼紫黑色，甚大，几乎占整个头部，雄蝇两复眼的上方很接近；单眼黑色，排列呈正三角形，位于复眼后方中间；触角第 1、2 节黑色，第 3 节淡黄褐色，伸向下方，先端尖，触角芒长，黑色。胸部有褐色粉被，中胸背板前角黑色。翅透明，稍带烟褐色，密生细毛；无翅痣，平衡棒匙形，淡黄褐色，基部黑色。足黑色，腿节和胫节相接部分、胫节末端、跗节第 1~4 节及爪黄褐色。腹部细瘦，腹部背面饰稀薄粉被，两侧有明显的灰色粉被及相当密的刚毛；雄蝇外生殖器小，约为第 5 腹节长的 1/3，背针突钝，其端部圆；雌蝇产卵器小，基部膨大，刺状部约与基部等长，伸向前下方，其尖端部分稍弯向上方，淡黄褐色。雌蝇腹内成熟的卵呈长卵形，长 0.25 mm，白色。幼虫乳白色。未成长幼虫长卵形，体多横皱；前端较细，隐约可见内部有2个分离的口钩；末端有1对相连的乳头状突起，此突起在幼虫越小时相对越大。成长幼虫卵形，长3 mm，前端的2个口钩明显，末端的乳头状突起消失。蛹卵形稍扁平，长2.5 mm，红褐色；表面有不明显的横皱，前端有1对小的瘤状突起；在前方约1/4处的两侧各有1个黄色棘突，后端气门区域黑色，呈卵圆形，两侧各有1个小突起。

趋稻头蝇分布于我国浙江、江西、湖北、福建。趋稻头蝇寄生于黑尾叶蝉体内，单寄生。一般说来，山区的寄生率有比平原地区高的倾向，趋稻头蝇以幼虫在寄主成虫和高龄若虫体内越冬。成虫善飞行，既能敏捷速飞，也能徘徊于稻株上方悬飞。羽化后即可在空中进行交配，有时也停于稻株上。白天尤其是晴天则盘旋于稻株上方或穿梭于稻丛之间，一发现黑尾叶蝉若虫就猛然冲去把它从稻株上抓走，徘徊于空中，直至趋稻头蝇在其体内产好1个卵才将其丢弃下来，再去寻找其他黑尾叶蝉若虫。从抓走到放回黑尾叶蝉若虫这一过程约10 s。被抓走的多为3龄若虫。黑尾叶蝉若虫被丢落后，随即跳到附近的植株上，继续发育。蝇蛆在寄主若虫腹腔内发育，并不明显阻碍寄主脱皮和羽化，蝇蛆成长时，黑尾叶蝉均已变为成虫。成长蝇蛆近卵形，占满黑尾叶蝉成虫整个腹腔，引起黑尾叶蝉腹部明显地膨胀，甚至腹侧节间膜也胀了起来（而怀卵雌虫节间膜不胀）。老熟蝇蛆从黑尾叶蝉腹部背面基部环节之间钻出后，黑尾叶蝉成虫即死亡。蝇蛆爬至植株丫杈或土表化蛹。

在出现凶杀案的时候，蝇类通常是最先到达尸体的昆虫，它通常会在腐败尸体上产下大量的卵，进而发育为幼虫、蛹、成虫。并且参与了尸体的分解过程。案件侦办人员可以根据当地的天气情况及蝇类的生活状态和幼虫的龄期来推算死亡时间。由于蝇类成虫具有嗜血的特性，案件侦办人员也可以根据蝇类的趋性来判断杀人凶器。

陈氏污蝇

陈氏污蝇隶属于双翅目、麻蝇科。成蝇体长11~16 mm。覆有银灰色或略带黄色粉被。额角略突出，眼离生；触角黑而长，第3节长为第2节长的3~3.5倍。阳体大型，弯曲而末端膨大，侧阳体端部极长；雄蝇腹部第1、2合背板的黑斑几乎愈合，第3、4背板沿后缘各有3个孤立的黑斑，两侧的呈圆形，唯第3背板正中为黑纵斑伸达节前缘；第5背板沿后缘的3个黑斑小，圆点状。1龄幼虫第5腹节以前各节的前缘棘带完整，第6、7腹节前缘棘带仅限于腹面和腹侧面，第8腹节前缘棘带仅限于腹面；头咽器色浓重，口钩细长，钩部弯度大。3龄幼虫固定后的标本呈黄褐色，头节及第1~3胸节的表皮呈黑色；第1~7腹节各节中部环绕有22个疣，其中背面6个、腹面6个、两侧各5个。第2~7腹节腹面的腹垫上有4个隆起，隆起上亦均布满棘；头咽器色浓重，口钩粗壮，钩部的长度约等于基部。

陈氏污蝇分布于我国内蒙古、甘肃、新疆。陈氏污蝇成虫多在动物尸体上、小树林、草地、山坡等处活动。幼虫在腐败有机质中发育。

在出现凶杀案的时候，蝇类通常是最先到达尸体的昆虫，它通常会在腐败尸体上产下大量的卵，进而发育为幼虫、蛹、成虫。并且参与了尸体的分解过程。案件侦办人员可以根据当地的天气情况及蝇类的生活状态和幼虫的龄期来推算死亡时间。由于蝇类成虫具有嗜血的特性，案件侦办人员也可以根据蝇类的趋性来判断杀人凶器。

蒙古拟污蝇

蒙古拟污蝇隶属于双翅目、麻蝇科。成蝇体长9 mm；头黑色，覆黑灰色粉被，触角黑色，第2节末端略带黄褐色，第3节长为第2节长的2倍多，侧颜略宽于触角第3节宽；腹部各背板均具3个黑斑，其中第3、4背板上的斑明晰而稳定。前中鬃缺如；腹部主要是灰色的，前方几个背板有狭的暗色正中条，雄蝇阳基后突退化。

蒙古拟污蝇分布于我国内蒙古。栖息于荒漠，幼虫滋生于哺乳动物的尸体上，偶尔也见于粪便中。

在出现凶杀案的时候，蝇类通常是最先到达尸体的昆虫，它通常会在腐败尸体上产下大量的卵，进而发育为幼虫、蛹、成虫。并且参与了尸体的分解过程。案件侦办人员可以根据当地的天气情况及蝇类的生活状态和幼虫的龄期来推算死亡时间。由于蝇类成虫具有嗜血的特性，案件侦办人员也可以根据蝇类的趋性来判断杀人凶器。

巨尾阿丽蝇

巨尾阿丽蝇隶属于双翅目、丽蝇科。体长5~12 mm，胸部灰黑色，中胸背板前部中央有3条黑色纵纹，中央的1条较宽，腹部背面有深蓝色金属光泽。腹部具薄粉被，且有变色斑和细中条；后腹部特别膨大；第7、8合腹节的腹叶及第9背板很发达；雄蝇肛尾叶极小，侧尾叶细长而弯曲，左右互相并拢；雌蝇第5背板后缘中段有密的短鬃列（个别有不完全的正中纵缝痕），第5腹板呈倒梨形。卵近似于香蕉状；靠近卵孔端表面具菱形网状纹饰；卵孔圆形；中区远离卵孔端呈“V”形。3龄幼虫口钩基部呈长方形；第8腹节背面无微疣，光滑；后表面的各突内方有明显的白色纤毛带。前气门指状突7~10个，多数为8~9个；气门环狭，棕色，钮部色淡。蛹体黑褐色，壳厚，末端有浅凹，上侧突较大；前气门指状突10个；后气门圆形；口钩短粗，咽骨背角狭长。

巨尾阿丽蝇在我国除新疆外，其他地区均有分布。在上海，巨尾阿丽蝇3月大量羽化，5~6月为成蝇出现盛期，炎夏差不多绝迹，初秋也很少见到，到11月再度出现一个繁殖期，以蛹和前蛹期幼虫越冬。巨尾阿丽蝇属寒性蝇种，在春秋和冬季繁殖。成蝇主要在室外活动，常生活在垃圾堆、人畜粪便、腐败动物质上和厕所内。幼虫为杂食性，常孳生于动物和人的尸体上及人的稀粪和尿中。幼虫而偏嗜人粪。

在出现凶杀案的时候，蝇类通常是最先到达尸体的昆虫，它通常会在腐败尸体上产下大量的卵，进而发育为幼虫、蛹、成虫。并且参与了尸体的分解过程。案件侦办人员可以根据当地的天气情况及蝇类的生活状态和幼虫的龄期来推算死亡时间。由于蝇类成虫具有嗜血的特性，案件侦办人员也可以根据蝇类的趋性来判断杀人凶器。

红头丽蝇

红头丽蝇隶属于双翅目、丽蝇科。成蝇大型，体长6.5~13 mm，雌蝇略长。多呈蓝色，不十分光亮。体表粉被较密，尤以胸部为甚。主要特征为颊前方大部橙色到红棕色，具黑毛，在口缘处几乎全部红棕色；触角第3节长为第2节长的4倍左右；前气门黄色或橙色；上、下腋瓣淡褐色；前缘基鳞黄褐色或褐黑色。雄蝇眼离生。额最狭处约与触角第3节宽相等或稍宽，肛尾叶短于侧尾叶，侧尾叶长宽略直。雌蝇侧后顶鬃1对。卵白色，近香蕉形。1龄幼虫第5腹节以前各节的前缘棘带完整，第6腹节的前缘棘带背部和体侧中部断裂，第7、8腹节的前缘棘带仅限于腹面。头咽骨的中口钩腹面有1角曲。2龄幼虫体棘大部分为单尖棘，杂有部分双尖棘；头咽骨口钩钩部钝粗，口钩背基角略大于直角，口钩基部后背角末端不膨大。3龄幼虫大型而粗，呈微带黄色的白色；体表棘较小，明显地呈小列状排列，第8腹节背面有微疣。

红头丽蝇分布于我国辽宁、吉林、黑龙江、北京、天津、内蒙古、宁夏、甘肃、新疆、青海、河北、山西、陕西、山东、河南、江苏、上海、湖南、湖北、江西、四川、贵州、云南、西藏、广东、重庆、安徽。红头丽蝇成蝇常见于垃圾、尸体、腐肉及粪便上，幼虫为嗜尸性，滋生于畜骨堆、畜毛堆、动物和人的尸体上及腐败质中，冬季幼虫在垃圾堆或杂骨堆中越冬。是春季的优势种，在人死后1 d内即可在尸体上产卵，经24 h左右孵化出1龄幼虫，再经24 h左右便进入2龄幼虫，再经24 h左右便进入3龄幼虫，经3 d后即可化蛹，经10 d左右即可羽化出蝇。

在出现凶杀案的时候，蝇类通常是最先到达尸体的昆虫，它通常会在腐败尸体上产下大量的卵，进而发育为幼虫、蛹、成虫。并且参与了尸体的分解过程。案件侦办人员可以根据当地的天气情况及蝇类的生活状态和幼虫的龄期来推算死亡时间。由于蝇类成虫具有嗜血的特性，案件侦办人员也可以根据蝇类的趋性来判断杀人凶器。

反吐丽蝇

反吐丽蝇隶属于双翅目、丽蝇科。雄蝇体长 9~13 mm，雌蝇体长 12.2 mm 左右。触角芒长羽状。前胸侧板中央凹陷，前胸基腹板具毛；腋瓣上肋前瓣旁簇存在，后瓣旁簇缺如；下腋瓣上面具长而直立的纤毛，胸部黑色，腹部青蓝色，略具粉被，毛黑色。前气门灰棕色或黄棕色，往上端较暗；腹部短卵形，通常仅第 4 背板缘鬃和第 5 背板上的鬃较强大。雄蝇侧尾叶侧面观自基部 1/3 处变细；雌蝇通常侧后顶鬃 1 对，少数为 2 对；第 6 背板较宽，后侧角 140°左右；第 7 腹板较宽，后缘末端稍平。足棕色到黑色，粗壮。卵白色，近香蕉形。1 龄幼虫第 3 腹节以前各节的前缘棘带完整，第 4、5 腹节的前缘棘带背部断裂，第 6~8 腹节的前缘棘带仅限于腹面；2 龄幼虫体棘粗大，端部钝圆；前缘棘环和 1 龄幼虫相同，各体节均为单尖棘。3 龄幼虫大型，粗肥，黄白色。体节的棘环除腹面和边缘有小棘外，主要是由宽大钝头的棘组成，排列较疏，不呈小列状；口钩的端部长，为基部的 2 倍。

反吐丽蝇在我国除海南外，其他地区均有分布。反吐丽蝇成蝇多为室外性，成蝇在 24 ℃下羽化后 4~5 d 开始产卵，若一时没有适合子代的食物，卵粒可保留在雌蝇体内，最后产下活的 1 龄幼虫。成蝇常见于林间和山上房舍、旅馆周围的垃圾堆上，也可在人尸体上发现。幼虫为嗜尸性，幼虫滋生在动物和人的尸体上，有时也在厕所和垃圾中滋生。

在出现凶杀案的时候，蝇类通常是最先到达尸体的昆虫，它通常会在腐败尸体上产下大量的卵，进而发育为幼虫、蛹、成虫。并且参与了尸体的分解过程。案件侦办人员可以根据当地的天气情况及蝇类的生活状态和幼虫的龄期来推算死亡时间。由于蝇类成虫具有嗜血的特性，案件侦办人员也可以根据蝇类的趋性来判断杀人凶器。

宽丽蝇

宽丽蝇隶属于双翅目、丽蝇科。成蝇体长 9~13 mm。雄蝇眼有疏短微毛，几乎裸，仅内顶鬃发达，侧后顶鬃通常为两根或两根以上，少数每侧仅 1 根，无上眶鬃，下眶鬃 11~14 根。触角第3 节长为宽的 3 倍强。胸黑色，有灰色薄粉被，肩胛及前盾前缘粉被灰白色，稍露狭的暗哑中条和黑肩后条。中胸气门呈较鲜明的橙色，后胸气门深褐色。腹部第 1、2 合背板亮黑色，其余各背板暗青色，有时带紫色光泽，有可变色的灰白粉被，向后去渐薄。雌蝇内外顶鬃均发达。触角第 3 节长为宽的 3 倍稍弱，又约为第 2 节长的 4 倍稍强。

宽丽蝇分布于我国黑龙江、吉林、辽宁、内蒙古、河北、陕西、台湾、四川、西藏。成蝇可被人粪及动物尸体所诱致。幼虫滋生于人粪和动物尸体中，旧式厕所最适合其滋生。在辽宁，宽丽蝇为住区型兼半住区型种类，分布广，密度一般不高，在山峰上部密度较大。

在出现凶杀案的时候，蝇类通常是最先到达尸体的昆虫，它通常会在腐败尸体上产下大量的卵，进而发育为幼虫、蛹、成虫。并且参与了尸体的分解过程。案件侦办人员可以根据当地的天气情况及蝇类的生活状态和幼虫的龄期来推算死亡时间。由于蝇类成虫具有嗜血的特性，案件侦办人员也可以根据蝇类的趋性来判断杀人凶器。

天山丽蝇

天山丽蝇隶属于双翅目、丽蝇科。成蝇体长 6~8 mm。雄蝇额宽为前单眼宽的 2 倍，间额黑色，与侧额等宽，侧额和侧颜大部底色黑，头前面覆有灰黄粉被；触角第 2 节暗棕色，第 3 节红棕色，第 3 节长为第 2 节长的 3.7 倍，触角芒黑色，长羽状；下颚须橙色。胸盾片金属青黑色，有带白色的薄粉被，前中鬃列间有黑纵条；小盾与盾片同色而稍带棕色；前气门微带暗红棕色，后气门灰黑色。翅淡灰色，透明；前缘基鳞黑色，亚前缘骨片灰土黄色，无小刚毛。腹部金属青色，覆有疏薄白粉被，但前腹各背板后缘及后腹无粉被；侧尾叶侧面观基部宽而端部狭，但末端不尖。雌蝇额宽为头宽的1/3强，外顶鬃及上眶鬃均发达，而后者较细；间额前方和触角浓橙红色。

天山丽蝇分布于我国新疆。成蝇可见于山地森林带动物的尸体上。

在出现凶杀案的时候，蝇类通常是最先到达尸体的昆虫，它通常会在腐败尸体上产下大量的卵，进而发育为幼虫、蛹、成虫。并且参与了尸体的分解过程。案件侦办人员可以根据当地的天气情况及蝇类的生活状态和幼虫的龄期来推算死亡时间。由于蝇类成虫具有嗜血的特性，案件侦办人员也可以根据蝇类的趋性来判断杀人凶器。

乌拉尔丽蝇

乌拉尔丽蝇隶属于双翅目、丽蝇科。成蝇体长 9~13 mm。颊的前方一半或小部分带红棕色；触角第 3 节长为第 2 节长的 3 倍左右；前缘基鳞大部分黑色；第 4 背板体毛生长较密，前后缘间正中有小毛 10~14 行。3 龄幼虫与红头丽蝇 3 龄幼虫近似，唯第 8 腹节后表面靠近各锥形后突起的该节上面、侧面和下面都光亮，平滑无小棘。

乌拉尔丽蝇分布于我国内蒙古、河北、甘肃、青海、新疆、四川、西藏。幼虫的食物范围广泛，在厕所和污水坑中最为常见，在腐肉上不常见。成蝇亦食粪，有时飞入屋内。

在出现凶杀案的时候，蝇类通常是最先到达尸体的昆虫，它通常会在腐败尸体上产下大量的卵，进而发育为幼虫、蛹、成虫。并且参与了尸体的分解过程。案件侦办人员可以根据当地的天气情况及蝇类的生活状态和幼虫的龄期来推算死亡时间。由于蝇类成虫具有嗜血的特性，案件侦办人员也可以根据蝇类的趋性来判断杀人凶器。

叉丽蝇

叉丽蝇隶属于双翅目、丽蝇科。成蝇体暗黑色，触角芒长羽状，触角第 3 节长为第 2 节长的 5~6 倍；胸部前盾有 2 条很窄的暗黑纵条斑纹；小盾片与胸部同色。下腋瓣上面具分布较广的黑毛，雄蝇第 7、8 合腹节背面正中线上有叉状尾节突起和笔状突起。雌蝇胸部前盾有 3 条很窄的暗黑纵条斑纹，第 5 背板有 1 条正中纵缝，第 6 腹板斧状。1 龄幼虫第 5 腹节以前各节的前缘棘环完整，第 6 腹节的前缘棘环背部和体侧中部断裂，第 7、8 腹节的前缘棘环仅限于腹面。2 龄幼虫第 5 腹节以前各节的前缘棘环完整，第 6~8 腹节的前缘棘环仅限于腹面，各体节均不排成小列。3 龄幼虫淡黄白色，体表的棘小，大多由 2~5 个棘组成小列。

叉丽蝇分布于我国黑龙江、吉林、辽宁、内蒙古、北京、天津、河北、陕西、青海、宁夏、甘肃、新疆、山东、河南、江苏、安徽、浙江、福建、湖北、四川、重庆、贵州、云南。叉丽蝇为耐寒性蝇种。1 年间成虫出现活动及繁殖时间分别在 3~5 月和 10~12 月。幼虫为嗜尸性兼杂食性，主要滋生在兽骨堆、禽兽毛堆及垃圾堆中，也滋生在畜粪中。

在出现凶杀案的时候，蝇类通常是最先到达尸体的昆虫，它通常会在腐败尸体上产下大量的卵，进而发育为幼虫、蛹、成虫。并且参与了尸体的分解过程。案件侦办人员可以根据当地的天气情况及蝇类的生活状态和幼虫的龄期来推算死亡时间。由于蝇类成虫具有嗜血的特性，案件侦办人员也可以根据蝇类的趋性来判断杀人凶器。

尸蓝蝇

尸蓝蝇隶属于双翅目、丽蝇科。成蝇体长 7~14 mm。额、颊等大部分呈橙黄色，并有金色粉被；颊与黑色的后头之间有明显的界线。雄蝇额为 1 眼宽的 1/3；头、胸近等宽，后头稍突出；口前缘稍前于额前缘，触角芒长羽状，触角间无隆起；颊底色黄且具黑毛。雌蝇间额两侧缘平行；胸部黑色，有灰色粉被，盾片沟前中央有 3 条纵条（正中 1 条略宽）；前胸基腹片及前胸侧板中央凹陷具毛；前气门暗棕色，后气门棕黑色；翅透明；腋瓣白色，上腋瓣具褐色缘。腹部亮绿色，无纵条；第 4、5

背板的鬃在两性中都很强大，第 7、8 合腹节和第 9 背板及侧尾叶均呈亮黑色；雄蝇的尾器很发达，阳体小，但阳基后突较发达。雄蝇足股节腹面有长毛，但无鬃；雌蝇则有鬃。

尸蓝蝇分布于我国黑龙江、吉林、辽宁、甘肃、内蒙古、新疆、青海、山西、河北、四川、云南、西藏。尸蓝蝇幼虫为嗜尸性，滋生于腐败动物质中，包括大型脊椎动物和人的尸体。

在出现凶杀案的时候，蝇类通常是最先到达尸体的昆虫，它通常会在腐败尸体上产下大量的卵，进而发育为幼虫、蛹、成虫。并且参与了尸体的分解过程。案件侦办人员可以根据当地的天气情况及蝇类的生活状态和幼虫的龄期来推算死亡时间。由于蝇类成虫具有嗜血的特性，案件侦办人员也可以根据蝇类的趋性来判断杀人凶器。

瘦叶带绿蝇

瘦叶带绿蝇隶属于双翅目、丽蝇科。成蝇体中小型。体常呈金属绿色，个别为铜色；雄蝇额略宽于触角第 3 节宽，间额黑色至棕黑色，并有纵褶皱条；触角芒长羽状，触角第 3 节长为第 2 节长的 4~5倍；口前缘突出于额前缘，或者与额前缘在一水平线上；下颚须棕红色；胸部具薄粉被，无条或斑；小盾片和胸部同色，下面具黑色纤毛；后气门黑色；雄蝇下腋瓣污白色，雌蝇下腋瓣为白色；足黑色；腹部第 1、2 合背板暗，第 3、4 背板有暗色缘带，第 3 背板有极狭纵条；雄蝇尾节外露显著，第 7、8 合背板有纵缝，第 9 背板耸立，其腹板特别长大，几乎与尾叶等长；前阳基侧突无鬃。卵乳白色，卵壳上有六角形纹饰。1 龄幼虫中口钩（上唇）直形，其前段及中段均比较尖细。2 龄幼虫口钩基角与端角均呈钝角，因此看来比较直伸，口钩之间具 1 个细小的杆状构造，颇似 3 龄幼虫的指形小骨。3 龄幼虫体粉红色或黄白色，各节的前缘棘环于第 5 腹节以前完整，后缘棘环仅第 7 腹节完整。

瘦叶带绿蝇分布于我国河南、陕西、甘肃、江苏、浙江、上海、湖北、江西、湖南、福建、台湾、海南、广东、广西、四川、重庆、贵州、云南、西藏。瘦叶带绿蝇幼虫为嗜尸性兼杂食性，主要滋生在动物尸体上，常在腐败动物质、人畜粪便及垃圾堆等处活动。

在出现凶杀案的时候，蝇类通常是最先到达尸体的昆虫，它通常会在腐败尸体上产下大量的卵，进而发育为幼虫、蛹、成虫。并且参与了尸体的分解过程。案件侦办人员可以根据当地的天气情况及蝇类的生活状态和幼虫的龄期来推算死亡时间。由于蝇类成虫具有嗜血的特性，案件侦办人员也可以根据蝇类的趋性来判断杀人凶器。

丝光绿蝇

丝光绿蝇隶属于双翅目、丽蝇科。成蝇体中大型，体长 5~10 mm。额较宽，间额红棕色或暗棕色，侧额及侧颜略具银色粉被，侧额具细毛，侧颜裸，颜面暗棕色，颊黑，颊上有黑毛；触角黑色，触角芒暗色，下颚须橘色，喙黑；侧后顶鬃一般有 2 对以上。胸部呈金属绿色或蓝色带有彩虹色，盾片上灰色粉被明显；上下腋瓣黄白色，平衡棒黄色；翅透明；足黑色。肛尾叶后面观端部显然向末端变尖，侧面观末端不回钝，略直，后侧毛较长，毛的长度超过末端横径的 2 倍；后面观侧尾叶扩开，端部略向内抱合，但不与肛尾叶靠近。卵近似香蕉状，乳白色，卵壳上具六角形纹饰。2 龄幼虫各节棘刺较 3 龄幼虫稀少，尾端各后突起同 3 龄幼虫，但均不明显。3 龄幼虫口咽器无附口骨，咽骨背角长于腹角。3 龄幼虫各节前缘棘环于第 5 腹节以前呈完整的环形。蛹红褐色，棘刺发达，后表面基本无凹陷。

丝光绿蝇分布于世界各地，在我国分布于黑龙江、吉林、辽宁、内蒙古、河北、河南、山西、陕西、甘肃、青海、新疆、山东、安徽、江苏、上海、浙江、福建、台湾、江西、湖北、湖南、广东、广西、海南、四川、贵州、云南、西藏。丝光绿蝇善于与其他食腐肉种类竞争，分布范围尚会进一步扩大。成蝇极喜动物尸体，在垃圾、粪便上也常见。幼虫为嗜尸性兼粪食性，在各种腐败动物质中均可滋生，但偏好动物尸体。易被尸体、创伤、脏或湿的羊毛以及粪便所吸引，是一种极为重要的法医昆虫。

在出现凶杀案的时候，蝇类通常是最先到达尸体的昆虫，它通常会在腐败尸体上产下大量的卵，进而发育为幼虫、蛹、成虫。并且参与了尸体的分解过程。案件侦办人员可以根据当地的天气情况及蝇类的生活状态和幼虫的龄期来推算死亡时间。由于蝇类成虫具有嗜血的特性，案件侦办人员也可以根据蝇类的趋性来判断杀人凶器。

太原绿蝇

太原绿蝇隶属于双翅目、丽蝇科。成蝇体中型。体呈金属绿色，微带黄色反光。复眼无毛；侧额和侧颜覆有银白色或淡金黄色粉被；触角芒长羽状；足棕色或黑色。第 3~5 背板无暗色缘带或纵条。第 1~5 腹板及其相应的背板的腹缘均具长而密的毛，无鬃。中胫前背鬃 1 根。端阳体端部略向前弯，侧面观前方中段有 1 个明显的突起，这个突起与侧阳体端突末端在同一垂线上，肛尾叶亚基部轻微收小，第 9 背板侧下缘有轻微突起且具略密的长毛。

太原绿蝇分布于我国吉林、辽宁、河北、北京、山西、山东、湖南。成蝇极喜动物尸体，在垃圾、粪便上也常见。幼虫滋生在小动物尸体上。

在出现凶杀案的时候，蝇类通常是最先到达尸体的昆虫，它通常会在腐败尸体上产下大量的卵，进而发育为幼虫、蛹、成虫。并且参与了尸体的分解过程。案件侦办人员可以根据当地的天气情况及蝇类的生活状态和幼虫的龄期来推算死亡时间。由于蝇类成虫具有嗜血的特性，案件侦办人员也可以根据蝇类的趋性来判断杀人凶器。

铜绿蝇

铜绿蝇隶属于双翅目、丽蝇科。雄蝇体长 5~8 mm。额宽仅为复眼宽的 3/7，间额红棕色至暗棕色，侧额约和间额等宽。间额略平行，侧额、侧颜暗棕色覆有银黄色粉被；触角带棕灰色，第 3 节长为第 2 节长的 2. 5 倍；下颚须黄色。胸部呈金属绿色并带有蓝或铜等色，盾片上有灰粉被；胸部小毛较粗而疏，肩胛上肩鬃后区小毛在 4 根以下，前胸基腹片和前胸侧板中央凹陷且具毛，后胸基腹片无纤毛。前、后气门暗棕色，翅透明，翅肩鳞黑色，前缘基鳞黄色，上腋瓣污白色，下腋瓣黄色；平衡棒黄色。足黑色或暗棕色。前足股节带绿色，前足胫节有 1 列短的前背鬃。腹部呈钝橄榄青铜色。第 3、4 背板有蓝色后缘带，侧面观腹部在后上方拱起，第 2~4 腹板上毛的长度超过后足股节和胫节上毛的长度，腹部下方后部多密而长的毛，但不特别密长。雌蝇体长 5~9 mm。额宽于 1 眼宽，间额黑色，侧额宽约为间额宽的 2/3，其上部多细毛，侧额鬃 3 根，体钝橄榄青铜色，粉被多于雄性。

铜绿蝇分布于我国辽宁、山西、河南、陕西、宁夏、甘肃、山东、安徽、江苏、上海、浙江、福建、台湾、江西、湖北、湖南、广东、广西、海南、四川、贵州、西藏。铜绿蝇在适宜条件下，整个幼虫阶段的取食期最短 2 d，但在较凉爽或较不利条件下，取食期可长达 3 周。离开腐肉成为预蛹需若干小时至数周。围蛹形成亦需若干小时到若干天或若干周。夏天蛹期 7 d，冬天可长达 115 d。幼虫可成功地在动物或人的坏死组织中发育。

在出现凶杀案的时候，蝇类通常是最先到达尸体的昆虫，它通常会在腐败尸体上产下大量的卵，进而发育为幼虫、蛹、成虫。并且参与了尸体的分解过程。案件侦办人员可以根据当地的天气情况及蝇类的生活状态和幼虫的龄期来推算死亡时间。由于蝇类成虫具有嗜血的特性，案件侦办人员也可以根据蝇类的趋性来判断杀人凶器。

紫绿蝇

紫绿蝇隶属于双翅目、丽蝇科。成蝇体中大型。雄蝇体长 5~10 mm。雌蝇体长 5~11 mm。体带金属紫绿色或青绿色；间额下方暗棕色；触角长几达口前缘，第 2 节端部发红色，第 3 节基部一半发红色且具灰粉被，触角芒暗棕色，触角长羽状；前胸侧板中央凹陷具淡色纤毛，前胸基腹片具毛；翅透明，脉棕色，沿前缘及基部色深，翅肩鳞及前缘基鳞暗棕色，亚前缘骨片棕黄色，上生黑色小刚毛，翅前缘基鳞黑色；雄蝇尾器侧面观，下阳体腹突狭，约与端阳体等宽并具尖的端部，腋瓣淡棕色以至棕色，至少上腋瓣外缘呈淡棕色。1 龄幼虫口咽器的中口钩（上唇）直伸，侧面观其下缘中部呈弧突出。2 龄幼虫口钩的端部与中段较一般为粗，钩的端角近于直角，基角为钝角。3 龄幼虫棘刺较发达，1~6 腹节前缘棘环均完整，后缘棘环自第 5 腹节开始完整。

紫绿蝇分布于我国山西、陕西、宁夏、山东、河北、河南、江苏、浙江、湖北、江西、湖南、福建、台湾、广东、海南、广西、四川、重庆、贵州、云南、西藏。成蝇极喜动物尸体，在垃圾、粪便上也常见。幼虫主要滋生在动物尸体上。夏季室温 32 ℃下，卵期、1 龄幼虫期、2 龄幼虫期各约 0.5 d，3 龄幼虫期约 5 d。

在出现凶杀案的时候，蝇类通常是最先到达尸体的昆虫，它通常会在腐败尸体上产下大量的卵，进而发育为幼虫、蛹、成虫。并且参与了尸体的分解过程。案件侦办人员可以根据当地的天气情况及蝇类的生活状态和幼虫的龄期来推算死亡时间。由于蝇类成虫具有嗜血的特性，案件侦办人员也可以根据蝇类的趋性来判断杀人凶器。

叉叶绿蝇

叉叶绿蝇隶属于双翅目、丽蝇科。成蝇体中大型，雄蝇体长 7~10 mm。间额在最狭处不完全消失，侧额及侧颜上部底色暗，覆有银灰色粉被，侧颜下部红棕色且裸，粉被同上部；颜暗灰色，粉被很薄，口上片黄色，颊高约为眼高的 1/4；触角黑色，仅第 2 节端部发红，第 3 节有灰粉被，第 3 节长约为第 2 节长的 4 倍，触角芒暗棕色，触角呈长羽状。胸部呈金属绿蓝色。雌蝇体长 10 mm 左右。额宽稍窄于 1 复眼的宽度，间额黑色，侧额鬃 2 根，侧颜比侧额为宽；第 6 背板略向背方驼起，后缘仅在两角及正中有缘鬃；第 8 腹板后端匙形，长于第 8 背板。1 龄幼虫中口钩（上唇）较直或端部稍弯曲；咽膜后端的色素区不明显或全缺。2 龄幼虫口钩端角略呈直角；咽骨腹角的后上方不呈角形突起，咽膜上的色素区较淡。3 龄幼虫乳白色，第 1~5 腹节前缘棘环均完整，后缘棘环自第 5 腹节开始各节均完整。

叉叶绿蝇分布于我国辽宁、吉林、黑龙江、内蒙古、青海、新疆、河北、山西、陕西、山东、四川、贵州、云南、西藏、甘肃、河南、安徽、江苏。成蝇极喜动物尸体，在垃圾、粪便上也常见。幼虫滋生在小动物的创口上及腐败的动物尸体上。

在出现凶杀案的时候，蝇类通常是最先到达尸体的昆虫，它通常会在腐败尸体上产下大量的卵，进而发育为幼虫、蛹、成虫。并且参与了尸体的分解过程。案件侦办人员可以根据当地的天气情况及蝇类的生活状态和幼虫的龄期来推算死亡时间。由于蝇类成虫具有嗜血的特性，案件侦办人员也可以根据蝇类的趋性来判断杀人凶器。

壶绿蝇

壶绿蝇隶属于双翅目、丽蝇科。雄蝇体长 5.5~10 mm，雌蝇体长 6~11 mm。胸部呈金属绿色带蓝色、紫色，并有铜色光泽，可见薄的灰色粉被；腋瓣白色以至淡棕色，至少上腋瓣外缘呈白色。触角特别长，几乎达于口上片处；亚前缘骨片棕黄色，上生黑色小刚毛，清晰可见。雄蝇额很狭，间额在最狭处一般消失；侧尾叶前、后缘几乎平行，末端宽而圆钝，具长柔毛。雌蝇额狭，头宽为额宽的 3.1~3.9 倍，侧颜和侧额等宽；前胸侧板中央凹陷具淡色纤毛。

壶绿蝇分布于我国新疆。幼虫主要取食动物尸体、动物粪和人粪。

在出现凶杀案的时候，蝇类通常是最先到达尸体的昆虫，它通常会在腐败尸体上产下大量的卵，进而发育为幼虫、蛹、成虫。并且参与了尸体的分解过程。案件侦办人员可以根据当地的天气情况及蝇类的生活状态和幼虫的龄期来推算死亡时间。由于蝇类成虫具有嗜血的特性，案件侦办人员也可以根据蝇类的趋性来判断杀人凶器。

崂山壶绿蝇

崂山壶绿蝇隶属于双翅目、丽蝇科。成蝇体长6.5~11 mm。胸部呈金属绿色带蓝色、紫色，并有铜色光泽，可见薄的灰色粉被；腋瓣白色以至淡棕色，至少上腋瓣外缘呈白色。雄蝇阳体侧面观下阳体腹突的宽度约为端阳体宽的1.5倍，末端稍尖；前阳基侧突前缘呈140°左右的钝角形凹入。

崂山壶绿蝇分布于我国黑龙江、吉林、辽宁、内蒙古、陕西、甘肃、山东。在山东崂山，幼虫多出现于鸟的尸体上。

在出现凶杀案的时候，蝇类通常是最先到达尸体的昆虫，它通常会在腐败尸体上产下大量的卵，进而发育为幼虫、蛹、成虫，并且参与了尸体的分解过程。案件侦办人员可以根据当地的天气情况及蝇类的生活状态和幼虫的龄期来推算死亡时间。由于蝇类成虫具有嗜血的特性，案件侦办也可以根据蝇类的趋性来判断杀人凶器。

亮绿蝇

亮绿蝇隶属于双翅目、丽蝇科。雄蝇体长5~9 mm。额宽约与两后单眼外缘间距相等，间额暗红棕色，最窄处不宽于前单眼横径，侧额及侧颜上部暗，具银色粉被，侧颜下部底色为红棕色，上覆粉被；口上片黄，颊高为眼高的1/3；触角黑色，第3节长度长于第2节长的3倍，触角芒红棕色，触角羽状；下颚须黄棕色。胸部呈金属绿色，带蓝色，有铜色光泽，前胸基腹片及前胸侧板中央凹陷具毛，前、后气门暗棕色。翅透明，翅肩鳞及前缘基鳞黑色，亚前缘骨片红棕色，有短小毛，上腋瓣黄白色，下腋瓣淡棕色但缘缨毛黄色；平衡棒大部红棕色。足黑色，前足胫节仅1后腹鬃明显。腹部色泽同胸部，第3背板无强大的中缘鬃，第4、5背板缘鬃发达，第5背板上缘鬃明显较多，各腹板毛均黑，第9背板较小，呈黑色。雌蝇体长5~10 mm，额宽稍宽于1个复眼的宽度，间额黑色，两侧略平行，侧颜比侧额宽；下腋瓣黄白色；第6背板不驼起，整个后缘都有缘鬃；第8腹板与第8背板几乎等长。亮绿蝇1龄幼虫口咽器的中口钩（上唇）呈直形，其中段下缘呈角状折曲，尖端部长度约为全长的1/3；咽骨体的高度为长的2倍；背角与腹角近于等长，其长为咽骨体长的3倍左右。2龄幼虫口钩较直伸，咽骨腹角末端上方的突起不明显。3龄幼虫成长后变为乳白色，各节前、后缘棘环在绿蝇属中最为发达。

亮绿蝇分布于我国黑龙江、吉林、辽宁、内蒙古、河北、北京、天津、山西、河南、陕西、宁夏、甘肃、青海、新疆、山东、江苏、上海、浙江、江西、湖北、湖南、四川、贵州。主要滋生在动物的尸体上，卵期、1龄幼虫期、2龄幼虫期各为1 d左右，3龄幼虫期6 d左右。

在出现凶杀案的时候，蝇类通常是最先到达尸体的昆虫，它通常会在腐败尸体上产下大量的卵，进而发育为幼虫、蛹、成虫，并且参与了尸体的分解过程。案件侦办人员可以根据当地的天气情况及蝇类的生活状态和幼虫的龄期来推算死亡时间。由于蝇类成虫具有嗜血的特性，案件侦办人员也可以根据蝇类的趋性来判断杀人凶器。

绯颜裸金蝇

绯颜裸金蝇隶属于双翅目、丽蝇科。成蝇体中型，体长6.5~10 mm。体具绿色或紫色的金属光泽；头部比胸部宽，腹部短卵形。触角芒长羽状。胸部：前胸基腹片、前胸侧板中央凹陷、上侧背片和翅后坡均具毛。中颜板很狭，且很深地凹入；口前缘突出于额前缘；侧颜及颊部均密被淡黄色细毛；后气门暗棕色；腹部各背板具宽而明显的暗蓝色缘带；下腋瓣上面全被细纤毛；雄蝇肛尾叶及侧尾叶均细长，后者略短于前者；雌蝇受精囊近似球形。1龄幼虫无肉突起，口咽器口前齿连成一板状，上有齿4排，口前齿杆的基部特别大。2龄幼虫各腹节的肉突较小，其尖端无明显的光裸段，刺束的刺短小。3龄幼虫为有突型，各节背面具深褐色斑纹，前胸、中胸有疣状突起4对，后胸有疣状及刺状突起各2对，腹部各节具圆锥状突起8对，仅缺内背突（又称背突）。

绯颜裸金蝇分布于我国河南、山东、安徽、江苏、上海、浙江、福建、台湾、江西、广东、广西、海南、四川、贵州、云南。绯颜裸金蝇为我国长江流域及沿海一带常见种。低龄幼虫为嗜尸性，滋生于腐败的动物质中，以腐败尸体为食，发育为高龄幼虫后，又可捕食尸体上其他种类的蝇蛆。

在出现凶杀案的时候，蝇类通常是最先到达尸体的昆虫，它通常会在腐败尸体上产下大量的卵，进而发育为幼虫、蛹、成虫。并且参与了尸体的分解过程。案件侦办人员可以根据当地的天气情况及蝇类的生活状态和幼虫的龄期来推算死亡时间。由于蝇类成虫具有嗜血的特性，案件侦办人员也可以根据蝇类的趋性来判断杀人凶器。

粗足裸金蝇

粗足裸金蝇隶属于双翅目、丽蝇科。成蝇体型略狭长，足股节粗壮。体具蓝色、绿色或紫色的金属光泽；颊黑褐色，具金黄色毛；颜面凹入很深；触角及下颚须均带橙色；腹部各背板具窄的后缘带和密黑毛，腹板具黄绒毛。雄蝇后腹部明显，尾器后面观，肛尾叶长于侧尾叶，末端不分叉，侧面观肛尾叶末端具爪；端阳体末端圆而后曲；后足第 1~5 跗节总长短于后胫长。幼虫与绯颜裸金蝇幼虫相似，均属有突型蝇幼，不同的有以下几点：肉突起的近尖端部无光裸段，刺束的刺数较少，突起上的深色微疣发育呈短棘状；后气门梨形，气门环宽，强骨化，于各气缝间处向内加厚十分显著。

粗足裸金蝇分布于我国广东、海南、云南、贵州。低龄幼虫为嗜尸性，滋生于腐败的动物质中，以腐败尸体为食，发育为高龄幼虫后，又可捕食尸体上其他种类的蝇蛆。

在出现凶杀案的时候，蝇类通常是最先到达尸体的昆虫，它通常会在腐败尸体上产下大量的卵，进而发育为幼虫、蛹、成虫。并且参与了尸体的分解过程。案件侦办人员可以根据当地的天气情况及蝇类的生活状态和幼虫的龄期来推算死亡时间。由于蝇类成虫具有嗜血的特性，案件侦办人员也可以根据蝇类的趋性来判断杀人凶器。

乌足锡蝇

乌足锡蝇隶属于双翅目、丽蝇科。成蝇体中型，体金属暗绿色；雄蝇额很宽，外顶鬃缺如；雌蝇具外顶鬃；雄雌两性均无侧额鬃；口上片狭；颜面稍凹陷；触角芒羽状，褐色。前气门淡色，胸部：前胸基腹片、前胸侧板中央凹陷、后胸侧板下部和上侧背片都具毛。额的两侧缘相互平行；头顶墨绿色，颊中部亮黑色，间额黑色，侧额、侧颜及颊的前方呈淡灰色，颜灰色，侧颜上半部具淡色纤毛；下颚须黄色。胸腹部略呈暗绿色，有金属光泽。雌雄两性翅前鬃均存在；翅侧片前半部着生淡色纤毛。腋瓣白色或污白色，边缘白色或黄白色；翅透明；平衡棒黄色。腹部第 1、2 合背板暗色，第 3、4 背板具暗色后缘带；足黑色，股节略带绿色。尾叶侧面观似鸟喙。雌蝇受精囊呈茄形。1 龄幼虫无突起，各节的棘刺为单尖型。2 龄幼虫为有突型，各节突起与 3 龄幼虫相似，唯棘刺及突起均不发达，一般于突起的尖端上有 2~3 枚黑色较大的尖棘刺。3 龄幼虫为有突型，具深褐色斑纹，前胸背侧面有小型疣状突起 5 对，中胸的 4 对和后胸的 4 对突起中仅下侧突为疣状。

乌足锡蝇分布于我国云南、广西、广东、海南。幼虫滋生在动物尸体上。

在出现凶杀案的时候，蝇类通常是最先到达尸体的昆虫，它通常会在腐败尸体上产下大量的卵，进而发育为幼虫、蛹、成虫。并且参与了尸体的分解过程。案件侦办人员可以根据当地的天气情况及蝇类的生活状态和幼虫的龄期来推算死亡时间。由于蝇类成虫具有嗜血的特性，案件侦办人员也可以根据蝇类的趋性来判断杀人凶器。

大头金蝇

大头金蝇隶属于双翅目、丽蝇科。成蝇体大型，体长 8~11 mm。侧额底色暗，上有金黄色粉被及黄毛，触角枯黄，第 3 节长超过第 2 节长的 3 倍以上，触角芒黑色、长羽状；颜、侧颜及颊杏黄色至橙色，均生黄毛；下颚须橘黄色，喙红棕色至黑色；复眼上半 2/3 有大型的小眼面；胸部金属绿色，有铜色反光及蓝色光泽。腋瓣棕色，平衡棒暗棕色或棕色；翅透明；足棕色或棕黑色，胫节红棕色；腹部绿蓝色，铜色光泽明显。1 龄幼虫第 1～5 腹节的前缘棘环完整，第 6～8 腹节的前缘棘环仅限于腹面。2 龄幼虫第 1～5 腹节的前缘棘环完整，第 6～8 腹节的前缘棘环仅限于腹面，体棘大部分为多尖棘，也有少量单尖和双尖棘。3 龄幼虫体节前缘及腹垫均有顶端角化强的多尖端小刺，围绕头节后缘有 8～9 排斜形列的小黑刺。围蛹红褐色，呼吸角粗短，呈牛角状。

大头金蝇分布于我国黑龙江、吉林、辽宁、内蒙古、北京、天津、河北、山西、河南、陕西、宁夏、甘肃、青海、山东、安徽、江苏、上海、浙江、福建、台湾、江西、湖北、湖南、广东、广西、海南、四川、贵州、云南、西藏。成蝇常见于人类住所附近，在鱼类市场、屠宰场、厕所、污水坑附近甚多。它们易被甜味食物所吸引，并会进入住家，取食甜食。卵产在尸体、粪便上，常成堆。尸体放置时间长了或粪便表面干燥了，则对大头金蝇少有吸引力。成蝇很多时，可在滋生基质附近的树枝上聚集成堆。蛆虫大量离开尸体时，一般都朝着一个方向。幼虫为杂食性而偏嗜尸性。繁殖期为 5～10 月，幼虫滋生在鼠、兔、鸭、猪等动物的尸体及人的尸体上。

在出现凶杀案的时候，蝇类通常是最先到达尸体的昆虫，它通常会在腐败尸体上产下大量的卵，进而发育为幼虫、蛹、成虫。并且参与了尸体的分解过程。案件侦办人员可以根据当地的天气情况及蝇类的生活状态和幼虫的龄期来推算死亡时间。由于蝇类成虫具有嗜血的特性，案件侦办人员也可以根据蝇类的趋性来判断杀人凶器。

五谷虫（蛆、粪蛆、水仙子）为始载于《本草纲目》的常用中药，为双翅目丽蝇科的多种蝇类昆虫的干燥幼虫，但其原昆虫均系大头金蝇。五谷虫主要含蛋白质、脂肪、甲壳质，脂肪、糖类及蛋白质的分解酵素。性味咸、寒，具有清热解毒、消积食、健脾胃的功效。在五谷虫的生产和养殖基地、加工厂等处有可能会发生因经济利益而进行的盗窃、抢劫等犯罪活动，在医院、药店、中医诊所、药材批发市场等犯罪现场也有可能出现它的踪迹。

广额金蝇

广额金蝇隶属于双翅目、丽蝇科。成蝇体中型，常呈蓝绿色。雄蝇额和雌蝇额均很宽，间额棕黑色，触角棕色至暗棕色，两触角间有不明显的细而低的颜脊；雄蝇具外顶鬃。胸腹部呈亮绿色，胸部有不明显的纵条，前、后气门暗褐色；翅前缘脉第 3 段长约为第 5 段长的 2 倍；上腋瓣外方白色，下腋瓣污白色，整个背面密布黑毛；腹部短胖，有不显著的褐色条，背板后缘带不明显；雌蝇腹部无纵条，第 5 背板略似三角形。雄蝇尾节藏于第 5 背板下面，尾器侧面观，侧尾叶短小，肛尾叶长，端部细尖微向前弯。1 龄幼虫的前缘棘环同大头金蝇 1 龄幼虫，第 1 胸节棘环腹面有密集细长的淡色小棘，体棘色深粗壮，基部膨大。2 龄幼虫第 1～5 腹节的前缘棘环完整，第 6 腹节的前缘棘环背部断裂，第 7、8 腹节的前缘棘环仅限于腹面，体棘大部为多尖棘，也有部分单尖和双尖棘。3 龄幼虫的头节后缘背面中央有构成三角形排列的 6～7 排小刺。蛹体表满被刺，后表面凹陷深，后突起不发达。

广额金蝇分布于我国辽宁、北京、天津、河北、山西、陕西、内蒙古、宁夏、甘肃、青海、河南、山东、江苏、湖北、重庆、四川、江西、贵州、云南、西藏。广额金蝇幼虫属于嗜尸性。幼虫滋生在动物和人的尸体上。

在出现凶杀案的时候，蝇类通常是最先到达尸体的昆虫，它通常会在腐败尸体上产下大量的卵，进而发育为幼虫、蛹、成虫。并且参与了尸体的分解过程。案件侦办人员可以根据当地的天气情况及蝇类的生活状态和幼虫的龄期来推算死亡时间。由于蝇类成虫具有嗜血的特性，案件侦办人员也可以根据蝇类的趋性来判断杀人凶器。

肥躯金蝇

肥躯金蝇隶属于双翅目、丽蝇科。成蝇体中型，体长 7～11 mm。两复眼几乎相接，侧颜及颊大部分黑色，触角后梗节端部口背方偏暗，后梗节长为梗节长的 4 倍以上，下颚须棕黄色，喙短黑；胸部金属绿色，有蓝色光泽，上有灰色粉被，腋瓣暗棕色，平衡棒棕色至棕黄色；翅透明；足黑色，胫节红棕色；腹部呈短卵形，各背板具暗紫黑色缘带。尾器侧面观，侧尾叶短小，肛尾叶长大，端部膨大圆钝。幼虫第1胸节至第6腹节前缘棘带完整，第7、8腹节前缘棘带仅限于腹面和两侧；第2、3、8腹节上的后缘棘带仅限于腹面和两侧，第4~7腹节后缘棘带完整，只有第4、5腹节背面的棘极细小且无色素；前气门有9~11个指状突；后气门较大，气门环厚实，色素浓重并在气门裂间加厚。口咽器较大且色素浓重；口钩基部略呈长方形，钩部瘦长而尖端指向下方。成长幼虫体长约16 mm，第1胸节至第6腹节前缘棘带完整，第7、8腹节前缘棘带仅限于腹面和两侧；口咽器较大且色素浓重；口钩基部略呈长方形，钩部瘦长而尖端指向下方。

肥躯金蝇分布于我国辽宁、北京、河北、山西、陕西、内蒙古、宁夏、甘肃、山东、河南、江苏、安徽、浙江、江西、湖北、湖南、重庆、四川、西藏、云南、贵州、福建、台湾、广东、海南、广西。肥躯金蝇幼虫为粪食性兼嗜尸性。繁殖期在3~9月，幼虫滋生在鼠、兔、鸭、狗、猪等动物尸体及人的尸体上，人粪、畜粪中也有。

在出现凶杀案的时候，蝇类通常是最先到达尸体的昆虫，它通常会在腐败尸体上产下大量的卵，进而发育为幼虫、蛹、成虫，并且参与了尸体的分解过程。案件侦办人员可以根据当地的天气情况及蝇类的生活状态和幼虫的龄期来推算死亡时间。由于蝇类成虫具有嗜血的特性，案件侦办人员也可以根据蝇类的趋性来判断杀人凶器。

伏蝇

伏蝇隶属于双翅目、丽蝇科。成蝇体中大型，体长7~10 mm。眼裸，整个颜面扁平，间额最狭处几乎呈一直线，下侧颜棕黑色，触角除梗节端部和后梗节基部黄色外，其余棕褐色，触角后梗节长度为梗节的2倍，触角芒黑色，触角芒长羽状；胸部蓝绿色，具金属光泽；腋瓣淡黄色，平衡棒黄色；翅茶褐色；足黑色；腹部蓝绿色，具金属光泽。1龄幼虫前缘棘环第5腹节以前各节完整，第6~8腹节的前缘棘环仅限于腹面。2龄幼虫前缘棘环第5腹节以前各节完整，第6腹节的前缘棘环背部和体侧中部断裂，各节棘环后缘均有排成小列的单尖小棘，第1胸节棘环几乎全为单尖棘，排成小列。3龄幼虫前气门指状突8个，前气门小室无小圆孔。蛹中型，暗褐色，体表光滑，末端稍凹入。

伏蝇分布于我国辽宁、吉林、黑龙江、内蒙古、宁夏、甘肃、青海、新疆、河北、山西、陕西、山东、河南、江苏、北京。伏蝇是著名的动物尸体取食者，幼虫大量地在尸体上取食，滋生在动物尸体、腐鱼、腐肉及屠宰场的垃圾等处。

在出现凶杀案的时候，蝇类通常是最先到达尸体的昆虫，它通常会在腐败尸体上产下大量的卵，进而发育为幼虫、蛹、成虫。并且参与了尸体的分解过程。案件侦办人员可以根据当地的天气情况及蝇类的生活状态和幼虫的龄期来推算死亡时间。由于蝇类成虫具有嗜血的特性，案件侦办人员也可以根据蝇类的趋性来判断杀人凶器。

山伏蝇

山伏蝇隶属于双翅目、丽蝇科。成蝇后头突出，亮黑，间额为一侧额宽的2倍，头与胸等宽。触角芒短，触角芒上的毛也很短，仅为触角芒宽的1/2。触角基部水平处比口缘突出，触角黑色，第3节长为第2节长的1.5倍。侧额黑色，向下稍变宽，下侧颜和颜堤下部红色。颊黑亮，上有黑色或红色小点。颊高等于眼高。雄蝇中胸背板具红色柔毛，气门暗棕色。雌蝇触角第3节长为第2节长的2倍，颊高等于眼高；胸部具短而密的毛；腹部着生黑纤毛；产卵器管状，第6背板完整且骨化强，腹侧具2气门，腹板骨化强，呈舌状；受精囊3个，近似椭圆形。

山伏蝇分布于我国新疆、青海。成蝇在新疆分布于3 800~4 100 m的高原地带，滋生在畜骨堆及野牦牛干尸上。

在出现凶杀案的时候，蝇类通常是最先到达尸体的昆虫，它通常会在腐败尸体上产下大量的卵，进而发育为幼虫、蛹、成虫。并且参与了尸体的分解过程。案件侦办人员可以根据当地的天气情况及蝇类的生活状态和幼虫的龄期来推算死亡时间。由于蝇类成虫具有嗜血的特性，案件侦办人员也可以根据蝇类的趋性来判断杀人凶器。

新陆原伏蝇

新陆原伏蝇隶属于双翅目、丽蝇科。成蝇体中大型。体长 6.5~12.5 mm。体呈亮绿蓝色。雄蝇额狭，颜黑。触角除第 2 节略带暗棕色外，其余为暗褐色。触角第 3 节长为第 2 节长的 1.5 倍，触角芒羽状，但芒端 1/3 无毛。侧颜上段在新月片水平处有 1 个不明显的暗斑。颊亮黑，具黑毛。下颚须棕黄色，端段扁。胸腹均扁平，无斑条。中鬃仅在小盾前有 1 对，略长。翅前鬃和后背侧片鬃约等长。前、后气门均暗褐色。小盾片扁薄，下面具黑纤毛。腋瓣暗棕色，上腋瓣上面具毛，下腋瓣上面裸。足黑色。雄蝇肛尾叶后面观，游离段端部内外缘几乎平行，仅到近端部才向末端变尖，下阳体腹突长大。雌蝇额约为头宽的 1/3。3 龄幼虫前气门指状突 11 个，前气门小室有十几个小圆孔，后气门间距为 1 个气门横径的 2/3，后气门外缘与上侧突距离大于 1 个气门横径，第 8 腹节下突出部小于上部，亚腹突大于下侧突。头咽骨的侧口骨微弯。

新陆原伏蝇分布于我国黑龙江、吉林、辽宁、内蒙古、河北、北京、天津、山西、河南、陕西、宁夏、甘肃、青海、新疆、山东、江苏、上海、四川、西藏。新陆原伏蝇幼虫为嗜尸性兼粪食性，滋生于尸体或腐肉上，在屠宰场院子内常见。幼虫能产生一种抗生物质有利于伤口的治疗。与其他丽蝇不同，新陆原伏蝇常化蛹于饲料的表面。成蝇为住区性蝇类。

在出现凶杀案的时候，蝇类通常是最先到达尸体的昆虫，它通常会在腐败尸体上产下大量的卵，进而发育为幼虫、蛹、成虫。并且参与了尸体的分解过程。案件侦办人员可以根据当地的天气情况及蝇类的生活状态和幼虫的龄期来推算死亡时间。由于蝇类成虫具有嗜血的特性，案件侦办人员也可以根据蝇类的趋性来判断杀人凶器。

夏厕蝇

夏厕蝇又名黄腹厕蝇。隶属于双翅目、厕蝇科。体长 5~7 mm，色灰。胸背有 3 条暗黑纵纹，有时不明显。平衡棒黄色，足黑色。雄蝇腹部第 1、2 合背板及第 3、4 背板各具倒“T”形暗色斑，即有正中纵条和横缘带，其两侧部分呈黄色，第 5 背板暗色。雌蝇腹部斑纹和雄蝇相似，但有时较灰暗，且黄色部分较少。卵略弯曲，具纵向、扁平的侧面突起，可浮起于半液态的基质中。幼虫各腹节腹面无短毛组成的行列。各腹节腹面有鳞状区和小结节区相间沿第 8 腹节边缘的突起，在基部两侧的毛不分支；前气门孔突通常为 6 个。蛹中型，背腹扁平，侧面突起较长，体末端有浅凹，背腹面有短突，第 8 腹节边缘突起不分支，各节腹面有 2 小杆状物；前气门指状突 6 个，后气门突起分支短；下口骨细长，背角呈刀状。

夏厕蝇分布于我国辽宁、吉林、黑龙江、内蒙古、河北、北京、天津、山西、河南、甘肃、新疆、青海、山东、江苏、西藏。在农村较多，特别是靠近家禽等饲养场的地方，在那里它们滋生于大量堆积的粪肥中。成蝇为小便所强烈吸引，常见于厕所、马厩、猪栏等处。幼虫主要滋生于厕所中，食腐肉和粪便。在 26.67 ℃下，卵期 1~1.5 d，幼虫期 8~10 d，蛹期 9~10 d。

在出现凶杀案的时候，蝇类通常是最先到达尸体的昆虫，它通常会在腐败尸体上产下大量的卵，进而发育为幼虫、蛹、成虫。并且参与了尸体的分解过程。案件侦办人员可以根据当地的天气情况及蝇类的生活状态和幼虫的龄期来推算死亡时间。由于蝇类成虫具有嗜血的特性，案件侦办人员也可以根据蝇类的趋性来判断杀人凶器。

瘤胫厕蝇

瘤胫厕蝇隶属于双翅目、厕蝇科。成蝇体长 5~7 mm。中足基节下缘具 3 根钩状刺。足黑色或稍呈暗棕色；中胫腹面有1瘤状隆起。间额狭于1侧额的宽度；中股腹面中部具钝头的刺状鬃簇。幼虫前气门内侧无树枝状突起。各腹节腹面有1排连续的短毛列，在毛列的两端有1对上生丛毛的杆状突，与这排短毛列平行，另有1排断续的毛列；沿第8腹节边缘的突起两侧有长的并在端部有分支的细毛；前气门通常具9个孔突。蛹第8腹节边缘突起分支长，各腹节腹面有短小的2个杆状物；前气门指状突10个，后气门突起短；口钩细长，背角短小，腹角宽长。

瘤胫厕蝇分布于我国黑龙江、吉林、辽宁、内蒙古、河北、山西、陕西、甘肃、青海、新疆、山东（泰山）、河南（洛阳、郑州）、江苏、浙江（天目山、舟山）、四川（峨眉山、雅安）、贵州（贵阳）、福建。成蝇常出没于居室内和公共场所。幼虫为腐食性，在腐败的动植物质中滋生。

在出现凶杀案的时候，蝇类通常是最先到达尸体的昆虫，它通常会在腐败尸体上产下大量的卵，进而发育为幼虫、蛹、成虫。并且参与了尸体的分解过程。案件侦办人员可以根据当地的天气情况及蝇类的生活状态和幼虫的龄期来推算死亡时间。由于蝇类成虫具有嗜血的特性，案件侦办人员也可以根据蝇类的趋性来判断杀人凶器。

毛踝厕蝇

毛踝厕蝇隶属于双翅目、厕蝇科。成蝇体长6~7.5 mm，足细长。腹部最宽处在第1、2合背板的后缘处。前胫内侧端部有1束长毛，前基下后缘有1根粗壮的刺状鬃，中胫腹面无瘤状突起，后胫具完整的后腹鬃列，后股端半部具后腹鬃。

毛踝厕蝇分布于我国黑龙江、内蒙古、河北、山西、台湾及西藏。幼虫生活于粪便和腐败的动植物质中或渍制的食物中。

在出现凶杀案的时候，蝇类通常是最先到达尸体的昆虫，它通常会在腐败尸体上产下大量的卵，进而发育为幼虫、蛹、成虫。并且参与了尸体的分解过程。案件侦办人员可以根据当地的天气情况及蝇类的生活状态和幼虫的龄期来推算死亡时间。由于蝇类成虫具有嗜血的特性，案件侦办人员也可以根据蝇类的趋性来判断杀人凶器。

蛆症异蚤蝇

蛆症异蚤蝇隶属于双翅目、蚤蝇科。成蝇下额间鬃几位于前侧额鬃的垂直下方；肛管大，端毛粗壮呈羽状。雌蝇背板短，向两侧延伸，呈马鞍形。雌成蝇小盾片鬃4根，雄成蝇小盾片鬃2根。卵银白色，细长，呈船形，长约0.6 mm。幼虫乳白色，呈短细线状，分为12节，口器暗褐色至黑色，背桥明显，1~3龄幼虫节间具小突起，末端器官具大约10个球形感器，大致排成2行。蛹土黄色至暗黄色，背部前端具1对呼吸角，末端略弯向背面，腹面半透明，蛹背部节间具突起。

蛆症异蚤蝇分布于全国各地。蛆症异蚤蝇成蝇常出没于公共场所或居室内，活动于腐败物质周围，幼虫具有广泛的食谱，有植食、腐食、捕食、寄生、拟寄生及嗜尸等多种类型。幼虫可寄生于人类及其他脊椎动物的肠道中及伤口化脓处，可引起蝇蛆病。

在出现凶杀案的时候，蝇类通常是最先到达尸体的昆虫，它通常会在腐败尸体上产下大量的卵，进而发育为幼虫、蛹、成虫。并且参与了尸体的分解过程。案件侦办人员可以根据当地的天气情况及蝇类的生活状态和幼虫的龄期来推算死亡时间。由于蝇类成虫具有嗜血的特性，案件侦办人员也可以根据蝇类的趋性来判断杀人凶器。

东亚异蚤蝇

东亚异蚤蝇隶属于双翅目、蚤蝇科。成蝇小盾片鬃4根；中侧片具毛；雄蝇腹部第3~7节气门增大；雌蝇背板中央具纵向黄斑。卵乳白色，细长，底部平，呈船形，长约0.6 mm。幼虫乳白色，呈短细线状，分为12节，口器暗褐色至黑色，背桥在1龄幼虫中不明显，而2龄和3龄幼虫口钩、背桥明显。末端器官具 11 个球形感器。蛹土黄色，背部前端具 1 对短小的呼吸角，腹面半透明。

东亚异蚤蝇广泛分布于我国辽宁、吉林、黑龙江、北京、河南、内蒙古、浙江、广西、广东、江苏、江西、湖北、湖南、福建、海南、台湾等地。东亚异蚤蝇成蝇常出没于公共场所或居室内，幼虫常见于人、猪和蜗牛的尸体上，可引起蝇蛆病。幼虫还可为害食用菌。

在出现凶杀案的时候，蝇类通常是最先到达尸体的昆虫，它通常会在腐败尸体上产下大量的卵，进而发育为幼虫、蛹、成虫。并且参与了尸体的分解过程。案件侦办人员可以根据当地的天气情况及蝇类的生活状态和幼虫的龄期来推算死亡时间。由于蝇类成虫具有嗜血的特性，案件侦办人员也可以根据蝇类的趋性来判断杀人凶器。

角喙栓蚤蝇

角喙栓蚤蝇隶属于双翅目、蚤蝇科。雌成蝇腹部第 6 节背板前半部黄色，后半部黑褐色，后足股节感觉栓不呈 1 个直列，后足股节基部感觉栓上方背缘具 1 小片细毛区。雄成蝇下颚须橘红色，喙长，分成 2 段。1 龄幼虫体白色，分为 11 节，第 3~11 节具细长突起。末节具 6 个粗大的羽毛状突起。2 龄和 3 龄幼虫体黄色，3 龄幼虫第 3 节背部具有 2~6 个红色斑状背板。口器暗褐色至黑色，1 龄幼虫突起分 2 节，基节光滑，末节呈刷子状。2 龄和 3 龄幼虫的突起呈锥形，从基部到顶部长满鬃，1 龄幼虫第 3 节腹板前缘呈锯齿状。蛹红褐色，背部前端具 1 对羽毛状呼吸角。

角喙栓蚤蝇广泛分布于我国辽宁、吉林、黑龙江、北京、陕西、重庆、广东、台湾、广西、江苏、新疆、浙江、河南、湖北、湖南、宁夏、江西等地。角喙栓蚤蝇成蝇常出没于公共场所或居室内，多见于污物、粪便及动植物残体上；幼虫取食腐烂的植物、动物组织及人的尸体。

在出现凶杀案的时候，蝇类通常是最先到达尸体的昆虫，它通常会在腐败尸体上产下大量的卵，进而发育为幼虫、蛹、成虫。并且参与了尸体的分解过程。案件侦办人员可以根据当地的天气情况及蝇类的生活状态和幼虫的龄期来推算死亡时间。由于蝇类成虫具有嗜血的特性，案件侦办人员也可以根据蝇类的趋性来判断杀人凶器。

广东栅蚤蝇

广东栅蚤蝇隶属于双翅目、蚤蝇科。成蝇体黑黄相间，后足胫节具 2 条毛列，前背鬃 3~4 根，前腹鬃 2~4 根。转节前面具密集细毛，腹面具 2 纵排大约 10 根很短的刺栓；后足股节后面基部顶端具 2 根粗短的感觉刺，感觉刺后面具 20 余根较长的细毛，无突起。1 龄幼虫体白色，分为 12 节，第 3~11 节具细长突起。末节具 6 个粗大的羽毛状突起。2 龄和 3 龄幼虫体黄色，1 龄幼虫第 3 节和第 4 节背部具 2~4 个红色斑状背板。口器暗褐色至黑色，1 龄幼虫突起分 2 节，末节呈穗状。2 龄和 3 龄幼虫的突起呈锥形，从基部到顶部长满鬃，1 龄幼虫第 3 节腹板前缘呈波浪状。蛹红褐色，背部中央及两侧具 4 列细长的锥形突起，背部前端具有 1 对呼吸角，末端圆滑。

广东栅蚤蝇广泛分布于我国辽宁、黑龙江、重庆、海南、云南、广东、广西、河南、陕西等地。成蝇常在脊椎动物的尸体和蜗牛的尸体上活动并产卵。常见于室外的猪尸体上，在室内出现的频率比较高。幼虫不仅可以滋生于地下掩埋的动物尸体上，还可滋生于山洞内的蝙蝠尸体上。

在出现凶杀案的时候，蝇类通常是最先到达尸体的昆虫，它通常会在腐败尸体上产下大量的卵，进而发育为幼虫、蛹、成虫。并且参与了尸体的分解过程。案件侦办人员可以根据当地的天气情况及蝇类的生活状态和幼虫的龄期来推算死亡时间。由于蝇类成虫具有嗜血的特性，案件侦办人员也可以根据蝇类的趋性来判断杀人凶器。

江苏泉蝇

江苏泉蝇是为害竹类的重要害虫之一。隶属于双翅目、花蝇科。雄蝇体长 6.5~8.5 mm，暗灰黄色。触角黑色，仅第 2 节端部有时带黄色，第 3 节长约为第 2 节长的 2 倍，触角芒具毳毛。复眼紫红色，单眼橙黄色，三角区为黑褐色。下颚须细，端带黑色而基部棕黄色，中缘具粉被。翅前鬃长大。翅略带黄色。足黄色，仅跗节棕黑色；前足胫节前背鬃、后腹鬃各1根，后鬃3根，后足胫节前腹鬃1根，前背鬃、后腹鬃各3根。腹部不特别细长，但明显地较胸部为狭，侧面观腹与胸（连小盾）等长，有狭的正中黑色条。雄蝇第3腹板侧缘膨曲，长约为宽的1.5倍。第5腹板较突出，侧叶后部呈亮褐色，无粉被，但有楞状纹，后缘内卷，肛尾叶末端尖狭；前阳基侧突的后外突端部具3~5根长刚毛。卵乳白色，长圆筒形。幼虫黄白色，蛆型，头部细尖，口器退化呈黑色钩状；末端平截，黑色。体分节明显，前气门呈喇叭状，褐红色，后气门为深褐色。蛹深褐色，围蛹，形似腰鼓。

江苏泉蝇在江苏地区1年发生1代，以蛹在土中越冬。翌年3月中旬成蝇开始羽化，以6~10时羽化最盛，羽化率38.8%。3月下旬为雄蝇活动高峰期，雌蝇则在4月中旬数量最多，5月底成蝇基本绝迹。成蝇从7时开始活动，10~12时及15~17时较活跃，交尾、产卵、取食亦最频繁。晚间和雨天停息于灌木、杂草及竹竿上。日平均气温达12 ℃时，成蝇开始活动；林内日平均温度在18~22 ℃、相对湿度50%~80%时最适于成蝇活动。雌蝇大量出现与毛竹出笋盛期在时间上密切吻合。雌蝇喜产卵于健壮笋箨间的内壁上。卵呈块状排列。出笋盛期亦为雌蝇的产卵盛期。卵需在健壮笋箨内和较高水湿条件下才能孵化，暴露笋外的卵块一般不能孵化。卵期4~5 d。孵出的幼虫沿盖在卵块外面的一片笋箨的内表皮或沿笋箨边侧而进入内层，随后渐渐向下迁散，为害笋箨的幼嫩部分。经6~8 d后，幼虫蛀入笋生长点，约经10 d后，笋的快速生长期停止，且发生腐烂。每株毛笋有幼虫58~324条，均能造成退笋。幼虫期20~25 d。老熟幼虫沿笋箨间的缝隙向上爬至顶端部脱出，在退笋周围约25 cm的土内化蛹，并在原处越冬。

江苏泉蝇分布于我国江苏、上海、安徽、浙江、江西、福建。为害毛竹、淡竹、刚竹、早竹、石竹、苦竹等。毛竹笋受害最重。

由于江苏泉蝇在其分布地区的这些竹笋上常见，所以在这些地区的犯罪现场有可能出现它的踪迹，或者可以利用它的存在来反推犯罪第一现场。

毛笋泉蝇

毛笋泉蝇是为害竹类的重要害虫之一。隶属于双翅目、花蝇科。成蝇体长7~8 mm，灰色。头部额鬃列7~8个，触角长，黑色，复眼暗红色，单眼棕黄色。前胸盾片有1条暗色正中条，往盾沟去向变细，未达小盾沟即消失。翅透明，腋瓣淡黄色，平衡棒、足均为黄色，足各跗节为黑色。雌蝇腹部与胸等宽，末端渐尖；雄蝇腹部比胸部狭，末端圆钝；腹部侧面观与胸部（包括小盾片）等长。卵乳白色，柱形，卵面光滑。老熟幼虫黄白色。全体12节，第7~9节略粗。头尖锐，口钩黑色，第1胸节后有前气门1对，颜色略深。体躯各节间略突起，以腹面最为显著，突起处均匀分布斜向整齐的短刚毛，红褐色至褐色。腹部末端截形，深黑色。蛹长椭圆形，黑褐色，全体可见10节，各节有环状皱纹，尾部截形，气门及乳突的数目、位置同幼虫。

毛笋泉蝇在浙江地区1年发生1代，部分蛹滞育2年发生1代，以蛹在土中越冬。翌年3月上旬成蝇羽化，4月上旬羽化终止，约有1/3越冬蛹滞育，待第3年羽化。3月中下旬成蝇交尾，3月底至4月上中旬产卵，卵3~5 d孵化，幼虫3龄，在笋中20 d左右老熟，4月下旬至5月上旬老熟幼虫入土化蛹。成蝇羽化时间多在上午，初羽化成蝇从幼虫入土孔道爬出，遍地爬行，速度很快，经1~3 h，翅全展开，即可飞翔。3月上中旬，成蝇活动局限在中午，若遇低温，死亡率颇高。3月下旬，成蝇全天活动，以温度20~25 ℃、相对湿度80%时最为活跃；相对湿度90%以上时成蝇活动迟缓，中午气温在25 ℃以上及阴雨天时成蝇不活动，多隐蔽在杂草根部、落叶及土块下。在竹林中放入臭鱼或砍断的竹笋，数以千百计的成蝇会立即飞来，久久不散。成蝇经补充营养后，于3月下旬交尾，交尾后雄成蝇不久即死去；雌成蝇再经补充营养后开始产卵；产卵多在一天中湿度最高时进行，在产卵时如遇阴雨，则在雨后几小时集中产卵。产卵时，雌成蝇将产卵管插入第2~4片笋箨内，亦有直接爬入笋箨内产卵的。1个笋箨片内产卵1块，1株笋上最多产卵8块。每个卵块有卵2~238粒，在生长衰弱的笋上所产卵块比在健壮的笋上所产卵块多 1.5 倍，卵粒多 2 倍。成蝇多在长 25 cm 以下的笋上产卵，以长 1~10 cm 的笋上最多。

毛笋泉蝇分布于我国江苏、浙江、安徽、福建、江西、湖南、四川。为害毛竹、刚竹、淡竹、石竹等。幼虫在衰弱笋中为害，使被害笋不能成竹；能成竹者，基部 13 节以下节间缩短，竹竿上虫伤节多，利用率下降。

由于毛笋泉蝇在其分布地区的这些竹笋上常见，所以，在这些地区的犯罪现场有可能出现它的踪迹，或者可以利用它的存在来反推犯罪第一现场。

蜂蝇

蜂蝇又名拟蜂蝇、花虻、鼠尾蛆（幼虫名）、食蚜蝇、雄蜂蝇。隶属于双翅目、狂蝇科。体型巨大，长约 15 mm，形状如蜜蜂，方称拟蜂蝇。身体黑褐色，全身被有金黄色绒毛。腹部有光泽，具橙黄色的横带纹。翅脉多波曲，以第 3 纵脉的波曲最深。雄蝇的复眼在头顶部左右相接近。雌蝇两眼远离。每个复眼的中部有 1 条由绒毛形成的明显的纵带纹。头部触角的触角芒简单无分支，但基部分布短的细毛。幼虫甚特别，身体圆筒形或椭圆形，具有似鼠尾样的长尾，长尾比其身体长得多，往往超过体长数倍。

蜂蝇成蝇喜欢出入于花丛间，栖息于野外。产卵于污水、粪坑或臭水潭中。幼虫在污水缸、稀粪坑中滋生，其尾端有很长的呼吸管如鼠尾状，故称为鼠尾蛆。

蜂蝇是广泛分布于我国的普通种类。干燥幼虫全体入药，夏、秋季于污水、粪坑中用抄网捞取，捞取后放筐内用清水反复淋冲，直到清洁后取出，拌以草木灰，再用清水洗净，置沸水中略烫，取出晒干。有消食积、健脾胃的功效。

在药用昆虫的生产和养殖基地、药用昆虫及衍生物加工厂有可能会发生因经济利益而进行的盗窃、抢劫等犯罪活动，在医院、药店、中医诊所、药材批发市场等犯罪现场也有可能出现它的踪迹。

黑腹果蝇

黑腹果蝇隶属于双翅目、果蝇科。成虫体小，体长 3~4 mm，雌蝇稍大于雄蝇。复眼红色，触角第 3 节圆形或椭圆形，触角芒羽状。前缘脉具 2 个破折痕，亚前缘脉细弱，臀室小；前足第 1 跗节具较黑且粗的刺组，称为性梳。胸部和腹部具条纹或斑点。雌蝇腹部末端较为尖细而突出，雄蝇腹部末端较圆钝。雌雄个体的腹部末端均有黑色环纹。幼虫共 3 龄，白色，蛆状，各龄幼虫除大小外形态上无明显区别，一般利用口钩和体躯大小区别龄期。

黑腹果蝇 1 年发生多代，完成 1 个世代所需的时间因环境条件不同而不同。在 25 ℃恒温条件下，由卵孵育到成蝇平均需要 11 d；在 18 ℃下需要 22 d，在 16 ℃下则需 30 d。成蝇常见于熟透的瓜果及腐败植物上，舐吸糖蜜物质以补充营养，卵产于发酵烂果的表面。幼虫喜孳生于腐烂的果实、垃圾或醋缸等处，多数以烂果中的酵母为食，末龄幼虫多爬到培养基表面或湿度适宜处化蛹。雄蝇羽化后 12 h 可达性成熟，雌蝇羽化后 8 h 可达性成熟。雌蝇一生只交配 1 次，雄蝇则可交配多次。雌蝇的产卵量为 200~700 粒，产卵的速度与温度有关，在 25 ℃下每小时可产卵 2~20 粒，在 16 ℃下产卵速度仅为最适条件下的 1/5，超过 32 ℃则停止产卵。除了温度外，过度拥挤与食物不足也会影响到其发育。在最适条件下，卵的发育历期为 1~2 d，幼虫 5 d，蛹 5 d，成虫寿命 30~50 d。在不供给食物的情况下，成虫可存活约 50 h；在不供水的情况下，寿命不超过 24 h。

黑腹果蝇为世界性分布种，是遗传学研究中常用的实验材料。在实验室、家里、水果产区、水果批发市场、超市、集市等地的犯罪场所可能会有它的踪迹。

中国突眼蝇

中国突眼蝇隶属于双翅目、突眼蝇科。体长 6~9 mm，头宽 5~7 mm，翅长 5~6 mm。头部红褐色，额囊缝呈黑色宽的“V”形纹，颜面稍隆凸，两侧下方各有1枚一尖突的颜齿。单眼黑色，复眼着生在红褐色至黑褐色的眼柄端，内眶鬃短小。触角在复眼内侧，黄褐色，触角芒细长，黑褐色。前胸亮黑，中后胸粗大，黑褐色被茸毛；侧背刺短小，小盾刺粗长，缺端鬃。足红褐色，密被细长毛；前足腿节粗大，腹面端半具小刺列，胫节黑色。翅狭长，透明稍带淡烟色，翅脉褐色明显，翅端具1个大褐斑。腹部逐渐粗大，除两端为黑色外，大部呈红褐色；雄蝇腹端向下弯曲，雌蝇腹末扁平，余均相似。本种为中国特有种，分布于云南。

中国突眼蝇是国家林业局令第7号《国家保护的有益的或者有重要经济、科学研究价值的陆生野生动物名录》中列入的昆虫种类。野外数量十分稀少，是属于受国家保护的、禁止非法捕采和非法买卖的昆虫。

铜绿狭甲蝇

铜绿狭甲蝇隶属于双翅目、甲蝇科。体长5.1 mm；小盾片长3.6 mm，宽2.6 mm，高1 mm。体蓝绿色，具金属光泽。头褐色，复眼黄褐色，有颊斑，头顶具蓝绿色金属光泽，后缘具隆脊。触角褐色，触角芒的叶状部占芒长的2/3。中胸光滑，甚短于小盾片；小盾片的长明显大于宽，呈长卵形，除中央纵区和顶端略光滑外，其余部分有浅褶。翅端微露，静止时平叠在小盾片之下，翅透明，脉序简单，第2基室和端室明显分开。足褐色，但后足跗节黄褐色；具亚端背鬃，前足腿节和胫节上多毛。腹部黑色，具金属光泽，第1~6节背板由背侧沟划分成背片和侧片2部分。雄蝇外生殖器简单。本种为我国特有的珍稀种，仅发现过1头雄虫。分布于云南。

铜绿狭甲蝇是国家林业局令第7号《国家保护的有益的或者有重要经济、科学研究价值的陆生野生动物名录》中列入的昆虫种类。野外数量十分稀少，是属于受国家保护的、禁止非法捕采和非法买卖的昆虫。

番茄斑潜蝇

番茄斑潜蝇又名瓜斑潜蝇。原产于欧洲南部。隶属于双翅目、潜蝇科。雌蝇体长2.8 mm，雄蝇体长2 mm，除复眼、单眼三角区、后头及胸、腹背面大体黑色外，其余部分和小盾板基本黄色。头鬃黑褐色，头顶内、外顶鬃着生在黄色区，眼眶浅褐色。触角第3节圆形，触角芒褐色。中胸背板黑色，有光泽；胸部腹面在前足与中足基节间为黑色，其余部分黄色。各足腿节常有带暗褐色条纹，胫节及跗节褐色。腹部可见7节，雌蝇产卵鞘呈圆筒形；雄蝇第7腹节短钝。卵卵圆形，白色略透明，卵将孵化时呈浅黄色。幼虫共3龄，初孵幼虫无色略透明，渐变淡黄色，幼虫后气门有短柄状突起，气门周围具小泡9~12个。初蛹呈橘黄色，后期蛹色变深，后气门突出，与幼虫相似。

番茄斑潜蝇分布于我国安徽、上海、浙江、江苏、广东、北京、新疆、内蒙古、黑龙江、台湾等地。可随寄主植物的调运进行远距离传播，其中以带虫叶片做远距离传播为主，茎和蔓等植物残体夹带传播次之。番茄斑潜蝇为多食性害虫，寄主较广，包括茄科、葫芦科、十字花科等16科近百种植物。尤其嗜食番茄、瓜类、豆类。成蝇和幼虫都能造成危害。成蝇以其产卵器刺破寄主植物嫩叶表皮，并产卵或吮吸其泌出汁液，形成点点白色食痕。

番茄斑潜蝇在北纬35°以南地区可以全年发生，无越冬现象；在北纬32°以北地区冬季露地自然条件下不可越冬，全年只可发生几代。在江苏扬州，1年发生12代，多以蛹越冬；在扬州1年有2个发生为害高峰，一般发生在5月下旬和10月中下旬，即在温度稍低的春末夏初和秋季出现；在北京地区，5月中旬出现第1个峰值，6月下旬至7月上旬出现第2个峰值，9月中下旬出现最高峰，10月下旬后虫口数量下降。该虫在田间分布属扩散型，发生高峰期，全田被害。

作为为害严重的外来入侵物种，它可以随寄主植物活体的调运做远距离传播。如果不加以管制，甚至可以扩散到全国大部分地区。因此我们在对园林植物苗木、植株及其他材料进行引种调运的过程中，一定要将其与农林害虫一样对待，严格进行检疫，严禁危险性害虫的传入或传出，对已传入的要及时封锁，就地消灭。海关要严格检疫，防止带有这些害虫的苗木、植株及其他材料再次携带外来物种入侵我国。

美洲斑潜蝇

美洲斑潜蝇又名蔬菜斑潜蝇、苜蓿斑潜蝇、美洲甜瓜斑潜蝇、甘蓝斑潜蝇、蛇形斑潜蝇。隶属于双翅目、潜蝇科。原产于南美洲。成虫体型较小，身体结实，黑灰色，头部黄色，眼后眶黑色；中胸背板黑色光亮，中胸侧板大部分黄色；足黄色，两侧有淡棕色斑纹；翅长 1.3~2.3 mm；雌蝇较雄蝇稍大。卵米色且稍透明。幼虫蛆状，初龄幼虫无色，以后变为浅橙黄色，末龄幼虫为橙黄色。幼虫和蛹有 1 对后胸气门，形态如三面锥体。每个后胸气门有 3 个孔，有 1 个孔位于三面锥体的顶端。蛹卵形，腹部末端稍扁平，蛹颜色变化很大，从浅橙黄色到金棕色。

美洲斑潜蝇在我国遍布除西藏以外的所有省区。主要随寄主植物的叶片、茎蔓的调运做远距离传播。切花也可携带该虫进行扩散。具较强的适应性和寄主谱扩张能力，能为害 13 个科 110 多种植物，尤其喜欢豆科、葫芦科、茄科作物，如芸豆、豆角、黄瓜、甜瓜、丝瓜、西葫芦、番茄、茄子等。

因地理气候不同，美洲斑潜蝇在各地的发生特点各异。在海南，可全年发生，而在湖北、江苏和安徽等地，8~10 月发生严重；在北京、河北、天津一带，7~9 月为害相对严重。雄蝇一般比雌蝇早羽化。羽化 24 h 后交配。成蝇平均成活 15~30 d，雌蝇寿命一般较雄蝇长。成蝇具有较强的趋光性，飞翔能力较差。成蝇吸取植株叶片汁液，在叶片上形成近圆形刻点状凹陷；卵产于叶片上、下表皮之间的叶肉中；初孵幼虫潜食叶片上、下表皮之间的叶肉，并形成隧道，隧道端部略膨大，老龄幼虫咬破隧道的上表皮爬出道外化蛹。以幼虫为害损失最重，可破坏植物的叶绿素和叶肉细胞，造成植物光合作用减弱或失去光合作用，使植物发育延迟或枯死。

作为为害严重的外来入侵物种，它可以随寄主植物活体的调运做远距离传播。如果不加以管制，甚至可以扩散到全国大部分地区。因此我们在对园林植物苗木、植株及其他材料进行引种调运的过程中，一定要将它与农林害虫一样对待，严格进行检疫，严禁危险性害虫的传入或传出，对已传入的要及时封锁，就地消灭。海关要严格检疫，防止带有这些害虫的苗木、植株及其他材料再次携带外来物种入侵我国。

美洲斑潜蝇

瓜实蝇

瓜实蝇隶属于双翅目、实蝇科。原产于印度和斯里兰卡。成蝇体型似蜂，黄褐色至红褐色，长7~9 mm，宽 3~4 mm，翅长 7 mm，雌蝇比雄蝇略小，初羽化成蝇体色较淡，体大小不及产卵成蝇的一半。复眼茶褐色或蓝绿色（有光泽），复眼间有前后排列的 2 个褐色斑，触角黑色。前胸背面两侧各有 1 个黄色斑点，中胸两侧各有 1 条较粗黄色竖条斑，背面有并列的 3 条黄色纵纹。足黄色或黄褐色，腿节淡黄色。翅膜质，透明，有光泽。腹部黄褐色，近椭圆形。雄蝇第 3 背板具栉毛，第 5 腹板的后缘略向内凹陷。雌蝇产卵器扁平，坚硬，产卵管基节黄褐色，长约 1.7 mm。卵细长，梭形，乳白色。幼虫蛆状，初为乳白色，老熟幼虫米黄色，前小后大，尾端最大，呈截形。口钩黑褐色，有时透过表皮可见其呈窄“V”字形，尾端截面上有 2 个突出颗粒，呈黑褐色或淡褐色。蛹初为米黄色，后变为黄褐色，圆筒形。

瓜实蝇分布于我国江苏、福建、海南、广东、广西、贵州、云南、四川、湖南、台湾等地。瓜实蝇可随受害水果和蔬菜的调运进行远距离传播，成蝇飞翔可做近距离传播，瓜实蝇为害番木瓜、西番莲、番石榴、辣椒、黄瓜、苦瓜、南瓜、西瓜、甜瓜、丝瓜、木菠萝、番樱桃、笋瓜、洋桃、梨、杧果、柠檬等约 125 种栽培果蔬和野生植物。

瓜实蝇 1 年发生 5~8 代，以第 2、3 代为害苦瓜和丝瓜较重，以蛹在土壤中越冬。成蝇羽化后喜欢在角落、光线较暗处静止不动，约 4 h 后取食。成蝇喜在幼嫩的寄主植物表面和果实上破损的表皮裂口处产卵。具趋光性。卵呈竖状排在一起，但也有单产的，距果表深约 3 mm。未经交配的雌蝇所产的卵不能孵化。卵孵化后，幼虫直接钻入果内为害。瓜实蝇卵粒孵化时，幼虫自卵粒具乳突的一端破壳而出，留下白色的卵壳。幼虫体较长，从钝宽的后端向狭窄的头部逐渐变细。幼虫自孵化至老熟前，均在果内为害，有群集取食的习性。幼虫群集在瓜瓤中间为害，仅幼虫腹末露出瓜果表面，老熟幼虫具有很强的弹跳能力。老熟幼虫通常喜欢选择隐蔽处化蛹。入土后需经过预蛹期，在 25 ℃时，瓜实蝇预蛹期为 7~9 h，土壤疏松，化蛹深度大；土壤结实，化蛹深度小。

作为为害严重的外来入侵物种，它可以随寄主植物活体的调运做远距离传播。如果不加以管制，甚至可以扩散到全国大部分地区。因此我们在对园林植物苗木、植株及其他材料进行引种调运的过程中，一定要将它与农林害虫一样对待，严格进行检疫，严禁危险性害虫的传入或传出，对已传入的要及时封锁，就地消灭。海关要严格检疫，防止带有这些害虫的苗木、植株及其他材料再次携带外来物种入侵我国。

橘小实蝇

橘小实蝇

橘小实蝇又名柑橘小实蝇、东方果实蝇、橘寡鬃实蝇、黄苍蝇、果蛆。隶属于双翅目、实蝇科。原产于日本。成蝇体长 7~8 mm，全体深黑色和黄色相间。头部复眼间、颊区黄色，单眼区黑色，靠近额缝两侧各有 1 个黑圆斑；胸部背面大部分黑色，中胸有黄色的“U”形斑纹，小盾片黄色，中足胫节有红棕色端距；腹部椭圆形，黄色，第 1、2 节背面各有 1 条黑色横带，从第 3 节开始中央有 1 条黑色的纵带直达腹端，构成 1 个明显的“T”形黑色斑纹。雌蝇产卵管发达，由 3 节组成，黄色，扁平。卵梭形，乳白色。幼虫蛆形，黄白色。蛹椭圆形，黄褐色。

橘小实蝇分布于我国海南、四川、广东、贵州、云南、广西、福建、台湾、香港、湖北、湖南、江西、安徽、浙江、江苏等地。可随受害果品和蔬菜及包装材料和运输工具等进行远距离传播；也可以通过河流等将受害果品带到异地而进行传播，此外，该虫飞行能力强，成蝇可近距离飞行扩散。橘小实蝇为多食性害虫，寄主 250 多种，包括栽培果蔬作物及野生植物。橘小实蝇成蝇产卵于新鲜果实中，在果皮上造成产卵痕。幼虫群集于近成熟的果实中取食果瓤汁液，被害处果皮变褐、软化，甚至腐烂；有的果实受害后干瘪收缩，造成果实内空虚，常未熟先黄，提早脱落；晚期侵入的不造成落果，但采收后在运输和储存期，受害果易变质。

橘小实蝇在华南地区每年发生 3~5 代，无明显的越冬现象，而蛹可以在潮湿疏松的表土层中越冬，田间发生时世代重叠。成蝇羽化后需要经历较长时间进行营养补充（夏季 10~20 d；秋季 25~30 d；冬季 3~4 个月）才能交配产卵，卵产于接近成熟的水果果皮内，每处产 5~10 粒。每头雌蝇一生产卵量为 400~1 000 粒。卵期夏秋季 1~2 d，冬季 3~6 d。幼虫孵出后即在果内取食为害，被害果常变黄早落；即使不落，其果肉也必腐烂不能食用，对果实产量和质量为害极大。幼虫期在夏秋季需 7~12 d，冬季 13~20 d。幼虫老熟后脱果入土化蛹，蛹期夏秋季 8~14 d，冬季 15~20 d。

作为为害严重的外来入侵物种，它可以随寄主植物活体的调运做远距离传播。如果不加以管制，甚至可以扩散到全国大部分地区。因此我们在对园林植物苗木、植株及其他材料进行引种调运的过程中，一定要将它与农林害虫一样对待，严格进行检疫，严禁危险性害虫的传入或传出，对已传入的要及时封锁，就地消灭。海关要严格检疫，防止带有这些害虫的苗木、植株及其他材料再次携带外来物种入侵我国。

蜜柑大实蝇

蜜柑大实蝇蛹

蜜柑大实蝇又名橘实蝇、日本蜜柑蝇、橘蛆。隶属于双翅目、实蝇科。原产于日本九州岛南部的野生橘林中。成蝇体长 10~12 mm，体色偏红。头部黄褐色，单眼三角区黑色，颜面斑长椭圆形，黑色；复眼紫色，具光泽；触角黄褐色，触角芒暗褐色，其基部近黄色。胸部背面卵圆形，蛋黄色，中央有“人”字形褐色纵纹，足近红褐色，胫节色较深；腹部卵圆形，第 3~5 腹节各有黑色横条纹 1 条，与纵纹相交呈“十”字形。雌蝇腹端产卵管基节粗大呈瓶形，长度为腹部长度的 1/2，端部 2 节尖细。卵白色，椭圆形略弯曲，一端稍尖，另一端圆钝，上有 2 个小突起。幼虫共 3 龄，老熟幼虫乳黄色，蛆形。蛹圆筒形，金黄鲜艳，羽化前为黄褐色。

蜜柑大实蝇分布于我国福建、湖南、江西、广东、浙江、重庆、广西、上海、湖北、四川、贵州、海南、云南、陕西、河南、江苏、安徽、甘肃和台湾等地。随被害果（有时也能随被害的种子和果实的包装物或结果寄主苗木所附土壤）做远距离传播。以幼虫为害柑橘类果实，蛀食果肉，有时也侵害种子。当幼虫发育到 3 龄时，被害果实大部分已遭破坏，严重受害的果实通常在收获前出现落果而导致减产。

蜜柑大实蝇成虫

蜜柑大实蝇 1 年发生 1 代，多数以蛹在土壤中越冬，少数以幼虫在落果中越冬。在广西，越冬蛹翌年 4 月中旬至 6 月中旬开始羽化，5 月上中旬为羽化盛期，成蝇常以蚜虫和蚧虫的蜜露为食，对糖、酒、醋有强趋性，7 月下旬至 8 月中旬为产卵盛期，在晴天产卵较多，卵产于果皮或果瓤内，多产于果腰部，一般每处 1~2 粒，每头雌虫的产卵数可达 30~40 粒，成蝇寿命 40~50 d。被产卵的果实，着卵处表皮周围黄色，卵期 20 d 以上。8 月下旬至 9 月下旬为孵化盛期。幼虫孵出后即蛀食果肉和种子，被害果初期不易看出，后期出现未熟先黄，黄中带红，提早脱落现象，果内老熟幼虫在 10 月上旬开始脱果入土化蛹，幼虫入土后一般于当日化蛹，入土深度多为 3~7 cm，只有少数幼虫留在果内化蛹，10 月下旬至 12 月中旬为化蛹盛期，蛹期 200 多天。

作为为害严重的外来入侵物种，它可以随寄主植物活体的调运做远距离传播。如果不加以管制，甚至可以扩散到全国大部分地区。因此我们在对园林植物苗木、植株及其他材料进行引种调运的过程中，一定要将它与农林害虫一样对待，严格进行检疫，严禁危险性害虫的传入或传出，对已传入的要及时封锁，就地消灭。海关要严格检疫，防止带有这些害虫的苗木、植株及其他材料再次携带外来物种入侵我国。

枣实蝇

枣实蝇隶属于双翅目、实蝇科。原产于印度。成蝇体淡黄色至黄褐色。头部复眼圆形，触角第 3 节的背端尖锐，触角芒裸或具短毛，喙短，呈头状。胸部黄色或红黄色，中间具 3 条细窄黑褐色条纹，两侧各有 4 个黑色斑点，横缝后亚中部有 2 个近椭圆形黑斑，近后缘的中央有 1 个褐色圆形大斑点，横缝后另有 2 个近似叉形的白黄色斑纹。小盾片白黄色，具 5 个黑斑，后小盾片大部分黑色，中间黄色。翅透明，具4个黄色至黄褐色横带；足黄色，中胫端距1根。卵圆形，黄色至黄褐色。幼虫蛆形，口钩具1枚弓形大端齿，第8腹节具数对大瘤突。

枣实蝇分布于我国新疆。枣实蝇可为害各种枣树，红枣和酸枣受害最重。以幼虫蛀食果肉，导致果实提早成熟或腐烂，蛀果率可以达到30%~90%，通常可造成20%以上的产量损失，局部严重的可使全部枣果受害，严重影响枣产品的质量和枣的整体商品价值。

枣实蝇成蝇产卵多为单粒，但也有1个枣果内可见2~4头幼虫的，甚至最多可有5~6头幼虫的。幼虫老熟后，脱离枣果落地，在6~15 cm深的土壤中化蛹，且绝大部分蛹分布在树冠垂直投影范围内。枣实蝇幼虫除了在土壤中化蛹外，还能在麻袋、塑料袋等包装材料及干枣内化蛹。

作为为害严重的外来入侵物种，它可以随寄主植物活体的调运做远距离传播。如果不加以管制，甚至可以扩散到全国大部分地区。因此我们在对园林植物苗木、植株及其他材料进行引种调运的过程中，一定要将它与农林害虫一样对待，严格进行检疫，严禁危险性害虫的传入或传出，对已传入的要及时封锁，就地消灭。海关要严格检疫，防止带有这些害虫的苗木、植株及其他材料再次携带外来物种入侵我国。

第二十五章　蚤目

蚤目昆虫是一个十分特化的类群，通称蛇蚤或跳蚤。成虫体型微小，体壁坚韧，体表多鬃毛。身体侧扁，棕黑色或黑褐色。口器为刺吸式。变态类型为完全变态，一生经过卵、幼虫、蛹、成虫等4个虫态。大多数种类仅成虫吸血时才到宿主身上。雌雄成虫均吸血，耐饥饿能力较强。一般情况下，雌虫需要吸食正常宿主的血后，才能交配、产卵。成虫能爬善跳。部分种类寄生于哺乳动物或鸟类的体表，叮咬并吸食血液，常引起宿主剧烈瘙痒、烦躁不安，还能传播鼠疫、鼠源性斑疹伤寒、斑疹等多种疾病。蚤目已知有2个总科、约2 500种，我国已知有640余种。

人蚤

人蚤又名跳蚤、致痒蚤。体长0. 8~6 mm，左右侧扁，体壁坚韧，体表多鬃毛。复眼明显或退化，常无单眼，触角棒状，口器刺吸式。无翅；后足发达，适宜跳跃；跗节5节。腹部10节，雄虫的第8~9节和雌虫的第7~10节变形为外生殖器。变态类型为完全变态。卵多椭圆形，白色或黄色。幼虫蠕虫型，共13节。蛹为离蛹，在茧中。茧纺锤形、圆形或椭圆形，黄白色，外面常黏着尘上，不易分辨。

人蚤呈世界性分布，在我国各地均可见，也是人体最常见的蚤。雌雄虫均吸血，是温血动物的外寄生物，嗜吸狗、猪和人血，对人骚扰性较大，尤以儿童为甚。可传播鼠疫，也是犬复孔绦虫、缩小膜壳绦虫的中间宿主。

人蚤寄生于人的身体上，几乎与人类生活在一起，给人的身体健康带来很严重的影响，甚至会威胁到人的生命。如果在尸体上和尸体附近发现了它的踪迹，这可能会成为破案的线索之一。

蚤在寄主死后很快就离开寄主，但当在溺水死亡尸体上发现蚤时，具有重要的法医学意义。跳蚤入水25 h左右可被溺死；若浸水12 h，出水后1 h左右可以复活；浸水18~20 h，复活需要4~5 h。

印鼠客蚤

印鼠客蚤具眼鬃毛1根，位于眼的前方；受精囊的头部与尾部宽度相近，且大部分呈暗色。

印鼠客蚤在我国沿海地区多见，主要宿主是家栖鼠类如小家鼠、褐家鼠和黄胸鼠等。亦吸人血。是人间鼠疫的重要媒介，也可传播鼠源性斑疹伤寒和缩小膜壳绦虫病。

印鼠客蚤寄生于人的身体上，几乎与人类生活在一起，给人的身体健康带来很严重的影响，甚至会威胁到人的生命。如果在尸体上和尸体附近发现了它的踪迹，这可能会成为破案的线索之一。

第二十六章　毛翅目

毛翅目昆虫因翅面具毛而得名，通称石蛾，幼虫称为石蚕。体型为小型至中型，外观上似小型的蛾类。口器为咀嚼式。变态类型为完全变态，一生经过卵、幼虫、蛹、成虫等4个虫态。幼虫生活于湖泊、河流以及小溪中，偏爱较冷的无污染水域，生态学忍耐性相对较窄，是水流污染程度较好的指示昆虫，同时又是许多鱼类的主要食物来源，在淡水生态系统的食物网中占据重要位置。通常一个完整的生活史循环需要1年，但少数种类1年发生2代或2年发生1代，石蛾一生中大多数时间是在幼虫期度过的，卵期很短，蛹期需2~3周，成虫生活约1个月。成虫常见于溪水边，主要在黄昏和晚间活动，白天隐藏于植物中，不取食固体食物，但可吸食花蜜或水。毛翅目已知有2亚目、17科、约10 000种，我国已知有约850种。

中华石蛾

中华石蛾隶属于毛翅目、石蛾科。前翅长32 mm。触角黑色；下颚须、下唇须褐色，端部黑色；头红褐色，被稀疏的短灰毛；胸部棕色，前胸背板被灰色长毛，中胸背板具1对黑色“八”字形斑纹；足红褐色，前中足胫节具2排黑色斑点，每个斑点处着生1根刺，胫节端部与跗节黑色。前翅黄褐色，前缘具细小的褐色斑点，翅基后方具密结成网状的暗褐色斑纹，距翅端1/3处具1个圆形黄色斑；外缘呈深锯齿状，极为奇特；后翅宽大，深红褐色，翅端褐色。腹部棕褐色。中华石蛾1862年发现于我国北方，主要分布在古北区东部（朝鲜、乌苏里），南至上海有少数分布记录。自20世纪40年代至今再无采集记录。

中华石蛾是国家林业局令第7号《国家保护的有益的或者有重要经济、科学研究价值的陆生野生动物名录》中列入的昆虫种类。野外数量十分稀少，但也有非法捕采和非法买卖的现象发生。

第二十七章　鳞翅目

鳞翅目昆虫以翅面上布满鳞片而得名，通称为蛾子和蝴蝶，全世界已知16万多种，是昆虫中仅次于鞘翅目的第二大目，并且具有极大的经济重要性。鳞翅目幼虫除极少数外均取食显花植物，其中许多是农林害虫。同时，许多成虫能传粉，桑蚕、柞蚕、天蚕等是著名的产丝昆虫。口器为虹吸式。变态类型为完全变态，一生经过卵、幼虫、蛹、成虫等4个虫态。幼虫期是取食为害的主要时期，几乎全部为植食性，以显花植物为食。为害方式多种多样。在取食叶片的种类中，有自由取食的、卷叶的、缀叶的、潜叶的等类型。许多幼虫为潜叶性，在叶内取食。有些幼虫蛀茎、根、果等，少数造虫瘿。少数幼虫取食储粮或面粉，极少数幼虫捕食其他昆虫。蛾类成虫多在傍晚或夜间活动，为夜出性。多数蛾类有趋光性，尤其偏喜紫外光。蝶类成虫多在白天活动，为昼出性。成虫取食花蜜（有的种类不取食），但有极少数种类，如吸果夜蛾类的喙末端坚实而尖锐，能刺破柑橘、桃、梨等的果皮，吸食成熟果实的汁液或其他液体。

虫草蝙蝠蛾

虫草蝙蝠蛾是冬虫夏草的主要寄主昆虫。隶属于鳞翅目、蝙蝠蛾科。雄蛾翅展37~42 mm，雌蛾翅展40~45 mm，体黄褐色，胸部背面色稍深，体表被灰黄色长毛。前翅前缘深褐色，中室处具1个三角形的大灰斑，斑上面另具不规则的黑斑；中横线成1条断续的白色宽带，外横线灰黄色，缘线灰白，各线在各翅脉之间有不规则的黑点。后翅棕褐色，基部有灰黄色长绒毛。翅面斑纹变化较大，雌蛾一般色暗淡，黑斑明显；雄蛾色鲜艳，部分个体有铜绿色光泽。卵椭圆形，初产时浅绿色微有蓝光，孵化前灰褐色。卵壳中央具不规则的5瓣纹，其外有2层深色放射纹10~11条，各放射纹间有细纵条。老熟幼虫体乳白色至污白色，毛片深色。头棕褐色，额高与冠缝呈等边三角形，冠缝弯曲，上唇缺口浅，前缘刚毛6对。前胸背板乳黄色，腹足5对，趾钩圆，6~9行，臀足趾钩肾形。气门新月形，气门筛黄褐色，围气门片棕黑色。蛹头顶有角状瘤，胸部赭褐色，光滑。

虫草蝙蝠蛾在3 500~4 000 m的高山草甸区2年发生1代，多以3~5龄幼虫越冬。幼虫均生活于高山草甸和棕色、暗棕色针、阔叶林的土壤中，以植物根及根芽为食，越冬时潜于50~60 cm冻土层下方5~20 cm处，冬季常微见活动，来年老熟幼虫吐丝，黏结土粒，筑茧室，化蛹其中。在四川康定，6月中下旬至7月上旬为发蛾期，羽化后约0.5 h即攀附在草茎上展翅，寻找异性交配；雌蛾腹部粗大笨重，只能做跳跃式飞翔，雄蛾每次起飞也不过数米，高飞仅1~2 m；每头雌蛾产卵400~500粒。卵多堆产于地表土缝中，每堆10~30粒；9月底或延续到10月初有卵孵化。幼虫耐寒性强，在-3 ℃时亦不会被冻死，0 ℃时越冬幼虫即可复苏活动；在产地的土中一年四季都能挖到幼虫，幼虫共6龄。

虫草蝙蝠蛾分布于我国西藏、四川、云南、青海及甘肃等地海拔3 500 m雪线以上的草甸区，幼虫主要以蓼科植物珠芽蓼的地下块茎为食。海拔3 000 m以下由于寄主块茎变小而无法生存。冬虫夏草是我国药用昆虫中的珍品，具有很好的食疗价值，是与人参、鹿茸齐名的三大传统补品之一。

在虫草蝙蝠蛾产区，可能会出现为了获取经济利益而进行的盗窃、抢劫等犯罪活动，也有些犯罪分子可能为了经济利益出售假冒药用昆虫及其产物；在医院、药店、中医诊所、药材批发市场等犯罪现场也有可能出现它的踪迹。

褐缘白斑衣蛾

褐缘白斑衣蛾隶属于鳞翅目、谷蛾科。成虫体长6.5~8.5 mm。头、胸、腹被紫褐色及黄白色鳞片。前翅均匀锈褐色，上生少量暗褐色斑点，在中室端有1个不明显白点，沿后缘无淡色条纹。后翅淡褐色至黄褐色。缘毛色淡。成长幼虫头部黄褐色、暗褐色或赤褐色，前胸盾片、前胸侧板及臀板淡褐色，气门片及部分胸足黄褐色，胴部白色或近白色，毛片非经染色不明显，骨化板与毛片间的表皮密生微刺。

褐缘白斑衣蛾为世界性分布种。取食毛皮、羊毛及羊毛制品、羽毛、鸟粪、干动植物质。褐缘白斑衣蛾取食的尸体都是已经完全干化的尸体，是进入尸体较晚的昆虫。可以通过它的存在来推断尸体的死亡时间。

袋衣蛾

袋衣蛾隶属于鳞翅目、谷蛾科。成虫体长4.5~8 mm，翅展10~15 mm。头顶毛丛带黄色。下唇须长，伸向前下方，第2节有刚毛，第3节纺锤形。下颚须长，丝状。前翅淡灰褐色，有丝质光泽，散生少量暗褐色不明显微点，中室端有1个极明显的暗褐色圆点，近中室中部前、后缘各有1条模糊的暗褐色短纹。后翅灰白色，翅顶及外缘色较深。卵乳白色至淡黄色，扁平椭圆形，表面有光泽。成长幼虫头部暗褐色至黑褐色，前胸盾片及前胸侧板同样深色，但不带红色；胸足背面一部分及气门片淡褐色；胴体白色或近白色，毛片不明显或略明显，在骨化板与毛片间无微毛，仅密布微小隆起。腹足趾钩28~32个，内缺环。蛹黄褐色。触角达第4腹节，前翅伸达第6腹节后缘，后足跗节分离，达第7腹节尖端；各腹节背面近前缘处有锯齿状隆线1条，尾节最显著；尾端呈圆形。

在武汉，袋衣蛾以幼虫越冬，翌年4月中下旬开始活动，4月下旬至5月上旬化蛹，5月下旬至6月羽化。雄蛾善飞，雌蛾羽化1 d后即交配。卵单产或成块，每块约25粒，每头雌虫产卵32~150粒；初孵幼虫一般1 d后，即以丝缀碎屑做成两端开口、腹背扁平、可以带着移动的袋。袋外表粗糙，内壁光滑，幼虫移动时，伸出前半身负袋而行。在不适的环境中，幼虫能休眠8~20个月。

袋衣蛾分布于北京、台湾、湖北、西藏等地。幼虫嗜食毛、皮、蚕丝及其制品等含角蛋白的物品，亦取食合成纤维、混纺制品、书籍、干肉、干鱼、干动物标本、鸟粪、储藏的烟叶、乌头、胡椒、大麻、黑芥籽、生姜、鸢尾、罂粟果、亚麻籽、杏仁、辣椒、生药材等。

袋衣蛾取食的尸体都是已经完全干化的尸体，是进入尸体较晚的昆虫。可以通过它的存在来推断尸体的死亡时间。

大避债蛾

大避债蛾又名皮虫、大蓑蛾、昂吊虫、袋蛾、袋子虫、吊袋蛾。隶属于鳞翅目、袋蛾科。体长15~20 mm，翅展33~42 mm。雄蛾体翅皆褐色至黑色，翅脉黑色，前翅上有半透明的斑纹4~5条，翅面上的鳞粉很少，后缘之各室，有时为半透明。触角羽状。雌蛾粗壮，体肥大，无翅，淡黄色，藏于幼虫巢内，巢呈袋状；头极小，圆锥形，口器皆退化，腹末2节，有金黄色毛，尾端腹面，有细圆筒状之器官，此为雌蛾之生殖器。卵白色小型，产于蓑巢中之雌蛾蛹壳内，为300~800粒，以雌蛾之尾毛覆盖其上。初龄幼虫黄褐色，老熟幼虫果褐色，头部半圆形，口器发达，胸背淡黄色，有黑褐色斑纹，中央有黑褐色纵带。胸部发达，亦黑褐色。常栖于强固之蓑巢内，巢为纺锤状，外附小枝枯叶等碎片。雄蛹体暗褐色，长椭圆形，口器、触角、翅芽等都很明显，头不明显，胴部各节多横皱，尾端有小刺3根。雌蛹体赤褐色，椭圆形。

大避债蛾每年发生2代，有些地方1年发生1代，以老熟幼虫在蓑囊内越冬。成虫之羽化期，第1代为2~3月，第2代为9月，雌蛾羽化出来后仍栖于幼虫之蓑巢内。雄蛾飞来巢上，伏于雌蛾蓑巢外，以腹部插入蓑巢内与雌蛾进行交尾。雌蛾一般只交尾一次，雌蛾交尾后开始产卵。卵产于蛹壳内，经 30 d 左右孵化，幼虫即自巢口脱出，吐丝下垂，分散后各自另做新巢。幼虫成长，其巢亦渐增大，啮取枝屑片，贴附于体上，老熟后，即将蓑巢上端固着于寄主植物之干上，将体倒悬化蛹。雄蛾羽化时，自下方之巢口脱出，常将蛹体之大部分露出巢外。雌蛾寿命较长，15 d 左右；雄蛾寿命 3~5 d。为害茶、棉、咖啡、柑橘、龙眼、荔枝、葡萄、梨、木瓜、无花果、桑、蓖麻、榕树、木麻黄、茄子、蔷薇、茉莉、油桐、白杨、法国梧桐等。

大避债蛾分布于我国湖北、安徽、江苏、江西、广东、福建、台湾等地。活体幼虫伤断处流出的淡黄色体液可入药。将有幼虫的大避债蛾（皮虫）窝剪开，取出幼虫，用手指轻拿虫体，剪去幼虫的 1~2 只脚，将流出的淡黄色液体（5~10 滴）滴入消毒杯内（以一次用完为宜）备用。有清热解毒、生肌敛疮、消肿止痛的功效。

在药用昆虫生产和养殖基地、药用昆虫及衍生物加工厂有可能会发生因经济利益而进行的盗窃、抢劫等犯罪活动，在医院、药店、中医诊所、药材批发市场等犯罪现场也有可能出现它的踪迹。

咖啡潜叶蛾

咖啡潜叶蛾隶属于鳞翅目、潜蛾科。成虫翅展 4~6 mm，体长约 2 mm，头部、虫体、前翅及足（除端部黑色外）均为银白色。头部前面突起一簇伸展的银白色毛，其后鳞片向后平躺。触角线状，长约为前翅的 3/4，除基节膨大，密生银毛，形成与眼一样大小的绒毛状的眼帽外，触角其余部分呈灰黑色。前翅臀斑椭圆形，中央铁青色，有紫色光泽，在翅基部和前缘方包围有黄色带，该黄色带一直伸到翅端。前缘脉稍过中部处有 1 条明显的黄色带，其边缘缀有黑色鳞片，该色带伸向臀斑，有时几乎达到臀斑边缘。相隔相同距离的前缘脉还有 1 条黑色鳞片形成的条纹，斜伸向臀斑外方，并与近外缘的一个黑色鳞片组成的条纹相交成锐角三角形。在前翅的内缘和外缘及后翅四周长有灰黑色或褐色长缘毛。卵端部呈船形，有明显的纵脊纹，乳白色，随着胚胎发育的进行颜色逐渐加深。卵散产在叶片正面。老熟幼虫浅黄色，部分透明，扁平，身体可见体节 12 节。蛹淡黄色，眼暗色。触角一直延伸到 3 对足的下方。被约 6 mm 长呈“H”形的白色茧包围。

咖啡潜叶蛾估计 1 年发生 10 代。幼虫潜叶，幼虫孵化后从卵壳底部蛀入叶内，开始取食栅栏组织，剩下叶脉和上下表皮，在叶面上形成黄褐色潜道。当为害严重时，若干潜道往往交叠，形成一个大斑，幼虫在其端部或边缘取食，被害的幼树叶片常脱落。

咖啡潜叶蛾分布于危地马拉、萨尔瓦多、哥斯达黎加、古巴、牙买加、多米尼加、波多黎各、瓜德罗普岛、特立尼达和多巴哥、安的列斯群岛、哥伦比亚、委内瑞拉、圭亚那、厄瓜多尔、秘鲁、巴西、玻利维亚。寄主主要为咖啡属植物。可通过咖啡属植物植株或种苗的运输而进行远距离传播。

外来物种一旦进入我国境内，将会对我国的生态系统及生物多样性造成不可估量的破坏。目前这个物种还没有入侵到我国境内，因此，海关要严防死守、严格检疫，谨防它传入我国。

杨干透翅蛾

杨干透翅蛾隶属于鳞翅目、透翅蛾科。成虫前翅狭长，后翅扇形；前、后翅均透明，缘毛深褐色。腹部具 5 条黄褐相间的环带。雌蛾翅展 45~55 mm；触角棍棒状，端部尖而稍弯向后方；腹部肥大，末端尖而向下弯曲；产卵器淡黄色，稍伸出。雄蛾翅展 40~45 mm；触角栉齿状，较平直；腹部瘦小，末端长有 1 束密集的褐色毛丛。卵长圆形，褐色，表面光滑，无光泽。幼虫体圆筒形。初孵幼虫头黑色，体灰白色；老熟幼虫头深紫色，体黄白色。体表具稀疏黄褐色细毛。蛹褐色，纺锤形，尾部具粗壮的臀刺 10 根。

杨干透翅蛾在陕西榆林 3 年发生 1 代，当年孵化的幼虫蛀入树干后，多潜伏在树皮下或在木质部虫道内越冬。翌年 4 月初活动为害，至 10 月上旬停止取食，第 2 次越冬。老龄幼虫越冬后，第 3 年 3 月下旬再行为害，7 月下旬幼虫老熟化蛹，8 月中旬成虫出现，8 月底至 9 月初为羽化盛期，9 月中旬羽化结束。新一代幼虫 8 月底孵化蛀入树干为害，9 月中旬为孵化盛期，9 月下旬至 10 月上旬进入越冬。幼虫入侵后在树干内经过 2 个冬季，为害时间长达 22 个月。成虫羽化后多在树冠活动，飞翔力强，雌蛾交尾后，于次日中午开始产卵，持续 2~3 d。卵单粒或成团产于大树基部开裂之树皮深处。幼虫孵出后多于卵壳附近爬行，选择适宜场所后，开始蛀食树皮。蛀入孔多位于树皮裂纹的幼嫩组织上。老熟幼虫化蛹前 3~4 d 停止取食，于虫道顶端下方开凿羽化孔，吐丝黏结木屑，做 1 个圆筒形蛹室，化蛹其中。蛹期 18~25 d。

杨干透翅蛾分布于青海、甘肃、陕西、山西、内蒙古。它是杨树的重要蛀干害虫之一。

木材和苗木在国内省区之间的调运要严格履行检疫程序。在疫区内调运木材和苗木时，必须进行产地检疫，木材也必须经过剥皮、水浸、火燎等方法处理，苗木须经熏蒸处理，在确保无活虫的情况下方能调运。

北京举肢蛾

北京举肢蛾隶属于鳞翅目、举肢蛾科。成虫体长 4. 78~7. 8 mm，全体蓝黑色，闪蓝绿色荧光。头小，宽圆形，被鳞光滑。复眼近圆形，复眼下 1/3 周缘有 1 列刷状白鳞毛。触角丝状，被密长白毛。喙及下唇须发达，上弯呈弧形罩过头顶，达于前胸背部。前翅狭长，略呈马刀形，肩角发达，前缘中部微凹，顶角略上翘，具浓密缘毛。后翅小，披针形，黑色，缘毛长，前缘基部银灰色，翅基有白色区域，臀角突出部分也为白色。静止时左右翅呈屋脊状，端部稍平展分开，露腹端。卵矮瓶形，有的为卵圆形或椭圆形，乳白色，表面有整齐的纵向波纹。幼虫体肥胖，纺锤形。蛹黑褐色，近肾形。

北京举肢蛾 1 年发生 1 代，以蛹在槐花球蚧的雌介壳内越冬。翌年 4 月末开始羽化，5 月初为羽化盛期，5 月中旬为羽化末期。成虫补充营养后即可交尾产卵，卵期 6 d 左右，5 月中旬卵开始孵化，8 月在槐花球蚧体内化蛹，以蛹越冬。成虫一般在小枝、叶片或介壳上静伏，只在 17~20 时开始活动。成虫喜食糖蜜，5 月中旬槐花球蚧雌蛾大量分泌蜜露，这就为北京举肢蛾成虫提供了良好的补充营养条件。成虫有重复交尾现象。产卵时雌蛾在槐花球蚧体上爬来爬去，或跳跃，腹部不停地摆动，然后将卵产在槐花球蚧性孔外与枝条接触处，多数卵尖端入蚧体内，少数横卧在蚧体外。幼虫孵化后即由性孔钻入蚧体。一般 1 头槐花球蚧体内有 1 头北京举肢蛾。每头北京举肢蛾产卵 10~43 粒。幼虫 4 龄。有吐丝习性。常大量吐丝将虫体遮住。幼虫食量随寄主大小而异。一般寄主体大，卵粒多，则举肢蛾发育好，反之则发育差。

北京举肢蛾分布于北京、河北、宁夏。主要寄生在槐花球蚧的雌介壳内，取食蚧卵，是蚧的天敌。它是国家林业局令第 7 号《国家保护的有益的或者有重要经济、科学研究价值的陆生野生动物名录》中列入的昆虫种类。野外数量十分稀少，但不排除有人为了利益进行非法捕采和非法买卖。

橘花巢蛾

橘花巢蛾隶属于鳞翅目、巢蛾科。成虫翅展 10~12 mm。身体暗黄褐色。触角相对短。翅有长的缘毛。前翅有灰褐色的斑纹，在翅顶和后缘呈暗褐色。后翅非常狭窄，黄褐色。卵扁卵形，微凸。初产之卵乳白色，卵壳上有细脊纹。刚孵化的幼虫十分微小，无色。老熟幼虫身体颜色淡，呈浅褐色或污白色，头部和胸部背面颜色较深。蛹位于茧内，茧很松散，白色，细长。

橘花巢蛾在意大利的西西里地区，1 年发生 11 代，冬季 1 代，春季 3 代，夏季 4 代，秋季 3 代。卵和幼虫终年可见，但 1 月上中旬、5 月上旬、7 月中旬及 8 月底到 12 月底的数量最多。在 5~6 月或 8~9 月进行防治，效果最好。

橘花巢蛾分布于斯里兰卡、巴基斯坦、印度、日本、马耳他、斐济、美国、毛里求斯、西班牙、意大利、希腊、以色列、法国、葡萄牙、加那利群岛、土耳其、利比亚、摩洛哥、埃及、阿尔及利亚、津巴布韦、南非、突尼斯、黎巴嫩、巴勒斯坦、澳大利亚、新西兰。寄主有柑橘属植物、柠檬等。幼虫蛀果、花及芽，严重影响果实产量。可随苗木和果实的运输进行远距离传播。

外来物种一旦进入我国境内，将会对我国的生态系统及生物多样性造成不可估量的破坏。目前这个物种还没有入侵到我国境内，因此，海关要严防死守、严格检疫，谨防它传入我国。

玉米螟

玉米螟又名玉米钻心虫、玉米髓虫、粟野螟、钻心虫、挖心虫、钻茎虫、箭杆虫。隶属于鳞翅目、野螟科。中小型个体，雄蛾翅展 20~26 mm，雌蛾翅展 26~32 mm。雄蛾：头胸部和翅黄褐色，前翅内横线暗褐色，波纹状，内侧黄褐色，基部褐色；外横线暗褐色锯齿状，外侧黄褐色，再向外侧白色，后翅淡褐色，中央有 1 条浅色宽带，近外缘有黄褐色带，缘毛内半淡褐色外半白色。雌蛾：前翅鲜黄色，翅基 2/3 之部位有棕色条纹和 1 条褐色波纹状线，外侧有黄色锯齿状线，向外有黄色锯齿状斑，再外有黄褐色斑；头部黄褐色，触角鞭状，与体长几相等；复眼小，呈球状突出，暗褐色；下唇须发达，突向于前上方。胸部的毛甚长；腹部黄褐色，各节后缘呈白色横带，后数节略狭小。卵呈扁平椭圆形，排列成鱼鳞状，初产下的卵呈乳白色，扁而短。老熟幼虫两端稍尖，胴部背线明显，各节背面中央有横皱纹 1 条，前缘有黑褐色圆斑 4 个，做“一”字形排列。蛹纺锤形，褐色，尾末端具 5~8 个小钩。

玉米螟 1 年发生的代数，因各地气候不同而有差异。东北地区北部一年发生 1 代，吉林、辽宁、河北北部及内蒙古大部分地区 1 年发生 2 代，河南、山东、河北、山西、江苏、安徽、四川、湖南、湖北等地 1 年发生 3 代，浙江、江西等地 1 年发生 4 代，广西和台湾 1 年发生 5~6 代。海拔高度对玉米螟发生代数也有很大影响，如山西省东南部海拔 1 000 m 左右的地区，玉米螟只发生 1~2 代。最末一代幼虫主要在玉米、高粱、粟茎秆及玉米轴内越冬。翌年春幼虫化蛹羽化，成虫羽化后白天躲藏在作物及杂草间，晚上活动，成虫喜在高茂田产卵，多产于植物叶背中肋处。卵块呈条状，有卵 20~60 粒，每头雌蛾平均可产卵 400 粒左右。卵多在 9~11 时孵化，初孵化幼虫潜入玉米、高粱的叶心为害，后渐蛀入茎内和雄花柄、穗柄、穗头等处。成虫具趋光性，飞翔力甚强，能飞达 3 km 之远。幼虫一般蜕皮 4 次，到第 5 龄即进入老熟期，幼虫老熟后即在原蛀洞内化蛹，在化蛹茎秆的洞壁上咬一羽化孔，并吐丝封住。

玉米螟分布于我国辽宁、吉林、黑龙江、河北、河南、山东、山西、陕西、江苏、浙江、四川、广西、广东、台湾。新鲜或干燥全体入药，名钻秆虫。多于春季劈开有虫口的秫秸，取出幼虫，鲜用或用沸水烫死晒干备用。有凉血止血、清热解毒的功能。

在玉米螟养殖基地、药用昆虫及衍生物加工厂有可能会发生因经济利益而进行的盗窃、抢劫等犯罪活动，在医院、药店、中医诊所、药材批发市场等犯罪现场也有可能出现它的踪迹。

猕猴桃举肢蛾

猕猴桃举肢蛾又名猕猴桃展足蛾，隶属于鳞翅目、织蛾科。猕猴桃举肢蛾的触角灰白色，亚节间有明显的暗色环。头部灰白色，混有黄褐色鳞片。胸部背面橙黄色。腹部背面褐色。前翅鲜黄褐色，混有暗色鳞片和少量白色鳞片；缘毛长过翅宽，灰褐色。后翅灰褐色，混有白色鳞片；缘毛很长，灰褐色。幼虫头部黑色或暗褐色，颜色均匀。身体褐色，有紫色色调。幼虫的粪便堆积在网外。

猕猴桃举肢蛾 1 年发生 2 代，第 1 代为害期在 1~2 月，第 2 代为害期在 3~5 月，其中第 1 代的幼虫数量最多。幼虫通常取食干枯的植物体，如柳树上残留的花絮等。在果园中，存在大量枯枝落叶的防护林中常有较多的虫源。在果树的果实形成不久，猕猴桃举肢蛾幼虫即在果实上结网，取食果实上残留的花瓣，在此过程中，这些幼虫也在果皮上结网，并部分地以果皮为食，在果实上部的果皮上形成咬痕伤疤，严重影响果实的品质。

猕猴桃举肢蛾分布于新西兰。寄主有猕猴桃、柿、苹果等。可随果实、带枯枝落叶的苗木的运输进行传播。

外来物种一旦进入我国境内，将会对我国的生态系统及生物多样性造成不可估量的破坏。目前这个物种还没有入侵到我国境内，因此，海关要严防死守、严格检疫，谨防它传入我国。

蔗扁蛾

蔗扁蛾又名香蕉蛾。隶属于鳞翅目、辉蛾科。原产于非洲热带、亚热带地区。成虫体长 7.5~10 mm。翅披针形。前翅有 2 个明显的黑褐色斑点和许多细褐纹。触角丝状。足粗壮而扁，跗节最长，后足胫节有 2 对距。卵椭圆形，淡黄色。幼虫乳白色，透明。蛹亮褐色，背面暗红褐色，首尾两端多呈黑色。

在广东、北京、海南、福建、河南、新疆、四川、上海、江苏和浙江等地均发现其分布为害，在这些地区凡能见到巴西木（金边香龙血树）的地方都有蔗扁蛾发生为害。有迅速向全国扩散的趋势，在南方发生更严重。巴西木是蔗扁蛾的重要寄主。蔗扁蛾可随寄主植物的调运进行远距离传播。蔗扁蛾在北方 1 年发生 3~4 代，在温度较高的条件下，可达 8 代之多。以幼虫在大棚、温室盆栽花卉的盆土内越冬。幼虫蜕皮 6 次，共 7 龄。幼虫活动能力极强，行动敏捷，蛀食植物的皮层、茎秆，咬食新根。成虫羽化前，蛹的头胸部露出蛹壳，约 1 d 后成虫羽化。在野外受害的巴西木和发财树等植物上，常可见成群露出虫洞外的蛹壳，这是成虫羽化后留下的。羽化后的成虫喜暗，常隐藏于树皮裂缝或叶片背面。成虫在羽化后 4~7 d 产卵。卵散产成堆，产下的卵单粒或成团。初孵幼虫吐丝下垂，很快钻入树的皮层为害，尤其以 3 年以上巴西木的干皮内蛀食最重。

作为为害严重的外来入侵物种，它可以随寄主植物活体的调运做远距离传播。如果不加以管制，甚至可以扩散到全国大部分地区。因此我们在对园林植物苗木、植株及其他材料进行引种调运的过程中，一定要将它与农林害虫一样对待，严格进行检疫，严禁危险性害虫的传入或传出，对已传入的要及时封锁，就地消灭。海关要严格检疫，防止这些害虫再次入侵我国。

桃条麦蛾

桃条麦蛾又名桃枝麦蛾、桃梢蛀虫、桃果蛀虫。隶属于鳞翅目、麦蛾科。原产于欧洲地中海地区。成虫体长 5.5~7 mm，翅展 12~15 mm。身体背面灰黑色，腹面灰白色。头部具褐色鳞片。触角基部周围至头顶有灰白色毛簇。触角丝状，长度约达展翅的 2/3。下唇须伸出于头的上前方。前翅披针形，加缘毛则呈桨形，灰黑色，前缘中间有长条形黑褐斑，中室处有纺锤形黑褐斑，此外还有黑褐色及灰白色不规则的条纹。后翅灰色，后缘及外缘具长缘毛，基部尤长。后足胫节具长的灰白色毛。卵椭圆形，初产时白色，后为淡黄色，孵化前为灰紫色。卵表面有皱纹。初孵幼虫白色，经 2~3 h 变为暗红褐色，头、前胸背板和胸足深褐色。蛹褐黄色，体表布满绒毛，臀棘 24 根，呈小钩状。

桃条麦蛾在新疆 1 年发生 4 代，以幼龄幼虫越冬。翌年 4 月上中旬，叶芽开始萌动时幼虫开始活动取食。经 18~25 d 化蛹。蛹经 10~12 d 羽化。成虫寿命 8~12 d。一般约 1 个月完成 1 代。第 1 代发生于 5 月至 7 月上旬，第 2 代发生于 7 月上旬至 8 月上旬，第 3 代发生于 8 月上旬至 9 月上中旬，越冬代以幼龄幼虫越冬。成虫于后半夜羽化，白天躲藏在叶背或其他隐蔽处，夜间活动飞翔。趋光性不强。对糖醋气味有趋性。羽化后次日交尾，再经过一个白天，即开始产卵，第 3~4 d 大量产卵。卵产于叶片主脉两侧、叶腋、果实两端及虫蛀伤疤处，卵呈小堆，每堆少者 1~2 粒，多者 10 余粒。第 1 代幼虫孵化后多从嫩梢顶端向下第 4、5 个叶腋处蛀入梢内，蛀孔处留有疤痕。每枝嫩梢内有 1~3 条幼虫蛀食。第 2、3 代幼虫不但蛀害嫩梢，而且蛀食果实，包括花蕊、子房、嫩果的核仁和大果的果肉。幼虫老熟后在干枯的卷叶内、干梢的蛀孔内、树杈、树皮裂缝和伤疤处化蛹。末代幼虫取食至 10 月中旬，然后潜藏在冬芽内或伤疤隙缝中越冬。

桃条麦蛾分布于新疆、河北、陕西等地。主要随果实或寄主的繁殖材料或包装材料做远距离传播；成虫可在小范围内飞行扩散。为害沙枣、桃、杏、李和樱桃等果树。幼虫蛀害嫩梢和果实。

作为为害严重的外来入侵物种，如果不加以管制，甚至可以扩散到全国大部分地区。因此我们在对植物苗木、植株及其他材料进行引种调运的过程中，一定要将它与农林害虫一样对待，严格进行检疫，严禁危险性害虫的传入或传出，对已传入的要及时封锁，就地消灭。海关要严格检疫，防止这些害虫再次入侵我国。

麦蛾

麦蛾隶属于鳞翅目、麦蛾科。原产于墨西哥。成虫体长 4~6 mm，体浅黄色或黄褐色，具光泽。头顶和颜面密布灰褐色鳞毛；复眼圆形，黑色；触角细长，呈丝状，较前翅为短。有喙，下唇须 3 节，向上弯曲，超过头顶；第 2 节披有粗圆鳞片，腹面粗糙；第 3 节长于第 2 节，细长而尖且弯曲。前翅灰黄色，呈竹叶形，翅端较细，通常在翅端部及翅中横线处各有 1 个由若干黑色鳞片形成的小黑点，后缘毛长，褐色；后翅灰白色，呈菜刀形，外缘凹入，顶角尖而突出，后缘毛很长，几乎与翅面宽度相等。卵扁椭圆形，一端较细呈平截状，表面具纵横凸凹纹数条；初产时乳白色，后变为浅红色。幼虫乳白色，头部小，淡黄褐色；口器黑褐色；侧单眼 6 对。胸部较粗肥，胸足极小。腹部各节依次向末端逐渐细小，体光滑，各节略有皱纹，无斑点，刚毛细小；腹足退化，每足顶端着生 1~3 个微小的褐色趾钩。蛹黄褐色，每个腹节两侧各有 1 个细小瘤状突起，腹部末节圆而小，其背部中央有 1 根深褐色短而直的角刺，其左右两侧又各有 1 个褐色角状突起。

麦蛾 1 年发生的代数随温度、湿度和食料等环境条件的不同而有差异。一般在寒冷的北方地区 1 年发生 2~3 代，在温暖的南方地区 1 年发生 4~6 代，气温高的地区最多可发生 12 代，多以老熟幼虫在粮粒中越冬，极少数以蛹或低龄幼虫在粮粒内越冬。在江西，麦蛾从越冬幼虫到翌年 6 月出现第 1 代成虫，大部分在田间产卵繁殖，7 月上旬出现第 2 代成虫，7 月底出现第 3 代成虫，8 月底出现第 4 代成虫，9 月底或 10 月上旬出现第 5 代成虫，11 月上旬或中旬出现第 6 代成虫。

麦蛾在我国分布于除西藏、新疆外的其他各省区。麦蛾是我国储粮的重要害虫，在长江以南地区为害尤为严重。该虫以幼虫蛀食禾谷类粮粒，被害粮粒大部分被蛀空，以小麦和稻谷受害最严重，其次为玉米及高粱。

麦蛾给人类的生活造成很大的影响和不便，甚至会影响到人类的生存。而且由于它生活在谷物粮仓、粮食加工厂、肉食加工厂、皮革厂、书库、制药厂、药店、动植物标本库房等相对封闭的环境中，所以，在这些环境中发生的犯罪案件有可能出现它的踪迹，可以此作为破案的线索之一。

白痣姹刺蛾

白痣姹刺蛾隶属于鳞翅目、刺蛾科。雌雄异色。雄蛾灰褐色，体长 9~11 mm，翅展 23~29 mm；触角灰黄色，基半部羽毛状，端半部丝状；下唇须黄褐色，弯曲向上。前翅中室中央下方有 1 个黑褐色的近梯形斑，内窄外宽，上方有 1 个白点，斑内半部棕黄色，中室端横脉上有 1 个小黑点。雌蛾黄白色，体长 10~13 mm；翅展 30~34 mm；触角丝状；前翅中室下方有 1 个不规则的红褐色斑纹，其内缘有 1 条白线环绕，线中部有 1 个白点，斑纹上方有 1 个小褐斑。卵椭圆形，片状，蜡黄色，半透明。1~3 龄幼虫黄白色或蜡黄色，前后两端黄褐色，体背中央有 1 对黄褐色的斑。4~5 龄幼虫淡蓝色，无斑纹。老龄幼虫体长椭圆形，前宽后狭，体上覆有一层微透明的胶蜡物。茧白色，椭圆形。蛹粗短，栗褐色，触角长于前足。

白痣姹刺蛾在广州 1 年发生 4 代，以蛹越冬。翌年 3 月底 4 月初出现为害。成虫多在 19~20 时羽化。大部分蛾在羽化后的第 2 晚交尾，交尾后次日晚产卵。卵单产于叶面或叶背，以叶背为多。第 3 代成虫每头雌蛾产卵 12~274 粒。成虫有趋光性；寿命 3~6 d。第 1 代卵期 4~8 d，受寒潮影响较大；第 2、3 代卵期 4 d；第 4 代卵期 5 d。1~3 龄幼虫多在叶面或叶背啮食表皮及叶肉，4~5 龄虫可取食整叶，幼虫蜕皮前 1~2 d 固定不动，蜕皮后少数幼虫有食蜕现象。幼虫蜕皮 4 次，化蛹前从肛门排出一部分水液才结茧。幼虫常在两片重叠叶间结茧。少数在枝条上结茧。第 1~3 代蛹期 15~27 d；越冬代蛹期 90~150 d。该虫在林缘、疏林等处和幼树上发生数量多，为害严重。树冠茂密，或郁闭度大的林分受害较轻。在华南地区雨季（3~8 月）发生较轻，旱季为害严重。

白痣姹刺蛾分布于我国江西、福建、广东、广西、海南、贵州。为害油桐、八宝树、秋枫、柑橘、茶、咖啡、刺桐。它是我国南方阔叶树上一种常见的刺蛾。

白痣姹刺蛾是对人、畜能造成一定危害的有毒动物，幼虫体上的刺毛与毒腺相通，刺毛接触人的皮肤后，毒液可注入人体皮肤内，引起不同程度的皮肤肿痛，轻者数日内消退，重者病情达数月之久。有人可能会利用它进行违法犯罪活动，在某些犯罪现场也有可能出现它的踪迹。

黄刺蛾

黄刺蛾

黄刺蛾又名洋辣子、毛八角、刺毛虫、天浆子。隶属于鳞翅目、刺蛾科。雌蛾体长15~17 mm，翅展35~39 mm；雄蛾体长13~15 mm，翅展30~32 mm。体橙黄色。前翅黄褐色，自顶角有1条细斜线伸向中室，斜线内方为黄色，外方为褐色；在褐色部分有1条深褐色细线自顶角伸至后缘中部，中室部分有1个黄褐色圆点。后翅灰黄色。卵扁椭圆形，一端略尖，淡黄色，卵膜上有龟状刻纹。老熟幼虫体粗大，头部黄褐色，隐藏于前胸下，胸部黄绿色，体自第2节起，各节背线两侧有1对枝刺，以第3、4、10节的为大，枝刺上长有黑色刺毛；体背有紫褐色大斑纹，前后宽大，中部狭细呈哑铃形，末节背面有4个褐色小斑；体两侧各有9个枝刺，体侧中部有2条蓝色纵纹，气门上线淡青色，气门下线淡黄色。蛹椭圆形，粗大，淡黄褐色，头、胸部背面黄色，腹部各节背面有褐色背板。茧椭圆形，质坚硬，黑褐色，有灰白色不规则纵条纹，极似雀卵。

黄刺蛾在我国除宁夏、新疆、贵州、西藏目前尚无记录外，几乎遍布全国其他省区。它是林木、果树的重要害虫。黄刺蛾在辽宁、陕西1年发生1代，在北京、安徽、四川1年发生2代。在合肥，黄刺蛾幼虫于10月在树干和枝杈处结茧越冬。翌年5月中旬开始化蛹，5月下旬始见成虫，5月下旬至6月为第1代卵期，6~7月为幼虫期，6月下旬至8月中旬为蛹期，7月下旬至8月为成虫期；第2代幼虫8月上旬发生，10月结茧越冬。成虫夜间活动，趋光性不强。雌蛾多在叶背产卵。每头雌虫产卵49~67粒，卵多单产或3~5粒产于叶背主脉两侧。幼虫7龄，低龄幼虫仅食叶片的下表面和叶肉，4龄后可食整叶，使叶片上形成孔洞、缺刻，甚至使叶片仅留叶脉；老熟幼虫在树木上杈处做茧，茧由唾液缀丝及体毛等物黏结而成，质地坚硬，形如瓮；由于雀喜食茧中的幼虫，所以又称雀瓮、雀饭碗。

雀瓮是一种中药材，性味甘、平，无毒。有清热定惊、散风解毒的功效。在雀瓮产区有可能会发生因经济利益而进行的盗窃、抢劫等犯罪活动，在医院、药店、中医诊所、药材批发市场等犯罪现场也有可能出现它的踪迹。

黄刺蛾是对人、畜能造成一定危害的有毒动物，幼虫体上的刺毛与毒腺相通，刺毛接触人的皮肤后，毒液可注入人体皮肤内，引起不同程度的皮肤肿痛，轻者数日内消退，重者病情达数月之久。有人可能会利用它进行违法犯罪活动，在某些犯罪现场也有可能出现它的痕迹。

窃达刺蛾

窃达刺蛾隶属于鳞翅目、刺蛾科。雌蛾体长8~10 mm，翅展18~22 mm，触角丝状；雄蛾体长7~9 mm，翅展16~22 mm，触角羽毛状。头部灰色；复眼大，黑色；胸部背面有几束灰黑色长毛，腹部被有细长毛。前翅灰褐色，有5条明显的黑色横纹，后翅暗灰褐色。卵淡黄色，质软，椭圆形。幼虫身体扁平，胸部最宽，腹部往后逐渐变细。刚孵化的幼虫白色；老熟幼虫头小，黑褐色，体背褐色或深黄色，上有1个近“工”字形的黑褐色斑纹。蛹黄绿色，除翅外，其余附肢白色。茧坚硬，褐色，蛹壳上有黄色毒毛。

窃达刺蛾在广西南部1年发生3代，以幼虫在叶背面越冬。第1代发生于5~8月，第2代发生于

8~10 月，越冬代发生于 11 月至翌年 5 月。成虫白天喜栖息在阴凉的灌木丛中，晚上活跃，有趋光性。羽化后第 2 d 傍晚开始交尾。交尾后次日开始产卵，产卵量为 50~150 粒。刚孵化的幼虫只取食叶表皮，把叶咬成透明的小洞，随着虫龄的增长，最后把叶片吃光，再向其他地方转移。化蛹前 1 d 停止取食，爬到树根上方及附近的枯枝落叶层中化蛹。成虫羽化前，蛹活动剧烈，羽化后成虫将茧咬开一个圆盖钻出。

窃达刺蛾分布于广西、广东。为害米老排、石梓、火力楠、香梓楠、荷木、山桑、重阳木等多种阔叶树。

窃达刺蛾是对人、畜能造成一定危害的有毒动物，幼虫体上的刺毛与毒腺相通，刺毛接触人的皮肤后，毒液可注入人体皮肤内，引起不同程度的皮肤肿痛，轻者数日内消退，重者病情达数月之久。有人可能会利用它进行违法犯罪活动，在某些犯罪现场也有可能出现它的踪迹。

迹斑绿刺蛾

迹斑绿刺蛾又名樟刺蛾。隶属于鳞翅目、刺蛾科。雌蛾翅展 38~42 mm；雄蛾翅展 28~37 mm。头翠绿色，复眼黑色，触角褐色，雌蛾触角丝状，雄蛾触角近基部十几节为单栉齿状。胸背翠绿色，前端有一小撮褐色毛。前翅翠绿色；翅基浅黄色，其外有深褐色晕圈；外缘线浅褐色，呈波状宽带；缘毛褐色。后翅浅褐色，缘毛褐色。足浅褐色。腹部浅褐色。卵扁椭圆形，黄绿色。老熟幼虫头红褐色，身体翠绿色，背线紫色，其两侧具黑色边。蛹卵圆形，褐色。茧椭圆形，深褐色，上附黑色毒毛。

迹斑绿刺蛾在杭州 1 年发生 2 代，以老熟幼虫结茧越冬。4 月中下旬化蛹，5 月下旬至 6 月羽化产卵，1 周后幼虫孵化，幼虫期 30 d 左右，幼虫至 7 月中下旬老熟结茧化蛹，8 月上旬开始第 1 代成虫羽化产卵，8 月中旬为产卵盛期，8 月下旬至 9 月为第 1 代幼虫为害盛期，9 月后结茧越冬。卵多数散产于叶片上，初孵幼虫不取食；2 龄后啮食脱下的蜕及叶肉；4 龄后咬穿叶表皮；6 龄后自边缘蚕食叶片。多于树皮缝内或树干基部结茧。成虫有趋光性。

迹斑绿刺蛾分布于吉林、江西、浙江、四川、云南。为害鸡爪槭、板栗、七叶树、沙朴、重阳木、香樟、樱花。

迹斑绿刺蛾是对人、畜能造成一定危害的有毒动物，幼虫体上的刺毛与毒腺相通，刺毛接触人的皮肤后，毒液可注入人体皮肤内，引起不同程度的皮肤肿痛，轻者数日内消退，重者病情达数月之久。有人可能会利用它进行违法犯罪活动，在某些犯罪现场也有可能出现它的踪迹。

重阳木斑蛾

重阳木斑蛾又名重阳木帆锦斑蛾。隶属于鳞翅目、斑蛾科。成虫翅展 47~70 mm。头小，红色，有黑斑。触角黑色，双栉齿状，雄蛾触角较雌蛾的宽。前胸背面褐色，前、后端中央红色。中胸背面黑褐色，前端红色；近后端有 2 个红色斑纹，或连成“U”形。前翅黑色，反面基部有蓝光。后翅亦黑色，自基部至翅室近端部（占翅长 3/5）蓝绿色。前后翅反面基斑红色，后翅第 2 中脉和第 3 中脉延长成一尾角。腹部红色，有黑斑 5 列，自前而后渐小，但雌蛾黑斑较雄蛾为大，以致雌蛾腹面的 2 列黑斑在第 1 至第 5 或第 6 节合成 1 列。雄蛾腹末截钝，凹入；雌蛾腹末尖削，产卵器露出呈黑褐色。卵卵圆形，略扁，表面光滑，初为乳白色，后为黄色，近孵化时为浅灰色。幼虫蛞蝓型；体肥厚而扁，体具枝刺，有些枝刺上具有腺口。蛹初化蛹时全体黄色，腹部微带粉红色。茧白色或略带淡褐色。

重阳木斑蛾在福建福州 1 年发生 4 代。以不同龄期的幼虫在重阳木枝干的木栓层下、树皮裂缝间、断枝切口凹陷处及黏结重叠的叶片间潜伏过冬；也有极少数老熟幼虫入冬后在树下结茧化蛹越冬。冬季和暖之日越冬幼虫仍能取食为害。越冬幼虫至翌年 3~4 月老熟后下树结茧，4 月间化蛹，4 月中下旬或 5 月上旬开始羽化为成虫，5 月中下旬为发蛾盛期。第 1 代幼虫于 5 月下旬盛孵，6 月上中旬为食害盛期，6 月中下旬至 7 月上旬下树结茧化蛹，6 月下旬至 7 月上旬为羽化盛期。第 2 代幼虫于 7 月上中旬盛孵，7 月下旬幼虫能在 3～4 d 把全树叶片吃光，8 月上中旬下地结茧化蛹，8 月中下旬为羽化盛期。第 3 代幼虫于 8 月下旬盛发，常见于 9 月上旬食尽全树绿叶，仅余枝丫，10 月中下旬陆续见蛾。第 4 代幼虫发生于 11 月中旬，11 月下旬开始越冬。成虫都在白天羽化，以中午为多。常在羽化的当天或次日 14～20 时交尾。成虫产卵于枝干皮下。卵粒紧密排列叠连成片。

重阳木斑蛾分布于江苏、浙江、湖北、湖南、福建、台湾、广东、广西、云南。只为害重阳木。虽然重阳木斑蛾是重阳木害虫，但由于其成虫体型大、翅色彩鲜艳、飞翔姿态优美，因而成为收藏家及爱好者收藏的目标，甚至有人不惜重金收购。这也刺激了谋利者为了获得经济利益而进行狂捕滥采和非法买卖等犯罪活动，导致该种的数量不断减少以至于走向濒危的边缘。也有很多人会为了利益在未取得国家重点保护野生动物及其制品经营许可证的情况下，进行相关经营活动，这样做就触犯了刑律。

斜纹卷蛾

斜纹卷蛾隶属于鳞翅目、卷蛾科。成虫翅从深褐色到浅褐色，雌雄蛾均有 1 条斜纹从前翅前缘斜内后伸，也有其他深色区域，但位置变化不定，休息时翅平伏体背。雌蛾翅展 20～28 mm；雄蛾翅展 17～24 mm。雄蛾触角基 10 节着生黑色鳞片；胸、肩部鳞片平贴体表；后翅有肘栉。雄蛾抱器长，非三角形，有抱器背；钩形突较尖。雌蛾生殖器管带纵向 S 状裂为两股，与交配囊连接端膨大，管带长接近囊导管的 1/2，囊突（球端）顶端发达立起。卵成块产于寄主植物叶表。初产时浅绿色，接近孵化时浅黄色。幼虫刚孵化时浅绿色。2 龄以后头部变黑，此后由深褐色变为红褐色。老熟幼虫头部可能有模糊的红斑纹，胴体还保持绿色。蛹开始时鲜绿色，但很快变为浅褐色，并进一步变化，到羽化前为深褐色。每年发生 4～6 代。在常绿树、灌木和地表植物上越冬。

斜纹卷蛾分布于新西兰。主要发生于北岛的北部，往南种群密度逐渐下降。寄主植物有猕猴桃、苹果、杏、桃、鳄梨、越橘、草莓、柑橘、葡萄、柿、悬钩子等。主要以幼虫为害花后幼果和收获后的果实，但也取食嫩梢、叶、茎和芽等，低龄幼虫在卷叶的内表面取食，但老熟幼虫则取食整个叶片。低龄幼虫和老熟幼虫均可吐丝做网将叶片和果实粘在一起，并啃食果实；也可能藏匿在果萼部位进行远距离传播。

外来物种一旦进入我国境内，将会对我国的生态系统及生物多样性造成不可估量的破坏。目前这个物种还没有入侵到我国境内，因此，海关要严防死守、严格检疫，谨防它传入我国。

樱小卷蛾

樱小卷蛾隶属于鳞翅目、卷蛾科。成虫前翅长 4～5 mm，翅展 9～11 mm，灰褐色，雌蛾色深，中部有宽横带，雄蛾下表自近基部到中部有褐色斑；雄蛾后翅基半部有大深褐色斑，雌蛾后翅基半部色浅。卵椭圆形，浅奶油色。幼虫第 1 龄白色，头黑。末龄幼虫虫体浅粉红色，体表毛片褐色，较明显，头亮褐色，前胸盾浅褐色，前胸气门前毛片上有毛 3 根。第 9 节背中央毛片与两侧毛片靠近。亚腹毛通常 1 对。腹足趾钩为环状。臀板褐色，有臀栉。蛹金褐色，第 2～9 腹节有 1 或 2 列背刺，第 4～6 节有背刺 2 列或不规则。

樱小卷蛾以老熟幼虫越冬。5 月或 6 月初在越冬地点化蛹。取食樱桃，幼虫在樱桃上发育化蛹，蛹历期 29 d。成虫在 6 月中旬到 7 月初出现。卵单产于苹果梢嫩叶或其他寄主果实上，通常产于缝隙中或粗糙区域上。卵期 7～10 d，幼虫蛀入果实或苹果嫩梢。在樱桃和越橘内，幼虫历时 3 周老熟，于 7 月中旬到 8 月中旬出果，开始构筑越冬场所。幼虫可能蛀入折断的或被修剪的树枝里，吐丝铺垫腔洞，且封盖开口，也可能在树皮缝隙或土壤内结茧化蛹。一般每年发生 1 代。6 月末幼虫老熟，7 月间可见成虫，8 月蛾出现，幼虫在丝状蛀孔中或树皮缝隙中的茧内越冬。

樱小卷蛾分布于加拿大、美国和墨西哥。寄主主要有樱桃、苹果和越橘，其他还有李、桃和梨等。欧洲及地中海植物保护组织将其列入一类检疫性害虫。该虫成虫可短距离飞行，幼虫主要随果实的运输做远距离传播，美国曾在来自墨西哥的果实内截获该虫。

外来物种一旦进入我国境内，将会对我国的生态系统及生物多样性造成不可估量的破坏。目前这个物种还没有入侵到我国境内，因此，海关要严防死守、严格检疫，谨防它传入我国。

苹果蠹蛾

苹果蠹蛾又名苹果小卷蛾。隶属于鳞翅目、卷蛾科。成虫体型小，翅展 15~22 mm。整个身体灰褐色带紫色光泽，复眼深褐色，静止的时候，它的前翅会将后翅遮盖，覆盖在身体的背部。翅面上的斑纹颜色具有很好的保护功能，使得它在树干上停落时并不太容易被发现。它最显著的形态特征是位于前翅臀角处的 1 个大块深褐色并带有青铜光泽的翅斑。卵略呈椭圆形，很扁平，中央部分略微有点隆起。刚产下的卵呈半透明状，就像极薄的蜡滴。几天后，卵的中央会显示出 1 个断断续续的红色的圈，这个阶段称为红圈期。等到快要孵化的时候，这个红圈会逐渐消失。刚孵化出来的幼虫身体呈淡黄白色，以后逐渐呈淡红色。蛹的身体呈淡黄褐色，复眼黑色。第 2~7 腹节背面各节的前后均有 1 排整齐的刺。雌蛹的生殖腔在腹面第 8 节，而雄蛹的在第 9 节。

苹果蠹蛾幼虫

苹果蠹蛾蛹

苹果蠹蛾在新疆北部 1 年发生 2 代和不完全 3 代；在新疆南部（库尔勒）1 年发生 3 代，以老熟幼虫在树皮下及果品包装材料中做薄茧越冬。翌年春季日平均气温高达 10 ℃或以上时，越冬幼虫自 3 月下旬至 5 月下旬化蛹，4 月下旬至 5 月上旬为羽化盛期。因此，成虫的羽化期、产卵期和下一代幼虫的蛀果期持续时间也长。通常在苹果花期结束时，成虫才开始羽化。第 1 代卵期在 5 月下旬，幼虫孵化盛期在 5 月下旬至 6 月初，6 月底至 7 月初是化蛹盛期，7 月上旬为成虫羽化盛期。7 月初至 7 月中旬为第 2 代卵期，幼虫孵化盛期在 7 月中旬，化蛹盛期在 8 月中旬至下旬，9 月下旬为成虫羽化盛期。第 3 代卵期在 9 月底至 10 月初，10 月上旬为幼虫孵化盛期，10 月下旬开始越冬。

苹果蠹蛾分布于我国新疆天山南北 9 个地区 58 个县（市）和甘肃酒泉地区（敦煌）。主要为害苹果、沙果、库尔勒香梨，也为害桃、杏、李、核桃、石榴等果树。主要随带幼虫和蛹的果实、植株或附着果品的包装物或填充物等的调运进行远距离传播。

苹果蠹蛾成虫

作为为害严重的外来入侵物种，它可以随寄主植物活体的调运做远距离传播。如果不加以管制，甚至可以扩散到全国大部分地区。因此我们在对园林植物苗木、植株及其他材料进行引种调运的过程中，一定要将它与农林害虫一样对待，严格进行检疫，严禁危险性害虫的传入或传出，对已传入的要及时封锁，就地消灭。海关要严格检疫，防止这些害虫再次携带外来物种入侵我国。

石榴茎窗蛾

石榴茎窗蛾隶属于鳞翅目、窗蛾科。成虫翅展30~43 mm。体乳白色微黄，有丝光。前翅前缘有11~16条褐色斜纹，顶角有1个不规则的褐色斑，斑下方内陷，弯曲呈钩状。臀角有茶褐色斑纹，近后缘有数条短横纹。后翅白色透明，基横线、内横线、中横线、外横线均为茶褐色，有深色边，中横线下部分为2条。腹部白色，各节背面有茶褐色横带。腹部腹面和足内侧及各节间有白色毛。卵椭圆形，初产时白色，渐变为褐色。老熟幼虫青黄色，头褐色，前胸背板淡褐色，后部有3列深褐色弧形带，带上有钩刺。蛹深褐色，头和腹末紫褐色。

石榴茎窗蛾在山东1年发生1代，以幼虫在蛀道内越冬。翌年4月初开始继续蛀食，5月下旬开始在蛀道内化蛹，6月下旬至7月上旬为化蛹盛期，6月中旬始见成虫，7月中下旬为羽化盛期。幼虫于7月上旬开始孵化，7月下旬至8月上旬为孵化盛期，幼虫为害至11月上旬进入越冬态。成虫羽化后，白天隐蔽在寄主枝干上或叶背面，并进行交尾，雌雄虫一生可交尾3~5次。交尾后1~2 d开始产卵。卵散产在树冠外围新梢顶端的芽腋处。幼虫孵化后在芽腋处蛀食，2~3 d后蛀入新梢，并逐渐进入髓心向下蛀食，每隔一定距离向外咬1个圆形排粪孔，排粪孔多开口在枝梢半阴面，呈一直线，孔间距随虫龄增大而增长。新梢受害后3~5 d即发生枯萎，极易发现。越冬前幼虫多仅蛀害当年新梢，越冬后幼虫继续向下蛀入2年生或多年生枝。幼虫老熟后上移至距蛀道底部15 cm左右处，向外咬1个椭圆形羽化孔，然后退到羽化孔下方化蛹。成虫羽化后，蛹壳留在羽化孔处。

石榴茎窗蛾分布于我国河北、山西、陕西、河南、山东、安徽、浙江、云南。幼虫蛀食石榴嫩梢，致使当年新梢枯死，严重影响石榴的开花结果。

由于石榴茎窗蛾在其分布地区的寄主植物上常见，所以，在这些地区的犯罪现场有可能出现它的踪迹，或者可以利用它的存在来反推犯罪第一现场。

米黑虫

米黑虫又名茶蛀虫、茶虫。隶属于鳞翅目、螟蛾科。雌蛾翅展32~34 mm；雄蛾翅展22~26 mm，黄褐色，有分散的黑色鳞片，头顶有一小丛灰黄色细毛。前翅黄褐色，布满黑鳞，构成4条波纹不明显的斑纹，前缘有1排紫黑色及黄褐色斑纹，外缘有1排紫黑色锯齿状小斑；后翅淡黄褐色，靠近前缘色泽较深，有1条不明显的黄白色横波纹。

米黑虫在湖南城步苗族自治县的高寒山区1年发生1代。以幼虫在苦茶堆中越冬。翌年4月上旬开始活动取食，6月上旬开始在丝织管状巢中结茧化蛹，6月中旬进入化蛹盛期，7月上旬为成虫羽化盛期，成虫羽化后即在苦茶叶堆中交尾产卵，7月下旬为孵化盛期。幼虫取食期主要在4月上旬至6月上旬和8月上旬至11月中旬，11月下旬越冬。成虫昼伏夜出，白天潜伏于苦茶叶堆中，夜间在苦茶叶堆中交尾产卵，一般较少迁移，如发现新的苦茶叶堆、大米、米糠等，即飞去产卵。幼虫孵化后取食苦茶叶，用碎屑缀丝做成管状巢，躲藏其中，取食叶片，留下叶柄和小枝。随着幼虫长大，管状巢也逐渐加大；老熟幼虫将管状巢两端吐丝封闭成茧，化蛹其中。

米黑虫分布于我国黑龙江、河北、山东、山西、江苏、浙江、福建、湖南、安徽、湖北、四川、广东、云南、青海、新疆、内蒙古。它是一种世界性仓储害虫，幼虫为害禾谷类、粉类、油籽、辣椒粉、烟草、棉花、茶叶、蚕茧、蚕蛹、动植物标本、金银花、苦茶等。

米黑虫给人类的生活造成很大的影响和不便，甚至会影响到人类的生存。而且由于它生活在谷物粮仓、粮食加工厂、肉食加工厂、皮革厂、书库、制药厂、药店、动植物标本库房等相对封闭的环境中，所以，在这些环境中发生的犯罪案件有可能出现它的踪迹，可以此作为破案的线索之一。

米黑虫幼虫的虫粪经精细加工后能做药茶饮用，故称其为虫茶。虫茶是热带、亚热带地区高温作业人员及华侨的重要饮料。在虫茶生产和米黑虫养殖基地、加工厂有可能会发生因经济利益而进行的盗窃、抢劫等犯罪活动，在商店、药店、中医诊所、药材批发市场等犯罪现场也有可能出现它的踪迹。

竹虫

竹虫又称为竹蛆、竹蠹螟。隶属于鳞翅目、螟蛾科。竹虫1年发生1代，幼虫长筒形、乳白色，每年10月至翌年2月出现。

竹虫在我国主要分布于云南南部的西双版纳、德宏、普洱等地，国外主要分布于泰国、马来西亚等国。主要成群寄生在巨竹属竹类的当年生竹笋上。

竹虫和蜂蛹

竹虫幼虫具有很高的营养价值，在我国云南南部的西双版纳等地，许多少数民族均有食用竹虫幼虫的习惯。其营养丰富、香酥可口、蛋白质含量很高，有抗衰老和养颜的作用，据传还有壮阳之功效。竹虫的食用方法很简单，通常是将新鲜竹虫直接用油炒或油炸脆后，佐以椒盐食用；也可用鸡蛋挂糊后油炸，再佐以椒盐食用。竹虫味道甘香，似有奶油之味，十分鲜美。尽管竹虫产于云南南部，但在云南的许多地区的餐馆和集市都有竹虫出售，群众将竹虫作为山珍来食用，竹虫已成为具有云南民族特色的美味佳肴。

在超市、菜市场和集贸市场也会有食用昆虫出售。很多食用昆虫已经可以规模化生产。在食用昆虫养殖基地有可能会发生因经济利益而进行的盗窃、抢劫等犯罪活动，在餐馆、超市等犯罪现场也有可能出现它的踪迹。

米蛾

米蛾原产于欧洲。隶属于鳞翅目、螟蛾科。体长7.5~9 mm，体淡黄褐色至灰黄色。复眼紫黑色；头顶有明显毛丛；额有前伸的锥状鳞片簇；触角长约为前翅前缘长的一半。前翅近长椭圆形，外缘圆弧形，灰褐色，散生暗灰褐色鳞片，尤以翅前半部、翅端及翅基较多，沿翅脉纵列成不明显条纹，沿外缘有黑褐色小点数个；后翅淡黄褐色或灰黄色。卵为卵圆形，表面略粗糙，淡黄色至黄色，具光泽。幼虫头部赤褐色；前胸背板及臀板黑褐色，胴部灰黄色、白色或灰白色，背面及大部分腹面的刚毛基部有黑褐色毛片；腹足趾钩25~40个。蛹黄褐色至淡褐色，复眼暗褐色至黑褐色，腹末两侧各有一黑褐色三角形尖突，无尾钩。

米蛾1年发生2~7代，以幼虫越冬。成虫每年6月出现，羽化后数小时即交配，喜欢在夜间活动，白天静息在仓库墙壁或麻袋上。交配后1~2 d即产卵于粮堆表面或仓库缝隙中，卵散产，每头雌蛾一生产卵85~345粒；成虫寿命短，7~10 d。初孵化幼虫绝食1~2 d仍能生存；幼虫在粮食表面以丝缀粮食碎屑及尘芥虫粪成网或团或筒状巢，潜伏其中活动，此网、团、巢随着虫体增长而增厚增大，被害粮食往往因此发霉变质。幼虫8龄，幼虫老熟时以丝缀粮食碎屑做白色椭圆形薄茧，经1~2 d后化蛹。

米蛾分布于我国广东、广西、云南、浙江、上海、重庆、湖北、辽宁等地，主要在仓储环境中生存，该虫广泛用于赤眼蜂等天敌的繁殖，也被引入许多省区。也可随粮食、其他储藏物及包装物等的调运做远距离传播。主要为害粮食、油料、各种干果及储藏的农副产品及加工品等，尤其喜食大米。

作为为害严重的外来入侵物种，它可以随寄主植物活体的调运做远距离传播。如果不加以管制，甚至可以扩散到全国大部分地区。因此我们在对粮食、油料、干果及其他材料进行引种调运的过程中，一定要将它与农林害虫一样对待，严格进行检疫，严禁危险性害虫的传入或传出，对已传入的要及时封锁，就地消灭。海关要严格检疫，防止这些害虫再次携带外来物种入侵我国。

黄瓜绢野螟

黄瓜绢野螟隶属于鳞翅目、螟蛾科。成虫前后翅中部均有半透明浅黄色斑，并略带有紫色反光。翅前缘具较宽的黑褐色边缘，翅展约 32 mm，腹末刷状毛通常展开。卵较小，球形到扁平形，初产时白色，约 24 h 后变为黄色。低龄幼虫近白色，体上布满灰色或黑色瘤点，发育到 5 龄后瘤点消失。5 龄幼虫体色主要取决于食物种类。幼虫化蛹前为深铜色。蛹浅褐色到深褐色，两端逐渐变尖。

黄瓜绢野螟成虫主要在夜间活动，太阳落山后 3~5 h 飞行较盛，高峰出现时间接近午夜。雌蛾释放性信息素引诱雄蛾，太阳落山后 5~7 h 性信息素释放进入高峰。90%以上的交配发生在成虫羽化后的 1~3 d。白天田间见不到成虫，很可能由于高温而迁移到邻近的树林或杂草丛中。成虫羽化几天后待性成熟才会产卵。卵块产，每块 2~7 粒；主要产在芽、花和其他生长旺盛的部位。卵历期约 4 d。幼虫共 5 龄，整个发育历期 14 d。老熟幼虫通常在干枯的卷叶中结一个由几根丝组成的薄茧，并在其中化蛹。蛹历期通常 8~9 d。完成一个世代约 30 d，世代常重叠，在美国佐治亚州 1 年发生 4 代、北卡罗来纳州 1 年发生 2~3 代。

黄瓜绢野螟属热带害虫，从加拿大南部到南美洲均有分布。主要分布在加拿大、美国、委内瑞拉、巴西、哥斯达黎加、阿根廷、波多黎各。寄主有葫芦科和十字花科植物。主要寄主有南瓜、西葫芦、笋瓜、甜瓜、苦瓜、西瓜及其他瓜类。黄瓜绢野螟主要以幼虫随瓜果的调运做远距离传播，成虫飞翔能力很强，可在田间迅速扩散。

外来物种一旦进入我国境内，将会对我国的生态系统及生物多样性造成不可估量的破坏。目前这个物种还没有入侵到我国境内，因此，海关要严防死守、严格检疫，谨防它传入我国。

石榴螟

石榴螟隶属于鳞翅目、螟蛾科。成虫前翅褐灰色，带浅褐色的图案，内线和亚端线明显，其间颜色较深，端线颜色深浅相间。后翅纯白色，翅展 19~28 mm。雄虫外生殖器抱器背中突细小，高明显大于宽，但两侧臂则较粗短，和中突粗细相当。卵纺锤形，表面有微弱的刻纹。幼虫粉色，头部红褐色，老熟幼虫前胸盾黄色，中胸和腹第 8 节亚背毛（气门上方）有骨环包围，第 1~7 节亚背毛上方仅有细小的灰褐色新月形骨化斑。蛹红褐色；胸背有隆脊；腹背有强刻点，腹第 1~7 节背面有成对的角状突起，有时末对呈双叉状。臀棘 2 根，末端下弯。

石榴螟成虫在 4 月末羽化，7 月末在开心果果实外壳的裂缝里或者劈开的果实坚果皮下面产卵，每头雌蛾产卵 60~120 粒，卵呈纺锤形，一般在每个果实裂口或外壳伤口处只产 1 粒卵。幼虫不取食果实的外壳，而是钻入果仁中为害，通常通过果实的开裂线的裂缝进入核仁，也有 10%的幼虫是从果实的柄钻入坚果内为害的，9~10 月时受害的开心果果园的虫口密度达到最大。1 年发生 3 代以上，当冷空气到来时幼虫滞育越冬，至翌年春季温度回升，幼虫打破滞育化蛹并羽化为成虫，为害新一季的果实。

石榴螟分布于印度、伊朗、伊拉克、以色列、黎巴嫩、土耳其，以及欧洲地中海周边国家如英国、法国、西班牙、意大利等，另分布于俄罗斯、亚美尼亚、阿尔及利亚、利比亚、南非、突尼斯、埃及、美国、波多黎各、牙买加、阿根廷、智利、澳大利亚等国。一般认为石榴螟起源于西非，喀麦隆是最有可能的地方。寄主有木豆、酸豆、长角豆、柑橘属、核桃、杏树、三叶坚果、枣椰子、开心果、石榴、无花果等。幼虫主要为害果实和坚果，成虫在果实外壳的裂缝里或者劈开的果实坚果皮下面产卵，幼虫钻入核仁中发育，幼虫或蛹随果实传播，成虫有翅可主动扩散。

外来物种一旦进入我国境内，将会对我国的生态系统及生物多样性造成不可估量的破坏。目前这个物种还没有入侵到我国境内，因此，海关要严防死守、严格检疫，谨防它传入我国。

烟草螟

烟草螟又名烟草粉螟、可可螟。隶属于鳞翅目、螟蛾科。成虫体长 6~8 mm，翅展 18~20 mm。

头灰白色，下唇须白色，向前、向上直立。下颚须披淡灰色鳞片。吻长，静止时卷起来。触角灰色。前翅浅灰色，略有光泽和黑色鳞片，前翅长大于宽的3.5倍，后翅长几乎超过宽的1倍，后翅缘毛很短。雄蛾生殖器：抱握器窄，长大于宽的2.5倍，简单，无突起和钩；抱握器的上缘增厚，在2/5的地方弯曲或者突出，钩形突向下看时宽，顶部圆形，从侧面看，每侧有圆锥形尖突；颚形突分为两个尖锋；阳茎微骨化，管略长于抱握器，在它的中部有强烈骨化带状物，它的长度不大于阳茎的1/2，阳茎基部广平；囊形突从侧面看大，管状，短于阳茎。臀刚毛3对，末端的1对短而宽成丛排列；第2对在正中，只有短而粗的1根，基部呈钩状；另一对长，呈丛排列。雌蛾生殖器：臀板为片状，通常构造简单，交尾囊管长，达到第6腹节的前端，交尾囊管的前端有短刺突起，交尾囊内中部有1列骨片，共有12或13片。

烟草螟为世界性分布种。以为害烟草著名。也能为害大米、面粉，给人类的生活造成很大的影响和不便，甚至会影响到人类的生存。而且由于它生活在谷物粮仓、粮食加工厂、肉食加工厂、皮革厂、书库、制药厂、药店、动植物标本库房等相对封闭的环境中，所以，在这些环境中发生的犯罪案件有可能出现它的踪迹，可以此作为破案的线索之一。

粉斑螟

粉斑螟隶属于鳞翅目、螟蛾科。成虫体长6~8 mm，雄蛾翅展15~18 mm。头灰色，复眼黑色。前翅暗灰色，布满灰色斑。翅的基部有白色纵带，外端的颜色较深，其中有1条浅色纵波状带。雄蛾生殖器：抱握器窄，它的长度为宽的3倍，抱握器顶缘厚，在它的侧缘长4/5处有钩突；钩形突侧面增厚，向下弯曲，钩形突下部宽，顶突圆形，两侧有毛。颚形突马蹄形。阳茎宽厚，较抱握器短，在上部1/3的地方骨质化，阳茎基部管状。臀板有3对刚毛丛，排列与烟草螟不同。雌蛾生殖器：交尾囊管道上部有一似玉米果穗状的骨片，交尾囊内有4个小骨片。

粉斑螟为世界性分布种。为害谷类及其制成品、大米、豆类、油料及籽饼、各种干鲜果和干蔬菜、各种植物种子、奶粉、香料、糖果、蜜饯果品、生药材、烟草、昆虫标本等。

粉斑螟给人类的生活造成很大的影响和不便，甚至会影响到人类的生存，而且由于它生活在谷物粮仓、粮食加工厂、肉食加工厂、皮革厂、书库、制药厂、药店、动植物标本库房等相对封闭的环境中，所以，在这些环境中发生的犯罪案件有可能出现它的踪迹，可以此作为破案的线索之一。

大蜡螟

大蜡螟幼虫

大蜡螟隶属于鳞翅目、螟蛾科。翅展20~40 mm，头、胸红褐色，腹部暗褐色。前翅灰褐色，散布黑褐色鳞片，中央及外缘色淡，端部具4条灰白色短线；后翅灰白色，暗褐色鳞片较多，翅顶处色较暗，基部及内缘色淡。

大蜡螟1年发生2~3代，以幼虫越冬，翌年春季化蛹、羽化，交配后雌蛾潜入蜂巢内在蜂巢的内壁、缝隙处产卵，每头雌蛾产卵约1 000粒；幼虫7龄，孵出后取食巢脾，老熟后结白色茧；蛹期20~28 d；成虫寿命7~14 d，自第1代后世代重叠。大蜡螟幼虫又称巢虫、绵虫、隧道虫，它为害巢脾破坏蜂巢、穿蛀隧道伤害蜜蜂幼虫和蜂蛹造成“白头蛹”。

在蜜蜂饲养区，要谨防有人利用大蜡螟进行破坏等违法活动。大蜡螟易于人工规模化饲养，是重要的饲用、食用昆虫；也常作为昆虫病原线虫的资源调查、活体繁殖、线虫回收和线虫毒力测定及真菌、细菌和其他微生物研究中的试虫。

在超市、菜市场、花鸟虫鱼市场或集贸市场也会有食用昆虫出售。很多食用或饲用昆虫已经可以规模化生产。在食用昆虫生产基地和销售场所有可能会发生因经济利益而进行的盗窃、抢劫等犯罪活动，在餐馆、超市等犯罪现场也有可能出现它的踪迹。

大蜡螟成虫

大蜡螟茧

一点谷螟

一点谷螟又名一点谷蛾、一点螟蛾、一点螟。隶属于鳞翅目、螟蛾科。原产于东南亚。雌蛾体长10~12 mm，雄蛾体长8~9 mm，体棕灰色。复眼黑色，表面有灰褐色网状纹；触角短，其长不及前翅前缘长的一半；下颚须退化。雌蛾下唇须发达，第2节粗大，向前伸；触角50节，前翅近基部及外缘各有1条灰黄色波浪形横纹；2条横纹之间有1个小黑点。雄蛾下唇须短小，向上翘；触角40节；前翅也有2条波浪形横纹；前翅中央有1条黄褐色的叉状纹；纹的外侧有1个小黑点。卵椭圆形，扁平，乳白色，表面有不规则的小刻点和斑纹。幼虫头部淡棕灰色，两侧各有6个单眼；前胸背板及臀板黄褐色，胴部黄白色。蛹纺锤形，赤褐色。腹部略向腹面弯曲。腹末两侧各有1个黑褐色三角形的尖突，无尾钩。茧灰色，坚韧。

一点谷螟通常1年发生1代，极少发生2代，以老熟幼虫在仓内梁柱、屋檐、天花板、仓库墙壁等缝隙内结茧越冬。翌年4月化蛹，4月下旬至6月下旬羽化为成虫。成虫羽化当天就可在阴暗处交配、产卵。卵散产在米袋外部的袋孔中。初孵幼虫群集一处，先以成虫尸体和米胚为食，以后吐丝连缀许多米粒做成长巢，藏在巢内为害米的胚部，渐及整个米粒，幼虫也取食谷粉。幼虫有8龄，7龄幼虫开始离开粮堆，爬到墙壁或天花板的缝隙内结茧，然后蜕皮成8龄幼虫进入越冬。翌年4月先在茧端咬一羽化孔并结一薄膜，准备化蛹。蛹期平均26~27 d。

一点谷螟在我国除新疆、西藏、宁夏、青海及陕西未发现外，在其他省区均有分布。可随粮食、其他储藏物及包装物等的调运做远距离传播。

一点谷螟是储藏大米的重要害虫。以幼虫为害粮食、干果、茶叶、棉纤维、烟草、辣椒粉、干的动植物标本等，并喜食腐败植物，也是仓储中药材的主要害虫。给人类的生活造成很大的影响和不便，甚至会影响到人类的生存。而且由于它生活在谷物粮仓、粮食加工厂、肉食加工厂、皮革厂、书库、制药厂、药店、动植物标本库房等相对封闭的环境中，所以，在这些环境中发生的犯罪案件有可能出现它的踪迹，可以此作为破案的线索之一。

印度谷螟

印度谷螟又名印度谷斑螟、印度谷蛾、印度粉蛾、枣蚀心虫、封顶虫。隶属于鳞翅目、螟蛾科。原产于欧洲。成虫体长6~9 mm，体密布灰褐色至赤褐色鳞片。头部灰褐色，头顶两复眼间有一伸向前下方的锥状黑褐色鳞片丛；下唇须发达，伸向前方；复眼黑色。前翅狭长形，基部黑褐色至暗赤褐色，近基部约2/5为黄白色，外半部约3/5为赤褐色，具铜色光泽，并散生不规则的黑褐色、黄褐色及黑色斑纹。后翅三角形，灰白色，半透明，翅脉及翅端域色深。腹部灰白色。卵椭圆形，黄白色，一端具乳头状突起，卵面粗糙，有许多小粒状突起或细刻纹。幼虫体呈圆筒形，中间稍膨大，淡黄白色；头部黄褐色至红褐色，有侧单眼 5 ~ 6 对；前胸背板及臀板淡黄褐色，腹部背面带淡粉红色；腹足趾钩双序环式排列。蛹细长形，橙黄色，背部稍带淡褐色，前翅部分带黄绿色，复眼黑色，腹部常弯向背面，腹末端具 8 对尾钩刺，其中以末端近背面的 2 对最长。

印度谷螟 1 年通常发生 4 ~ 6 代，在温暖地区 1 年可发生 7 ~ 8 代，在辽宁南部 1 年发生 3 ~ 4 代，在上海 1 年发生 5 代，以老熟幼虫在室内阴暗缝隙中、壁角、包装物等的缝隙或背风角落吐丝结茧越冬，少数则在粮堆中吐丝连缀粮粒成小团，在其中越冬或化蛹。越冬幼虫翌春化蛹，羽化为成虫后即交尾产卵，卵多产在粮堆表面或包装物缝隙之中，每头雌虫产卵 39 ~ 275 粒，卵期约 10 d，幼虫孵化后钻入为害，开始在堆垛的表层，后向下移，幼虫期 22 ~ 35 d，部分滞育幼虫能存活 2 年。幼虫老熟后爬到被害物表面或墙缝处结茧化蛹，蛹期 14 ~ 21 d，完成 1 个世代需 40 ~ 60 d。

在我国除西藏外，其他省区都有印度谷螟分布。印度谷螟以幼虫为害禾谷类、豆类、油籽及谷粉类最为严重，还为害各种农副产品及动植物药材、干鲜果品、皮毛等。

它也是一种储粮害虫，给人类的生活造成很大的影响和不便，甚至会影响到人类的生存，而且由于它生活在谷物粮仓、粮食加工厂、肉食加工厂、皮革厂、书库、制药厂、药店、动植物标本库房等相对封闭的环境中，所以，在这些环境中发生的犯罪案件有可能出现它的踪迹，可以此作为破案的线索之一。

柚木野螟

柚木野螟隶属于鳞翅目、螟蛾科。成虫翅展 20 ~ 25 mm；触角丝状；复眼黑色；下颚须前伸，具厚鳞片，黄褐色；下唇须前伸，向上，白色。前翅浅黄色，具多条红褐色波状纹，翅缘红褐色，缘毛浅黄色间有褐色纵线；后翅浅黄色，外缘红褐色。胸部背面浅黄褐色，腹部背面浅黄色，腹面灰白色。雌蛾腹部粗短，末端钝。静止时从背面很少看到腹部末端，中足胫节细短，膝无沟和细毛，内距、第 1 跗节和腿节较长。雄蛾腹部细长，末端尖，静止时从背面可见腹部末端，中足胫节粗长，膝内面具沟，着生细毛，内距、第 1 跗节和腿节短。卵扁椭圆形，乳白色，边缘不规则，表面具网状花纹，初孵幼虫乳白色，后呈浅绿色，头壳黄褐色；老熟幼虫黄褐色具分散小黑点。初化蛹背面红褐色，腹面淡绿色，近羽化时呈红褐色；复眼黑色；臀棘 8 根，4 长 4 短，近末端膨大。

柚木野螟在海南省尖峰岭 1 年发生 11 ~ 12 代。从卵到成虫羽化历期最短 22 d，最长 37 d。初孵幼虫吃去部分卵壳，1 ~ 2 龄幼虫喜在叶背面吐丝结疏网，于网下取食叶表皮组织。3 龄幼虫开始转到叶正面结疏网，在网下取食叶肉，留下叶脉。幼虫 5 龄，老熟幼虫以交叉丝结成一蛞蝓形密网，化蛹前再结一层薄茧，在其中化蛹。成虫夜间羽化，羽化后取食露水以补充营养，于次日夜间开始交尾，一生只交尾 1 次。交尾后次日开始产卵，卵多散产于叶背面。产卵主要集中在前 3 d，产卵期最长可达 9 d。

柚木野螟分布于我国台湾、海南、广东、广西、云南。为害柚木、大叶紫珠、裸花紫珠等。

国内省区之间木材和苗木的调运要严格履行检疫程序。在疫区内调运木材和苗木时，必须进行产地检疫，木材也必须经过剥皮、水浸、火燎等方法处理，苗木须经熏蒸处理，在确保无活虫的情况下方能调运。

油茶尺蛾

油茶尺蛾又名油茶尺蠖。隶属于鳞翅目、尺蛾科。成虫灰褐色，翅展 31 ~ 36 mm。体躯粗短，体色灰白，杂有黑色、灰黄色及白色鳞毛；一般雌蛾体色浅，雄蛾体色深。头小；复眼黑色有光泽；雌蛾触角丝状，雄蛾触角羽状。前翅狭长，前翅外缘上有斑点 6 ~ 7 个，外缘和后缘都生有灰白色缘毛；后翅较短小。胸和翅的腹面灰白色。雌蛾腹部膨大，末端丛生黑褐色茸毛；雄蛾腹末端较为尖细。卵圆形，初产时草绿色，逐渐变为绿色，近孵化时为深褐色；卵块上覆盖黑褐色绒毛；老熟幼虫为枯黄色，并密布黑褐色斑点；头顶额区下陷。两侧有角状突起，额部具“八”字形的黑斑 2 个。蛹纺锤形，暗红褐色；头部顶端两侧有 2 个小突起；腹部末端尖细，具臀刺 1 根，先端分叉。

油茶尺蛾 1 年发生 1 代，以蛹在油茶树蔸周围疏松土壤中越冬。翌年 2 月中下旬开始羽化、交尾、产卵。2 月下旬至 3 月上旬为产卵盛期，3 月下旬孵化出幼虫，6 月上中旬幼虫老熟后下树化蛹，进行越夏。初孵幼虫群栖取食，受惊即吐丝下垂，随风飘荡扩散，2 龄后开始分散取食，静止时尾足紧攀树枝，似小枝状。突然受惊有下坠的习性。幼虫前 3 龄食量较小，4 龄后逐渐增大，以 6 龄食量最大。幼虫老熟后停食 1 d，即入土准备化蛹。化蛹场所多在油茶树蔸周围树冠的垂直范围内，尤以土质疏松且湿润的地方最多。成虫在 8 ℃的气温下即能羽化出土。交尾、产卵均在夜间进行。成虫多数一生只交尾 1 次，极少数交尾 2 次。卵绝大多数为 1 次产完。

油茶尺蛾分布于我国广西、湖南、江西、湖北、台湾。主要为害油茶，其次为害油桐、乌桕、茶树等 10 余种植物。

油茶尺蛾是蛹虫草的主要寄主昆虫，蛹虫草是国家明文规定的新资源食品，具有很好的药用价值和食疗价值。在蛹虫草产区，可能会出现为了获取经济利益而进行的盗窃、抢劫等犯罪活动，也有些犯罪分子可能会为了经济利益出售假冒药用昆虫及其产物；在医院、药店、中医诊所、药材批发市场等犯罪现场也有可能出现它的踪迹。

榆凤蛾

榆凤蛾隶属于鳞翅目、燕尾蛾科。成虫翅展 60~85 mm。触角栉齿状。体黑褐色，前、后翅褐色，后翅臀角有尾状突起，沿后缘有 2 列不规则的红斑，胸、腹部褐色，前胸两肩板上各有 1 个红点。腹末数节后缘红色。卵圆形，黄色，有光泽。老熟幼虫头黑色，全身被有很厚的蜡粉。蛹黑褐色，外被椭圆形土茧。

榆凤蛾在山东 1 年发生 1 代，以蛹在土中越冬。翌年 6 月成虫羽化，白天活动，形似凤蝶。雌蛾产卵于榆树叶面上，卵单产。初孵幼虫剥食叶肉，稍大后食全叶；喜取食枝条端部嫩叶，7~8 月为害最烈，能将叶片吃光；9 月以后幼虫先后老熟，入土做土茧化蛹越冬。

榆凤蛾分布于我国黑龙江、吉林、辽宁、河北、北京、山东、河南、湖北、江西、江苏、浙江、贵州。幼虫为害榆树的叶片。

虽然榆凤蛾是一种农林业害虫，但由于其成虫体型大、翅色彩鲜艳、飞翔姿态优美，外形似凤蝶，因而成为收藏家及爱好者收藏的目标，甚至有人不惜重金对其进行收购，这也刺激了谋利者进行狂捕滥采和非法买卖等犯罪活动，导致该种的数量不断减少以至于走向濒危的边缘。也有很多人会为了利益在未取得国家重点保护野生动物及其制品经营许可证的情况下，进行相关经营活动，这样做就触犯了刑律。

梵净蛉蛾

梵净蛉蛾隶属于鳞翅目、蛉蛾科。雄虫翅展约 17 mm。头部黄褐色，具倒伏的棕褐色鳞毛；复眼圆凸，无单眼，具毛隆；触角细长，约 76 节，下颚须 5 节，下唇须 3 节，上颚较弱，喙微弱。胸部棕褐色，足黄褐色，后足胫距 2 对。前翅基半部淡褐色，散有不规则的褐色至黑褐色斑，翅端半部白色，沿翅缘有 1 列褐斑；后翅稍短，白色，仅基部淡褐色，有不规则的褐色缘斑；前、后翅的脉序相似，径脉均分 4 条，中室狭小，前翅亚前缘脉分叉，臀区基部隆起 1 个大兜。腹部较粗短，黄褐色，疏生褐鳞，第 7 腹板具 1 个舌状中突，第 8 腹板缺中突；雄虫外生殖器大部分外露，1 对小三角形的钩形突与背兜愈合，背兜侧叶细长而突伸呈钩状，尾突为瘤状，颚形突坚硬呈大钩状，抱瓣极宽大而顶角呈指状突伸。

蛉蛾科昆虫口器有上颚，前、后翅的脉序相似，有翅轭连锁等一系列原始特征，为极珍稀的蛾类。分布于亚洲和南美洲，已知仅 4 属 12 种，我国占其半数。

梵净蛉蛾分布于贵州（梵净山）。它是国家林业局令第 7 号《国家保护的有益的或者有重要经济、科学研究价值的陆生野生动物名录》中列入的昆虫种类。野外数量十分稀少，但也可能有非法捕采和非法买卖的现象发生。

井冈小翅蛾

井冈小翅蛾隶属于鳞翅目、小翅蛾科。成虫前翅长 4 mm，后翅长 3.5 mm。头部密被橙黄色长毛丛，触角稍长于前翅，黑色，但基部 2 节黄褐色；下颚须 5 节，下唇须 3 节；口器咀嚼式。胸部黄褐色，足黄褐色多毛；前足胫节有净角器，中足胫节缺距，后足胫节无刺刷。前翅基部 2/5 金黄色，端半 3/5 紫铜色，有蓝色和红色光泽，并散有银白色鳞片，缘毛灰黄色至灰褐色；后翅暗铜褐色有紫色闪光，缘毛灰褐色。前、后翅的脉序相似，径脉均分 5 条，中室狭长，有径副室。腹部黄褐色，腹端背兜较小，其基部窄于基腹弧，端部"V"形凹缺，1 对角突向下弯垂；抱器狭长，背缘基部有 1 个角突，腹缘中后部凹向背缘形成弯折的长钩；阳茎细长，基部宽大，腹面斜截，中部有一段膜质区。小翅蛾为原始的单孔蛾类，幼虫腹足 8 对。

井冈小翅蛾分布于我国江西（井冈山）。其色彩艳丽，为我国特有种，属于极为罕见的珍稀昆虫。它是国家林业局令第 7 号《国家保护的有益的或者有重要经济、科学研究价值的陆生野生动物名录》中列入的昆虫种类。野外数量十分稀少，但也可能有非法捕采和非法买卖的现象发生。

大黄长角蛾

大黄长角蛾隶属于鳞翅目、长角蛾科。翅展 22~24 mm。雄虫触角长是翅长的 4 倍，基部紫褐色，端部白色；雌虫触角短，略长于前翅，近基部 1/2 有紫褐色毛，端部 1/2 白色。唇须短小而下垂。前翅黄色，基部 1/2 有许多条粗细不等的青灰色纵条，向外有 2 条青灰色带光泽的横带，再向外有 10 条青灰色短放射状纹，翅顶和外缘紫褐色；后翅亦呈紫褐色，无花纹。

大黄长角蛾分布于我国黑龙江、江西、四川。它是国家林业局令第 7 号《国家保护的有益的或者有重要经济、科学研究价值的陆生野生动物名录》中列入的昆虫种类。野外数量十分稀少，但也可能有非法捕采和非法买卖的现象发生。

紫曲纹灯蛾

紫曲纹灯蛾隶属于鳞翅目、灯蛾科。雄蛾翅展 50~56 mm，雌蛾翅展 28 mm。雄蛾头、胸部橄榄黄色，下唇须边缘黑色，额和头顶具黑带；颈板、胸背面及翅基片上缘具黑带，颈具红环；下胸和胸足黑色，腿节及前足胫节上方红色，腹部红色，背面具黑带，侧面具 1 列黑点，腹面黑色。前翅橄榄黄色，亚前缘脉和中脉黄白色，前缘基部下方具 1 条黑色纵带，中脉下方的 1 条黑色纵带达中室末端，不规则黑色横带分布于内线、中线、外线、亚端线及端线上，外带与亚端带呈锯形。后翅紫红色，中带黑色，弯曲，横脉纹黑色新月形，外线为或多或少不明显的黑色波纹，亚端线从前缘至亚中褶为黑色宽带，臀角上方具 1 个黑斑，缘毛白色。前翅反面几乎全为黑色。雌蛾较小，前翅约为雄蛾前翅的 1/2 长，后翅很小。触角线形，腹部背面具 1 条黑色纵带。

紫曲纹灯蛾分布于我国西藏（墨脱、察隅、亚东）。雌蛾和雄蛾大小不同，为稀有种及高山特化种。它是国家林业局令第 7 号《国家保护的有益的或者有重要经济、科学研究价值的陆生野生动物名录》中列入的昆虫种类。野外数量十分稀少，但也可能有非法捕采和非法买卖的现象发生。

陇南桦蛾

陇南桦蛾隶属于鳞翅目、桦蛾科。翅展 57 mm。体中型，粗壮。头部深褐色，眼与下唇须黑色，触角棕褐色，翅银灰色，腹部棕色。复眼大，下唇须伸向前方，触角双栉状，栉支细长并密生纤毛；喙退化。胸部密被长毛；足的腿节、胫节具长毛，前足胫节内侧有一片状前胫突；腹部短宽。前翅前缘直，中央略凹陷，外缘稍呈弧形，外缘线波状，亚缘线宽波状；中室端有 1 个近圆形的黑斑，其外上方有 1 个黑色小圆斑。后翅无翅缰，中室端有 1 个浅色黑斑，外缘有 2 条褐色波纹。外生殖器基部宽，端部稍钝，抱器背脊较陡峭，抱器腹脊中央强烈骨化，中央突出部分下方无凹缘。桦蛾科为旧北区独有的稀有种类，全世界共 2 属 3 种。在我国分布于甘肃。

陇南桦蛾是国家林业局令第 7 号《国家保护的有益的或者有重要经济、科学研究价值的陆生野生动物名录》中列入的昆虫种类。野外数量十分稀少，但也可能有非法捕采和非法买卖的现象发生。

松小毛虫

松小毛虫隶属于鳞翅目、枯叶蛾科。雌蛾翅展 32～39 mm；雄蛾翅展 35～42 mm。头部暗红褐色，腹部棕灰色。雄蛾触角羽状，雌蛾触角栉状。胸部两侧各披 1 簇灰白色鳞毛，胸足腿节内侧、胫节外侧鳞毛较长，为足的其他部位鳞毛长度的 3 倍左右，跗节有棕、白相间的环纹，前翅褐色。雄蛾体、翅颜色比雌蛾为浅，前翅基部呈明显灰白色。卵卵圆形，初产时翠绿色，3～5 d 后变黄，孵化前变为黑色。老熟幼虫头部棕黄色，唇基灰白色，额中部有 1 条黑褐色纵纹，蜕裂线淡黄色，体暗红褐色，腹面浅紫红色。蛹暗红褐色。茧长椭圆形，灰棕色，外有散生的黑色毒毛。

松小毛虫在浙江 1 年发生 2 代，老熟幼虫于 10 月中旬至 11 月上旬下树结茧化蛹，以蛹越冬。翌年 4 月中旬至 6 月中旬成虫羽化，5 月上旬为羽化盛期。第 1 代卵出现期于 4 月下旬至 6 月中旬，盛期为 5 月中下旬，5 月上旬至 8 月上旬为第 1 代幼虫为害期，老熟幼虫于 7 月中旬开始化蛹，止于 8 月下旬，第 1 代成虫羽化期为 8 月上旬至下旬。第 2 代卵的发生期为 8 月上旬至 9 月上旬；第 2 代幼虫为害期为 8 月中旬至 11 月上旬。成虫多在针叶上产卵，卵多为单产，少数 2 粒在一起，3 粒以上连在一起的极少。幼虫多数 5 龄，少数 6 龄。1～2 龄幼虫从上向下啃食针叶边缘，造成针叶弯曲枯死；3 龄以后食全叶。幼虫 4 龄前食量较小，4 龄后食量渐增，幼虫老熟后爬至地面石块下、枯枝落叶层内、杂草丛中结茧化蛹。成虫多于白天羽化，羽化后，停息在灌木、杂草等枝叶背面，白天不活动。交尾后雌蛾即行产卵。喜产卵于树冠下部针叶上，其次是树冠中部，树冠上部较少。

松小毛虫分布于我国浙江、安徽、江西、福建。主要为害黄山松，其次为害金钱松、马尾松、黑松。

松小毛虫是松林中的重要害虫，在其分布地区的犯罪现场有可能出现它的踪迹，或者可以利用它的存在来反推犯罪第一现场。它是对人、畜能造成一定为害的有毒动物，幼虫体上或茧上的毒毛接触人的皮肤后，可引起不同程度的皮肤肿痛，轻者数日内消退，重者病情达数月之久。有人可能会利用它进行违法犯罪活动，在某些犯罪现场也有可能出现它的踪迹。

黄斑波纹杂毛虫

黄斑波纹杂毛虫隶属于鳞翅目、枯叶蛾科。雌蛾翅展 67～92 mm，体淡黄褐色、褐色或灰褐色；触角双栉齿状，黄褐色。雄蛾翅展 54～69 mm，触角羽毛状。后翅斑纹不明显，近外缘处色泽较淡。阳具膜上细刚针数较少。卵椭圆形，初产时浅绿色，渐变成粉红色，最后呈红褐色。幼虫 3 龄前多为橙黄色，3 龄后多为棕黄色、暗红褐色、灰褐色，体被灰色长毛，尤以两侧气门下缘毛最多。头褐色；颜面有 1 个淡色“火”字形斑，胸部第 2、3 节背面有 2 束深蓝色发亮的毒毛丛。蛹为暗红褐色，椭圆形。茧灰色，较薄，茧上有黄色毒毛。

黄斑波纹杂毛虫在山西 1 年发生 1 代，以 2～3 龄幼虫越冬。翌年 4 月下旬、5 月上旬开始活动、取食，7 月中旬开始化蛹，8 月中旬为羽化盛期，8 月中旬开始出现卵，8 月底、9 月上旬为产卵盛期。幼虫从 8 月下旬到 9 月初出现，10 月中旬开始越冬。成虫在晚间活动，有较强的趋光性。成虫羽化后多在 1 h 后才进行交尾，交尾后 1 d 开始产卵。卵多呈团状或散产在阳坡灌木的向阳面枝叶腋部或叶丛中，或向阳的松树针叶丛中。幼虫有群集、迁移习性，喜阴凉，怕高温，食性很杂。初孵幼虫群集在一起，然后逐渐吐丝下垂，分散为害。幼虫取食一段时期后，到 10 月中旬以 2～3 龄幼虫在阳坡的枯枝落叶、石缝、土块下越冬，翌年 4 月下旬到 5 月上旬幼虫出蛰，继续取食为害。到夏天高温季节，老龄幼虫转移到阴坡取食。大量取食主要在黑夜。老熟幼虫于较阴凉、潮湿的石块下和土块下等缝隙中结茧化蛹。

黄斑波纹杂毛虫分布于我国黑龙江、吉林、辽宁、北京、河北、山西、陕西、内蒙古。为害油松、栎、杨、刺槐、山楂、连翘、沙棘、玉米、苜蓿、党参等。为害严重时，可将油松等寄主的叶片、顶芽、嫩茎全部吃光，使寄主枯死，使农作物严重减产。此虫虫体具有 1 对毒瘤，人畜接触易中毒成疾。

黄斑波纹杂毛虫是松林中的重要害虫，在其分布地区的犯罪现场有可能出现它的踪迹，或者可以利用它的存在来反推犯罪第一现场。它是对人畜能造成一定危害的有毒动物，人的皮肤接触幼虫体上或茧上的毒毛后，可引起不同程度的皮肤肿痛，轻者数日内消退，重者病情达数月之久。有人可能会利用它进行违法犯罪活动，在某些犯罪现场也有可能出现它的踪迹。

西昌杂毛虫

西昌杂毛虫隶属于鳞翅目、枯叶蛾科。雌蛾翅展 78~95 mm。体淡褐色。前翅黄褐色；前缘呈弧形；外缘倾斜较小；翅面中部有 1 条褐色横带，宽 6~8 mm；亚外缘斑点淡黑色，排列呈波状；中室末端有 1 个白点。后翅淡褐色。触角栉齿状。雄蛾翅展 60~90 mm。体褐色，翅面横带宽 5~6 mm，赭色。触角羽状。卵长圆形，表面光滑。卵壳上有互相嵌合的赤色和白色斑纹。初孵幼虫蓝黑色，2 龄幼虫在胸部两侧各节有肉瘤 1 个，上生黑褐色短毛。5 龄以上幼虫，体暗红褐色；头部褐黄色；中、后胸背面有短的黑色丛毛，体侧黑色丛毛中有“八”字形的毛列。蛹初为绿色，经 1 d 后变为褐色。头顶及腹部各节密生金黄色短毛。茧长椭圆形，黑褐色，上有黑色毒毛。

西昌杂毛虫在四川 1 年发生 1 代，以 4~5 龄幼虫越冬。翌年 2 月中下旬出蛰。6 月上中旬至 8 月上旬为结茧化蛹期，盛期在 6 月下旬至 7 月上旬。7 月中旬至 8 月下旬为成虫羽化、产卵期，7 月上旬至 8 月上旬为盛期。卵于 8 月上旬至 9 月上中旬孵化，8 月中下旬为盛期。幼虫 12 月上中旬越冬。初孵幼虫有吐丝下垂，借风迁移的习性。1~2 龄幼虫仅取食一部分叶肉，3 龄以后取食全针叶。多在早晚及夜间取食。老熟幼虫在杂草或枯枝落叶下吐丝结茧化蛹。羽化时间多在晚上。羽化后 1~2 d 交尾。雌蛾一生能交尾 1~5 次，亦有少数不交尾者。雌蛾交尾后，立即产卵。卵多产在杂草上，亦有产在青冈或四川杨桐叶背面的。成虫在白天不太活动，常潜伏于杂草或阔叶树叶背面，或其他隐蔽地方。

西昌杂毛虫分布于我国四川、贵州、云南、湖南。为害云南松、粗皮青冈、槲树、槲栎、四川杨桐等。

西昌杂毛虫是松林中的重要害虫，在其分布地区的犯罪现场有可能出现它的踪迹，或者可以利用它的存在来反推犯罪第一现场。它是对人畜能造成一定危害的有毒动物，人的皮肤接触幼虫体上或茧上的毒毛后，可引起不同程度的皮肤肿痛，轻者数日内消退，重者病情达数月之久。有人可能会利用它进行违法犯罪活动，在某些犯罪现场也有可能出现它的踪迹。

云南松毛虫

云南松毛虫隶属于鳞翅目、枯叶蛾科。雌蛾翅展 110~120 mm。全体密被灰褐色鳞毛。触角栉齿状，触角干黄白色。前翅具 4 条深褐色弧形线。后翅无斑纹。腹部粗肥。雄蛾体较雌蛾小，翅展 70~87 mm。雄蛾体色比雌蛾深，全体密被赤褐色鳞毛。触角羽状。翅面斑纹与雌蛾同，唯中室斑点较明显。腹部瘦小。卵圆球形，灰褐色，表面具有黄白色环状带纹 3 条，中间环带两侧各有 1 个灰褐色圆点。1 龄幼虫全体灰褐色，头部褐色；2 龄幼虫体橙黄色，头部深褐色；3 龄幼虫体色和毛丛色泽更为鲜明；4 龄幼虫腹部各节出现白色小点 4 个，排列成四方形，前面的 2 个点比后面的 2 个点明显；5 龄幼虫体色更深，体表黑褐色斑纹亦增多，腹部各节背面有 2 丛发达的黑色刚毛束，体侧密生白色长毛；老熟幼虫（6~7 龄）体粗壮，全体黑色。蛹为纺锤形，化蛹初期为淡褐色，以后体色逐渐加深而呈黑褐色。

云南松毛虫在云南南部地区（思茅、景东）1年发生2代，以卵和幼虫越冬。越冬幼虫于翌年5月中旬开始结茧化蛹，6月下旬出现成虫，7月中旬出现第1代幼虫，9月中旬开始结茧化蛹，10月中旬第1代成虫羽化，12月中旬出现第2代幼虫。在思茅地区越冬代的幼虫于4月下旬化蛹，5月下旬成虫羽化，第1代幼虫9月初化蛹，10月初成虫羽化产卵，部分卵当年孵化，其余则延至次年。成虫羽化当晚即行交尾产卵。卵绝大多数产于松针上，并以当年松针上最多；极少数产于树枝或杂草上。每个卵块含卵3~300粒。以在20年生以下树木产卵量最多，在严重受害林区，林缘较林内产卵多。孵化的幼虫有群集性，并有吐丝下垂习性。其食量不大。3~4龄以后，取食量剧增。幼虫老熟后，一般即在针叶丛或树枝上结茧化蛹。针叶被害严重的林分，树枝上、树皮裂缝中、阔叶树或杂草灌木上均可成为其结茧场所。

云南松毛虫分布于我国云南、四川、贵州、湖北、浙江、福建。主要为害思茅松，在昆明地区为害云南松、圆柏、侧柏；在浙江、福建为害柳杉；在贵州为害侧柏。

云南松毛虫是蛹虫草的主要寄主昆虫，蛹虫草是国家明文规定的新资源食品，具有很好的药用和食疗价值。在蛹虫草产区，可能会出现为了获取经济利益而进行的盗窃、抢劫等犯罪活动，也有些犯罪分子可能为了经济利益出售假冒药用昆虫及其产物；在医院、药店、中医诊所、药材批发市场等犯罪现场也有可能出现它的踪迹。

思茅松毛虫

思茅松毛虫隶属于鳞翅目、枯叶蛾科。雌蛾翅展68~75 mm，体色较雄蛾浅，近翅基处无黄色肾形斑，中室白斑明显，4条深色波状纹较明显。雄蛾翅展53~65 mm，全体暗红褐色，前翅翅基至外缘处有黑褐色波状纹4条，外生殖器阳具呈刀状，尖端向后卷曲，前半部生有长齿刀刃处的齿密而大，刀背中部弓出；抱器末端扁平，两侧有锯齿。卵近圆形，咖啡色，卵壳上具有3条黄色环状花纹，中间1条环纹两侧各具1个咖啡色小圆点，点外为白色环。幼虫头部橘黄色。前胸背面色泽与头部近似；中、后胸背面为黑色，中间为黄白色。老熟幼虫全身呈黑红色。蛹长椭圆形，栗褐色，初期淡绿色。茧近似棱形，灰白色，羽化前呈污褐色，壳上附着毒毛。

思茅松毛虫1年发生代数随分布区不同而异。在云南景东1年发生2代；云南昆明温泉1年发生1代；浙江开化1年发生2代；海南1年发生3代。以幼虫越冬。在云南等温暖地区，冬季气温较高，当中午气温较高时，越冬幼虫仍可取食活动。在云南景东，越冬幼虫于4月下旬开始化蛹，5月下旬出现越冬成虫，6月中旬开始产卵，6月下旬出现第1代幼虫，此代幼虫越冬可延续至11月中旬。第1代幼虫于8月下旬开始结茧，9月中旬出现第1代成虫，并于9月下旬开始产卵。10月中旬出现第2代幼虫，即以此代幼虫越冬。成虫羽化后，当天即可交尾，交尾后即开始产卵。卵多成块产于针叶上，数十粒至数百粒不等。初孵幼虫有取食卵壳的习性。幼虫初期群集，仅能将针叶的边缘啃食成缺刻。老龄幼虫受惊后有立即将头向下弯、竖起胸部的毒毛以示抗御的习性。

思茅松毛虫分布于我国云南、四川、湖南、湖北、江西、浙江、江苏、安徽、广西、广东、福建、台湾。为害云南松、思茅松、马尾松、黄山松、海岸松、海南五针松、华山松、黑松、金钱松、落叶松、云南油杉等。

思茅松毛虫是松林中的重要害虫，在其分布地区的犯罪现场有可能出现它的踪迹，或者可以利用它的存在来反推犯罪第一现场。它是对人、畜能造成一定危害的有毒动物，幼虫体上或茧上的毒毛接触人的皮肤后，可引起不同程度的皮肤肿痛，轻者数日内消退，重者病情达数月之久。有人可能会利用它进行违法犯罪活动，在某些犯罪现场也有可能出现它的踪迹。

马尾松毛虫

马尾松毛虫隶属于鳞翅目、枯叶蛾科。成虫颜色变化很大，有灰白、灰褐、黄褐、茶褐等色。雌蛾体色比雄蛾浅。雌蛾翅展 42.8~80.7 mm；雄蛾翅展 36.1~62.5 mm。头小，下唇须突出，复眼黄绿色。雌蛾触角短栉齿状，雄蛾触角羽状。前翅较宽，外缘呈弧形弓出，翅面有 3~4 条不很明显而向外弓起的横条纹，沿外横线黑褐斑列的内侧为淡褐色。后翅三角形，无斑纹。雄蛾外生殖器阳具呈短剑状，前半部密布细刺，抱器末端高度骨化，并向上弯曲。卵椭圆形，初产时淡红色或黄红色，近孵化期为紫褐色。卵面光滑无保护物。幼虫 3 龄前体色变化较大：1 龄幼虫黄绿色或黄灰色；2 龄幼虫体暗红褐色，混生白色小点；3 龄幼虫黑褐色或暗红褐色，混生小白点，中、后胸背面出现 2 条黑色毒毛带。4、5 龄幼虫体毛、色泽变化较小，老熟幼虫体色大致可区分为棕红色和黑色两种，有纺锤形倒状鳞毛贴体，鳞毛色泽有银白色和银黄色两种。蛹纺锤形，栗褐色或暗红褐色，密布黄色绒毛。茧长椭圆形，灰白色。表面覆有稀疏毒毛。

马尾松毛虫 1 年发生 2~4 代，发生世代的多少随地区不同而异：在河南信阳地区，1 年以发生 2 代为主；在长江流域诸省 1 年发生 2~3 代；在广东、广西、福建南部 1 年发生 3~4 代；海南 1 年发生 4~5 代。越冬幼虫于翌年 2 月上旬至 3 月下旬开始活动、取食。在长江流域一带越冬幼虫于 4 月中下旬结茧化蛹，5 月上旬羽化产卵。5 月中下旬第 1 代幼虫孵化，7 月上旬结茧化蛹，7 月中旬羽化产卵。7 月下旬孵化出第 2 代幼虫：一部分第 2 代幼虫于 9 月上旬结茧化蛹，9 月中旬羽化产卵，9 月下旬至 10 月上旬孵化出第 3 代幼虫，第 3 代幼虫于 11 月中旬越冬；另一部分第 2 代幼虫于 8 月中下旬滞育，生长发育缓慢，延续至 11 月越冬。成虫羽化，交尾、产卵都在夜间进行。交尾多在羽化的当夜进行，也有在次日晚交尾的。交尾后次日晚即行产卵。第 1 d 的产卵量最多，以后逐渐减少。卵产于松针或小枝上，聚集成块。初孵幼虫嚼食卵壳，然后在附近的针叶上群集取食。1、2 龄幼虫受到惊扰即吐丝下垂，并可借风传播；3、4 龄幼虫分散为害，遇惊即弹跳掉落；5、6 龄幼虫有迁移习性。幼虫结茧场所随环境不同而异，有的结在树冠针叶丛中，有的结在树皮裂缝间，也有结在灌木上及地被物中的。

马尾松毛虫分布于我国安徽、河南、陕西、四川、云南、贵州、湖南、湖北、江西、江苏、浙江、福建、台湾、广东、海南、广西。主要为害马尾松，还可为害湿地松、火炬松。在我国森林害虫中，马尾松毛虫是发生地区最广、为害面积最大、经常猖獗成灾的大害虫。

幼虫体上或茧上的毒毛接触人的皮肤后，可引起不同程度的皮肤肿痛，轻者数日内消退，重者病情达数月之久。有人可能会利用它进行违法犯罪活动，在某些犯罪现场也有可能出现它的踪迹。

马尾松毛虫是蛹虫草的主要寄主昆虫，蛹虫草是国家明文规定的新资源食品，具有很好的药用和食疗价值。在蛹虫草产区，可能会出现为了获取经济利益而进行的盗窃、抢劫等犯罪活动，也有些犯罪分子可能为了经济利益出售假冒药用昆虫及其产物；在医院、药店、中医诊所、药材批发市场等犯罪现场也有可能出现它的踪迹。

德昌松毛虫

德昌松毛虫隶属于鳞翅目、枯叶蛾科。雌蛾翅展 53~71 mm；雌蛾体灰褐色或黄褐色；触角短栉齿状，淡黄色，栉齿褐色；前翅狭长，前缘呈弧形弓出，外缘深褐色，呈弧形，有时有微波。雄蛾翅展 41~51 mm；体多为赤褐色至深褐色；触角鞭节黄色或褐色；翅面花纹与雌蛾相似，但色较深。卵长圆形，卵的颜色变化大，大多为粉红色，亦有红色、黄红色、黄绿色或上部淡红色下部灰白色的。初龄幼虫头部黑褐色，体灰黄色或黄绿色，两侧灰色，腹部第 2~5 节两侧有明显的黑褐色斑点 4 个。老熟幼虫头黄褐色；胸部第 2、3 节间背面簇生 2 束刚毛，蓝黑色或紫黑色，有光泽，其余的毛为银白色或黄白色。蛹纺锤形，栗褐色或棕褐色，密布黄色绒毛，末端有黄色钩状毛。茧长椭圆形，灰黄褐色，上附黑蓝色毒毛。

德昌松毛虫 1 年发生 1~2 代，以 4~5 龄幼虫在幼林内密集的松针基部越冬，也有少数在地被物下越冬。翌年 2 月上中旬开始取食。经 3~4 次蜕皮于 3 月上旬结茧化蛹，5 月中下旬为结茧盛期。成虫于 4 月下旬羽化，6 月上旬至下旬为羽化盛期。第 1 代卵于 5 月上旬开始出现，5 月中旬卵孵化，6

月下旬为孵化盛期。第1代幼虫于7月中旬结茧化蛹，8月中下旬为盛期。成虫于8月上旬羽化、产卵，盛期在9月中下旬。第2代幼虫于8月下旬孵出，9月下旬至10月上旬为盛期，12月上旬开始越冬。幼虫初孵时有群集性，常聚集在卵壳周围，啮食卵壳，然后啃食针叶使之形成缺刻，几天以后被害针叶枯黄卷曲，极易发现。5~6龄幼虫常静伏于树枝下，若遇惊扰，即昂头竖胸，毒毛耸立，以示警戒。幼虫老熟后，大多在树梢针叶丛中或松针基部作茧化蛹，少数在树干凹陷处或树皮裂缝内，也有在石块下或地被物中作茧化蛹的。成虫一般在第1次交尾后可产出绝大部分卵粒。卵产于松针上，呈块状，也有产在松针基部或松梢顶端以及松枝分叉处的。

德昌松毛虫分布于我国四川、云南。主要为害云南松，其次为害华山松、马尾松。

德昌松毛虫是松林中的重要害虫，在其分布地区的犯罪现场有可能出现它的踪迹，或者可以利用它的存在来反推犯罪第一现场。它是对人、畜能造成一定危害的有毒动物，幼虫体上或茧上的毒毛接触人的皮肤后，可引起不同程度的皮肤肿痛，轻者数日内消退，重者病情达数月之久。有人可能会利用它进行违法犯罪活动，在某些犯罪现场也有可能出现它的踪迹。

文山松毛虫

文山松毛虫隶属于鳞翅目、枯叶蛾科。雄蛾体深褐色，变异小；翅展50~55 mm；触角羽状；阳具较长，呈尖刀状，前半部上方表面有小齿；抱器末端高度骨化而向上弯曲，外缘有1列齿突。雌蛾腹部及后翅颜色较一致，多为褐色或淡褐色；头、胸及前翅颜色变异较大，多数为褐色，少数为灰褐色或深灰色；翅展58~70 mm；触角栉齿状；后翅颜色较前翅略浅；腹部粗肥，布满褐色绒毛；生殖器的中前阴片呈舌状，在基部2/3部分比较膨大，前端呈半圆形，中部凹陷较深；侧前阴片不大规则，皱褶较多，前端有袋和刚毛。卵多数呈粉红色、淡红色，少数为紫红色；椭圆形。幼虫颜色变异较大，主要为黑灰色、黑褐色，其次为暗红褐色。蛹纺锤形，栗褐色。茧为长椭圆形，灰褐色或灰白色，一端略尖，表面具黑色金属光泽毛丛。

文山松毛虫1年发生2代，以4~5龄幼虫越冬，至翌年2月中下旬开始活动，4月中旬结茧化蛹，5月中旬成虫羽化。第1代卵于5月中旬始见，6月上旬孵出幼虫，8月下旬开始结茧化蛹，9月中旬成虫羽化。第2代卵于9月中旬始见，10月上旬孵出幼虫，12月中下旬在针叶密集处和树皮下越冬，天气晴和之日，爬出微微取食，越冬期2个月以上。在海拔1 400 m以下的林区，各代各虫期要比前述时间提前10~15 d。幼虫出壳后，有取食卵壳习性。5龄以上幼虫，体上毒毛发达，触及人体皮肤会引起红肿，当食料缺乏时，成群迁移觅食。树上老龄幼虫身受惊扰，即口吐绿液，挺胸昂头，竖起毒毛，以示抗御。老熟幼虫停食1~3 d后，即下树在根部附近杂草中吐丝结茧；幼虫结茧后3~5 d化蛹，蛹期20 d以上。成虫白天静伏，夜晚活动、交尾产卵。交尾后的雌蛾，当夜就能产卵，但也有延至次夜才产卵的。

文山松毛虫分布于我国云南、贵州。主要为害云南松和思茅松。

文山松毛虫是松林中的重要害虫，在其分布地区的犯罪现场有可能出现它的踪迹，或者可以利用它的存在来反推犯罪第一现场。它是对人、畜能造成一定危害的有毒动物，幼虫体上或茧上的毒毛接触人的皮肤后，可引起不同程度的皮肤肿痛，轻者数日内消退，重者病情达数月之久。有人可能会利用它进行违法犯罪活动，在某些犯罪现场也有可能出现它的踪迹。

赤松毛虫

赤松毛虫隶属于鳞翅目、枯叶蛾科。雄蛾翅展48~69 mm，雌蛾翅展70~89 mm。体色变化较大，有灰白色、灰褐色及赤褐色。前翅中横线与外横线白色，亚外缘斑列黑色，呈三角形。雌蛾亚外缘斑列内侧和雄蛾亚外缘斑列外侧有白色斑纹。雄蛾前翅中横线与外横线之间深褐色，形成宽的中带。卵椭圆形，初为淡绿色，后渐变为粉红色，近孵化时紫褐色。幼虫体背黄色，头黑色，体毛不明显；2龄幼虫体背现花纹；3龄以后幼虫体背呈黄褐色、黑褐色、黑色花纹；老熟幼虫体背第2、3节丛生黑色毒毛，毛束片较明显。蛹纺锤形，暗红褐色。茧灰白色，附有毒毛。

赤松毛虫1年发生1代，以幼虫越冬。因受气候条件的影响，各地发生期略有不同。在山东半岛，3月上旬开始出蛰活动，以后逐渐上树为害；7月中旬结茧化蛹；7月下旬成虫出现，盛期在8月上中旬，同时可见产卵；8月中旬卵开始孵化，盛期是8月底至9月初；至10月下旬幼虫开始越冬。成虫羽化的当晚或翌日晚开始交尾。一般成虫只产1次卵，少数产2~3次。卵经10 d左右孵化为幼虫。初孵幼虫先吃卵壳，然后爬出，群集于附近松针上，啃食松针边缘使之形成缺刻，常弯曲枯黄，易于辨认，至3龄始吃整个针叶。1、2龄幼虫有受惊吐丝下垂习性。到2龄末期，开始爬行分散，不再吐丝，受惊后活跃弹跳。老龄幼虫不活跃，不取食时多静伏在松枝上，遇惊扰头向下卷曲，露出胸部2丛毒毛，以示抵御。

赤松毛虫分布于我国辽宁、河北、山东、江苏（北部）的沿海地区。主要为害赤松，其次为害黑松、油松和樟子松。

赤松毛虫是松林中的重要害虫，在其分布地区的犯罪现场有可能出现它的踪迹，或者可以利用它的存在来反推犯罪第一现场。它是对人、畜能造成一定危害的有毒动物，幼虫体上或茧上的毒毛接触人的皮肤后，可引起不同程度的皮肤肿痛，轻者数日内消退，重者病情达数月之久。有人可能会利用它进行违法犯罪活动，在某些犯罪现场也有可能出现它的踪迹。

落叶松毛虫

落叶松毛虫隶属于鳞翅目、枯叶蛾科。雌蛾翅展70~110 mm，触角栉齿状；雄蛾翅展55~76 mm，触角羽毛状。体色和花斑变化较大，有灰白色、灰褐色、褐色、赤褐色、黑褐色等。前翅较宽，外缘较直；后翅赭色。卵椭圆形，初产时淡绿色，后变为粉黄色、红色至深红色。幼虫灰褐色，有黄斑，被银白色或金黄色毛；中、后胸背面有2条蓝黑色闪光毒毛；第8腹节背面有暗蓝色长毛束。蛹暗褐色至黑色，密布黄色微毛。茧灰白色或灰褐色，表面黏附有许多蓝黑色的幼虫毒毛。

落叶松毛虫2年发生1代或1年发生1代，以幼虫于枯枝落叶层下越冬。越冬幼虫于春季日平均温度为8~10 ℃时上树为害，先啃食芽苞，展叶后取食全叶。2年发生1代的，经2次越冬后在第3年春一部分经半个月取食后于5月底6月上旬化蛹，另一部分则需经过较长时间取食后再化蛹。化蛹前多集中在树冠上结茧；成虫6月下旬开始羽化，7月上旬或中下旬大量羽化；部分到8月才羽化。1年发生1代的羽化较集中，2年1代的羽化历期延续达2个月。通常在黄昏及晴朗的夜晚交尾。交尾后多飞向针叶茂盛的松树上，产卵于树冠中、下部外缘的小枝梢及针叶上。卵呈块状，排列不整齐。初孵幼虫多群集于枝梢端部，受惊动即吐丝下垂，随风飘到其他枝上。2龄后渐分散取食，受惊动不再吐丝下垂，而是直接坠落地面。幼虫共7~9龄。幼虫前期食量小，为害不明显，最后2龄食量剧增，约占幼虫总食量的95%。落叶松毛虫多发生于背风向阳、干燥稀疏的落叶松纯林。

落叶松毛虫分布于我国黑龙江、吉林、辽宁、内蒙古、河北、新疆。为害落叶松、红松、鱼鳞云杉、油松、黑松、樟子松、新疆云杉、红皮云杉、冷杉、臭冷杉等，在东北林区主要为害红松、落叶松，在新疆则主要为害落叶松。

落叶松毛虫是松林中的重要害虫，在其分布地区的犯罪现场有可能出现它的踪迹，或者可以利用它的存在来反推犯罪第一现场。它是对人、畜能造成一定危害的有毒动物，幼虫体上或茧上的毒毛接触人的皮肤后，可引起不同程度的皮肤肿痛，轻者数日内消退，重者病情达数月之久。有人可能会利用它进行违法犯罪活动，在某些犯罪现场也有可能出现它的踪迹。

柳杉云毛虫

柳杉云毛虫隶属于鳞翅目、枯叶蛾科。雌蛾翅展89~96 mm；雄蛾翅展54~72 mm。雌蛾和雄蛾的形态、颜色基本相同，全身被棕、黑、白各色鳞毛，体色灰棕、棕黄、深棕，以灰棕色居多。前翅外横线深褐色，波状；内侧白色，状如云彩；翅中室处有1个小白点；胸背两侧各被1簇灰白色毛。

后翅灰棕色，无明显斑纹，外缘颜色稍淡。触角双栉齿状，黄色。卵扁椭圆形，黄色带绿或带粉红，少数棕黄色，两端各有棕黄色轮纹1圈和棕色斑纹1条。初龄幼虫黄色，疏生刚毛，体侧及胸背黑褐色，各体节背面和侧面生黑色毛瘤。老熟幼虫体色黑褐带暗红色，全体多毛，胸背2条毒毛带由黑色变为藏青色。蛹橄榄形，棕红色或棕黑色，各节生有黄绒毛。茧浅黄色、棕色、棕灰色、棕红色乃至棕黑色，茧上附有毒毛、虫粪、木屑等物，少数蛹无茧。

柳杉云毛虫在浙江西天目山1年发生1代，以6龄幼虫于12月下旬潜入树干7 m以下处的树皮裂缝内和树洞里群集越冬，也有潜入石头堆里和枯枝落叶层内越冬的。翌年3月上中旬开始活动取食。6月上旬开始结茧化蛹，6月下旬至7月上旬为化蛹盛期。茧多结在树干基部和树洞里、翘裂树皮下、石块下以及石头堆里，7月下旬开始羽化为成虫，8月上中旬是羽化、交尾、产卵盛期。成虫羽化后当天晚上就交尾，当晚或次晚产卵。雌蛾只交尾1次，雄蛾可交尾2次。每头雌蛾产卵一般约为300粒。卵成堆产于柳杉或杉木树冠外缘枝梢针叶上。成虫白天静伏于树干下部，夜间活动，有趋光性。幼虫共有8龄。幼虫群集为害。幼虫为害柳杉针叶和小枝皮层，使小枝枯死，并咬断嫩梢。受害严重的杉木，针叶被食殆尽，成为光杆或秃枝。

柳杉云毛虫分布于我国浙江、福建、江西。主要为害柳杉，也为害杉木。

柳杉云毛虫是松林中的重要害虫，在其分布地区的犯罪现场有可能出现它的踪迹，或者可以利用它的存在来反推犯罪第一现场。它是对人、畜能造成一定危害的有毒动物，幼虫体上或茧上的毒毛接触人的皮肤后，可引起不同程度的皮肤肿痛，轻者数日内消退，重者病情达数月之久。有人可能会利用它进行违法犯罪活动，在某些犯罪现场也有可能出现它的踪迹。

家蚕

家蚕幼虫

家蚕又称桑蚕，隶属于鳞翅目、家蚕蛾科。成虫翅展39~43 mm，灰白色。触角栉齿状，背面白色，腹面灰黄色，栉毛灰褐色。前翅外缘顶角后方内凹，横线不明显，端线及翅脉灰褐色；反面中室端横脉明显。腹部背中央具白色长毛丛。卵椭圆形、略扁平。初产卵常为淡黄绿色，越年卵茶褐色。蚁蚕即初孵幼蚕，头部相对较大，体色暗黑，胸足近黑色，体表多具毛状瘤突，外形似蚂蚁。老熟后呈长圆筒形，清白色、暗褐色。常见的普通斑包括中胸背中央1个眼状斑，腹部2、5节背面分别有1对半月斑及星状斑。中后胸隆起，胸足爪黑褐色。腹部10节，第3、4、5、6节及腹末具足各1对；第8腹节背中央1个尾角；雌蛾第8、9节腹面各具1对乳白色点状突，即生殖芽；雄蛾生殖芽位于第9节腹面前缘中央，瓢形。前胸及第18腹节两侧具椭圆形黑色的气门。蛹纺锤形，长15~30 mm，头部较小。初化蛹时复眼无色，后变为褐色、黑色。前胸节近六角形，后胸最短。前、中足端部可见。雄蛹第9腹节腹面具1个小点，雌蛹第8腹节腹面具1条纵线。气门椭圆形。家蚕是完全变态的昆虫，一生经过卵、幼虫（蚕）、蛹和成虫（蚕蛾）四个阶段，需40~50 d。

家蚕成虫

家蚕是我国先民最早驯化的家养动物，也是因为它才有了著名的“丝绸之路”。家蚕的幼虫在化蛹之前会先结茧将自己包裹起来。在茧壳的保护下，安全度过不食不动、毫无抵抗能力的蛹期，然后羽化为美丽洁白的蚕蛾。蚕蛾破茧而出以后，不吃不喝，1~2 d后进行交配、产卵，一只雌蛾可产卵300~500粒，这些任务完成之后，它的生命就结束了。刚孵出的幼蚕身体黑色，跟蚂蚁很像，所以又叫“蚁蚕”，在吃桑叶的过程中逐渐长大，在1个月内要蜕4次皮，每蜕一次皮，它就要长大一些。等到它全身发亮，成半透明状时，它便开始吐丝做茧。慢慢地就会把身体裹在自己织出的茧子里了。

家蚕是一种以桑叶为食料的泌丝昆虫，原来是栖息在桑林中的一种野蚕，由于人们发现它的茧丝可以利用而引起了对它的关注。人们开始是在野外采集这种野蚕茧加以利用的，随着人们对蚕丝需求量的增加和人们生活的定居，逐渐把这种野蚕移入室内饲养，培养驯化成了现代的家蚕。在家蚕人工饲养地、蚕丝生产区等处，可能会出现为了获取经济利益而进行的盗窃、抢劫或者破坏等犯罪活动，也有些犯罪分子可能为了经济利益出售假冒资源昆虫及其产物。在蚕丝制品售卖商场、集市附近的犯罪现场有可能出现它的踪迹。

家蚕是蛹虫草的主要寄主昆虫，蛹虫草是国家明文规定的新资源食品，具有很好的药用和食疗价值。目前，已经可以用它的蛹进行人工批量培育，其药效、药理与野生种差不多。在蛹虫草产区，可能会出现为了获取经济利益而进行的盗窃、抢劫等犯罪活动，也有些犯罪分子可能为了经济利益出售假冒药用昆虫及其产物；在医院、药店、中医诊所、药材批发市场等犯罪现场也有可能出现它的踪迹。

松异带蛾

松异带蛾又名松舟异蛾。隶属于鳞翅目、带蛾科。雌蛾翅展36~49 mm。雄蛾翅展31~39 mm。雌蛾触角鞭状，雄蛾的为羽状。雌、雄蛾胸部均具毛。腹部粗壮，末节覆有大量鳞片形成的毛簇；雄蛾腹部具毛簇，稍尖。前翅暗灰色；翅脉、翅缘及3条横纹呈深色。后翅白色，翅缘灰色，臀角有1个黑斑。卵呈典型的锯齿状卵块。覆盖有雌蛾腹末毛簇的鳞毛及一些残肢碎片。幼虫共5龄，1龄幼虫体躯为苹果绿色。二次蜕皮后，幼虫产生确定的特征，每节体背具成对排列的红色毛簇。体壁和着生于体上的毛，不同的来源变化相当大。一般在寒冷地区，体壁较黑，多在灰蓝色至黑色间；侧毛颜色为白色或深黄色；背毛颜色在黄色至深棕色间。蛹卵圆形，丝茧赭白色。

松异带蛾的生活周期一般为1年，但在高原或纬度较高的北部地区全部或部分种群生活周期可为2年以上。生活周期有2个阶段，成虫、卵和幼虫在地上完成发育，蛹在地下完成发育。最适条件下，发育需持续6个月，冬季4龄和5龄幼虫发育延迟。当特定地区及某些条件局限时，可通过滞育延长蛹期，使得每年成虫羽化期保持一致。成虫一般于午后开始羽化，且雄蛾早于雌蛾。羽化数小时后交配，雌蛾在最近的树顶端的针叶上产卵，并绕针叶织成袖状袋。然而它们可以飞行几千米，快速造成大范围的暴发。卵以锯齿状卵块的形式产在针叶对生处周围，呈螺旋状排列。根据幼虫的取食条件，大部分卵块一般产在树冠外围的树梢上，常为70~300粒，呈平行排列。

松异带蛾分布于欧洲、亚洲、非洲。可为害松属及雪松属的所有植物种类。被欧洲和地中海植物保护组织（EPPO）于1980年列为A1级检疫性有害生物，并被我国列入进境检疫性有害生物，并已提交世界贸易组织（WTO）。在地中海地区，松异带蛾为最重要的森林害虫之一。蛹可被种植植物携带传播。任何在受害树附近种植的植物都能受蛹侵染。

外来物种一旦进入我国境内，将会对我国的生态系统及生物多样性造成不可估量的破坏。目前这个物种还没有入侵到我国境内，因此，海关要严防死守、严格检疫，谨防它传入我国。

蓖麻蚕

蓖麻蚕又名木薯蚕。隶属于鳞翅目、天蚕蛾科。大型蛾类，展翅100~125 mm，触角、头、胸部褐色。头小，复眼大，卵圆形，灰黑色。触角羽状，短，基部有白毛。翅棕褐色，前翅翅顶向外方突出，其突出部有1个黑褐色椭圆形斑纹，翅面有褐色、白色、黄色和粉红色的美丽斑纹，纵贯前后翅有1条波状纹。中部有半透明的月牙形大白斑，其前缘具有棕黑色边，后缘呈黄色，中间白色，半透明。雌蛾腹部肥大。卵椭圆形，初为黄白色，后变为黑褐色，长约10 mm。幼虫初孵化时黑褐色，至2龄时变为淡黄绿色，2龄以后，因体表生白粉，呈白色，各体节上有多数之疣状突起及斑纹。蛹为被蛹，初为黄白色，后变为褐黄色，茧为白色之不正卵圆形。

蓖麻蚕是一种无滞育期多化性完全变态的绢丝昆虫，幼虫5龄，1年可发生4~7代。在广东、广西1年发生6~7代，夏秋季世代历期45~50 d，冬季55~60 d，蛹期需人工保种越冬。蚕蛾善飞，白天静伏不动，傍晚后开始飞翔求偶，寿命7~10 d，每头雌蛾产卵400~500粒。蓖麻蚕为半驯化的野生绢丝昆虫，现虽可在室内饲育，但其野生习性尚未完全改变。刚孵化的蚁蚕也和柞蚕一样，有吞食卵壳的习性。幼虫喜食嫩叶，警觉性高，腹部和尾足具有很强的抓着力，行动非常活泼。稚蚕期蓖麻蚕的群集性很强，休息时，喜欢成群结队地聚集在叶的背面，吃叶时，又成排地爬向叶的边缘。蓖麻蚕幼虫有避光的特性，尤以小蚕更为明显，常躲在叶的背面或叶缘食叶。老熟结茧时，熟蚕在昏暗条件下比明亮条件下结茧快。卵、幼虫、成虫均喜高湿环境，以相对湿度为80%~90%为宜，气候干燥时喜食带水叶片。1~2龄小蚕喜在光线不强的叶背成群排列取食，收蚕时需用叶片吸引；3龄以后才稍为分散；熟蚕则喜在偏暗地方吐丝结茧。

蓖麻蚕分布于我国广东、海南、台湾、福建、广西、浙江、安徽、江苏、江西等地。蓖麻蚕为多食性绢丝昆虫，除主食蓖麻叶外，还能吃木薯叶、马桑叶和红麻等40多种植物叶片。我国的蓖麻蚕是由国外引进的种类，全国各地都曾饲养。

在蓖麻蚕人工饲养地、蚕丝生产区等处，可能会出现为了获取经济利益而进行的盗窃、抢劫或者破坏等犯罪活动，也有些犯罪分子可能为了经济利益出售假冒资源昆虫及其产物。在蚕丝售卖商场、集市附近的犯罪现场有可能出现它的踪迹。

蓖麻蚕也是一种药用昆虫，其干燥幼虫或茧可入药。将幼虫置沸水中略烫，取出拌以草木灰，晒干备用。有祛风湿、止痹痛的功能。在药用昆虫生产和养殖基地、药用昆虫及衍生物加工厂等处有可能会发生因经济利益而进行的盗窃、抢劫等犯罪活动，在医院、药店、中医诊所、药材批发市场等犯罪现场也有可能出现它的踪迹。

绿尾大蚕蛾

绿尾大蚕蛾又名水青蛾。隶属于鳞翅目、大蚕蛾科。成虫翅展122 mm左右。体表具浓厚白色绒毛，头部、胸部、肩板基部前缘有暗紫色横切带。翅粉绿色，基部有白色绒毛；前翅前缘暗紫色，混杂有白色鳞毛；翅的外缘黄褐色；中室末端有眼斑1个；中间一长条透明，外侧黄褐色，内侧内方橙褐色，外方黑色；翅脉较明显，灰黄色。后翅也有一眼纹，后角尾状突出，长40 mm。卵球形稍扁，米黄色，上有胶状物将卵粘成堆。每堆有卵少者几粒，多者20~30粒。1、2龄幼虫黑色，3龄幼虫全体橘黄色，4龄开始渐变为嫩绿色。老熟幼虫头部绿褐色，体黄绿色。蛹赤褐色，茧灰褐色，长卵圆形，全封闭式；茧外常有寄主叶裹着。

绿尾大蚕蛾幼虫

绿尾大蚕蛾1年发生2代，少数地区1年发生3代。在树上作茧化蛹越冬。越冬蛹4月中旬至5月上旬羽化并产卵。第1代幼虫5月上中旬孵化。幼虫共5龄。老熟幼虫6月上旬开始化蛹，中旬达盛期。第1代成虫6月下旬至7月初羽化产卵。第2代幼虫7月上旬孵化，至9月底老熟幼虫结茧化蛹。成虫有趋光性，一般中午前后至傍晚羽化，羽化前分泌棕色液体溶解茧丝，然后从上端钻出，当天交尾。翌日夜晚开始产卵。卵产于寄主叶背，成堆。1、2龄幼虫有群集性，较活跃；3龄以后逐渐分散，食量增大，行动迟钝。第1代茧与越冬茧结的部位略有不同，前者多数在树枝条上，少数在树干下部；越冬茧基本在树干下部分叉处。茧外部有寄主叶包裹。

绿尾大蚕蛾分布于我国北京、河北、河南、江苏、浙江、江西、湖北、湖南、广东、广西、福建、台湾。为害枫杨、枫香、白榆、杨、柳、乌桕、核桃、栗、樟、桤木、喜树、苹果、梨、沙枣、杏、木槿。

虽然绿尾大蚕蛾是一种农业害虫，但由于其成虫体型大、翅色彩鲜艳、飞翔姿态优美，因而成为收藏家及爱好者争相收藏的目标，甚至有人不惜重金收购，这也刺激了谋利者的狂捕滥采和非法买卖犯罪活动的发生，导致该种的数量不断减少以至于走向濒危的边缘。也有很多人会为了利益在未取得国家重点保护野生动物及其制品经营许可证的情况下，进行相关经营活动，这样做就触犯了刑律。

长尾大蚕蛾

长尾大蚕蛾隶属于鳞翅目、大蚕蛾科。体白色，翅展 90~110 mm。触角黄褐色，前胸前缘紫红色，肩板后缘淡黄色；前翅粉绿色，外缘黄色；中室有 1 条眼纹，中央粉红色，内侧有较宽的波形黑纹，间杂有白色鳞毛，外侧黄色有黄褐色轮廓；外线黄褐色不明显。后翅后角的尾突延长呈飘带状，长达 85 mm；尾突橙红色，近端部黄绿色，外缘黄色，中室眼纹粉红色，不甚明显，外线不显著。分布于我国湖南、福建、广西、重庆、四川、贵州、云南、北京和河北等地。

长尾大蚕蛾成虫体型大、翅色彩鲜艳、飞翔姿态优美，因而成为收藏家及爱好者争相收藏的目标，甚至有人不惜重金收购，这也刺激了谋利者的狂捕滥采和非法买卖犯罪活动的发生，导致该种的数量不断减少以至于走向濒危的边缘。也有很多人会为了利益在未取得国家重点保护野生动物及其制品经营许可证的情况下，进行相关经营活动，这样做就触犯了刑律。

柞蚕

柞蚕

柞蚕是经济昆虫。隶属于鳞翅目、大蚕蛾科。雌蛾翅展 150~180 mm，雄蛾翅展 130~160 mm。蛾体橙黄色或黄褐色。翅基片、前胸前缘、前翅前缘紫褐色，杂有白色鳞片；前、后翅内横线白色，外侧紫褐色，外横线黄褐色，亚外缘线紫褐色，外侧白色；在顶角部白色明显，中央末端有较大透明眼状斑纹，圆圈外有白色、黑色、紫红色轮廓。后翅眼纹四周黑线明显。卵椭圆形，略扁平。灰白色或乳白色，刚产出的卵因被黏液包被呈淡褐色或深褐色。幼虫长筒形。老熟幼虫头壳表面有许多半球形突起。初化蛹时，呈淡绿色，以后变为深褐色或浅褐色。

柞蚕 1 年发生 1 代或 2 代，以蛹越冬。北纬 35°以南如广西、贵州、四川、河南（南阳），1 年只发生 1 代；北纬 35°以北如山东、辽宁、吉林、黑龙江，1 年发生 2 代。1 年发生 1 代的柞蚕 3~4 月上旬成虫羽化、产卵，4 月上中旬幼虫孵化，5 月中下旬结茧化蛹，进入滞育，翌年 4 月羽化为成虫。1 年发生 2 代的柞蚕分为春蚕和秋蚕。春蚕 4 月上旬成虫羽化、产卵，4 月末 5 月初幼虫孵化，6 月中下旬结茧化蛹。春蚕蛹于 7 月上中旬羽化为成虫，产卵，7 月末 8 月初幼虫孵化，此期幼虫即为秋蚕。秋蚕在 9 月中下旬结茧、化蛹、越冬。柞蚕刚孵出的蚁蚕喜食卵壳，刚蜕皮的幼虫喜食皮蜕，1~3龄小蚕喜食嫩柞叶。4~5 龄壮蚕喜食适熟柞叶。老熟幼虫在结茧前，先排出体内粪便及胃液，选择适宜位置吐丝结茧。结茧时，先吐丝拉住 2~3 片柞叶，然后在叶被里继续吐丝结茧，以茧蒂系缚住柞枝，吐丝终了排出含有草酸钙的体液，浸润茧层，使之坚硬。

柞蚕主要分布于我国辽宁、山东、河南，其次是吉林、黑龙江、内蒙古、湖北、四川、贵州、广西、陕西。柞蚕的寄主为栎属植物，其中麻栎、辽东栎、蒙古栎、波罗栎、锐齿栎和栓皮栎是其主要饲料。其他植物如核桃、樟树、山楂、蒿柳、山荆子、桦树、枫树等柞蚕也可食，属代用饲料。

中国柞蚕生产历史悠久，柞蚕丝绸坚韧强牢，轻柔薄软，穿着舒适，也是传统的出口商品。柞蚕丝还具有耐酸、耐碱、耐热和绝缘性好等优点，也是很好的化工和军需材料。近年来的研究表明，柞蚕又是重要的医药原料，柞蚕蛹经过特殊处理，可提取抗菌肽、凝集素、溶菌酶等。柞蚕还是蛹虫草的主要寄主昆虫，蛹虫草是国家明文规定的新资源食品，具有很好的药用和食疗价值。目前，已经可以用它的蛹进行人工批量培育，其药效、药理与野生种差不多。

在柞蚕人工饲养地、柞蚕产区等处，可能会出现为了获取经济利益而进行的盗窃、抢劫等犯罪活动，也有些犯罪分子可能为了经济利益出售假冒药用昆虫及其产物；在医院、药店、中医诊所、药材批发市场等犯罪现场也有可能出现它的踪迹。在蚕丝售卖商场、集市附近的犯罪现场有可能出现它的踪迹。

天蚕

天蚕又名半目大蚕蛾、日本天蚕。隶属于鳞翅目、大蚕蛾科。雌蛾翅展 130~150 mm，雄蛾翅展 120~130 mm。体有黄褐、浅黄、灰黄、浅红等色。复眼浓褐色。雌蛾触角栉齿状，雄蛾触角羽毛状。前翅中央有 1 个透明的眼状斑纹，其周围有红色、黄色、黑色环线。卵扁圆形，深褐色。卵表面有灰色纵纹。初孵化的蚁蚕，体黄绿色，背面具有 5 条天蓝色细线。头赭褐色。3 龄幼虫体青绿色，背面较淡，腹面较深。头淡绿色。蛹深蓝色。茧淡绿色，长椭圆形，有小茧蒂，茧形均匀。

天蚕在北方地区 1 年发生 1 代，在南方地区 1 年发生 2 代，以幼虫在卵内越冬。在辽宁于翌年 5 月上中旬孵化。将孵化后的幼虫放养到 3~4 年生的栎树上，幼虫能自行上树寻找食料。幼虫多散居于叶背面，壮蚕以后较活泼，特别在遇到高温时，有一部分幼虫在树上散爬，或躲在阴暗的枝叶里。幼虫 5 龄，老熟幼虫于 6 月下旬到 7 月上旬结茧。幼虫结茧后，在气温 22~24 ℃下，约经 2. 5 d 化蛹。8 月上旬开始羽化。羽化后雌蛾多静止不动；雄蛾活跃，善飞翔，能飞离地面 5 m 以上，可在 0. 5 km 的范围内寻觅异性。交尾多在清晨和夜间进行。交尾后产卵，卵呈块状。

天蚕分布于我国黑龙江、吉林、辽宁、河南、广西、贵州、四川、云南。主要取食栎属的蒙古栎、辽东栎、栓皮栎、槲栎、麻栎等。天蚕是野生绢丝昆虫中较有经济价值的种，由于其丝质优美，早在 18 世纪末即为世界各国所重视。是近年来正在被开发利用的大型绢丝昆虫，其丝为天然宝石绿色，无皱纹，强度优于家蚕，较名贵。

在天蚕人工饲养地、蚕丝生产区等处，可能会出现为了获取经济利益而进行的盗窃、抢劫或者破坏等犯罪活动，也有些犯罪分子可能为了经济利益出售假冒资源昆虫及其产物。在蚕丝售卖商场、集市附近的犯罪现场有可能出现它的踪迹。

琥珀蚕

琥珀蚕又名钩翅大蚕蛾、姆珈蚕、阿萨姆蚕。隶属于鳞翅目、大蚕蛾科。为珍稀种。主产于印度东北部和阿萨姆邦的雨林里，在我国主要分布于云南的西双版纳等地，主要取食樟科楠木属的润楠、木姜子属的多花木姜子以及茜草科、虎刺科含笑属等植物的叶。

琥珀蚕为多化性，1 年发生 5~6 代，以蛹越冬。每头雌蛾产卵 150~250 粒，卵期 7~15 d，幼虫 4 眠 5 龄，全龄时间 30~35 d。该蚕以秋蚕的产量最高，质量最好，适于缫丝。丝用的茧，应立即杀蛹，晒干后储藏保管。在碱液中煮茧 1 h 便可缫丝，丝质坚韧、琥珀色，称琥珀蚕丝。该丝在印度多用来织遮阳布、腰布、束带、莎丽，其丝织绸耐洗、不易褪色、光泽奇妙，是印度独占世界市场的名优产品。琥珀蚕茧产量很少，以粒计价，1 粒茧的价格曾高达 16 美元。印度饲养的琥珀蚕已是半驯化的多化性种。我国的琥珀蚕濒临灭绝，亟待研究、保护与开发利用。

在琥珀蚕饲养区、蚕丝生产区等处，可能会出现为了获取经济利益而进行的盗窃、抢劫或者破坏等犯罪活动，也有些犯罪分子可能为了经济利益出售假冒资源昆虫及其产物。在蚕丝售卖商场、集市附近的犯罪现场有可能出现它的踪迹。

合目大蚕蛾

合目大蚕蛾隶属于鳞翅目、大蚕蛾科。雌蛾翅展 80~90 mm，雄蛾翅展 70~80 mm。体被暗红褐色鳞毛，颈板灰白色，胸部后端色较淡。雄蛾触角粗短、羽毛状；雌蛾触角较雄蛾细长，双栉齿状。前翅前缘褐色杂有白色鳞片，全翅分成明显的3个区，中区色较浅，外区及内区色较深。眼状纹圆形，外圈为黑色，其内侧有1个半月形白色鳞片区，中间鳞片棕色。前翅顶角有1个黑斑，外缘线为黄棕色宽带，内侧由白色鳞片构成白边。后翅与前翅基本相同。雄蛾颜色比雌蛾的深，个体较小。卵圆筒形，灰白色。卵壳表面有条状黑点带。幼虫青绿色，毛瘤上的长毛黑色，体表面长有密集的白色短刚毛。蛹黑褐色。

合目大蚕蛾在长白山1年发生1代，以卵越冬。翌年5月中旬，越冬卵开始孵化，下旬终了。幼虫于6月下旬开始停食，变为预蛹；7月上旬开始化蛹，7月下旬化蛹结束；8月下旬开始出现成虫，9月中旬为盛期。从第1年9月产下的卵，经越冬至翌年5月中下旬孵化，历时250 d左右。幼虫期47~66 d。成虫趋光性较强。白天成虫则静伏阴处不动。当年产下的卵不孵化，至翌年5月中旬，随着气温的回升，越冬卵才开始孵化。幼虫孵出后，即爬行觅食，初龄幼虫食量很小，仅取食少许寄主叶片。随着虫龄的增大，食量也不断增大。取食方式是从叶缘向里咬食。老龄幼虫食量较大，几乎可把整片叶吃光，仅留较粗的叶脉。此虫是长白山地区昆虫的优势种之一。

合目大蚕蛾分布于我国黑龙江、吉林、辽宁、内蒙古。为害栎、椴、榛、胡枝子、核桃楸。

由于合目大蚕蛾在其分布地区的这些植物上常见，所以，在这些地区的犯罪现场有可能出现它的踪迹，或者可以利用它的存在来反推犯罪第一现场。

乌桕大蚕蛾

乌桕大蚕蛾又名大乌桕蚕、大桕蚕、大山蚕。隶属于鳞翅目、大蚕蛾科。翅展90~265 mm，体翅赤褐色。前翅顶角明显突出，粉红色，其内侧近前缘具1个月牙形小黑斑，斑下的黄橙色区中具紫红色酷似蛇头的纵条纹，故又称“蛇头蛾”；前后翅中室外端部的三角形透明斑较大，斑外镶围棕黑色；翅外缘黄褐色并具波纹状黑线，外横线黑褐色或灰褐色，内横线为弯曲的内白、外黑双线。卵为半球形，淡红色。初孵幼虫浅褐色，周身长满棘刺。老熟幼虫绿色，体背布满淡绿色斑。蛹红褐色。茧丝质，淡褐色，外包寄主叶片。

乌桕大蚕蛾在福建1年发生2代，以蛹越冬，翌年5月上旬至6月上旬越冬代成虫羽化。第1代的卵期、幼虫期、蛹期、成虫期分别为5月中旬至6月中旬、6月上旬至7月下旬、7月上旬至8月中旬、8月上旬至9月上旬。第2代的卵期、幼虫期分别为8月中旬至9月中旬、9月上旬至10月下旬；老熟幼虫10月下旬在寄主枝、干上吐丝结茧化蛹越冬。成虫多在晚间羽化，晚间活动，飞翔力较强，趋光性强。成虫羽化后3~5 d交配产卵，卵散产或3~6粒成堆产于叶片或树干上。初孵幼虫有食卵壳习性，后分散食叶，幼虫6龄。

乌桕大蚕蛾分布于我国湖南、福建、广东、广西、海南、江西、云南、贵州、台湾等地。为害乌桕、樟、柳、大叶合欢、小檗、甘薯、狗尾草、苹果、冬青、桦、泡桐、海桐、小叶榕、木荷、黄梁木、油茶、桂皮、枫、石楠、千斤榆、重阳木、茶、栓皮栎等。

乌桕大蚕蛾成虫是世界上体型最大的蛾，有鸳鸯蛾和七彩蛾之称。因而成为收藏家及爱好者争相收藏的目标，甚至有人不惜重金收购，这也刺激了谋利者的狂捕滥采和非法买卖犯罪活动的发生，导致该种的数量不断减少以至于走向濒危的边缘。也有很多人会为了利益在未取得国家重点保护野生动物及其制品经营许可证的情况下，进行相关经营活动，这样做就触犯了刑律。它是国家林业局令第7号《国家保护的有益的或者有重要经济、科学研究价值的陆生野生动物名录》中列入的昆虫种类。野外数量十分稀少。

乌桕大蚕蛾的茧为有孔茧，茧型大，缩皱粗，缫丝困难，可做绢纺原料。用大乌桕蚕丝织成的织物，保温、吸湿性能好，耐洗耐磨，穿着舒适，织成的绸，称为“水绸”，很耐用。

在乌桕大蚕蛾饲养区、蚕丝生产区等处，可能会出现为了获取经济利益而进行的盗窃、抢劫或者破坏等犯罪活动，也有些犯罪分子可能为了经济利益出售假冒资源昆虫及其产物。在蚕丝售卖商场、集市附近的犯罪现场有可能出现它的踪迹。

银杏大蚕蛾

银杏大蚕蛾又名栗蚕、银杏天蚕、白果蚕、白毛虫、漆毛虫，东北地区称其为核桃楸大蚕蛾。隶属于鳞翅目、大蚕蛾科。雌蛾翅展95~150 mm；雄蛾翅展90~125 mm。体色不一，有灰褐色、黄褐色或紫褐色多种。前翅内横线赤褐色，中室端部有新月形透明斑，斑在翅脊形成眼珠状，周围有白色、紫红色和暗褐色轮纹；顶角向前缘处有1个黑色半圆形斑；后角有1个白色新牙形纹。后翅从基部到外横线间有宽广的紫红色区，中室端有1个大的圆形眼斑，中间黑色如眼珠（翅反面无珠形），外围有1条灰橙色圆圈及2条银白色线圈；后角有1个新月形白斑。卵椭圆形，表面有一层黑褐色胶质。幼虫体色有黑色型和绿色型两种。蛹黄褐色。茧黄褐色，长椭圆形，网状，丝质胶结坚硬，网眼粗大，茧外常黏附寄主枝叶。

银杏大蚕蛾1年发生1代，以卵越冬。在辽宁越冬卵5月上旬孵化，幼虫5~6月为害，6月中旬至7月上旬结茧化蛹，8月中下旬羽化、产卵。卵产在茧内、蛹壳里、树皮下、缝隙间或树干上附生的苔藓植物丛中，而以产在茧内者为多。产时卵粒堆集成疏松的卵块，每块数十粒、百余粒甚至二三百粒不等。幼虫有5~6龄。1~2龄幼虫常数条或10余条群集于一叶片背面，头向叶缘排列取食，使叶片出现缺刻；3龄时较分散，活动范围扩大，食量增加，初露为害状；4、5、6龄分散活动，食量大增，为害状明显，甚至吃光树叶；老熟时，多在树冠下部枝叶间缀叶结茧化蛹，常数条连接一处，挂在枝叶间累累易见。

银杏大蚕蛾分布于我国河南、陕西、云南、贵州、江苏、浙江、江西、湖北、湖南、广西、广东、福建、台湾等地。幼虫为害银杏、核桃楸、核桃、漆树、枫杨、栗、蒙古栎、楸、榛、榆、樟、柳、柿、李、梨、苹果、枫香等树叶。

蚕茧网目状，由网状茧丝及羽毛状细茧丝构成，丝质优良。绢丝含有苯氧化酶和鞣剂，染色性能特别好，有鲜艳的光泽，可做绢纺原料、绣花装饰用丝，织物美丽、坚实、耐用。也可将熟蚕丝腺取出，浸醋后拉丝做钓鱼丝等用。

在银杏大蚕蛾人工饲养地、蚕丝生产区等处，可能会出现为了获取经济利益而进行的盗窃、抢劫或者破坏等犯罪活动，也有些犯罪分子可能为了经济利益出售假冒资源昆虫及其产物。在蚕丝售卖商场、集市附近的犯罪现场有可能出现它的踪迹。

樟蚕

樟蚕又名枫蚕、天蚕、渔丝蚕。隶属于鳞翅目、大蚕蛾科。成虫翅展100 mm左右。体翅灰褐色，前翅基部暗褐色，三角形。前、后翅上各有1条眼纹，外层为蓝黑色，内层外侧有淡蓝色半圆纹，最内层为土黄色圈，其内侧暗红褐色，中间为新月形透明斑，前翅顶角外侧有紫红色纹2条，内侧有黑短纹2条；后翅与前翅略相同，但色稍浅，眼纹较小。胸部背腹面和末端密被黑褐色绒毛，腹部节间有白色绒毛环。卵乳白色，筒形，数粒或十几粒紧密排列成块。卵面上覆盖一层厚灰褐色雌蛾尾部毛。幼虫头绿色，身体黄绿色，胸足橘黄色。蛹深暗红褐色，稍带黑色，纺锤形，全体坚硬。茧灰褐色，长椭圆形。

樟蚕1年发生1代，以蛹在茧内越冬。翌年2月底开始羽化，3月中旬为羽化盛期，3月底成虫终见。3月上旬开始产卵。3月中旬到7月为幼虫为害期。6月开始结茧化蛹。成虫羽化一般多在傍晚或清晨进行。成虫通常栖息在隐蔽的枝叶或灌木与草丛中，趋光性很强，交尾后1~2 d产卵。大多成堆产于树干或树枝上，少数散产。1~3龄幼虫具群集性，4龄以后分散为害。5龄以后幼虫一般固着小枝上，伸长体躯以胸足抓住叶片取食，吃光叶后，还吃叶柄及嫩茎。老熟幼虫先在树干或分叉处结茧，一般从傍晚或下午开始，从吐丝到做完茧一般需1~2 d。经8~12 d的预蛹期，即化蛹。

我国主要樟蚕丝产地是我国海南，分布于东北、华北一带以蛹越冬的亚种为*E. pyretorum pyreto-*

rum，分布于华东、江西一带以蛹或卵越冬的亚种为 *E. pyretorum cognate*，分布于四川以卵越冬的亚种为 *E. pyretorum lucifera*。寄主植物有枫香、枫杨、樟、麻栎、板栗、核桃、喜树、沙梨、番石榴、冬青、枇杷、野蔷薇、乌桕、漆树、银杏、槭等。世界上只有中国生产樟蚕丝，食樟叶的樟蚕丝质最优，食枫叶的樟蚕丝质较差。樟蚕丝精制后丝光滑透明、坚韧耐水，不仅是理想的钓鱼线，还可做医疗上的外科手术缝线。

在樟蚕人工饲养地、蚕丝生产区等处，可能会出现为了获取经济利益而进行的盗窃、抢劫或者破坏等犯罪活动，也有些犯罪分子可能为了经济利益出售假冒资源昆虫及其产物。在蚕丝售卖商场、集市附近的犯罪现场有可能出现它的踪迹。

樗蚕

樗蚕又名乌桕樗蚕蛾、臭椿蚕和小桕天蚕。隶属于鳞翅目、大蚕蛾科。翅展 115～125 mm。体青褐色，头部四周、颈板前端、前胸后缘、腹部背线、侧线及末端都为白色。前翅褐色，顶角圆而突出，粉紫色，具 1 个黑色眼状斑，斑的上边白色弧形。前、后翅中央各有 1 个新月形斑，新月形斑上缘深褐色，中间半透明，下缘土黄色，外侧具 1 条纵贯全翅的宽带；宽带中间粉红色，外侧白色，内侧深褐色，基角褐色，其边缘有 1 条白色曲纹。卵灰白色，上有褐色斑，扁椭圆形。幼虫青绿色，被有白粉，胸足黄色；腹足青绿色，端部黄色。蛹暗红褐色；茧灰白色，橄榄形，茧半边常被叶包着。

樗蚕 1 年发生 2~3 代，以蛹越冬。1 年发生 2 代的，越冬代成虫 5 月上中旬羽化并产卵，卵期约 12 d。第 1 代幼虫 5 月中下旬孵化，幼虫期 30 d 左右，6 月下旬结茧化蛹，8 月至 9 月上中旬第 1 代成虫羽化、产卵。成虫寿命 5～10 d。第 2 代幼虫为害期为 9～11 月，以后陆续化蛹越冬。成虫有趋光性；飞翔力强。产卵量 300 粒左右。雌蛾性引诱力甚强，卵产在寄主叶背，聚集成堆。初龄幼虫有群集性。幼虫蜕皮后常将蜕食尽或仅留少许。老熟幼虫在树干上缀叶结茧，越冬代常在杂灌木上结茧。

樗蚕分布于黑龙江、辽宁、吉林、北京、山东、江西、浙江、江苏、广东、广西、四川。取食乌桕、臭椿、冬青、悬铃木、盐肤木、香樟、柑橘、含笑、梧桐、核桃、枫杨、刺槐、花椒、泡桐、蓖麻等植物的叶子。该茧丝质量较差，不能缫丝，只能纺丝。农民采用土法煮茧取丝，待农闲时纺丝织绸，织物称椿绸，坚牢耐用。

在樗蚕人工饲养地、蚕丝生产区等处，可能会出现为了获取经济利益而进行的盗窃、抢劫或者破坏等犯罪活动，也有些犯罪分子可能为了经济利益出售假冒资源昆虫及其产物。在蚕丝售卖商场、集市附近的犯罪现场有可能出现它的踪迹。

枯球箩纹蛾

枯球箩纹蛾隶属于鳞翅目、大蚕蛾科。成虫翅展 150～162 mm。体黄褐色。触角双栉齿状，雌蛾触角栉齿比雄蛾的短。前翅中带下部球状，其上有 1 列 3～6 个黑斑（有变异，有时同一个体左右也不对称），中带顶部外侧为齿状突出。前翅端部为枯黄斑，其中 3 根翅脉上有许多白色“人”字形纹，外缘有 7 个青灰色半球形斑，其上方有 2 个黑斑。后翅中线曲折，外缘有 3～4 个半球形斑，其余呈曲线形。卵扁圆形，初产时米黄色，孵化前为褐色。幼虫 5 龄。蛹深褐色，形似天蛾蛹；后胸背中央有 1 个凹穴，深约 1.5 mm，两侧为瘤状突起；腹部末端有三角形臀棘 1 枚，端部分叉。

枯球箩纹蛾在福建南平 1 年发生 1 代，以蛹越冬。翌年 2 月中下旬羽化，2 月下旬始见卵。卵多单粒散产于较嫩叶背，偶尔 1 片叶上亦有 2~3 粒。3 月中旬至 5 月上旬为幼虫期。初孵幼虫仅能咬食嫩叶边缘使之形成小缺刻；2～3 龄幼虫常将叶片啮成大缺刻或食去半边；4～5 龄食量剧增，食尽全叶，并加害嫩梢。幼虫蜕皮后，先取食蜕，然后食叶。老熟幼虫体色变为橘红色则停食，下树寻找适当场所，在土下约 5 cm 深处做土室化蛹越冬。成虫多在 18～24 时羽化，白天静伏于枝干背面，夜间活动，有较强趋光性，羽化后次日即行交尾。交尾历时多数为 1 d。雌蛾只交尾 1 次。交尾后即于当夜产卵。

枯球箩纹蛾分布于我国福建、台湾、湖北、四川、云南。为害女贞、油橄榄、卵叶小蜡、桂花。

虽然枯球箩纹蛾是一种农业害虫，但由于其成虫体型大、翅色彩鲜艳、飞翔姿态优美，因而成为收藏家及爱好者争相收藏的目标，甚至有人不惜重金收购，这也刺激了谋利者的狂捕滥采和非法买卖犯罪活动的发生，导致该种的数量不断减少以至于走向濒危的边缘。也有很多人会为了利益在未取得国家重点保护野生动物及其制品经营许可证的情况下，进行相关经营活动，这样做就触犯了刑律。

青球箩纹蛾

青球箩纹蛾隶属于鳞翅目、大蚕蛾科。成虫体长 36~57 mm，翅展 103~165 mm，体翅青褐色。胸部背面具长双弧黑斑纹，腹部节间横纹黑褐色。前翅中带顶部外侧内凹呈弧状，弧凹外有 1 个灰褐圆斑，斑上横行 4 条白色鱼鳞纹，中带下方近椭圆形纹内有 3~6 个黑点，外侧 6~7 行排成 5 组的箩筐纹，内侧与翅基间 6 纵行青黄色条纹，翅外缘 7 个青灰色半球形纹；后翅外缘 1 列半球形纹，“S”形中线内侧棕黑并具黄斑。卵半球形，黄色。1 龄幼虫头胸黄色，腹部有黑、黄、浅绿相间的环状花纹，臀节 1 对丝疤上生有黑色短毛，2~4 龄幼虫丝疤上无毛。老熟幼虫体色浅蓝绿色，腹面浅绿黑色，气门上线黑色，下线浅褐黄色，每体节有 1 个“∪”形浅黄色纹与“∩”形黑纹，无丝疤但具疤痕；第 11、12 节背面具羊角形毛突，足黑色有青绿色条纹。化蛹前虫体呈浅橘红色。蛹深褐色，前胸腹面 2 个突起，第 4、5 节腹面各具 1 对叉突。

青球箩纹蛾在福建 1 年发生 2 代，以蛹越冬。翌年 5 月中旬成虫羽化，同旬可见第 1 代卵及幼虫，6 月中旬化蛹，8 月上旬成虫羽化；第 2 代卵 8 月上旬始见，8 月中旬见幼虫，9 月中旬开始化蛹越冬。成虫多于早晨羽化，晚间活动，趋光性强，受惊时能发声；羽化后第 2 天交配，散产卵于叶背。初孵幼虫食卵壳，初龄幼虫食嫩叶使之形成缺刻，4~5 龄幼虫可昼夜取食，吃光叶片。

青球箩纹蛾分布于我国云南、贵州、四川、西藏、广东、广西、湖南、福建、江西等地。寄主为木樨科女贞、桂花、卵叶小蜡、丁香和木樨等。

虽然青球箩纹蛾是一种农业害虫，但由于其成虫体型大、翅色彩鲜艳、飞翔姿态优美，因而成为收藏家及爱好者争相收藏的目标，甚至有人不惜重金收购，这也刺激了谋利者的狂捕滥采和非法买卖犯罪活动的发生，导致该种的数量不断减少以至于走向濒危的边缘。也有很多人会为了利益在未取得国家重点保护野生动物及其制品经营许可证的情况下，进行相关经营活动，这样做就触犯了刑律。

南方豆天蛾

南方豆天蛾隶属于鳞翅目、天蛾科。成虫翅展 100~120 mm。体翅灰黄色；胸部背线紫褐色；腹部背面灰褐色，两侧枯黄色，第 5~7 节后缘有棕色横纹；中足及后足胫节外侧银白色。前翅灰褐色，前缘中央有灰白色近三角形斑，顶角近前缘有棕褐色斜纹，近外缘色淡，各占顶角的 1/2；后翅棕黑色，前缘及后角附近枯黄色，中央有 1 条较细的灰黑色横带。老熟幼虫头深绿色，口器橙褐色；体色淡绿，前胸有黄色颗粒状突起，中胸有 4 个皱褶，后胸有 6 个皱褶。蛹红褐色。臀棘三角形，末端不分叉。

南方豆天蛾在我国河北、山东、江苏、安徽 1 年发生 1 代，在湖北、江西 1 年发生 2 代。各地均以老熟幼虫在土中越冬。在山东和河北中南部一带 7 月中旬为化蛹盛期，7 月中下旬为羽化盛期。成虫一般交尾后 3 h 开始产卵，喜产于叶片背面，极少数产在叶正面。6 月下旬或 7 月上旬卵开始孵化。初孵幼虫吐丝自悬。8 月上中旬为幼虫发生盛期，9 月上旬为末期。幼虫有避光和转株为害的习性。4 龄以前白天幼虫大多数隐藏在叶背面；5 龄后体重增加，叶片不能支持，便迁移至枝干上。老熟幼虫一般在 9 月上旬入土越冬，虫体呈马蹄形，曲居土中。

南方豆天蛾在我国分布于除西藏之外的各省区。以幼虫食害刺槐、大豆叶片；大发生时，能将树叶吃光。然而在我国江苏、安徽和山东等地，民间多有食豆天蛾的习俗，将其称为“豆参”“豆丹”。

近年来，食用昆虫越来越受到人们的追捧，无论是街头小店还是高档餐厅都会出现它的身影，南方豆天蛾是一种营养丰富的食用昆虫。在餐馆、超市、菜市场和集贸市场有可能会发生因经济利益而进行的盗窃、抢劫等犯罪活动，在某些犯罪现场也有可能出现它的踪迹。

蓝目天蛾

蓝目天蛾隶属于鳞翅目、天蛾科。成虫翅展 85～92 mm。体翅黄褐色。复眼大，暗绿色。胸部背面中央有 1 个深褐色大斑，前翅外缘翅脉间内陷呈浅锯齿状，缘毛极短。肾状纹清晰，灰白色；后翅淡黄褐色，中央有 1 个大蓝目斑，斑外有 1 个灰白色圈，最外围蓝黑色，蓝目斑上方为粉红色。卵椭圆形，初产鲜绿色，有光泽，后为黄绿色。老熟幼虫头较小，绿色，近三角形，两侧色淡黄；胸部青绿色，各节有较细横褶；前胸有 6 个横排的颗粒状突起；初化蛹暗红色，后为暗褐色。翅芽短，尖端仅达腹部第 3 节的 2/3 处，臀角向后缘突出处明显。

蓝目天蛾发生的代数随分布地区不同而异，在北京、兰州 1 年发生 2 代，西安 1 年发生 3 代，江苏 1 年发生 4 代。成虫多在晚间羽化。成虫飞翔力强，有趋光性。成虫羽化后第 2 天交尾。交尾后第 2 天晚上即行产卵，卵产在叶、枝、干、土块上，一般以叶背及枝条上为多。卵单产，偶有产成一串的，均以黏性分泌物牢牢黏着。初孵幼虫大多能将卵壳吃去大半，然后爬到叶背面主脉上停留，以腹部第 6 节腹足及臀足紧抓叶脉。1、2 龄幼虫分散取食较嫩的叶片，将叶吃成缺刻；4、5 龄幼虫食量骤增，特别是 5 龄幼虫取食量极大。老熟幼虫在化蛹前 2～3 d，体背呈暗红色，即从树上爬下，在土内钻成 1 个椭圆形土室，在土室过 1～2 d，即蜕皮化蛹。以蛹在寄主附近土中深 60～100 mm 的土室中越冬。

蓝目天蛾分布于我国黑龙江、吉林、辽宁、内蒙古、河北、河南、山西、山东、江苏、浙江、安徽、江西、陕西、宁夏、甘肃。为害欧美杨、毛白杨、钻天杨、旱柳、河柳、龙爪柳及苹果、桃、梅、樱桃。

蓝目天蛾是蛹虫草的主要寄主昆虫，蛹虫草是国家明文规定的新资源食品，具有很好的药用和食疗价值。在蛹虫草产区，可能会出现为了获取经济利益而进行的盗窃、抢劫等犯罪活动，也有些犯罪分子可能为了经济利益出售假冒药用昆虫及其产物；在医院、药店、中医诊所、药材批发市场等犯罪现场也有可能出现它的踪迹。

黄檀丑舟蛾

黄檀丑舟蛾隶属于鳞翅目、舟蛾科。成虫翅展 45～50 mm。身体灰褐色到苍褐色；前翅底色灰白，其上满布微红褐色雾点，尤以翅尖和整个后缘区较浓，后翅苍褐色。卵淡绿色，馒头形，表面光滑，卵顶中央有一浅凹。幼虫全身光滑，头绿色，上方白色，体背白色，腹面绿色。蛹棕褐色，近羽化时，深棕黑色。

黄檀丑舟蛾在广西 1 年发生 6 代，以蛹越冬，翌年 3 月中旬成虫羽化出土。第 1 代成虫出现于 4 月下旬至 5 月下旬，第 2 代成虫出现于 5 月下旬至 6 月下旬，第 3 代成虫出现于 6 月中旬至 7 月下旬，第 4 代成虫出现于 7 月上旬至 8 月中旬，第 5 代成虫出现于 8 月上旬至 9 月中旬，越冬代幼虫在 9 月上旬开始入土化蛹。卵散产。孵化时从卵壳一侧咬破 1 个孔而出，初孵幼虫即可爬行觅食。幼虫取食黄檀树叶，昼夜不停，严重时可把黄檀叶叶肉、叶脉及叶柄全部吃光，严重影响紫胶虫的放养。

黄檀丑舟蛾分布于我国江西、广东、广西、福建、云南。为害蝶形花科黄檀属的南岭黄檀、钝叶黄檀、紫花黄檀、思茅黄檀。

由于黄檀丑舟蛾在其分布地区的这些植物上常见，所以，在这些地区的犯罪现场有可能出现它的踪迹，或者可以利用它的存在来反推犯罪第一现场。

栎黄掌舟蛾

栎黄掌舟蛾又名肖黄掌舟蛾、栎掌舟蛾。隶属于鳞翅目、舟蛾科。雌蛾翅展 50～60 mm，触角丝状。雄蛾翅展 40~50 mm，头部着生灰褐色绒毛，触角羽毛状，胸部茶褐色，腹部黄褐色，前翅褐色，有银白色鳞毛，有光泽，前翅中央有白色肾形纹 1 条。雌蛾前翅前缘顶角掌形斑较宽，斑内缘有 1 条明显红棕色边，外横线紧接此边向后伸，后翅灰褐色，外缘颜色较深。卵乳白色，半球形，排成整齐的单层卵块。幼虫头部橘红色，体上有 8 条橙红色纵线，全身各节有灰白色长毛。蛹体粗壮，深褐色，前胸背面有 1 条细的隆起纵线。蛹体末端较钝，有臀棘 1 对。

栎黄掌舟蛾在湖北荆门 1 年发生 2 代，以蛹在树下 10 cm 左右深的疏松土层中越冬。翌年 5 月下旬至 6 月中旬羽化，5 月下旬至 6 月中旬末出现第 1 代卵，6 月上旬至 6 月下旬第 1 代幼虫孵化；7 月上旬至 7 月下旬第 1 代幼虫入土化蛹，7 月下旬至 8 月上旬出现第 2 代卵，7 月下旬至 8 月中旬第 2 代幼虫孵化，9 月上旬第 2 代幼虫开始入土化蛹，至 9 月底全部下树入土化蛹越冬。栎黄掌舟蛾成虫多在 15~20 时羽化，昼伏夜出；雌蛾终生交尾 1 次，雄蛾则可多次交尾。雌蛾在交尾的当天开始产卵，一直持续到第 2 d。卵产在栎叶背面，呈块状，排列整齐，无覆盖物。初孵幼虫取食叶肉，仅留叶脉；2~3 龄幼虫取食全叶，留下侧叶脉；4 龄幼虫取食后留下主叶脉；末龄幼虫能将枝上的嫩叶、老叶和叶脉全部吞食。幼虫取食时排列整齐，常逐叶吃光一枝条后，再转移取食。1~4 龄幼虫能吐丝下垂。2、3 龄幼虫受惊后，首尾不停摆动。末龄幼虫取食量大。幼虫终生群集生活。幼虫老熟后常在离被害株 20~80 cm 范围内的土中做土室化蛹。蛹头部朝上。

栎黄掌舟蛾分布于我国黑龙江、吉林、辽宁、河北、河南、山东、江苏、浙江、江西、湖北、湖南、四川、陕西。除为害麻栎、栓皮栎、白栎、锥栗、板栗及榆树外，还为害杨树。

栎黄掌舟蛾是蛹虫草的主要寄主昆虫，蛹虫草是国家明文规定的新资源食品，具有很好的药用和食疗价值。在蛹虫草产区，可能会出现为了获取经济利益而进行的盗窃、抢劫等犯罪活动，也有些犯罪分子可能为了经济利益出售假冒药用昆虫及其产物；在医院、药店、中医诊所、药材批发市场等犯罪现场也有可能出现它的踪迹。

圆黄掌舟蛾

圆黄掌舟蛾又称银色天社蛾、圆掌舟蛾。隶属于鳞翅目、舟蛾科。雄蛾翅展 52~56 mm，雌蛾翅展 60~64 mm。头顶毛褐色，颈板毛及前胸背橘黄色，其两侧和后缘有由褐色鳞毛所组成的带 2 条。前翅褐色稍具银灰色，基部和后缘较灰白，顶角处有 1 个金黄色近圆形的大斑，斑内有 2 条橘黄色较宽的横线。前翅中央有 1 个淡黄色小斑。基线及亚基线亦为褐色。后翅黄白色，其中央有 1 条横线，在翅反面尤为明显。腹部密被淡黄色绒毛。卵半球形，初产时淡绿色，顶端为白色，中央有 1 个绿色圆点，最后变为褐色。幼虫头部黑色，中央和额区黄色，形成 1 条鲜明的“八”字形纹。初化蛹时翅芽略带深绿色，以后逐渐转为深棕色，末端有 1 对粗短的臀棘刺。

圆黄掌舟蛾在新疆 1 年发生 1~2 代，以蛹在树下 2~3 cm 深的枯枝落叶层、杂草丛下或浅土层中越冬。在新疆乌鲁木齐最早于 5 月中旬可见初羽化的越冬代成虫。成虫一年出现两次高峰，第 1 次在 5 月下旬，第 2 次在 7 月上中旬。卵产于寄主叶片上，以零散的孤立木为主。产卵成块，单层，排列整齐。初孵化幼虫群集于叶面活动。大龄幼虫分散活动，食量很大，常将部分枝条上的叶片吃光，地下撒满虫粪。幼虫为害期从 6 月一直到 9 月底。最早者于 7 月上旬化蛹，可以在地下以滞育蛹越冬，1 年发生 1 代，影响滞育的原因不明。最晚者 10 月上旬入土化蛹越冬，1 年发生 2 代。

圆黄掌舟蛾分布于我国新疆、黑龙江。主要为害榆、杨、柳，其次为害桦、栎、榛、桤木、槭、椴、花楸、胡桃、山毛榉以及梨、苹果和樱桃。

圆黄掌舟蛾是蛹虫草的主要寄主昆虫，蛹虫草是国家明文规定的新资源食品，具有很好的药用和食疗价值。在蛹虫草产区，可能会出现为了获取经济利益而进行的盗窃、抢劫等犯罪活动，也有些犯罪分子可能为了经济利益出售假冒药用昆虫及其产物；在医院、药店、中医诊所、药材批发市场等犯罪现场也有可能出现它的踪迹。

谷实夜蛾

谷实夜蛾又名玉米穗虫、玉米穗蛾、玉米夜蛾、美洲棉铃虫。隶属于鳞翅目、夜蛾科。成虫粗壮，翅展32~45 mm。雌蛾前翅黄色、粉红褐色，雄蛾前翅淡黄色、淡绿褐色到棕色。两者前翅的中央有1个小黑斑。前翅和后翅都有深色的边。前翅有2个深色的横向斑纹，翅背面色浅，具1条宽的深色缘带，但翅的边缘色彩并不深。后翅白色，在近中央的位置有1条短而狭的深色斑带，在翅边缘的深色带中有2个白斑。复眼淡绿色。卵圆球至扁球形，有放射状的脊纹，初产时淡绿色，在孵化前变成暗褐色或灰色。幼虫通常有6个龄期。末龄幼虫常为粉红色，具有额外的条纹。谷实夜蛾幼虫身体上有许多黑色刺状物，头部色淡。蛹光亮，红棕色，臀棘端部有2枚明显的刺。

谷实夜蛾成虫一般在夜间产卵。卵一般单个排放在叶背绒毛或玉米丝上。幼虫刚孵出时取食卵壳，取食植物前会在植物上漫游一段时间。最初在花丝上取食，然后通过花丝进入苞叶取食近穗顶端幼嫩的籽粒。开始，多头幼虫可以在一起取食。到3龄后，幼虫开始互相残杀，所以每根玉米雌穗通常最后仅有1头幼虫存活。末龄（通常为6龄）幼虫停止取食，完全成熟的幼虫离开玉米雌穗转移到地面，然后钻到离地表10~12 cm处构筑蛹室化蛹。如果食物充足，全年都可发现其各种虫态。

谷实夜蛾分布于北美洲、中美洲及加勒比海地区、南美洲。谷实夜蛾是一种多食性的害虫，喜实玉米和高粱，此外大多数寄主是禾本科、锦葵科、豆科和茄科作物。成虫可被风传带到数百千米远的地方，幼虫可随寄主运输而进行跨越海洋的远距离传播。

外来物种一旦进入我国境内，将会对我国的生态系统及生物多样性造成不可估量的破坏。目前这个物种还没有入侵到我国境内，因此，海关要严防死守、严格检疫，谨防它传入我国。进口的繁殖材料应来自于无该虫发生的地区或在进口前3个月内未检查到该虫发生的产地。

化香夜蛾

化香夜蛾又名弓须夜蛾。隶属于鳞翅目、夜蛾科。雌蛾翅展22. 5 mm，雄蛾翅展20. 2 mm。全体灰褐色或深灰色，复眼褐色。雌蛾触角丝状略具细齿；雄蛾触角锯齿状，具纤毛。前翅浅灰褐色，从亚基线到翅基以及从中横线到翅端均匀黑色，基线浅灰褐色，肾纹黑色呈“八”字状，亚线浅灰褐色，细波状；前翅背面的外缘线黑色，由不连续的小三角形构成。后翅浅灰色，端部略深，横脉纹黑色，三角形，外缘线淡灰色，有时不甚明显。足深灰褐色，跗节末端有白斑。卵馒头状。初产卵乳白色；渐变为淡黄色，有光泽；近孵化时变为暗色。初孵化时虫体呈浅灰白色，头部淡褐色，随着龄期增长，幼虫体色渐变为暗灰褐色，头部为深褐色，老熟幼虫头部有“八”字形黑纹。蛹体型较小而细长，初化时呈淡绿色，数小时后转为褐色。

化香夜蛾在广西龙胜县海拔700~800 m的中山区1年发生3代，以老熟幼虫在化香树叶堆内越冬。越冬代历时最长，从当年10月上旬至翌年5月上旬。越冬幼虫于翌年3月中下旬陆续化蛹。在日均温16~18 ℃时，于4月下旬至5月上旬羽化为成虫。2~3 d后性成熟，交尾产卵。第1代历时最短，从5月上旬卵期开始到7月上旬成虫产卵为止，共历时53 d；第1代幼虫有6~7龄，以6龄占多数，个别只有5龄；幼虫生活期从5月下旬到7月上旬，共历时43 d。第2代历时较长，从7月上旬到10月下旬，共历时110 d；幼虫亦有6~7龄，但以7龄的居多。第3代幼虫生活期从7月上旬到9月中旬，共历时50 d。

化香夜蛾分布于我国台湾、福建、广东、广西、湖南。取食堆集发酵的三叶海棠、化香树叶。所产虫粪为虫茶，是我国传统出口商品之一。虫茶是热带、亚热带地区高温作业人员及华侨的重要饮料，虫茶有清凉、去暑清热、解毒、健脾胃、助消化、顺气、解表等功效。虫茶含有较高的单宁和维生素等，在医药上亦用作收敛剂，对腹泻、鼻出血、牙龈出血及痔疮出血等都有良好的医疗效果。

在化香夜蛾的产区、药用昆虫生产和养殖基地、药用昆虫及衍生物加工厂有可能会发生因经济利益而进行的盗窃、抢劫等犯罪活动，在药店、中医诊所、药材批发市场等犯罪现场也有可能出现它的踪迹。

松茸毒蛾

松茸毒蛾又名松毒蛾。隶属于鳞翅目、毒蛾科。成虫体灰黑色。雌蛾翅展40~60 mm，雄蛾翅展30~40 mm。前翅白灰色带褐色，外缘线黑褐色，缘毛褐灰色与黑褐色相间。后翅：雌蛾灰白色，雄蛾灰黑色。卵灰褐色，半球形，中央有1个黑点。幼虫头红褐色，体棕黄色，杂有不规则的红黑褐色斑纹，并密生黑毛。蛹暗红褐色，体表散生黄毛，背面密生黄褐色簇毛，腹端有坚硬的臀棘。茧椭圆形，灰褐色，茧丝稀薄疏松，附有毒毛，有的可从茧外见到蛹体。

松茸毒蛾在广西北部和湖南、浙江、安徽等地1年发生3代，以蛹越冬。翌年4月中下旬成虫羽化，第1代幼虫5~6月为害，7月上旬成虫出现；第2代幼虫7~8月为害，9月中旬成虫羽化；第3代幼虫出现于9月中下旬，10月为害，于11月上中旬结茧化蛹越冬。成虫昼伏夜出，有趋光性，飞翔力强。成虫羽化后当晚或次晚交尾。交尾后就地产卵或飞到生长良好的松林产卵，已经严重受害的林分很少有卵。卵通常产在马尾松针叶上，堆集成不规则疏松的卵块。幼虫孵化后，多群集在卵块上并取食部分卵壳，4~5 h后，爬上针叶取食，但食量甚微，仅啃食针叶边缘，形成缺刻，使受害针叶逐渐弯卷枯萎。1、2龄时，体毛长而密，能借风力飘散他处；3龄后分散为害，取食全叶。幼虫老熟后即落地或沿树干爬下，寻找隐蔽场所结茧化蛹，多在树干周围的枯枝落叶层中和树冠下的杂草灌丛根际中，部分在土洞、石块缝隙间，少数在针叶丛中、树干皮缝间或枝杈间结茧。

松茸毒蛾分布于我国黑龙江、辽宁、安徽、浙江、江西、广东、广西、湖南、湖北。为害马尾松、思茅松、云南松、热带松、南亚松、油松、湿地松、火炬松、加勒比松、晚松、卵果松、卡锡亚松、油杉；而以马尾松及油松受害最重。加之幼虫有毒毛，触及皮肤，红肿辣痛，影响人体健康和生产活动，是广西松林的第二大害虫。

松茸毒蛾是对人、畜能造成一定危害的有毒动物，有人会利用它进行违法犯罪活动，在某些犯罪现场也有可能出现它的踪迹。

岩黄毒蛾

岩黄毒蛾隶属于鳞翅目、毒蛾科。雌蛾翅展26~28 mm，全身棕黄色；触角干黄色；头部、胸部和肛毛簇黄色，腹部棕黑色；前翅黄色，有1个暗红褐色不规则形大斑，翅顶角有1个棕色圆点；后翅黑褐色，周缘黄色。雄蛾翅展18~23 mm；前翅有1个暗红褐色不规则大斑块；后翅除前缘棕黄色外全为黑褐色；腹部黑褐色。卵淡青色，扁圆形，上面覆盖土黄色绒毛，近孵化时变为褐色。老熟幼虫体褐色。蛹长椭圆形，黄褐色，末端尖细，外有一层丝茧。

岩黄毒蛾在山西吕梁地区1年发生1代，9月下旬随着气温下降老熟幼虫陆续下树到树干附近的杂草、枯枝落叶、地堰、岩缝中化蛹越冬。翌年6月中旬成虫开始羽化，7月上中旬为盛期，7月下旬结束。6月下旬开始产卵，7月中下旬为盛期，8月上旬结束。7月上旬幼虫开始孵化，7月下旬为盛期，8月中旬结束。此时正处于为害盛期。幼虫从9月底开始下树入土缝、杂草等处化蛹。成虫羽化出土一般在8~14时，羽化后停息十几分钟即展翅飞翔。当日交尾，多在日光下进行。7~10 d后开始产卵。雌蛾产卵完毕随即死亡。初孵幼虫乳白色，取食后逐渐变红。幼虫共6龄。1~3龄幼虫在卵壳周围群集为害，幼虫食量随着虫龄的增大而增大，3龄以后分散取食。幼虫能吃光全部叶肉，只留叶脉和叶柄，被害叶呈网眼砂纸状。幼虫历期3个月，老熟后下树，不食不动，虫体收缩，进入预蛹期。

岩黄毒蛾分布于我国北京、山西、陕西、四川。与近日污灯蛾混同发生为害核桃叶。

岩黄毒蛾是对人、畜能造成一定危害的有毒动物，幼虫毒毛伤人，人体接触其毒液会引起皮肤炎，红肿疼痛，影响人体健康和生产活动。有人会利用它进行违法犯罪活动，在某些犯罪现场也有可能出现它的踪迹。

缀黄毒蛾

缀黄毒蛾隶属于鳞翅目、毒蛾科。雌蛾翅展 35~41 mm，雄蛾翅展 30~35 mm。全体白色，触角栉齿状，棕黄色，触角干为白色。前翅中室顶端有 1 个由棕黄色鳞片组成的圆斑，有时呈环状。近外缘有 1 排 7~8 个不规则的较小棕黄色斑点，所有黄斑中，均杂有若干黑色鳞片；一般雌蛾斑点较多而明显，雄蛾斑点较少。后翅白色，无斑点。雌蛾腹部末端有 1 团淡黄褐色绒毛，雄蛾腹部末端毛少而呈毛笔状。卵扁圆形，橘黄色而有光泽；卵块上覆 1 层雌蛾腹部末端的棕色绒毛。末龄幼虫头扁圆形，棕黄色。胸部橘黄色，被多数黑纹所间断。蛹末端臀棘成束，30 根左右。丝茧灰色疏松。

缀黄毒蛾为专性滞育害虫，世界各地均为 1 年发生 1 代。以 2~3 龄幼虫几十条甚至几百条在寄主丫杈处或树干基部群集一处，吐丝结网成巢，在其中越冬。新疆天山以南，越冬幼虫于 3 月中下旬开始出巢活动，先取食膨大的芽苞，叶片展开后便暴食嫩叶，以 4 月上中旬为害最烈。越冬后的幼虫在春季尚需蜕皮 3 次，3~4 龄历时 30 d 左右，4~5 龄历时 10 d 左右。幼虫老熟后最早的于 4 月下旬开始爬到树干裂缝及附近墙壁上或屋檐下，结灰色薄茧化蛹。成虫于 5 月上中旬开始羽化，但盛期在 5 月中下旬。交尾 1 d 后即在叶片背面产卵。边产卵边用腹部末端的棕色绒毛一层一层地覆盖，形成一小长条。成虫有趋黑光灯习性。最早可在 5 月下旬出现幼虫，但多数在 6 月上中旬孵化。初龄幼虫仅剥食叶肉，食量很小，发育也极其缓慢，为害不显著。

缀黄毒蛾分布于我国新疆、黑龙江。为害杨、柳、山楂、沙枣、桑树、杏、苹果、桃、梨等。

缀黄毒蛾是对人、畜能造成一定危害的有毒动物，幼虫毒毛伤人，人体接触其毒液会引起皮炎，红肿疼痛，影响人体健康和生产活动。有人会利用它进行违法犯罪活动，在某些犯罪现场也有可能出现它的踪迹。

茶毒蛾

茶毒蛾又名油茶毒蛾、茶毛虫。隶属于鳞翅目、毒蛾科。雌蛾翅展 30~35 mm；体黄褐色；前翅橙黄色或黄褐色，中部有 2 条黄白色横带，除前缘、顶角和臀角外，翅面满布黑褐色鳞片，顶角有 2 个黑斑点；后翅橙黄色或淡黄褐色，外缘和缘毛黄色；腹部末端有成簇黄毛。雄蛾翅展 20~26 mm。体、翅色泽随世代不同而异：第 1 代黑褐色，第 2、第 3 代多为黄褐色或橙黄色，少数为黑褐色；前翅中部亦有 2 条横带，顶角有 2 个黑斑；后翅色泽同前翅。卵扁圆形，浅黄色。卵块椭圆形，中央为 2~3 层重叠排列，边缘为单层排列，表面覆盖黄色绒毛，每个卵块有卵百余粒。老熟幼虫圆筒形，头红褐色；蛹圆锥形，黄褐色，密生黄色短毛，末端有钩状尾刺。茧薄，土黄色。

茶毒蛾在各地发生代数不同，在江苏、浙江、安徽、江西、贵州、四川 1 年发生 2 代，在湖南 1 年发生 3 代，在福建 1 年发生 3~4 代，在台湾 1 年发生 5 代。在福建高山地带 1 年发生 2~3 代，以 3 代为主；在半高山地带 1 年发生 3~4 代，以 4 代为主。各地均以卵块在油茶、茶树树冠的中、下部或萌芽条的叶背越冬。卵在上午孵化，盛期集中在前 5 d。1、2 龄幼虫有群集性，聚集在叶片背面，一受惊扰即纷纷吐丝落地。此时幼虫仅吃叶片的下表皮和叶脉，使被害叶呈网状，几日后枯黄。3 龄开始取食全叶，幼虫常成群迁移到树冠上部为害，并吐丝结网，若受惊即吐丝下垂。4 龄后食量增加。5、6 龄时食量大增，吃光一株就迁到另一株上。老熟幼虫爬到地面枯枝落叶层下或土隙中结茧化蛹，一般在阴暗湿润的地方化蛹较多。雌蛾一生交尾 1 次，少数 2 次。交尾在黄昏至第 2 天清晨进行。交尾当天或第 2 天产卵，卵多一次产完。卵块表面密盖绒毛。成虫喜择生长茂盛的油茶林产卵，亦喜在生长较矮的植株上和树基萌芽上产卵。

茶毒蛾分布于我国江苏、安徽、浙江、江西、福建、台湾、广东、广西、湖南、湖北、陕西、四川、贵州、云南。主要为害油茶、茶树，其次为害乌桕、油桐、柑橘、樱桃、柿、枇杷、梨、玉米。

茶毒蛾是对人、畜能造成一定危害的有毒动物，幼虫毒毛伤人，人体接触其毒液会引起皮炎，红肿疼痛，影响人体健康和生产活动。有人会利用它进行违法犯罪活动，在某些犯罪现场也有可能出现它的踪迹。

合毒蛾

合毒蛾又名白斑天幕毛虫。隶属于鳞翅目、毒蛾科。雄蛾翅展 30 mm，体灰褐色；腹部棕色，腹末有明显的棕色簇毛；触角羽状；前翅暗褐色，具波形带和白色斑。雌蛾无翅，不能飞翔，体乳白色，全身具毛，腹末具大毛丛，产卵时用以覆盖卵块。幼虫暗褐色，两侧各有 1 条断断续续的白线；全身具毛；头部微红，胸部具淡黄色条带；腹部具黄色斑点。

合毒蛾 1 年发生 1~2 代。以卵在卵块内越冬，卵块通常位于已羽化的雌蛾蛹壳内。幼虫期 4~6 周，蛹期 2 周，蛹出现在 4 月初至 4 月中旬，4 月中旬至 5 月初雄蛾羽化，与无翅雌蛾完成交配后，雌蛾产卵于茧壳内或茧壳附近。此后，卵要么在卵块内越冬至翌年春，要么过几周后孵化开始下一个世代。

合毒蛾分布于加拿大东南部、美国除西海岸外的大部分地区。寄主有柳属、红柳、苹果、梨、鸢尾属、栎树、紫荆属、火棘、大头茶、玉米、樱树、李、扶移以及除松柏外的所有行道树。幼虫为害阔叶树和灌木的叶子，影响植物生长，甚至会导致贵重树种和灌木死亡。而它体上的毒毛接触皮肤会引起发疹，甚至引发更严重的后果。幼虫可借助风进行短距离传播；长距离传播则主要是通过寄主植物的调运而进行。

外来物种一旦进入我国境内，将会对我国的生态系统及生物多样性造成不可估量的破坏。目前这个物种还没有入侵到我国境内，因此，海关要严防死守、严格检疫，谨防它传入我国。

峨山黄足毒蛾

峨山黄足毒蛾隶属于鳞翅目、毒蛾科。雌蛾翅展 40~46 mm，雄蛾翅展 30~34 mm。触角双栉齿状，触角干白色，栉齿浅棕黄色。额白色，下唇须橙黄色。复眼烟灰色，有黑色小点，复眼外围有橙黄色毛。头、胸和腹部密被白色毛。前翅、后翅和缘毛白色，其前缘和后缘略带黄色。前足腿节、胫节和跗节及中、后足的跗节橙黄色，其余部分白色。后足胫节末端有 1 对距。卵近扁圆形，乳白色，卵上方中央有 1 个圆盘状凹陷，呈浅碟状。老熟幼虫深棕色，头部深黄色，上有不规则黑色斑纹。蛹长纺锤形，背面黄棕色，腹面乳白色，前胸有 2 对黄棕色长毛束，各体节有浅棕色短毛束。臀棘具钩刺 50~56 枚，末端弯曲。

峨山黄足毒蛾在福建清流、沙县 1 年发生 3 代，以幼虫越冬。翌年 4 月上旬化蛹，盛期为 4 月中下旬，4 月中旬始见成虫，羽化盛期为 4 月下旬至 5 月上旬。第 1 代幼虫 5 月上旬孵出，6 月中旬化蛹，7 月上旬成虫羽化。第 2 代幼虫 7 月中旬孵出，8 月中旬化蛹，9 月初成虫羽化。第 3 代幼虫 9 月下旬孵出，11 月中旬以后陆续越冬。成虫整天均可羽化，刚羽化时静伏不动，2~3 h 后开始飞翔活动。交尾多在凌晨 5~6 时进行。雌蛾一生只交尾 1 次。交尾后雌蛾活动频繁，寻找产卵场所。产卵多在夜间进行。产卵后 1~2 d 死亡。卵产于叶片或小枝上，排成念珠状或堆集成块，少数散产。卵经 8~10 d 孵化，同一天产的卵在同一天内孵化完毕。幼虫 7 龄，少数 6 龄或 8 龄。初孵幼虫取食卵壳，以后爬行扩散，取食叶肉。3 龄前幼虫食量少；6~7 龄幼虫食量最大，取食多在夜间和早上进行。老熟幼虫化蛹前 1~2 d 不取食，在樟树叶面吐薄丝层缠绕身体，体渐缩短。化蛹后以丝固着蛹体末端及腹面。蛹期 8~13 d。

峨山黄足毒蛾分布于我国福建、云南。主要为害樟树。

峨山黄足毒蛾是对人、畜能造成一定危害的有毒动物，幼虫毒毛伤人，人体接触其毒液会引起皮炎，红肿疼痛，影响人体健康和生产活动。有人会利用它进行违法犯罪活动，在某些犯罪现场也有可能出现它的踪迹。

榆毒蛾

榆毒蛾又名榆黄足毒蛾。隶属于鳞翅目、毒蛾科。雄蛾翅展 25~30 mm；雌蛾翅展 38~40 mm。

触角栉齿状，黑色，体及翅纯白色。前翅密生大而粗的鳞毛，翅脉白色，翅顶较圆。前足腿节前半部至跗节及中、后足胫节前半部和跗节均为橙黄色。卵椭圆形，灰黄色，外被灰黑色分泌物，呈块状。老熟幼虫头褐色，体灰黄色，背线黑色。蛹淡绿色，复眼红褐色，胸部背面有较长的黑褐色毛束1对。体表有淡色稀疏长毛。

榆毒蛾在沈阳地区1年发生2代，以初龄幼虫在树皮缝隙间、孔洞中结白色薄茧越冬。翌年4月下旬越冬幼虫开始活动取食。6月中旬老熟幼虫于树叶背面或树下灌木丛中或杂草上吐丝连缀毒毛结茧化蛹。蛹期10天左右。6月下旬出现第2代成虫。成虫夜间活动，有趋光性。卵产于叶片背面或幼嫩枝条上，成串排列。7月中旬第1代幼虫孵化。初龄幼虫只食害叶肉，残留表皮及叶脉，以后则将叶片吃成孔洞或缺刻，严重时可将叶片吃光。8月中旬化蛹，8月下旬第1代成虫羽化产卵，9月中旬第2代幼虫孵化，以幼虫越冬。

榆毒蛾分布于我国黑龙江、吉林、辽宁、北京、河北、山东、河南、山西、陕西、宁夏。为害榆树。

榆毒蛾是对人、畜能造成一定危害的有毒动物，幼虫毒毛伤人，人体接触其毒液会引起皮炎，红肿疼痛，影响人体健康和生产活动。有人会利用它进行违法犯罪活动，在某些犯罪现场也有可能出现它的踪迹。

舞毒蛾

舞毒蛾隶属于鳞翅目、毒蛾科。雌雄异型。雄蛾翅展37~54 mm；头部、复眼黑色；下唇须向前伸，第2节长，第3节短；后足胫节有2对距；前翅灰褐色或褐色，有深色锯齿状横线，中室中央有1个黑褐色点，横脉上有1条弯曲形黑褐色纹；前后翅反面黄褐色。雌蛾翅展58~80 mm；前翅黄白色，中室横脉明显具有1个“<”形黑褐色斑纹，其他斑纹与雄蛾近似；前后翅外缘每两脉间有1个黑褐色斑点；雌蛾腹部肥大，末端着生黄褐色毛丛。卵圆形，两侧稍扁，初期杏黄色，以后转为褐色。卵粒密集成一卵块，上被黄褐色绒毛。1龄幼虫体黑褐色，刚毛长，刚毛中间具有呈泡状扩大的毛，称为“风帆”，是其减轻体重易被风吹扩散的构造。6、7龄幼虫头部淡褐色散生黑点，“八”字形黑色斑纹宽大。蛹体红褐色或黑褐色，被有锈黄色毛丛。

舞毒蛾1年发生1代，以完成胚胎发育的幼虫在卵内越冬。翌年4月下旬或5月上旬幼虫孵化。孵化的早晚同卵块所在地点的温暖程度有关，于石砾堆中的卵块孵化较晚。幼虫孵化后群集在原卵块上，气温转暖时上树取食幼芽，以后蚕食叶片。1龄幼虫能借助风力及自体上的“风帆”飘移很远。2龄以后日间潜伏在落叶及树上的枯叶内或树皮缝里，黄昏后出来为害。幼龄幼虫受惊扰后吐丝下垂，随风在林中扩散。后期幼虫食叶量大，有较强的爬行转移为害能力，能吃光老、嫩树叶。雄幼虫5龄，雌幼虫6龄，若食物不足，可出现7龄幼虫。6月中旬幼虫老熟，于枝间、叶间、树干裂缝处、石块下、树洞里吐少量丝缠固其身化蛹，6月下旬至7月上旬化蛹最多。成虫自6月底开始羽化，7月中下旬为盛期。雌蛾羽化后对雄蛾有较强的引诱力。雄蛾较活跃，善飞翔，日间常在林中成群飞舞，故称“舞毒蛾”。交尾后，雌蛾将卵产在树干或主枝上、树洞中、石块下、屋檐下等处。

舞毒蛾分布于我国黑龙江、吉林、辽宁、内蒙古、陕西、宁夏、甘肃、青海、新疆、河北、山西、山东、河南、湖北、四川、贵州、江苏、台湾。能取食500余种植物，其中以栎、杨、李、樱桃、苹果、山楂、柿、杏、柳、榆、桦、槭、椴、云杉、落叶松受害最重。

舞毒蛾是对人、畜能造成一定危害的有毒动物，幼虫毒毛伤人，人体接触其毒液会引起皮炎，红肿疼痛，影响人体健康和生产活动。有人会利用它进行违法犯罪活动，在某些犯罪现场也有可能出现它的踪迹。

模毒蛾

模毒蛾又称松针毒蛾。隶属于鳞翅目、毒蛾科。雌蛾全体灰白色，翅展50~60 mm；头部球形，较小；触角短栉齿状；喙退化，下唇须较显著；前翅灰白色，翅面具有4条黑色锯齿状横带，靠近外缘的1条较宽，中室顶端具“<”形黑色斑纹，前缘室内有2个灰黑色斑点；后翅灰白色无斑纹，缘毛灰色或棕色。雄蛾色泽较深，翅展30~45 mm；触角长栉齿状；翅面斑纹与雌蛾相似，但比较清晰；成虫胸部和腹部腹面均密生粉红色绒毛。卵圆形略扁，初产时为黄白色，至胚胎发育后期转变为褐色。幼虫共有5龄。初孵幼虫全体黑色，2龄幼虫体呈灰黑色，3~5龄呈黄绿色。老熟幼虫全体黄绿色。蛹棕褐色具光泽，纺锤形。各节具有放射状排列的短刚毛。腹未有长短不一的小钩状臀棘。化蛹时所结丝茧极稀疏。

模毒蛾在云南宣威地区1年发生1代，以发育完全的幼虫在卵内越冬。越冬卵在3月中下旬陆续孵化。初孵化的幼虫在树干上群集，有取食卵壳的习性，3~4 d后才分散到树冠针叶丛上觅食。1~2龄幼虫食量很小，有吐丝下垂随风迁移的习性；3龄以后食量显著增加。一般先由树冠下方为害，逐渐向树冠上方蔓延。幼虫在强烈阳光下有向荫蔽处迁移暂停取食的习性，在降雨时少数幼虫仍可为害。老熟幼虫于5月下旬开始，在树洞、粗皮及树皮缝隙内结茧化蛹。茧稀疏，呈网状。老熟幼虫还有一定程度的群集性。亦可在田埂松土、灌木丛、杂草和枯枝落叶层内结茧。结茧时间多为白天。6月上旬成虫开始羽化，6月中旬至7月上旬为成虫活动盛期。初羽化的成虫常静伏树干背阴面或针叶丛中，3~5 d后常于傍晚进行飞翔交尾活动。大多数雌蛾于夜间产卵，产卵时不断拍动双翅。卵多数产于油杉树干粗皮缝隙内。

模毒蛾分布于我国辽宁、吉林、黑龙江、浙江、台湾、四川、云南、贵州。在我国西南地区主要为害油杉、云南松，偶尔也为害华山松和黄杉。

模毒蛾是对人、畜能造成一定危害的有毒动物，幼虫毒毛伤人，人体接触其毒液会引起皮炎，红肿疼痛，影响人体健康和生产活动。有人会利用它进行违法犯罪活动，在某些犯罪现场也有可能出现它的踪迹。

古毒蛾

古毒蛾隶属于鳞翅目、毒蛾科。雌蛾体长18~21 mm，纺锤形；头、胸部小，腹部肥大；触角短栉齿状；复眼黑色；翅退化或留有小长方形的痕迹，被有黄白色鳞毛；足粗壮，黑色，稀被灰白色短毛；体壁黑色，疏被灰白色细毛。雄蛾体长9~14 mm，翅展26~35 mm；触角羽状；复眼黑色；前翅棕黄色，内横线隐见2条，亚外缘线较宽，均栗褐色，亚外缘线后部外侧有1个弯月形白斑；后翅色泽与前翅相同，无清晰花纹。卵灰白色，球形，卵上面有一棕色圆凹陷，凹陷周围有隆起的多角形刻纹，其余部分光滑。幼虫青灰色，头黑色，前胸及第1、2腹节两侧和第8腹背各具1束长毛。蛹由淡黄色变成黑褐色。雌蛹纺锤形，雄蛹圆锥形。

古毒蛾在大兴安岭1年发生1代，以卵越冬。翌年6月中旬幼虫孵化。雌幼虫6龄，历期66~70 d；雄幼虫5龄，历期51~58 d。8月上旬化蛹，雌蛹期18~20 d，雄蛹期10~15 d，于8月下旬羽化为成虫。成虫白天羽化。羽化期达20 d以上。雄蛾羽化盛期在先，羽化期短；雌蛾羽化盛期在后，羽化期长。白天交尾，一生交尾1次或多次。产卵时间亦在白天。卵产于茧壳外面，平均产卵量为348粒。幼虫早晨孵化，1个卵块孵化完历期可达4 d，以第2天孵化量最多，初孵幼虫食卵壳，并长时间群集于卵壳上。林中见到1个孵化卵块，进入孵化后第5 d才有半数初孵幼虫离去，第8 d幼虫才全部离开。幼虫吐丝借风力传播。日间幼虫静止不动，夜间群集取食，往往吃光一枝条再更换新枝。结茧化蛹亦在枝条上。

古毒蛾分布于我国黑龙江、吉林、辽宁、内蒙古、河北、山西、山东、河南、甘肃、宁夏、青海、西藏。在大兴安岭为害落叶松。

古毒蛾是对人、畜能造成一定危害的有毒动物，幼虫毒毛伤人，人体接触其毒液会引起皮炎，红肿疼痛，影响人体健康和生产活动。有人会利用它进行违法犯罪活动，在某些犯罪现场也有可能出现它的踪迹。

灰斑古毒蛾

灰斑古毒蛾隶属于鳞翅目、毒蛾科。雄蛾黑褐色，翅展 21~28 mm。触角长双栉齿状。前翅赭褐色；前缘有 1 个近三角形紫灰色斑；缘毛浅黄色。后翅深赭褐色；翅基部有密集的长毛；缘毛淡黄色。卵扁圆形，白色，中央有 1 个棕色小点。幼虫黄绿色，背线黑色；前胸两侧各有 1 簇向前伸的由黑色羽状毛组成的长毛束。雌蛹黄褐色，纺锤形；雄蛹黑褐色，圆锥形。蛹背被 3 撮白色短绒毛。茧灰白色。

灰斑古毒蛾在黑龙江大兴安岭 1 年发生 1 代，在陕北、宁夏 1 年发生 2 代。以卵在茧内越冬。在榆林地区，越冬卵孵化始于 5 月中下旬；第 2 代幼虫孵出始于 7 月上旬，结束于 8 月上旬。两代幼虫为害共约 5 个月。初龄幼虫喜食嫩枝叶和花朵。幼虫共 6 龄，各龄历期 4~5 d。依靠风力扩散，转移为害。第 1 代老熟幼虫化蛹始于 6 月上中旬，结茧在植株上部枝梢上。第 2 代老熟幼虫化蛹始于 8 月上中旬，结茧多在树干枝杈和开裂的树枝下面，以利越冬。成虫第 1 代羽化高峰在 7 月上中旬，第 2 代在 9 月中下旬。雌蛾性引诱能力特别强，能引诱雄蛾于茧上交尾。1 头雄蛾能和 2 头雌蛾交尾。卵产于茧内。雌蛾寿命 4~11 d。雄蛾趋光性十分明显。

灰斑古毒蛾分布于我国黑龙江、吉林、辽宁、陕西、甘肃、宁夏、青海、山东。为害花棒、柳、杨、松、榆、桦、栎、沙枣、苹果、梨、李、山楂、柠条、沙拐枣、梭梭。

灰斑古毒蛾是对人、畜能造成一定危害的有毒动物，幼虫毒毛伤人，人体接触其毒液会引起皮炎，红肿疼痛，影响人体健康和生产活动。有人会利用它进行违法犯罪活动，在某些犯罪现场也有可能出现它的踪迹。

平纹古毒蛾

平纹古毒蛾隶属于鳞翅目、毒蛾科。雌雄异型。雄蛾翅展 23~31 mm，全身黑褐色；触角栉齿状；前翅暗红褐色，具横纹 3 条，内横线和外横线黑褐色近平行，前缘中部有 1 个白斑，白色臀斑不明显；后翅黑棕色。雌蛾触角丝状；腹部肥大，胸足和翅退化；全身被黄白色绒毛，无鳞片。卵椭圆形，黄白色，顶端凹陷。老熟幼虫头部黑褐色；体灰褐色，着生黑色或黄色刚毛。蛹纺锤形，背面被绒毛。雌蛹黑褐色，雄蛹黄白色。茧灰黄色，丝质薄，长椭圆形。

平纹古毒蛾在四川 1 年发生 4 代，以卵越冬。翌年 4 月上旬开始孵化，上树取食为害。其各代发生期为：第 1 代 4 月至 5 月中旬，第 2 代 5 月下旬至 6 月下旬，第 3 代 7 月上旬至 8 月上旬，第 4 代 8 月中旬至 10 月上旬。成虫多在下午羽化。雄蛾羽化后在茧上静伏 2~3 min 后展翅飞翔；有趋光性。雌蛾交尾 10 h 后，将卵产在茧上，1 d 后进入产卵高峰，产卵后蜕下体毛，覆盖于卵块上。雌蛾体躯逐渐缩小，最后死亡。每头雌蛾终身只产 1 个卵块。产卵量因世代不同差异较大，第 4 代产卵量最大，为第 1 代的 1.5 倍。初孵幼虫群居于卵块上，取食卵壳；2~3 d 后，上叶取食。3 龄前幼虫常群集为害，受惊吐丝下垂，随风飘迁；3 龄后分散为害，可将全叶食尽，仅剩主脉。在同一龄期第 4 代幼虫取食量大于第 1 代幼虫。幼虫共 5 龄，在叶背吐丝结茧化蛹，也有在树干及树下杂灌木等地化蛹的。每年最末一代成虫于 10 月上旬羽化，只有产在树干及杂灌木等上的少部分越冬卵成为翌年发生为害的虫源。所以第 1 代虫口密度小，其后各代虫口密度逐渐增大，常常是第 3、4 代幼虫为害猖獗。

平纹古毒蛾分布于我国陕西、甘肃、四川。为害悬铃木、重阳木、杨树，有时暴发成灾。

平纹古毒蛾是对人、畜能造成一定危害的有毒动物，幼虫毒毛伤人，人体接触其毒液会引起皮炎，红肿疼痛，影响人体健康和生产活动。有人会利用它进行违法犯罪活动，在某些犯罪现场也有可能出现它的踪迹。

桑毛虫

桑毛虫又名黄尾白毒蛾、金毛虫。隶属于鳞翅目、毒蛾科。雌蛾翅展 36 mm；雄蛾翅展 30 mm。

全体白色；复眼球形，黑色；触角双栉齿状，土黄色。雌蛾前翅内缘近臀角处有黑褐色斑纹；雄蛾除有此斑外，在内缘近基部处尚有1个黑褐色斑。雌蛾腹末具较长的黄色毛丛；雄蛾自第3腹节以后生有黄毛，末端毛丛短小。卵扁圆形，中央略凹陷，珍珠灰色。卵块带状或不规则，上覆黄毛。1龄幼虫灰褐色；2龄龄幼出现彩色和黄毛；3龄幼虫头壳上黄色“八”字纹隐约可见；从4龄开始，“八”字纹明显。蛹圆筒形，黄褐色；胸、腹部各节有幼虫期毛瘤遗迹，上生黄色刚毛。茧土黄色，长椭圆形，茧层薄，附有幼虫期的毒毛。

桑毛虫1年发生的代数依地区不同而不同，内蒙古大兴安岭1年发生1代；辽宁、山东1年发生2代；江苏、浙江、四川以1年发生3代为主，间有不完整的4代；江西南昌1年发生4代；广东1年发生6代。均以幼虫越冬。越冬幼虫虫龄不一，多为3龄。成虫日间停伏于桑叶间，傍晚飞翔，有趋光性。多在夜间交尾产卵。卵产于叶背，呈块状。初孵幼虫群集为害，吃叶背表皮和叶肉；蜕皮3次后分散取食，将叶吃成缺刻，仅留叶脉。自2龄开始长出毒毛，随虫龄增大，毒毛增多。幼虫老熟后，在卷叶内、叶背面、树皮裂缝中或寄主附近土面、杂草、墙角、篱笆等处结茧。结越冬茧时，一般先结一薄茧，蜕一次皮后再结一小茧蛰伏越冬。因此，越冬茧多为“双套茧”，内外茧壳之间夹一层幼虫的蜕。

桑毛虫分布于我国黑龙江、内蒙古、陕西、四川、贵州、云南、广西、广东及东部沿海各省区和台湾。桑毛虫为害桑树芽、叶，以越冬幼虫剥食桑芽最为严重，可将整株树的桑芽吃尽。还取食板栗、柳、枫杨、杨、桃、李、苹果、梨、梅、杏、枣、樱桃、海棠等多种树木和果树。幼虫体上的毒毛，可随蜕皮而散落在桑园，或随风飞散，结茧时黏附在茧上。

桑毛虫是对人、畜能造成一定危害的有毒动物，幼虫毒毛伤人，人体触到毒毛，可引起红肿疼痛、淋巴发炎，大量吸入人体时，可致严重中毒。人体接触其毒液会引起皮炎，红肿疼痛，影响人体健康和生产活动。有人会利用它进行违法犯罪活动，在某些犯罪现场也有可能出现它的踪迹。

杨毒蛾

杨毒蛾又名杨雪毒蛾。隶属于鳞翅目、毒蛾科。雌蛾翅展48~52 mm，雄蛾翅展35~42 mm。全身被白绒毛，稍有光泽；复眼漆黑色。雌蛾触角栉齿状；雄蛾触角羽状，触角主干黑色，有白色或灰白色环节。足黑色，胫节、跗节具有白色的环纹。卵馒头形，初产为灰褐色，孵化前为黑褐色。卵呈块状，上面覆盖灰色胶状物，外表不见卵粒。老熟幼虫黑褐色，头部浅暗红褐色，腹部青棕色。胸足棕色。蛹暗红褐色有光泽，上密生黄褐色长毛，腹端有黑色臀棘一组。

杨毒蛾在黑龙江1年发生1代，以3龄幼虫于8月越冬。翌年4月下旬杨树展叶时上树为害，多于嫩梢取食叶肉，留下叶脉。4龄以后能食尽整个叶片，大发生时，往往数日能将树叶吃光。幼虫蜕皮前，在隐蔽处吐丝做一薄膜掩护。有强烈的群集性，白天下树潜伏或隐蔽及蜕皮，多集中在树洞内、干基周围30 cm之内的枯枝落叶层下，有的成团潜伏在一起，并喜阴湿。6月上旬幼虫老熟，寻找隐蔽场所，吐丝做茧。6月下旬为化蛹盛期。蛹群集，往往数头由臀棘缀丝联在一起。6月中旬成虫开始羽化。成雄蛾有重复交尾现象，雌蛾只交尾1次。交尾后当晚可产卵，以夜间产卵者为多。卵产于树冠下部枝条的叶背面、小枝和树干、杂草甚至建筑物上，7月上旬幼虫孵化。初孵幼虫多静伏或藏于隐蔽处，20 h后才开始活动、取食；为害一直到8月。老熟幼虫在枯枝落叶层、杂草丛、土层、刺蛾旧茧壳、树皮缝等处越冬。杨柳干基萌芽条及覆盖物多，杨毒蛾发生严重。

杨毒蛾分布于我国黑龙江、吉林、辽宁、内蒙古、山东、河北、山西、陕西、河南、福建、江西、湖南、湖北、四川、云南、西藏、青海、新疆。为害山杨、黑杨、赤杨、中东杨、小叶杨、小青杨、柳树、白桦及榛子。

杨毒蛾是对人、畜能造成一定危害的有毒动物，幼虫毒毛伤人，人体接触其毒液会引起皮炎，红肿疼痛，影响人体健康和生产活动。有人会利用它进行违法犯罪活动，在某些犯罪现场也有可能出现它的踪迹。

柳毒蛾

柳毒蛾又名雪毒蛾。隶属于鳞翅目、毒蛾科。成虫翅展 33~55 mm。全体着生白色绒毛。复眼圆形，黑色。雌蛾触角短双栉齿状，触角干白色；雄蛾触角羽毛状，触角干棕灰色。足胫节和跗节有黑白相间的环纹。翅白色，有丝质光泽，前翅反面前缘脉近肩角处长 5 mm 左右为黑色。卵扁圆形，初产时绿色，近孵化时为灰褐色。卵粒呈堆或块状，上面被白色胶质泡沫状分泌物。老熟幼虫头部黑色，有棕白色绒毛，额缝为白色纵纹。体背各节有黄色或白色接合的圆形斑 11 个，第 4、5 节背面各生有黑褐色短肉刺 2 枚。蛹腹面黑色，背面第 4、5 节中间具黑褐色突起。腹部末端具臀棘 1 簇。

柳毒蛾在乌鲁木齐地区 1 年发生 2~3 代，以 2、3 龄幼虫越冬。4 月下旬越冬幼虫开始活动，5 月上中旬为越冬代幼虫为害盛期。5 月中旬开始化蛹，下旬出现成虫并交尾产卵。6 月中下旬为第 1 代幼虫为害期，8 月上中旬为第 2 代幼虫为害期。第 2 代幼虫于 8 月下旬在树皮缝内吐丝做 1 个小槽或结 1 个灰色薄茧于其中越冬。1 年发生 3 代的，9 月中下旬幼虫轻度为害后于月底或 10 月初越冬。卵产在树干表皮、枝条、叶背等处，每块 28~41 粒。幼虫多数 6 龄，少数 5 龄。幼虫昼夜都能取食，但以白天为主。1、2 龄时隐于叶背，只取食叶肉；有群集性，虫数多在 10 条左右；触动时能吐丝下垂。3 龄后取食整个叶片；分散活动。蜕皮前吐灰色薄丝做一小槽，虫体缩短；蜕皮后稍停 2~4 h，再行取食。幼虫老熟后吐丝卷叶化蛹或在树皮裂缝、节疤、残留的叶柄等处吐丝缠身后化蛹。成虫白天多数隐蔽于树干、叶背等；趋光性很强。交尾主要在夜间进行。雌蛾一生只交尾 1 次，少数雄蛾能交尾 2 次。交尾后 2~4 h 开始产卵。

柳毒蛾分布于我国黑龙江、吉林、辽宁、内蒙古、西藏、新疆、青海、甘肃、陕西、宁夏、河北、山东、江苏、河南。主要为害杨、柳，其次为害白蜡、槭、榛。

柳毒蛾是对人、畜能造成一定危害的有毒动物，幼虫毒毛伤人，人体接触其毒液会引起皮炎，红肿疼痛，影响人体健康和生产活动。有人会利用它进行违法犯罪活动，在某些犯罪现场也有可能出现它的踪迹。

宽尾凤蝶

宽尾凤蝶是我国特产的珍稀蝶。隶属于鳞翅目、凤蝶科。成虫体长约 35 mm，翅展 132~150 mm。全体黑色，胸部和翅基多黑绒毛。前翅狭长，鳞片层粉薄，翅脉清晰，脉间有线形加厚鳞片；后翅基部至中室端鳞片层较薄，黑褐色。中室端至尾突尖鳞片层加厚似黑绒；外缘波状；尾突宽，靴形，长可达 20 mm，宽 14 mm；臀角斑近圆形，红色，其中央黑色，各室外缘具有红色新月形斑 2 个，越近前缘斑越小。卵圆形，淡黄色，光滑。老熟幼虫头部黑灰色，体表光滑无毛，绿色，前胸背板有 1 个圆形灰斑，后胸背板有 1 对眼状斑。臭丫腺灰白色，不轻易翻出。蛹上端不整齐，似枯枝折断状；背面有 1 个灰白色“凸”字形斑；胸、腹部各有 2 个小瘤突，排列成行；腹部中央铜绿色。

宽尾凤蝶在湖南 1 年发生 2 代，以蛹在隐蔽的 1 m 以下主干、枝条或杂灌等上越冬。翌年 4 月中下旬羽化，5 月初可见第 1 代卵，5 月上旬始见第 1 代幼虫孵出，6 月中旬化蛹；7 月上旬第 1 代成虫羽化，7 月下旬产下第 2 代卵，9 月中旬大部分幼虫寻找场所准备越冬。成虫羽化都在白天进行，羽化后经 2 h 才能飞翔。1 d 后补充营养。卵散产于鲜嫩叶片主脉附近，在中午前后稍凉爽时产卵。幼虫孵出后吃掉卵壳，经 10 h 才取食叶片使之呈缺刻状；老熟幼虫取食全叶。有取食蜕的习性。白天不大活动，头紧缩在胸下，显得胸部很宽。预蛹前停食 8 h 左右体色方起变化，体躯缩短，胸部不显宽大，2 d 以后头尾用黑丝固定，腹中部挂一黑丝，呈弧形，再过 1 d 蜕皮成蛹。

宽尾凤蝶主要分布于我国北京、陕西、四川、江西、浙江、安徽、湖南、福建、贵州、广东、广西、云南等地，寄主植物主要为樟科檫木和木兰科鹅掌楸。

由于宽尾凤蝶的尾突特别宽阔，其上分布 2 条翅脉，宽尾凤蝶被视为世界珍蝶之一。宽尾凤蝶是国家林业局令第 7 号《国家保护的有益的或者有重要经济、科学研究价值的陆生野生动物名录》中列入的蝴蝶种类。野外数量十分稀少。由于其姿态优美、色泽艳丽，因而成为收藏家及爱好者争相收藏的目标，甚至有人不惜重金收购，这也刺激了谋利者的狂捕滥采和非法买卖犯罪活动的发生，导致该蝶种的数量不断减少以至于走向濒危的边缘。也有很多人会为了利益在未取得国家重点保护野生动物及其制品经营许可证的情况下，进行相关经营活动，这样做就触犯了刑律。

台湾宽尾凤蝶

台湾宽尾凤蝶隶属于鳞翅目、凤蝶科。翅展 106~121 mm。台湾特有种，数量少，很珍贵。因后翅具特别宽大尾状突起故名。体及翅黑色，脉纹两侧灰色。前翅基半部及后翅端半部更黑，翅反面斑纹相似，翘色略淡；后翅外缘波状，波谷有红斑纹，且镶白边；中室及其周围白色；亚外缘有倒“U”形红色斑纹，臀角及近处有 2 个环形红斑纹。本种与宽尾凤蝶很相似，但是后翅的白斑、红色斑纹及尾状突起都有明显不同。分布于台湾。幼虫为害台湾檫木。1 年发生 1 代。

台湾宽尾凤蝶是国家林业局令第 7 号《国家保护的有益的或者有重要经济、科学研究价值的陆生野生动物名录》中列入的蝴蝶种类。野外数量十分稀少。由于其姿态优美、色泽艳丽，因而成为收藏家及爱好者争相收藏的目标，甚至有人不惜重金收购，这也刺激了谋利者的狂捕滥采和非法买卖犯罪活动的发生，导致该蝶种的数量不断减少以至于走向濒危的边缘。也有很多人会为了利益在未取得国家重点保护野生动物及其制品经营许可证的情况下，进行相关经营活动，这样做就触犯了刑律。

曙凤蝶

曙凤蝶隶属于鳞翅目、凤蝶科。翅展 95~130 mm。体背黑色，腹面及两侧红色，雄蝶翅黑色；前翅脉两侧淡灰色，后翅内缘褶很大，反卷，白色，称之性征；腹面端半部红色，具有 7 个黑斑。雌蝶色淡，前翅中域及后翅颜色更淡，变为灰黄色；后翅端半部有 8 个黑斑；但腹面基半部黑色，端半部浅红色，具有 7 个黑斑。幼虫为害马兜铃科的植物。成虫主要发生期为 7~9 月，其他季节较少发现。分布于台湾。

曙凤蝶是国家林业局令第 7 号《国家保护的有益的或者有重要经济、科学研究价值的陆生野生动物名录》中列入的蝴蝶种类。野外数量十分稀少。由于其姿态优美、色泽艳丽，因而成为收藏家及爱好者争相收藏的目标，甚至有人不惜重金收购，这也刺激了谋利者的狂捕滥采和非法买卖犯罪活动的发生，导致该蝶种的数量不断减少以至于走向濒危的边缘。也有很多人会为了利益在未取得国家重点保护野生动物及其制品经营许可证的情况下，进行相关经营活动，这样做就触犯了刑律。

窄曙凤蝶

窄曙凤蝶隶属于鳞翅目、凤蝶科。成虫翅展 115 mm 左右。体背黑色，两侧红色；翅黑褐色，脉纹两侧灰色。雄蝶后翅狭窄，亚外缘有 3 个齿状白斑，外缘波状。雌蝶蝶翅较阔，后翅亚外缘的白斑发达，阔而数目增加，扩展到前缘及内缘，有时这些大白斑中心有黑圆斑。翅反面色淡，白斑扩大、色淡，近前缘具 1 个小白斑；其余与正面相似。

在西双版纳 5 月就可以看见窄曙凤蝶的成虫飞舞在山路旁和山区林缘。窄曙凤蝶主要分布于云南。寄主植物为马兜铃科植物。

窄曙凤蝶是国家林业局令第 7 号《国家保护的有益的或者有重要经济、科学研究价值的陆生野生动物名录》中列入的蝴蝶种类。野外数量十分稀少。由于其姿态优美、色泽艳丽，因而成为收藏家及爱好者争相收藏的目标，甚至有人不惜重金收购，这也刺激了谋利者的狂捕滥采和非法买卖犯罪活动的发生，导致该蝶种的数量不断减少以至于走向濒危的边缘。也有很多人会为了利益在未取得国家重点保护野生动物及其制品经营许可证的情况下，进行相关经营活动，这样做就触犯了刑律。

二尾凤蝶

二尾凤蝶又名二尾褐凤蝶、双尾褐凤蝶、云南斑纹凤蝶，是中国特有种。隶属于鳞翅目、凤蝶科。成虫翅展 65~77 mm。翅黑色，有很宽的黄白色微绿的斜带，使翅面黄白色与黑底色的比例几乎相等，它的前翅有 8 条黑色并伸至后翅翅表的横带，外缘带宽阔；前翅第 6 条斜带外有一阴影带；后翅较长，外缘呈扇形，臂角处有一个深的缺刻，具 3 个尾状突起，外面的 1 个最长，里面的 1 个次长，中间的 1 个很短而不易见到，因而叫它二尾凤蝶。卵橙黄色。二尾凤蝶 1 年发生 1 代，成虫多栖息于海拔 2 000 m 以上气候温和、冬季干旱晴朗、夏季较为潮湿的高山峡谷林地中。成虫可将卵产在叶背及叶柄上，同时也能将卵产在枝梢上；卵期约 2 周；1 龄幼虫在睡眠时重叠在一起。

二尾凤蝶分布于我国四川、云南。幼虫以马兜铃科的木香马兜铃作为寄主植物。

二尾凤蝶

自 20 世纪 30 年代在云南西部发现二尾凤蝶后，直到 1981 年 1 月日本北海道登山队员才在我国贡嘎山再次发现该种，二尾凤蝶是世界珍奇蝶种中最珍奇的蝴蝶之一。二尾凤蝶被世界自然保护联盟（IUCN）列为种群个体数量极少级（R），我国《国家重点保护野生动物名录》中将其列为Ⅱ级保护种。二尾凤蝶也是国家林业局令第 7 号《国家保护的有益的或者有重要经济、科学研究价值的陆生野生动物名录》和《濒危野生动植物种国际贸易公约》（CITES）附录中列入的蝴蝶种类。

过度采集对二尾凤蝶来说无疑是一严重威胁，由于其姿态优美、色泽艳丽，诱导了不少人从事非法捕捉和非法贸易。甚至有人不惜重金收购，这也刺激了谋利者的狂捕滥采和非法买卖犯罪活动的发生，导致该蝶种的数量不断减少以至于走向濒危的边缘。也有很多人会为了利益未取得国家重点保护野生动物及其制品经营许可证的情况下，进行相关经营活动，这样做就触犯了刑律。

三尾凤蝶

三尾凤蝶（雄）

三尾凤蝶又名三尾褐凤蝶。隶属于鳞翅目、凤蝶科。是中国特有种，是一种中型凤蝶，翅展 86~92 mm，身体黑色，腹面有白色绒毛。前翅长 42~48 mm，后翅有 3 个明显的尾状突，故得名三尾凤蝶。雌蝶较雄蝶稍大，但外形相同。前翅翅表由 8 条自前缘至内缘的横线划为 9 个青铜黑色宽横带区，第 3 条与第 5 条不超过中室，第 6 条与第 7 条在后方合并。后翅窄长，有 3 个尾状突起，外缘有 5 个橙色斑，近臀角处有 8 个蓝斑及 1 个大红斑，翅基其他部分具纵、横黄色条纹。卵球状，光滑型，乳白色，小型。初孵幼虫为乳白色，随着成长，淡黄色瘤状突起逐渐明显，而且体色的灰色也随之变浓，4 龄幼虫的棘状突起细长，从橙色变为红色，体色为灰褐色，背线明显，细而浓，5 龄幼虫体色为黑褐色，背线清晰。蛹中胸部最大幅度约 7 mm，尾端方向变细，腹部第 5~7 节的各节背面及侧面各有 1 对尖状突起；体色为褐色，后胸部背面的两侧各有 1 个乳白色同形斑纹，在背面宽的部位有乳白色的楔状的长形斑纹，直达尾端。

三尾凤蝶一般栖息于海拔 2 000 m 以上的高山上，常在竹林中飞舞。1 年发生 1 代，以蛹越冬，每年 4~5 月出现成虫，5 月上旬可见到卵，6 月中旬消失。卵散产于寄主嫩叶上，卵期约 7 d。幼虫具有群居性，不食其蜕皮壳，也不吐丝。化蛹模式为胸悬型，成熟幼虫即使到化蛹前也不吐丝。将地表的枯叶卷起，在枯叶上蜕皮化蛹，该特性与其他近缘种完全不同。成虫飞行能力差。雄蝶有吸水习性，并喜在树冠层频繁飞行。

三尾凤蝶分布于我国甘肃、陕西、四川、云南、西藏等地，幼虫以马兜铃科攀缘藤本植物作为寄主。

据近年来研究，三尾凤蝶是相当特化的昆虫。我国《国家重点保护野生动物名录》中将其列为Ⅱ级保护种，三尾凤蝶也是国家林业局令第7号《国家保护的有益的或者有重要经济、科学研究价值的陆生野生动物名录》和《濒危野生动植物种国际贸易公约》（CITES）附录中列入的蝴蝶种类，被世界自然保护联盟（IUCN）列为种群个体数量极少级（R）。

三尾凤蝶在我国野外数量十分稀少，同时又是收藏家及爱好者热衷捕采的种类，甚至有人不惜重金收购，这也刺激了谋利者的狂捕滥采和非法买卖犯罪活动的发生。导致该蝶种的数量不断减少以至于走向濒危的边缘。也有很多人会为了利益在未取得国家重点保护野生动物及其制品经营许可证的情况下，进行相关经营活动，这样做就触犯了刑律。

多尾凤蝶

多尾凤蝶隶属于鳞翅目、凤蝶科。成虫翅展90~100 mm。体、翅黑褐色。前翅特别狭长，有7条明显的淡黄白色细纹，多呈波状，其中5条达到后缘，第3条、第4条和第5条、第6条在中间弯曲后合二为一到达后缘，在第6条和第7条间的上半部还有1条十分清晰的斑纹。后翅基部很窄，无肩角；从基部伸出2条纵细纹，从前缘发出大约有6条斑纹；外缘区有弯月形斑纹，臀区有大圆形深红色斑，中间有近似椭圆形的大黑斑，黑斑中间又有2个带有白斑点的蓝斑；外缘有1个长的尾状突和2个短的尾状突。上述特征是多尾凤蝶和三尾凤蝶的主要区别。翅反面与正面花纹相似，但色调较淡。卵橙黄色。

成虫将卵产在叶背面，卵期约4周；1龄幼虫无堆叠；1代可跨2年，常在树枝上化蛹，缢蛹。成虫喜欢在晴朗的中午于树梢上高飞。

多尾凤蝶分布于我国云南和四川。寄主植物为马兜铃属的马兜铃、北马兜铃等植物。

多尾凤蝶被列入《濒危野生动植物种国际贸易公约》（CITES）限制贸易名单，也是国家林业局令第7号《国家保护的有益的或者有重要经济、科学研究价值的陆生野生动物名录》中列入的蝴蝶种类。野外数量十分稀少。由于其姿态优美、色泽艳丽，因而成为收藏家及爱好者争相收藏的目标，甚至有人不惜重金收购，这也刺激了谋利者的狂捕滥采和非法买卖犯罪活动的发生，导致该蝶种的数量不断减少以至于走向濒危的边缘。也有很多人会为了利益在未取得国家重点保护野生动物及其制品经营许可证的情况下，进行相关经营活动，这样做就触犯了刑律。

玉龙尾凤蝶

玉龙尾凤蝶隶属于鳞翅目、凤蝶科。成虫翅展75~81 mm。体黑色，腹面有白色绒毛；翅黑色，有淡黄色横带，但前翅第2条黄白色斜带近后缘向外弯曲，与第4条相接触，第4条前半段明显分叉；后翅黄白色带纹宽阔，所有这些带纹在中室端部互相融合成网纹状，红色斑纹很宽。卵近圆形，草绿色或浅黄绿色，孵前颜色加深，呈黑褐色。幼虫头黑色，臭腺橘黄色；体深黑色、灰黑色或灰白色，1~5龄颜色相近；背中线黑色，左右两侧各有1列肉刺。蛹的拟态性较强，似枯枝，头顶呈不规则略斜切面，蛹略呈倒梯形（头顶宽，尾部窄）；背部褐色，颜色深浅与化蛹环境有关。

玉龙尾凤蝶在云南玉龙地区1年发生1代，以蛹滞育越冬。5月初至6月中旬出现，成虫每年出现时间受气温和湿度影响，略前或略后。卵期7~10 d，幼虫期约50 d，蛹期较长，约为270 d。成虫羽化时，从蛹壳中慢慢爬出，然后爬向附近的地方寻找攀附的物体，翅膀向下倒挂，刚羽化的成虫翅膀柔软，约1 h后翅膀完全展开变硬，并开始飞翔。成虫喜食蜂蜜，野外常在山谷中缓慢飞行，寻找杜鹃花等蜜源植物，中午时常在水边饮水。卵散产，常产于叶背面，卵间距离较近，常呈条块状集中，4~27粒。幼虫5龄，老熟幼虫常寻找隐蔽地方化蛹。

玉龙尾凤蝶仅分布于我国云南和四川，寄主植物为宝兴马兜铃。玉龙尾凤蝶被列入《濒危野生动植物种国际贸易公约》（CITES）限制贸易名单，也是国家林业局令第7号《国家保护的有益的或者有重要经济、科学研究价值的陆生野生动物名录》中列入的蝴蝶种类。野外数量十分稀少。由于其姿态优美、色泽艳丽，因而成为收藏家及爱好者争相收藏的目标，甚至有人不惜重金收购，这也刺激了谋利者的狂捕滥采和非法买卖犯罪活动的发生，导致该蝶种的数量不断减少以至于走向濒危的边缘。也有很多人会为了利益在未取得国家重点保护野生动物及其制品经营许可证的情况下，进行相关经营活动，这样做就触犯了刑律。

麝凤蝶

麝凤蝶为大型蝶种。隶属于鳞翅目、凤蝶科。成虫体长约20 mm，翅展85~120 mm，体黑色，两侧和末端有红色绒毛，翅狭长，淡黑色，翅脉和翅室间条纹黑色，前翅脉纹两侧灰色或灰褐色，中室内有4条黑褐色纵纹。后翅外缘波状，有尾突，外缘区及臀角有4~5个红色半月形大斑，雌雄异型，雌蝶个体较雄蝶个体大。卵初产时乳白色，逐渐变黄色、深黄色。呈馒头状，顶端有1个小突起，围绕其四周有19~22条不等的纵脊。初孵幼虫头黑色，体红褐色，体上有黑色长毛。老熟幼虫头、体黑色。头发亮，由细短黑毛单眼5个围成一圈，其中1个和另外4个不在1个圆周上。越冬蛹多为橙色，非越冬蛹多为鲜黄色。头部2个尖突平，胸背部前、后各有2个小尖突。腹背两侧各有1排扇状小突起。

麝凤蝶在长白山区1年可以发生1~3代，每代的蛹中，均有一部分越冬蛹出现，每年5月气温适宜时在产地就可以看到羽化出的麝凤蝶飞舞；在浙江省，该蝶自然条件下1年可繁殖3代，以蛹越冬；麝凤蝶在泰山1年发生2代，以蛹在树枝上或灌木丛中越冬。成虫喜欢明媚敞亮环境，在树林边缘、草地、耕地上低低地缓慢飞行；成虫在一个寄主叶片上产1个至数个卵粒不等；幼虫的寄主植物为马兜铃科部分植物。初孵幼虫有啃食卵壳的习性，当同一寄主叶片上有多个卵孵化出幼虫时，幼虫3龄前有群居性，但随着成长转为单独活动。非越冬蛹的蛹期因温度差异而不同，越冬蛹的蛹期为8~10个月。

麝凤蝶分布广泛，遍及于我国大部分地区。寄主植物为马兜铃科部分植物。在《中国物种红色名录》中，麝凤蝶被评估为易危蝶种。由于其姿态优美、色泽艳丽，因而成为收藏家及爱好者争相收藏的目标，甚至有人不惜重金收购，这也刺激了谋利者的狂捕滥采和非法买卖犯罪活动的发生，导致该蝶种的数量不断减少以至于走向濒危的边缘。也有很多人会为了利益在未取得国家重点保护野生动物及其制品经营许可证的情况下，进行相关经营活动，这样做就触犯了刑律。

多姿麝凤蝶

多姿麝凤蝶隶属于鳞翅目、凤蝶科。翅展90~105 mm。翅黑色，后翅内外缘钝齿状，外缘基部有1个白斑，近于三角形或长方形（有时在下方有1~2个小白斑）；下方有1个红斑；尾突短，端部膨大，内有1个红斑，内缘有2个红斑，其中第1个红斑可分裂为二。后翅反面在内缘增加1个红斑。

多姿麝凤蝶1年发生多代，以蛹越冬。成虫出现在5~9月，多在海拔1 000 m左右的山区或半山区活动，飞行缓慢，访花吸蜜。卵单产在寄主植物的茎、叶上或其他植物上。幼虫取食马兜铃科马兜铃属的植物，如戟叶马兜铃等，在寄主植物或其他植物上化蛹。

多姿麝凤蝶分布于我国山西、陕西、河南、四川、云南、西藏、台湾。这种蝴蝶已可规模繁殖。

多姿麝凤蝶具有大而飘逸的翅膀，飞翔起来更是婀娜多姿、仪态万方，因而成为许多人喜欢的活体观赏昆虫；目前，它已用于各地筹建蝴蝶园的放养的蝶种；在观赏昆虫的饲养基地、蝴蝶养殖园等处有可能发生盗窃、抢劫等犯罪活动。自古以来，蝴蝶就是美好爱情的象征，很多婚庆典礼都会选择放飞蝴蝶来祝福新郎新娘爱情永恒，这些行为都有可能造成外来物种的入侵，破坏当地的生态系统平衡及生物多样性，对环境、经济和人类生活造成严重的不良后果。

斑凤蝶

斑凤蝶隶属于鳞翅目、凤蝶科。翅展80~100 mm。翅蓝黑色或黑褐色，前翅具白色（或黄白色）

条斑和白点，外缘的斑纹呈点状。后翅外缘具黄斑，臀角处尤为明显。有时翅面无白色或黄白色条纹。成虫见于低海拔平地及丘陵地，飞行缓慢，但飞行力强，有时飞翔数小时才休息，有时会主动攻击其他蝴蝶，然后逃之。成虫喜访花，产卵于寄主植物上，卵单产在新芽、嫩叶的背腹两面或叶柄和嫩枝上。在福建，幼虫平均 20 d 后化蛹。蛹在不同的环境条件下，颜色不一，常在植物的枝条上化蛹。幼虫取食樟科的潺槁树、红楠、土肉桂等植物。

斑凤蝶分布于我国福建、广东、广西、海南、香港、台湾及东南亚、南亚。这种蝴蝶已可规模繁殖。

斑凤蝶具有大而飘逸的翅膀，飞翔起来更是婀娜多姿、仪态万方。因而成为许多人喜欢的活体观赏昆虫；目前，它已用于各地筹建蝴蝶园的放养的蝶种；在观赏昆虫的饲养基地、蝴蝶养殖园等处有可能发生盗窃、抢劫等犯罪活动。自古以来，蝴蝶就是美好爱情的象征，很多婚庆典礼都会选择放飞蝴蝶来祝福新郎新娘爱情永恒，这些行为都有可能造成外来物种的入侵，破坏当地的生态系统平衡及生物多样性，对环境、经济和人类生活造成严重的不良后果。

统帅青凤蝶

统帅青凤蝶隶属于鳞翅目、凤蝶科。翅展 63~84 mm。翅黑褐色，前翅从顶角处起，斜生黄绿色斑纹 4 列，横贯中域的斑纹较大。后翅具 3 列黄绿色斑纹，前缘的斑纹近于白色。雄蝶后翅内缘有长毛，尾突短；雌蝶尾突较长。老熟幼虫体长 23~32 mm，墨绿色，胸部具 3 对刺突，黑色，但后胸刺突基部桃红色，腹区略显黄色。

统帅青凤蝶在福州 1 年发生 4 代，以蛹越冬。成虫羽化后需进行多次补充营养，喜取食山芝麻、扶桑等的花蜜。卵单产，产于嫩叶的背面靠近叶缘处，少数产于叶的正面。幼虫取食含笑花、白玉兰、广玉兰，也可取食鹅掌楸、火力楠等植物。幼虫在叶背化蛹。

统帅青凤蝶分布于我国浙江、福建、广东、广西、海南、四川、云南、香港、台湾及东南亚、南亚和大洋洲。栖息于林缘、公园绿地。这种蝴蝶已可规模化繁殖。

统帅青凤蝶具有大而飘逸的翅膀，飞翔起来更是婀娜多姿、仪态万方。因而成为许多人喜欢的活体观赏昆虫；目前，它已用于各地筹建蝴蝶园的放养的蝶种；在观赏昆虫的饲养基地、蝴蝶养殖园等处有可能发生盗窃、抢劫等犯罪活动。自古以来，蝴蝶就是美好爱情的象征，很多婚庆典礼都会选择放飞蝴蝶来祝福新郎新娘爱情永恒，这些行为都有可能造成外来物种的入侵，破坏当地的生态系统平衡及生物多样性，对环境、经济和人类生活造成严重的不良后果。

燕凤蝶

燕凤蝶隶属于鳞翅目、凤蝶科，是世界上最小的凤蝶。触角黑色，体背黑色，头宽、腹短。前翅长 9~11 mm，白色透明，外缘、前缘和基部均为黑色，前缘中部到臀角有 1 条黑色斜带；后翅狭长，尾突长，从前缘中部斜向尾突有 1 条灰白色带。卵淡绿色、半透明，散产于寄主植物叶片背面，每头成虫产卵 10 粒左右。1 龄幼虫的胸部黑色，后逐渐变为棕色，高龄幼虫的胸部逐渐变青。

在广西凭祥，燕凤蝶 1 年发生 3~4 代。最早在 4 月下旬发现成虫，由于温度、湿度和雌雄的差异，雌蝶成虫的生命为 15~20 d，而雄蝶的生命则要较雌蝶长 1 周左右；卵期为 8~13 d；幼虫历期 14~30 d；非滞育蛹期 6~20 d，9 月以后蛹便停止羽化，滞育过冬。成虫常在水资源丰富地区飞行，飞行速度快，喜吸水、访鬼针草花吸蜜，幼虫取食莲叶桐科植物。

燕凤蝶主要分布于我国广东、广西、海南、云南、香港，寄主植物为莲叶桐科青藤属植物。燕凤蝶是国家林业局令第 7 号《国家保护的有益的或者有重要经济、科学研究价值的陆生野生动物名录》中列入的种类。野外数量十分稀少。由于其姿态优美、色泽艳丽，因而成为收藏家及爱好者争相收藏的目标，甚至有人不惜重金收购，这也刺激了谋利者的狂捕滥采和非法买卖犯罪活动的发生，导致该蝶种的数量不断减少以至于走向濒危的边缘。也有很多人会为了利益在未取得国家重点保护野生动物及其制品经营许可证的情况下，进行相关经营活动，这样做就触犯了刑律。

绿带燕凤蝶

绿带燕凤蝶隶属于鳞翅目、凤蝶科。为小型蝶种，成虫翅展 30~35 mm。体黑色，翅色比体色稍淡。前翅狭三角形，白色透明，外缘及基部白色；后翅黑色，尾特别长，前后翅各有 1 条翠绿色或粉蓝色斜带，故称绿带燕凤蝶。雄蝶后翅臀区无臀褶和白色长毛。卵略呈球形，底面浅凹陷，淡绿色，半透明有光泽。末龄幼虫（5 龄）头部淡绿色有黑色的斑纹，斑纹的形状和大小变化较大；前胸背板绿色，前缘部分黄色，两侧有 1 对极矮的突起；体色深绿色，气门线以上的部分有黑色小点；胸足淡绿色，腹足与臀足灰白色，末端黄色。蛹头部的突起很小，向左右两侧伸展；中胸背面中央的突起大而长，伸向身体的上前方；突起前端有发达的黄色隆线；身体鲜绿色，在气门线以上的部分有规则的暗绿色斑纹。

成虫多在开阔及砍伐的丛林地活动，常沿林木中小径来回飞行，飞行迅速，十分活泼，爱戏水访花。吸水时翅水平伸展，但有时也合拢。在吸水过程中大约每秒钟从腹末喷水 1 次。卵单产在寄主植物叶的背面。1 龄幼虫休止时位于叶的背面，取食时移到叶的表面，吃掉上表皮和叶肉，留下下表皮。

绿带燕凤蝶主要分布于我国四川、云南、广东、海南、广西、湖南。寄主植物为莲叶桐科青藤属植物。

绿带燕凤蝶是国家林业局令第 7 号《国家保护的有益的或者有重要经济、科学研究价值的陆生野生动物名录》中列入的种类，在生态观赏和工艺制作中具有较高的利用价值。由于其姿态优美、色泽艳丽，因而成为收藏家及爱好者争相收藏的目标，甚至有人不惜重金收购，这也刺激了谋利者的狂捕滥采和非法买卖犯罪活动的发生，导致该蝶种的数量不断减少以至于走向濒危的边缘。也有很多人会为了利益在未取得国家重点保护野生动物及其制品经营许可证的情况下，进行相关经营活动，这样做就触犯了刑律。

锤尾凤蝶

锤尾凤蝶隶属于鳞翅目、凤蝶科。成虫前翅窄长，灰褐色，边缘色暗，翅脉、中室内及脉间有黑褐色条纹。后翅黑色，中室端部有 1 个白斑，中室外方沿中室排有 6 个白斑；翅端部边缘有白色和红色的缘斑。尾突端部圆锤形，柄细。翅反面与正面相似，但缘斑更清楚。1 龄幼虫头部黑褐色，有强烈的光泽，其上生黑毛；前胸背板几丁质化，上有黑毛；臭角短，淡黄色，体暗赤褐色，前胸灰白色，腹末周围黄色。末龄幼虫暗紫色，肉瘤深红色。蛹的颜色和形态与红珠凤蝶很相似；头部两侧及背面有 1 对薄的突起；胸部明显向后延伸；前胸背面有 2 对梅花状深红色斑纹；中胸两侧有 1 对耳状突起，背面有倒“U”形的隆脊；腹部显著向前弯曲，从侧面看整个虫体呈“S”形，体淡褐色，有褐色斑纹。锤尾凤蝶将卵单产在寄主植物叶的背面。幼虫在叶背面取食、休息。成虫飞行缓慢，喜在林缘光照较弱的地方活动。喜访花，不吸水。

锤尾凤蝶主要分布于我国海南、广东。寄主植物为阿柏麻。锤尾凤蝶是国家林业局令第 7 号《国家保护的有益的或者有重要经济、科学研究价值的陆生野生动物名录》中列入的蝴蝶种类。野外数量十分稀少。由于其姿态优美、色泽艳丽，因而成为收藏家及爱好者争相收藏的目标，甚至有人不惜重金收购，这也刺激了谋利者的狂捕滥采和非法买卖犯罪活动的发生，导致该蝶种的数量不断减少以至于走向濒危的边缘。也有很多人会为了利益在未取得国家重点保护野生动物及其制品经营许可证的情况下，进行相关经营活动，这样做就触犯了刑律。

中华虎凤蝶

中华虎凤蝶隶属于鳞翅目、凤蝶科。成虫翅展 45~55 mm。体表及膜质翅上都被有鳞片和毛，身体为黑色，胸背及胸侧生有浓密的棕色毛列，贴身的后翅外缘生着灰色羽绒状毛丛。口器特化为虹吸式的喙，不用时做螺旋状卷曲。复眼发达。触角末端膨大，呈棒状。它有 2 对翅，休息时竖立在背上。最具特色的是在有黄色衬底的圆形前翅上，背表自前缘向后翅延伸着 7 条像虎斑一样的粗黑条纹，它与背表缀着黄色、红色新月斑和蓝色圆斑的后翅和谐地结合起来，再配以凹进的肛角与尖细的燕尾，形成一幅自然天成的杰作。卵立卵式，顶部圆滑，底部平，呈馒头形。初产时淡绿色，呈珍珠般光泽，孵化前转呈黑褐色，可见卵壳内黑色虫体。幼虫共 5 龄。初孵幼虫乳白色，头及前胸背板黑色，体表长有许多黑色刚毛，2 h 左右体变褐色，后又渐转黑色，蜕皮前呈紫褐色。2 龄幼虫黑色，头部密生短黑刚毛。3~5 龄幼虫，全身黑色，气门黑色，长椭圆形。蛹刚化时草绿色，后转黑褐色，体表粗糙，凹凸不平，触角外表呈细锯齿状，头端前缘有 4 个小三角状突起。

中华虎凤蝶 1 年发生 1 代，成虫出现较早，每年 3 月上旬便从地点十分隐蔽的越冬蛹中羽化出来。羽化后即开始寻找雌蝶，进行交配。中华虎凤蝶仅产卵于杜蘅等马兜铃科细辛属的多年生败花或无花瓣类草本植物上。幼虫约在 4 月下旬孵出，初生的幼虫体色与蚯蚓相似，大大的头上生着长长的刚毛。它们有群居的习性，并有假死现象。

中华虎凤蝶

中华虎凤蝶分布于我国江苏、浙江、湖北、河南、陕西、湖南等地，寄主植物是杜蘅和细辛。

中华虎凤蝶更是堪称我国蝴蝶中的瑰宝，为中国特产珍稀种，IUCN 红皮书《受威胁的世界凤蝶》将其列为 K 级，我国《国家重点保护野生动物名录》中将其列为Ⅱ级保护种，中华虎凤蝶也是国家林业局令第 7 号《国家保护的有益的或者有重要经济、科学研究价值的陆生野生动物名录》中列入的蝴蝶种类。中华虎凤蝶是收藏家及爱好者热衷捕采的种类，这也诱导了不少人从事非法捕捉和非法贸易。

长尾虎凤蝶

长尾虎凤蝶隶属于鳞翅目、凤蝶科。是中国特有种类，成虫翅展 55~60 mm，前翅淡黄色，后翅黄色，体黑色，胸、腹部腹面被黄白色毛。前翅基部及后翅内缘密生淡黄色鳞毛，前翅上半部有 7 条黑色横带，其中基部第 1、2、4 条及外缘区的 1 条宽黑带直达后缘，且外缘宽带内嵌有 1 列黄色短条斑（外侧）和 1 条似显非显的黄色横线（内侧）。后翅外缘锯齿状，在齿凹处有黄色弯月形斑纹，在弯月形斑外侧有相应的镶嵌黑色和黄白色的边；翅的上半部有 1 条黑色带，其中基部 1 条宽而斜向内缘直达亚臀角；中后区有 1 列新月形红色斑，红斑外侧有不十分明显的蓝斑列；臀角有红、蓝、黑三色组成的圆斑，尾突长约 65 mm，翅反面与正面相似。卵半圆球形，表面光滑，初产卵为淡黄色，孵化前卵壳呈白色透明状，内可看到黑色点状头壳。初孵化的幼虫为灰白色，随着幼虫的成长，体色逐渐加深。蛹为缢蛹，黑色，体面凸凹不平。

长尾虎凤蝶在太白山地区 1 年发生 1 代，以蛹越冬。翌年 4 月下旬越冬蛹开始羽化，4 月中下旬为羽化盛期，至 5 月上旬结束。4 月下旬产卵。5 月上中旬为孵化盛期。幼虫共 5 龄，6 月中下旬 5 龄幼虫开始化蛹。成虫多沿河道边缘飞翔，飞翔高度低，速度相对较慢，在沟底河道边缘寻找蜜源植物。产卵时在伴有乱石堆的林间空地寻找寄主植物，找到寄主植物后将卵产于叶片背面。卵聚产，一个卵块中卵的数量最多有 30 粒。幼虫白天活动较少，多聚集于叶片背面不食不动，傍晚或夜间开始取食。3 龄以后开始分散活动。白天单独或结伴躲在寄主植物下的枯叶层中或卷曲枯叶里躲避敌害，夜间爬上寄主植物取食，3 龄后食量开始暴增。老熟幼虫在枯枝落叶下或石缝内化蛹。

长尾虎凤蝶主要分布于我国陕西、四川、湖北和甘肃省东南部。幼虫取食马兜铃科的马蹄香。长尾虎凤蝶是国家林业局令第 7 号《国家保护的有益的或者有重要经济、科学研究价值的陆生野生动物名录》中列入的种类。由于其姿态优美、色泽艳丽，因而成为收藏家及爱好者争相收藏的目标，甚至有人不惜重金收购，这也刺激了谋利者的狂捕滥采和非法买卖犯罪活动的发生，导致该蝶种的数量不断减少以至于走向濒危的边缘。也有很多人会为了利益在未取得国家重点保护野生动物及其制品经营许可证的情况下，进行相关经营活动，这样做就触犯了刑律。

虎凤蝶

虎凤蝶隶属于鳞翅目、凤蝶科。成虫翅展50~60 mm。体黑色而具灰黄毛。翅黄色。前翅上半部有7条黑色横带，其中基部第1、2、4条及外缘区的1条宽黑带直达后缘，且外缘宽带内嵌有1列黄色短条斑（外侧）和1条似显非显的黄色横线（内侧）。后翅外缘锯齿状，在齿凹处有黄色弯月形斑，在弯月形斑外侧有相应的镶嵌黑色和黄白色的边；翅的上半部有3条黑色带，其中基部1条宽而斜向内缘直达亚臀角；中后区有1列不太显著的新月形红色斑，红斑外侧有不十分明显的蓝斑列；臀角有红、蓝、黑三色组成的圆斑。尾突较短。翅反面色淡，斑纹宽而清楚。后翅中后区的红色浓而清楚，外缘有黄色月牙形斑纹，内侧镶有黑色边，再向内有橙黄色长方形斑。卵球形，表面光滑，淡绿色，有明显的珍珠光泽。1龄幼虫头部黑褐色有光泽，上生黑色长毛，前胸背板黑褐色，具弱的光泽，两侧有5对黑色长毛，其中中部的毛最长。刚孵化的幼虫黑褐色，取食后转为褐色半透明，中胸亚背线上的毛特别长，其末端无色。老熟幼虫身体黑褐色。蛹头部有1对小突起，该突起内侧有1对更小的隆起，上生极短的黑毛。体表多覆盖有污黄色物质。

虎凤蝶1年发生1代，以蛹越冬。成虫5~6月出现在山区路旁的花丛中。卵大多10粒左右平产于寄主植物的叶背面。4龄幼虫开始扩散，最远可达500 m，一生可吃掉6片左右细辛叶。卵期约7 d，幼虫期约19 d，蛹期长达10个月，几乎跨过四季。

虎凤蝶属于凤蝶科虎凤蝶属，主要分布于我国黑龙江、吉林、辽宁。寄主植物为马兜铃科细辛属的华细辛等植物。

虎凤蝶是国家林业局令第7号《国家保护的有益的或者有重要经济、科学研究价值的陆生野生动物名录》中列入的种类。由于其姿态优美、色泽艳丽，因而成为收藏家及爱好者争相收藏的目标，甚至有人不惜重金收购，这也刺激了谋利者的狂捕滥采和非法买卖犯罪活动的发生，导致该蝶种的数量不断减少以至于走向濒危的边缘。也有很多人会为了利益在未取得国家重点保护野生动物及其制品经营许可证的情况下，进行相关经营活动，这样做就触犯了刑律。

太白虎凤蝶

太白虎凤蝶隶属于鳞翅目、凤蝶科。前翅黄色亚缘斑列的第1个斑略偏位。本种近似中华虎凤蝶，但翅的黑带很宽，留出的黄色部分很狭，在中室下区尤其明显；后翅来自前缘的第1条斜带与其后方的1条短带相连或愈合。寄主植物为华细辛。为极珍稀种，分布于我国陕西（太白山）。

太白虎凤蝶是国家林业局令第7号《国家保护的有益的或者有重要经济、科学研究价值的陆生野生动物名录》中列入的蝴蝶种类。野外数量十分稀少。由于其姿态优美、色泽艳丽，因而成为收藏家及爱好者争相收藏的目标，甚至有人不惜重金收购，这也刺激了谋利者的狂捕滥采和非法买卖犯罪活动的发生，导致该蝶种的数量不断减少以至于走向濒危的边缘。也有很多人会为了利益在未取得国家重点保护野生动物及其制品经营许可证的情况下，进行相关经营活动，这样做就触犯了刑律。

窄斑翠凤蝶

窄斑翠凤蝶隶属于鳞翅目、凤蝶科。成虫翅展95~115 mm。翅黑色，密布翠绿色鳞片。前翅亚外缘有1条翠绿色带。雄蝶后翅的蓝绿斑呈“斧状”，斧柄达后翅前缘，后翅反面臀角处有2个近于圆形的红斑，其他为弦月形。老熟幼虫体鲜绿色，胸部有黑色细线组成的云状纹，后胸上有眼状斑；腹部散生黄色点，具2条细的黄色斜线，第9节背面两侧有1对黄色小突起。

窄斑翠凤蝶1年发生2代。在广东发生在北部南岭山区海拔1 000 m的亚高山地区。在四川发生在海拔600~1300 m的山地河谷地带。春型成虫在4月中旬至5月中旬发生，色彩鲜艳。夏型成虫见于7月中旬至8月中旬，色彩不及春型鲜艳。雄蝶喜欢沿高山顶上的近地面低空盘旋飞翔，飞行速度快，雄蝶具领域性，偶尔吸水。幼虫取食芸香科的毛刺花椒，柑橘属植物可作为替代寄主。

窄斑翠凤蝶分布于我国陕西、江西、广东、重庆、四川、云南及东南亚、南亚。由于窄斑翠凤蝶在其分布地区的这些植物上常见，所以，在这些地区的犯罪现场有可能出现它的踪迹，或者可以利用它的存在来反推犯罪第一现场。

碧凤蝶

碧凤蝶隶属于鳞翅目、凤蝶科。成虫翅展85~136 mm。身体黑色。翅黑色，密布翠绿色鳞片，在脉纹间更集中。雄蝶在前翅臀角区有4条天鹅绒状黑毛（性标）；后翅的翠绿色鳞片分布不一，或均匀，或在基半部，或在上角，或在中后区；外缘有1列紫灰色和暗红色的弦月纹。老熟幼虫黄绿色，体表散布白色颗粒纹，后胸有暗红色眼状斑，体侧有淡黄色斜带。

碧凤蝶1年发生多代，以蛹越冬。成虫喜欢访花，雄蝶爱吸水，飞行迅速，常活动于林缘开阔地和小溪流边上。幼虫取食芸香科的楝叶吴茱萸、花椒及多种柑橘属植物。

碧凤蝶在我国分布于除新疆外的各个地区。分布于日本、朝鲜及东南亚、南亚地区。这种蝴蝶已可规模繁殖。

碧凤蝶具有大而飘逸的翅膀，飞翔起来更是婀娜多姿、仪态万方，因而成为许多人喜欢的活体观赏昆虫。目前，它已用于各地筹建蝴蝶园的放养的蝶种；在观赏昆虫的饲养基地、蝴蝶养殖园等处有可能发生盗窃、抢劫等犯罪活动。自古以来，蝴蝶就是美好爱情的象征，很多婚庆典礼都会选择放飞蝴蝶来祝福新郎新娘爱情永恒，这些行为都有可能造成外来物种的入侵，破坏当地的生态系统平衡及生物多样性，对环境、经济和人类生活造成严重的不良后果。

达摩凤蝶

达摩凤蝶

达摩凤蝶隶属于鳞翅目、凤蝶科。成虫翅展75~95 mm。翅表面黑褐色，翅基有许多黄色小斑点成列；前翅亚外缘有9个白色或淡黄色斑；后翅前缘中部有1个蓝黑色眼斑；臀角处有1个红色椭圆形斑，该斑的上部为蓝色。老熟幼虫绿色，后胸前缘及第1腹节后缘各有1条黄褐色的横带，后胸有眼状斑，腹部有2条斜带或无。

达摩凤蝶1年发生多代，以蛹越冬。热带地区终年可见成虫，爱访花，喜潮湿，常在水边活动。幼虫取食多种柑橘属植物及黄皮、假黄皮、花椒等芸香科植物。

达摩凤蝶分布于我国上海、浙江、四川、贵州、云南、香港、福建、江西、湖北、广东、广西、海南、台湾及东南亚、南亚。栖息于林缘、农田、公园绿地。这种蝴蝶已可规模化繁殖。

达摩凤蝶具有大而飘逸的翅膀，飞翔起来更是婀娜多姿、仪态万方。因而成为许多人喜欢的活体观赏昆虫。目前，它已用于各地筹建蝴蝶园的放养的蝶种；在观赏昆虫的饲养基地、蝴蝶养殖园等处有可能发生盗窃、抢劫等犯罪活动。自古以来，蝴蝶就是美好爱情的象征，很多婚庆典礼都会选择放飞蝴蝶来祝福新郎新娘爱情永恒，这些行为都有可能造成外来物种的入侵，破坏当地的生态系统平衡及生物多样性，对环境、经济和人类生活造成严重的不良后果。

穹翠凤蝶

穹翠凤蝶隶属于鳞翅目、凤蝶科。雄蝶翅展85~108 mm。体、翅黑色，前翅中室后方有黑灰色绒状香鳞（性标），后翅密布青绿色鳞片，亚缘有较模糊的新月形橙色斑。翅反面、前翅中外部色淡；后翅亚缘橙色斑较正面宽大。本种与碧凤蝶非常相似，主要区别是：本种雄蝶前翅中室后方的天鹅绒状性标条较细、分离，或近后缘的 2 条性标相连；后翅表面青绿色鳞片与亚缘斑接连或中后部微离；尾突内布有青绿色鳞片，碧凤蝶后翅青绿色鳞片与亚缘斑间有较宽空区隔离，尾突内无青绿色鳞片。

穹翠凤蝶分布于我国河南、甘肃、浙江、江西、广西、福建、台湾。5 月即可见成虫。寄主为柑橘等。这种蝴蝶已可规模繁殖。

穹翠凤蝶具有大而飘逸的翅膀，飞翔起来更是婀娜多姿、仪态万方，因而成为许多人喜欢的活体观赏昆虫。目前，它已用于各地筹建蝴蝶园的放养的蝶种；在观赏昆虫的饲养基地、蝴蝶养殖园等处有可能发生盗窃、抢劫等犯罪活动。自古以来，蝴蝶就是美好爱情的象征，很多婚庆典礼都会选择放飞蝴蝶来祝福新郎新娘爱情永恒，这些行为都有可能造成外来物种的入侵，破坏当地的生态系统平衡及生物多样性，对环境、经济和人类生活造成严重的不良后果。

玉斑凤蝶

玉斑凤蝶

玉斑凤蝶隶属于鳞翅目、凤蝶科。成虫翅展 95~107 mm。翅黑色，前翅无斑纹。后翅中部有 3 个白色或黄白色斑，近前缘的斑小，半月形。臀角处有 2 个红色斑。雌蝶在外缘尚有 1 列新月形红色斑。老熟幼虫鲜绿色，胸部有眼状斑，腹部还有 2 对较宽的斜带。

玉斑凤蝶 1 年发生多代，成虫主要出现在 4~8 月，在海南 12 月还能看见它的身影。雌蝶喜欢访花吸蜜，雄蝶喜欢在溪流边上的湿地上吸水，飞行能力强。幼虫取食柑橘属、芸香属植物及黄檗、簕欓花椒、楝叶吴茱萸等芸香科植物。有时候几条幼虫在一个枝条上化蛹，蛹的颜色依环境不同而有变化，与环境相融合。

玉斑凤蝶分布于我国福建、广东、广西、海南、重庆、四川、贵州、云南、香港、台湾及朝鲜、东南亚、南亚。栖息于林缘、溪流边上。

由于玉斑凤蝶在其分布地区的这些植物上常见，所以，在这些地区的犯罪现场有可能出现它的踪迹，或者可以利用它的存在来反推犯罪第一现场。

绿带翠凤蝶

绿带翠凤蝶隶属于鳞翅目、凤蝶科。成虫翅展 90~125 mm。分春型和夏型。翅黑色，密布翠绿色鳞片，前翅亚外缘区有 1 条不太清晰的翠绿色带。后翅从上角到臀角区有 1 条翠蓝色及翠绿色横带，臀角有 1 个环形或半环形红色斑，尾突中间有 1 条翠绿色线。老熟幼虫草绿色或黄褐色，胸部有复杂的绿色云状斑，两侧有红色眼状斑。在北京地区，1 年发生 2~3 代，以蛹越冬。成虫喜欢在较高的地方飞翔，常在林区寄主植物附近飞舞。喜欢在动物粪便上吸食。幼虫取食柑橘属植物及黄檗、花椒等芸香科植物。

绿带翠凤蝶分布于我国北京、河北、辽宁、吉林、黑龙江、上海、浙江、江西、湖北、重庆、四川、贵州、云南及朝鲜、俄罗斯。这种蝴蝶已可规模化繁殖。

绿带翠凤蝶具有大而飘逸的翅膀，飞翔起来更是婀娜多姿、仪态万方，因而成为许多人喜欢的活体观赏昆虫。目前，它已用于各地筹建蝴蝶园的放养的蝶种；在观赏昆虫的饲养基地、蝴蝶养殖园等处有可能发生盗窃、抢劫等犯罪活动。自古以来，蝴蝶就是美好爱情的象征，很多婚庆典礼都会选择放飞蝴蝶来祝福新郎新娘爱情永恒，这些行为都有可能造成外来物种的入侵，破坏当地的生态系统平衡及生物多样性，对环境、经济和人类生活造成严重的不良后果。

金凤蝶

金凤蝶又名黄凤蝶。隶属于鳞翅目、凤蝶科。成虫翅展 76~94 mm，体黄色，头部至腹末具 1 条黑色纵纹，腹部腹面有黑色细纵纹；前翅黄色，有黑色斑纹；后翅内半黄色，外半黑色，翅脉黑色，后中域具 1 列不明显的蓝雾斑，臀角具 1 个橘红圆斑，亚端斑黄色；翅尾黑色，缘毛黑黄相间。幼虫也叫茴香虫、茴香虎，浅绿色，有黑环，间有黄斑；受惊时前胸伸出黄色叉形翻缩腺，放出臭气御敌；初龄幼虫头黑色，胸暗黑色，第 6、7 节黄白色；自 3 龄后体变绿色，头部 2 条黑线，胸部有黑带。

金凤蝶在广西 1 年发生 3 代，以蛹越冬。各代虫期分别为 5~6 月、7~8 月、9~10 月。成虫在自然界零星分布，卵产在伞形花科植物叶面上，每头雌蝶产卵近百粒。成虫期为 5~6 d，卵期为 5~8 d，幼虫期为 12~19 d，蛹期为 12~13 d，越冬蛹翌年 5 月羽化，历期达 8 个月。

金凤蝶在小茴香栽培区皆有分布。主要取食伞形花科植物如茴香、胡萝卜、独活、防风、芹菜、芫荽、香根芹、蛇床等。金凤蝶的药用价值在《本草纲目》中就有记载。夏秋捕捉老熟幼虫，用酒醉死，小火焙干备用，或鲜用。干燥或鲜幼虫入药，味甘辛、性温，无毒，具有温中散寒、理气止痛、生津止渴的功效。这种蝴蝶已可规模化繁殖。

在金凤蝶生产和养殖基地、药用昆虫及衍生物加工厂有可能会发生因经济利益而进行的盗窃、抢劫等犯罪活动，在医院、药店、中医诊所、药材批发市场等犯罪现场也有可能出现它的踪迹。

美凤蝶

美凤蝶（雌）

美凤蝶雌雄异型及雌蝶多型。隶属于鳞翅目、凤蝶科。成虫翅展 105~145 mm。雄蝶翅正面蓝黑色，基半部色深；前翅反面中室基部有 1 个大红斑，有时亦出现在正面。后翅反面有 1 个大红斑，常被翅脉分割成几个小红斑，臀角区有 2 个环形红斑，无尾突。雌蝶有多种形态，有尾型前翅除基部外为灰白色，后翅黑色，中基部有白斑，外缘红色。无尾型后翅白斑较大，红色边缘不显明。老熟幼虫绿色，后胸有眼状斑，腹部有横斑及 2 对斜纹。1 年发生多代。成虫喜欢访花，雄蝶吸水，飞行较迅速。常可在柑橘园中观察到雌蝶产卵。幼虫寄主为芸香科的黄皮、花椒及柑橘属植物等。

美凤蝶分布于我国上海、浙江、福建、江西、湖北、湖南、广东、广西、海南、重庆、四川、贵州、云南、香港、台湾。栖息于林缘、农田。这种蝴蝶已可规模化繁殖。

美凤蝶（雄）

美凤蝶具有大而飘逸的翅膀，飞翔起来更是婀娜多姿、仪态万方，因而成为许多人喜欢的活体观赏昆虫。目前，它已用于各地筹建蝴蝶园的放养的蝶种；在观赏昆虫的饲养基地、蝴蝶养殖园等处有可能发生盗窃、抢劫等犯罪活动。自古以来，蝴蝶就是美好爱情的象征，很多婚庆典礼都会选择放飞蝴蝶来祝福新郎新娘爱情永恒，这些行为都有可能造成外来物种的入侵，破坏当地的生态系统平衡及生物多样性，对环境、经济和人类生活造成严重的不良后果。

宽带凤蝶

宽带凤蝶隶属于鳞翅目、凤蝶科。成虫翅展 90~105 mm。翅黑色，前翅外缘有 1 列小白点，后翅有尾突，在中部有 4 个白斑（或黄白斑，有时下方还有 1 个小白斑），前翅反面在臀角处有几个白色小斑，后翅大白斑下还有小白斑，外缘有明显的新月形白斑。雌蝶翅色较淡，白色斑块较大。幼虫体暗绿色，散生小黄点，第 4~5 腹节上的斜带并不在第 5 节腹中相连，第 6 腹节侧面也有斜带，第 9 腹节两侧各有 1 个白色突起。

宽带凤蝶在台湾，成虫可全年出现，但主要发生期在 3~10 月。飞行迅速，常在林缘、树冠的花丛间吸蜜，亦常在溪畔山涧吸水。雌蝶的卵单产于寄主植物的嫩茎及叶背，幼虫摄食柑橘属植物及飞龙掌血、贼仔树、光叶花椒等芸香科植物。

宽带凤蝶

宽带凤蝶分布于我国甘肃、福建、江西、湖南、广东、广西、海南、重庆、四川、贵州、云南、台湾。这种蝴蝶已可规模化繁殖。

宽带凤蝶具有大而飘逸的翅膀，飞翔起来更是婀娜多姿、仪态万方。因而成为许多人喜欢的活体观赏昆虫。目前，它已用于各地筹建蝴蝶园的放养的蝶种；在观赏昆虫的饲养基地、蝴蝶养殖园等处有可能发生盗窃、抢劫等犯罪活动。自古以来，蝴蝶就是美好爱情的象征，很多婚庆典礼都会选择放飞蝴蝶来祝福新郎新娘爱情永恒，这些行为都有可能造成外来物种的入侵，破坏当地的生态系统平衡及生物多样性，对环境、经济和人类生活造成严重的不良后果。

巴黎翠凤蝶

巴黎翠凤蝶隶属于鳞翅目、凤蝶科。成虫翅展 100~130 mm。翅黑褐色，散生翠绿色鳞片。前翅亚外缘有 1 列翠绿色小斑。后翅中室外有一大块翠蓝色斑，斑的后面金绿色线通到后缘。臀角具 1 个粉红色弦月斑，反面亚外缘具红色飞鸟形斑列，中域无大的翠蓝色斑。雌蝶翅似雄蝶，但翅色为茶褐色。老熟幼虫绿色，胸部两侧有云状斑，后胸两侧各有 1 个眼斑；第 7 腹节前缘具横纹，前方散布白色小点，第 4~5 腹节及第 6 腹节两侧具黄色斜线。

巴黎翠凤蝶

巴黎翠凤蝶在广州 1 年发生 5 代，甘肃 1 年发生 2 代，以蛹越冬。成虫飞行迅速，很少停下来休息，常沿着林地小径或在树顶上绕圈飞翔。成虫喜欢在林缘花丛访花，雄蝶喜欢在溪流沿岸潮湿地吸水。卵单产，幼虫取食芸香科乔木三桠苦、吴茱萸等。

巴黎翠凤蝶分布于我国陕西、上海、浙江、福建、江西、河南、广东、广西、海南、重庆、四川、贵州、云南、香港、台湾。这种蝴蝶已可规模化繁殖。

巴黎翠凤蝶具有大而飘逸的翅膀，飞翔起来更是婀娜多姿、仪态万方，因而成为许多人喜欢的活体观赏昆虫。目前，它已用于各地筹建蝴蝶园的放养的蝶种；在观赏昆虫的饲养基地、蝴蝶养殖园等处有可能发生盗窃、抢劫等犯罪活动。自古以来，蝴蝶就是美好爱情的象征，很多婚庆典礼都会选择放飞蝴蝶来祝福新郎新娘爱情永恒，这些行为都有可能造成外来物种的入侵，破坏当地的生态系统平衡及生物多样性，对环境、经济和人类生活造成严重的不良后果。

玉带凤蝶

玉带凤蝶隶属于鳞翅目、凤蝶科。成虫翅展 66~90 mm。雌雄异型。雄蝶翅黑色，前翅外缘及后翅中央各有 1 列白斑，后翅反面除中部具 1 列白斑外，在亚外缘有 1 列橙色新月形斑。雌蝶有两型，白斑型后翅外缘与雄蝶相近，但臀区有1个橙红色月纹；带斑型后翅的亚外缘有1列红色新月形斑，臀区有白斑和长形红色斑。老熟幼虫绿色，后胸及第1腹节有暗褐色横纹，其中后胸两侧具眼状纹，腹部具2对斜纹；其中第4、5腹节的斜纹伸达背面，但不相接，第6腹节两侧的斜纹较短，终止于侧面中央，腹末还有1条横纹。

玉带凤蝶1年发生多代，以蛹越冬。成虫常见于稀疏的林地、庭院绿地。雄蝶飞行迅速，雌蝶飞行缓慢。雌雄两性均喜访花吸蜜，而少见于吸水。幼虫取食芸香科的柑橘类、花椒、假黄皮等，1龄幼虫取食自己的卵壳后，取食卵壳所在的叶片，然后寻找一叶片作为固定的台座，到其他叶片进食。

玉带凤蝶

玉带凤蝶分布于我国河北、山西、陕西、甘肃、青海、上海、江苏、浙江、安徽、福建、江西、山东、河南、湖北、湖南、广东、广西、重庆、四川、贵州、云南、西藏、香港、台湾。这种蝴蝶已可规模化繁殖。

玉带凤蝶具有大而飘逸的翅膀，飞翔起来更是婀娜多姿、仪态万方，因而成为许多人喜欢的活体观赏昆虫。目前，它已用于各地筹建蝴蝶园的放养的蝶种；在观赏昆虫的饲养基地、蝴蝶养殖园等处有可能发生盗窃、抢劫等犯罪活动。自古以来，蝴蝶就是美好爱情的象征，很多婚庆典礼都会选择放飞蝴蝶来祝福新郎新娘爱情永恒，这些行为都有可能造成外来物种的入侵，破坏当地的生态系统平衡及生物多样性，对环境、经济和人类生活造成严重的不良后果。

蓝凤蝶

蓝凤蝶隶属于鳞翅目、凤蝶科。成虫翅展75~110 mm。雄蝶翅黑色，具蓝色光泽。后翅无尾，前缘有1个黄白色横斑，臀角处有1个红色眼斑。雌蝶与雄蝶相近，但后翅前缘无黄白色横斑。有春型和夏型之分。老熟幼虫体黄绿色，体上的褐纹宽粗，后胸两侧具紫黑色眼状斑。

蓝凤蝶成虫常群集在溪流边上的湿地上吸水，雌蝶喜欢访蓟属植物的花。缓缓飞行时，身体一上一下，姿态优美。1~4龄幼虫似鸟粪并有刺突；老熟幼虫体绿色，后胸有横纹及黑色眼状斑，腹部第1节后缘有1条横纹，第4~5节和第6节各有1条斜纹，2条斜纹各自在第5和第6腹节中部相遇。幼虫取食多种芸香科植物，如柑橘、竹叶椒、两面针等。

蓝凤蝶分布于我国陕西、甘肃、上海、浙江、安徽、福建、江西、山东、河南、广东、广西、海南、重庆、四川、贵州、云南、香港、台湾。栖息于林缘、溪流边上和农田。这种蝴蝶已可规模化繁殖。

蓝凤蝶具有大而飘逸的翅膀，飞翔起来更是婀娜多姿、仪态万方，因而成为许多人喜欢的活体观赏昆虫。目前，它已用于各地筹建蝴蝶园的放养的蝶种；在观赏昆虫的饲养基地、蝴蝶养殖园等处有可能发生盗窃、抢劫等犯罪活动。自古以来，蝴蝶就是美好爱情的象征，很多婚庆典礼都会选择放飞蝴蝶来祝福新郎新娘爱情永恒，这些行为都有可能造成外来物种的入侵，破坏当地的生态系统平衡及生物多样性，对环境、经济和人类生活造成严重的不良后果。

青凤蝶

青凤蝶隶属于鳞翅目、凤蝶科。成虫翅展58~83 mm。翅黑色或黑褐色，前翅有1列蓝绿色斑。后翅中部有斑，其中前缘的1个斑呈白色或淡青白色，余为蓝绿色，后翅外缘尚有1列新月形蓝色斑。有春型和夏型之分，春型的个体稍小，而翅面的蓝绿色斑稍宽。雄蝶后翅内缘具灰黄色毛。老熟幼虫体绿色，后胸背面有1条黄色的横纹，两侧有小的眼状斑。

青凤蝶在浙江1年发生4代，以蛹越冬。成虫在3~11月可见，雌蝶常在花丛中吸蜜，而雄蝶常群集在溪流边上的湿地中吸水。幼虫取食樟树、阴香、月桂、香楠、木姜子等樟科植物及白兰、含笑花等植物。

青凤蝶分布于我国陕西、上海、浙江、福建、江西、湖北、湖南、广东、广西、重庆、四川、贵州、云南、西藏、香港、台湾。栖息于林缘、溪流边上、公园绿地。这种蝴蝶已可规模化繁殖。

青凤蝶具有大而飘逸的翅膀，飞翔起来更是婀娜多姿、仪态万方，因而成为许多人喜欢的活体观赏昆虫。目前，它已用于各地筹建蝴蝶园的放养的蝶种；在观赏昆虫的饲养基地、蝴蝶养殖园等处有可能发生盗窃、抢劫等犯罪活动。自古以来，蝴蝶就是美好爱情的象征，很多婚庆典礼都会选择放飞蝴蝶来祝福新郎新娘爱情永恒，这些行为都有可能造成外来物种的入侵，破坏当地的生态系统平衡及生物多样性，对环境、经济和人类生活造成严重的不良后果。

台湾凤蝶

台湾凤蝶隶属于鳞翅目、凤蝶科。成虫翅展80~90 mm。雄蝶翅面黑色，后翅臀角处具1个橙红色弦月纹，后缘反面端半部红色，具黑斑，外缘上半部具3个红斑，翅基部有3个红斑。雌蝶翅面淡灰色，前翅中室基部具1红色条斑，后翅反面与雄蝶相近，但翅面上具大块白斑。

台湾凤蝶1年发生4~5代。成虫除冬季外其他季节均可见，在中国台湾的中、低海拔山区比较常见。雌蝶喜欢访花吸蜜，雄蝶会在溪流边上的湿地吸水。幼虫以芸香科的食茱萸和樟科的樟树等植物为食。分布于我国台湾、香港。栖息于林缘、溪流边上。

由于台湾凤蝶在其分布地区的这些植物上常见，所以，在这些地区的犯罪现场有可能出现它的踪迹，或者可以利用它的存在来反推犯罪第一现场。

柑橘凤蝶

柑橘凤蝶又称花椒凤蝶。隶属于鳞翅目、凤蝶科。成虫有春型和夏型之分。春型：雌蝶翅展75~95 mm，雄蝶翅展70~90 mm；雌蝶黄色比雄蝶浓。体背有纵行宽大的黑纹，两侧黄白色；翅面底色黄白，具有黑色斑纹，翅脉边缘部分为黑色；前翅中室端部有2个黑斑，内部有4条黑色纵线；前后翅外缘均有黑色宽带，前翅黑带中有8个黄色新月形斑，后翅黑带中具散生蓝色鳞粉，具6个黄色新月形斑，臀角具橙黄色圆纹，圆纹中常具小黑点。夏型：成虫翅展80~110 mm，体和翅面底色较黄，黑色部分也较春型为少。卵球形，初为淡黄白色，渐变为深黄色，近孵化时为淡紫色至黑灰或黑褐色。初龄幼虫黑色，体多毛。2~4龄幼虫体暗褐色，鸟粪状，具肉状突起和白色斜带纹。老熟幼虫全体绿色，体表光滑，后胸背面两侧有蛇眼纹，中间有2对马蹄形纹；第1腹节背面后缘有1条粗黑带；第4、5腹节和第6腹节两侧各有蓝黑色斜行带纹1条，在背面相交。翻缩腺橙黄色。初化蛹时淡绿色，后呈暗褐色。头顶角状突间凹入较深；中胸背面突起较长而尖锐。

柑橘凤蝶在横断山脉高寒地区1年发生1代，东北地区1年发生1~2代，黄河流域1年发生2~3代，长江流域1年发生3~4代，福建、台湾1年发生4~5代，广西、广东、海南1年发生5~6代。均以蛹在寄主枝条、叶柄及比较隐蔽的场所越冬。成虫白天活动；飞翔力强；吸食花蜜。交尾后雌蝶当日或隔日即开始产卵。卵散产于寄主嫩芽、幼叶尖端、枝梢上，1处1粒。每头雌蝶能产卵5~48粒。幼虫孵出后先食去卵壳，然后啃食叶肉，再取食嫩叶边缘。随着虫龄的增大，食量也逐渐增加。幼虫一般夜出取食，先吃嫩芽和幼叶，然后吃老叶；先为害树冠上部，然后再为害树冠下部。幼虫3龄后食量增大。老熟幼虫化蛹时，先吐丝做垫，以尾钩着丝垫，然后吐丝在胸、腹间环绕成带，体斜悬于空中化蛹。夏季和秋初蛹期15~20 d，秋末冬初幼虫在枝叶上化蛹越冬。越冬蛹经过3~5个月，到翌年春夏再羽化为成虫。

柑橘凤蝶分布于我国黑龙江、吉林、辽宁、山东、江苏、浙江、福建、台湾、广东、海南、广西、湖南、湖北、四川、贵州、云南、陕西、河北。干燥或新鲜幼虫入药。夏季取幼虫置沸水中略烫，取出，晒干。有理气止痛的功效。

在柑橘凤蝶生产和养殖基地、药用昆虫及衍生物加工厂有可能会发生因经济利益而进行的盗窃、抢劫等犯罪活动，在医院、药店、中医诊所、药材批发市场等犯罪现场也有可能出现它的踪迹。

丝带凤蝶

丝带凤蝶隶属于鳞翅目、凤蝶科。成虫翅展 42～70 mm。雌雄异型，有春型和夏型之分，春型体色比夏型略深，夏型尾状突明显长于春型。翅薄如纸，雌蝶翅的颜色以黑色为主，间有黄白色、红色和蓝色的条纹分布。前翅中室分布着 2 条“U”字形相连的黄白色线纹；雄蝶翅的颜色以黄白色为主，具黑色、红色和蓝色的条纹。

丝带凤蝶依不同地区，1 年发生 2~4 代。在东北，1 年发生 2 代，以蛹在土中或石缝中越冬。成虫活动的区域性很强，在有寄主植物的山坡上数量较多，飞翔缓慢，常双翅平展做滑翔飞行，细长的尾突犹如两根丝带，随风飘荡，轻盈娴雅，悠闲自得，潇洒安逸，是其他凤蝶所不及的。卵呈堆状，低龄幼虫群集生活，2 龄后分散，幼虫取食多种马兜铃属和蝙蝠葛属等植物。第 1 代的蛹主要分布于榆树等木本植物的根、茎部，呈褐色，不容易寻找。

丝带凤蝶分布于我国北京、河北、山西、辽宁、吉林、黑龙江、陕西、甘肃、宁夏、上海、江苏、浙江、安徽、江西、山东、河南、湖北、湖南、广西、重庆、四川。栖息于林缘、坡地。这种蝴蝶已可规模化繁殖。

丝带凤蝶

丝带凤蝶具有大而飘逸的翅膀，飞翔起来更是婀娜多姿、仪态万方，因而成为许多人喜欢的活体观赏昆虫。目前，它已用于各地筹建蝴蝶园的放养的蝶种；在观赏昆虫的饲养基地、蝴蝶养殖园等处有可能发生盗窃、抢劫等犯罪活动。自古以来，蝴蝶就是美好爱情的象征，很多婚庆典礼都会选择放飞蝴蝶来祝福新郎新娘爱情永恒，这些行为都有可能造成外来物种的入侵，破坏当地的生态系统平衡及生物多样性，对环境、经济和人类生活造成严重的不良后果。

金斑喙凤蝶

金斑喙凤蝶是一种大型凤蝶。隶属于鳞翅目、凤蝶科。身体和翅大部分分布绿色或黄绿色鳞片，触角为棒状，末端向外弯曲。前翅正面基半部较端半部绿色鳞片为多，在没有绿色鳞片覆盖的地方呈黑色，近基部有 1 条从前缘到达后缘的黄绿色斑纹，有金色尾突。成虫翅展 81～92 mm。雌雄异型，雄蝶体及翅黑褐色，前翅长约 55 mm，翅表黑色，被有稠密、光亮的绿色鳞片及一端缘为亮黄绿色的黑色带。后翅翅表盘区域内具有 1 个大型金色斑，并有一些蓝黑色、橘色和绿色带跨越该斑。金斑喙凤蝶因此斑而得名，并闻名于世。雌蝶不如雄蝶漂亮，缺少碧绿色，后翅斑白色，尾状突细而长。卵淡紫红色或紫红色，较光滑，有暗光泽，扁球体状，单产；孵化前 2～3 d 卵体内部呈混沌状；孵化前 1 d，卵体外壳变得透明，内部可见黑色虫体。

金斑喙凤蝶

金斑喙凤蝶以蛹越冬，每年 3 月底与 4 月，常见成虫活动。卵在 5 月中旬孵化为幼虫，7 月幼虫化蛹，夏蛹蛹期很短，8 月上旬就羽化成蝶并交配产卵，而后同样经历卵期、幼虫期，并在 9～10 月化为越冬蛹，越冬蛹要熬过漫长的冬天等待翌年的春暖花开。金斑喙凤蝶为山顶林栖性蝶种，常出现在海拔 1 000 m 以上的常绿阔叶林和针阔叶混交林中，其不被花粉所诱，阳光充足、天气晴朗时多在平坦开阔的地方活动，不活动时多藏匿于隐蔽处，身上的色彩和花纹有保护色作用。飞翔线路固定且快速，极少盘旋。刚羽化出来的成虫在蛹壳上停息，或者爬到附近的枝条上停息，经数小时翅干后起飞。

金斑喙凤蝶是中国特有种，极为罕见。仅分布于我国江西、福建、广东、海南、广西等地。其寄主植物为木兰科的桂南木莲、乳源木莲、光叶拟单性木兰、乐昌含笑、金叶含笑等。在《濒危野生动植物种国际贸易公约》及我国的《国家重点保护野生动物名录》中将其列为Ⅰ级保护种。长期以来，金斑喙凤蝶一直被世界上的蝴蝶专家誉为“梦幻中的蝴蝶”，因而成为收藏家及爱好者热衷捕采的蝶种，甚至有人不惜重金收购，这也刺激了谋利者的狂捕滥采和非法买卖犯罪活动的发生。

喙凤蝶

喙凤蝶隶属于鳞翅目、凤蝶科。成虫翅展 80～100 mm。身体、翅面大部分为翠绿色，雌雄异型。雄蝶前翅基半部色深，以外侧黄绿色而内侧黑色的横纹分界，端半部隐现 2 条黑色的宽横带，外缘有 2 条平行的黑色横线；后翅中域有 1 块金黄色弧形大斑，外缘齿状，有新月形黄斑，反面前翅基部翠绿色，端半部红棕色，其中部有 2 条前细后粗的黑色横带，外缘有 2 条平行而又靠得非常近的黑线。雌蝶后翅正面的金黄色大斑不明显，外缘的齿突增长，部分呈尾突状；尾突细长，端部黄色。卵略呈球形，底面浅凹陷，红紫色，具弱光泽。1 龄幼虫头部暗褐色泛黄色光泽，生黑色原始型毛，但数量较多。5 龄幼虫头部淡绿色，有橘黄色光泽；臭角橘黄色，向内弯曲；身体暗绿色，向下则偏黄色。蛹鲜绿色，半透明，扁而宽，背面观几乎呈菱形；头部突出，光滑，但有侧脊；中胸有 1 个明显的绿色背角。

喙凤蝶成虫栖息于山林地带，主要在阔叶常绿林带活动，在阴天或雾天以后翅腹面的保护色隐匿于低矮的灌木林之中。成虫飞翔力强而速度快，不容易捕捉。卵产在寄主植物叶的中脉上，卵期约 15 d。孵化后的幼虫移到嫩叶上取食。老熟幼虫在小枝上化蛹。喙凤蝶分布于我国四川、云南、广西，其寄主植物为木兰科的滇藏木兰。

喙凤蝶是国家林业局令第 7 号《国家保护的有益的或者有重要经济、科学研究价值的陆生野生动物名录》和《濒危野生动植物种国际贸易公约》中列入的蝴蝶种类。被 IUCN 红皮书《受威胁的世界凤蝶》列为种群个体数量极少级（R），极珍贵。但也有非法捕采和非法买卖的现象发生。

金裳凤蝶

金裳凤蝶

金裳凤蝶是我国体型最大的一种蝴蝶。隶属于鳞翅目、凤蝶科。成虫翅展 146～160 mm。前翅黑色，具天鹅绒般的光泽，翅脉两侧灰白色。雄蝶后翅金黄色，翅脉黑色，外缘具三角形黑斑，各斑相连，近臀角处的黑斑外具黑晕。雌蝶后翅在亚缘处多 1 列三角形黑斑，两列黑斑之间不清晰，具黑晕。老熟幼虫体长 42～72 mm，体棕褐色，体表具很多棘突，腹部第 3、4 节两侧各具 1 条肉色的斜线，第 4 腹节上的肉棘也为肉色。卵圆球形，初产时粉红色，后渐变为黄绿色，将近孵化时为灰白色。初龄幼虫紫黑色，老熟幼虫体大。体长有大型肉刺，顶端紫红色，胸部至前腹两侧各有 1 条横白带，前胸无臭角。蛹为缢蛹，钝形，头、胸腹面有 2 对突出小刺，腹部末端有 3 对突出小钩刺。

金裳凤蝶在海南 1 年发生多代，以蛹越冬。成虫滑翔飞行，较缓慢，翅膀金光闪闪、耀眼炫目，喜吸百合、海桐等植物的花蜜。在江西 1 年发生 2 代，以蛹越冬；翌年 4 月底开始羽化，5 月上旬为羽化盛期。第 1 代发生期为 5 月中旬至 8 月中旬，第 2 代发生期为 7 月下旬至翌年 5 月中旬。成虫喜在颜色较为鲜艳的花上飞翔，飞行较低；中午飞到丛林山谷避暑纳凉。有时沿村庄外围、山间小径和刚砍伐的林地飞行，受惊即加速腾空而去。7~10 d 后开始交尾、产卵。雌蝶将卵散产于未受污染的马兜铃嫩叶的叶背前半部或叶尖上。每次 1 粒，个别 3 粒。卵经15~20 d 孵化出幼虫。幼虫期 15~20 d，共 5 龄。初孵幼虫先食卵壳，后食嫩叶。老熟幼虫爬动半天后，常在马兜铃等植物的枝梗上，头朝上尾朝下化蛹。蛹期 20 d 左右。

金裳凤蝶分布于我国陕西、浙江、安徽、福建、江西、广东、广西、海南、重庆、贵州、四川、云南、西藏、香港、台湾等地。栖息在林缘、森林中。幼虫取食马兜铃、卵叶马兜铃、印度马兜铃等。

金裳凤蝶在我国的《国家重点保护野生动物名录》中为Ⅱ级保护种，也是国家林业局令第 7 号《国家保护的有益的或者有重要经济、科学研究价值的陆生野生动物名录》中列入的种类。野外数量非常稀少。由于其姿态优美、色泽艳丽，因而成为收藏家及爱好者争相收藏的目标，甚至有人不惜重金收购，这也刺激了谋利者的狂捕滥采和非法买卖犯罪活动的发生，导致该蝶种的数量不断减少以至于走向濒危的边缘。也有很多人会为了利益在未取得国家重点保护野生动物及其制品经营许可证的情况下，进行相关经营活动，这样做就触犯了刑律。

荧光裳凤蝶

荧光裳凤蝶隶属于鳞翅目、凤蝶科。成虫翅展 100~109 mm。胸背部及翅黑色，脉纹两侧灰白色，雄蝶后翅金黄色，只有翅的同缘黑色呈齿状。雌蝶后翅的中室及其周围金黄色，前缘黑色，中域呈弧形，亚外缘区有 6 个“V”形金黄色齿斑，外缘黑色，翅反面与正面大致相间。成虫全年可见。数量少，是珍稀蝴蝶之一。分布于台湾。

荧光裳凤蝶是国家林业局令第 7 号《国家保护的有益的或者有重要经济、科学研究价值的陆生野生动物名录》中列入的蝴蝶种类。野外数量十分稀少。由于其姿态优美、色泽艳丽，因而成为收藏家及爱好者争相收藏的目标，甚至有人不惜重金收购，这也刺激了谋利者的狂捕滥采和非法买卖犯罪活动的发生，导致该蝶种的数量不断减少以至于走向濒危的边缘。也有很多人会为了利益在未取得国家重点保护野生动物及其制品经营许可证的情况下，进行相关经营活动，这样做就触犯了刑律。

裳凤蝶

裳凤蝶隶属于鳞翅目、凤蝶科。成虫翅展 105~140 mm。前翅黑色，具丝绒光泽，翅脉两侧灰白色。雄蝶后翅金黄色，翅脉黑色，外缘具三角形黑斑，各斑相连；臀角处具 1~2 个黑斑，独立或与翅缘黑斑相连。雌蝶后翅在亚缘处多 1 列三角形黑斑，2 列黑斑之间清晰，无黑晕。幼虫与金裳凤蝶相近，通常体色较浅。卵圆球形，表面光滑，初产时橘红色，1 d 后渐变成棕褐色。老熟幼虫灰褐色。蛹为缢蛹，胸腹部背面凹陷，凹陷处两侧向外呈耳状突出，侧面看呈“S”形，表面有叶脉状纹理。

裳凤蝶在海南 1 年发生 6 代，无越冬、越夏现象，世代重叠，成虫整年可见。各世代历期长短与气温有关，11 月到翌年 3 月气温较低，在近 5 个月中只有 2 代，而在 5~7 月气温较高时 1 个世代只需 50 d。成虫羽化当日即可吸食花蜜。喜在马缨丹、走马箭、朱槿等植物的花上吸蜜。羽化后 1~2 d 即可交尾，交尾前，雌雄蝶在花间、林间追逐飞行，后停于高大乔木叶上交尾。交尾后 1~2 d 即可开始产卵，产卵期为 2~4 d，卵散产于寄主叶片、嫩茎上，也产在寄主植物缠绕的物体上，雌蝶产卵时腹部弯曲呈钩状，每次可产卵 8~22 粒。

裳凤蝶分布于我国福建、广东、广西、海南、云南、香港。栖息于林缘、森林。幼虫专食耳叶马兜铃。

裳凤蝶是国家林业局令第 7 号《国家保护的有益的或者有重要经济、科学研究价值的陆生野生动物名录》中列入的种类，在生态观赏和工艺制作中具有较高的利用价值，因而成为收藏家及爱好者争相收藏的目标，甚至有人不惜重金收购，这也刺激了谋利者的狂捕滥采和非法买卖犯罪活动的发生，导致该蝶种的数量不断减少以至于走向濒危的边缘。也有很多人会为了利益在未取得国家重点保护野生动物及其制品经营许可证的情况下，进行相关经营活动，这样做就触犯了刑律。

爱珂绢蝶

爱珂绢蝶隶属于鳞翅目、绢蝶科。成虫翅展 56~59 mm，翅灰白色或褐灰白色，前翅中室中部及端部有 2 个黑斑，中室外有 2 个红心黑斑，亚外缘带及外缘带灰褐色半透明；后缘中部有 1 个黑褐斑，有的不明显。后翅基部、前缘及翅中部各有 1 个镶黑边的红斑，亚外缘有三角形或近三角形的黑斑列排成弧形，外缘黑褐色。翅基部及臀缘区黑色，翅反面斑纹比正面清楚。本种稀少。

爱珂绢蝶分布于我国甘肃、四川、新疆、云南、西藏。它是国家林业局令第 7 号《国家保护的有益的或者有重要经济、科学研究价值的陆生野生动物名录》中列入的蝴蝶种类。野外数量十分稀少，但也有非法捕采和非法买卖的现象发生。由于其姿态优美、色泽艳丽，因而成为收藏家及爱好者争相收藏的目标，甚至有人不惜重金收购，这也刺激了谋利者的狂捕滥采和非法买卖犯罪活动的发生，导致该蝶种的数量不断减少以至于走向濒危的边缘。也有很多人会为了利益在未取得国家重点保护野生动物及其制品经营许可证的情况下，进行相关经营活动，这样做就触犯了刑律。

阿波罗绢蝶

阿波罗绢蝶隶属于鳞翅目、绢蝶科，是一种中型蝶类，成虫翅展 79~92 mm。翅质似薄的丝织品，所以叫绢蝶。前翅较圆，白垩色，翅表有许多黑点、灰白斑及无鳞透明区，这些斑点的形状、密度及其强度常随产地的不同而有所变化，但后翅通常总有显著的鲜红色斑点。触角主干灰白色，有浅黑色环带。卵扁平，灰白色，表面有许多颗粒状的微小突起，排列规则，精孔周围淡黄绿色。1 龄幼虫头部黑褐色有光泽，上生黑毛；臭角不明显；前胸背板黑褐色有光泽；身体暗黑褐色；下方色稍淡；前胸前半部泛橙黄色。终龄幼虫体黑色，前胸至第 9 腹节亚背线上的圆形斑呈红色。蛹身体暗褐色有光泽，覆盖有灰白色粉。头部圆形，无突起。

阿波罗绢蝶 1 年发生 1 代，以卵越冬。成虫 8 月出现。幼虫以景天属植物为寄主。它栖息于海拔 750~2 000 m 的亚高山区，有很强的耐寒力，飞翔时紧贴地面，缓缓而飞好像在悠悠赏雪，因而较易捕捉。阿波罗绢蝶成虫的运动轨迹受到幼虫与成虫食物资源的限制，运动范围的半径为 260~1 840 m，在此范围内频繁运动。

阿波罗绢蝶仅分布于新疆。寄主植物为景天属植物。阿波罗绢蝶是绢蝶科中的珍品，在绢蝶中体型最大。阿波罗绢蝶是昆虫中最早被列入《濒危野生动植物种国际贸易公约》（CITES）的，列为Ⅱ级保护种，我国的《国家重点保护野生动物名录》中将其列为Ⅱ级保护对象，IUCN红皮书《受威胁的世界凤蝶》将其列为 R 级（个体数量甚少），也是国家林业局令第 7 号《国家保护的有益的或者有重要经济、科学研究价值的陆生野生动物名录》中列入的蝴蝶种类。

阿波罗绢蝶

阿波罗绢蝶也是收藏家及爱好者热衷捕采的种类，甚至有人不惜重金收购，这也刺激了谋利者的狂捕滥采和非法买卖犯罪活动的发生，导致该蝶种的数量不断减少以至于走向濒危的边缘。也有很多人会为了利益在未取得国家重点保护野生动物及其制品经营许可证的情况下，进行相关经营活动，这样做就触犯了刑律。

红珠绢蝶

红珠绢蝶隶属于鳞翅目、绢蝶科。成虫翅展64~69 mm。翅白色，前翅前缘黑褐色，中室中部及端部具1个黑斑；中室外侧尚有2个黑斑，有时具红心，中室下方有1个黑斑，外缘和亚外缘各有模糊的灰褐带。后翅内缘黑色，具2个红斑，镶有黑边；后翅反面与正面相似，但在翅的基部多了4个镶黑边的红斑。老熟幼虫体黑褐色，身上披毛，中、后胸两侧各有1个橙红色斑，腹部第1~8节上各有2~3对橙红色斑，但腹部第9节及第10节上少1对斑。

红珠绢蝶1年发生1代，以卵越冬。在北京东灵山，成虫6~8月可见，常在海拔2 200 m的草地上飞翔，或在花上吸蜜。幼虫取食景天属植物。

红珠绢蝶分布于我国北京、河北、山西、内蒙古、辽宁、吉林、黑龙江、陕西、甘肃、宁夏、新疆。栖息于亚高山草甸。

红珠绢蝶是国家林业局令第7号《国家保护的有益的或者有重要经济、科学研究价值的陆生野生动物名录》中列入的蝴蝶种类。野外数量十分稀少。由于其姿态优美、色泽艳丽，因而成为收藏家及爱好者争相收藏的目标，甚至有人不惜重金收购，这也刺激了谋利者的狂捕滥采和非法买卖犯罪活动的发生，导致该蝶种的数量不断减少以至于走向濒危的边缘。也有很多人会为了利益在未取得国家重点保护野生动物及其制品经营许可证的情况下，进行相关经营活动，这样做就触犯了刑律。

艾雯绢蝶

艾雯绢蝶隶属于鳞翅目、绢蝶科。成虫翅展60~70 mm。体黑色，雄蝶翅淡黄褐色，雌蝶翅白色，均半透明。前翅中室内及中室端各有1个半透明暗色斑，中带、亚外缘带和缘带青色。后翅前缘及中室外各有1个红心黑边斑；后缘黑色，臀角处有1个红心黑边的长形斑。翅面有黑色斑纹，臀区黑色，臀角斑黑色；后翅反面对应正面的黑斑为黑圈红心的斑纹。老熟幼虫体暗褐色，后胸至第8腹节体背两侧有1条黄色纵带，第1~8腹节背面有1个“V”形黑斑。

艾雯绢蝶2年发生1代，第1年发生以卵越冬，第2年以蛹越冬，成虫在6~8月可见，在黑龙江佳木斯，发生地区的海拔不高，为450~700 m。成虫通常产卵于寄主植物附近的石块上。幼虫取食紫堇、荷包牡丹等罂粟科植物。

艾雯绢蝶分布于我国的内蒙古、吉林、黑龙江、新疆及俄罗斯、蒙古和美洲。栖息于林区的草地上。是国家林业局令第7号《国家保护的有益的或者有重要经济、科学研究价值的陆生野生动物名录》中列入的蝴蝶种类。野外数量十分稀少。由于其姿态优美、色泽艳丽，因而成为收藏家及爱好者争相收藏的目标，甚至有人不惜重金收购，这也刺激了谋利者的狂捕滥采和非法买卖犯罪活动的发生，导致该蝶种的数量不断减少以至于走向濒危的边缘。也有很多人会为了利益在未取得国家重点保护野生动物及其制品经营许可证的情况下，进行相关经营活动，这样做就触犯了刑律。

君主绢蝶

君主绢蝶隶属于鳞翅目、绢蝶科。成虫翅展62~80 mm。翅白色泛绿或淡黄白色，雌蝶色深。前翅中室中部及端部、中室外各有1条短横带，黑色；亚外缘有1条褐色横带，外缘黑褐色半透明，后缘中部有1个黑斑。后翅基部、前缘及中部各有1个白心镶有黑边的红斑，臀角有2个镶有黑边的大蓝斑；亚外缘有1条弯曲的褐色带，翅基部及臀缘黑色，翅反面色淡，基部有3~4个镶有黑边的红斑。卵半球形，上部扁平，灰白色。1龄幼虫头部黑褐色有光泽，臭角不明显，前胸盾黑褐色有光泽，身体暗黑褐色，下方色稍淡。2龄、3龄幼虫斑点不明显，胸腹部被白毛，但不稠密。4龄老熟幼虫头部黑褐色有光泽，上生黑毛，臭角明显，身体黑色，胸腹部密被白毛。蛹体暗黄褐色有光泽，头部圆形，无突起。

君主绢蝶在甘肃1年发生1代，以卵越冬，卵多产于寄主植物近前的岩石壁上。翌年3月下旬孵化，幼虫4龄，平均历期为52 d，3月下旬至6月下旬都可见到幼虫。5月初始见成虫，7月中旬为成虫高峰期，直到9月下旬仍可见成虫活动。卵期一般为8个月。幼虫总在寄主植物灰绿黄堇植株上或植株附近活动，取食灰绿黄堇当年生的嫩叶及其茎秆。幼虫有臭角，受惊吓时会突然伸出。化蛹前，老熟幼虫停止取食而四处爬行寻找隐蔽黑暗处（如石缝、土缝中的石壁上）吐丝结成一个乳白但不透明的薄茧将身体藏在其中，经过4~5 d后老熟幼虫蜕皮成黄褐色蛹。成虫羽化后2~3 d即可交尾。每头雌蝶一生只交尾1次，雌雄交配后，雌蝶尾部末端的腺体便分泌出一种黏液，黏液干后变成角质臀袋，这种象牙色的坚韧构造可阻绝其他雄蝶再与这只雌蝶交尾。卵多产于靠近寄主植物的岩石岩面上，卵散产。

君主绢蝶是我国特有的蝴蝶种，分布于我国青海、甘肃、四川、云南和西藏，寄主植物为灰绿黄堇等。君主绢蝶是国家林业局令第7号《国家保护的有益的或者有重要经济、科学研究价值的陆生野生动物名录》和《濒危野生动植物种国际贸易公约》中列入的种类。野外数量十分稀少。由于其姿态优美、色泽艳丽，因而成为收藏家及爱好者争相收藏的目标，甚至有人不惜重金收购，这也刺激了谋利者的狂捕滥采和非法买卖犯罪活动的发生，导致该蝶种的数量不断减少以至于走向濒危的边缘。也有很多人会为了利益在未取得国家重点保护野生动物及其制品经营许可证的情况下，进行相关经营活动，这样做就触犯了刑律。

小红珠绢蝶

小红珠绢蝶隶属于鳞翅目、绢蝶科。成虫翅展53~78 mm。翅白色或污白色，除前翅中室中部及端部各有1个黑斑外，其余前后翅的都是红斑，且白心、黑边。有的斑无白心完全呈红色。前后翅的亚外缘具弯曲的、断续的黑褐色带，脉纹末端黑褐色；翅反面除翅基部具4个黑边红斑外，其他与正面相同。

小红珠绢蝶分布于我国北京、河北、山西、内蒙古、辽宁、吉林、黑龙江、陕西、甘肃、青海、新疆、四川、西藏。1年发生1代，以卵越冬。成虫7~8月可见，多发生在海拔1 600 m以上的亚高山草甸。幼虫取食景天科植物。

小红珠绢蝶在绢蝶中红斑最多，也最漂亮，是我国特有的蝴蝶种，是国家林业局令第7号《国家保护的有益的或者有重要经济、科学研究价值的陆生野生动物名录》中列入的蝴蝶种类。野外数量十分稀少。由于其姿态优美、色泽艳丽，因而成为收藏家及爱好者争相收藏的目标，甚至有人不惜重金收购，这也刺激了谋利者的狂捕滥采和非法买卖犯罪活动的发生，导致该蝶种的数量不断减少以至于走向濒危的边缘。也有很多人会为了利益在未取得国家重点保护野生动物及其制品经营许可证的情况下，进行相关经营活动，这样做就触犯了刑律。

珍珠绢蝶

珍珠绢蝶隶属于鳞翅目、绢蝶科。成虫翅展54~60 mm。小型而漂亮。翅淡黄白色，前翅中室基部、中部及端部各有1个黑色斑，中室外有2个黑斑，中室后缘中部具1个黑斑，其中有红心或红黄心，两者之间由褐色带相连；亚外缘带黑褐色，齿状半透明，外缘带褐色半透明。后翅前缘及中部各有1个镶黑边的浅色红斑，臀角有12个黑斑，其中心红色；近臀角有2个黑边蓝心的斑，亚外缘有4个扇形黑斑，有的不十分明显；外缘带窄，半透明。翅基及臀缘区黑色；翅反面与正面相似。珍珠绢蝶为中国特有、稀有种，分布于内蒙古、陕西、甘肃、四川、新疆、青海、西藏。

珍珠绢蝶是国家林业局令第7号《国家保护的有益的或者有重要经济、科学研究价值的陆生野生动物名录》中列入的蝴蝶种类。野外数量十分稀少。由于其姿态优美、色泽艳丽，因而成为收藏家及爱好者争相收藏的目标，甚至有人不惜重金收购，这也刺激了谋利者的狂捕滥采和非法买卖犯罪活动的发生，导致该蝶种的数量不断减少以至于走向濒危的边缘。也有很多人会为了利益在未取得国家重点保护野生动物及其制品经营许可证的情况下，进行相关经营活动，这样做就触犯了刑律。

四川绢蝶

四川绢蝶隶属于鳞翅目、绢蝶科。成虫翅展 65~70 mm。翅白色或淡黄白色，前翅中室中部及端部各有 1 个黑色斑，中室外有 2 个黑边红心的斑，有时只有 1 个带红心的斑；中后缘中部亦有 1 个边黑心红的斑，但是红心不太明显；亚外缘有 1 条黑褐色弯曲断续的带，外缘半透明。后翅前缘及翅中部有 2 个镶有黑边白心的红斑，翅中部的斑很大。臀角有 2 个并列的蓝心黑斑，黑斑的上方有黑色条斑，其条斑越近前缘越细而色淡，翅基部与后翅的臀缘黑色，外缘半透明。翅反面与正面相似，但斑纹及翅色淡，翅基部的红斑外侧黑色，内侧蓝色。卵乳白色，扁圆形，表面有细的凹点。

四川绢蝶成虫 6~7 月出现，可见成虫在海拔 3 500 m 的高山草甸上吸食花蜜，或在草地上交尾。在整个繁殖期都产卵，日产卵 5~10 次，单次产卵 1 粒，1 个产卵点只产 1 粒卵。对产卵地具有明显的选择性，只选择在灌丛中的草丛上产卵，产卵地隐蔽，阳光无法直射，避风、较潮湿。雄蝶活动能力较雌蝶强，一般在距离地面 1. 5~3 m 的低空盘旋飞行，寻找刚羽化和未交配的雌蝶交配。

四川绢蝶分布于我国甘肃、四川、青海、云南、西藏等地。蜜源植物主要为金沙绢毛菊、鳞叶龙胆、钝裂银莲花等。四川绢蝶为中国特有种，数量稀少。由于其姿态优美、色泽艳丽，因而成为收藏家及爱好者争相收藏的目标，甚至有人不惜重金收购，这也刺激了谋利者的狂捕滥采和非法买卖犯罪活动的发生，导致该蝶种的数量不断减少以至于走向濒危的边缘。也有很多人会为了利益在未取得国家重点保护野生动物及其制品经营许可证的情况下，进行相关经营活动，这样做就触犯了刑律。

周氏绢蝶

周氏绢蝶隶属于鳞翅目、绢蝶科。近似四川绢蝶，但前翅 Cu1 室在眼斑内侧另有 1 个小的眼斑；后翅中部的眼斑卵形，特别大。本种为 1994 年记载的新种，极珍贵。分布于青海。

周氏绢蝶是国家林业局令第 7 号《国家保护的有益的或者有重要经济、科学研究价值的陆生野生动物名录》中列入的蝴蝶种类。野外数量十分稀少。由于其姿态优美、色泽艳丽，因而成为收藏家及爱好者争相收藏的目标，甚至有人不惜重金收购，这也刺激了谋利者的狂捕滥采和非法买卖犯罪活动的发生，导致该蝶种的数量不断减少以至于走向濒危的边缘。也有很多人会为了利益在未取得国家重点保护野生动物及其制品经营许可证的情况下，进行相关经营活动，这样做就触犯了刑律。

天山绢蝶

天山绢蝶隶属于鳞翅目、绢蝶科。成虫翅展 69~78 mm。翅白色，雌蝶色深；前翅中室中部及端部各有 1 个黑斑，中室外有 2 个红心的黑斑，后缘中部有 1 个黑斑或为红心的黑斑；亚外缘有 1 条深色带，半透明；外缘深色半透明。后翅前缘及翅中部有 2 个镶有黑边的大红斑；亚外缘有 1 行黑褐色斑，外缘深色半透明。臀角具 2 个黑斑或具有 1 个红心的黑斑。翅反面除基部具 4 个黑边红斑外，其他与正面似同。大型绢蝶，稀少。本种与阿波罗绢蝶很相似，但本种前翅中室外的 2 个斑纹为红斑黑边。分布于我国新疆。

天山绢蝶是国家林业局令第 7 号《国家保护的有益的或者有重要经济、科学研究价值的陆生野生动物名录》中列入的蝴蝶种类。野外数量十分稀少。由于其姿态优美、色泽艳丽，因而成为收藏家及爱好者争相收藏的目标，甚至有人不惜重金收购，这也刺激了谋利者的狂捕滥采和非法买卖犯罪活动的发生，导致该蝶种的数量不断减少以至于走向濒危的边缘。也有很多人会为了利益在未取得国家重点保护野生动物及其制品经营许可证的情况下，进行相关经营活动，这样做就触犯了刑律。

孔雀绢蝶

孔雀绢蝶隶属于鳞翅目、绢蝶科。翅黄白色，脉纹黄色；前翅外缘带色淡，亚缘带波状，黑色，在 M_2 处错位成两段，外横带只前段可见，中室中部斑及端部斑黑色明显。后翅亚缘有 5 个黑色圆斑，其内侧呈蓝色，像孔雀翎斑，前缘中央及翅中央各有 1 个圆形橙色斑，围有窄的黑线，后缘基部分散有黑色鳞片。本种以其美丽、稀少，为世人所珍爱。分布于新疆。

孔雀绢蝶是国家林业局令第 7 号《国家保护的有益的或者有重要经济、科学研究价值的陆生野生动物名录》中列入的蝴蝶种类。野外数量十分稀少。由于其姿态优美、色泽艳丽，因而成为收藏家及爱好者争相收藏的目标，甚至有人不惜重金收购，这也刺激了谋利者的狂捕滥采和非法买卖犯罪活动的发生，导致该蝶种的数量不断减少以至于走向濒危的边缘。也有很多人会为了利益在未取得国家重点保护野生动物及其制品经营许可证的情况下，进行相关经营活动，这样做就触犯了刑律。

菜粉蝶

菜粉蝶

菜粉蝶又名白蝴蝶、粉蝶、菜白蝶、菜青虫（幼虫名）。隶属于鳞翅目、粉蝶科。翅展 45 ~ 65 mm。头小，复眼黑褐色，圆形，突出，口器为虹吸式，下唇须特别发达，触角呈棍棒状，短于前翅前缘的一半。胸部黑色，有灰色长毛，并夹有白色长的细毛，雌蝶翅基部的灰黑部分几乎占翅的一半，翅尖有三角形黑斑。雄蝶翅基部的灰黑部分仅局限于翅基处，翅尖灰黑部分较淡。雌蝶前翅中央外侧有浓黑斑点 2 个，一上一下，下面的 1 个黑斑接近后缘，下边则向翅基延伸而成 1 条黑带。雄蝶下面的黑斑 1 个（有时分为 2 个），与前翅后缘的 1 个很接近。雌蝶的色彩一般比雄蝶深而明显。足细长，被白色细毛，跗节 5 节。腹部细小，末端略尖，密披白色鳞片。卵柠檬形。老熟幼虫青绿色，腹面略淡，背面密布小黑点。蛹为灰黄色、灰绿色、淡褐色、青绿色等。其体内有绿、黑、白多种颜色的颗粒。

菜粉蝶发生代数因地而异，在华北地区 1 年发生 4~5 代，在江苏南京一带 1 年发生 7 代，在杭州 1 年发生 8 代。以蛹越冬，至翌年 2~3 月有成虫出现。成虫日间羽化，喜欢在白昼强光下飞翔，飞翔力极强，终日飞舞在花间吸蜜。雌蝶交尾后 2 d 即行产卵，多在十字花科植物上产卵，卵散产于菜叶上，近边的地方较多，夏季多产在阴面，冬季多产在阳面，每头雌蝶的产卵数各不相同，一般平均为 200 粒，卵期 2 ~ 11 d，视气温高低而有差异。幼虫多在清晨孵化，1 龄幼虫在叶的背面啃食，残留表皮，2 龄以后，散居叶面取食，食叶穿孔或自叶缘向内蚕食，食量渐增。幼虫在行动时，常先吐丝铺路，稍受惊扰，即静伏不动，做假死状，借以逃避敌害。幼虫喜食十字花科植物，它们普遍取食叶内含有芥子油的植物，因此它们还取食木樨草和白花菜等的叶子。幼虫共 5 龄。

全国各地均有发生。菜粉蝶本是一种农业害虫，但其体内含有甲基异丁基黄嘌呤成分，对肿瘤具有较强的抑制作用，干燥成虫全体入药。夏季捕捉，随用随捕，也可用线穿起置通风处。有消肿止痛的功效。主治跌打损伤。外用适量。

在药用昆虫生产和养殖基地、药用昆虫及衍生物加工厂有可能会发生因经济利益而进行的盗窃、抢劫等犯罪活动，在医院、药店、中医诊所、药材批发市场等犯罪现场也有可能出现它的踪迹。

鹤顶粉蝶

鹤顶粉蝶

鹤顶粉蝶隶属于鳞翅目、粉蝶科。成虫翅展 75 ~ 110 mm。雄蝶翅白色，前翅前缘及外缘黑色，从前缘 1/2处至外缘近臀角处有黑色齿状斜纹围住顶部三角形赤橙色大斑。斑内脉纹黑色清楚，有的个体赤色加深，周围也加黑，而翅面变污；后翅外缘脉端有黑色箭头纹。雌蝶黄白色或污白色，后翅外缘、亚外缘有黑色箭头状斑列；翅反面前端半部和后翅满布褐色不规则的细纹，从后翅的基部发出 1 条黑褐色线纹直到外缘，通过中室将翅分成上下两半，也是本种一重要特征。

鹤顶粉蝶分布于我国福建、广西、广东、海南、云南、台湾。幼虫取食白花菜科的鱼木、山柑、加罗林鱼木、西洋白花菜等植物。成虫常见于雨量充足的林地及丘陵地带。本种在瑞典珍稀少见，奉若神明。

由于鹤顶粉蝶姿态优美、色泽艳丽，因而成为收藏家及爱好者争相收藏的目标，甚至有人不惜重金收购，这也刺激了谋利者的狂捕滥采和非法买卖犯罪活动的发生，导致该蝶种的数量不断减少。也有很多人会为了利益在未取得国家重点保护野生动物及其制品经营许可证的情况下，进行相关经营活动，这样做就触犯了刑律。

赤眉粉蝶

赤眉粉蝶隶属于鳞翅目、粉蝶科。成虫翅展 40 mm 左右。翅正面白色。雄蝶前翅中室端部斑黑色，新月形，有小的白瞳；顶角区脉端有黑斑，常连合成横带；前翅顶角三角形黑斑中间围住 1 个橙红色大斑。后翅无斑，但可透视反面的云状斑。前翅反面无橙红色斑，三角形呈绿褐色；后翅反面有 5 条相互交织的绿褐色宽黑带。雌蝶斑纹与雄蝶相似，但前翅正面顶角的橙红色斑较小。

赤眉粉蝶分布于新疆，是国家林业局令第 7 号《国家保护的有益的或者有重要经济、科学研究价值的陆生野生动物名录》中列入的种类。野外数量十分稀少。由于其姿态优美、色泽艳丽，因而成为收藏家及爱好者争相收藏的目标，甚至有人不惜重金收购，这也刺激了谋利者的狂捕滥采和非法买卖犯罪活动的发生，导致该蝶种的数量不断减少以至于走向濒危的边缘。也有很多人会为了利益在未取得国家重点保护野生动物及其制品经营许可证的情况下，进行相关经营活动，这样做就会触犯了刑律。

金斑蝶

金斑蝶隶属于鳞翅目、斑蝶科。成虫翅展 58~72 mm。翅红褐色，前翅前缘及端部黑褐色，靠近顶角横列 4 个大白斑，附近还有几个小白斑，外缘有不规则的小白斑排成 1 列；后翅外缘有黑褐色带，其中有白色小斑点分布，中室端部有 3 个黑褐色斑点，雄蝶在中室下方有黑褐色圆形斑，雌蝶无此斑。翅反面的斑纹与正面相同，但前翅顶角黄褐色，雄蝶香鳞斑中间白色。老熟幼虫体白色，具黑色及黄色环带，从前胸到腹部第 8 节背面各有 1 对黄色大斑，体上有 3 对肉棘，黑色，但基部红色。

金斑蝶 1 年发生多代，在热带地区整年可见。成虫飞行缓慢，在灌木、草花上吸蜜。卵单产于叶面，幼虫取食马利筋、钉头果和白牛皮消等萝藦科植物。在小枝或叶背化蛹，为悬蛹，淡绿色，有 1 条黑色横带，其上有金黄色颗粒。

金斑蝶分布于我国陕西、浙江、福建、四川、贵州、云南、香港、台湾。栖息于林缘、公园绿地。这种蝴蝶已可规模繁殖。

金斑蝶

金斑蝶具有大而飘逸的翅膀，飞翔起来更是婀娜多姿、仪态万方，因而成为许多人喜欢的活体观赏昆虫。目前，它已用于各地筹建蝴蝶园的放养的蝶种；在观赏昆虫的饲养基地、蝴蝶养殖园等处有可能发生盗窃、抢劫等犯罪活动。自古以来，蝴蝶就是美好爱情的象征，很多婚庆典礼都会选择放飞蝴蝶来祝福新郎新娘爱情永恒，这些行为都有可能造成外来物种的入侵，破坏当地的生态系统平衡及生物多样性，对环境、经济和人类生活造成严重的不良后果。

虎斑蝶

虎斑蝶隶属于鳞翅目、斑蝶科。成虫翅展 64~76 mm，翅红褐色，前翅前缘及端部黑褐色，靠近顶角横列 5 个白斑，其下方还有几个小白斑，外缘有不规则的小白斑排成 1 列；后翅外缘有黑褐色带，其中有白色小斑点分布；前后翅的翅脉黑色或黑褐色。雄蝶后翅反面在中室下方有黑褐色空心圆形斑，雌蝶无斑。翅反面的斑纹与正面相同，但前翅顶角黄褐色，雄蝶的香鳞斑中间白色。末龄幼虫体黑色，具白色及黄色斑点所组成的纵带，体上有 3 对基部红色的黑色肉棘。

虎斑蝶分布于我国上海、浙江、福建、江西、河南、湖南、广东、广西、海南、重庆、四川、贵州、云南、西藏、香港。栖息于林缘、公园绿地。这种蝴蝶已可规模繁殖。

虎斑蝶

虎斑蝶 1 年发生多代，在热带地区成虫终年可见。成虫飞行缓慢，常在林缘、绿地低矮花卉上吸蜜。卵单产于叶面，幼虫取食多种萝藦科牛皮消属的植物。

虎斑蝶具有大而飘逸的翅膀，飞翔起来更是婀娜多姿、仪态万方，因而成为许多人喜欢的活体观赏昆虫。目前，它已用于各地筹建蝴蝶园的放养的蝶种；在观赏昆虫的饲养基地、蝴蝶养殖园等处有可能发生盗窃、抢劫等犯罪活动。自古以来，蝴蝶就是美好爱情的象征，很多婚庆典礼都会选择放飞蝴蝶来祝福新郎新娘爱情永恒，这些行为都有可能造成外来物种的入侵，破坏当地的生态系统平衡及生物多样性，对环境、经济和人类生活造成严重的不良后果。

幻紫斑蝶

幻紫斑蝶隶属于鳞翅目、斑蝶科。成虫翅展 85~95 mm，翅暗褐色，基半部色较深，翅面具蓝色金属光泽，前翅外缘和亚外缘有 2 列白斑，中室端部上和端部下各有 1 个白斑。前翅后缘向外凸出，呈弧形，后翅前缘灰白色，翅的反面棕色。后翅前缘灰白色，外缘和近外缘处白点列不明显；后翅中室有 1 个白斑，外侧具 5 个白斑。雄蝶后翅有 1 个短条状的性标斑。雌雄蝶的色彩斑纹基本相似，但雌蝶前翅后缘平直。末龄幼虫头黑褐色，有白色小斑，体背具褐、白相间的环带，体上有 4 对紫色肉棘，位于中、后胸和第 2、第 8 腹节。

幻紫斑蝶分布于我国广东、广西、海南、云南、香港。栖息于森林、林缘、公园绿地。

幻紫斑蝶

幻紫斑蝶 1 年发生 5~8 代，11 月成虫进入越冬状态，通常飞往较温暖的地点，大群蝴蝶停在树叶上栖息。卵散产于叶面，幼虫取食夹竹桃、榕树、气达榕、青果榕等植物。这种蝴蝶已可规模繁殖。

幻紫斑蝶具有大而飘逸的翅膀，飞翔起来更是婀娜多姿、仪态万方，因而成为许多人喜欢的活体观赏昆虫。目前，它已用于各地筹建蝴蝶园的放养的蝶种；在观赏昆虫的饲养基地、蝴蝶养殖园等处有可能发生盗窃、抢劫等犯罪活动。自古以来，蝴蝶就是美好爱情的象征，很多婚庆典礼都会选择放飞蝴蝶来祝福新郎新娘爱情永恒，这些行为都有可能造成外来物种的入侵，破坏当地的生态系统平衡及生物多样性，对环境、经济和人类生活造成严重的不良后果。

蓝点紫斑蝶

蓝点紫斑蝶隶属于鳞翅目、斑蝶科。成虫翅展 65～73 mm，翅黑色，前翅端闪现蓝色琉璃光泽，前后翅外缘及亚外缘具小白斑列，前翅中域有淡蓝灰色斑，翅反面颜色稍浅，黑褐色。雄蝶的前翅后缘弧形突出，而雌蝶后缘平直；雄蝶在后翅中室附近有 1 个灰褐色斑，雌蝶仅前缘灰褐色。老熟幼虫灰褐色，体上具 4 对灰黑色肉棘，分布在中胸、后胸和第 2、第 8 腹节上。

蓝点紫斑蝶分布于我国浙江、福建、江西、湖南、广东、广西、海南、云南、香港。栖息于林缘、公园绿地。

蓝点紫斑蝶 1 年发生多代，以成虫越冬，冬季，大量的成虫会迁移到热带地区群集越冬。成虫飞行缓慢，常常随风飘舞。晴天常在花朵上吸蜜。幼虫取食萝藦科的匙羹藤属植物。这种蝴蝶已可规模繁殖。

蓝点紫斑蝶具有大而飘逸的翅膀，飞翔起来更是婀娜多姿、仪态万方，因而成为许多人喜欢的活体观赏昆虫。目前，它已用于各地筹建蝴蝶园的放养的蝶种；在观赏昆虫的饲养基地、蝴蝶养殖园等处有可能发生盗窃、抢劫等犯罪活动。自古以来，蝴蝶就是美好爱情的象征，很多婚庆典礼都会选择放飞蝴蝶来祝福新郎新娘爱情永恒，这些行为都有可能造成外来物种的入侵，破坏当地的生态系统平衡及生物多样性，对环境、经济和人类生活造成严重的不良后果。

异型紫斑蝶

异型紫斑蝶

异型紫斑蝶隶属于鳞翅目、斑蝶科。成虫翅展 66～75 mm。雌雄异型，雄蝶前翅黑褐色，前翅外侧一半的区域散生淡蓝色斑点，在外缘处成列，前翅呈现蓝色琉璃闪光，大部闪现蓝色琉璃光泽，后翅黑褐色，无斑纹，前缘灰褐色。翅反面与正面相同，但后翅外缘和亚外缘具淡蓝色小斑，无闪光。雌蝶翅面颜色稍浅，前翅狭窄，后缘稍内凹，闪光区小，后翅外缘有 1 列小白斑，内侧有许多小白条经纹。老熟幼虫灰红色，具淡黄色环带，体侧具鲜黄斑，体上具 3 对肉棘。

异型紫斑蝶分布于我国福建、江西、重庆、云南、西藏、香港、台湾。栖息于林缘、溪流边、公园绿地。

异型紫斑蝶 1 年发生多代，以成虫越冬，冬季，大量的成虫会迁移到热带地区群集越冬，并在湿地上吸水。成虫飞行缓慢。晴天常在花朵上吸蜜。幼虫取食桑科的多种榕树。这种蝴蝶已可规模繁殖。

异型紫斑蝶具有大而飘逸的翅膀，飞翔起来更是婀娜多姿、仪态万方，因而成为许多人喜欢的活体观赏昆虫。目前，它已用于各地筹建蝴蝶园的放养的蝶种；在观赏昆虫的饲养基地、蝴蝶养殖园等处有可能发生盗窃、抢劫等犯罪活动。自古以来，蝴蝶就是美好爱情的象征，很多婚庆典礼都会选择放飞蝴蝶来祝福新郎新娘爱情永恒，这些行为都有可能造成外来物种的入侵，破坏当地的生态系统平衡及生物多样性，对环境、经济和人类生活造成严重的不良后果。

大帛斑蝶

大帛斑隶属于鳞翅目、斑蝶科。成虫翅展 95～115 mm。翅白色，翅脉黑色，翅外缘、亚外缘及中域有相连或独立的黑斑。雌雄相似，但雌蝶翅稍宽圆，翅的外缘颜色稍带点黄。老熟幼虫具黑白相间的环纹，各体节侧面有鲜红色圆斑，体背有 3 对黑色肉棘。成虫 3～11 月均有发生，飞行缓慢，常在海边植物的花上吸蜜。幼虫取食爬森藤。

大帛斑蝶分布于我国台湾和东南亚地区。栖息于林缘、溪流边。这种蝴蝶已可规模繁殖。

大帛斑蝶

大帛斑蝶具有大而飘逸的翅膀，飞翔起来更是婀娜多姿、仪态万方，因而成为许多人喜欢的活体观赏昆虫。目前，它已用于各地筹建蝴蝶园的放养的蝶种；在观赏昆虫的饲养基地、蝴蝶养殖园等处有可能发生盗窃、抢劫等犯罪活动。自古以来，蝴蝶就是美好爱情的象征，很多婚庆典礼都会选择放飞蝴蝶来祝福新郎新娘爱情永恒。这些行为都有可能造成外来物种的入侵，破坏当地的生态系统平衡及生物多样性，对环境、经济和人类生活造成严重的不良后果。

大绢斑蝶

大绢斑蝶隶属于鳞翅目、斑蝶科。成虫翅展 85~98 mm。前翅黑色，脉深褐色，各翅室内有灰白色半透明的斑纹，外缘及亚外缘有 2 列小白斑。后翅棕红色，基半部为白色蜡质半透明的条状斑，雄蝶在后翅反面的臀角处有 1 个灰褐色斑，雌蝶无此类斑。老熟幼虫黑色，体节上密布白色颗粒，各体节具 2 对黄色大斑，位于体背和体侧，中胸与第 8 腹节各有 1 对灰褐色肉棘。

大绢斑蝶分布于我国上海、浙江、福建、江西、湖北、广东、广西、海南、重庆、四川、贵州、云南、西藏、香港、台湾。栖息于林缘、溪流边、公园绿地。

大绢斑蝶 1 年发生多代，以成虫越冬，冬季，可见大量的成虫迁移到南方暖和的地方群集越冬。成虫飞行缓慢，常随气流飞舞，在林缘及公园绿地的花上吸食花蜜，雄蝶也会在湿地上吸水。幼虫取食萝藦科的牛皮消、欧蔓等植物。

由于大绢斑蝶在其分布地区的这些植物上常见，所以，在这些地区的犯罪现场有可能出现它的踪迹，或者可以利用它的存在来反推犯罪第一现场。

森下交脉环蝶

森下交脉环蝶隶属于鳞翅目、环蝶科。成虫翅正面黑褐色。前翅顶角较尖，顶端色较淡；从前缘中部到臀角有 1 条蓝色的宽斜带。后翅顶角、臀角及内缘区色淡，无斑纹。翅反面黄褐色，前后翅各有 6 条暗褐色横线，其中前翅第 4、第 5 条线之间为灰白色带，后翅顶角和臀角附近各有 1 个不太明显的眼斑。成虫 6 月出现，活动在热带半落叶季雨林中。

森下交脉环蝶主要分布在我国海南，极珍稀。它是国家林业局令第 7 号《国家保护的有益的或者有重要经济、科学研究价值的陆生野生动物名录》中列入的蝴蝶种类。野外数量十分稀少。由于其姿态优美、色泽艳丽，因而成为收藏家及爱好者争相收藏的目标，甚至有人不惜重金收购，这也刺激了谋利者的狂捕滥采和非法买卖犯罪活动的发生，导致该蝶种的数量不断减少以至于走向濒危的边缘。也有很多人会为了利益在未取得国家重点保护野生动物及其制品经营许可证的情况下，进行相关经营活动，这样做就触犯了刑律。

串珠环蝶

串珠环蝶隶属于鳞翅目、环蝶科。成虫翅展 62~70 mm。眼睛又蓝又大，与黄色的头部对比鲜明。前翅褐色，翅的前缘至外缘呈黄褐色弧形大斑，后翅正面深褐色。翅的反面色更深，两翅中域有 1 列白色圆点，在林荫下犹如一颗颗明珠，翅的外侧及内侧分别有 1 条和 2 条深色横带。雄蝶后翅基部有 1 个长毛丛。幼虫紫黑色，头顶具 1 对角状突起，黑色，每体节背面具淡绿色或浅黄褐色斑，黑纹相间，体上密生白色长毛。

串珠环蝶分布于我国安徽、广东、海南、四川、云南、香港、澳门、台湾及东南亚和南亚地区。

栖息于森林、林缘。成虫多贴地而飞，喜在阴暗潮湿的地方出没。雄蝶有领域性，驱赶入侵的其他雄蝶，飞行能力不佳，爱吃腐烂的植物或动物尿液，不爱访花。3~4 月可见幼虫，取食菝葜科的多种菝葜、棕榈科的刺葵和山棕、百合科的麦冬等，亦可用散尾葵饲养串珠环蝶幼虫。

由于串珠环蝶姿态优美、色泽艳丽，因而成为收藏家及爱好者争相收藏的目标，甚至有人不惜重金收购，这也刺激了谋利者的狂捕滥采和非法买卖犯罪活动的发生，导致该蝶种的数量不断减少以至于走向濒危的边缘。也有很多人会为了利益在未取得国家重点保护野生动物及其制品经营许可证的情况下，进行相关经营活动，这样做就触犯了刑律。

白兜箭环蝶

白兜箭环蝶为大型环蝶。隶属于鳞翅目、环蝶科。前、后翅正面基半部棕黄色，端半部灰白色，顶角和外缘线棕褐色，箭状斑暗褐色，由前向后逐渐增大；翅反面基半部、中横带和亚缘带青褐色，其余部分灰白色，前、后翅仅有 4 个眼斑显著，其余不明显或无，前翅中室端纹“S”形，后翅中室有一小斑，基横线、中横线和外缘线波曲度大。分布于广西。为我国珍稀种。

白兜箭环蝶是国家林业局令第 7 号《国家保护的有益的或者有重要经济、科学研究价值的陆生野生动物名录》中列入的蝴蝶种类。野外数量十分稀少，但也有非法捕采和非法买卖的现象发生。由于其姿态优美、色泽艳丽，因而成为收藏家及爱好者争相收藏的目标，甚至有人不惜重金收购，这也刺激了谋利者的狂捕滥采和非法买卖犯罪活动的发生，导致该蝶种的数量不断减少以至于走向濒危的边缘。也有很多人会为了利益在未取得国家重点保护野生动物及其制品经营许可证的情况下，进行相关经营活动，这样做就触犯了刑律。

箭环蝶

箭环蝶隶属于鳞翅目、环蝶科。成虫翅展：雌蝶 129 mm 左右，雄蝶 90 mm 左右。雄蝶翅浓橙色，前翅顶角黑褐色，骤看似 5 个金鱼纹；后翅缘线不明显，鱼纹大而显著。翅的反面略带红色，前后翅中央及近基部有 2 条横的波状纹，缘室中央各有 5 个红褐色眼状纹，周围有黑色边，中心有白点，外缘有 3 条暗色波状纹；雌蝶翅下面色较暗，反面斑纹色调明显。卵初产时为淡黄色，后变为绿色，圆形，一端平截或为馒头形。幼虫孵化时从紫色环中顶盖而出。幼虫肉色，或淡绿白色，或红肉色；头部略显淡红色，或色略深；体布满白色长毛，有些幼虫头部的 5 根长毛基部黑色。老熟幼虫略呈圆筒形，绿色；头部橘黄色；体披白毛，气门黑色，略呈椭圆形；尾角 1 对，三角形，淡黄色。蛹淡绿色，头部有 2 个角突。

箭环蝶在浙江省余姚市 1 年发生 1 代。以幼虫在杂草、灌木及枯枝落叶上越冬。3 月上中旬开始活动，一直到 6 月上旬。5 月中旬开始化蛹，5 月下旬为化蛹盛期，6 月上旬结束。6 月上旬成虫开始羽化，8 月上旬羽化结束。卵期为 6 月中旬到 8 月上旬。幼虫期为 6 月下旬到 11 月下旬。翌年 6 月下旬到 8 月上旬成虫羽化产卵。卵产于竹叶背面或背面叶尖处，块状。初孵幼虫取食卵壳，然后取食竹叶，幼虫有群集性，以同一方向整齐排列，有吐丝下垂的习性。蛹大部分用臀棘固定（悬挂）在竹小枝或竹叶的竹柄上，少量在竹竿上。雄蝶在地面的垃圾上补充营养，如动物粪便、酒糟等处，十几头甚至几十头聚集在一起吸食营养。成虫交尾时雌雄蝶头部相向，尾部相交，在竹叶上一般雌蝶在上部，雄蝶在下面。每头雌蝶产卵 12~77 粒。成虫寿命 4~6 d。

箭环蝶主要分布于南方地区，其寄主植物为竹亚科部分植物，是国家林业局令第 7 号《国家保护的有益的或者有重要经济、科学研究价值的陆生野生动物名录》中列入的种类，具有较高的生态、经济、科研、营养及美学等多方面的价值，因而成为收藏家及爱好者争相收藏的目标，甚至有人不惜重金收购，这也刺激了谋利者的狂捕滥采和非法买卖犯罪活动的发生，导致该蝶种的数量不断减少以至于走向濒危的边缘。也有很多人会为了利益在未取得国家重点保护野生动物及其制品经营许可证的情况下，进行相关经营活动，这样做就触犯了刑律。

白袖箭环蝶

白袖箭环蝶隶属于鳞翅目、环蝶科。成虫翅展 100~110 mm。前翅基半部黄褐色，端半部白色，顶角黑色，外缘有 5 个箭形纹（鱼形纹）。后翅黄褐色，外缘的箭形纹较大；翅的反面中域有一纵列红褐色眼斑，内侧有 2 条暗褐色横纹；前翅的 2 条纹之间有“S”形黑褐色纹。雌蝶斑纹较雄蝶更大，颜色更深。

白袖箭环蝶 1 年发生 1 代，成虫 6~7 月可见，多发生在丘陵地带的竹荫。成虫在树荫、竹丛中穿梭飞行，常在黎明或傍晚于幽深竹林小道上飘闪着亮黄的身影。大发生时常常几十上百只聚集于人畜粪便、腐叶烂果上，也可见成群聚集在溪流边的石块上。幼虫取食多种竹类植物。蛹悬挂在竹叶背面。

白袖箭环蝶分布于我国福建、云南，栖息于竹林、林缘，是国家林业局令第 7 号《国家保护的有益的或者有重要经济、科学研究价值的陆生野生动物名录》中列入的种类，野外数量十分稀少。由于其姿态优美、色泽艳丽，因而成为收藏家及爱好者争相收藏的目标，甚至有人不惜重金收购，这也刺激了谋利者的狂捕滥采和非法买卖犯罪活动的发生，导致该蝶种的数量不断减少以至于走向濒危的边缘。也有很多人会为了利益在未取得国家重点保护野生动物及其制品经营许可证的情况下，进行相关经营活动，这样做就触犯了刑律。

爱珍眼蝶

爱珍眼蝶隶属于鳞翅目、眼蝶科。成虫翅展 16~40 mm。翅暗褐色，雄蝶翅正面无眼斑，雌蝶后翅可见透视反面的眼斑。翅反面眼斑：前翅眼斑多少有变化，雌蝶 3~4 个，雄蝶 1~2 个或消失；后翅有眼斑 5~6 个，后 4 个眼斑在一直线上，与前 2 个呈一定角度，外缘内侧具 1 条铅色细线，雌蝶眼纹内侧常有 1 条青白色横带纹。末龄幼虫淡绿色，背线绿色，体侧具白色纵线，腹末具 1 对尖形的尾突。

爱珍眼蝶分布于我国北京、河北、山西、内蒙古、辽宁、吉林、黑龙江、陕西、甘肃、江西、河南。栖息于草地、农田。

爱珍眼蝶 1 年发生 1 代，以 3 龄幼虫越冬（体色为褐色）。6~8 月可见成虫，常在草丛中活动，飞行较慢。幼虫取食禾本科的黑麦草属、早熟禾属植物和芦苇、莎草科的苔草属植物及鸢尾科的黄菖蒲等植物。

由于爱珍眼蝶在其分布地区的这些植物上常见，所以，在这些地区的犯罪现场有可能出现它的踪迹，或者可以利用它的存在来反推犯罪第一现场。

稻眉眼蝶

稻眉眼蝶

稻眉眼蝶隶属于鳞翅目、眼蝶科。翅面暗褐色至黑褐色，前翅正反面第 3、6 室各具 1 个大的和 1 个小的黑色蛇眼状圆斑，前小后大；后翅后缘具 1 个眼斑或不明显。前翅前端具 3 个眼斑，或大小相近，或中斑大，后方尚有 1 个眼斑；后翅具 2 组眼斑，前组 3 个，成直线，后组 4 个（有时第 1 个消失），几乎也在一直线上，有时前翅后缘斑及后翅第 5 斑较大；近基部前翅具 2 条、后翅具 1 条褐色横纹。老熟幼虫草绿色，头部具角状突起 1 对，腹末具尾角 1 对。

稻眉眼蝶在浙江、福建 1 年发生 4~5 代，在华南地区 1 年发生 5~6 代，世代重叠，以蛹或老熟幼虫在稻田、河边、沟边及山间杂草上越冬。雌蝶把卵散产在叶背或叶面，每头雌蝶可产卵 96~166

粒。幼虫取食水稻、芒及五节芒及多种竹子。

稻眉眼蝶分布于我国陕西、甘肃、上海、江苏、浙江、安徽、福建、江西、河南、湖南、广东、广西、海南、重庆、四川、贵州、云南、西藏、台湾。栖息于林缘、路边。

由于稻眉眼蝶在其分布地区的这些植物上常见，所以，在这些地区的犯罪现场有可能出现它的踪迹，或者可以利用它的存在来反推犯罪第一现场。

蒙链荫眼蝶

蒙链荫眼蝶隶属于鳞翅目、眼蝶科。成虫翅展60~70 mm。翅面灰褐色，前翅亚外缘具1列黑斑，斑纹数减少或无斑纹，后翅亚外缘具1列斑点；雌蝶明显，雄蝶常常不明显。反面翅近中线外具1条棕色和白色并行的横带，前翅亚外缘线具4个眼斑，其中第2个较小，中室内具4个链状的圆斑，此斑内外各有1条黑褐色横纹；后翅具7个眼斑。老熟幼虫体长约47 mm，体黄褐色，背线黑色。

蒙链荫眼蝶在浙江1年发生2代，以蛹越冬，成虫4月中旬至6月中旬和7月下旬至9月初可见。成虫飞行缓慢，离地面不高处飞行，喜欢吸食树液、腐果和动物排泄物，雄蝶常在湿地上吸水。雌蝶将卵成堆产于寄主叶里，幼龄幼虫成群活动，后逐渐分散取食。幼虫取食毛竹等多种竹叶。老熟幼虫在枯叶上化蛹。

蒙链荫眼蝶分布于我国陕西、甘肃、上海、浙江、安徽、福建、江西、河南、湖北、湖南、广东、广西、海南、重庆、四川、贵州、云南、香港、台湾。栖息于林缘、公园绿地。

由于蒙链荫眼蝶在其分布地区的这些植物上常见，所以，在这些地区的犯罪现场有可能出现它的踪迹，或者可以利用它的存在来反推犯罪第一现场。

豹眼蝶

豹眼蝶隶属于鳞翅目、眼蝶科。成虫翅正面暗黄色，前翅中室内有4个黑斑；外线由1列圆形黑斑组成，其中近后缘的1个斑最大；亚端及外缘各有1列三角形黑斑。后翅斑纹与前翅相似，但中室内只有1个黑斑。广西亚种的雌蝶后翅基部的底色全为白色。成虫5~6月可见，活动在热带山地雨林和山顶苔藓矮林内。

豹眼蝶主要分布于我国海南、广东、广西。豹眼蝶是国家林业局令第7号《国家保护的有益的或者有重要经济、科学研究价值的陆生野生动物名录》中列入的蝴蝶种类。野外数量十分稀少，但也有非法捕采和非法买卖的现象发生。由于其姿态优美、色泽艳丽，因而成为收藏家及爱好者争相收藏的目标，甚至有人不惜重金收购，这也刺激了谋利者的狂捕滥采和非法买卖犯罪活动的发生，导致该蝶种的数量不断减少以至于走向濒危的边缘。也有很多人会为了利益在未取得国家重点保护野生动物及其制品经营许可证的情况下，进行相关经营活动，这样做就触犯了刑律。

柳紫闪蛱蝶

柳紫闪蛱隶属于鳞翅目、蛱蝶科。成虫翅展55~72 mm。翅黑褐色，雄蝶翅正面具宝石蓝闪光。沿外缘有褐色细带。前翅中室内有4个小黑斑，成双排列；顶角斑3个；在5~7室，第5室斑极小，中室端外4~6室的3个斑斜列，中室下3个斑曲列；第2室有1个黑色圆斑，其上方第3室有1个白色斑，其下方lb室有1个黑色斑，但边缘模糊。后翅中室横带内缘中央微凸起，亚缘有5~6个黑色斑，第2室斑具黄色环。翅反面色淡。前翅反面斑纹同正面；后翅亚缘无黑色斑，第2室有1个小眼斑。本种有棕色型和黑化型。棕色型翅黄褐色，斑纹白色带黄；黑化型翅黑褐色，斑纹白色。老熟幼虫体长30~35 mm，绿色，头顶端有2个基部相连的角状突起，长约5 mm，角的端部二分叉。

柳紫闪蛱蝶在江西1年发生4代，在北方地区，11月初以2龄幼虫越冬。幼虫体色由绿色为主变为以褐色为主。幼虫蜕皮前要在柳叶上吐一层丝垫。在北京，成虫多在6~8月出现，成虫喜欢取食树木流出的汁液、动物的排泄物。雌蝶在杨、柳等植物上产卵。

柳紫闪蛱蝶分布于我国北京、河北、辽宁、吉林、黑龙江、陕西、甘肃、青海、新疆、上海、江苏、浙江、福建、江西、山东、河南、广西、重庆、四川、贵州、云南。栖息于林缘、公园绿地。

由于柳紫闪蛱蝶姿态优美、色泽艳丽，因而成为收藏家及爱好者争相收藏的目标，甚至有人不惜重金收购，这也刺激了谋利者的狂捕滥采和非法买卖犯罪活动的发生，导致该蝶种的数量不断减少以至于走向濒危的边缘。也有很多人会为了利益在未取得国家重点保护野生动物及其制品经营许可证的情况下，进行相关经营活动，这样做就触犯了刑律。

双色带蛱蝶

双色带蛱蝶隶属于鳞翅目、蛱蝶科。成虫翅展 42~56 mm。雌雄异型，雄蝶翅黑色，前翅中室的箭形纹不明显，顶角处具 1 个赭黄色斑，中横带白色，中间断裂，具浅的蓝色光泽；后翅中横线白色(展翅时体腹连线处亦为白色)，外缘具 2 条暗褐色横带。雌蝶颜色较浅，斑纹为黄褐色，前翅中室内的箭形纹明显，箭头处不断裂，后翅具 2 条明显的黄褐色横纹。老熟幼虫体绿色，散布基部为白色的褐色长枝刺，背侧具 1 个凹形的紫黑色斑。成虫多发生在春末至夏季，动作敏捷，休息时常在植物上平展着四翅，喜欢吸食花蜜和湿地水分。幼虫取食大戟科的渐尖算盘子等多种大戟属植物。

双色带蛱蝶分布于我国浙江、福建、江西、广东、广西、海南、重庆、四川、云南、香港、台湾。栖息于林缘、溪流边、山地小路。

由于双色带蛱蝶在其分布地区的这些植物上常见，所以，在这些地区的犯罪现场有可能出现它的踪迹，或者可以利用它的存在来反推犯罪第一现场。

蜘蛱蝶

蜘蛱蝶隶属于鳞翅目、蛱蝶科。为目前世界已知季节变异最显著的种类之一，春型与夏型的区别较明显。春型翅展 39~46 mm，5 月出现，前翅橙黄色，黑色斑不发达；后翅白色中带稍直，反面有紫色光泽，基半部有不规则细白线与翅脉交错成蜘网线。夏型翅展 43~49 mm，7~8 月出现，黑色斑发达，前、后翅均有白色中带，翅反面无紫色光泽。

蜘蛱蝶分布于我国河南、陕西、湖北、浙江、福建、四川。成虫于 5 月、7~8 月出现。寄主为荨麻。垂直分布高度为海拔 1 000 m 左右。

由于蜘蛱蝶姿态优美、色泽艳丽，因而成为收藏家及爱好者争相收藏的目标，甚至有人不惜重金收购，这也刺激了谋利者的狂捕滥采和非法买卖犯罪活动的发生，导致该蝶种的数量不断减少以至于走向濒危的边缘。也有很多人会为了利益在未取得国家重点保护野生动物及其制品经营许可证的情况下，进行相关经营活动，这样做就触犯了刑律。

斐豹蛱蝶

斐豹蛱蝶

斐豹蛱蝶隶属于鳞翅目、蛱蝶科。成虫翅展 68~78 mm。雌雄异型。翅橙黄色，后翅外缘黑色，故又名黑端豹纹蝶。雌蝶前翅端半部紫黑色，中部有 1 条白色斜带，第 2 室近基部有 1 个黑色小斑，为各近似种所没有。翅反面斑纹和颜色与正面有很大差异：前翅顶角暗绿色有白色小斑；后翅斑纹暗绿色，亚外缘内侧有 5 个银白色小点，围有绿色环，中区斑列的内侧或外侧具黑色线，此斑列内侧的 1 列斑多近方形，基部有 3 个围有黑色边的圆斑。

斐豹蛱蝶 1 年发生多代，以幼虫越冬。成虫主要发生期是春末至秋季。成虫动作敏捷，常在花丛中吸蜜，偶尔可见雄蝶吸水。雌蝶产卵于寄主的叶、叶柄或寄主附近的植物上，卵单产。幼虫取食堇菜科的多种堇菜。

斐豹蛱蝶在我国广泛分布。栖息于林缘、公园绿地。

由于斐豹蛱蝶姿态优美、色泽艳丽，因而成为收藏家及爱好者争相收藏的目标，甚至有人不惜重金收购，这也刺激了谋利者的狂捕滥采和非法买卖犯罪活动的发生，导致该蝶种的数量不断减少以至于走向濒危的边缘。也有很多人会为了利益在未取得国家重点保护野生动物及其制品经营许可证的情况下，进行相关经营活动，这样做就触犯了刑律。

绿豹蛱蝶

绿豹蛱蝶隶属于鳞翅目、蛱蝶科。成虫翅展 61~69 mm。雌雄异型。雄蝶翅橙黄色，翅外侧有 2 列黑斑，前翅具 4 条加粗的脉纹。雌蝶色深，暗灰色或灰橙色，前翅顶角处的黑斑较发达。老熟幼虫头黑色，体暗灰褐色，散生细长的刺，体背有 1 对白褐色纵带。

绿豹蛱蝶 1 年发生 1 代，以卵越冬。成虫主要发生在春末至夏季，飞行快捷，喜访花吸蜜，雄蝶常在湿地上吸水。雌蝶将卵产在其他植物上，孵化的幼虫自己寻找寄主，它们取食堇菜科的多种堇菜。

绿豹蛱蝶分布于我国北京、河北、山西、辽宁、吉林、黑龙江、陕西、甘肃、宁夏、新疆、上海、浙江、福建、江西、湖北、广东、广西、重庆、四川、贵州、云南、台湾。栖息于林缘、溪流边。

由于绿豹蛱蝶姿态优美、色泽艳丽，因而成为收藏家及爱好者争相收藏的目标，甚至有人不惜重金收购，这也刺激了谋利者的狂捕滥采和非法买卖犯罪活动发生，导致该蝶种的数量不断减少以至于走向濒危的边缘。也有很多人会为了利益在未取得国家重点保护野生动物及其制品经营许可证的情况下，进行相关经营活动，这样做就触犯了刑律。

波蛱蝶

波蛱蝶隶属于鳞翅目、蛱蝶科。成虫翅展 45~50 mm。翅正面红褐色，具 5 条波形横纹，前翅前缘近顶角处有 1 个小白点，后翅外缘呈钝的锯齿状。翅的反面斑纹与正面相同，但颜色很暗，看上去与枯叶一般。幼虫身体上有枝刺，头部的 1 对特别显眼，具 1 条粗宽黄白色的背中线。成虫主要发生在春末至夏季，海南、广西中南部冬季可见。成虫飞行缓慢，但警惕性极高，喜在空旷地的花上吸蜜。幼虫取食大戟科的蓖麻，不取食时常待在叶子的主脉上。波蛱蝶分布于我国广西、海南、云南、香港、台湾。栖息于荒地、农田。这种蝴蝶已可规模繁殖。

波蛱蝶具有大而飘逸的翅膀，飞翔起来更是婀娜多姿、仪态万方，因而成为许多人喜欢的活体观赏昆虫。目前，它已用于各地筹建蝴蝶园的放养的蝶种；在观赏昆虫的饲养基地、蝴蝶养殖园等处有可能发生盗窃、抢劫等犯罪活动。自古以来，蝴蝶就是美好爱情的象征，很多婚庆典礼都会选择放飞蝴蝶来祝福新郎新娘爱情永恒，这些行为都有可能造成外来物种的入侵，破坏当地的生态系统平衡及生物多样性，对环境、经济和人类生活造成严重的不良后果。

红锯蛱蝶

红锯蛱蝶隶属于鳞翅目、蛱蝶科。成虫翅展 63~76 mm。翅面橘红色，但翅的外缘黑色，前翅顶角黑色，亚外缘内侧有“V”形白斑。前后翅外缘锯齿形。有时会出现黑色型，即橘红色变为灰褐色。由于两翅的反面有 20 个引吭高歌的“人像”，而称之为“歌星蝶’。老熟幼虫体长 36~38 mm，头部有 1 对长角状突起，体黑褐色，具黄色（或红色）、黑色环纹，以白色环纹相隔，每个体节具黑褐色刺突。

红锯蛱蝶 1 年发生多代，在西双版纳 1 年可发生 7 代，以幼虫越冬。成虫喜访花，特别是马缨丹；吸食腐烂的水果，飞行较慢。雌蝶把卵产在寄主植物的叶面，成堆，一堆可达几十粒，低龄幼虫

红锯蛱蝶

具群集性，取食西番莲科植物，如蛇王藤、龙珠果、三开瓢等。

红锯蛱蝶分布于我国福建、江西、广东、广西、海南、重庆、四川、贵州、云南、香港。栖息于林缘、灌丛。这种蝴蝶已可规模繁殖。

红锯蛱蝶具有大而飘逸的翅膀，飞翔起来更是婀娜多姿、仪态万方，因而成为许多人喜欢的活体观赏昆虫。目前，它已用于各地筹建蝴蝶园的放养的蝶种；在观赏昆虫的饲养基地、蝴蝶养殖园等处有可能发生盗窃、抢劫等犯罪活动。自古以来，蝴蝶就是美好爱情的象征，很多婚庆典礼都会选择放飞蝴蝶来祝福新郎新娘爱情永恒，这些行为都有可能造成外来物种的入侵，破坏当地的生态系统平衡及生物多样性，对环境、经济和人类生活造成严重的不良后果。

白带锯蛱蝶

白带锯蛱蝶隶属于鳞翅目、蛱蝶科。成虫翅展 70~80 mm。雌雄异型。雄蝶翅面橘红色，但翅的外缘黑色，前翅顶角黑色，内有 1 条斜的白带。前、后翅外缘锯齿形。雌蝶后翅白色，前部及外部黑色。被称为锯蛱蝶，是因为其后翅外缘呈锯齿形。白带锯蛱蝶色彩鲜艳，体上图案美丽，如女孩子的小花裙，又称“花裙蝶”。幼虫与红锯蛱蝶幼虫相近，但体色紫黑色，以黄色、深红色环纹相间。在海南，12 月也可见到。成虫常在路边、农田周围的小灌木花上吸蜜，有时会成群在一起飞舞。幼虫取食西番莲科植物。

白带锯蛱蝶

白带锯蛱蝶分布于我国广东、广西、海南、四川、云南、香港。栖息于林缘、灌丛。这种蝴蝶已可规模化繁殖。

白带锯蛱蝶具有大而飘逸的翅膀，飞翔起来更是婀娜多姿、仪态万方，因而成为许多人喜欢的活体观赏昆虫。目前，它已用于各地筹建蝴蝶园的放养的蝶种；在观赏昆虫的饲养基地、蝴蝶养殖园等处有可能发生盗窃、抢劫等犯罪活动。自古以来，蝴蝶就是美好爱情的象征，很多婚庆典礼都会选择放飞蝴蝶来祝福新郎新娘爱情永恒，这些行为都有可能造成外来物种的入侵，破坏当地的生态系统平衡及生物多样性，对环境、经济和人类生活造成严重的不良后果。

白带螯蛱蝶

白带螯蛱蝶隶属于鳞翅目、蛱蝶科。成虫翅展 65~80 mm。翅正面红棕色或黄褐色，前翅具很宽的黑色外缘带，白色的中带外侧雌蝶具 1 列白斑，雄蝶无此列白斑，后翅具黑色的亚外缘带。翅反面中域具几条黑褐色细线。老熟幼虫体长 50 mm，绿色，密布草黄色颗粒，头部上方有 4 个犄角，长度相似，淡黄色或内侧朱红色，角上有小突起或齿，腹部背面中央具一个黑或紫边的淡黄色或白色斑。

白带螯蛱蝶 1 年发生多代（在上海 1 年发生 3 代），以老熟幼虫在叶片正面越冬。成虫飞行极为快速，喜欢吸食树液、湿地水分，雄蝶具领域性，常长时间守候在树梢上等待雌蝶的出现。当有其他入侵者出现时，它会前往驱赶，甚至用身体撞向对方。卵单产在叶面，幼虫取食樟树叶。

白带螯蛱蝶分布于我国上海、浙江、福建、江西、湖南、广东、广西、海南、重庆、四川、贵州、香港、澳门。栖息于公园绿地、林缘。

由于白带螯蛱蝶姿态优美、色泽艳丽，因而成为收藏家及爱好者争相收藏的目标，甚至有人不惜重金收购，这也刺激了谋利者的狂捕滥采和非法买卖犯罪活动的发生，导致该蝶种的数量不断减少以至于走向濒危的边缘。也有很多人会为了利益在未取得国家重点保护野生动物及其制品经营许可证的情况下，进行相关经营活动，这样做就触犯了刑律。

武铠蛱蝶

武铠蛱蝶隶属于鳞翅目、蛱蝶科。成虫翅展60～80 mm。雌雄异型。雄蝶翅赭黄色，斑纹黑褐色，前翅斑纹发达，顶角及外缘连成近三角形黑色区，内有2个白色小斑，中央黑带由前缘中央斜行至后缘后角附近。成虫老化后，中央黑色带中断，第2室黑色圆斑醒目；后翅外缘宽，黑色，内侧有1列不规则黑色小斑。前翅外缘极度凹陷；后翅外缘直，后角尖窄。雌蝶翅黑褐色，斑纹白色，前翅近顶角处有1个小斑，中域自前缘至后角有1条中断的斜带，中室下方至后缘有1条弧形短带；后翅中央有1条宽带，自前缘斜向臀角，亚缘有3～4个不明显的白色斑。翅反面：雄蝶淡赭黄色，前翅黑色斑纹退化，后翅中央有1条黄褐色横带，上端弯向外；雌蝶银灰色，前翅白带内侧大面积黑色，后翅中央横带内侧镶有橙色带，末端外侧有1条小眼状纹。

武铠蛱蝶成虫于6月和8月出现。分布于我国河南、辽宁、江西、浙江、四川、云南、西藏。

由于武铠蛱蝶姿态优美、色泽艳丽，因而成为收藏家及爱好者争相收藏的目标，甚至有人不惜重金收购，这也刺激了谋利者的狂捕滥采和非法买卖犯罪活动的发生，导致该蝶种的数量不断减少以至于走向濒危的边缘。也有很多人会为了利益在未取得国家重点保护野生动物及其制品经营许可证的情况下，进行相关经营活动，这样做就触犯了刑律。

网丝蛱蝶

网丝蛱蝶

网丝蛱蝶隶属于鳞翅目、蛱蝶科。成虫翅展45～50 mm。翅两面均为白色，具黑色纵纹和黄褐色区域。翅面上的斑纹像砌的石墙一般，纵横交错，“石块”大小不一。雌雄两性外观差别不大。老熟幼虫灰绿色，头部黑色，具1对细长尖突，体表近中部（腹部第2、3节之间）及尾部各有1个长条状紫红色肉质突起。除冬季外均可见到成虫，飞行缓慢，喜爱访花、取食发酵腐果及动物粪便，雄蝶常群集在溪流边吸水。幼虫取食多种榕树及无花果等桑科植物。

网丝蛱蝶分布于我国浙江、江西、广东、广西、海南、重庆、四川、贵州、云南、西藏、香港、台湾等地。栖息于林缘、溪边、公园绿地。这种蝴蝶已可规模化繁殖。

网丝蛱蝶具有大而飘逸的翅膀，飞翔起来更是婀娜多姿、仪态万方，因而成为许多人喜欢的活体观赏昆虫。目前，它已用于各地筹建蝴蝶园的放养的蝶种；在观赏昆虫的饲养基地、蝴蝶养殖园等处有可能发生盗窃、抢劫等犯罪活动。自古以来，蝴蝶就是美好爱情的象征，很多婚庆典礼都会选择放飞蝴蝶来祝福新郎新娘爱情永恒，这些行为都有可能造成外来物种的入侵，破坏当地的生态系统平衡及生物多样性，对环境、经济和人类生活造成严重的不良后果。

嘉翠蛱蝶

嘉翠蛱蝶隶属于鳞翅目、蛱蝶科。成虫翅展68～93 mm。翅宽大，后缘、外缘波浪形，中部稍突出。翅正面绿褐色，翅中部具1列白色斑，前翅排列成明显的弧形，后翅稍呈弧形，前翅顶角具2个白斑。翅反面色浅，斑纹与正面相近。雌蝶的颜色稍浅。老熟幼虫体长30 mm，绿色，每个体侧具10对长的羽状枝刺。

嘉翠蛱蝶在甘肃1年发生1代，以大龄或老熟幼虫在棕榈棕毛中越冬。翌年5月中下旬开始取食嫩棕叶。7~8月可见成虫，飞翔迅速，行动活泼，但飞翔一段时间后即落在树叶上，将翅展平。卵散产，但有时一片棕叶上可有30粒卵。

嘉翠蛱蝶分布于我国陕西、甘肃、浙江、福建、江西、重庆、四川、云南。栖息于林缘、公园绿地。

由于嘉翠蛱蝶姿态优美、色泽艳丽，因而成为收藏家及爱好者争相收藏的目标，甚至有人不惜重金收购，这也刺激了谋利者的狂捕滥采和非法买卖犯罪活动的发生，导致该蝶种的数量不断减少以至于走向濒危的边缘。也有很多人会为了利益在未取得国家重点保护野生动物及其制品经营许可证的情况下，进行相关经营活动，这样做就触犯了刑律。

幻紫斑蛱蝶

幻紫斑蛱蝶隶属于鳞翅目、蛱蝶科。成虫翅展63~78 mm。雌雄两性翅面均有紫色闪光，雄蝶前翅顶角具1个白斑，明显被翅脉分成两半，中室外有1个眉形斜斑，后翅中部具1个蓝紫色圆斑。雌蝶后翅无蓝紫色大圆斑，外缘具1列齿形白斑和1列小圆斑，但常多变化。老熟幼虫黑褐色，外表密生暗橙色或黑色长枝刺，头橙褐色，具长枝刺。成虫主要发生在夏季。热带地区冬季也可见。成虫动作敏捷，飞行快速，喜欢吸食花蜜、腐果和湿地水分。雌蝶将卵产在寄主植物叶里或附近植物上，幼虫取食旋花科的蕹菜和甘薯、马齿苋科的马齿苋、爵床科的山壳骨等植物。本种拟态幻紫斑蝶。

幻紫斑蛱蝶分布于我国浙江、福建、江西、广东、广西、海南、云南、香港、台湾。栖息于林缘、农田、公园绿地。这种蝴蝶已可规模化繁殖。

幻紫斑蛱蝶具有大而飘逸的翅膀，飞翔起来更是婀娜多姿、仪态万方，因而成为许多人喜欢的活体观赏昆虫。目前，它已用于各地筹建蝴蝶园的放养的蝶种；在观赏昆虫的饲养基地、蝴蝶养殖园等处有可能发生盗窃、抢劫等犯罪活动。自古以来，蝴蝶就是美好爱情的象征，很多婚庆典礼都会选择放飞蝴蝶来祝福新郎新娘爱情永恒，这些行为都有可能造成外来物种的入侵，破坏当地的生态系统平衡及生物多样性，对环境、经济和人类生活造成严重的不良后果。

孔雀蛱蝶

孔雀蛱蝶隶属于鳞翅目、蛱蝶科。成虫翅展53~63 mm。翅呈鲜艳的朱红色，前翅顶角外具1个大的眼斑，近似于孔雀体上的眼斑，中室内具1条黑色横纹，中室外具1个大黑斑；后翅亦具1个相似的眼斑。翅反面暗黑色，没有明显的斑纹。老熟幼虫黑色，略带蓝色，具许多白色小点，各体节着生3对与身体颜色一样的枝刺。

孔雀蛱蝶1年发生1代，以成虫越冬。成虫主要发生在6~9月，喜欢访花吸蜜。翅上的2个眼斑看上去像哺乳动物猫的眼睛一般，可以暂时惊呆捕食者，以便自己有足够的时间逃跑。卵产在寄主或寄主附近植物的嫩茎、叶上，成堆。幼虫取食桑科的荨麻、蛇麻等植物。

孔雀蛱蝶分布于我国山西、辽宁、黑龙江、陕西、甘肃、新疆、云南。栖息于公园绿地、农田、荒地、林缘等。这种蝴蝶已可规模化繁殖。

孔雀蛱蝶具有大而飘逸的翅膀，飞翔起来更是婀娜多姿、仪态万方，因而成为许多人喜欢的活体观赏昆虫。目前，它已用于各地筹建蝴蝶园的放养的蝶种；在观赏昆虫的饲养基地、蝴蝶养殖园等处有可能发生盗窃、抢劫等犯罪活动。自古以来，蝴蝶就是美好爱情的象征，很多婚庆典礼都会选择放飞蝴蝶来祝福新郎新娘爱情永恒，这些行为都有可能造成外来物种的入侵，破坏当地的生态系统平衡及生物多样性，对环境、经济和人类生活造成严重的不良后果。

美眼蛱蝶

美眼蛱蝶隶属于鳞翅目、蛱蝶科。成虫翅展45~54 mm。多型，前翅顶角或很突出，或后翅臀角呈尾突型，或眼斑多少不一。前翅外缘及前缘黑色，中室中域有 1 对黑色细纹，后翅有 1 个红紫色眼斑。幼虫黑褐色，密生黑色锥状棘刺，但基部为暗橙色。多发生于低山地带。成虫飞行敏捷、低飞，喜访花及吸食发酵腐果，常见在湿地上吸水。幼虫取食多种植物，如玄参科的水丁黄、苋科的空心莲子草、爵床科的假杜鹃属等植物。

美眼蛱蝶

美眼蛱蝶分布于我国河北、陕西、上海、江苏、浙江、福建、江西、河南、湖北、湖南、广东、广西、海南、重庆、四川、贵州、云南、西藏、香港、台湾。栖息于公园绿地、农田、林缘。这种蝴蝶已可规模化繁殖。

美眼蛱蝶具有大而飘逸的翅膀，飞翔起来更是婀娜多姿、仪态万方，因而成为许多人喜欢的活体观赏昆虫。目前，它已用于各地筹建蝴蝶园的放养的蝶种；在观赏昆虫的饲养基地、蝴蝶养殖园等处有可能发生盗窃、抢劫等犯罪活动。自古以来，蝴蝶就是美好爱情的象征，很多婚庆典礼都会选择放飞蝴蝶来祝福新郎新娘爱情永恒，这些行为都有可能造成外来物种的入侵，破坏当地的生态系统平衡及生物多样性，对环境、经济和人类生活造成严重的不良后果。

翠蓝眼蛱蝶

翠蓝眼蛱蝶

翠蓝眼蛱蝶隶属于鳞翅目、蛱蝶科。成虫翅展 42~48 mm。雌雄异型。雄蝶前翅基部藏青色，后翅大部翠蓝色，前、后翅亚外缘各有 2 个红紫色眼斑。雌蝶色较浅，前翅中室内有 1 对橙色斑，前、后翅的眼斑常常较大。老熟幼虫体黑色，头部有短刺毛，体表散生黑色锥状棘刺，棘刺基部暗橙色。成虫主要发生在夏季，热带地区如海南冬季也可见。成虫飞行敏捷、低飞，喜访花及吸食发酵腐果，亦见在湿地上吸水。幼虫取食爵床科爵床属的爵床和水蓑衣属的植物等。

翠蓝眼蛱蝶分布于我国陕西、上海、浙江、福建、江西、湖北、湖南、广东、广西、海南、重庆、四川、贵州、云南、西藏、香港、台湾。栖息于林缘、公园绿地、溪流边。这种蝴蝶已可规模化繁殖。

翠蓝眼蛱蝶具有大而飘逸的翅膀，飞翔起来更是婀娜多姿、仪态万方，因而成为许多人喜欢的活体观赏昆虫。目前，它已用于各地筹建蝴蝶园的放养的蝶种；在观赏昆虫的饲养基地、蝴蝶养殖园等处有可能发生盗窃、抢劫等犯罪活动。自古以来，蝴蝶就是美好爱情的象征，很多婚庆典礼都会选择放飞蝴蝶来祝福新郎新娘爱情永恒，这些行为都有可能造成外来物种的入侵，破坏当地的生态系统平衡及生物多样性，对环境、经济和人类生活造成严重的不良后果。

枯叶蛱蝶

枯叶蛱蝶

枯叶蛱蝶隶属于鳞翅目、蛱蝶科。成虫翅褐色或紫褐色，有藏青色光泽。成虫翅展 45~65 mm，停息时双翅收合竖立背部，酷似一片枯叶。前翅多鲜青蓝色鳞，中域有 1 条宽阔的橙黄色斜带，亚顶部和中域各有 1 个白色斑点；后翅灰褐色，基半部多青蓝色鳞。前、后翅亚缘均有1条深色波纹线。翅反面颜色和斑纹变化极大，从棕黄色至灰白色都有，有时还散布一些大小不等的酷似真菌斑的斑纹，翅脉凸出，雄蝶翅较雌蝶略狭窄。停息时从前翅顶角至后翅臀角有1条明显深褐色纹，恰似“枯叶”中脉。卵香瓜形，浅绿色至蓝绿色，表面有均匀分布的12~13条纵向沟脊；卵壳硬而脆，顶部有卵盖。初龄幼虫体表多毛；自2龄起，体表长出多列分枝的棘刺。初孵幼虫浅褐色，渐至棕褐色；2龄幼虫棕褐色，体毛变为棘，9列；3龄幼虫棕褐色，背侧棘基部具黄色的瘤；4龄幼虫头壳黑色，虫体初为深黑色，渐变至眠期深灰色；蛹为悬蛹，圆柱形，灰黑色至浅灰色；胸部背面凸起呈斧刃状，两侧向外突出2对小刺或刃；腹部背面土黄色，多尖锥状突起，长短不一。

在四川峨眉山，枯叶蛱蝶1年可发生3代，以第1、第2代为主，以滞育成虫越冬。枯叶蛱蝶的第1代历期为45~54 d，第2、第3代历期较长，越冬个体可达5~7个月。成虫常栖息在离寄主植物不远处的潮湿森林内、溪旁林缘及山路边植物上。喜爱吸食树液、水果等发酵汁液，或在湿润地面上吸取水分。多停留在树干或有落叶的地面，野外不见访花，飞翔高而敏捷快速。分布于平地至海拔2 000 m左右的山地，以浅山丘陵地带数量最多。幼虫孵出后，先吃掉卵壳，多栖息于植物根部附近光照稀疏的场所，一般在取食时才爬到叶背；最后1龄则栖息于寄主植物茎的下部。觅食活动多在傍晚及清晨进行，野外较难观察。遇到危险或刺激时会喷出刺激性液体或弯曲装死。老龄幼虫化蛹前食量逐渐减少，停食约1 d后，爬到较隐蔽的枯枝、叶背上吐丝倒垂身体，即尾端悬挂在寄主植物上，头端向下进入预蛹期，约1 d后蜕皮化蛹。化蛹于寄主周围的植物叶背、枝条、枯枝及石块等阴凉处；悬垂在较结实的植物枝干、石块下面。

枯叶蛱蝶分布于我国云南、陕西、四川、江西、湖南、浙江、福建、广西、广东、西藏、海南、台湾等地。寄主植物为爵床科马蓝属植物。这种蝴蝶已可规模化繁殖。

枯叶蛱蝶是蝶类中的拟态典型。本种为世界著名的拟态昆虫，是国家林业局令第7号《国家保护的有益的或者有重要经济、科学研究价值的陆生野生动物名录》中列入的蝴蝶种类。野外数量十分稀少，但也有非法捕采和非法买卖的现象发生。由于其以假乱真的拟态现象，因而成为收藏家及爱好者争相收藏的目标，甚至有人不惜重金收购，这也刺激了谋利者的狂捕滥采和非法买卖犯罪活动的发生，导致该蝶种的数量不断减少以至于走向濒危的边缘。也有很多人会为了利益在未取得国家重点保护野生动物及其制品经营许可证的情况下，进行相关经营活动，这样做就触犯了刑律。

翠带枯叶蛱蝶

翠带枯叶蛱蝶隶属于鳞翅目、蛱蝶科。成虫翅展85~110 mm。前翅底色黑色，有藏青色光泽，两翅的亚缘均有1条深色波状的横线。前翅顶角尖，中域有1条宽的天蓝色或蓝紫色的斜带，从前缘中部斜伸到外缘下方；亚顶部和中域各有1个白点。后翅呈尾状。翅反面呈枯叶色，静息时从前翅顶角到后翅臀角处有1条深褐色的横线，加上几条斜线和斑块、斑点，酷似枯叶。

翠带枯叶蛱蝶分布于西藏。属于数量极其稀少、濒于灭绝的蝴蝶种类。是蝶类中的拟态典型。本种为世界著名的拟态昆虫，是国家林业局令第7号《国家保护的有益的或者有重要经济、科学研究价值的陆生野生动物名录》中列入的蝴蝶种类。但也有非法捕采和非法买卖的现象发生。由于其以假乱真的拟态现象，为各国收藏家所珍爱。甚至有人不惜重金收购，这也刺激了谋利者的狂捕滥采和非法买卖犯罪活动的发生，导致该蝶种的数量不断减少以至于走向濒危的边缘。也有很多人会为了利益在未取得国家重点保护野生动物及其制品经营许可证的情况下，进行相关经营活动，这样做就触犯了刑律。

云豹蛱蝶

云豹蛱蝶隶属于鳞翅目、蛱蝶科。成虫翅展65~70 mm。翅橙黄色，除翅基外均布满黑色斑纹，外缘线上的黑斑呈菱形。雄蝶前翅后缘有1条加粗的脉纹（性标），而雌蝶在顶角处有1个小白斑。

翅反面色淡，后翅无黑斑。老熟幼虫淡褐色，背纵线黄褐色，腹部背中线两侧具黑褐色圆斑，胸腹部着生淡褐色枝刺。

云豹蛱蝶 1 年发生 1 代，以 1 龄幼虫越冬。成虫多发生在 5~10 月，海拔较高地区或纬度较高地区成虫多发生在 7~8 月，夏天高温成虫会休眠。雌蝶常将卵产于寄主植物附近的植物或石块等表面，卵单产，幼虫取食多种堇菜科的堇菜。

云豹蛱蝶分布于我国山西、辽宁、吉林、黑龙江、陕西、甘肃、浙江、安徽、福建、江西、山东、河南、湖北、湖南、重庆。栖息于林缘、草地。

由于云豹蛱蝶姿态优美、色泽艳丽，因而成为收藏家及爱好者争相收藏的目标，甚至有人不惜重金收购，这也刺激了谋利者的狂捕滥采和非法买卖犯罪活动的发生，导致该蝶种的数量不断减少以至于走向濒危的边缘。也有很多人会为了利益在未取得国家重点保护野生动物及其制品经营许可证的情况下，进行相关经营活动，这样做就触犯了刑律。

白矩朱蛱蝶

白矩朱蛱蝶隶属于鳞翅目、蛱蝶科。成虫翅展 60~65 mm。翅正面黄褐色，外缘锯齿状。最显著的特征是前翅顶角及后翅前缘中部具 1 个明显的白斑，后翅亚外缘带黑褐色，较窄且不明显。翅反面颜色多变，或深或浅，但均可见后翅中央的 1 条白色“<”形纹。老熟幼虫体长约 40 mm，头黑色，头部有很多刺且头顶上具 1 对枝刺；体黑褐色，但体背除背中线外均为黄色，大多数体节上具 7 根枝刺，但前胸无枝刺，中后胸各有 4 根枝刺。

白矩朱蛱蝶 1 年发生 1 代，成虫多发生在 7~8 月，以成虫越冬。喜欢取食腐果、花蜜和树液。雄蝶具领域性。卵产在寄主植物的枝条上，成堆。幼虫取食桦、杨、柳等多种植物，幼虫会吐丝、结茧化蛹。

白矩朱蛱蝶分布于我国山西、吉林、黑龙江、陕西、新疆、云南。栖息于林缘。

由于白矩朱蛱蝶在其分布地区的这些植物上常见，所以，在这些地区的犯罪现场有可能出现它的踪迹，或者可以利用它的存在来反推犯罪第一现场。

丽蛱蝶

丽蛱蝶隶属于鳞翅目、蛱蝶科。成虫翅展 80~85 mm。翅面灰绿色，或者黄色、绿色等。本种的斑纹特殊，前翅具许多大白斑，后翅具放射状的黑直线，像百褶裙；此外，翅平展时，身体两侧具 5 条与身体垂直的黑带。老熟幼虫体红棕色，体侧具黄白色纵带，头及腹末节具简单的短刺。其他有明显长于体宽的枝刺。在热带雨林中，飞行速度很快，常待在树上的枝梢。幼虫取食西番莲科蒴莲属和防己科青牛胆属植物。

丽蛱蝶分布于我国广东、广西、海南、云南。栖息于林缘。这种蝴蝶已可规模化繁殖。

丽蛱蝶具有大而飘逸的翅膀，飞翔起来更是婀娜多姿、仪态万方，因而成为许多人喜欢的活体观赏昆虫。目前，它已用于各地筹建蝴蝶园的放养的蝶种；在观赏昆虫的饲养基地、蝴蝶养殖园等处有可能发生盗窃、抢劫等犯罪活动。自古以来，蝴蝶就是美好爱情的象征，很多婚庆典礼都会选择放飞蝴蝶来祝福新郎新娘爱情永恒，这些行为都有可能造成外来物种的入侵，破坏当地的生态系统平衡及生物多样性，对环境、经济和人类生活造成严重的不良后果。

大二尾蛱蝶

大二尾蛱蝶隶属于鳞翅目、蛱蝶科。成虫翅展 58~72 mm。翅粉绿色，前翅前缘及外缘黑色，亚外缘具 1 列白斑。中室端有 1 个白斑，外侧尚有 2 个白斑。老熟幼虫 50~55 mm，头部绿色，具 2 对长角状突起，中间的一对间还有 1 对很小的黑色或红色突起，体绿色，腹背具 2 个较大的灰褐色扇形斑。

大二尾蛱蝶1年发生2代，以蛹越冬。成虫多见于5~8月，有时到10月也可以见到。飞行快速，常停息在林缘高枝或树冠上，或在溪流边吸水，吸食发酵水果汁液、动物排泄物和树液。幼虫也会建丝垫（虫座），在上面休息。受天敌骚扰时，幼虫会左右扭动头部，利用头部角状突出物来驱赶敌人。取食豆科的疏花鱼藤、鸡血藤、亮叶猴耳环等植物，也有取食龙眼的记录。

大二尾蛱蝶分布于我国浙江、福建、江西、湖北、广东、广西、海南、重庆、四川、贵州、云南、西藏、台湾。栖息于林缘、溪流边。

由于大二尾蛱蝶姿态优美、色泽艳丽，因而成为收藏家及爱好者争相收藏的目标，甚至有人不惜重金收购，这也刺激了谋利者的狂捕滥采和非法买卖犯罪活动的发生，导致该蝶种的数量不断减少以至于走向濒危的边缘。也有很多人会为了利益在未取得国家重点保护野生动物及其制品经营许可证的情况下，进行相关经营活动，这样做就触犯了刑律。

黑紫蛱蝶

黑紫蛱蝶为大型蛱蝶。隶属于鳞翅目、蛱蝶科。成虫翅展：雌蝶115~125 mm，雄蝶95~110 mm，翅黑色，有天鹅绒蓝色光泽，前翅中室内有1条红色纵纹，端半部各室有长“V”字形白色条纹，后翅端部有平行白色长条纹。翅反面斑纹同正面，但中室基部为箭头状红斑，中室脉上有1个白斑，中室外下方有3~4个灰白斑；后翅基部有1个耳环状红斑。卵近圆柱形，暗绿色。1龄幼虫初孵时黄绿色，表面有许多小颗粒和细毛；2、3龄幼虫绿色，有淡黄色小颗粒。越冬幼虫（4龄）褐色，后胸及第1腹节呈明显的茶褐色环，头部后缘的小刺列及体背的三角形鳞片状突起上的小颗粒呈绿色；5龄幼虫绿色，体背的三角形突起上的小颗粒、胸部侧面的小刺突、头及其后缘的小刺、头角均呈黄绿色；6龄幼虫绿色，近圆筒形，侧面有白绿相间的斜带，胸侧和头后缘的小刺突、体背的鳞片状突起及胸足呈黄绿色。蛹绿色，披有白色粉状物，左右显著扁平，腹面厚宽，近直线。

黑紫蛱蝶在浙江1年发生1代，以4龄幼虫越冬。蛹一般在晴天7~8时羽化。羽化后的成虫攀悬在蛹壳上，从体内排出大量褐色液体。成虫离开蛹壳，爬到枝叶上或飞翔他处。雌蝶交尾后，即在寄主附近飞翔，寻找合适的产卵场所。卵产于寄主叶片正面或反面的边缘、叶柄或细枝干上，每次产1~2粒。刚孵出的幼虫先啃食卵壳，然后爬到叶尖取食叶片。越冬前幼虫食量较小，6龄幼虫食量最大。幼虫进入4龄后，经一段时间的取食，随着气温的下降，在寄主叶片掉落之前，逐渐离开叶片，环绕在寄主小枝干上，不吃不动，进入冬眠。翌年春季，气温回升，寄主长出新芽嫩叶时，幼虫眠起取食。一周后，虫体变为褐绿色，从枝干上迁到叶片上。幼虫老熟后，停食2 d左右，虫体缩短，体色变淡，寻找合适的叶片化蛹，蛹呈倒挂状态，经1~2 d预蛹即脱皮成蛹。黑紫蛱蝶分布于我国甘肃、浙江、福建、江西、湖南、广西、重庆、四川、贵州、云南。栖息于林缘。

黑紫蛱蝶为中国特产种，远比紫蛱蝶大，极珍贵稀有，也是国家林业局令第7号《国家保护的有益的或者有重要经济、科学研究价值的陆生野生动物名录》中列入的蝴蝶种类。由于其姿态优美、色泽艳丽，因而成为收藏家及爱好者争相收藏的目标，甚至有人不惜重金收购，这也刺激了谋利者的狂捕滥采和非法买卖犯罪活动的发生，导致该蝶种的数量不断减少以至于走向濒危的边缘。也有很多人会为了利益在未取得国家重点保护野生动物及其制品经营许可证的情况下，进行相关经营活动，这样做就触犯了刑律。

最美紫蛱蝶

最美紫蛱蝶隶属于鳞翅目、蛱蝶科。翅黑色；雄蝶前翅基部有蓝紫色闪光，无白斑；端半部各翅室有窄长“V”形灰白纹。后翅基中区有蓝紫色闪光，亚缘区各翅室有2条灰白纹，臀角有红斑。前翅反面中室基部有“V”形黄白斑，中室端部2个及中室后3个蓝白斑排成弧形，端半部同正面。后翅反面基半部翅室灰白色，肩角有1个黑色圆点，中室前缘内有1个小黑点，端半部同正面。本种为1993年命名的新种。分布于我国四川。

最美紫蛱蝶是国家林业局令第7号《国家保护的有益的或者有重要经济、科学研究价值的陆生野生动物名录》中列入的蝴蝶种类。野外数量十分稀少。由于其姿态优美、色泽艳丽，因而成为收藏家及爱好者争相收藏的目标，甚至有人不惜重金收购，这也刺激了谋利者的狂捕滥采和非法买卖犯罪活动的发生，导致该蝶种的数量不断减少以至于走向濒危的边缘。也有很多人会为了利益在未取得国家重点保护野生动物及其制品经营许可证的情况下，进行相关经营活动，这样做就触犯了刑律。

文蛱蝶

文蛱蝶

文蛱蝶隶属于鳞翅目、蛱蝶科。成虫翅展65~85 mm。雄蝶翅面赭黄色，斑纹黑褐色，中域黄色或黄褐色，前翅中室内有3条横线，其中内侧2条两端相连，中室端有1斜向的空心飞鸟纹，顶角处有1个浅黄色斑，下方有2个黑褐色点；后翅外缘有2条波形横线，内侧具2个眼斑，后翅具1个短的尾突。雌蝶翅面灰褐色，中域淡褐色，斑纹同雄蝶。在海南，12月可见成虫在吸食花蜜。云南曾记载5月见它们吸食白酒，结果在地上“醉倒”不少。幼虫取食西番莲科的龙珠果、蒴莲等植物。

文蛱蝶分布于我国广东、广西、海南、云南。栖息于林缘、公园绿地。这种蝴蝶已可规模化繁殖。

文蛱蝶具有大而飘逸的翅膀，飞翔起来更是婀娜多姿、仪态万方，因而成为许多人喜欢的活体观赏昆虫。目前，它已用于各地筹建蝴蝶园的放养的蝶种；在观赏昆虫的饲养基地、蝴蝶养殖园等处有可能发生盗窃、抢劫等犯罪活动。自古以来，蝴蝶就是美好爱情的象征，很多婚庆典礼都会选择放飞蝴蝶来祝福新郎新娘爱情永恒，这些行为都有可能造成外来物种的入侵，破坏当地的生态系统平衡及生物多样性，对环境、经济和人类生活造成严重的不良后果。

苎麻珍蝶

苎麻珍蝶隶属于鳞翅目、珍蝶科。成虫翅展55~71 mm。体暗褐色。前翅外缘有褐色或黑褐色带，内有8~9个黄斑，余为黄褐色；有时在翅中域有黑纹或斑。不同个体之间斑纹的有无、多少差异较大。翅反面色浅，边缘三角形斑纹明显，内侧有1条红褐色窄带。幼虫体长30~37 mm，具黄、白、橙或深褐等色，并具黑色的枝刺，前胸和腹末节各2根，中后胸各4根，腹部1~8节各6根。

苎麻珍蝶1年发生2代，多以老龄幼虫群集在石块下、土缝中、枯落物下越冬。幼虫龄期不一，多为6龄，部分7龄或8龄。5月可见成虫，成虫不活跃，多停息在寄主植物附近，飞行力不强。在寄主植物的叶背产卵，卵成堆，每堆有200~700粒，刚孵化的幼虫群集生活，3龄后分散活动，喜在叶片正面取食，受惊扰有假死坠落习性。幼虫能取食多种植物，常见的有苎麻、荨麻、咖啡树、茶树、水麻、冷水草等植物，在农田，取食甘薯、茄子、辣椒、桑等，在林地取食榆树、榔榆、榉树、青檀、枫香、漆树等乔木和桑属、构属、柘属、石楠属等多种小乔木、灌木。

苎麻珍蝶分布于我国甘肃、上海、浙江、安徽、福建、江西、湖北、湖南、广东、广西、海南、重庆、四川、贵州、云南、西藏、香港、台湾。栖息于森林、农田、公园绿地。这种蝴蝶已可规模化繁殖。

苎麻珍蝶具有大而飘逸的翅膀，飞翔起来更是婀娜多姿、仪态万方，因而成为许多人喜欢的活体观赏昆虫。目前，它已用于各地筹建蝴蝶园的放养的蝶种；在观赏昆虫的饲养基地、蝴蝶养殖园等处有可能发生盗窃、抢劫等犯罪活动。自古以来，蝴蝶就是美好爱情的象征，很多婚庆典礼都会选择放飞蝴蝶来祝福新郎新娘爱情永恒，这些行为都有可能造成外来物种的入侵，破坏当地的生态系统平衡及生物多样性，对环境、经济和人类生活造成严重的不良后果。

斑珍蝶

斑珍蝶隶属于鳞翅目、珍蝶科。成虫中小型，前翅长 32~35 mm。雌雄同型。羽化初期翅正面红色，消退后呈浅橙色。前翅顶角较锐，小室内、中室端脉和中室端外都有黑色斑点，后翅正面有黑色宽外缘带，带中央有橙红色斑点。卵圆柱形，表面有纵向脊纹，初产时浅黄色。幼虫 6 龄。1 龄幼虫体表各节生长细毛；自 2 龄始，体毛转变成 6 列分枝的棘刺，每体侧 3 列；1~4 龄虫体棕黑色，头部和胸部背面棕黄色，棘刺黑色；5~6 龄幼虫头部黄褐色，胸腹部体表棕黄色，各棘刺下部棕黑色，上部黑色。蛹为悬蛹，乳白色，圆柱形。触角和喙所在部位黑色。复眼上方和两侧黑色，并由此向后发出 2 条黑色带向腹部延伸。中胸背面略隆起，侧面略向外突出。

斑珍蝶在云南西双版纳，野外成虫出现于 5 月初至 10 月下旬，1 年可发生 4~5 代。成虫访花，喜在草灌茂盛的溪沟边、山坡废弃农田活动。发生期间常聚集在寄主植物附近，飞行缓慢、低矮，寿命较长。卵聚集产于嫩叶、嫩梢或寄主卷须上，一个卵块最多由 38 粒卵组成。幼虫 1~3 龄期群集性强，栖息在叶片背面，常吐丝将食物残渣和粪便黏附在一起作为藏身场所。1~2 龄幼虫取食叶片的下表皮和叶肉，3 龄后取食全叶。4 龄幼虫开始分散栖息，老熟幼虫在寄主枝叶上或附近物体下化蛹。

斑珍蝶分布于我国云南和海南，记载其寄主有西番莲科西番莲属及葫芦科、桑科、紫葳科、锦葵科、马鞭草科和马桑科的部分植物。斑珍蝶为工艺材料、生态观赏和喜庆放飞三用的优良蝶种，在《中国物种红色名录》中，斑珍蝶被评估为近危蝶种。野外数量十分稀少，但不排除有人为了利益进行非法捕采和非法买卖活动。

石榴小灰蝶

石榴小灰蝶隶属于鳞翅目、灰蝶科。成虫翅展 40~50 mm。成虫中型，雌蝶紫褐色，前翅有明显的橙色斑块；雄蝶蓝紫色，有光泽，但前翅上无橙色斑块。卵亮白色，椭圆形。老熟幼虫深褐色，体上有短毛和白斑。

在石榴上，雌蝶将卵单产于花萼或幼果上。也可能产在茎、叶上，单产或 2~7 粒卵成团。新孵幼虫蛀入果实，取食果皮下的果肉和种子。30~50 日龄的果实受害最重。一个果内幼虫多达 8 条。被害果易受菌类感染后腐烂、脱落。化蛹前，幼虫离果吐丝将果柄和树枝缚在一起以防果实脱落，再重新进入果内化蛹。也可能在果外化蛹。每年可发生重叠的 4 代，周年繁殖。

石榴小灰蝶分布于印度、孟加拉国、斯里兰卡。寄主有石榴、柑橘、桃、番石榴、荔枝、苹果、枇杷、桑、梨和李等。其中石榴是其喜食寄主。幼虫蛀入果实，取食果皮下的果肉和种子。成虫飞行和被害果实的运输是其传播扩散到新地点的主要途径。幼虫可由被害果传带。包装物、集装箱、邮包和交通工具等均可能成为该虫远距离传播扩散的载体。

外来物种一旦进入我国境内，将会对我国的生态系统及生物多样性造成不可估量的破坏。目前这个物种还没有入侵到我国境内，因此，海关要严防死守、严格检疫，谨防它传入我国。禁止旅客携带果实入境；对合法入境的批量果实，根据双边议定书等有关法律法规严格检验检疫。非疫区或杀灭处理措施均要经过评估认可。对于表面有异常现象的果实，可以剖果观察有无幼虫。

红珠灰蝶

红珠灰蝶

红珠灰蝶隶属于鳞翅目、灰蝶科。成虫翅展 30~35 mm。雌雄异型，雄蝶翅正面蓝色，外缘黑色。雌蝶黑褐色，前翅或具大小不一的蓝色区，或亚外缘具或大或小的橙红色带，后翅外缘有红色新月斑。翅反面灰白色，具橙红色缘带，后翅橙红色带外侧具黑色斑列，其中臀角处的 4 个斑具青蓝色金属闪光。老熟幼虫体长约 13 mm，绿色，背中线墨绿色，背侧具 1 条白色纵带（头及尾部不明显），体上散生灰白色短刺毛。

红珠灰蝶 1 年发生 3~4 代，以卵越冬。成虫喜访花吸蜜，在北京 4~9 月可见。幼虫取食大豆等豆科植物。

红珠灰蝶分布于我国北京、河北、山西、内蒙古、辽宁、吉林、黑龙江、陕西、甘肃、青海、新疆、河南、四川。栖息于林缘、农田。

由于红珠灰蝶在其分布地区的这些植物上常见，所以，在某些犯罪现场有可能出现它的踪迹，或者可以利用它的存在来反推犯罪第一现场。

陕西灰蝶

陕西灰蝶隶属于鳞翅目、灰蝶科。翅正面黑褐色，隐约可见黑色亚缘线，缘毛黑白相间，后翅沿外缘有细白线，臀角附近线蓝色，有橙色点。翅反面淡黄色，外缘线白色，有成列黑色梳状纹，其内侧紧连橙色波状线，亚缘线为新月形白色斑列，由粗的黑线与橙色线分开，其内侧围细的黑线。尾细长，黑色，中段白色。陕西灰蝶是 1993 年被命名的新种。分布于我国陕西、河南。

陕西灰蝶是国家林业局令第 7 号《国家保护的有益的或者有重要经济、科学研究价值的陆生野生动物名录》中列入的蝴蝶种类。野外数量十分稀少。由于其姿态优美、色泽艳丽，因而成为收藏家及爱好者争相收藏的目标，甚至有人不惜重金收购，这也刺激了谋利者的狂捕滥采和非法买卖犯罪活动，导致该蝶种的数量不断减少以至于走向濒危的边缘。也有很多人会为了利益在未取得国家重点保护野生动物及其制品经营许可证的情况下，进行相关经营活动，这样做就触犯了刑律。

大伞弄蝶

大伞弄蝶隶属于鳞翅目、弄蝶科。成虫翅展 70~76 mm。翅黑褐色或深褐色，没有斑纹，被覆许多棕红色毛，特别是后翅毛更长而多。翅反面除前翅基部呈现棕黑褐色外，都满布与脉纹平行的灰绿色细条纹。在弄蝶中属于比较大而漂亮的种类，为中国特有种。分布于我国浙江、福建、广东。

大伞弄蝶是国家林业局令第 7 号《国家保护的有益的或者有重要经济、科学研究价值的陆生野生动物名录》中列入的蝴蝶种类。野外数量十分稀少。由于其姿态优美、色泽艳丽，因而成为收藏家及爱好者争相收藏的目标，甚至有人不惜重金收购，这也刺激了谋利者的狂捕滥采和非法买卖犯罪活动的发生，导致该蝶种的数量不断减少以至于走向濒危的边缘。也有很多人会为了利益在未取得国家重点保护野生动物及其制品经营许可证的情况下，进行相关经营活动，这样做就触犯了刑律。

香蕉弄蝶

香蕉弄蝶又名芭蕉卷叶蛾、蕉包虫。隶属于鳞翅目、弄蝶科。原产于东南亚的中南半岛。成虫翅展 75~85 mm。全体褐色或茶褐色，胸部全为长毛所盖。复眼大，呈半球形，棕黑色，基部有红棕色的环。触角长，棍状，末端弯曲，并向末端变尖。前翅黑褐色，前缘基部被有褐色长的鳞毛，中部至外缘为褐色鳞片，翅中部有 2 个大的长方形黄斑，近外缘处有 1 个较小的黄色斑块；后翅棕黑色，基部被有长鳞毛，中部至外缘披黑棕色鳞片。卵浅灰色或红色，扁球形，卵顶微陷，有白色放射状线纹，孵化前呈灰色。幼虫初孵化时青灰色，被有白色微毛，头黑色。老熟幼虫体外被有白色蜡粉，头黑色，略呈三角形，胸部第 1、2 节细小如颈状，第 3~5 节逐渐增大，第 6 节以后大小均匀。各节具横皱 5~6 条，并被有微毛。胸足 3 对，细小，腹足 4 对，尾足 1 对特大。蛹略呈圆筒形，被有白色蜡粉，口吻伸达腹末，尖端与体分离，臀棘钩状，粗大。

香蕉弄蝶在广西 1 年发生 2 代，福建 1 年发生 4 代，以最后一代老熟幼虫在卷叶中越冬，翌年春化蛹，第 1 代成虫于 6~7 月出现，飞翔迅速，不易捕捉。卵散产于蕉叶上，叶背叶面均有。幼虫孵化后啮断叶片的一部，吐丝缀合叶缘使叶片呈卷筒状，藏于其中，伸首取食卷筒上或卷筒旁叶片。发生多时，蕉园卷叶累累，影响蕉树的生长，幼虫老熟即在原卷叶中吐丝封闭筒口，在内蜕皮化蛹，具有不成茧的丝网，并充满白粉，蛹腹末的臀棘，即勾于丝网上。取食香蕉、芭蕉。

香蕉弄蝶分布于我国广东、广西、海南、福建、台湾、云南、江西、湖南等地。可随香蕉苗、果品、包装物及运输工具远距离传播，成虫具有一定的飞翔、扩散能力。主要为害香蕉、粉蕉、大蕉等植物，以幼虫吐丝卷叶结成叶苞，藏于其中取食蕉叶。因此我们在对香蕉苗及果品进行调运的过程中，一定要严格进行检疫，严禁香蕉弄蝶传入或传出，对已传入的要及时封锁，就地消灭。在海关要严格检疫，防止带有这些害虫的苗木、植株及其他材料再次携带外来物种入侵我国。

香蕉弄蝶也是一种药用昆虫，其干燥幼虫或成虫入药。夏季捕捉，捕后置瓦上焙干，研末备用。有清热解毒、消肿止痛的功效。在药用昆虫生产和养殖基地、药用昆虫及衍生物加工厂有可能会发生因经济利益而进行的盗窃、抢劫等犯罪活动，在医院、药店、中医诊所、药材批发市场等犯罪现场也有可能出现它的踪迹。

黄斑蕉弄蝶

黄斑蕉弄蝶又名香蕉卷叶虫、芭蕉虫。隶属于鳞翅目、弄蝶科。成虫翅展 56~65 mm。翅褐色，前翅中域具 3 个淡黄色大斑，各斑近于长方形；后翅无斑纹，臀角圆凸。前、后翅反面斑纹与正面相近。老熟幼虫体长 52~65 mm，头暗褐色，体灰白色。

黄斑蕉弄蝶 1 年发生 5~6 代，以幼虫越冬。在热带地区，整年可见成虫。成虫飞行快速，低飞，喜食蕉花、鸟类排泄物。幼虫 2 龄后结虫巢。

黄斑蕉弄蝶分布于我国浙江、福建、江西、广东、广西、海南、云南、香港、台湾及东南亚。寄主植物为芭蕉科的香蕉、芭蕉。幼虫卷结叶片和叶苞，取食蕉叶，影响香蕉等作物的生长。

黄斑蕉弄蝶的幼虫具有很高的营养价值，云南西双版纳、普洱、红河等地区的少数民族常在幼虫大量发生时捕捉，用油炒后食用。近年来，食用昆虫越来越受到人们的追捧，无论是街头小店还是高档餐厅都会出现它的身影，在超市、菜市场和集贸市场有可能会发生因经济利益而进行的盗窃、抢劫等犯罪活动，在餐馆、超市等犯罪现场也有可能出现它的踪迹。

南亚谷弄蝶

南亚谷弄蝶

南亚谷弄蝶隶属于鳞翅目、弄蝶科。成虫翅展 35~42 mm。翅面黑褐色，前翅具 8 个半透明白斑，呈不整齐的环状，环下面具 2 个不透明的淡色斑，位于中室 2 个斑垂直线的外侧，雄蝶环下的斑扩散，不清晰；后翅可显露 2~3 个斑点的痕迹。后翅反面具 1 个中室基部的斑，外侧具 4~5 个斑，呈圆弧形排列，或有些斑点消失。老熟幼虫体长 33 mm，头部侧面红褐色“八”字纹的下端以单眼为内界。

南亚谷弄蝶在南方地区 1 年发生 6~7 代，越冬代成虫发生于 4 月下旬，第 1 代发生于 6 月上旬至中旬，第 2 代发生于 7 月中下旬，第 3 代发生于 8 月下旬，第 4 代发生于 9 月下旬至 10 月上旬，第 5 代发生于 10 月下旬，零星发生并与部分 4 代重叠。南亚谷弄蝶需求温度较其他种稻弄蝶为低，而需求较高湿度，因此每年 6 月多雨季节，第 2 代形成多发世代，为害早稻分蘖盛期至孕穗初期的稻田以后，第 3 代全部转移到杂草上完成一个世代。9 月下旬第 4 代成虫产卵于山沟杂草中，以幼虫越冬。卵散产在稻叶上，老熟幼虫不做苞，仅以白丝带围于胸部化蛹。成虫动作敏捷，低飞，喜食花蜜、动物排泄物和湿地水分。成虫喜欢访花吸蜜，雄蝶具领域性。幼虫常吐丝缀叶，取食禾本科的高粱、大黍、鸭嘴草等植物。

南亚谷弄蝶分布于我国陕西、浙江、福建、江西、河南、广东、广西、海南、重庆、香港、台湾及东南亚、南亚、大洋洲。为害水稻、玉米、高粱、甘蔗，取食游草、白茅、芒草等。幼虫取食时横截蚕食稻叶，不留叶脉。

由于南亚谷弄蝶在其分布地区的这些植物上常见，所以，在这些地区的犯罪现场有可能出现它的踪迹，或者可以利用它的存在来反推犯罪第一现场。

隐纹谷弄蝶

隐纹谷弄蝶

隐纹谷弄蝶隶属于鳞翅目、弄蝶科。成虫翅展 30 ~ 36 mm。翅面黑褐色，前翅具 8 个半透明白斑，呈不整齐的环状，通常雌蝶斑点较大，雄蝶近后缘中部具灰黑色斜向线纹，后翅具 1 ~ 2 个很不明显的斑，通常无斑纹，因此有“隐纹”这样的称呼。后翅反面具 2 ~ 8 个斑，斑纹多呈圆弧形排列，包括中室基部 1 个明显或不明显的斑。本属成虫中足胫节端具明显的刺突（距）。老熟幼虫体长 36 mm，头灰绿色，侧面具红褐色、黑色并列的纵带，红褐色纹下端伸展在单眼的内侧，体黄绿色，具多条绿色带纹。

隐纹谷弄蝶在浙江嘉兴 1 年发生 3 代，以幼虫于杂草中越冬。各代发生期为：第 1 代发生于 7 月上旬，第 2 代发生于 8 月上旬，第 3 代发生于 9 月下旬，6 月间幼虫化蛹羽化。江西南昌 6 月上旬初见第 1 代幼虫，6 月中旬始见蛹，6 月下旬羽化，第 2、第 3 代为害水稻，最后一代于 12 月上旬终见。卵散产于叶面。幼虫 3 龄以前在叶尖将叶缘向内纵卷，以丝缀苞，4、5 龄时离苞栖息于叶面上取食，不再做苞。老熟幼虫将化蛹时，吐一白细丝系绕胸部，蜕皮化蛹后，白细丝仍系于胸腹交界处，尾部黏在叶面或叶鞘上。卵历期 4 ~ 5 d，幼虫历期 21 ~ 28 d，蛹历期 10 ~ 15 d。

隐纹谷弄蝶分布于我国北京、山西、陕西、甘肃、上海、浙江、福建、江西、山东、河南、湖北、湖南、广西、四川、贵州、云南、香港、台湾。幼虫取食禾本科植物，如水稻、甘蔗、五节芒、白茅、香茅等。

由于隐纹谷弄蝶在其分布地区的这些植物上常见，所以，在这些地区的犯罪现场有可能出现它的踪迹，或者可以利用它的存在来反推犯罪第一现场。

第二十八章　膜翅目

膜翅目昆虫以前、后翅均为膜质而得名，通称为蜂和蚁。具翅两对，有些类群的翅脉显著退化；口器一般为咀嚼式。蜜蜂类口器上颚咀嚼式，用以咀嚼花粉和筑巢，下颚和下唇组成喙，能吮吸花蜜，因此称为嚼吸式口器。变态类型属于完全变态，一生经过卵、幼虫、蛹和成虫4个阶段。膜翅目昆虫食性复杂，有植食性、捕食性和寄生性等。蜜蜂类取食花蜜和花粉。蚂蚁类、胡蜂类中均有一些捕食性种类。很多类群为寄生性，寄生于其他昆虫或节肢动物上，包括外寄生和内寄生。有些蜂把其他昆虫麻痹后带回巢中，供其子代取食，称为狩猎蜂。膜翅目昆虫大多数是重要的天敌和传粉昆虫，从人类的经济观而言，它们是昆虫中最有益的类群之一。从生物学上看，膜翅目也是一个非常有趣的类群，它们的习性表现出极大的多样性，其行为的复杂性在蜜蜂、蚂蚁等社会组织中达到顶峰。

鞭角华扁叶蜂

鞭角华扁叶蜂曾名鞭角扁叶蜂。林业害虫。隶属于膜翅目、扁叶蜂科。雌蜂体长 11~14 mm。身体红褐色。足红褐色；翅半透明，黄色，前翅端部约 1/3 翅长烟褐色；翅痣基部黄色，端部黑褐色；翅脉暗黄色，前端约 1/3 翅长翅脉黑褐色；顶角有凸饰质如韧革。唇基中央隆起，向前突出；两侧凹入，向中央倾斜。额脊近锥形。前幕骨陷深。无中窝。横缝、冠缝、侧缝明显。触角鞭节扁粗。眼后部不收缩。头顶及眼后区刻点小而稀，横过单眼区两眼间刻点粗密；触角侧区下部无刻点；唇基刻点粗而疏。有后颊脊。触角 28~33 节。雄蜂体长 9~11 mm。除颈片一部分或全部、前胸基腹片、中胸前盾片、中胸盾片前部为黑色外，其余色泽同雌蜂。头部刻点较粗深。触角 30~32 节，个别为 28 节。除阳茎瓣、下生殖板及抱器外，其余构造同雌蜂。卵淡黄色，长椭圆形，稍弯曲。幼虫头部红褐色；胸、腹部有几条白色纵纹。蛹初为翠绿色，近羽化时为深褐色或黄褐色。

鞭角华扁叶蜂在四川南充、重庆万州、湖北巴东 1 年发生 1 代。以老熟幼虫入土做土室而以预蛹越夏越冬。在万州翌年 3 月上旬开始化蛹，3 月中旬为盛期。3 月中旬开始羽化，3 月下旬为盛期。3 月下旬成虫开始产卵，4 月上旬为盛期。4 月上旬卵开始孵化，4 月中旬为盛期。5 月上旬至 6 月中旬老熟幼虫坠落地面，进入土中。越冬预蛹多分布于树冠投影内 2~13 cm 深土壤中；土室椭圆形，壁坚实光滑。刚羽化成虫在地表做短时间爬行，然后展翅活动；早晚或阴天一般静伏不动，晴天常群集林冠上部飞翔和交尾，交尾历时约 1 h。雄蜂交尾后 1~3 d 死亡。雌蜂交尾后 3~5 h 开始产卵，卵绝大多数产在 1 年生鳞叶上；初孵幼虫在卵壳附近群集并吐丝结网，6~7 h 后开始在网中取食 1 年生嫩叶表皮，食量随着虫龄增大而增加，当将虫网附近鳞叶吃光后，又成群转移到其他枝条，筑新网巢而继续为害。幼虫只做枝条间转移，不做株间转移。最末 1 龄幼虫一般分散为害。幼虫 6 龄（少数4~5 龄），历期平均 27 d。海拔低、林木稀疏向阳的纯林，虫口密度较大，受害较严重。鞭角华扁叶蜂分布于我国福建、浙江、湖北、四川。为害柏木、柳杉。

由于鞭角华扁叶蜂在其分布地区的林区常见，所以，在这些地区的犯罪现场有可能出现它的踪迹，或者可以利用它的存在来反推犯罪第一现场。林木的移栽或者砍伐调运有可能将它带往新的场所，进而扩散为害，造成更大的经济损失，因此，一定要严格进行国内各地区之间材木调运的检疫。

泰加大树蜂

泰加大树蜂又名云杉大树蜂、冷杉大树蜂、针叶大树蜂。隶属于膜翅目、树蜂科。原产于北欧。雌蜂体长23~37 mm。黑色。触角、眼后区、颊、腹部第1背板后半部和第2、7、8背板及角突、胫节、跗节均为橘黄色；爪黑褐色。雄蜂体长19~31 mm。体色与雌蜂近似，但触角柄节黑色，其余各节红褐色；腹部第3~6背板红褐色；后足胫节和基跗节大部分黑色，膨胀不明显。腹部颜色变化较大或第9背板两侧各具1个大块黄色圆斑；或后足胫节末端1/4黑色，腹部第8背板后缘中央黑色，第9背板两侧无黄斑。卵长圆形，微弯曲，先端较细，乳白色。幼虫圆筒形，乳白色。头部淡黄色；触角短，3节。蛹乳白色，头部淡黄色，复眼和口器褐色。触角、足和翅紧贴于体的腹面，触角长达第6腹节后缘，翅盖于后足腿节上方。

泰加大树蜂在甘肃兴隆山林区7~8月出现成虫，以7月中下旬出现最多。成虫喜在中午日光下飞翔，对刚伐倒的云杉的气味颇具趋性，常常可见许多成虫在刚伐倒木的周围飞翔。雌蜂于7月中旬开始产卵，多产于濒死木、枯立木或新伐倒木上。在立木上一般多产在树冠基部的树干上。产卵时腹部弯曲，产卵器与树干垂直，刺入树皮直至边材部，然后将卵产下；刺入深度一般为5~7 mm。每次产卵1粒。幼虫孵出后沿树干纵轴向上斜行穿凿虫道，约达心材处又返回向外钻蛀。虫道内充满白色木屑，木屑细而紧结。虫道长20 cm以上，其中部直径6~8 mm。老熟幼虫于虫道末端咬筑蛹室化蛹。蛹室距边材表面约10 mm。成虫羽化后向外咬一羽化孔飞出。羽化孔圆形，直径5~7 mm。

泰加大树蜂分布于新疆、黑龙江、吉林、辽宁、河北、山东、山西、甘肃和青海等地。可随木材、薪材及木制品的调运做远距离传播。为害落叶松、云杉、冷杉等植物，主要为害生长衰弱的个体、濒死木、枯立木、新伐倒木、原木、伐根等，以幼虫在木质部中蛀成许多粗大的蛀道，降低木材材质。

作为为害严重的外来入侵物种，如果不加以管制，甚至可以扩散到全国大部分地区。因此我们在对园林植物苗木、植株及其他材料进行引种调运的过程中，一定要将其与农林害虫一样对待，严格进行检疫，严禁危险性害虫的传入或传出，对已传入的要及时封锁，就地消灭。在海关要严格检疫，防止带有这些害虫的苗木、植株及其他材料再次携带外来物种入侵我国。

苜蓿切叶蜂

苜蓿切叶蜂隶属于膜翅目、切叶蜂科。成蜂体长7~10 mm，灰黑色，前翅有2个几乎等大的亚缘室。雌蜂头部颜面有灰白色毛，上颚长大于宽，上颚端齿多数刀片状，用以切割植物的叶片或花瓣边缘；腹部长卵圆形，末端较尖，可见6节，腹部腹面各节都有成排的银灰色鬃毛，形成用以携带花粉的“花粉刷”。雄蜂颜面被浓密的黄毛，胸部背面也有较多的黄毛；上颚端齿尖锐，不能切叶；腹部可见7节，粗短，两侧略平行，末端近方形，腹面只有稀疏的短毛，不形成采粉的花粉刷。卵长卵圆形，乳白色，表面光滑。幼虫乳白色，头小、褐色，无足，体弯曲、多皱纹，具稀疏的淡色短毛。茧近圆形，头端平截，末端钝圆，黄褐色。蛹为离蛹，皮薄而透明，初期乳白色，以后复眼渐呈粉红色至黑色，后期蛹体全呈灰黑色。

苜蓿切叶蜂在吉林白城地区1年发生1代，但在北京部分地区1年至少发生2代，非越冬代约1个月即完成生活史。羽化后的成蜂大部分在距离蜂箱30~50 m的范围内活动，雄蜂较雌蜂早羽化1~2 d，雌蜂羽化出茧即与蜂箱附近等待的雄蜂交配，雌蜂一生交配一次，雄蜂可多次交配；交配后的雌蜂立即取食苜蓿的花粉与花蜜，在蜂箱中寻找合适的巢孔、切叶筑巢。筑巢多从蜂箱的边角处开始，并有群集现象；第1巢筑好后，即采集花粉和花蜜，将其混合成花粉团即蜂粮填于巢室中，制作蜂粮时头向里进入巢孔、吐出花蜜，再倒转身体用后足从花粉刷上刷下花粉；在蜂粮装满巢室的2/3时，采集少量花蜜放于室中，然后产卵1粒，浮在蜜上，最后切2~3张圆形叶片封住巢室。接着按同样的步骤和方法筑第2、3……个巢室，各巢室头尾相接，直到填满巢孔为止，150 mm长的巢孔最多可筑 15 个巢室，最后在巢孔的入口处叠置 10~50 张圆形叶片封住巢孔。一般受精卵产在巢孔深处的巢室中，发育成雌蜂；非受精卵则产在靠近巢孔处的巢室中，发育成雄蜂；巢孔较长，直径较大，雌蜂比例常较大。

苜蓿切叶蜂不营社会性生活，但又要求与同类住得很近，可以人工筑巢，大量繁殖后代，在苜蓿开花季节释放到田间，集中为苜蓿授粉，是少数几种能够大量家养的昆虫之一。

利用传粉昆虫为农作物授粉，是农业增产的一项有力措施，已日益受到世界各国的重视，许多先进国家已将传粉昆虫授粉发展成一门专业。在传粉昆虫的人工驯化养殖场、传粉昆虫释放田地、大棚等地，可能会发生盗窃、抢劫、破坏等犯罪活动。

紫壁蜂

紫壁蜂隶属于膜翅目、切叶蜂科。雌蜂体长 8~10 mm，黑色，具紫色光泽，被红褐色长毛，腹部具红褐色腹毛刷，腹部第 1~5 节背板边缘的毛带红褐色；唇基正常、无角状突起，前翅具 2 个亚缘室。雄蜂体长 6~7 mm，头及胸被浅黄色毛，腹部第 1~5 节背板端缘的毛带白色，腹部第 7 节背板端缘中央具 1 个半圆形凹陷，无腹毛刷。卵长圆形，1/3 埋入花粉团中。老熟幼虫体粗壮，乳白色，呈半透明状。前蛹乳白色，头胸较小，腹部肥大弯曲；化蛹初由乳白色变为黄白色，后渐加深至黑褐色。茧在巢管内交错排列。茧壳坚硬、暗红色，外被黄白色丝膜。

紫壁蜂 1 年发生 1 代。在山东威海 3 月底至 4 月上旬陆续破茧出巢，5 月下旬果树谢花后陆续死亡。卵期 12~15 d，幼虫多在 5 月中下旬孵出，幼虫期 13~15 d；幼虫食完花粉团后也调转身体，当天即结茧；8 月下旬至 9 月中旬化蛹，9 月中下旬成蜂羽化，滞育越冬，翌年的 2 月下旬出蛰，越冬期约 160 d。早春成蜂出茧较晚，活动期约 50 d，繁殖期长于角额壁蜂。在气温 14~15 ℃时开始出巢，16~17 ℃时开始营巢活动，日工作时间约 9 h。

紫壁蜂分布于我国山东、河北、内蒙古等地的局部地区，是我国北方果树的优良传粉昆虫。利用传粉昆虫为农作物授粉，是农业增产的一项有力措施，已日益受到世界各国的重视。许多先进国家已将传粉昆虫授粉发展成一门专业。在传粉昆虫的人工驯化养殖场、传粉昆虫释放田地、大棚等地，可能会发生盗窃、抢劫、破坏等犯罪活动。

角额壁蜂

角额壁蜂隶属于膜翅目、切叶蜂科。雌蜂体长 11~12 mm，雄蜂体长 10~11 mm。雌蜂体黑色，具铜色光泽，密被灰黄色长毛，头长略大于宽，颅顶几平直，颊最宽处为复眼宽的 2 倍，唇基光滑，端缘中央呈三角形突起，唇基两侧角各具较长的角状突，突起顶端平，两尖角相对且间距近，外侧稍凹陷，唇基中央平坦，前缘具 1 个三角形小突，上颚有 4 枚齿，端齿长而尖；腹部长筒形，腹面采粉器官即腹毛刷橘黄色。雄蜂复眼内、外侧各具 1~2 排黑色长毛，唇基和颜面具 1 束白灰色长毛；头胸及腹部第 1~6 节背板被灰白色或灰黄色毛，第 7 腹节背板端缘弧形，无腹毛刷。卵长椭圆形，白色半透明。老熟幼虫粗壮，“C”形，乳白色，半透明状。前蛹期乳白色，头、胸较小，腹部肥大弯曲。化蛹初为黄白色，后色渐深。茧椭圆形，暗红黄色，顶端具乳突，茧壳坚硬，由 3 层构成；外层为白色丝膜，顶端丝膜略为黄白色，较厚，中层的胶质茧壳较厚且坚硬，暗褐色，内层胶质膜极薄且柔软，茶褐色。

角额壁蜂独栖，以石缝或木质建筑的孔洞为巢穴，人工驯化的喜以芦苇管或纸管为巢穴。1 年发生 1 代，穴居生活 300 d 以上，卵期 8~13 d，幼虫期 19~22 d。巢内幼虫孵出、食完花粉团后调转身体使头部朝向巢管口，静止 1~2 d 后在 2~3 d 内完成吐丝、结茧，再以前蛹状态在茧内经过约 60 d，7 月下旬至 8 月上旬化蛹，蛹期 25~30 d，8 月上旬或中旬羽化为成蜂，以成蜂在茧内滞育越冬，历期 190 d，至翌年的 2 月下旬出蛰活动，成蜂出茧后活动 35~40 d 即死亡。

角额壁蜂分布于我国北京、河北、山东、陕西、甘肃等地。访花植物包括杏、李、樱桃、桃、梨、苹果、山楂、萝卜、白菜、油菜及菊科植物等，飞翔距离约 700 m，但主要在距巢穴 60 m 的范围内活动。其中不少种类的形态构造、活动时期与果树的花器构造、花期互相适应，二者协同进化，是多种落叶果树的重要传粉昆虫。

利用传粉昆虫为农作物授粉，是农业增产的一项有力措施，已日益受到世界各国的重视。许多先进国家已将传粉昆虫授粉发展成一门专业。在传粉昆虫的人工驯化养殖场、传粉昆虫释放田地、大棚等地，可能会发生盗窃、抢劫、破坏等犯罪活动。

凹唇壁蜂

凹唇壁蜂隶属于膜翅目、切叶蜂科。雌蜂体长 12~15 mm，黑色，腹部具铜色光泽；体密被灰黄色长毛，头部颜面及胸部背板中央被毛灰白色但杂有黑色长毛，腹部具金黄色腹毛刷，腹部背板端缘毛带色浅；唇基明显突起，中央具倒三角形凹陷，凹陷光滑但中央具 1 条纵脊，两侧角各具 1 个短角状突起；前翅有 2 个亚缘室。雄蜂体长 10~12 mm，头、胸及腹部第 1~2 节背板密被灰黄色长毛，腹部第 1~5 节背板缘端有白色毛带，第 3~6 节背板有稀疏的灰黄色毛，并杂有黑毛；与雌蜂的主要区别在于触角长达腹部第 1 节，腹部第 7 背板端缘圆，平切状，体毛较长而密，多灰白色，无腹毛刷。卵长圆形，白色透明。1/4 斜埋于花粉团中，外露部分略下弯曲。老熟幼虫体粗壮，“C”形；体表白色半透明。前蛹期乳白色，头胸小，腹部肥大弯曲。化蛹初为黄白色，后色渐加深为暗黑色。茧椭圆形，茧壳坚实，暗黑色，顶端具 1 个乳突，外被白色丝膜层，顶端丝膜较厚，覆盖茧的前端及乳突，中层茧壳深红褐色，内层为胶质软膜，茶褐色。

凹唇壁蜂 1 年发生 1 代，在石缝或木质建筑物的孔洞内筑巢，人工驯化后最喜在内径为 6~6. 8 mm的芦苇管或纸巢管内筑巢。各虫态历期分别为：卵期 9~16 d，幼虫期 14~33 d。幼虫取食完花粉团后也调转身体使头朝向巢管口，1~2 d 后吐丝，约 2 d 完成结茧，8 月上旬和中旬化蛹，于 8 月下旬至 9 月上旬羽化，滞育越冬成蜂约经过 180 d 至翌年 2 月下旬出蛰活动，成蜂活动约 40 d 后死亡。

凹唇壁蜂分布于我国辽宁、河北、山东、北京、陕西、江苏、浙江等地。该蜂访花速度快、工作时间长、传粉能力强，是我国北方果树的优良传粉昆虫。访花植物包括杏、李、樱桃、桃、梨、苹果、白菜、萝卜、油菜及多种野生菊科植物，但专一性较强。

利用传粉昆虫为农作物授粉，是农业增产的一项有力措施，已日益受到世界各国的重视。许多先进国家已将传粉昆虫授粉发展成一门专业。在传粉昆虫的人工驯化养殖场、传粉昆虫释放田地、大棚等地，可能会发生盗窃、抢劫、破坏等犯罪活动。

三化螟沟姬蜂

三化螟沟姬蜂是害虫寄生性天敌。隶属于膜翅目、姬蜂科。雌蜂体长 9~10 mm。体光滑，具细刻点和白色细毛。头、胸部黑色；触角黑褐色，触角中央之后稍粗。中胸长，盾纵沟超过中央；并胸腹节有基横脊和端横脊；均细，无侧突。并胸腹节、中胸侧板后缘下方、后胸侧板及腹板橙红色，翅略带淡褐色，翅痣及翅脉黑褐色；翅痣狭，长矛形；无小翅室，小脉刚在基脉内方。足橙红色，前足基节、各转节、中后足腿节基部及胫节大部、各跗节及爪均黑褐色；腹部稍扁平，近纺锤形，第 1 节向后渐粗，气门在该节中央；产卵管鞘黑色。产卵管鞘长度约为后足胫节的 0. 85 倍。雄蜂少数体色与雌蜂相似；多数体全黑色，腹部背板带暗赤褐色，中、后足基节和后足腿节后端亦为黑褐色。极少数可见第 2 回脉痕迹。腹部两侧稍平行。茧长圆筒形；长 11~14 mm，宽 2. 5~3 mm；顶端稍粗较平截，底端钝圆；茧层较厚但外表不糙；灰黄褐色。

三化螟沟姬蜂在台湾 1 年发生 5~6 代。刚羽化成虫经短时间交配后，即开始用产卵器刺入稻茎产卵于螟虫体内。三化螟沟姬蜂分布于我国浙江、江西、湖北、湖南、四川、台湾、福建、广东、广西、贵州、云南。在稻田的寄主有二化螟、三化螟、大螟。此外还寄生于条螟、蔗茎白螟、甜菜夜蛾等。幼虫老熟后即钻出寄主在茎秆内结茧化蛹。偶有从寄主蛹期外出的。

药物防治势必会影响生物天敌的生存。为了减少环境污染，保护有益天敌，给人类营造一个良好的生活环境，尽量避免采用化学防治。

具瘤爱姬蜂

具瘤爱姬蜂隶属于膜翅目、姬蜂科。雌蜂体长 9~11 mm，雄蜂体长约 8 mm。体黑色或腹部带暗红褐色。足通常红黄色，但基节色泽黑色至红黄色，变化大，后足端跗节烟褐色。翅透明，稍带烟黄色，翅基片黄色，翅痣基部黄色，其余黑褐色。颜面宽大于长，具中等刻点，上方中央膨出，雌蜂唇基端部中央凹陷，雄蜂唇基端缘中央有 1 枚小瘤状齿，触角 26 节，额的刻点较强而密。胸部坚实，满布强刻点，小翅室亚三角形，腹部密布粗刻点，所有背板宽均大于长。第 1 背板宽为长的 1.6 倍，背中脊强伸至倾斜部，背侧脊退化；第 2~5 背板端缘光滑，第 3~5 背板的瘤明显；产卵管圆柱形，端部稍膨大，背瓣近端部有 1 个小瘤状突起。

具瘤爱姬蜂分布于我国辽宁、内蒙古、天津、山西、河南、浙江、湖南、台湾。在我国已知寄主有：梨云翅斑螟、款冬螟、二点螟和樟子松木蠹象。在北京，具瘤爱姬蜂幼虫寄生于梨云翅斑螟越冬幼虫茧内，于翌年 4 月下旬大量羽化为成虫，成蜂交配后，产卵于寄主幼虫体表，并不影响该寄主幼虫继续取食、发育，寄生幼虫能照常结茧，具瘤爱姬蜂幼虫在寄主幼虫成长后孵化，将头埋于寄主幼虫体表内吸取其内含物，具瘤爱姬蜂幼虫成长迅速，老熟时寄主已被吃得只剩表皮，旋即在寄主茧内结茧，单寄生。

药物防治势必会影响生物天敌的生存。为了减少环境污染，保护有益天敌，给人类营造一个良好的生活环境，尽量避免采用化学防治。

蝙蛾角突姬蜂

蝙蛾角突姬蜂隶属于膜翅目、姬蜂科。体长 35 mm。头近正方形；颜面上方有锥形突伸至触角窝之间而与额之间的高堤（顶峰较宽）相连；颚眼距消失；上颚厚而长，明显重叠，强度弯曲，上端齿较短钝；后颊在后头孔下方几乎碰到；触角甚短粗。中胸盾片较长，小盾片舌形，无胸腹侧脊。并胸腹节基部中央有一小突；腹部宽而扁平，腹板扁平骨化而无中褶。小翅室斜五角形。足粗壮，前足转节 1 节，中足胫节 1 个端距，前中足腿节粗大，胫节背方缺刻边缘多钉状短刺，爪简单。体黄褐色；触角端部、第 5~7 节背板中央纵条黑褐色。翅烟黄色。雄蜂体长 23 mm；头横形，额中央有三角形角状突；腹部较短，背板除腹柄外满布皱纹或刻点。体黑色，脸、唇基、额眶、触角中段、小盾片大部、腹柄黄白色；第 3 背板火红色（除 2 个小斑及后缘）。蝙蛾角突姬蜂为我国特有种，其形态特异，极少见。寄主为一点蝙蛾，分布于我国浙江、湖南。

蝙蛾角突姬蜂是国家林业局令第 7 号《国家保护的有益的或者有重要经济、科学研究价值的陆生野生动物名录》中列入的昆虫种类。野外数量十分稀少，属于受国家保护的、禁止非法捕采和非法买卖的昆虫。

密点曲姬蜂

密点曲姬蜂隶属于膜翅目、姬蜂科。体长 7.5~8.5 mm。体黑色。唇基黑色，下唇须和下颚须淡黄色。触角 26 节，黑褐色，节间淡黄色。除柄节、梗节和鞭节第 1 节外，其余各节都有深褐色棒形斑，并胸腹节短。前翅第 2 回脉由小翅室外角基侧生出，翅痣三角形，深褐色，其前后角为浅褐色，小翅室近长方形，前足胫节末端膨大，爪有 1 枚较大的基齿，产卵器稍侧扁，略超过体长，腹瓣末端基方的背结与产卵器纵轴之间呈一定角度，腹瓣具 12 枚齿。雄蜂外生殖器近倒梯形，阳茎长于抱握器。

密点曲姬蜂分布于黑龙江、内蒙古。寄生于樟子松木蠹象幼虫。在内蒙古 1 年发生 1 代。以老熟幼虫多在被樟子松木蠹象幼虫为害后落地的樟子松球果内越冬，翌年 5 月中旬化蛹。日均温 15 ℃以上时成虫开始羽化。6月中旬为羽化盛期。6月中旬出现卵，6月下旬孵化出幼虫，历时约35 d，于8月中旬以老熟幼虫越冬，成虫多在早晨6时左右羽化，白天在林内活动。雌蜂多在白天产卵，产卵时先用触角敲击球果表面，当找到樟子松球果象甲产卵孔后，便将产卵管插入产卵孔内产1粒卵，随后重复数次，在1个孔内最多可产卵8次。1头雌蜂一生可产卵40多粒，成虫寿命一般为10~15 d，卵期10 d左右，幼虫孵化后，先在樟子松球果象甲产卵孔内滞育，直到象甲幼虫老熟或变蛹才爬到象甲幼虫体表寄生，吸取寄主体内营养物质，直至吸干为止。1个球果内一般寄生1~2个曲姬蜂幼虫，最多有5个，幼虫共5龄。可采用人工保护和助迁方法，即于10月中旬收集被害落地的球果，于9月中下旬至翌年4月底将此球果撒在防治区地上以增加林内曲姬蜂的数量。有较好防治效果。

药物防治势必会影响生物天敌的生存。为了减少环境污染，保护有益天敌，给人类营养一个良好的生活环境，应尽量避免采用化学防治。

黑蓝凿姬蜂

黑蓝凿姬蜂隶属于膜翅目、姬蜂科。雌蜂前翅长21 mm。体黑色，胸侧、后足和腹部带有金属蓝色。鞭节第10~12节为黄色。翅透明，翅脉黄褐色。触角24节，第17和18节之间膝状，并具2根感觉毛。脸具细的皱纹，额具细的刻点，触角窝之间中纵脊强度突起，后头脊完整。前胸背板后角具弱的皱纹，其中沟具深的横皱纹，前沟缘脊强；中胸背板具横皱褶，盾纵沟明显，中胸侧板和后胸侧板具致密的皱纹和皱褶；并胸腹节无基横脊，中区与端区汇合，两侧平行。后足胫节为其端宽的11.5倍。后小脉在中部下方曲折。腹部第1~2节具致密的刻点，第1节背板端侧具斜沟，第2~3节背板中央具菱形区以斜沟分开；产卵管鞘长为后足胫节的2.8倍。本种主要寄生于木材害虫。其体大并有金属光泽，是一种很美丽的昆虫。分布于海南（尖峰岭）。

黑蓝凿姬蜂是国家林业局令第7号《国家保护的有益的或者有重要经济、科学研究价值的陆生野生动物名录》中列入的昆虫种类。野外数量十分稀少，属于受国家保护的、禁止非法捕采和非法买卖的昆虫。

天幕毛虫绒茧蜂

天幕毛虫绒茧蜂是农林害虫的重要寄生性天敌。隶属于膜翅目、茧蜂科。雌蜂体长约2.5 mm，体黑色。翅透明，唇基、颜面、额窝、额、头顶均有规则的细刻点。侧单眼间距和单复眼间距等长。触角约与体等长。中胸盾片密布刻点，小盾片上亦有刻点，并胸腹节具皱纹，两后侧区光滑，中纵脊弱。前翅翅痣宽，痣后脉短。后足的长距为第1跗节长的2/3，短距为第1跗节长的3/5。腹部第1背板基半部凹陷、有光泽，端半部有皱纹、刻点；第2背板中域有皱纹；第3背板及以后背板均光滑。雄蜂体长约2.3 mm，触角明显长于体，并胸腹节的中纵脊明显，腹部较雌蜂的窄而短，其他特征同雌蜂。茧近纺锤形，丝质，淡黄色。

天幕毛虫绒茧蜂在陕西1年发生2~3代，以老熟幼虫在寄主体内越冬。翌年4月下旬羽化，产卵于中龄以上的天幕毛虫幼虫体内，卵期2~5 d，幼虫期6~15 d，蛹期5~10 d，成虫寿命10 d左右；幼虫老熟后钻到寄主体外结茧化蛹。成虫具趋光性，均在白天活动，飞翔能力亦较强。繁殖力亦很强，并多次产卵，每头雌蜂可消灭5~7头天幕毛虫的幼虫。被寄生的幼虫初期仍能活动，随着天幕毛虫绒茧蜂的幼虫生长发育，被寄生的幼虫逐渐不吃不动，到天幕毛虫绒茧蜂的幼虫钻出结茧时多已死亡，个别的头仍能摆动，但已不能爬行，更不能取食。

天幕毛虫绒茧蜂分布于我国陕西（各林区），以及欧洲、俄罗斯和日本。专寄生天幕毛虫幼虫。药物防治势必会影响生物天敌的生存。为了减少环境污染，保护有益天敌，给人类营造一个良好的生活环境，尽量避免采用化学防治。

紫胶白虫茧蜂

紫胶白虫茧蜂是农林害虫的重要寄生性天敌。隶属于膜翅目、茧蜂科。成虫体长3 mm。淡褐黄色。触角褐色至黑色。单眼座黑色。上颚端部褐色至黑色。翅透明，翅痣和翅脉褐色。产卵管鞘黑色。雌蜂触角与体等长，通常为 27 节（23~29 节）；雄蜂触角长于体长，一般为 29 节（22~32 节）。胸部背板、侧板和腹板及并胸腹节均有白色短柔毛；中胸盾纵沟不明显，达于后缘但不相接。并胸腹节端部具皱褶，中央有 1 条短纵脊。翅面密生细毛。腹部卵圆形，粗糙；产卵管长于体长之半。卵长椭圆形，略弯曲，头端钝圆，尾部尖圆形，乳白色，透明，卵壳光滑。少数卵在距尾端约 1/3 处有一明显的球形膨胀。刚孵化的幼虫乳白色，头部较钝，尾部较尖，体节明显。蛹初期淡黄色，后期棕黄色，复眼明显黑色，蛹的外被是一白色丝茧。

紫胶白虫茧蜂是紫胶白虫幼虫的体外寄生蜂。雌蜂产卵管较长，能沿着紫胶白虫的肛突孔插入胶被内，刺中紫胶白虫使之瘫痪，并产卵于其体表。卵孵化后，茧蜂幼虫即附着在寄主体表，吸食其体液。老熟幼虫在寄主尸体附近结茧化蛹，不久，成虫破茧自寄主为害胶层处羽化而出，即完成 1 个世代。在紫胶产区的气候条件下，紫胶白虫茧蜂无滞育现象，终年可以发育。在云南景东地区，此蜂每年可连续繁殖 11~12 代。引入广东以后，在丰顺紫胶产区自然条件下，1 年可繁殖 14~15 代；紫胶白虫茧蜂通常行两性生殖，也可孤雌生殖，但后者生殖的子蜂全为雄蜂。成虫羽化交配后，即在胶被上寻觅紫胶白虫产卵寄生，也有只刺死寄主而不产卵的。在紫胶林间，紫胶白虫茧蜂以紫胶虫分泌的蜜露为食，补充营养，但在久晴无雨或长期干旱情况下，胶虫蜜露的浓度和黏度很大，覆盖着整个胶被，随后发生煤污病，堵塞胶虫的呼吸和排泄孔道，并使紫胶白虫茧蜂难于在胶被上停留，影响其正常产卵。此外，人为的熏烟、喷洒农药，常可引起该蜂成虫大量迁出死亡。

紫胶白虫茧蜂分布于我国云南、广西、广东、海南、福建、四川、贵州。天然寄主有紫胶白虫、本地白虫、小白虫、黑虫。室内供繁殖用的寄主有棉红铃虫、橙尾白禾螟、茄白翅野螟和大蜡螟。

紫胶白虫茧蜂是重要的天敌昆虫，目前该昆虫已经人工饲养或者规模化生产。在天敌昆虫人工饲养基地等处，可能会出现为了获取经济利益而进行的盗窃、抢劫等犯罪活动，也有些犯罪分子可能为了经济利益向农户出售假冒天敌昆虫或者非活性天敌。

马尾茧蜂

马尾茧蜂隶属于膜翅目、茧蜂科。体长 15~24 mm。体光滑，有稀疏黄毛，头近立方形，额有 1 条中纵沟，盾纵沟明显。前翅小脉强度后叉式。腹部第 1 背板基部 1/3 处有深的中沟，两侧有深纵沟，后方中央似梨形隆起；第 2 背板基部中央有 1 个三角区，两侧亦具纵沟；第 3 背板前侧方有三角形区域。体淡褐红色；腹部第 2、3 背板色稍暗，第 3、4 腹节端缘深红褐色。触角、后足（大体上）黑色。翅黄色透明，外缘有宽的烟褐色带；前翅有 3 个褐色斑，在中室末端和第 1 盘室基部的斑近长方形，翅痣端部和径室基部的斑矩形，第 1 臂室的斑形状不规则；此外，第 1 盘室端部、第 2 盘室基部、第 2 臂室基部各有 1 个褐色至黄褐色斑。后翅中部亦有 1 个较大的卵形斑。雄蜂：并胸腹节中部中央及末端和腹部第 1 背板（除两端）、第 2~3 背板（除末端）黑色。后翅无斑。本种以产卵管长于体的 7~9 倍而称奇，寄主为云斑天牛。分布于浙江、日本。

马尾茧蜂是国家林业局令第 7 号《国家保护的有益的或者有重要经济、科学研究价值的陆生野生动物名录》中列入的昆虫种类。野外数量十分稀少，属于受国家保护的、禁止非法捕采和非法买卖的昆虫。

天牛茧蜂

天牛茧蜂隶属于膜翅目、茧蜂科。体长 19~24 mm。额具皱，近复眼处为刻点；颜面具粗网皱；唇基平，具浅刻点；盾纵沟深，内有横脊；小盾片前凹，半圆形，有 1 条纵脊；胸腹侧脊弱；基节前沟完整，具夹点刻皱。并胸腹节侧区具网状刻点，其余部位多不规则粗糙皱纹。前翅盘室无柄，小脉和回脉均后叉式；后翅小脉强度内斜，跗爪简单。腹部比头、胸部之和稍长；第 1 腹节最长，长约为后缘宽的 2 倍，气门在近缘部 1/4 两侧稍膨大之处，背板中央多粗糙网皱，侧方和基部多并列短刻条，以下各节光滑，仅具细刻点，但第 2 背板基部有刻纹。产卵管鞘约为体长的 1.5 倍。体黄褐色；触角黑褐色，基部两节黄褐色，雌蜂触角中段约 8 节黄白色；上颚末端黑褐色；腹部第 3 节后缘及以后各节黑色。翅稍透明，带烟黄色；前翅前缘脉及翅痣黑褐色，其余翅脉黄褐色。足黄褐色，后足胫节末端色稍深。体大型，罕见，极珍贵。寄主为天牛幼虫。分布于我国浙江及日本。

天牛茧蜂是国家林业局令第 7 号《国家保护的有益的或者有重要经济、科学研究价值的陆生野生动物名录》中列入的昆虫种类。野外数量十分稀少，属于受国家保护的、禁止非法捕采和非法买卖的昆虫。

斑头陡盾茧蜂

斑头陡盾茧蜂隶属于膜翅目、茧蜂科。体长 4.3~7 mm，头土黄色，触角黑褐色，鞭节基部黄褐色。胸部及并胸腹节基本上黑褐色。翅带烟黄色，翅痣黑褐色，基部黄褐色。足黄白色，头近方形，脸、头顶光滑，单眼区呈正三角形，触角 37~40 节。中胸盾片具细刻点，中叶前方陡斜，后方多网皱。中胸侧板上方具细皱，后胸侧板具粗刻点。并胸腹节基半有 1 条中脊，叉脊向两侧后又与侧纵脊相连，基侧区大部光滑。腹部第 1 背板长与端宽等长，第 1、2 背板具纵刻条，第 3~6 背板后缘质地薄，产卵管鞘长为后足胫节的 1.1 倍。

斑头陡盾茧蜂在广东南部每年可以完成 15~16 个世代，于 12 月下旬到翌年 1 月上旬在杉木皮层及边材之间的天牛虫道内结一白茧化蛹越冬。2 月底 3 月初当气温升到 16.3 ℃时，成虫陆续开始羽化，成虫寿命：雌蜂 17~25 d，雄蜂 11~20 d。完成 1 个世代需要 37~54 d。成虫羽化以 6~8 时最多，飞翔力强，可扩散 500 m 左右。羽化当天即可婚飞交尾，两性均可交配多次。产卵前 4~5 d 需食蜜露补充营养。产卵前，雌蜂先用触角在树干上试探寄主的栖居部位，将产卵管插进杉木树皮在天牛幼虫体内注射毒液，使幼虫麻痹，再产卵在寄主体外。一头雌蜂平均约产 20 粒卵，卵集中或分散产于寄主幼虫的腹背及两侧体表，每头雌蜂一般寄生 1~2 条寄主幼虫。幼虫营体外寄生，老熟后吐丝结茧化蛹。

斑头陡盾茧蜂分布于我国浙江、湖南、广东、广西。该蜂寄生于粗鞘双条杉天牛、松褐天牛、杉棕天牛、青杨天牛、双条合欢天牛、星天牛等幼虫。在室内可用松墨天牛和粗鞘双条杉天牛等幼虫作为繁蜂寄主，在天牛幼虫还未蛀入木质部前释放成蜂或蜂蛹最为合适。

斑头陡盾茧蜂是重要的天敌昆虫，目前该昆虫已经人工饲养。在天敌昆虫人工饲养基地等处，可能会出现为了获取经济利益而进行的盗窃、抢劫等犯罪活动，也有些犯罪分子可能为了经济利益向农户出售假冒天敌昆虫或者非活性天敌。

梵净山华甲茧蜂

梵净山华甲茧蜂隶属于膜翅目、茧蜂科。雄蜂体长 2.8 mm，复眼无毛，颜面中央有纵隆，满布细网皱；触角 24~26 节。中胸盾片满布网皱，小盾片近于光滑，前凹内并列纵刻条；胸侧脊伸至栅板中央，中胸侧板大部分光滑，后横脊强而完整。并胸腹节满布网皱，中纵脊明显。前翅痣外脉止于径脉，无肘脉第 1 段；第 2 肘室大，近长方形；小脉后叉式，外小脉下段消失；后翅径横脉存在。后足腿节长为粗的 2.7 倍，胫距短。腹部第 1~3 背板形成背甲，其上满布纵皱，有 2 条横缝；背甲基部收窄，第 3 节最宽；腹腔大，几乎紧靠外缘或后缘。体黑色；触角浅褐色，至端部色渐深，梗节黄褐色；翅基片浅褐色。足黄褐色，前、中足腿节带红褐色；后足腿节、各足胫节（除基部和跗节）背面带黑褐色（后足的色深）。翅带烟褐色，从翅痣基部有一无色狭横条伸到近后缘处；翅痣及翅脉黑褐色。该属只此 1 种，仅分布于我国贵州。

梵净山华甲茧蜂是国家林业局令第 7 号《国家保护的有益的或者有重要经济、科学研究价值的陆生野生动物名录》中列入的昆虫种类。野外数量十分稀少，属于受国家保护的、禁止非法捕采和非法买卖的昆虫。

酱色齿足茧蜂

酱色齿足茧蜂是农林害虫的重要寄生性天敌。隶属于膜翅目、茧蜂科。雌蜂体长约 13 mn，橘红色，被黄色长毛。触角、复眼黑色；翅烟褐色，脉和翅痣黑褐色；产卵管红褐色。唇基上缘凹陷，颜面有中纵脊和刻点；额凹陷；平滑；有中纵脊；头光滑，单眼互相紧靠，远离复眼；颊长约等于复眼纵径；触角稍短于体长，鞭节约 50 节。前胸背板具粗刻条；中胸盾片的刻点大，小盾片平滑，有极少数大刻点，有纵脊 5~6 条。后足基节背面有 2 根刺，上刺长而向下弯，长约为下刺的 3 倍；下刺短而直。并胸腹节具中纵脊和网状皱纹。腹部长纺锤形，与头胸之和等长；雄蜂比雌蜂略小，触角鞭节 41 节，前足胫节和跗节褐色，腹部第 3 背板刻纹明显，其余和雌蜂相同。卵卵圆形，乳白色，表面光滑。幼虫纺锤形，乳白色至淡红色，第 4~12 节的两侧有泡状突；口器发达，深褐色。蛹为离蛹，圆筒形，乳黄色，复眼和单眼红棕色。茧纯白色，似羊皮纸质，两面扁平，椭圆形。

酱色齿足茧蜂在新疆 1 年发生 3 代，以幼虫在寄主体外越冬。翌年 4 月开始化蛹。蛹期 9~13 d，成虫寿命 14~32 d，卵期 3~4 d，幼虫期 18~22 d（越冬幼虫除外）。由于 1 年发生多代，世代重叠现象非常严重，5~8 月间常可见到成虫。成虫多在晴天中午前后飞出活动，一生只交尾 1 次。雌蜂产卵时先将产卵管刺入寄主体内，分泌毒液，使寄主麻痹，然后在寄主体表产卵，每个寄主上只产 1 粒卵。幼虫孵化后在寄主体外寄生。由于雌蜂注射的毒液，寄主的幼虫一直麻痹不动，也不腐烂，待蜂的幼虫老熟后，才逐渐干瘪。

酱色齿足茧蜂分布于我国黑龙江、内蒙古、河北、北京、山西、河南、陕西、宁夏、新疆、江苏、安徽。寄主有家茸天牛幼虫和青杨楔天牛幼虫。药物防治势必会影响生物天敌的生存。为了减少环境污染，保护有益天敌，给人类营造一个良好的生活环境，应尽量避免采用化学防治。

桉树枝瘿姬小蜂

虫瘿

桉树枝瘿姬小蜂隶属于膜翅目、姬小蜂科。原产于非洲的乌干达和肯尼亚。雌蜂体长 1.1~1.5 mm，体黑色或黑褐色，有蓝色到绿色金属光泽。头扁平，单眼 3 个，呈三角形排列，周围有 1 条深沟；复眼红色，近圆形；口器边缘浅棕色到黄色。触角分为 4 部分，触角窝位于唇基和中单眼之间，处于复眼连线的上方。前胸背板短，中胸盾片无中线，侧缘有 2~3 根短刚毛，小盾片近方形，无中脊和侧褶。前足基节黄色，中后足基节黑色，腿节和跗节黄色，第 4 跗节顶端棕色。翅透明，翅脉浅棕色，后缘脉短，翅脉棕色；在翅痣和后缘脉之间有 1 个透明区域。腹部短，卵形，肛下板只延伸至腹部的一半。产卵器鞘短，长度不到腹部末端顶点。雄蜂一般很难见到。低龄幼虫球形，中龄和高龄幼虫蛆形，体乳白色，略透明。高龄幼虫蛆体背面可见面有 1 个浅褐色长条斑。幼虫充满虫窝，化蛹前在瘿室内形成 1 个薄茧，包裹着虫体。蛹为离蛹，乳白色，复眼淡红色，有光泽，蛹体湿润光滑。

当桉树枝瘿姬小蜂雌蜂遇到幼树的嫩枝时，产卵于 1~2 周内萌芽的嫩叶、嫩梢和幼嫩叶柄、中脉两侧的上皮组织中；卵呈直线排列。在夏季的野外林地，产卵一般发生在清晨和黄昏，但在室内可整天产卵；产卵后 1 d，幼嫩枝条受害部位会产生白色分泌物密封产卵孔。1 片叶上可产生虫瘿 3~6 个，最多达 65 个。其中有些虫瘿为多头幼虫共同寄居产生。1 个虫瘿所含的虫数越多，其成虫体型（体长和体重）越小。产卵后的 1~2 周内，虫瘿呈圆球形，翠绿色；后虫瘿变成典型的肿块型，并达到其最大体积，此时，虫瘿中的寄生者多为低龄幼虫。当低龄幼虫发育至高龄幼虫或预蛹时，虫瘿表面的颜色由绿色逐渐变淡，并进一步转变为粉红色。当虫瘿中大多为蛹和刚羽化的成虫时，虫瘿表面的色彩逐渐变得暗淡，在叶上产生的虫瘿变为浅红色，在茎上产生的虫瘿变为暗红色。后成虫从虫瘿中飞出，虫瘿表面可见出蜂孔，叶上的虫瘿变为淡淡的棕色，茎上的虫瘿变为红棕色。从卵到成虫的发育历期最短 120 d。该虫以老熟幼虫或蛹越冬，成虫于第 2 年春羽化并开始产卵。雌蜂不需要交配即可产卵，营孤雌生殖。每年发生 2~3 代，有世代重叠现象。

桉树枝瘿姬小蜂分布于我国广西、海南和广东的部分地区。桉树枝瘿姬小蜂可通过人为调运繁殖材料进行远距离传播，依靠成虫短距离飞行自然扩散，也可随风飘散。主要为害桉树苗木及幼林，叶片、叶脉、叶柄及嫩枝梢、嫩芽上出现肿大变形，肿大部位形成虫瘿，枝叶变小，整个植株矮化，树冠呈丛枝状，生长停滞，为害严重时导致苗木倒伏、落叶甚至枯死。

作为为害严重的外来入侵物种，它可以随寄主植物活体的调运做远距离传播。如果不加以管制，甚至可以扩散到全国大部分地区。因此我们在对园林植物苗木、植株及其他材料进行引种调运的过程中，一定要将其与农林害虫一样对待，严格进行检疫，严禁危险性害虫的传入或传出，对已传入的要及时封锁，就地消灭。海关要严格检疫，防止带有这些害虫的苗木、植株及其他材料再次携带外来物种入侵我国。

白蛾周氏啮小蜂

白蛾周氏啮小蜂幼虫

白蛾周氏啮小蜂隶属于膜翅目、姬小蜂科。雌蜂体长 1~1.5 mm。红褐色稍带光泽，但头部、前胸及腹部色深，尤其头部及前胸几乎为黑褐色，并胸腹节、腹柄及柄后腹第 1 节色淡，带黄色，触角褐黄色，上颚、单眼褐红色，胸部侧板、腹板浅红褐色带黄色，3 对足及下颚、下唇复合体均为污黄色。翅透明，翅脉褐黄色。头部前面观宽大于高，触角 11 节，触角窝中部位于复眼下缘的连线上，脸部在唇基基部处隆起最高。胸部通常具密毛，前胸背板后缘有 1 束鬃毛，中胸背片中叶上散生着 30 根左右刚毛，但三角片上无毛，小盾片长宽近相等，后部较宽，其上具网状刻纹，2 对长鬃毛紧靠两侧边着生，后胸盾片中部的长度是并胸腹节中部的 1/2 有余，气门着生的位置在并胸腹节长度的 1/2 靠前处。前翅长为宽的 2 倍，基室正面在端半部生有毛 2 根。腹部在第 2 节后缘及第 3 节前缘处最宽，第 1 节最小，每个臀突上的 3 根鬃毛中，有 1 根特别长，长度是其他 2 根的 2 倍。雄蜂体长 1.4 mm 左右，近黑色略带光泽，触角和唇基黄褐色，足基节黄褐色，其余各节为污黄色。触角 12 节。小盾片上第 1 对刚毛生于中部略靠前。并胸腹节气门稍小于雌蜂，腹部卵形，长与宽明显小于胸。

白蛾周氏啮小蜂成虫

白蛾周氏啮小蜂分布于我国陕西、山东、辽宁、河北及北京、天津。寄生美国白蛾、杨扇舟蛾、杨二尾舟蛾、腰带燕尾舟蛾、大袋蛾、榆毒蛾等鳞翅目食叶害虫的蛹，白蛾周氏啮小蜂群集寄生，其卵、幼虫、蛹及成虫产卵前期均在寄主蛹内度过。在陕西关中地区 1 年发生 5~7 代，以老熟幼虫在寄主蛹内越冬。翌年 4 月下旬至 5 月初成蜂羽化，刚羽化的雌蜂当天即可产卵寄生。卵为牡蛎形，半透明，产后 1 h 左右迅速吸水膨大，体积几乎为初产时的 3 倍，经 2~3 d 卵即孵化。幼虫蛆型，以寄主体内血淋巴及器官组织为食，经 10 d 左右寄主蛹内所有器官组织几乎被取食殆尽，然后在寄主体内化蛹。蛹期 1 d 左右，成蜂刚羽化时身体柔软，经过 4~5 h 后即硬化。成蜂在寄主体内羽化后，先进行交配，随后咬 1 个羽化孔爬出。1 头寄主蛹可出蜂 124~365 头。

白蛾周氏啮小蜂是重要的天敌昆虫，目前该昆虫可以柞蚕蛹为寄主进行人工繁殖，并且可以规模化生产。在天敌昆虫人工饲养基地等处，可能会出现为了获取经济利益而进行的盗窃、抢劫等犯罪活动，也有些犯罪分子可能为了经济利益向农户出售假冒天敌昆虫或者非活性天敌。

刺桐姬小蜂

刺桐姬小蜂隶属于膜翅目、姬小蜂科。雌蜂体长 1.45~1.6 mm，体黑褐色，间有黄色斑，略具光泽。头浅黄色，具 3 个红色单眼，略呈三角形排列。复眼棕红色，近圆形。触角 9 节，浅棕色。前胸背板黑褐色，中间具 1 个凹形浅黄色横斑，生 3~5 根短刚毛。小盾片棕黄色，具 2 对刚毛，少数为 3 对，中间有 2 条浅黄色纵线。翅透明无色，翅面纤毛黑褐色，翅脉褐色，亚前缘带基部到中部具刚毛 1 根，翅室无刚毛，后翅脉几乎退化，腹部褐色，背面颜色较腹面深，前、后足基节黄色，中足基节浅白色，腿节棕色，产卵器鞘不突出，藏于腹内。雄蜂体色较雌蜂浅，体长 1~1.15 mm，头和触角淡黄白色，头具红色单眼 3 个，略呈三角形排列。复眼棕红色，近圆形。触角 10 节，柄节柱状，无轮生刚毛；前胸背板中部有浅黄白色斑，小盾片浅黄色，中间有 2 条浅黄白色纵线；腹部上半部浅黄色，背面第 1、2 节浅黄白色，足全部黄白色；外生殖器延长，阳茎长而突出，并具 1 对腹侧突。卵乳白色，由卵体、卵柄和卵柄后端膨大部 3 部分组成。卵体呈长卵圆形，卵柄略呈弓形弯曲，卵柄末端略膨大。产于寄主组织内的卵，其膨大部变细，成为呼吸管。幼虫蛆型，乳白色，体略透明，大龄幼虫因肠道内食物的颜色常呈绿色。幼虫共 5 龄。蛹为离蛹，刚化蛹时乳白色，之后颜色逐渐加深，近羽化时体色与成虫相近。

刺桐姬小蜂生活周期很短，生殖力很强，完成 1 个世代约需 1 个月，1 年发生多个世代，且世代重叠严重。成虫羽化不久即能交配，雌蜂产卵前先用产卵器刺破寄主表皮，将卵产于寄主新叶、叶柄、嫩叶或幼芽表皮组织内。幼虫孵化后取食叶肉组织，引起叶肉组织畸变，受害部位逐渐膨大，形成虫瘿。叶片上大多数的虫瘿内只有 1 头幼虫，少数虫瘿内有 2 头幼虫；而膨大的茎、叶柄和新枝组织内幼虫数量可达 5 头或以上。幼虫在虫瘿内完成发育，并在其内化蛹，成虫从羽化孔爬出。

刺桐姬小蜂分布于我国台湾和广东的深圳、珠海、东莞、中山等珠三角地区及海南的三亚及福建的厦门。刺桐姬小蜂可随刺桐属植物苗木、植株和栽培介质的调运做远距离传播；通过它的转移取食为害可做近距离的扩散。

作为为害严重的外来入侵物种，它可以随寄主植物活体的调运做远距离传播。如果不加以管制，甚至可以扩散到全国大部分地区。因此我们在对园林植物苗木、植株及其他材料进行引种调运的过程中，一定要将其与农林害虫一样对待，严格进行检疫，严禁危险性害虫的传入或传出，对已传入的要及时封锁，就地消灭。海关要严格检疫，防止带有这些害虫的苗木、植株及其他材料再次携带外来物种入侵我国。

苜蓿籽蜂

苜蓿籽蜂又名苜蓿广肩小蜂、三叶草籽蜂。隶属于膜翅目、广肩小蜂科。雌蜂体长 1.2 mm，全体黑色。头大，有粗刻点，复眼酱褐色，单眼微带棕色，触角较短，10 节；胸部特别隆起，刻点粗大，无光泽，胸足基节带黄色，跗节和爪淡棕色，其余黑色；腹部侧扁，产卵器剑状。雄蜂体长 1.4~1.8 mm，触角较长，9 节，腹部末端圆形。卵卵圆形，具光泽，半透明，一端具细长的丝状柄。初龄幼虫绿色，长大后为白色，头部上颚棕黄色，其内缘有 1 枚三角形的小齿，无足。初化蛹为白色，后变为乳黄色，近羽化时为黑色，复眼红色。

苜蓿籽蜂分布于我国新疆、甘肃、内蒙古、宁夏。以幼虫、蛹随种子的调运做远距离扩散和传播，由于苜蓿籽蜂幼虫在种子内蛀食，被害种子失去正常的绿色而变为黄褐色，外表多皱褶，略鼓起；受害轻者失去发芽能力，重者仅剩空壳。严重影响牧草种子的质量和产量。一般苜蓿豆荚被害率达 40%左右，种子被害率达 30%。

苜蓿籽蜂一般1年发生1~3代，在条件适宜的地区可发生4~5代，以幼虫在豆科牧草的种子内越冬。越冬场所为田间残株、路旁或田边自生植株的种荚内，种子脱落场地及储存种子的仓库内。在新疆南疆1年发生3代，越冬幼虫在翌年4月中下旬5 d的候平均气温在13 ℃以上时开始羽化，5月下旬5 d的候平均气温在20 ℃左右时为羽化盛期，雄蜂羽化期比雌蜂早5 d左右；第1代幼虫发生在5月中旬至7月中旬，7月中旬为成虫羽化盛期；第2代幼虫发生在7月中旬至9月底，其中有部分幼虫滞育越冬，8月中旬为成虫羽化盛期；第3代幼虫从8月上旬起发生，直到越冬。

作为为害严重的外来入侵物种，它可以随寄主植物活体的调运做远距离传播。如果不加以管制，甚至可以扩散到全国大部分地区。因此我们在对园林植物苗木、植株及其他材料进行引种调运的过程中，一定要将其与农林害虫一样对待，严格进行检疫，严禁危险性害虫的传入或传出，对已传入的要及时封锁，就地消灭。海关要严格检疫，防止带有这些害虫的苗木、植株及其他材料再次携带外来物种入侵我国。

黏虫广肩小蜂

黏虫广肩小蜂隶属于膜翅目、广肩小蜂科。雌蜂体长2.8~3 mm。体黑色，触角黑褐色，触角11节，触角着生于颜面中部稍上方，柄节基部或连腹面黄褐色；足黑褐色，各足跗节黄褐色；翅透明，翅脉淡褐色。前翅缘脉长于痣脉而与后缘脉大致等长。头、胸部有深而密的圆形刻点，点间具网状脊纹，粗生灰白色细毛。前胸横长方形，其长、宽与中胸盾片相近；小盾片膨起，末端圆，三角片互不接触。并胸腹节梯形，倾斜，中央有纵槽。腹部光滑，约与胸部等长，第4背板稍长于第3背板；侧观以第2、3背板最厚，以后渐收窄，末端延伸呈犁头状；腹柄呈方形，有皱纹。雄蜂体长2~2.5 mm。体色、形态与雌蜂大致相同，但触角柄节短而宽，黄褐色。腹部短小，末端不尖锐，几为第1、2背板所占。

黏虫广肩小蜂分布于我国吉林、浙江、江西、湖南、福建、广东、贵州。为稻田中常见的重寄生蜂，常从寄生于稻螟蛉、黏虫、稻纵卷叶螟及稻眼蝶等多种害虫的蜂茧内育出，如螟蛉悬茧姬蜂、弄蝶绒茧蜂、螟蛉绒茧蜂、纵卷叶螟绒茧蜂、拟螟蛉绒茧蜂、多丝绒茧蜂、螟蛉内茧蜂、稻眼蝶内茧蜂、黏虫悬茧蜂、纵卷叶螟长体茧蜂。

药物防治势必会影响生物天敌的生存。为了减少环境污染，保护有益天敌，给人类营造一个良好的生活环境，尽量避免采用化学防治。

松毛虫跳小蜂

松毛虫跳小蜂是农林害虫的重要寄生性天敌。隶属于膜翅目、跳小蜂科。雌蜂体长0.9~1.6 mm。体黑色，有青铜色光泽。近椭圆形，短，粗壮。头横置有膨起，头宽为长的2倍，头比胸略宽。复眼很大，黑色，有网纹；单眼黑色。触角膝状，黑褐色；胸发达膨起，约占全体长的1/2；中胸盾片平阔，明亮。前翅长、大、透明，长出腹末1/2。腹短而宽，长度短于胸，腹略比胸宽。足黑褐黄色；后足各节等长，基节、腿节、胫节上部黑色，其余黄色。雄蜂体长0.9 mm左右。腹略窄于胸或与胸等宽。棒节无黄色环。

松毛虫跳小蜂在黑龙江海林林区1年发生3代，大多数以蛹，少数以幼虫在寄主卵内越冬。翌年越冬代成虫于6月间出现，7月下旬第1代成虫羽化、产卵。8月中下旬第2代成虫羽化、产卵。在一般情况下，于寄主卵内越冬。成虫羽化多集中在6~12时。成虫喜选择柞蚕剖腹卵和松毛虫新鲜卵寄生，卵愈新鲜，寄生率愈高。对发育3天以上的松毛虫卵的寄生率显著降低。松毛虫跳小蜂羽化2 h后即开始交尾，1头雄蜂可与多头雌蜂交尾，交尾后第2天开始产卵。1次产卵需10~27 min，1头雌蜂可寄生10~34粒松毛虫卵。1粒松毛虫卵最多出蜂4头，最少1头。成虫寿命与温度、光照关系十分密切。在弱光、20 ℃气温下，雌蜂寿命最短24 d，最长41 d；雄蜂寿命最短25 d，最长34 d。在弱光、27 ℃气温下，雌蜂寿命最短17 d，最长28 d；雄蜂寿命最短5 d，最长13 d。光线愈强，松毛虫跳小蜂的寿命愈短。

松毛虫跳小蜂分布于我国黑龙江。该蜂是落叶松毛虫卵的主要天敌之一，常与松毛虫黑卵蜂、松毛虫宽缘金小蜂同时发生，对控制松毛虫大发生起到一定作用。跳小蜂的自然寄主有落叶松毛虫卵和两种夜蛾卵，人工繁殖寄主有柞蚕卵、落叶松毛虫卵。

松毛虫跳小蜂是重要的天敌昆虫，目前该昆虫已经人工饲养或者规模化生产。在天敌昆虫人工饲养基地等处，可能会出现为了获取经济利益而进行的盗窃、抢劫等犯罪活动，也有些犯罪分子可能为了经济利益向农户出售假冒天敌昆虫或者非活性天敌。

白跗平腹小蜂

白跗平腹小蜂卵

白跗平腹小蜂隶属于膜翅目、旋小蜂科。雌蜂个体大小随寄主卵粒大小而异，从松毛虫卵中羽化出来的体长2~2.3 mm，体黑褐色，复眼赭褐色，后头、前胸、并胸腹节微带蓝色，头及脑具紫色金属光泽，腹部蓝褐色，近基部有1条窄的浅色横带。前翅基半部几乎透明，痣脉下有1个大深褐色斑，翅端褐色，足褐色，前足基节、腿节和后足基节、腿节、胫节及各足端跗节黑褐色，各足1~4跗节黄白色。头略宽于胸，触角着生于复眼下缘连线与口缘之间，柄节侧扁，几乎达中单眼，梗节长为宽的2.5倍，前胸背板具细纵刻纹，中胸和小盾片具网状刻纹，前翅狭长，中足强壮，胫节距与第1跗节大致等长，第1、2跗节腹面具黑褐色刺状突，第3节仅有2~3个微突。腹短于胸，后部宽而钝，背面较平滑，产卵管隐蔽，雄蜂与雌蜂形态差异很大，触角除第1索节宽大于长及第6索节方形外，其余各节均长大于宽，但第1索节与梗节均较短，长不及宽的1.5倍。中胸隆起，中胸侧板虽完整但不膨起。中足不特别强大。前翅透明，无褐色暗斑。

白跗平腹小蜂在湖南长沙常温下1年繁殖7~8个世代。9月底或10月上中旬进入越冬休眠，翌年4月中旬气温上升到17 ℃时，越冬代成蜂才大量羽化。以6~12时羽化最多。成虫在林中一般以爬行方式扩散，也能跳跃及飞翔，羽化当天即可交尾，雌蜂一生只交尾1次。产卵时雌蜂在寄主卵上爬行，用触角来回敲打并伸出产卵管在寄主卵壳表面刺探，找到适当位置后就将产卵管刺入寄主卵壳内，产完卵后用口器舐干从寄主卵内流出的内含物。未经交尾的雌蜂可营产雄孤雌生殖。成蜂大部分的卵在羽化后20 d内产出，第5~8 d为产卵的高峰期。

白跗平腹小蜂分布于我国黑龙江、辽宁、山东、江苏、浙江、江西、湖南、湖北、广东、云南。寄生马尾松毛虫、思茅松毛虫、云南松毛虫、银杏大蚕蛾、绿尾大蚕蛾、榆掌舟蛾、竹镂舟蛾、油茶枯叶蛾和华竹毒蛾等。室内可用柞蚕卵、蓖麻蚕卵繁殖，用于防治马尾松毛虫，是一种很有利用前途的蜂种。

白跗平腹小蜂是重要的天敌昆虫，目前该昆虫已经人工饲养或者规模化生产。在天敌昆虫人工饲养基地等处，可能会出现为了获取经济利益而进行的盗窃、抢劫等犯罪活动，也有些犯罪分子可能为了经济利益向农户出售假冒天敌昆虫或者非活性天敌。

舞毒蛾卵平腹小蜂

舞毒蛾卵平腹小蜂是农林害虫的重要寄生性天敌。隶属于膜翅目、旋小蜂科。雌蜂体长约3 mm。头绿色，具紫色光泽。触角柄节黄色，梗节及鞭节铜黑色。中胸盾片的两侧叶墨绿色，中叶金铜色，小盾片、三角片与侧板褐黄色。翅褐色，端部色淡，近基部透明；在痣脉前方有1条向内弯曲的透明带，将翅分为基部、中部及痣脉后方3条褐色横带。腹绿黑色，第1背板有1个黄斑。头横宽，单眼排列呈钝三角形。触角生于复眼下缘稍下，中胸盾片的中叶具刻点，侧叶具细网纹，中胸侧板具细线纹。腹略短于胸，近梯形，末端钝圆，产卵器微突出。雄蜂体长约 2 mm。头绿色。触角黑色，柄节下面黄色。胸绿黑色。翅无色透明。单、复眼距小于单眼直径。触角生于复眼下缘之上；中胸盾片、三角片及小盾片平坦，刻点细；并胸腹节具中纵脊。腹短于胸，基部狭窄、光滑。

此蜂主要为卵寄生，单寄生。在合适的温度、湿度条件下全年都可繁殖。成虫善爬行和跳跃，亦能做短距离飞行；有趋光性和向上性。雌蜂和雄蜂均能进行多次交尾。产卵期长达 15 d 左右。每头雌蜂一般产卵约 200 粒。每个寄主卵内仅产卵 1 粒，无过寄生现象。此特点有利于室内繁殖，放蜂后对寄主的抑制作用也大。

舞毒蛾卵平腹小蜂分布于我国河北、内蒙古、山西、陕西、江苏、江西、湖南。寄主有舞毒蛾、栗黄枯叶蛾、斑衣蜡蝉、牧草天蚕蛾、白斑黄毒蛾及黑腿绒茧蜂。室内用柞蚕卵、油松毛虫卵进行繁殖。

舞毒蛾卵平腹小蜂是重要的天敌昆虫，目前该昆虫已经人工饲养或者规模化生产。在天敌昆虫人工饲养基地等处，可能会出现为了获取经济利益而进行的盗窃、抢劫等犯罪活动，也有些犯罪分子可能为了经济利益向农户出售假冒天敌昆虫或者非活性天敌。

枯叶蛾平腹小蜂

枯叶蛾平腹小蜂是农林害虫的重要寄生性天敌。隶属于膜翅目、旋小蜂科。雌蜂体长 2.2～2.7 mm，深褐色。头部具紫色金属光泽，有绒毛。触角 13 节，单眼排列呈钝三角形，侧单眼距复眼边缘与单眼直径相等。前胸扁平向前逐渐变窄；背板中部凹陷，黄褐色，有 1 个从后缘向前突起的丘状深色斑。中胸背板中部明显凹陷，并着生若干较长的白色倒伏状毛；盾片、小盾片和三角片均呈丘状隆起，具有相同的稠密刻点，显紫黄色金属光泽；足褐色。前翅褐色，端部色渐淡，有 2 个横贯翅面的透明斑。腹部黑色，第 1 腹节色较淡，产卵器微露出腹末。雄蜂体长 1.6～2.4 mm，蓝绿色。头横形，触角 11 节。胸部隆起；小盾片发达，显著隆起。足蓝绿色。翅透明，有绒毛。腹部黑色，卵圆形。卵半透明，长椭圆形，前端有一突起，末端有细长柄。1 龄幼虫乳白色，体躯分节明显，腹末尖削，有叉状突。末龄幼虫淡绿色，后转为乳白色，体肥大，在卵内沿卵壳弯曲呈“C”形。初化蛹时乳白色，后渐变黑，复眼、颜、上颚、体躯背面和前翅变色较快。在变色过程中，可见颜与唇基间有 1 条白色横纹，中胸背板小盾片之前有 1 个倒“Y”字形白色纹。

枯叶蛾平腹小蜂在马尾松毛虫卵内 1 年发生 2～4 代，以预蛹在松毛虫卵内越冬。翌年 4 月中下旬开始羽化。分别在第 1、2 代松毛虫卵内繁殖 1～2 代，秋后以预蛹进入滞育状态越冬。该蜂全天均可羽化，但以 7～10 时最多。羽化后即可交尾，一般经 2 d 左右方始产卵，也有少数可当日产卵。未经交配的雌蜂亦可产卵，但皆发育为雄蜂。每个寄主卵内通常只产 1 粒卵，羽化 1 头蜂。产卵时如遇其他个体干扰（如雄蜂求偶等），已交配雌蜂往往回避，然后再回复原处产卵。越冬代成虫寿命较短，第 1 代平均寿命为 47 d，最高可达 70 d 以上，以后随气温升高成虫寿命逐渐下降。雌蜂、雄蜂比随寄主种类、寄主卵粒新鲜程度等变化很大。在四川林间马尾松毛虫卵内越冬代雌蜂、雄蜂比为 1.27∶1。枯叶蛾平腹小蜂除越冬代产卵量较低外，其余各代的产卵量比较接近，第 1 代每头雌蜂平均产卵量为 175 粒，最高者可达 300 粒以上。但其日产卵量则随寿命的增加呈下降趋势。

枯叶蛾平腹小蜂是马尾松毛虫卵期的优势寄生蜂，在四川马尾松林区内均有分布。对抑制松毛虫的为害起着一定的作用；此外该蜂个体较大，生命力较强，寿命与产卵期亦长，可用柞蚕卵、侧柏松毛虫卵进行人工繁育，是控制松毛虫灾害较为理想的卵寄生蜂之一。

枯叶蛾平腹小蜂是重要的天敌昆虫，目前该昆虫已经人工饲养或者规模化生产。在天敌昆虫人工饲养基地等处，可能会出现为了获取经济利益而进行的盗窃、抢劫等犯罪活动，也有些犯罪分子可能为了经济利益向农户出售假冒天敌昆虫或者非活性天敌。

螟黄赤眼蜂

螟黄赤眼蜂隶属于膜翅目、赤眼蜂科。雄蜂体长0.5~1 mm。体暗黄色，中胸盾片及腹部黑褐色。触角毛颇长而略尖。前翅臀角上的缘毛长约为翅宽的1/6。雄蜂外生殖器阳基背突呈三角形，有明显的呈半圆形的侧叶，末端达阳基背突的1/2，腹中突长约为阳基背突的1/3，中脊成对，其长与阳基背突长相等，钩爪末端伸达阳基背突的1/2左右，阳茎与其内突等长，两者长之和相当于阳基的长度，略短于后足胫节。

螟黄赤眼蜂

螟黄赤眼蜂以老熟幼虫或蛹态在寄主卵内越冬。一般11月下旬至12月上旬开始越冬，到翌年3月下旬或4月上旬开始羽化，1年可繁殖20~23代。1个世代发育历期：在25 ℃恒温条件下为10~12 d，其中卵期1 d，幼虫期1~1.5 d，预蛹期3~3.5 d，蛹期5~6 d。在适温范围内，大多数成蜂寿命2 d（1~4 d）。温度越高，寿命越短。雌蜂羽化后即能交配、产卵、寄生，雌蜂羽化后第1 d可以产出总卵量的87.7%。繁殖能力较强，1头雌蜂平均繁育子蜂63头。螟黄赤眼蜂主要活动在小丘陵地区，因此，其扩散能力远不及松毛虫赤眼蜂。

螟黄赤眼蜂分布于我国辽宁、北京、河北、山东、山西、河南、陕西、江苏、浙江、安徽、江西、湖南、湖北、四川、重庆、福建、广东、广西、海南、贵州、云南。

螟黄赤眼蜂是国内人工繁蜂应用较广的赤眼蜂种，寄主范围甚广，寄生于夜蛾科、天蛾科、灯蛾科、卷蛾科、细蛾科、螟蛾科、弄蝶科、枯叶蛾科等科的一些种。在林区寄主有松梢螟、杉梢小卷蛾、松梢小卷蛾、蓖麻蚕、马尾松毛虫、绿尾大蚕蛾、八点灰灯蛾、星黄毒蛾等及许多农业害虫的卵。

螟黄赤眼蜂是重要的天敌昆虫，目前该昆虫已经人工饲养或者规模化生产。在天敌昆虫人工饲养基地等处，可能会出现为了获取经济利益而进行的盗窃、抢劫等犯罪活动，也有些犯罪分子可能为了经济利益向农户出售假冒天敌昆虫或者非活性天敌。

拟澳洲赤眼蜂

拟澳洲赤眼蜂隶属于膜翅目、赤眼蜂科。体长0.5~1 mm。雄蜂体暗黄色，中胸盾片及腹部黑褐色。触角毛颇长而略尖，最长的相当于鞭节最宽处的2.5倍；前翅臀角上的缘毛长度约为翅宽的1/6。雄蜂外生殖器阳基背突呈三角形，有明显的呈半圆形的侧叶，阳茎与其内突等长，两者长之和相当于阳基的长度，略短于后足胫节。雌蜂在15~20 ℃下培育出来的成蜂体暗黄色，中胸盾片褐色，腹部全为褐色；在25 ℃下培育出来的成蜂腹部褐色而中央出现暗黄色的窄横带；在30~35 ℃下培育出来的成蜂中胸盾片亦为暗黄色，腹部褐色而中央有较宽的暗黄色横带。

拟澳洲赤眼蜂一般1年发生20~23代。在适温范围内成蜂寿命一般1~4 d，大多数为2 d。温度越高，寿命越短。如在30 ℃以上时成蜂寿命只有1 d；20 ℃以下时成蜂可活1周左右。产卵较为集中，一般羽化后即能产卵寄生。繁殖能力较强，1头雌蜂产的卵能繁育子代蜂最多136头，平均63头；能寄生蓖麻蚕卵最多5粒；能寄生地老虎卵最多50粒。拟澳洲赤眼蜂主要活动在小丘陵地区，因此，其扩散能力远不及松毛虫赤眼蜂。拟澳洲赤眼蜂以老熟幼虫或蛹态在寄主卵内越冬。一般11月下旬至12月上旬开始越冬，到翌年3月下旬或4月上旬开始羽化。

拟澳洲赤眼蜂分布于我国辽宁、河北、河南、陕西、江苏、浙江、广东、广西、安徽、湖南。该蜂自然寄主有松梢小卷蛾、微红梢斑螟、棉铃虫、小造桥虫、稻苞虫、亚洲玉米螟等。

拟澳洲赤眼蜂是重要的天敌昆虫，目前该昆虫已经人工饲养或者规模化生产。在天敌昆虫人工饲养基地等处，可能会出现为了获取经济利益而进行的盗窃、抢劫等犯罪活动，也有些犯罪分子可能为了经济利益向农户出售假冒天敌昆虫或者非活性天敌。

松毛虫赤眼蜂

松毛虫赤眼蜂隶属于膜翅目、赤眼蜂科。雌蜂体长 0.7~0.8 mm，雄蜂体长 0.5~0.7 mm。雌蜂体黄色，复眼及单眼红色。翅透明，翅脉浅褐色，前翅基部前下方具 1 个黑色弧形线斑，足端跗节褐色。头顶在单眼区及其前方共生有 14 根红色刚毛，侧单眼间距为单复眼间距的 5 倍多。触角 5 节，第 5 节膨大，上生有条形感觉器及感觉毛。头、胸、腹部基本等宽，胸部比腹部为短，为腹部长的 0.66 倍。中胸盾纵沟深，中胸盾片上生有 2 对刚毛，中胸小盾片近后缘处生有 1 对刚毛。前翅上的纤毛放射状排列。产卵器微露出腹末。雄蜂与雌蜂相似，但头部在后头部分具 1 条宽横带，触角上的感觉毛黑褐色，前胸背板及中胸盾片中叶黄褐色，腹部背板褐色，各足跗节浅褐色，触角仅为 3 节，末节上最长的刚毛相当于该节最宽处的 2.5 倍。卵长形，前端稍尖细，后端稍宽大，呈乳白色。幼虫前端狭小，后端膨大似囊状。蛹乳白色逐渐变为淡黄色，至羽化时呈棕色。头、胸、腹分界明显。复眼之间有 3 个单眼呈倒“品”字形排列。

松毛虫赤眼蜂 1 年中发生代数因地而异。广州 1 年发生 30 代；湖南 1 年发生 23 代，淮北 1 年发生 20 代；海南和广西合浦则终年可以繁殖。室内恒温下 1 年可繁殖 50 代以上。羽化时在寄主卵壁咬一圆形小孔，孔边缘较整齐。羽化盛期为 8~11 时。用柞蚕卵做寄主时，成虫未出卵壳前，即可在寄主卵内交尾，也有出壳后才交尾的。羽化后立即寻找寄主产卵，不论是受精卵还是未受精卵均能寄生。松毛虫赤眼蜂行两性生殖，未经交尾的雌蜂能孤雌生殖，其子代为雄蜂。松毛虫赤眼蜂繁殖能力很强，但与温度、湿度、母蜂个体大小、寄主种类及其新鲜程度均有密切关系。松毛虫赤眼蜂羽化后即能产卵，产卵高峰以羽化后 2 d 内最高。赤眼蜂对寄主卵一般都有选择性，但在某一寄主上繁殖若干代后，能形成对该寄主偏好不喜欢其他寄主的习性。

松毛虫赤眼蜂在全国各地均有分布。自然寄主有马尾松毛虫、落叶松毛虫、油松毛虫、文山松毛虫、思茅松毛虫、赤松毛虫、杉梢小卷蛾、稻纵卷叶螟、水青蛾、油茶枯叶蛾、樗蚕、斜纹夜蛾、苎麻夜蛾、亚洲玉米螟等。室内人工繁育的寄主有蓖麻蚕、柞蚕、黄刺蛾、油茶尺蛾等。

松毛虫赤眼蜂是重要的天敌昆虫，目前该昆虫已经人工饲养或者规模化生产。在天敌昆虫人工饲养基地等处，可能会出现为了获取经济利益而进行的盗窃、抢劫等犯罪活动，也有些犯罪分子可能为了经济利益向农户出售假冒天敌昆虫或者非活性天敌。

广赤眼蜂

广赤眼蜂是农林害虫的重要寄生性天敌。隶属于膜翅目、赤眼蜂科。雄蜂体长 0.6 mm，体暗黄色，头、前胸及腹部黑棕色；触角毛甚长，且末端尖锐，雄蜂外生殖器阳基背突强度骨化，三角形，有较宽的圆弧形的侧缘，基部明显变窄；中脊成对。阳基稍长于其内突，两者长之和稍长于阳基的全长，短于后足胫节。雌蜂体色与雄蜂相同。产卵器与后足胫节等长。

广赤眼蜂在湖南长沙（自然温度下）一般 1 年发生 23 代。成虫需要补充营养。在自然界中，赤眼蜂需要取食花蜜，蜜源植物充足的地区对其繁殖大为有利。广赤眼蜂繁殖力很强，1 头雌蜂产的卵最多能繁育出子蜂 147 头。产卵量多少与当时温度、雌蜂个体大小、寄主种类及其新鲜程度均有密切关系，在适温 26.8 ℃时，1 头雌蜂最多能寄生松毛虫卵 12 粒，最少 1 粒，能育出子蜂 19~147 头。喜将卵产于新鲜寄主卵，用新鲜寄主卵接种，母蜂产卵量多，出蜂率高，且子代蜂也较健壮活跃。如果寄主冷藏时间过长或寄主的胚胎发育时间长，则对母蜂产卵量、子代蜂的发育均有明显的影响。广赤眼蜂在野外以老熟幼虫或蛹态在寄主卵内越冬。11 月下旬至 12 月上旬开始越冬，直到翌年 3 月中下旬开始羽化，最早可在 3 月初羽化。

广赤眼蜂分布于我国黑龙江、吉林、辽宁、内蒙古、北京、山西、陕西、新疆、浙江、湖北、湖南、广西。广赤眼蜂寄生范围较广，主要寄生于枯叶蛾科、夜蛾科、螟蛾科、卷叶蛾科、灯蛾科、粉蝶科、食蚜蝇科等科的一些昆虫的卵中。

广赤眼蜂是重要的天敌昆虫，目前该昆虫已经人工饲养或者规模化生产。在天敌昆虫人工饲养基地等处，可能会出现为了获取经济利益而进行的盗窃、抢劫等犯罪活动，也有些犯罪分子可能为了经济利益向农户出售假冒天敌昆虫或者非活性天敌。

稻螟赤眼蜂

稻螟赤眼蜂隶属于膜翅目、赤眼蜂科。体长 0.5~0.8 mm。雄蜂体黑褐色至暗褐色；触角柄节淡黄色，其余黄褐色。触角毛长而尖，最长的相当于鞭节最宽处的 2.5 倍；前翅外缘的缘毛长度差异不大，臀角上的缘毛相当于翅宽的 1/5。外生殖器：腹中突不明显；中脊自两钩爪之间向基部伸出，其长度相当于阳基全长的 1/4，阳基背突末端钝圆，基部渐次收窄而无侧叶；阳茎明显长于其内突，两者长之和相当于阳基的长度，等于或稍长于后足胫节。雌蜂体色与雄蜂相似，产卵器略超出于腹部末端。

稻螟赤眼蜂分布于我国辽宁、河北、河南、陕西、江苏、浙江、安徽、江西、湖北、湖南、四川、福建、台湾、广东、广西、贵州、云南。喜好生活于稻田或与稻田环境相似的沼泽中，寄生于螟蛾科、夜蛾科、弄蝶科、小灰蝶科、灯蛾科等科的一些昆虫的卵中，是二化螟、稻纵卷叶螟、稻螟蛉、稻苞虫等害虫的重要的卵期天敌，对抑制这些害虫的发生数量起着重要的作用。

稻螟赤眼蜂可在米蛾卵中正常繁殖，大量繁殖散放于稻田内可继续保持较稳定的数量，是稻田内常见的赤眼蜂种。目前该昆虫已经可以进行规模化生产。在天敌昆虫人工饲养基地等处，可能会出现为了获取经济利益而进行的盗窃、抢劫等犯罪活动，也有些犯罪分子可能为了经济利益向农户出售假冒天敌昆虫或者非活性天敌。

玉米螟赤眼蜂

玉米螟赤眼蜂隶属于膜翅目、赤眼蜂科。体长 0.6 mm 左右。雄蜂体黄色，前胸背板及腹部黑褐色。触角鞭节细长；触角毛细长，最长的相当于鞭节最宽处的 3 倍；前翅臀角上的缘毛相当于翅宽的 1/6。雄蜂外生殖器阳基背突呈三角形，基部收窄，两边向内弯曲，中脊成对，向前伸展的长度相当于阳基的 1/2；阳茎稍长于其内突，两者长之和近于阳基的全长，明显短于后足胫节。雌蜂体黄色，前胸背板、腹基部及末端黑褐色，产卵器稍短于后足胫节。

玉米螟赤眼蜂分布于我国北京、吉林、辽宁、山东、山西、河北、河南、江苏、浙江、安徽、广东。喜好生活于旱地，有时发现于旱地附近的水稻田内。寄生于玉米螟及近似于玉米螟的螟蛾科昆虫的卵中，也寄生于刺蛾科、卷蛾科等科的一些昆虫的卵中。室内可用米蛾卵进行大量繁殖，但难寄生于柞蚕、蓖麻蚕等的卵中。

玉米螟赤眼蜂是寄生于玉米螟卵的重要寄生蜂种。目前该昆虫已经可以进行规模化生产。在天敌昆虫人工饲养基地等处，可能会出现为了获取经济利益而进行的盗窃、抢劫等犯罪活动，也有些犯罪分子可能为了经济利益向农户出售假冒天敌昆虫或者非活性天敌。

杨扇舟蛾黑卵蜂

杨扇舟蛾黑卵蜂隶属于膜翅目、黑卵蜂科。雌蜂体长 0.75~0.9 mm。体黑色，触角及足黑褐色，足的转节、胫节两端及 1~4 跗节黄褐色。头宽为长的 5 倍，头宽于胸，触角 10 节。额光滑，触角窝附近具横网纹，头顶具脊，后头向内凹入，头顶具网纹。胸部拱起，具粗刻点，小盾片光滑，四周具稀刻点。胸比腹短，约等宽。腹部第 1~2 背板基部具纵脊沟，第 2 背板长稍大于宽，纵脊沟为腹柄长的 1/2，雄蜂体长 0.75~0.8 mm，体色似雌蜂，但触角及足色浅，触角 12 节，呈念珠状，雄蜂外生殖器抱器上具1个爪，阳茎细长。

杨扇舟蛾黑卵蜂在野外以成虫越冬，翌年3月下旬到4月上旬越冬成虫开始活动。在北京，室内从5月下旬到9月下旬可连续繁殖8代。世代发育因温度不同而异。成虫羽化多在白天进行，主要集中在6~14时，羽化率一般为90%~98%，雌蜂羽化当天即可进行交配和产卵，喜欢寻找刚产1~2 d的新鲜卵寄生，产卵期长达14~16 d，但以前3~7 d的产卵数量最多。1头雌蜂平均可产65~69粒卵，在1个寄主卵内只发育1头子蜂，此蜂由于越冬期间死亡数量较多及寄主脱节等原因，早春自然界种群数量很少。但从6月中旬杨扇舟蛾第2代卵出现起，一直到9月上中旬第4代卵末期，由于寄主发生世代重叠，野外不缺寄主的卵，加之气温较高，发育周期缩短，黑卵蜂种群数量显著增加，致使第2~4代杨扇舟蛾卵的寄生率逐代增高。

杨扇舟蛾黑卵蜂分布于我国北京、山东、浙江、广西、贵州。该蜂寄生于杨扇舟蛾、杨小舟蛾、苎麻夜蛾等的卵中。

药物防治势必会影响生物天敌的生存。为了减少环境污染，保护有益天敌，给人类营造一个良好的生活环境，尽量避免采用化学防治。

松茸毒蛾黑卵蜂

松茸毒蛾黑卵蜂是农林害虫的重要寄生性天敌。隶属于膜翅目、黑卵蜂科。雌蜂体长0.85~1.01 mm，体黑色，有金属光泽。触角柄节两端及梗节褐色，其余为黑褐色。翅透明，翅脉灰白色。腿节中部黑褐色，两端黄色。胫节、跗节黄色，产卵管鞘黄色。头横置，比胸宽，头宽将近为长的3倍。复眼有纤毛。侧单眼靠近复眼。触角11节；触角全长0.55 mm。胸部卵圆形，背上有刻点，且有纤毛。翅痣脉长度不及缘脉的1/2，翅后缘脉又较缘脉为短；翅面满布纤毛；前翅外缘有缘缨，后翅缘缨较长。前足胫节膨大，距发达且弯曲。腹部后方最宽处较胸略宽，后方收缩比较明显，形成角度近直角。雄蜂体长0.68~1 mm。触角12节，黄褐色，柄节腹面黄色。足、腿节黄褐色，胫节、跗节皆黄色，腹部短小。卵椭圆形，两端尖，有柄。将孵化时呈圆形，胚胎清晰可见。

松茸毒蛾黑卵蜂在南京1年可发生9代，10月中旬以老熟幼虫在寄主卵内越冬，翌年5月上旬开始羽化。各代发育期长短直接与温度有关。发育时间除受温度直接影响外，幼虫期也因寄主卵内寄生个数多寡而有差异。如1粒寄主卵内只有1~2头幼虫，则幼虫期显著延长。成虫寿命因季节、个体大小、饲料的不同而有差异。一般雌蜂寿命为8 d左右，雄蜂寿命为7 d左右；气温高则寿命短，气温低则寿命长。成虫羽化时，雄先雌后。雄蜂羽化后，即急于求偶交尾，故徘徊于寄主卵壳之外。雌蜂羽化后即行交尾、产卵。产卵时，雌蜂侧卧于寄主卵侧，将产卵管刺入寄主卵内。松茸毒蛾黑卵蜂10月中旬产卵于第3代松毛虫和松茸毒蛾卵内，至11月上旬发育为老熟幼虫，翌年4月上中旬化蛹，4月下旬至5月上旬羽化为成虫。黑卵蜂在混交林中的寄生率高于纯林。

松茸毒蛾黑卵蜂分布于我国江苏、浙江、安徽、江西、湖南、福建、广东。寄生于松茸毒蛾、马尾松毛虫、油松毛虫等的卵中。

药物防治势必会影响生物天敌的生存。为了减少环境污染，保护有益天敌，给人类营造一个良好的生活环境，尽量避免采用化学防治。

松毛虫黑卵蜂

松毛虫黑卵蜂是农林害虫的重要寄生性天敌。隶属于膜翅目、黑卵蜂科。雌蜂体长0.84~1.26 mm，体黑色有光泽，触角黑褐色。翅透明，脉黄白色。足黑褐色，转节末端、胫节两端及跗节黄色，中后足胫节中间黑褐色，前足胫节色泽较中后足胫节略淡，前足转节基部暗褐色。产卵管鞘淡黄色。头横置，比胸略宽，头宽为长的3倍。颜面及前面光滑无刻点，头顶有粗刻点，后头向内弯入。复眼有毛，侧单眼贴近复眼。触角着生于颜面中点之下；触角共10节，翅面满布纤毛。外缘缘缨较长。后翅狭长，有缘缨且甚长。胸背卵圆形，密布刻点；小盾片光滑，有细刻点。腹部近椭圆形。产卵管伸出尾端外。雄蜂触角黑褐色，比雌蜂的略淡；触角 12 节，具长毛；身体一般比雌蜂小。卵初产为椭圆形，两端稍尖，有柄；幼虫虫体在体内未充满（寄主）卵黄处白色透明。老熟幼虫不食不动（寄主卵液亦已吃完），分节明显，寄主卵外观显出斑点或开始变色。蛹黑色，其变色由基部向末端扩展，复眼变色由黄色变为褐色，最后变为黑色。

松毛虫黑卵蜂在湖南、江西、江苏 1 年可发生 12~13 代，10 月下旬成虫在树皮缝隙中过冬，翌年 4 月中旬室内保种成蜂开始活动。林间自然越冬成蜂于翌年 4 月下旬开始活动。完成 1 个世代和各虫态经历日数随温度不同变化较大，一般为 11~23 d。7~8 月高温季节，完成 1 个世代只需 11~13 d；4 月梅雨季节，完成 1 个世代需 23 d。雌蜂羽化后即能产卵，也有经过 2~3 d 才产卵的。大部分卵都集中在羽化后 3 d 内产出，约 7 d 即产出全部卵。平均每头雌蜂能繁殖后代蜂 50 头左右，最多可产卵 216 粒。一般每头雌蜂寄生卵数 13 粒左右，最多为 65 粒。林中散放松毛虫黑卵蜂，羽化 15 min 后即开始扩散。黑卵蜂的高飞距离可达 6~7 m，一般多活动在 2~3 m 高的范围内。成蜂羽化均在白天进行。在同一寄主卵中，雌蜂羽化在先，雄蜂羽化在后。

松毛虫黑卵蜂分布于我国安徽、浙江、江苏、福建、江西、广东、广西、湖南、湖北、贵州、四川、云南、河南、辽宁、山东、河北。该蜂是马尾松毛虫、赤松毛虫、思茅松毛虫卵的主要天敌。以雌蜂寄生于松毛虫卵中。

松毛虫黑卵蜂是重要的天敌昆虫，目前该昆虫已经人工饲养或者规模化生产。在天敌昆虫人工饲养基地等处，可能会出现为了获取经济利益而进行的盗窃、抢劫等犯罪活动，也有些犯罪分子可能为了经济利益向农户出售假冒天敌昆虫或者非活性天敌。

茶毒蛾黑卵蜂

茶毒蛾黑卵蜂是农林害虫的重要寄生性天敌。隶属于膜翅目、黑卵蜂科。雌蜂体长约 0. 74 mm，体黑色。头宽大于胸宽和腹宽。头、胸被有微毛。头略呈半球形，长约为宽的 1/3。额区有细鳞纹；口器深褐色；上颚钩形，无齿。复眼黑色，上有白色细毛。单眼排成等腰三角形；触角 10 节，黄褐色。胸部发达，中胸背板膨起，上散生小刻点。小盾片三角形，显著凸起，上有小刻点。翅透明，密生微毛；后翅缘毛甚长，约为翅宽的 2/3。腹部卵圆形，可见 6 节；腹部自第 3 节开始渐渐收缩变窄。产卵器微外露。雄蜂体长约 0. 68 mm。雄蜂与雌蜂的明显区别是：触角 12 节，念珠状；棒节除末节为长卵形外，其余各节为长圆形。足黄褐色。腹部较短而瘦，末端平截。翅露出腹端部分亦较雌蜂为多。外生殖器基半部半筒形，端半部长三角形，前端有具 4 爪的掌状抱器。卵长椭圆形，有柄。老熟幼虫体肥胖，呈半球形。蛹前期体短而粗，后期瘦长，呈弯月形。初化蛹体白色，以后渐变为暗红色，最后全体黑色。

在我国南方地区，茶毒蛾黑卵蜂 1 年可发生 10 余代，以 1 龄幼虫在寄主卵内越冬。成虫于翌年 3 月底至 4 月初羽化飞出。羽化后即可交尾产卵。在室内 4~9 月可连续繁殖，无休眠、滞育现象。10 月中旬产的卵发育到 1 龄幼虫后即滞育过冬。1 龄幼虫以其发达的镰形上颚掏取食物，并随之不断进食，腹部由下而上逐渐膨大，最后身体呈梨形。幼虫老熟时，寄主卵内营养物已被食尽，透过卵壳可见虫体。成虫羽化时在寄主卵壳上咬 1 个不整齐的圆孔钻出。雄蜂羽化早于雌蜂。先羽化的雄蜂常守候在寄主卵壳旁，等待雌蜂钻出即与之交尾。雌蜂与雄蜂均可多次交尾，给予新寄主卵可很快诱发它们交尾。羽化的雌蜂当日即可产卵。产卵前先以触角探查寄主卵，待获得合适卵粒后即登上卵块产卵。在野外，每个寄主卵内仅产 1 粒卵。成虫喜择新鲜卵粒寄生。由于茶毒蛾卵块表面密盖绒毛，各层卵粒间黏结牢固而紧密，有碍黑卵蜂深入到第 2、3 层卵粒中寄生。

茶毒蛾黑卵蜂分布于我国河南、陕西、浙江、江西、湖北、湖南、四川、福建、广西、贵州。已知野外寄主为茶毒蛾，室内尚喜寄生幻带黄毒蛾、乌桕黄毒蛾、黄毒蛾、盗毒蛾、戟盗毒蛾等。

茶毒蛾黑卵蜂是重要的天敌昆虫，目前该昆虫已经人工饲养或者规模化生产。在天敌昆虫人工饲养基地等处，可能会出现为了获取经济利益而进行的盗窃、抢劫等犯罪活动，也有些犯罪分子可能为了经济利益向农户出售假冒天敌昆虫或者非活性天敌。

油茶枯叶蛾黑卵蜂

油茶枯叶蛾黑卵蜂是农林害虫的重要寄生性天敌。隶属于膜翅目、黑卵蜂科。雌蜂体长 0.95~1.2 mm，体黑色。触角 10 节，第 6~10 节形成棒状，第 1~6 节为棕黄色，第 7~10 节为褐色。头部具粗刻点，但复眼下方稍光滑，复眼具细毛。触角窝具横纹。头顶后缘具脊，向内弯入。中胸背部卵圆形拱起，上具粗刻点和毛。小盾片半月形。腹部第 1 节背板基部及第 2 节背板近基部 1/4 中央具纵脊沟，其余各节光滑。雄蜂体长 0.75~0.95 mm，体色比雌蜂稍浅。触角 12 节，第 1~7 节黄褐色，第8~12 节黑褐色；第 1 节粗短；第 2 节长为第 3 节的 1.5 倍；第 4、5 节较宽大；第 5 节端部变宽，内侧上方具突起；第 6~11 节各节相似，圆形；第 12 节圆锥形。卵长卵圆形，有柄，白色，透明。老熟幼虫白色透明，两头稍尖细，体弯曲呈半月形，体节明显。初化蛹时体白色。足芽、翅芽及外生殖器开始出现。蛹的后期，足芽、翅芽、触角都翻出体外，在蛹包膜内伸长；体色由白色逐渐变为淡黄色到黑色。

油茶枯叶蛾黑卵蜂在湖南 1 年发生 10~11 代。10 月下旬至 11 月上旬开始越冬。越冬代成虫于 4 月上中旬羽化。雌蜂羽化后，当天即可产卵，以第 2 d 产卵为多；多集中在 4 d 内产完，5 d 以后产卵很少。产卵前雌蜂在寄主卵上来回爬行，并伸出产卵管在寄主卵壳表面试探多次，找到适当部位后才刺入寄主卵壳内产卵，多从寄主卵的向光面或侧面产入。一般在早晨和上午产卵较多。在有光的情况下，白天、晚上都可产卵，处于黑暗时则不寻找寄主卵。

油茶枯叶蛾黑卵蜂分布于我国湖南、广东。自然寄主有油茶枯叶蛾、马尾松毛虫和竹镂舟蛾。小量繁蜂可在玻璃管中进行；大量繁殖可在特制的木箱或繁殖赤眼蜂用的蜂箱中进行。

油茶枯叶蛾黑卵蜂是重要的天敌昆虫，目前该昆虫已经人工饲养或者规模化生产。在天敌昆虫人工饲养基地等处，可能会出现为了获取经济利益而进行的盗窃、抢劫等犯罪活动，也有些犯罪分子可能为了经济利益向农户出售假冒天敌昆虫或者非活性天敌。

丽锥腹金小蜂

丽锥腹金小蜂隶属于膜翅目、金小蜂科。雌蜂体长 20.5 mm。头、胸、腹具蓝色至蓝紫色光泽；前翅淡烟色，翅痣处有烟色晕斑，翅后缘上部具烟色斑；足除基节外，其余各节深褐色，端部稍淡。头胸部刻窝明显；胸部隆起，并胸腹节中部微前凹，具纵脊。前翅缘脉基部加宽，长为痣脉的 3.2 倍，痣后脉长为痣脉的 1.8 倍。中胸侧板大，腿槽上方具 1 条光滑斜带。后足基节背内侧具脊，后足胫节背侧 9 齿成排。腹部表面密布小刻窝，各节后缘呈光滑的狭横带，第 2 背板隐藏，第 1、3 背板约等长，第 4 背板长为第 1、3 背板长之和的 1.1 倍，后部 1/2 中央处有 1 条弱纵脊，第 5~7 节延长为锥形，其长度为头胸与腹部第 1~4 节长之和的 1.65 倍。

本种为小蜂总科中体最长者，约为最小小蜂体长的 100 倍。

丽锥腹金小蜂分布于我国陕西、台湾及南方各地。寄生于天牛（如家茸天牛）、吉丁甲、象甲等蛀干害虫的幼虫。成虫在陕西关中于 6 月上旬至下旬出现。

丽锥腹金小蜂是国家林业局令第 7 号《国家保护的有益的或者有重要经济、科学研究价值的陆生野生动物名录》中列入的昆虫种类。野外数量十分稀少，属于受国家保护的、禁止非法捕采和非法买卖的昆虫。

管氏肿腿蜂

管氏肿腿蜂是农林害虫的重要寄生性天敌。隶属于膜翅目、肿腿蜂科。雌蜂体长 3~4 mm，分无翅和有翅两型。头、中胸、腹部及腿节膨大部分为黑色；前胸、后胸为深黄褐色；触角、胫节末端及跗节为黄褐色；头扁平，长椭圆形，前口式；触角 13 节，基部 2 节及末节较长；前胸比头部稍长，后胸逐渐收狭；前足腿节膨大呈纺锤形，胫节末端有 2 个大刺；有翅型前、中、后胸均为黑色，翅比腹部短 1/3，前翅亚前缘室与中室等长，无肘室，径室及翅痣中室后方之脉与基脉相重叠，前缘室虽关闭，但其顶端下面有一开口，这些特征为本属所具有的属征。雄蜂体长 2~3 mm，亦分有翅和无翅两型，但 97.2%的雄蜂为有翅型。体黑色，腹部长椭圆形，腹末钝圆，有翅型的翅与腹末等长或超出。卵乳白色，透明。幼虫头尾部细尖，黄白色。蛹初期为乳白色，羽化前为黑褐色。外结白茧。

管氏肿腿蜂 1 年发生世代数随温度的变化而异，在山东 1 年发生 4 代，在粤北山区 1 年发生 5~6 代，广州 1 年可发生 7~8 代。以受精的雌蜂在寄主虫瘿或虫道内群居越冬。翌年春季最高气温达 20 ℃即出蛰活动。该蜂是一种体外寄生蜂。一般 1 个虫瘿钻入 1 头蜂，个别也钻入 2 头蜂，无互相残杀现象。雌蜂钻入寄主虫瘿后，将尾刺插入寄主体重复刺螫，使其呈麻痹状态，然后拔出尾刺，开始取食寄主体液，进行营养补充。产卵部位多在寄主的胸、腹部两侧和体壁皱褶处。幼虫孵化后群聚寄主体表，头部插入寄主体内，吸食体液，老熟后在寄主虫瘿或虫道内结白茧化蛹。雌蜂产卵后与其后代同时生存，以随时保卫后代的安全，若发现卵脱离寄主体，即用足将其移向寄主体。待子代蜂羽化后，一同爬出虫瘿。成虫羽化后在群居虫瘿内进行交尾活动，3~4 d 后爬出虫瘿寻找新的寄主。雌蜂羽化后爬出茧外，一般伏在茧上不动。雄蜂迅速爬行，寻找雌蜂交尾，因而形成了近亲繁殖。

管氏肿腿蜂分布于我国辽宁、北京、河北、山东、山西、河南、陕西、甘肃、青海、江苏、上海、浙江、湖南、福建、广东。自然寄主包括粗鞘双条杉天牛、青杨天牛、松褐天牛和星天牛等害虫。经人工放蜂还能寄生梨眼天牛、多带天牛、锈斑楔天牛。该蜂的雌蜂寿命长、繁殖力强、钻蛀能力强、越冬存活率高、人工繁殖容易。是一种防治小型钻蛀性害虫的有效天敌昆虫。

管氏肿腿蜂是重要的天敌昆虫，目前该昆虫已经人工饲养或者规模化生产。在天敌昆虫人工饲养基地等处，可能会出现为了获取经济利益而进行的盗窃、抢劫等犯罪活动，也有些犯罪分子可能为了经济利益向农户出售假冒天敌昆虫或者非活性天敌。

四川硬皮肿腿蜂

四川硬皮肿腿蜂隶属于膜翅目、肿腿蜂科。无翅雌蜂体长 3.5~4.5 mm，体黑色；触角黄色，第 1 节黑褐色；足黑色，跗节黄色，体有细弱皱纹和小刻点，有光泽；无单眼，唇基前缘呈弧形凹入深，上颚具 3 枚齿。有翅雌蜂体长 2.5~5 mm；体黑色，触角黄色，第 1 节黑褐色；足黑色，跗节黄色；有些个体并胸腹节背面有 2 个圆形的褐黄色斑；体有细弱皱纹和小刻点，有光泽；具单眼，唇基前缘呈弧形凹入浅，上颚具 3 枚齿。有翅雄蜂体长 2.2~3 mm，体黑色；触角褐黄色，第 1 节黑褐色；足黑色，跗节黄色；体有细弱皱纹和小刻点，有光泽；具单眼，唇基前缘较平截，上颚具 4 枚齿，

四川硬皮肿腿蜂在四川 1 年发生 3~4 代。以成蜂在天牛蛀道内越冬。翌年春季气温达 20 ℃时出蛰活动，寻找新寄主，找到寄主后，即先行将寄主麻痹，再进行补充营养和产卵寄生。每头寄主幼虫上可产卵数粒至 100 多粒。幼虫群聚寄主体表寄生，老熟后在虫道内结茧化蛹，雌蜂有护卵和护幼习性。温度对该蜂的活动能力和发育速度有明显影响，该蜂较适于寄生个体较小且活动能力较差的寄主。

四川硬皮肿腿蜂分布于我国四川，南方许多省区还引进繁殖利用。四川硬皮肿腿蜂的自然寄主最早发现的是粗鞘双条杉天牛。在实验室条件下，常用杉棕天牛做寄主进行大量繁殖。国内主要用于粗鞘双条杉天牛、双条杉天牛、花椒虎天牛、星天牛和松褐天牛等害虫的生物防治。

四川硬皮肿腿蜂是重要的天敌昆虫，目前该昆虫已经人工饲养或者规模化生产。在天敌昆虫人工饲养基地等处，可能会出现为了获取经济利益而进行的盗窃、抢劫等犯罪活动，也有些犯罪分子可能为了经济利益向农户出售假冒天敌昆虫或者非活性天敌。

贵州华颚细蜂

贵州华颚细蜂隶属于膜翅目、离颚细蜂科。雌蜂体长 6.7 mm。体黑色。触角柄节黑褐色，其余

暗红色。足黑褐色，腿节最基部暗红色；前、中足胫节和跗节褐黄色；后足胫节和跗节淡褐色。翅端半烟色，翅痣及强脉黑褐色。额宽，具粗刻点，在其下方中央有“Y”形脊连至很短的颜面；唇基很宽；上颚闭合时不相接触，有4枚齿，第2枚齿最大。复眼达于上颚基部，单眼小，头顶光滑；后头脊细，中央稍下凹；上颊长，强度隆起。触角窝周围甚凹入，触角短。胸部具粗刻点；盾纵沟深，几达后缘，沟内有洼凹；中胸侧板有1个大凹陷；小盾片前凹及后方均有洼凹5个；后胸侧板具粗网皱，但中央有一小块光滑区。并胸腹节向后方收窄，表面具强纵脊和粗网。腹部愈合背板和愈合腹板占腹部绝大部分，基部有发达的横脊及由此伸出的纵皱，其余部分散生刻点；愈合背板之后的背板勺形，中央有梭形的光滑区域；愈合腹板除基部有一深中沟外，沿沟缘及两侧有3条细纵皱，沿后缘有平行的低皱6条。产卵管鞘细长，长为腹长的1.34倍。离颚细蜂科全世界共5种，本属仅此1种分布于我国，在地理分布研究上有特殊意义。分布于我国贵州。

贵州华颚细蜂是国家林业局令第7号《国家保护的有益的或者有重要经济、科学研究价值的陆生野生动物名录》中列入的昆虫种类。野外数量十分稀少，属于受国家保护的、禁止非法捕采和非法买卖的昆虫。

中华新蝾蜂

中华新蝾蜂隶属于膜翅目、蝾蜂科。雌蜂体长1.75 mm。体光滑，有极细柔毛。头背面观梨形，额后方中央有小圈凹痕；单眼2个，复眼较小，具毛；背观复眼长度与复眼至头的后侧角距离相等，稍短于触角窝至复眼的距离；触角17节，柄节长约为宽的2倍，第2~16节均横形；上颚狭长，端尖，具3个小端齿。前胸背板长短于头，约为自宽的1.5倍，前方稍宽，背面和侧面均近于平坦，两者之间呈直角相交。中胸盾片甚小，位于前胸后缘之凹入部位；小盾片盾形，长稍大于宽；后胸背板中央很短；并胸腹节长稍大于宽，后方向下斜。前足腿节和胫节粗大，第2、3、4跗节长之和稍长于第5跗节；爪垫甚大，爪不分叉；后足基节有1条发达的背前侧脊和背后侧脊；中后足跗爪均具亚端齿。腹部可见6节。头、胸部黄褐色，腹部带赤褐色。复眼、腹基部及爪黑色至黑褐色。寄生于足丝蚁雌虫体外腹部环节之间，聚寄生。蝾蜂科全世界仅知4属约20种，我国仅记录此种，形态特异，性二型，雄蜂有翅尚未见，极为罕见。分布于我国广西。

中华新蝾蜂是国家林业局令第7号《国家保护的有益的或者有重要经济、科学研究价值的陆生野生动物名录》中列入的昆虫种类。野外数量十分稀少，属于受国家保护的、禁止非法捕采和非法买卖的昆虫。

叶齿金绿泥蜂

叶齿金绿泥蜂隶属于膜翅目、泥蜂科。雌蜂体长24~32 mm。头宽大于高，散生刻点；触角窝与额唇基沟接触；唇基宽是长的4~5倍，中部中等突出，端缘弧状突出，具5枚大齿；上颚细长，端部尖；后头脊完整，并与口后脊接触。前胸和中胸散生刻点，领片高，背面中央有纵沟；前侧沟下端伸至中胸侧板前下方。并胸腹节长，背区有“U”形围区，有气门沟。前翅第1回脉伸入第2亚缘室，第2回脉伸入第3亚缘室，后翅第3臀脉与翅后缘明显分开。前足跗节具耙状构造。腹部具腹柄，腹柄仅由第1节腹板围合而成，约与后足基节等长。体和足基节、腿节为金属蓝色、绿色或紫色；触角、足胫节下部和跗节为黑色。雄蜂体长15~26 mm。触角窝与额唇基沟分开，其距离小于触角窝直径；唇基宽为长的2倍，端缘弓形，中部凹缺；前足无耙状构造；其他特征同雌蜂。捕猎蟋蟀。本种体型大而且色泽极为艳丽，分布地区也较狭，此属我国仅知2种，极为珍贵。分布于我国海南、广西、云南。

叶齿金绿泥蜂是国家林业局令第7号《国家保护的有益的或者有重要经济、科学研究价值的陆生野生动物名录》中列入的昆虫种类。野外数量十分稀少，属于受国家保护的、禁止非法捕采和非法买卖的昆虫。

日本弓背蚁

日本弓背蚁是农林害虫的重要捕食性天敌。隶属于膜翅目、蚁科。工蚁体长7.36~13.81 mm，身体大小相差很大，分大型、中型、小型3种类型。体黑色，少数个体颊前部、唇基、上颚和足红色。头与并腹胸具稀疏的黄色倾斜毛，后腹部倾斜毛和倒伏毛都十分丰富，并具丰富的白色柔毛被。上颚具5枚齿。触角着生处远离唇基。并腹胸背面呈连续的弓形。腹柄结鳞片状，顶端圆。雌蚁体长15.36~15.86 mm。头较小，具3个单眼，复眼较突出。中胸十分发达，并胸腹节斜面长是背面的3倍。腹柄结薄而宽，后腹部粗大。头与并腹胸具短而稀疏的直立毛，后腹部毛被丰富，但不具倒伏毛，末端毛更丰富。其余同工蚁。雄蚁体长9.66~9.68 mm，头很小，具3只单眼，复眼很大。上颚窄，具2枚齿。后腹较细长。其余同工蚁。卵椭圆形至圆柱形，淡黄色，表面光滑。幼虫纺锤形，头部弯曲。蛹为具茧蛹，茧白色至褐黄色。

日本弓背蚁在我国各地均有分布。该蚁为杂食性昆虫，对多种森林昆虫有捕食作用，是松毛虫的重要天敌。不过，日本弓背蚁是资源昆虫柞蚕的天敌，对养蚕业威胁很大，为预防其为害的发生，可采用在蚁巢周围撒放蚂蚁药和用土掩埋巢口的方法彻底消灭蚁群。同时也要防止有人会利用它进行违法犯罪活动。

日本弓背蚁也是一种营养丰富的食用昆虫。餐馆、超市、菜市场和集贸市场也会有食用昆虫出售。在这些地方有可能会发生因经济利益而进行的盗窃、抢劫等犯罪活动，在餐馆、超市等犯罪现场也有可能出现它的踪迹。

黑褐举腹蚁

黑褐举腹蚁隶属于膜翅目、蚁科。工蚁体长2.7~5 mm，头部近方形，后头缘轻度凹陷，头侧缘适度隆起，上颚三角形，具5枚齿。唇基前缘轻度隆起。触角11节，柄节略超过后头角，触角棒3节。侧面观前中胸背面较平，前中胸背板缝在侧面明显，后胸沟深凹。并胸腹节背面隆起，并胸腹节刺长而直，约与并胸腹节背面等长。腹柄背面平直，前下角具齿突，背面观腹柄两侧轻度扩展呈钝角状，后腹柄背面中央具纵沟。上颚具细纵条纹，头部、中胸侧板上部、后胸侧板、并胸腹节背面和侧面具细纵条纹。头部、胸部和腹柄具密集粗糙刻点。后腹柄和腹部具密集细刻点。头部、身体背面和附肢具丰富直立、亚直立毛；头部、胸部、腹柄和后腹柄黄褐色，腹部黑色。

黑褐举腹蚁分布于我国江苏、浙江、安徽、江西、湖南、四川、台湾、福建、广东、海南、广西、云南、香港、澳门，东南亚地区也有分布。黑褐举腹蚁捕食的害虫有松毛虫和松毒蛾等。黑褐举腹蚁在松林、阔叶林或针阔叶混交林内树干分叉处筑巢，蚁巢圆形至椭圆形，直径5~25 cm。蚁巢灰黑色，由蚂蚁的分泌物黏结干燥的树叶和杂草的碎屑建造而成。巢内疏松，孔道纵横交错，多蚁后制，一个蚁巢内有多个蚁后。生态位宽阔，可以在植物上地表和土壤内觅食。在广西，3月上旬第1批有性蚁和新工蚁开始出现，繁殖1代需1~2个月，春季气温1 ℃时开始活动，气温25~30 ℃时活动最频繁，工蚁只在白天外出。该蚁能有效控制松毛虫的为害。通过人工迁移可以增加林内蚁巢数量，方法是用麻袋收集蚁巢运到松毛虫经常成灾的林内。

黑褐举腹蚁是对人、畜能造成一定危害的有毒动物，有人会利用它进行违法犯罪活动，在某些犯罪现场也有可能出现它的踪迹。

扁平虹臭蚁

扁平虹臭蚁是农林害虫的重要捕食性天敌。隶属于膜翅目、蚁科。工蚁体长2.85~3.8 mm。体黑至黑褐色；触角色较淡。毛被十分稀疏，主要位于头前部和后腹末端。柔毛被细而紧密，使身体呈现灰白色。头长大于宽，侧缘稍凸。上颚长，咀嚼边与外缘长度相接近。唇基三角形。并腹胸细且窄。并胸腹节凸起呈球形。腹柄结宽大于长，向前倾斜，前后面均平，上下厚度相等，顶端圆。后腹宽卵形。雄蚁体长 3.76~4.08 mm，头很小，圆形。复眼大，超出头侧缘。触角丝状，13 节。腹柄结很小。后腹部卵形。其余似工蚁。雌蚁体长 7.33~8.51 mm，毛较丰富，中胸背板发达，并胸腹节背板低于中胸背板。后腹部大，卵形。其余似工蚁。幼虫白色，短圆柱形。蛹白色。

扁平虹臭蚁营地下巢，巢在植被稀疏的杂草、小灌木处，依杂草和小灌木形成蚁冢。蚁冢由土粒、马尾松雄花、草叶、虫粪等堆积而成，蚁冢呈坟状、圆球状或不规则形状。巢口数量最少为 1 个，多则达数十个。工蚁白天活动，气温越高活动速度越快。扁平虹臭蚁外出活动的数量与气温变化有紧密关系。在气温低于 15 ℃时一般不外出活动，即使爬出巢外，活动也十分缓慢。气温高于 15 ℃时，工蚁开始外出，随气温升高，活动速度加快。此蚁活动十分迅速，在活动过程中方向不断变化。8~16 时外出活动较活跃。在此时间范围外活动少而缓慢。20 时至翌日 6 时，扁平虹臭蚁不外出活动。一般仅工蚁外出活动，偶尔蚁后也外出夹在工蚁中间取食。活动距离一般不超过 7 m。工蚁外出活动可分为 4 种类型，即觅食、建巢、受惊扰后的反应行为和搬运幼体。觅食活动占的比例最大。发现食物后，常吸引更多的工蚁前去取食，直至将食物全部食尽。扁平虹臭蚁攻击性强，人被其上颚咬住后十分疼痛，此蚁可将大于本身数十倍的昆虫等小型节肢动物捕杀。

扁平虹臭蚁分布于我国上海、浙江、安徽、湖南、台湾、福建、广东、广西、贵州、云南、香港、澳门。为捕食能力较强的蚁类，可捕食松毛虫等森林害虫。

扁平虹臭蚁是对人、畜能造成一定危害的有毒动物，有人会利用它进行违法犯罪活动，在某些犯罪现场也有可能出现它的踪迹。

中国小黑家蚁

中国小黑家蚁隶属于膜翅目、蚁科。工蚁体长 1.5~2 mm。全体黑褐色，体被稀疏白色细毛。触角、足及腹下方色较淡，足的转节和跗节淡黄色。头长大于宽，近长方形，复眼位于头侧中间。触角的柄节不达头顶，鞭节棒由 3 节组成，共 12 节。上颚咀嚼缘斜，具 4 枚齿。唇基突起。前、中胸背板突圆，前背板较宽大，中胸背板次之，后胸背板侧扁，无刺。第 1 腹柄结稍钝圆，前端有小柄，第 2 腹柄结横形，两腹柄结宽度近似。腹部卵圆形，背面可见 4 节。

中国小黑家蚁分布于我国北京、山东、江苏、浙江、福建、台湾、广东、海南。

中国小黑家蚁不但以尸体为食，还大量捕食尸体上活动的蝇蛆。当这些种类的昆虫数量较多时，甚至可明显影响蝇蛆群体的活动，导致昆虫分解尸体的过程变慢。根据这一类昆虫的活动情况，可通过昆虫群落演替和发育学数据推断死亡时间。

黄猄蚁

黄猄蚁又名黄柑蚁，是农林害虫的重要捕食性天敌。隶属于膜翅目、蚁科。工蚁分大、小两型，大型体长 9.5~11 mm，小型体长 7~8 mm。体锈红色，有时为橙红色。全身有十分细微的柔毛。头与并腹胸不具立毛，后腹末端有少许短立毛。触角着生处远离唇基后缘。下颚须短，5 节；下唇须 4 节。上颚长，咀嚼边宽，端齿弯曲，并腹胸细长，前胸背板前部颈状；中胸缢缩，侧面观鞍状；并胸腹节背板圆，球形。足细长。整个身体具弱的光泽。雌蚁体长 15~18 mm；形似工蚁，但头很宽，并腹胸短粗，中胸背板十分发达；腹柄结短，体青黄色。雄蚁体长 6~7 mm；头部较小，上颚窄，咀嚼边齿不明显；触角 13 节；体棕黑色，具丰富的红褐色柔毛被。

黄猄蚁在树上由幼虫吐丝将树叶缀成蚁巢居住。巢外壁紧密，仅留数口供工蚁出入。蚁巢小的为橄榄形，只有 5~6 cm；大的近圆形，可达 30 cm 以上，有的长达 54 cm。蚁巢多建在枝叶较密的树上，1 株树上可有 5~6 个蚁巢。当树叶焦枯或蚁巢受损时，即另建新巢。建巢时工蚁排列成行，以中、后足拉住叶片，头及前足抓住邻近叶片，使叶片逐渐缀合在一起。1 只蚁不够时，数只蚁连接起来搭成桥梁。另一部分工蚁由上颚咬着大龄幼虫，使其吐丝于两叶片内缘，来回移动使之黏结。工蚁昼夜活动，夜间活动少而缓慢，日出后活动增强。气温 20 ℃以上适宜黄猄蚁活动，高温时最为活跃。

13 ℃以下时活动缓慢。一般在树上活动，食物不足时，也下树到十几米外觅食，但活动路线较稳定。工蚁食性杂，取食蚧等分泌的蜜露和小型节肢动物等。捕食能力强，对多种害虫有捕食作用，如大绿蝽、吉丁、橘红潜叶甲、天牛、铜绿丽金龟、叶甲、绿鳞象、叶蜂等的成虫及蠡蟖、蝗虫、马陆等。

黄猄蚁分布于我国广东、福建、广西、云南、海南。对多种害虫有捕食作用。

黄猄蚁是对人、畜能造成一定危害的昆虫，有人会利用它进行违法犯罪活动，在某些犯罪现场也有可能出现它的踪迹。它是一种营养丰富的食用昆虫。在餐馆、超市、菜市场和集贸市场有可能会发生因经济利益而进行的盗窃、抢劫等犯罪活动。

双齿多刺蚁

双齿多刺蚁又名鼎突多刺蚁、拟黑多刺蚁。隶属于膜翅目、蚁科。成虫有性多型现象，分为雌蚁（蚁后，即繁殖蚁）、雄蚁和工蚁。工蚁体长 5.28～6.3 mm，体黑色，有时带褐色；触角着生处远离唇基；前胸背板前侧角、并胸腹节背板各具 2 根直的长刺；前胸背板刺伸向前外侧，略下弯。并胸腹节背板刺直立，相互分开，弯向外侧；腹柄结顶端两侧角各具 1 根弯向后腹部的长刺，刺之间有 2～3 枚小齿；后腹部短；全身密被浅黄色柔毛，头部毛较稀疏，后腹呈银灰色。雌蚁体长 8.62～9.77 mm，头较小，具 3 只单眼，唇基前缘中央凹入；前胸背板刺很短，并胸腹节刺比工蚁的稍短；其余似工蚁。雄蚁体长 5.7～6.49 mm；头很小；单眼及复眼很大；触角 13 节，触角脊相距较窄；并腹胸及腹柄结不具刺或突起；其余似工蚁。卵初产时粉红色，椭圆形，以后卵体变长，颜色渐变淡成乳白色，卵粒常数十粒聚集成疏松球状体。初孵幼虫长椭圆形，虫体逐渐发育成长圆锥形，体壁透明，隐约可见细长的黑色消化道，虫体前端尖细，弯曲呈钩状，体壁上长有刚毛。幼虫成熟时，吐丝结茧化蛹；茧棕黄色，椭圆形，其中雌蚁茧较大，雄蚁和工蚁的较小。蛹为裸蛹，复眼红色，前期体乳白色，后期渐变深呈黑色。

双齿多刺蚁分布于我国浙江、安徽、云南、福建、湖南、广东、广西、海南、台湾，东南亚、澳大利亚也有分布。它是国家林业局令第 7 号《国家保护的有益的或者有重要经济、科学研究价值的陆生野生动物名录》中列入的昆虫种类。

双齿多刺蚁体内含有丰富的粗蛋白和人体必需的氨基酸；含有 B 族等多种维生素及矿质元素锌、硒、锰、铁、磷和钙等，尤以锌含量丰富；还含有多种酶、甾族类化合物、三萜类化合物、几丁质、蚁酸和蚁醛等，是一种营养丰富的食用昆虫。在餐馆、超市、菜市场和集贸市场有可能会发生因经济利益而进行的盗窃、抢劫等犯罪活动，在某些犯罪现场也有可能出现它的踪迹。现代研究认为，蚁制品有消除疲劳、改善睡眠、增进食欲、提高免疫力等保健功能；古人则视蚂蚁为食物中的珍品，浙江、江苏、河南等地正在尝试着进行双齿多刺蚁的人工养殖，有一定的成效。在双齿多刺蚁的养殖基地、药用昆虫及衍生物加工厂有可能会发生因经济利益而进行的盗窃、抢劫等犯罪活动，在医院、药店、中医诊所、药材批发市场等犯罪现场也有可能出现它的踪迹。

热带火蚁

热带火蚁隶属于膜翅目、蚁科。原产热带、亚热带的南美地区。体长 3～8 mm。头部褐色，体红棕色，头部和身体光滑，无刻蚀。工蚁体长 3～4 mm，体浅红色至红褐色，头部和中胸背板毛密。头部近正方形至近梯形。复眼前轻微凹陷；头顶两侧叶近半球形。复眼由数十个小眼组成，偶见中单眼。触角柄节短。前胸背板前缘两侧圆，中胸侧板前腹边厚，多缺刻，呈齿状或角状突起。胸腹节背面和其后斜面两侧具脊状突起。兵蚁体长 5～6 mm。正面观头部几乎正方形，头部比例较大，后头部明显凹陷。兵蚁大颚内缘无小齿，无头盾中齿。雄蚁体长 7～8 mm，体黑色，着生翅 2 对，头部小，触角丝状，复眼大。有翅型雌蚁体长 7～8 mm，头及胸部棕褐色，腹部黑褐色，着生翅 2 对，头部细小，触角呈膝状。卵卵圆形，乳白色。幼虫共 4 龄，各龄均乳白色。蛹为裸蛹，乳白色，触角和足均外露。蚁巢向上突起通常不明显。

热带火蚁分布于我国台湾、香港、广东、海南等地。通过爬行、自然迁飞、洪水扩散等进行自然扩散。还可通过受蚁巢污染的苗木、盆景等和带有土壤的园艺产品及其栽培介质的人为运输做远距离传播。热带火蚁食性杂，以生态环境中的小动物为食，或取食作物的种子、果实、幼芽、嫩茎与根系，给农作物造成相当程度的伤害。也可攻击人畜，以螯针刺入动物皮肤注射毒液，但和红火蚁相比其毒性和为害性均较小。

热带火蚁属完全变态昆虫，一生要经过卵、幼虫、蛹、成虫 4 个阶段。一般卵的历期是 6~15 d，建立新巢时蚁后产的第 1 批卵历期较以后产的卵的历期要短。幼虫历期一般为 6~15 d，有 4 个龄期，蛹的历期为 10~15 d。工蚁从卵发育为成虫一般需 20~45 d，兵蚁需 30~60 d，繁殖蚁需 180 d。一般体型越大，发育所需时间越长。个体较小的工蚁和兵蚁的寿命为 30~60 d；而大型个体工蚁和兵蚁的寿命一般在 90 d 以上；热带火蚁群体中的蚁后的寿命是最长的，一般为 3~4 年，个别蚁后的寿命还可达到 5 年或以上。

热带火蚁是对人、畜能造成一定危害的有毒动物，有人可能会利用它进行违法犯罪活动，在某些犯罪现场也有可能出现它的踪迹。

红火蚁

红火蚁又名入侵红火蚁。原产于南美洲巴拉那河流域。隶属于膜翅目、蚁科。工蚁体长 2.5~4 mm，头、胸、触角及各足均棕红色，腹部常呈现棕褐色，腹部第 2~3 节腹背面中央常具有近圆形的淡色斑纹。头部略呈方形，复眼细小，由数十个小眼组成，黑色，位于头部两侧上方。触角共 10 节，鞭节端部 2 节膨大呈棒状。额下方连接的唇基明显，两侧各有齿 1 枚，唇基内缘中央具三角形小齿 1 枚，齿基部上方着生刚毛 1 根。上唇退化。前胸背板前端隆起，中、后胸背板的节间缝明显。胸腹连接处有 2 个腹柄结，第 1 结节呈扁锥状，第 2 结节呈圆锥状。腹部卵圆形，末端有螯刺伸出。兵蚁体长 6~7 mm，形态与小型工蚁相似，体橘红色，腹部背板呈深褐色。体表略有光泽。雄蚁体长 7~8 mm，体黑色，着生翅 2 对，头部细小，触角呈丝状，胸部发达，前胸背板显著隆起。有翅型雌蚁体长 8~10 mm，头及胸部棕褐色，腹部黑褐色，着生翅 2 对，头部细小，触角呈膝状，胸部发达，前胸背板亦显著隆起。卵卵圆形，乳白色。幼虫共 4 龄，各龄均乳白色，蛹为裸蛹，乳白色，触角、足均外露。蚁巢向外突起呈丘状，其周围有多条地下觅食通道。

红火蚁分布于我国台湾、香港、澳门、广东、广西、福建、湖南等地。红火蚁入侵住房、学校、草坪等地，与人接触的机会较大，叮咬现象时有发生。其尾刺排放的毒液可引起过敏反应，甚至导致人类死亡。红火蚁同时也啃咬电线，经常造成电线短路甚至引发小型火灾。红火蚁取食农作物的根、茎、种子，捕食本土上的无脊椎动物等，使农作物大幅减产，降低原生态区域的生物多样性。红火蚁还破坏电力设施、交通信号灯、通信系统和其他电子设备、农田水利设施、堤坝、农舍、校舍、公园草地等，使国民经济遭受重大损失，往往给被入侵地带来严重的生态灾难，是生物多样性保护和农业生产的大敌。

红火蚁

红火蚁的扩散有自然扩散和人为辅助扩散两种途径。自然扩散的距离和其他蚁类比较相对较远，自然扩散的主要模式有婚飞和洪水扩散。红火蚁人为辅助远距离扩散有多种方式。可通过受蚁巢污染的草皮、苗木、盆景等和带有土壤的园艺产品及其栽培介质及集装箱箱体或货物包装中黏附带有蚁巢的土壤等的人为运输做远距离传播。

作为为害严重的外来入侵物种，它可以随寄主植物活体的调运做远距离传播。如果不加以管制，甚至可以扩散到全国大部分地区。因此我们在对园林植物苗木、植株及其他材料进行引种调运的过程中，一定要将其与农林害虫一样对待，严格进行检疫，严禁危险性害虫的传入或传出，对已传入的要及时封锁，就地消灭。海关要严格检疫，防止带有这些害虫的苗木、植株及其他材料再次携带外来物种入侵我国。而且，它还是对人、畜能造成一定危害的有毒动物，有人可能会利用它进行违法犯罪活动，在某些犯罪现场也有可能出现它的踪迹。

路舍蚁

路舍蚁隶属于膜翅目、蚁科。工蚁体长 2.5~3.5 mm。体栗褐色，头部色较深，腹部色较浅；触角、上颚及足黄褐色，腹部后面黄褐色。头、胸及腹柄结多细纵刻纹或杂以细小颗粒，腹部光滑，有光泽。体被浅黄色直立毛。头正面矩形，有明显后缘，具细长纵刻纹，复眼位于头部两侧中部。触角 12 节，柄节末达于头顶，鞭节棒由 3 节组成，几乎与其余鞭节相等长。额隆脊短，相距较宽，唇基三角形，前缘略突出。上颚宽，切缘有 7 枚齿，基齿与端齿 3 枚较长。前胸背板较宽，两前侧角突出，中、后胸背板、侧板缝间具凹缘。后胸背板后侧角有 2 枚尖刺，伸向斜上方。第 1 腹柄结前方有柄，第 2 腹柄结比第 1 腹柄结稍宽。腹部卵圆形，背面可见 4 节，螯刺常伸出。

路舍蚁分布于我国北京、内蒙古、山东、江苏、上海、浙江、福建。路舍蚁不但以尸体为食，还大量捕食尸体上活动的蝇蛆。当这些种类的昆虫数量较多时，甚至可明显影响蝇蛆群体的活动，导致昆虫分解尸体的过程变慢。根据这一类昆虫的活动情况，可通过昆虫群落演替和发育学数据推断死亡时间。

陆马蜂

陆马蜂是农林害虫的重要捕食性天敌。隶属于膜翅目、胡蜂科。雌蜂体长约 23 mm。体橙黄色，夹杂黑色斑纹。头稍窄于胸部；两复眼顶部间有 1 条黑色横带，其下为橙黄色；颅顶部中间有 2 条并列橙色带；颊两侧及复眼后均为橙色；前胸背板周边呈黄色颈状突起，中部两侧各有 1 个黑色小三角斑，2 个下角黑色，余均为橙黄色；中胸背板中央两侧各有 1 个橙黄色纵斑；并胸腹节端部截状，黑色，背中央及两侧各有 1 个橙黄色纵带状斑；中胸侧板黑色，其上部中央及下侧后方各有 1 个橙黄色斑。翅棕色，前翅前缘色略深。胸部腹板黑色。雄蜂近似雌蜂，中胸腹板、胸腹侧片前缘黄色。各足黄色区大。触角端部黑色。

陆马蜂在北京地区 1 年可发生 3 代，并有世代重叠现象。每年秋末，陆马蜂以交尾后的受精雌蜂在隐蔽场所成团越冬。陆马蜂于春季出蛰后，在林中一般选择在不太高的松枝上建巢。建巢材料主要为木质纤维。陆马蜂用口器将纤维咀嚼成糊状后，借助触角、上颚、前足等附肢建成六角形巢室，并以胶质巢柄固定。所建纸质巢由巢室组成，当巢室高约 3 mm 时，即在底部一侧每室产 1 粒乳白色纺锤形的卵，卵基部有丝连于巢室底部。通常 1 室 1 粒卵，偶见 1 室 2 粒卵，但也只能有 1 粒卵可发育成熟。一般 1 头蜂后自建 1 个巢，2 头蜂后共建 1 个巢则少见。卵约需 1 周孵化为幼虫。幼蜂靠成蜂哺育，直至成蜂羽化。由于此时蜂后仅 1 头，负担产卵、建巢、捕食等多项工作，因而蜂巢增大较慢。此时食物较缺乏，个体也较小。当第 1 代蜂羽化后，建巢、捕食和哺育幼虫等工作由职蜂进行，此时扩巢速度加快。蜂后主要司产卵之职，雌性职蜂尚有护巢及清理作用。饲喂幼虫的食料主要为鳞翅目幼虫。成蜂将所捕杀食料咀嚼成肉团，携回巢中分喂给每头幼虫。陆马蜂幼虫共有 5 龄，老熟幼虫将化蛹时，即吐丝封盖巢室口。此时也可能有成蜂在封口巢室上接建新室，形成 2 层巢室。后蜂亦可在其内产卵。羽化出成蜂时，则咬破室盖，由一侧钻出。新羽化的成蜂在巢中停息 3~4 d 后才飞出活动。秋末雌蜂交配后，常外出取食甜性食物，作为越冬前的营养补充。此时常咬食果园内熟果，能造成一定危害。

陆马蜂分布于我国河北、山东、辽宁、黑龙江、江苏、浙江、四川、湖北、安徽、江西、福建、广东。该蜂能捕食多种农林害虫，在我国南北林区中，是多种松毛虫的重要天敌之一。经观察与试验，陆马蜂在控制松毛虫发生上可发挥一定作用。

陆马蜂是对人、畜能造成一定为害的有毒动物，雌蜂腹部末端有长而粗的螯针，与毒腺相通，蜂毒过敏者会出现呼吸困难、痉挛甚至休克、昏迷等现象，少数因蜂毒对心、肾、肝脏的毒性作用可引起死亡。有人可能会利用它进行违法犯罪活动，在某些犯罪现场也有可能出现它的踪迹。

褐胡蜂

褐胡蜂隶属于膜翅目、胡蜂科。全体褐色，大型。体长 35 mm，头部有粗的刻点，单眼 3 个，黑色。触角线状，柄节黑色，其余灰黑色。复眼较小，肾状。两触角间的前缘有 1 条短的隆脊。唇基吊钟花状，其前缘两侧角有 1 个三角形橙色斑。大颚较长，末端有 3 枚齿。前胸背板有横的脊线。中胸背板刻点粗大。并胸腹节向下倾斜，布满横的脊状凸起。胫节基部小，向末端渐膨大，末端有 2 个长距；跗节 5 节，第 1 节很长，第 1 节长为其他 4 个跗节长之和，爪简单，爪间垫方形。翅褐色。腹部光滑，每节后部边缘颜色较淡。

褐胡蜂

褐胡蜂分布于我国广东、福建、台湾等地。干燥巢入药，名露蜂房。全年采收，采后略蒸，除去死蜂，晒干备用。炒蜂房：将蜂房剪成小块，炒至微黄。煅蜂房：取剪成碎块的蜂房，置罐内，盐泥封固，煅存性，露去火毒。有祛风止痒、解毒杀虫的功效。

在药用昆虫生产和养殖基地、药用昆虫及衍生物加工厂有可能会发生因经济利益而进行的盗窃、抢劫等犯罪活动，在医院、药店、中医诊所、药材批发市场等犯罪现场也有可能出现它的踪迹。

台湾黄蜂

台湾黄蜂隶属于膜翅目、胡蜂科。体长 16 mm。头部橙黄色。触角褐色，梗节背面黑色，最末 4、5 个鞭节背面有黑褐色斑块。头顶有 1 条宽的黑色带，连接两复眼间，其中有呈“品”字形排列的单眼 3 个。复眼发达，呈腰状，其上有黑色暗斑。唇基桃形，鲜黄色，其上有稀疏的粗刻点。大颚发达，黄色，末端有 3 枚齿。头部所有缝线均为黑色。前胸背板橙黄色。中胸盾片有黑色边缘，中间有 3 条黑色的纵纹。小盾片橙色，矩形，后小盾片黄色，为 1 个横的狭片，周围的缝线均为黑色。前足腿节基部下缘黑色，其余均为黄色。中足腿节内侧及基部下缘黑色，其余为棕色；胫节末端下缘有 2 根尖锐的长刺；一根尖而直，另一根较宽而弯曲。后足腿节黑色，其余棕色，翅橙色而透明。

台湾黄蜂分布于我国广东、台湾等地。干燥巢入药，名露蜂房。全年采收，采后略蒸，除去死蜂，晒干备用。炒蜂房：将蜂房剪成小块，炒至微黄。煅蜂房：取剪成碎块的蜂房，置罐内，盐泥封固，煅存性，露去火毒。有祛风止痒、解毒杀虫的功效。

在药用昆虫生产和养殖基地、药用昆虫及衍生物加工厂有可能会发生因经济利益而进行的盗窃、抢劫等犯罪活动，在医院、药店、中医诊所、药材批发市场等犯罪现场也有可能出现它的踪迹。

梨长足黄蜂

梨长足黄蜂又名长足蜂。隶属于膜翅目、胡蜂科。雌蜂体长 20～24 mm。头部黄色。触角背面黑褐色，末端几节褐色。唇基桃形，黄色。大颚发达，有 4 枚齿。额顶上、两复眼间区黑色，其后有 2 个宽的黄斑；头部所有的缝线均为黑色。前胸背板前缘和后缘黄色，中胸背板中部有 2 条宽的褐色条纹，中胸背板的后部有 2 条浅的平行凹纵线，中胸背板前缘至中部有 1 条浅的凹纵线；胸部两侧为黑色与褐色交杂，小盾片和后小盾片褐色，周围的缝线均为黑色。梨长足黄蜂颜色变化很大，但由于第

2 腹节总是有 1 条横的波状黑线而易于识别。

梨长足黄蜂分布于我国广东、海南、广西等地。干燥巢入药，名露蜂房。全年采收，采后略蒸，除去死蜂，晒干备用。炒蜂房：将蜂房剪成小块，炒至微黄。煅蜂房：取剪成碎块的蜂房，置罐内，盐泥封固，煅存性，露去火毒。有祛风止痒、解毒杀虫的功效。

在药用昆虫生产和养殖基地、药用昆虫及衍生物加工厂有可能会发生因经济利益而进行的盗窃、抢劫等犯罪活动，在医院、药店、中医诊所、药材批发市场等犯罪现场也有可能出现它的踪迹。

亚非马蜂

亚非马蜂隶属于膜翅目、胡蜂科。雌蜂体长 23 mm。头部棕色，覆黄色短毛，两复眼顶部有 1 条黑色横带，触角窝之间有 1 条黑色横带。触角棕色。唇基棕色，周边黑色。额上方和唇基有刻点，唇基宽大于长。前胸背板前缘具三角形黑斑。中胸盾片略隆起，中央两侧有长的橙色纵斑，小盾片橙色，后小盾片横带状，端部中央及侧前方橙色。并胸腹节斜截，黑色，中央有深纵沟，中央两侧及侧面共有 4 条橙色纵带，具横皱，各足黑色。腹部 6 节，第 1 背板基部黑色，两侧具棕色斑，端部橙色；第 2 背板基部棕黑色，后半部橙色，具 1 条紫黑色波状横带，中央向前弯曲。雄蜂额白色，触角 13 节，鞭节黑色，唇基扁平，前、中足基节前缘黄色。

亚非马蜂在河南商丘 1 年发生 1~3 代，以受精雌蜂在隐蔽场所抱团越冬，翌年 4 月上旬气温达到 6 ℃以上时开始活动，4 月中下旬为出蛰盛期。第 1 代卵、幼虫、蛹和成虫分别于 4 月 10 日、5 月中旬、5 月底和 6 月 10 日前后开始出现，第 2、3 代分别于 6 月中下旬和 7 月中旬出现卵，7 月初和 7 月下旬开始化蛹，7 月中下旬和 8 月间出现成虫。成虫寿命很长，越冬雌蜂可生活 1 年左右，到 7~8 月则可产卵。未受精卵育出的雄蜂，可与当代或上代雌蜂进行交配。此蜂世代重叠，在蜂巢上各虫态常可同时看到。春末夏初，雌蜂以朽木、麦秸、纸屑等物质，经过口器加工，作为营建蜂巢的主要材料。蜂巢六棱形，多筑在房舍屋檐、柴垛等处。1 头雌蜂只建 1 个蜂巢，每筑 1 个蜂室通常就产 1 粒卵，每天产 1~3 粒，1 头越冬雌蜂约产卵 150 粒。幼虫全靠成蜂喂养，成蜂用上颚将猎物加工成“肉团”喂养幼虫，天热时还需喂水，并负责蜂巢清洁和保卫。随着幼虫发育，雌蜂逐渐加高蜂室。幼虫蜕皮 4 次，于蜂室内化蛹。化蛹后，雌蜂在化蛹的蜂室内再次产卵。幼虫孵化后，继续加高蜂室，使蜂巢呈柱形或球形。

亚非马蜂分布于我国北京、河北、河南、江苏、浙江、江西、湖北、湖南、福建、广西。在野外常见，食性杂，可以捕食鳞翅目、双翅目等昆虫的幼虫，是马尾松毛虫、油松毛虫等林业害虫的天敌。

虽然亚非马蜂是一种天敌昆虫，但也是对人、畜能造成一定为害的有毒动物。雌蜂腹部末端有长而粗的螯针，与毒腺相通，蜂毒过敏者会出现呼吸困难、痉挛甚至休克、昏迷等现象，少数因蜂毒对心、肾、肝脏的毒性作用可引起死亡。有人可能会利用它进行违法犯罪活动，在某些犯罪现场也有可能出现它的踪迹。

基胡蜂

基胡蜂又名七里蜂、毛蜂，体长 19~27 mm。隶属于膜翅目、胡蜂科。雌蜂胸部覆棕色毛；前胸背板棕色，两下角黑色；中胸背板黑色，端部中央有 1 个棕色斑或带；中、后胸侧板黑色，前者上部中央有 1 个棕色斑，后者下侧片后缘有 1 个小棕色斑。腹部第 1 背板黑色或黑褐色，端缘有棕色窄横带；腹板黑色，呈三角形。第 2~6 节背、腹板均为黑色。雄蜂头、胸部棕色毛较密，并胸腹节下部两侧常有 1 个棕色斑。

基胡蜂分布于中国、尼泊尔、印度、泰国、缅甸、越南、印度尼西亚等国，国内见于浙江、四川、福建、云南、台湾等地。

虽然基胡蜂是一种天敌昆虫，但也是对人、畜能造成一定为害的有毒动物。雌蜂腹部末端有长而粗的螫针，与毒腺相通，蜂毒过敏者会出现呼吸困难、痉挛甚至休克、昏迷等现象，少数因蜂毒对心、肾、肝脏的毒性作用可引起死亡。有人可能会利用它进行违法犯罪活动，在某些犯罪现场也有可能出现它的踪迹。

基胡蜂也是一种营养丰富的食用昆虫，幼虫和蛹的氨基酸和蛋白质含量较高，含有人体必需的7种氨基酸，还含有丰富的矿物质元素等其他营养成分。在云南许多地区的农贸市场上经常能见到连蜂巢一起出售的胡蜂蛹和幼虫，价格十分昂贵，远远超过鸡、鱼、肉等肉类食品。在餐馆、饭店、超市、集市等地有可能会发生因经济利益而进行的盗窃、抢劫等犯罪活动，某些犯罪现场也有可能出现它的踪迹。

大胡蜂

大胡蜂俗称土蜂、黑土蜂、黑土甲、大黑蜂、大黑土蜂、老土蜂、大士甲等，是胡蜂中体型最大的种类之一。隶属于膜翅目、胡蜂科。雌蜂体长30~35 mm。头棕色，头顶部隆起，单眼3个，呈三角形排列，在中单眼周围有一环深棕色毛。后头凹陷，在后头缘上有2~3排深棕色长毛，头顶光滑，颊部宽，有稀疏刻点；复眼肾状，黑褐色，其上有黑色斑点；唇基棕色，海星状，其上有粗刻点，前端有金黄色长毛。大颚发达，褐色，有4枚黑色的齿。触角线状，柄节深褐色，其余各节灰黑色。额部呈一三角形凸起，中间有1条凹线。头部与胸部等宽。前胸部背板两侧、中胸背板之前方有2个褐色斑块。小盾片和后小盾片发达凸起，小盾片横长方形，中间有深的陷沟，后小盾片三角形，向下延伸至并胸腹节中部。足部腿节黑色；前足胫节和跗节铁锈色，密布发亮的金黄色短毛，胫节末端有2个长距；后足第1跗节甚长，几乎与胫节等长，爪简单。翅褐色。腹部光滑，密布极细微的刻线。腹部圆筒形，腹部第1~4节的后缘黄色，第6节全节均为黄色，第1节的前缘有稀疏的棕色毛，每节的后缘有1列棕色毛。

大胡蜂分布于我国广东、海南、广西等地。尽管大胡蜂性情凶猛，蜂毒十分厉害，被螯后疼痛难忍，但其经济价值极高。大胡蜂在土中做巢，蜂巢直径可达100 cm，巢脾数可达十多个，可在3年内多次取蜂蛹，平均重量可达几十千克，在云南南部人工辅助养殖条件较好的地区，也有部分蜂巢重量在100 kg以上。在餐馆、超市、菜市场和集贸市场有可能会发生因经济利益而进行的盗窃、抢劫等犯罪活动，在某些犯罪现场也有可能出现它的踪迹。大胡蜂也是一种中药材，其干燥成虫全体入药。夏、秋季捕捉，捕后置沸水中烫死，晒干，研末备用。有消肿解毒的功效。在药用昆虫生产和养殖基地、药用昆虫及衍生物加工厂有可能会发生因经济利益而进行的盗窃、抢劫等犯罪活动，在医院、药店、中医诊所、药材批发市场等犯罪现场也有可能出现它的踪迹。

金环胡蜂

金环胡蜂又称中华大虎头蜂、桃胡蜂、人头蜂、葫芦蜂、马蜂等。隶属于膜翅目、胡蜂科。体大型，体长20~50 mm，个体粗壮，性情凶猛。雌蜂头部橘黄色，胸部黑褐色；前胸背板前缘两侧黄棕色，中胸盾片常有棕色条带；腹部第1~2背板两端橙色，中间黑褐色，第3~5背板黑褐色，端缘橙色带明显，第6节橙黄色。雄蜂体型略小，常有棕色斑，体毛棕色，较密。

金环胡蜂分布于我国湖北、湖南、江苏、浙江、四川、广西、江西、福建、贵州等地。金环胡蜂为杂食性，喜肉食，常取食小型胡蜂、蜜蜂、毛毛虫、蛙类等，也取食幼嫩植物组织、花蜜、水果等。成蜂用上颚挖掘泥土，扩充洞穴，颗粒状土粒堆积洞穴口外；采集杉树皮、栎树树胶等材料做巢；蜂巢球形或扁圆球形，蜂巢直径达30~50 cm，有1~3个出口。每个蜂巢中，通常由数百只至数千只成蜂组成。

金环胡蜂在矮小灌木丛、杂草丛、土洞、石缝等处筑巢，其巢隐蔽性好，不易发现，金环胡蜂体型大、毒液多、领地意识强，人类常在无意识的情况下受到该昆虫的袭扰，为害严重。有人可能会利用它进行违法犯罪活动，在某些犯罪现场也有可能出现它的踪迹。

我国食用胡蜂的历史悠久，在我国西南的云南、贵州等地的餐馆、饭店中，蜂蛹和幼虫是最常见的食用昆虫，当地少数民族将胡蜂幼虫和蛹作为佳肴来招待贵客，俗称蜂子、蜂儿；在云南，无论是少数民族还是汉族都十分喜食胡蜂幼虫和蛹，常见食用方法是将幼虫和蛹用油炸后佐盐食用，还有蒸、煮和生吃等食用方法。在餐馆、饭店、超市、集市等地有可能会发生因经济利益而进行的盗窃、抢劫等犯罪活动。

黑尾胡蜂

黑尾胡蜂隶属于膜翅目、胡蜂科。体长 24~36 mm。雌蜂中胸盾片略隆起，具 1 条细纵隆线，黑色，仅前缘中央两侧各有 1 个棕色条斑；小盾片矩形，棕黄色，后小盾片横带状，橘黄色。腹部第 1~2背板棕黄色，颜色有变化，有的中部有 1 个褐斑，有的基半部褐色、端半部黄色；第 3~6 节背、腹板黑色，仅第 3 腹板端部有 1 条棕色窄带。雄蜂胸部棕色斑较多，各足基节外侧棕色。黑尾胡蜂在我国分布广泛，见于东北、华北、华南、西南及东南多省区。每年营巢一次，终身在土里营巢生活。早晨 7 时开始活动，晚上 20~21 时归巢，活动高峰期出现在中午 12 时以后。

我国食用胡蜂的历史悠久，在我国西南的云南、贵州等地的餐馆、饭店中，蜂蛹和幼虫是最常见的食用昆虫，当地少数民族将胡蜂幼虫和蛹作为佳肴来招待贵客，俗称蜂子、蜂儿；在云南，无论是少数民族还是汉族都十分喜食胡蜂幼虫和蛹，常见食用方法是将幼虫和蛹用油炸后佐盐食用，还有蒸、煮和生吃等食用方法。在云南许多地区的农贸市场上经常能见到连蜂巢一起出售的胡蜂蛹和幼虫，价格十分昂贵，远远超过鸡、鱼、肉等肉类食品。胡蜂幼虫及蛹作为食用珍品具有很高的食疗作用。

在餐馆、饭店、超市、集市等地有可能会发生因经济利益而进行的盗窃、抢劫等犯罪活动，某些犯罪现场也有可能出现它的踪迹。

凹纹胡蜂

凹纹胡蜂俗称葫芦包、葫芦蜂、花脚蜂等，隶属于膜翅目、胡蜂科。成虫体型中等，中胸背板黑色，中央具 1 个呈“凹”字纹的浅斑，腹部第 6 节背、腹板均呈黄色。

凹纹胡蜂主要分布于我国云南、四川和西藏等省区，为常见种类。在云南 1 年可发生 3 代，每年有 2 次筑巢行为，第 1 次于开春不久由单个越冬蜂王在土洞、树洞、墙缝或其他隐蔽场所筑一个暂时巢，繁殖第 1 批工蜂后代，之后，成群迁到树上或建筑物上由后代工蜂筑巢。凹纹胡蜂每天清晨 6 时开始活动，上午 8~12 时、下午 16~20 时活动最盛，晚上 9 时前后归巢。

虽然凹纹胡蜂是一种天敌昆虫，但也是对人、畜能造成一定危害的有毒动物。雌蜂腹部末端有长而粗的螫针，与毒腺相通，蜂毒过敏者会出现呼吸困难、痉挛甚至休克、昏迷等现象，少数因蜂毒对心、肾、肝脏的毒性作用可引起死亡。有人可能会利用它进行违法犯罪活动，在某些犯罪现场也有可能出现它的踪迹。凹纹胡蜂在西南地区分布较广，种群数量大，是主要的市场销售种类。在餐馆、饭店、超市、集市等地有可能会发生因经济利益而进行的盗窃、抢劫等犯罪活动。

墨胸胡蜂

墨胸胡蜂隶属于膜翅目、胡蜂科。因跗节的浅黄色明显，又称黄脚虎头蜂、赤尾虎头蜂，体长 18~23 mm。雌蜂胸部黑色并覆黑色刚毛；腹部第 1~4 节背板黑色，端缘棕色（第 4 节背板端缘棕色带较宽），第 5~6 节背板呈暗棕色；第 1~3 节腹板黑色，第 2~3 节腹板端缘有宽的棕色带，第 4~6 节腹板暗棕色。雄蜂腹部 7 节。

墨胸胡蜂分布于我国云南、贵州、西藏、四川、浙江、江西、广东、广西、福建等地，也见于印度和印度尼西亚。常在果园、水果摊旁、城市垃圾堆积地等地活动、取食，并在这类场所附近的林地筑巢。一般选择在树上、废弃窑洞、房檐下、土崖等地筑巢，以树上居多。筑巢高度距地面 3~30m。

筑巢的树种主要有刺槐、杨树、核桃树、苹果树、椿树、泡桐等，其中以刺槐树筑巢量最多。蜂巢形状大都呈近圆形或梨形，直径 15~40 cm，巢壳轻质、易碎，外表大多呈虎皮花纹状。捕食范围非常广泛，喜取食蚊、虻、蝇类、蜜蜂等小型昆虫，也咬食苹果、梨、葡萄、猕猴桃及熟透的柿子等水果，采食花蜜、蜜露、含糖的汁液，尤其嗜好腐烂变质的水果。

虽然墨胸胡蜂是一种天敌昆虫，但也是对人、畜能造成一定危害的有毒动物。墨胸胡蜂攻击性强，是袭人胡蜂的最常见的危险种类之一。雌蜂腹部末端有长而粗的螫针，与毒腺相通，蜂毒过敏者会出现呼吸困难、痉挛甚至休克、昏迷等现象，少数因蜂毒对心、肾、肝脏的毒性作用可引起死亡。有人可能会利用它进行违法犯罪活动，在某些犯罪现场也有可能出现它的踪迹。

墨胸胡蜂也是一种营养丰富的食用昆虫，幼虫和蛹的氨基酸和蛋白质含量较高，含有人体必需的 7 种氨基酸，还含有丰富的矿物质元素等其他营养成分。在云南许多地区的农贸市场上经常能见到连蜂巢一起出售的胡蜂蛹和幼虫，价格十分昂贵，远远超过鸡、鱼、肉等肉类食品。在餐馆、饭店、超市、集市等地有可能会发生因经济利益而进行的盗窃、抢劫等犯罪活动，某些犯罪现场也有可能出现它的踪迹。

中华蜜蜂

中华蜜蜂又称土蜂、中蜂、中华蜂。隶属于膜翅目、蜜蜂科。腹部因地区不同而呈黄色或偏黑色，吻长约 5 mm；蜂王有两种体色，一种是腹节具褐黄色环而整个腹部呈暗褐色，另一种是腹节无褐黄色环而整个腹部呈黑色；雄蜂多为黑色。南方蜂种一般比北方的小，工蜂体长 10~13 mm、雄蜂体长 11~13.5 mm，蜂王体长 13~16 mm；产卵盛期的蜂王卵巢特别膨大，其腹末 3 节常伸出翅后。卵香蕉状，乳白色，略透明，稍粗一端是头部，另一端是腹部。卵上附有黏液，细端粘于巢房底部中央，粗端向着巢房口。初孵小幼虫新月形。大幼虫不具足，体呈“C”字形，色白晶莹，随着生长，渐呈小环状。蛹分为幼蛹和成熟蛹。老熟幼虫蜕内的幼蛹具触角、足、翅、复眼和成虫的口器，胸节、腹节仍保留幼虫的特征；蛹体由白色略透明渐变为黄褐色，中胸膨大，但胸部和腹部之间还未细缩，复眼粉红色。成熟蛹具胸节、腹节、螫针，复眼紫红色。

中华蜜蜂

中华蜜蜂分布于我国除新疆以外的所有其他地区，其分布北线至黑龙江的小兴安岭，西北线至甘肃的武威、青海的乐都和海南藏族自治州，西南线至雅鲁藏布江中下游的墨脱、摄拉木，南线至海南，东到台湾；以云南、贵州、四川、重庆、广西、福建、广东、湖北、安徽、湖南、江西等地数量最多，全国饲养量 200 多万群，约占全国蜂群总数的 1/3。在几千万年来的历史长河中，中华蜜蜂与中华大地上的开花植物形成了相互适应、相互依存、共同发展的共存关系，我国有 1 万多种被子植物离不开中华蜜蜂的传粉，特别是有些高寒地区的植物，中华蜜蜂是唯一的授粉昆虫。对于零星的蜜源植物，中华蜜蜂也不会放弃，从而保障了这些植物的生存繁衍。中华蜜蜂的存在形成了我国独特的自然生态系统，维护了丰富多样的植被类型。它对美洲幼虫腐臭病抗性强，但易染中蜂囊状幼虫病，易受蜡螟为害；喜迁飞，在缺蜜或受病害、敌害威胁时特别容易弃巢迁居，易发生自然分蜂和盗蜂；不采树胶，分泌蜂王浆的能力较差；蜂王日产卵量比西方蜜蜂少，群势小。主要亚种包括东部中蜂、海南中蜂、阿坝中蜂及西藏中蜂。

中华蜜蜂是国家林业局令第 7 号《国家保护的有益的或者有重要经济、科学研究价值的陆生野生动物名录》中列入的昆虫种类。

在中华蜜蜂人工饲养处、野外蜜源地，可能会出现为了获取经济利益而进行的盗窃、抢劫或者破坏等犯罪活动，也有些犯罪分子可能为了经济利益向农户出售假冒资源昆虫及其产物。在蜂产品售卖商场、集市附近的犯罪现场有可能出现它的踪迹。它是对人、畜能造成一定为害的有毒动物，有人可能会利用它进行违法犯罪活动，在某些犯罪现场也有可能出现它的踪迹。

意大利蜜蜂

意大利蜜蜂又名意大利蜂、意蜂。隶属于膜翅目、蜜蜂科。工蜂被毛淡黄色，第2~4腹节的背板有变化较大的棕黄色环带，黄色环带多为2个，吻长6.3~6.6 mm。蜂王的腹部多为黄色至暗棕色，尾部黑色，少数全黄色。工蜂体长12~13 mm，雄蜂体长14~16 mm，蜂王体长16~17 mm。该蜂性温驯，产卵力强，育虫节律平缓，分蜂性弱，群势大；工蜂采集力强，善于利用流蜜期长的大宗蜜源，蜂王泌浆力强；产蜡多，造脾快，保卫和清巢力强。盗性较强，定向力较差，在高纬度地区越冬较困难，消耗饲料多，抗病力较弱。蜜房封盖呈干型或中间型。

意大利蜜蜂原产于意大利，因适应我国大部分地区的气候和蜜源，自20世纪初由日本和美国引进后，在各地推广极快，1970年以前我国绝大部分地区饲养的西方蜜蜂都是意大利蜜蜂。在定地结合短途转地的放蜂条件下，一般每群蜂年产蜜达50 kg以上，丰年可达70 kg；长途转地的蜂场一般每群蜂年均产蜜约100 kg，最高的可达150 kg，试验群的产量曾超过200 kg。意大利蜜蜂寻找大宗蜜源的能力强、产蜜量高、不逃亡、取蜜容易、盛产蜂王浆、便于人工繁殖。

意大利蜜蜂

在意大利蜜蜂人工饲养处、野外蜜源地，可能会出现为了获取经济利益而进行的盗窃、抢劫或者破坏等犯罪活动，也有些犯罪分子可能为了经济利益向农户出售假冒资源昆虫及其产物。在蜂产品售卖商场、集市附近的犯罪现场有可能出现它的踪迹。它是对人、畜能造成一定危害的有毒动物，有人可能会利用它进行违法犯罪活动，在某些犯罪现场也有可能出现它的踪迹。

东北黑蜂

东北黑蜂又名中国黑蜂、乌苏里黑蜂。隶属于膜翅目、蜜蜂科。蜂王约1/3为黑色、2/3为褐色，腹部背板有深棕色环带；工蜂亦分黑色、褐色两型，体壁黑色，绒毛淡褐色，少数的为灰色，少数第2、3腹节背板两侧有淡褐色小斑；雄蜂黑色。其余特征似蜜蜂。

东北黑蜂性情温顺，定向力强，不易迷巢；抗逆性强，耐寒，能安全越冬，节省饲料，死亡率低，能维持大群，适合寒冷地区饲养，与意大利蜜蜂杂交后能够产生较强的杂种优势。较抗幼虫病，易感染麻痹病和孢子虫病。蜂王产卵力强，早春繁殖快，分群性中等，群势发展与当地主要蜜源泌蜜规律一致。采集力强，单群年均产蜜95.7~200 kg，最高达500 kg，毛水苏流蜜期单群产蜜可达350 kg。东北黑蜂对蜜源变化的反应敏感，泌浆量波动较大，在蜂王浆生产期即6月中旬至8月中旬，仅两个月，群产蜂王浆最高纪录为750 g。

东北黑蜂分布于我国黑龙江饶河、虎林、宝清等地。该蜂较接近卡尼鄂拉蜂，并带有欧洲黑蜂的血统，是意大利蜜蜂的另一生物宗。19世纪末至20世纪初，由俄罗斯引进我国黑龙江与吉林两省山区，经长期自然选择和人工培育而成；是世界优良蜂种之一。为了加强该蜂种的保护和选育工作，成立了饶河县东北黑蜂保护监察站和饶河县东北黑蜂原种场。1980年黑龙江省划定饶河、虎林、宝清三地为东北黑蜂保护区及两块面积分别为800 km^2 和1 000 km^2 的中心繁殖区。1997年该保护区升格为国家级自然保护区，年均产蜜总量可达1 200 t，最大年产量可达1 800 t。

在东北黑蜂人工饲养处、野外蜜源地，可能会出现为了获取经济利益而进行的盗窃、抢劫或者破坏等犯罪活动，也有些犯罪分子可能为了经济利益向农户出售假冒资源昆虫及其产物。在蜂产品售卖商场、集市附近的犯罪现场有可能出现它的踪迹。它是对人、畜能造成一定危害的有毒动物，有人可能会利用它进行违法犯罪活动，在某些犯罪现场也有可能出现它的踪迹。

新疆黑蜂

新疆黑蜂又名欧洲黑蜂，带有高加索蜜蜂的血统，隶属于膜翅目、蜜蜂科。工蜂棕黑色，少数第2~3腹节背板两侧有小黄斑，吻长6.03~6.44 mm，初生重109~127 mg；雄蜂纯黑色，蜂王有纯黑和棕黑两种。该蜂在新疆已有近百年的饲养历史，对当地气候、蜜源等自然环境具有极强的适应性，能充分利用大片和零星蜜源，丰年单群产蜜约150 kg，歉年单群产蜜50~80 kg。抗寒力强，越冬性能好，体型大，采集力强，爱采树胶；分蜂性弱，繁殖快，特别能抗螨害；性暴躁，爱螫人；流蜜期蜜、卵争巢，影响蜂王产卵。

新疆黑蜂于20世纪初由俄罗斯引进我国，现主要分布在新疆的伊犁、塔城及阿勒泰地区。

在新疆黑蜂人工饲养处、野外蜜源地，可能会出现为了获取经济利益而进行的盗窃、抢劫或者破坏等犯罪活动，也有些犯罪分子可能为了经济利益向农户出售假冒资源昆虫及其产物。在蜂产品售卖商场、集市附近的犯罪现场有可能出现它的踪迹。它是对人、畜能造成一定危害的有毒动物，有人可能会利用它进行违法犯罪活动，在某些犯罪现场也有可能出现它的踪迹。

伪猛熊蜂

伪猛熊蜂隶属于膜翅目、蜜蜂科。雌蜂体长27 mm，雄蜂体长15 mm，工蜂体长13.5 mm。雌蜂体毛短且密，颜面、头顶被黑色长毛及灰白色绒毛；胸部（除黑色间带外）被浅黄色毛；腹部背板第1、2节被金黄色毛，第3节基部2/3及第4、5节基部被少量黑色毛，端部其余部分被灰白色毛，背板第6节被深褐色毛。足腿节、胫节被黑色毛，跗节被褐色毛。唇基长且突起，表面刻点稀且细；颚眼距很长，长于触角3、4、5节长之和；后足花粉篮外表面光滑。雄蜂、工蜂、雌蜂相似。本种属高山种类。分布于我国青海、四川、西藏及克什米尔地区。

伪猛熊蜂是国家林业局令第7号《国家保护的有益的或者有重要经济、科学研究价值的陆生野生动物名录》中列入的昆虫种类。野外数量十分稀少，属于受国家保护的、禁止非法捕采和非法买卖的昆虫。

竹蜂

竹蜂隶属于膜翅目、蜜蜂科。雌蜂体黑色，有光泽，长25~29 mm。头宽大于头长，头上有密集的刻点。胸、腹部有稀疏的刻点。身体和足部密被黑色绒毛；在中胸和翅下方的毛特别浓密。复眼长卵形。额脊明显，唇基略向前弯。大颚粗短，末端分叉但不尖锐。颜面有棕色毛。单眼3个，呈“品”字形排列，位于头顶部两复眼之间。胸部前方有浓密黑色的长毛，中胸背板中盾沟明显；中部光滑，两侧有凹陷的刻点，翅基部蓝紫色，有金属光泽，向外缘顶部变铜色。后翅小，约为前翅长度的2/3。足密被黑色长的鬃毛。前足和中足较小，后足粗大。跗节末端有2个黑色的爪，每个爪在中部分出1只小爪。腹部各节背板两侧和腹部末端有浓密黑色的长毛。雄蜂与雌蜂相似，但足比雌蜂的长，颜面淡黄色，在中单眼两侧各有1个淡黄色的半月形斑块。胸部前方有1条带状浓密的淡黄色绒毛。

竹蜂分布于我国广东和广西等地。干燥成虫全体入药。秋、冬季于竹孔内捕捉，晒干或盐水浸泡。有清化热痰、定惊止抽的功效。

在药用昆虫生产和养殖基地、药用昆虫及衍生物加工厂有可能会发生因经济利益而进行的盗窃、抢劫等犯罪活动，在医院、药店、中医诊所、药材批发市场等犯罪现场也有可能出现它的踪迹。

排蜂

排蜂又名马岔蜂、大蜜蜂、崖蜂、大挂蜂、牛脾蜂、石蜂。隶属于膜翅目、蜜蜂科。该蜂巢穴悬挂于崖下或树干下，全群生活在一片大巢脾上，且多群集居、成排，故得此名。

排蜂工蜂体细长，纺锤形，黑色，体长 16~26.6 mm，头被浅黄色绒毛，胸部绒毛多黄褐色。触角基节及口器黄褐色，上唇、下唇及足栗褐色，前翅黑褐色并具紫光，前缘室及亚前缘室色最深。唇基点刻稀，触角长 5 mm，12 节，3 个单眼呈三角形排于头顶，吻长 7 mm，软舌尖如勺；前翅长 14.8 mm，后翅长 10.5 mm、有翅钩 27 个；前足跗节黑色毛刷排列整齐，中足具花粉铲，后足腿节和跗节具 12 排整齐的黑色刺毛刷。腹部第 2~4 节具银白色环带，第 2~5 节各具 1 对蜡板，螫针长 3.5 mm，刺针三片。巢脾 85 cm×70 cm，悬挂于崖面下。巢脾系单一大片，但分为三圈，最外圈系空巢房，中圈系幼虫房，内圈为蛹房且面积最大，脾头为蜜房，其下为粉房。因巢脾中间的温度、湿度最适宜于繁殖，蛹又多于幼虫，处于奋发育阶段的虫态区别明显，即蜂王产卵是由内向外逐渐扩展、产卵速度逐渐下降，同时受外界温度及蜜源的影响，其产卵有间歇性的变化规律。小巢房五角形，巢房盖外层由黄色花粉和蜡的混合物组成，结构较疏松，小孔很多，中层为乳白色丝状物，内层为淡黄色半透明茧衣。

排蜂分布于我国云南（南部）、广西（南部）、海南和台湾等地，它既是热带地区的产蜜蜂种也是药用植物砂仁的理想授粉昆虫。当蜂群受到敌害干扰、高温的影响或剧烈的震动时，全群立刻震动、紧缩蜂团，由上而下如波浪状往复涌动，分泌毒液及类似“狐臭”的气味，并发出阵阵“沙沙……”声，有少数则离群起飞围绕敌害盘旋示威，并迅速扑向敌害，先咬后蜇进行攻击，此后渐恢复正常。一般不主动攻击人畜，如一蜂蜇人，其他蜂则即能“闻风”而来加入攻击行列。

在排蜂人工饲养处、野外蜜源地，可能会出现为了获取经济利益而进行的盗窃、抢劫或者破坏等犯罪活动，也有些犯罪分子可能为了经济利益向农户出售假冒资源昆虫及其产物。在蜂产品售卖商场、集市附近的犯罪现场有可能出现它的踪迹。它是对人、畜能造成一定危害的有毒动物，有人可能会利用它进行违法犯罪活动，在某些犯罪现场也有可能出现它的踪迹。

中华木蜂

中华木蜂隶属于膜翅目、蜜蜂科。雌蜂体长 25~26 mm；雄蜂体长 24~25 mm。雌蜂体较大，黑色。头宽大于头长。上颚具 2 枚齿，额脊明显，颊最宽处宽于复眼，中胸背板中盾沟可见，小盾片后缘及腹部第 1 节背板前缘垂直向下，但无脊状隆起；后足胫节基板明显，顶端分叉，但不尖锐，位于后足胫节的前半部。唇基前缘及中央平滑，上颚基部有分散而浅的刻点。头顶及颊上刻点较大，腹部各节背板刻点深，以第 5、6 节背板上者较密。胸部被黄毛；唇基、额及腹部第 5、6 节的毛黑褐色，头顶、后缘、颊、中胸、腹部第 1 背板及 2、3 节背板两侧被黄色长毛，各胫节及跗节被黑色毛，尤以后足上者更长。翅褐色，顶角处色深，有紫色光泽。雄蜂被黄毛，与雌蜂的区别为：①体被黄色长毛，尤以腹部末端为最长；②唇基中央及前缘、上颚基部及额均具黄斑，触角柄节外侧黄色，鞭节外侧颜色较内侧颜色略浅；③各胫节及跗节被黄色或黄褐色毛。采访植物有长春花、大丽花、向日葵、海棠、桃等。

中华木蜂分布于我国辽宁、河北、浙江、江西、湖北、四川、广东、广西、云南等地。干燥全体入药。春至秋捕捉，捉后用沸水烫死，晒干备用。有解毒、消肿、止痛的功效。

在药用昆虫生产和养殖基地、药用昆虫及衍生物加工厂有可能会发生因经济利益而进行的盗窃、抢劫等犯罪活动，在医院、药店、中医诊所、药材批发市场等犯罪现场也有可能出现它的踪迹。

灰胸木蜂

灰胸木蜂隶属于膜翅目、蜜蜂科。雌蜂体长 21~22 mm，雄蜂体长 23~24 mm。雌蜂较大，黑色，胸部被灰白色毛。头宽大于头长。上颚钝，有 2 枚齿。额脊明显，颊最宽处稍窄于复眼。中胸背板中盾沟可见，小盾片后缘及腹部第 1 节背板前缘垂直向下，无脊状隆起。后足胫节基板不明显。头部除头顶上为极稀少的刻点外，其他部分刻点密；唇基中央及前缘光滑，中胸背板中央光滑闪光。腹部各节背板刻点密。唇基及颜面被黑白混杂的短毛，头顶后缘、中胸背板及侧板上部、小盾片均被白毛，中胸侧板下部被灰黑色毛，腹部各节背板及足均被黑毛，尤以第5、6背板上者为长。翅闪深紫色光泽。雄蜂黑色，胸部黄色，与雌蜂的区别为：①唇基大部、额、上颚基部及触角柄节外侧黄色，唇基两侧各具1个黑斑，触角鞭节外侧褐黄色。②中胸背板、侧板及小盾片被黄毛；腹部第1节背板棕色，第2节前半部被黄色及黑色混杂的毛，其他各节背板上者为黑色；第3、4节背板两侧被黄色或褐色绒毛，尤以第6节后缘最长，前足胫节及跗节被黄棕色毛，中足及后足胫节、跗节被棕色毛。③翅褐色，稍闪紫色光泽。采访植物有荆条、丝瓜、芝麻、野茄子。

灰胸木蜂分布于我国河北、四川、广西、广东、福建等地。干燥全体入药。春至秋捕捉，捉后用沸水烫死，晒干备用。有解毒、消肿、止痛的功效。

在药用昆虫生产和养殖基地、药用昆虫及衍生物加工厂有可能会发生因经济利益而进行的盗窃、抢劫等犯罪活动，在医院、药店、中医诊所、药材批发市场等犯罪现场也有可能出现它的踪迹。

黄胸木蜂

黄胸木蜂隶属于膜翅目、蜜蜂科。雌蜂体长24~25 mm，雄蜂体长24~26 mm。雌蜂大型，黑色，胸部及腹部第1节背板被黄毛。头宽大于头长，上颚具2枚齿，额脊明显，颊最宽处稍宽于复眼，中胸背板中盾沟可见，小盾片后缘及腹部第1节背板前缘垂直向下，但无脊状突起，后足胫节基板顶端中央稍凹入。唇基前缘及中央光滑，唇基及颜面刻点密且大；头顶及颊点刻稀少，中胸背板中央光滑，四缘点刻大而密，腹部各节背板点刻不均匀。颜面被深褐色毛，腹部末端后缘被黑毛，头顶后缘、中胸及小盾片均密被黄色长毛，腹部第1节背板前缘被稀的黄毛；前足胫节外侧毛黄色，足的其他各节被红褐色毛，翅褐色，端部色较深，稍闪紫光。雄蜂似雌蜂，区别为：①唇基、额、上颚基部及触角前侧鲜黄色；②腹部5、6节背板被黑色长绒毛，各足第1跗节外缘被黄褐色长毛；③后足第1跗节末端内侧具半圆形凹陷。

黄胸木蜂近似于中华木蜂，区别为：①雌蜂腹部第1节背板上有稀少的黄毛，除前足胫节外，其他各节均被红褐色毛。②雄蜂腹部除第1节背板具少量黄毛外，其他各节均被黑白色毛。

黄胸木蜂采访植物有苜蓿、荆条、木槿、蜀葵、珍珠梅、黄刺梅、千屈菜、小蓟、向日葵、紫藤。分布于我国辽宁、河北、山西、山东、河南、陕西、甘肃、江苏、安徽、浙江、江西、湖北、湖南、四川、贵州、福建、广东、广西、海南、云南、西藏。干燥全体入药。余同中华木蜂。春至秋捕捉，捉后用沸水烫死，晒干备用。有解毒、消肿、止痛的功效。

在药用昆虫生产和养殖基地、药用昆虫及衍生物加工厂有可能会发生因经济利益而进行的盗窃、抢劫等犯罪活动，在医院、药店、中医诊所、药材批发市场等犯罪现场也有可能出现它的踪迹。

附录：与昆虫相关的案例

一、利用昆虫破杀人案

1. 庄遵闻哭奸

庄遵为扬州刺史，曾巡行部内，忽闻哭声，惧而不哀。驻车问之，答曰：“夫遭火烧死。”遵疑焉，令吏守其尸，乃有蝇集于尸首，吏乃披髻视之，得铁钉焉。因知此妇与人共杀其夫也，即按之，乃伏其罪。

——《疑狱集·卷一：庄遵闻哭奸》

2. 镰刀血腥集蝇案

有检验被杀尸在路旁，始疑盗者杀之，及点检沿身衣物俱在，遍身镰刀砍伤十余处。检官曰：“盗只欲人死取财，今物在伤多，非冤雠（chóu）而何？”遂屏左右，呼其妻问曰：“汝夫自来与甚人有冤雠最深？”应曰：“夫自来与人无冤雠，只近日有某甲来做债，不得，曾有克期之言，然非冤雠深者。”检官默识其居。遂多差人，分头告示侧近居民：“各家所有镰刀尽底将来，只今呈验；如有隐藏，必是杀人贼，当行根勘。”俄而，居民赍［jī］（怀抱着）到镰刀七八十张，令布列地上。时方盛暑，内镰刀一张，蝇子飞集。检官指此镰刀问：“为谁者？”忽有一人承当，乃是做债克期之人，就擒讯问，犹不伏。检官指刀令自看：“众人镰刀无蝇子，今汝杀人，血腥气犹在，蝇子集聚，岂可隐耶？”左右环视者失声叹服；而杀人者，叩首服罪。

——《洗冤集录》

3. 利用昆虫推断腐败尸体的死亡时间（1）

1999年4月27日，在杭州某山边斜坡小树林中，发现用蛇皮袋包装的一具男尸。该男子被他人杀害后，犯罪嫌疑人再将其装入蛇皮袋内抛尸于发现地。尸体完整，全身呈腐败剥脱状，在尸体上发现有许多大小不等的蝇蛆和飞舞的成蝇，尸体周围见有少量红褐色的蝇蛹。法医当即分别提取了成蝇、蝇蛆和蛹，送往浙江大学昆虫实验室分别进行种类鉴定，同时，向当地气象部门了解半月来的温度预报情况。经过鉴定，发现昆虫的种类为大头金蝇。结合气象资料、现场环境及大头金蝇的发育规律，推算出死者死亡时间为15 d左右（即案发时间在4月14日左右）。破案证实，犯罪分子作案时间为1999年4月15日凌晨1时许，与我们利用昆虫学知识推算出的死亡时间基本吻合。

4. 利用昆虫推断腐败尸体的死亡时间（2）

2009年7月24日，贵州省某市的罗某被发现死在住室内。该案件因犯罪嫌疑人几次交代的作案时间不一致而被检察院要求补充证据。法医昆虫学专家受邀复勘尸体现场，以解决死亡时间问题。经现场勘查发现，室内墙角残留成堆蝇类蛹壳，尸体头面部已部分白骨化，附有黑色腐败组织及少量散在白色霉斑，可见蛹壳等附着；颈、项、胸、腹及四肢部位皮肤及皮下组织部分缺失，有大量皮蠹幼虫排泄物及蛹壳附着。法医提取遗留在现场及尸体上的蛹壳及死蛹 200 余个并逐个进行分类，结果共计获得嗜尸性昆虫 3 科 8 种。

根据嗜尸性蝇类的生物学习性，法医查找到了这 8 种蝇类季节变动的重叠点，重叠点最突出的是巨尾阿丽蝇、紫绿蝇和棕尾别麻蝇。结合 3 种蝇类季节变动的重叠点，推测罗某的死亡时间应在 2009 年 3 月 15 日至 4 月 10 日之间。破案后，犯罪嫌疑人交代作案时间为 2009 年 3 月 23 日 17 时左右，该时间正好在所推测的时段内。

2003 年，有人在河边的树林里发现一具死尸。警方经现场勘查发现：死者为女性，年龄为 25~30 岁，从现场情况分析，好像是一起奸杀案。死者丈夫的嫌疑最大。结合多项证据和调查数据，假如死者是被她丈夫杀害的，那么他的作案时间只有 4 月 12 日这天，警方一时不太好推算死者的确切死亡时间。由于尸体高度腐烂，有很多蝇类昆虫在尸体上面。警方便请来一名昆虫学家帮忙。昆虫学家先到有关部门了解案发期间的气象资料，然后他又把现场采集到的蛆虫进行了分类。其中有丝光绿蝇、丽蝇、金蝇、家蝇等 4 种不同虫龄的幼虫，昆虫学家将在尸体不同部位收集到的蛆虫，根据其毁坏尸体的规律，再结合先前收集到的不同类型蛆虫的生长情况，以及当时的气温状况，便可准确推断出死者的死亡时间是 11 d 前，就是 4 月 12 日，在铁证面前，很快死者丈夫就低头认罪了。

5. 利用昆虫推断腐败尸体的死亡时间（3）

2015 年 8 月的一天，某村村民李某离家外出未归。5 d 后的下午，有人报警称在距离该村十多千米外路边侧沟内发现一具高度腐败的男性尸体。

警方到达现场后，经过对现场仔细地勘查，排除刑事案件的可能性。法医依据尸体腐败程度，结合当地近几日的气温情况及死者尸体上蛆虫的长度，推断死者死亡时间在 5 d 左右。经初步查询当地附近失踪人员信息，发现李某失踪时间与死者死亡时间符合，后经 DNA 确认，证实死者就是李某。

6. 利用昆虫推断腐败尸体的死亡时间（4）

加拿大警方认定史蒂文·特拉斯科特杀死其儿时玩伴林恩·哈珀，判处史蒂文·特拉斯科特死刑，当时他只有 14 岁。人们最后一次看见林恩·哈珀是在 1958 年 6 月 9 日，那时她坐在史蒂文·特拉斯科特的自行车的车把上。两天后，她的尸体在附近被发现，凶手把她强奸后掐死。目击者说在 6 月 9 日 19 时左右还看到两个孩子在一起，但 20 时时却只有史蒂文·特拉斯科特一人了。根据林恩·哈珀胃里的内容物，调查人员确信就是史蒂文·特拉斯科特在 6 月 9 日 19 时到 20 时的这一个小时内将林恩·哈珀奸杀，验尸官也证明林恩·哈珀死于 19 时 45 分。

1959 年，史蒂文·特拉斯科特被判谋杀罪，并处以绞刑，但由于其年幼而免于死罪。尽管在 1969 年时获得假释，史蒂文·特拉斯科特却得用一生的时间来赎罪。1969 年，密歇根州立大学的昆虫学家理查德·梅利特通过当时拍摄的照片，研究了尸体上蛆虫的形状，推断林恩·哈珀的死亡时间不可能是 1958 年 6 月 9 日。在史蒂文·特拉斯科特上的诉听证会上，理查德·梅利特根据林恩·哈珀尸体上蛆虫的大小，出庭作证说林恩·哈珀的死亡时间是 1958 年 6 月 10 日的早上。48 年后，由于新证据的发现，法庭决定撤回之前对史蒂文·特拉斯科特的定罪。

7. 利用昆虫推断杀人犯是否在场

2003 年 6 月，时任小学副校长的文森特·布拉泽斯从加利福尼亚州（加州）飞往俄亥俄州看望哥哥，不过这趟旅行事实上只是他精心策划的不在场证明。

到达俄亥俄州哥伦布市后，他马上租了辆车开回加州自己家中。等着一家人到齐，或用枪或用刀，把自己的妻子、岳母、三个孩子（其中包括 6 岁大的小儿子）一起杀害。之后又开着租来的车回到了俄亥俄州，像什么事都没发生一样，继续度假。

文森特·布拉泽斯很快受到警方的怀疑，但是警方并没有逮捕他，因为机票和租车证明均完美地证明了他当时身在俄亥俄州。车子的里程表虽然显示他有可能去了加州，但是人家就是随处逛了逛也说不定，再加上作案用的凶器还没找到，警方也就拿不出足够的证据逮捕他。

不过警方很快在他租的汽车的空气过滤器和散热器内发现很多昆虫。于是调查人员专门请教昆虫学家，得出的结论是，这些昆虫中有几种只有美国西部地区才有，也就是说，他不可能只在俄亥俄州。而在他之前租车的人都没有到过美国西部。2007 年，文森特·布拉泽斯被判一级谋杀罪被判处死刑。

二、商品中存在不应有的昆虫引发的案件

1. 衬衫内发现蚂蚁窝

20 世纪 80 年代发生了一宗因蚂蚁引起的国际官司。以制作出口衬衫闻名的北京大华衬衫厂突然收到日本一家公司发来的退货索赔急电，称由该厂运往东京的衬衫货件内发现蚂蚁窝，并随电附来两瓶蚂蚁样品，以佐证。该厂立即行动，查遍了厂内的每个角落，均未发现蚂蚁踪迹。厂方带着“佐证”来到浙江农业大学求见蚂蚁专家唐觉教授。老教授查资料，鉴定标本，认定这种蚂蚁为“伊氏臭蚁”，主要分布于日本本州岛南部的东京、大阪及四国岛、九州岛等地，这种蚂蚁在中国除福建鼓山有少量分布外，其他地方从来未发现。据此断定，衬衫里的蚂蚁窝是货到日本后，在码头存放过程中由当地蚂蚁入侵造成的。为了使结论立于不败之地，北京大华衬衫厂开展了实地调查，沿着货物运输的路线对沿途各站一路寻访，并写出调查报告和鉴定证书，把一叠厚厚的材料摆在日方公司代表面前。经历了一场学识、智慧和思辨的较量，终获全胜，对方当场收回索赔退货的要求，日方公司代表向北京大华衬衫厂代表行 90°鞠躬礼，表示歉意，还向北京大华衬衫厂追加了每年 100 万件的订货额。

2. 红头苍蝇当庭煮，律师妙招澄是非

1999 年 10 月 16 日 21 时 30 分左右，有客人在杭州锦园饭店就餐，声称在一盘已快吃完的基围虾中发现一只红头大苍蝇。但是细心的服务员仔细察看了桌上的菜，感觉那几只基围虾边的东西不像苍蝇，黑乎乎的倒像是一粒锅炭（指豆豉类食品烧焦后形成的粒状物）。双方争持不下，在多方协调未果的情况下，朱某等 9 位客人于 2000 年“3·15”前夕，向杭州市上城区人民法院提起了民事诉讼，以就餐吃出“煮熟的红头大苍蝇”为由，要求饭店向其赔礼道歉并索赔 5 万元精神损失费。在法庭上，律师要求将通过店方“悬赏”找到的几只真正的“红头大苍蝇”进行蒸煮试验。通过水煮，并严格按基围虾的烹制程序煮，结果发现“红头大苍蝇”被煮熟后的头一点也不红了。法院对本案做出一审判决：认定当晚盘中的争议物，并非红头大苍蝇，系“异物”。

3. 食品变质生虫子，十倍赔偿

2014 年 10 月 1 日，王先生到青岛永旺东泰商业有限公司购买了香菇、枸杞子、花菇等食品，共消费 1 042 元。王先生回家食用时，发现购买的花菇严重变质并生虫子，王先生认为青岛永旺东泰商业有限公司在销售商品的过程中，违反《中华人民共和国食品安全法》和《中华人民共和国消费者权益保护法》等相关规定，给其人身安全构成严重威胁，对其身体健康造成极大损害。于是将其告上法庭，要求青岛永旺东泰商业有限公司立即退还购货款 1 042 元并支付赔偿金 10 420 元。最终法院审理认为，对于王先生提出的该宗花菇的质量不合格、不符合食品安全标准的主张依法予以认可，要求青岛永旺东泰商业有限公司给予王先生十倍赔偿。

4.“食客”屡屡用虫子敲诈饭店，涉黑团伙终审获刑

2008 年初，在郑州市一特定区域的多家饭店内，前来吃饭的“食客”频频吃出虫子，面对凶神

恶煞般的“食客”，饭店只得赔钱息事宁人。而这个由13人组成的团伙，不仅只是敲诈饭店几个小钱。2007年以来，他们为获得一定地位和经济利益，积极网络社会闲散人员，逐渐形成了以陈某某、王某、陈某某3人为首的黑社会性质的犯罪组织。他们组织成员采取暴力、威胁、滋扰等手段，在郑州齐礼阎及周边地区寻衅滋事、非法拘禁、敲诈勒索，代人强索债务，插手经济纠纷、医患纠纷、基层选举，欺压百姓，先后作案20余起，扰乱了正常的生产经营秩序，造成了极其恶劣的社会影响。

2010年4月28日，这个专门敲诈饭店的13人团伙，被法院认定构成黑社会性质组织犯罪，法院终审分别以寻衅滋事、非法拘禁、敲诈勒索等多项罪名，分别判处13名被告人一年至十年零六个月不等的有期徒刑。

三、有毒昆虫杀人伤人事件

1. 误食有毒昆虫身亡

2013年7月，广西某县的一位建筑工头闲来无事，带着几名工人一同到野外捕虫，准备拿来下酒。他们一共抓了10只黄黑相间的甲壳虫带回到工地烹炒。工头一连吃了3只，也有胆大的工人尝试着吃下了一两只。饭后30 min，工头出现了头晕、头痛等不适症状，想去厕所解小便也解不出来。其他吃过虫子的工人也陆续出现了类似的情况。最终，这些工人都被送到医院进行救治，结果诊断为食物中毒。由于工头食用的甲壳虫最多，摄入的毒素过多，身体出现的不适症状也最严重，3 d后不幸离世。其他工人则在医院的救治下脱离了生命危险，陆续康复。

中毒的工人误食的是一种名为“眼斑芫菁”的昆虫。这种昆虫分布于我国福建、广东、广西等地，是在田间为害瓜类、豆类的害虫。芫菁科甲壳虫含有很强的肾毒性，其对皮肤黏膜及胃肠道均有较强的刺激作用，吸收后由肾脏排泄，可刺激尿道，出现肾炎及膀胱炎症状，甚至导致急性肾功能衰竭。此外，芫菁科甲壳虫在受到刺激后，会分泌出应激性物质“斑蝥素”，该物质若接触人体皮肤，会导致过敏、起疱等症状。

2. 陕西杀人蜂蜇死蜇伤人事件

2013年9月，46岁的陕西省安康市平利县农民柯尊珍在劳动中，被胡蜂群严重蜇伤，被医院确诊为肾功能衰竭，在安康市中心医院肾内科病房接受透析治疗已经7次。在承担巨额医疗费用的同时，她的身体也在忍受着巨大的疼痛。自2013年7月以来，位于陕南的安康、商洛、汉中3市已有1 600多人遭胡蜂攻击受伤，截至2013年9月，已造成42人死亡，还有部分伤者病情危重。

胡蜂，隶属于昆虫纲、膜翅目、细腰亚目、胡蜂总科，亦称马蜂、黄蜂、草蜂等。胡蜂体大身长，毒性强，被胡蜂蜇伤后局部伤口可出现疼痛、红肿、丘疹及红斑，或出现黑钉头似的坏死性病灶，可伴有循环系统、神经系统、泌尿系统等全身多系统的损害，严重中毒者可死亡。胡蜂对鲜艳的颜色、人的汗味、酒味和带有甜味、香味或者特殊气味的物品及奔跑活动的人或动物极其敏感。如被蜂蜇，检查皮肤内有无毒刺，发现毒刺应拔除，用清水冲洗伤口，并尽快到医院就诊。

3. 多方奔走揭开“蜜蜂杀人案”

1998年4月，湖北省天门市有名10岁的小女孩死亡。那时正是油菜花盛开的季节，小女孩被发现时脸上蜇满了蜜蜂，法医黄凯军认为这是一起“蜜蜂杀人案”。当时周边有三个养蜂人，法医经过多方奔走，对三家蜜蜂的DNA进行检验，从而判定出谁家的蜜蜂是“罪魁祸首”，蜜蜂的主人为此承担了相应的责任，让小女孩伤心欲绝的亲人得到一丝安慰。

4. 马蜂杀人复仇

2005年10月的某天，贵州省某村小学遭遇了一场史无前例的野蜂杀人事件：27名小学生和10

余名家长惨遭蜂蜇，其中 3 名小学生先后死亡、十几名小学生重度昏迷！痛定思痛。随着记者对这一事件的深入调查，终于发现了一个震惊人寰的巧合，事发前的 9 月末，正是当地村民要用烈火烧死马蜂的时间。

事发当天，放学后，快乐的孩子们除了 6 人立即离校之外，其余 27 人仍在校园里嬉戏玩耍，数以百计的马蜂不断飞来，越来越强大的马蜂队伍就像临战布阵，迅速将整个校园包围了。接下来，它们就像一群遮天蔽日的空中猛兽一样，向着这 27 个可怜的孩子发起“惨无人道”的集体攻势……

近年来，贵州多个城市开始流行食用一种“贵族新食品”，它就是被许多人称之为“高蛋白、高营养、无比可口”的“天然食品”——马蜂蛹。据说这种“新食品”味道鲜美，让任何山珍海味都无法比拟。为了获取它们，许多村民都在 9 月末上山放火焚烧蜂巢，最后取得每窝几十斤重的价格为每斤几十元的马蜂蛹。

5. 荔枝树上毒蜂杀人，男子昏迷 3 d 后死去

2009 年 6 月 14 日，湖南嘉禾人李爱军以 150 元的报酬，为东莞市大朗镇高英村的阿婆叶某娣修剪屋后荔枝树枝时，被荔枝树上的“鬼头蜂”蜇伤。伤口热肿疼痛难耐，李爱军用土办法往身上泼了 10 桶井水，想冷却伤口。但土办法没有奏效，李爱军重度昏迷过去。6 月 17 日上午 7 时，李爱军因抢救无效死亡。鬼头蜂不但凶猛，且毒性大；该蜂生长速度十分惊人，严重威胁着群众的人身安全。

律师认为：鬼头蜂属于剧毒性蜂种，如果房东明知荔枝树上有蜂会伤人而不告知民工，又不要求民工采取必要的防护措施，则房东涉嫌间接故意伤害罪。如果房东不知情，则属于民法范畴内的人身损害民事赔偿行为。房东与民工之间形成了雇佣关系，民工在作业过程中受伤害，房东应承担主要赔偿责任。另民工作为长期从事砍伐作业的人员，也应当能预料到蜂能对人造成的伤害，因此对该事件也需承担少部分责任。

6. 捅马蜂窝的孩子一死三伤

2014 年中秋节当天，当天下午 2 时许，几个小朋友正在玩耍，不知哪个小朋友发现一棵树上有一个胡蜂筑的蜂窝，出于好奇用石块砸了一下。被惹恼的胡蜂向这些孩子们发起群体攻击，当场有 4 名孩子被蜇伤，哭喊着跑回家。9 岁女孩马某，被蜇 20 多处，当天下午抢救无效死亡，另外一名孩子因伤情严重，当晚即被转到郑州大学第一附属医院治疗，另外两个孩子伤情较轻。

胡蜂，个体大，毒性非常强，如果被骚扰，胡蜂会发动群体攻击。如遭遇胡蜂攻击，应该就地蹲下不动，等胡蜂离开后，再小心脱离危险区域。

四、非法买卖国家保护昆虫

1. 非法买卖国家保护野生动物，四人获刑

2007 年 1 月至 2008 年 10 月间，夏雯雯在未取得国家重点保护野生动物及其制品经营许可证的情况下，与未办理过采集证、运输证等相关手续的张林冬、张华中、石正勇通过网络及电话进行蝴蝶非法收购、出售联系活动。张林冬向收购蝴蝶制品的夏雯雯出售国家Ⅱ级保护动物制品双尾褐凤蝶 50 只，经鉴定价值人民币 53 440 元；国家Ⅱ级保护动物制品三尾褐凤蝶东川亚种 173 只，经鉴定价值人民币 184 902. 40 元。张华中向夏雯雯出售国家Ⅱ级保护动物制品阿波罗绢蝶 13 只，经鉴定价值人民币 43 420 元。石正勇向夏雯雯出售国家Ⅰ级保护动物制品金斑喙凤蝶 2 只，经鉴定价值人民币 18 000元。此外，夏雯雯还从湖北省襄阳市炎豪昆虫标本有限公司非法收购国家Ⅱ级保护野生动物制品阳彩臂金龟 5 只，经鉴定价值人民币 3 340 元。

2009 年 12 月，北京市第一中级人民法院对夏雯雯、张林冬、张华中、石正勇四人犯非法收购、

出售珍贵濒危野生动物制品罪进行公开宣判，法院终审判处夏雯雯有期徒刑十一年，张林冬有期徒刑七年，张华中有期徒刑一年六个月，石正勇有期徒刑一年。

2. 西安破获网络贩卖国家Ⅰ级保护动物案

2011 年 11 月 26 日，公安民警展示被非法贩卖的国家一级保护动物懒猴。11 月 25 日，西安警方破获一起非法收购、出售珍贵濒危野生动物案件。西安市公安局柏树林派出所民警于 11 月 25 日在一所公寓里内抓获涉嫌“非法收购、运输、出售珍贵濒危野生动物”的嫌疑人五名。抓捕过程中，民警发现公寓内饲养了大量动物和昆虫，其中经确定的国家Ⅰ级保护动物有懒猴 4 只、缅甸蟒 1 条。

3. 济南海关查获最大宗走私濒危蝴蝶标本案

2016 年春节前夕，济南海关驻机场办事处监管工作组的工作人员，发现一个来自马来西亚的包裹过安检时 X 光机成像可疑。经开箱查验，他们发现这个申报单上品名为“连衣裙”的包裹内共有疑似濒危蝴蝶标本 261 枚。在对线索进行初步甄别后，济南海关立即成立专案组部署查缉，迅速锁定并控制了走私嫌疑人徐某等。截至 2016 年 3 月 7 日，专案组又陆续截获来自马来西亚、印度尼西亚等地的相同收件人的 4 个邮包。至此，海关查获的 5 个包裹内共有蝴蝶标本 829 枚，在嫌疑人住所和办公场所起获涉嫌走私进境的蝴蝶标本 2 000 余枚。经侦查查明，自 2015 年上半年以来，该案嫌疑人通过互联网从境外订购蝴蝶标本，并通过邮递渠道伪报品名走私进境，加工装裱后在国内进行倒卖，牟取非法利益。

济南海关 2016 年 4 月 5 日透露，目前该关在邮递渠道截获涉嫌走私进境的蝴蝶标本 2 800 余枚，其中 1 180 枚属于《濒危野生动植物种国际贸易公约》（CITES）（以下简称《公约》）附录Ⅱ中的保护物种。该案是我国签署《公约》以来查获的最大宗走私濒危蝴蝶标本案。这 1 180 枚蝴蝶标本涉及翠叶红颈凤蝶、绿鸟翼凤蝶、红鸟翼凤蝶、蓝鸟翼凤蝶、维多利亚鸟翼凤蝶、海滨裳凤蝶等 6 个种属。

五、非法买卖宠物昆虫

1. 成都海关查获巨型蟑螂

2016 年 5 月 16 日上午，成都海关驻邮局办事处邮检现场，查验关员对当日国际邮件进行常规机验。一个从德国寄来的包裹漆黑一团，显示有活物蠕动。开箱检查，一股恶臭扑面而来，四个仿生态塑料容器中，分别装着黑色、褐色活体昆虫，共计 40 余只。其中，只有 1 个容器里的昆虫甲壳油亮、四处乱爬，其余 3 个容器里的昆虫已没有生命迹象。根据随包邮寄说明书显示，活体昆虫为蟑螂。比起国内常见的蟑螂品种，截获昆虫的体型是国内常见蟑螂的 3 倍多，长度为 5 cm 左右。经查，该包裹由德国始发，经邮政平邮挂号的方式辗转入境到达成都。

此前，成都海关从邮递渠道查获的外来物种有活体蚂蚁、红蜘蛛等，但查获此类昆虫还属首次。据悉，这批邮包的后续处理将交给相关专业人员鉴定，具体什么种类、是否携带病原体有待核实。

2. 邕州海关查获蟑螂类昆虫 2 000 余只

2016 年 10 月 3 日，邕州海关在进口 EMS 邮递监管现场检查时，当班关员发现一件寄自英国，收件地址为“南宁市”的邮件，在过 X 光机时图像呈密集管状形态。察觉到异样，关员要求立即对该邮件进行开箱彻查。经现场开箱后，邮件内整齐地摆放着数量众多、大小不一的玻璃试管和几个塑料瓶，每支试管均用棉花封口，并装有数量不等的疑似蟑螂的虫体。对包裹内装箱的清单进行翻译后得知，该批物种为 40 余种不同种类的昆虫，箱内试管用透明膨胀薄膜包裹。经清点，共有试管 1 066

支，累计装有虫体 2 000 余只。另有 7 个装有大量虫体幼虫及虫卵的塑料瓶。仔细观察，试管内的虫体均已死亡，现场散发着阵阵恶臭，而虫体大小与国内所见蟑螂体型相近。如此一次性截获大量蟑螂类昆虫，在邕州海关尚属首次。由于该类物种属于国家明令禁止入境的物品，目前工作人员已对该批物品予以扣留，后续将协同检验检疫部门进行处理。此前，邕州海关驻邮局办事处曾查获一批从德国进口的黑蚂蚁。

3. 北京海关查获非法进境昆虫标本

2016 年 3 月 25 日，北京海关通报，首都机场海关在寄自墨西哥的快件中查获非法进境的昆虫标本 300 余只，这是北京海关首次在快件渠道查获昆虫标本入境。

该件申报品名为昆虫模型工艺品，1 件 1 kg，申报价值 36 元人民币。但海关人员开箱查验发现，快件外包装箱内为一个封装严密的塑料盒，塑料盒内装有两包昆虫标本，开拆过程中不时传出强烈的刺激性气味。其中一包装有天牛，体长 7～9 cm；另一包装有蜣螂（俗称屎壳郎），体长 1～1.5 cm。海关将按照相关规定将该快件移交出入境检验检疫部门做后续处理。

4. 北京海关截获 992 只德国活蚂蚁

2015 年 11 月，一批从德国空运进口的“玻璃管”引起北京机场海关关员的注意。海关关员对这批申报品名为“玻璃管”的货物开箱查验后，发现每支玻璃管内都有一只活体巨型蚂蚁，一共有 992 只。这是北京海关历史上单次查获活体蚂蚁数量最大的一次。

据介绍，这些蚂蚁全身通黑，头腹巨大，最大身长超过 1 cm，经初步判断为宠物用途。装蚂蚁的玻璃管经过严格封装，有透气的棉球，还有疑似糖浆的食物，蚂蚁在玻璃管里面能存活很长时间。目前，海关关员已经将这批蚂蚁扣留并移交有关部门做后续处理。

5. 北京海关查获巨型药用蟑螂

北京海关人员查获一可疑包裹，该包裹散发出一股浓烈的恶臭味，于是立即将其拦截下来，打开这些包裹后，只见里面装满白色盒子，当海关人员将其打开后，发现盒子里装着一些黑色生物，定睛一看，原来这些黑色生物都是一只只昆虫，并且大部分已经死亡了。他们观察到这些昆虫背部翅膀呈黑色，正面黄黑相间，比普通的昆虫还要大。海关人员还发现盒子里装着白色不明物体，便猜测可能是它们的食物，随后请来专家进行鉴定。

专家赶到现场后，对其进行一番检查，专家表示这些昆虫是巨型蟑螂，体型比普通蟑螂大 3～4 倍，由于其翅膀具有药用价值，因此有钱人不惜高价购买这种蟑螂吃。

6. 罗湖海关截下香港旅客 300 多只活土鳖虫

2014 年 6 月 1 日，一名香港旅客携带了未经检疫的 300 多只活体昆虫入境，被罗湖海关截获，关员在其购物袋内发现了一细口网状洗衣袋，里面装满一堆活的疑似昆虫。经询问，当事人称这是他自己捉的虫子，叫“土鳖虫”，是治病用的，一共有 300 多只，重 1.2 kg。据了解，土鳖虫又称地鳖虫，是一种鳖蠊科昆虫，长得与蟑螂有点相像，有野生的也有人工饲养的，晒干后可以药用。按照国家规定，个人不允许携带这类昆虫入境，因此，海关依法将其移交检验检疫部门处理。

7. 珠海市拱北海关截获昆虫标本 35 件

2013 年 12 月，珠海市拱北海关下属的闸口海关在拱北口岸查获一名旅客携带昆虫标本 35 件，这是近年来拱北口岸查获的首宗昆虫标本进境案件。12 月 21 日下午，中国籍旅客张某从拱北口岸“无申报通道”进境。海关关员从机检图像发现，其所携带行李存在异常，内有多个重叠的正方形形状的可疑物品。经查，箱子里藏着的竟是满满当当的昆虫标本，共计 35 件。这些昆虫标本多为蝴蝶标本，种类繁多，色彩鲜艳，虽是静态，却依然可见昆虫振翅欲飞的曼妙瞬间。上述昆虫标本已移交检验检疫部门做进一步处理。

8. 宁波海关在一批进口木材中截获活体昆虫

2016 年 10 月，宁波海关下属的北仑海关对宁波某木业公司申报进口的一批非洲紫檀厚板材、筒状非洲楝厚板材等木材开箱查验时，发现集装箱内存在多只活体昆虫。为防止可能的外来有害性生物的传入，海关立即要求查验人员封闭集装箱门，并且第一时间联系了检验检疫部门。经检验检疫部门取样鉴定，样品昆虫为美洲大蠊，其中一只样品为雌性成虫。据检验检疫部门介绍，美洲大蠊就是常说的“蟑螂”的一种，食性很广，几乎可以靠任何有机物生存。它污染食物、传播病菌和寄生虫，是人类许多传染性疾病的重要传播媒介，是世界性卫生害虫。目前，海关已按相关规定将这批货物移交检验检疫部门做进一步处理。

9. 沈阳海关在进境邮件中查获昆虫标本

沈阳海关驻邮局办事处在进境邮件中查获昆虫标本 18 袋，共计 157 只，包括南洋大兜虫、三角兜虫、小提琴甲虫、蝴蝶、人面蝽（关公虫）等多个品种，该邮件由印度尼西亚邮寄进境。

10. 深圳皇岗海关拦截违规带昆虫标本旅客

2013 年 12 月 10 日上午 10 时许，深圳皇岗海关旅检关员在福田口岸旅检入境大厅，从一旅客随身携带行李中截获 66 只未经检疫违规携带入境的昆虫标本。这位内地旅客从福田口岸旅检入境大厅入境，该旅客携带的大行李箱和大购物袋，在通过 X 光机检验时，图像显示箱内装着很多扁平盒状物体，物品较为特殊。当值关员小李立刻决定开箱查验。当打开行李箱时，关员发现箱中全部是用报纸层层包裹的陈列着大量昆虫标本的相框，昆虫标本大部分为甲虫，也有少量蝴蝶、飞虫等，全都体型硕大、栩栩如生。据旅客称，其对昆虫收藏有浓厚兴趣，此次在马来西亚旅游期间购买了这些标本，想带回国内收藏或馈赠好友，事先没有咨询了解相关入境管理规定。目前，这批昆虫标本已移交检验检疫部门处理。

11. 青岛海关截获禁止邮递进境昆虫标本

2016 年 1 月 13 日，青岛海关驻邮局办事处在寄自喀麦隆的邮件中查获禁止邮递进境昆虫标本 60 个。当日上午，海关关员在对进境邮件进行 X 光机查验时发现一邮件成像异常。经开箱查验，邮件里面竟是禁止邮递进境的昆虫标本，其中包括歌利亚大角花金龟标本 19 个，癞皮棘天牛标本 40 个，大黑艳锹形虫标本 1 个。

据了解，邮寄动、植物及其制品，以及微生物、生物制品、人体组织、血液制品等，须向海关申报且提供主管部门相关许可、检验检疫证明等方能入境。

12. 沈阳海关查获动物标本 128 个

2015 年 12 月，沈阳海关驻邮局办事处查获企图入境的动物标本 128 个。标本分装在 3 个邮件中，包括蝙蝠标本 20 个、蝇类标本 20 个、蜻蜓标本 10 个、蛙类标本 2 个及其他各类昆虫标本 76 个。海关依法扣留这批标本，并做进一步处理。

根据《中华人民共和国禁止携带、邮寄进境的动植物及其产品名录》规定，禁止携带、邮寄进境的物品有三大类 16 个条目。除经国家有关行政主管部门审批许可，并具有输出国家或地区官方机构出具的检疫证书外，禁止通过携带、邮寄的方式进境动物标本。

13. 成都海关查获活体蚂蚁

2016 年 4 月 15 日，成都海关双流机场海关快件现场关员对当日进境的快件实施 X 光机查验时，发现一个从德国寄来的包裹机检图像有异常。海关的工作人员立即拆件检验，经查，原来是上百只黑色蚂蚁被分装于不同规格的玻璃试管中。每支试管的两头被密封得严严实实，试管底部装有少许清水，用棉球堵住，试管开口端塞有金属丝，成群的蚂蚁就在试管中段爬来爬去。初步检查，蚂蚁体长1.5~2 cm，其中3只为蚁后，体长近3 cm，且已经孵化出一些小蚂蚁。

境外活体蚂蚁“入侵”成都，这并不是首次。2015年11月，成都空港口岸首次截获800余只也是从德国“偷渡”过来的活体蚂蚁。据成都海关的工作人员介绍，这种蚂蚁生殖力强，为害巨大，一旦入境可能对生态环境带来很大威胁。由于该快件收件人不能提供相应进境活体动植物检疫许可证件等相关文件材料，目前，该快件已移交四川出入境检验检疫局处理。

14. 四川邮政口岸截获400余个昆虫标本

2017年3月16日，记者从四川出入境检验检疫局获悉，近日，成都海关和四川出入境检验检疫局在成都邮政口岸关检联合查验区内截获从刚果金邮寄入境的昆虫标本413个，其中包括白纹大角花金龟、土瓜达剑角花金龟等8个品种。这是关检联合查验以来的首次重大截获。四川出入境检验检疫局相关人士表示，由于从国外购买、收集的标本，其来源、品种及卫生状况不明，产地、制作和形成过程没有明确的标准，无法进行有效监管，检疫风险难以评估，因此动物标本是《中华人民共和国禁止携带、邮寄进境的动植物及其产品名录》中明确禁止携带、邮寄进境的物品。

15. 章凤口岸截获大量活体昆虫

2016年3月28日，德宏出入境检验检疫局章凤办事处在章凤口岸旅检现场截获总数达2 160头的活体蜣螂幼虫。这是章凤口岸首次截获如此大批量的活体昆虫。目前，章凤办事处已依据相关法律法规联合章凤海关、章凤边境检查站将该批活体昆虫退运出境。

这些幼虫用鲜鸡蛋专用纸箱包装，由3辆无牌摩托车运输入境，经初步鉴定均为蜣螂。据货主交代，这些幼虫来自缅甸八莫，准备运往陇川县章凤镇芒拉村销售，主要用于食用。此次截获的虫体黏有牛粪便，粪便中携带口蹄疫病毒的可能性大，因此具有较大风险。

16. 吉林海关严格检疫连续截获有害物种

吉林海关2007年11月连续两次从进口集装箱设备的包装中发现活体昆虫和不明植物种子，经进出口检验检疫部门初步认定，其中一种活体昆虫为病媒昆虫。外来有害物种造成的农林业直接经济损失每年已达574亿元。海关提醒广大进出口企业，在进出口活动中，应高度重视对包装物的熏蒸处理，避免境外有毒病虫害和植物传入我国。

17. 浙江出入境检验检疫局截获并销毁7只白纹大角金龟

2015年8月，浙江出入境检验检疫局邮检办工作人员和海关在查验从波兰邮寄进境的包裹中截获7只白纹大角金龟甲虫标本。这是继2014年3月全国首次截获之后，再次在杭州进境邮包中截获白纹大角金龟甲虫标本。白纹大角金龟原产于非洲，属于金龟子科，是世界上最大和最重的金龟子之一，被称为昆虫界中的“巨无霸”。白纹大角金龟往往黑白相间，体型巨大，外形独特，数量稀少，颇受昆虫爱好者的追捧。在台湾，一只活体白纹大角金龟已被炒到1万元人民币，其标本因为稀少也要1000多元人民币，贵如黄金，堪称“黄金甲”。尽管这些昆虫具有极高的收藏价值，但金龟子科中有一些是杂食性害虫，除了会为害葡萄、柑橘等果物外，还会为害柳树、桑树等林木。叶片被成虫咬食后会呈网状孔洞和缺刻，严重时仅剩主脉，虫类群集为害时更严重。浙江出入境检验检疫局对截获的白纹大角金龟甲虫标本依法予以销毁。

18. 天津海关查获17块禁止出境的珍贵古生物化石

2002年5月，天津海关驻邮局办事处连日来查获17块禁止出境的珍贵古生物化石。

这些通过邮递渠道、申报品名为“工艺品”“礼品”的珍贵古生物化石寄往美国、日本、法国、加拿大、意大利等国。经中国科学院古脊椎动物与古人类研究所的专家鉴定，这些化石分别为“潜龙化石”“虾化石”“狼鳍鱼化石”“昆虫化石”等，分别属于早白垩世（距今约 1.25 亿至 4 亿年）和新生代（约 1 千万年前），产于中国辽宁西部及其他地区。此次查获的 17 块化石均属于不准出境的文物。

天津海关根据天津市文物鉴定委员会签发的“文物鉴定证明书”，暂扣了这 17 块化石，并已移交有关部门处理。

19. 福州海关旅检现场截获昆虫标本

2015 年 7 月，福州海关驻长乐机场办事处旅检关员在机场入境口，从一旅客随身携带的行李中截获一批未经检疫违规携带入境的昆虫标本，共计 36 个。携带昆虫标本的旅客称，因其对昆虫收藏有浓厚兴趣，所以在泰国旅游期间购买了这些标本，想带回国内收藏，事先没有咨询了解相关入境管理规定。目前，这批昆虫标本已移交检验检疫部门处理。对此，福州海关提醒，携带动、植物及其制品，以及微生物、生物制品、人体组织、血液制品等，须向海关申报且提供主管部门相关许可、检验检疫证明等方能入境。

六、根据早期尸体现象推断死亡时间

	尸体现象	死亡时间
尸斑	开始出现	0.5~2 h
	出现，指压能褪色（按压者指甲变色为度）	0.5~4 h
	开始融合	3~12 h
	尸斑形成显著	14~15 h
	翻动尸体尸斑完全消退	6~20 h
	固定，强力压迫颜色可减退	12~24 h
	指压不褪色	12~36 h
	胸腹腔及小骨盆腔储有血性漏出液	24~36 h
尸僵	下颌关节和颈项部开始出现	1~5 h
	上肢肌肉出现	4~6 h
	全身肌肉强硬	6~8 h
	用力破坏后能重新发生	4~6 h
	手指、足趾强硬	10~15 h
	全身肌肉强硬达到高峰	6~24 h
	下颌及上肢开始缓解	24~28 h
	全身关节容易活动	2~3 d
	完全缓解	3~4 d
	心肌、膈肌开始僵硬	30 min 或以上
	心肌僵硬开始缓解	12~48 h
	立毛肌开始僵硬	30 min 或以上
	立毛肌明显僵硬	5~6 h
	肠管肌肉开始僵硬	1 h
	肠管肌肉明显僵硬	5~6 h
	肠管肌肉僵硬缓解	9 h
角膜改变	轻度混浊	6~12 h
	混浊加重，瞳孔可见，表面有小皱褶	18~24 h
	完全混浊，瞳孔看不见，似与晶状体黏连	48 h

七、根据晚期尸体现象推断死亡时间

尸体现象	死亡时间
腹右下部呈青绿色，皮肤出现轻度腐败静脉网	2 d 左右
尸表出现腐败气水泡	2~3 d
眼睑遮盖部分角膜肿胀，形成乳白色斑块，其余部分干燥，变棕黄色，羊皮纸样（动物实验）	3 d
眼球腐败，轻度突出，角膜重度混浊	4 d
腐败充分发展	1 个月，或更长
皮下脂肪尸蜡化开始（水中）	最早 1~2 个月，高温 2~3 周
皮下脂肪尸蜡化完成（水中）	最早（高温）2~3 周，一般 2~4 个月
面部表面某些肌肉尸蜡化	6 个月
深部肌肉出现尸蜡化	1 年以上
成人四肢尸蜡化	3~6 个月
全身尸蜡化（潮湿的土中）	约 4 年或更长
尸体干化（木乃伊）	最早 1 个月以内，一般 3 个月或更长

八、蛹的生长情况所相当的蛆长

蛹的生长情况	蛆长 I （单位：mm）
仍活动，但活动频度下降	12~12.5
不活动，体长缩短至 9~10 mm，仍为白色	12.5~13
已转为红褐色	13~13.5
褐色	14~16
黑褐色，剖开躯体，内呈白糊状	16~20
黑色，剖开外壳，蝇已成形，头灰白色，体液清凉	20~23
蝇破壳	23~